四川省志

Sichuan Shengzhi

审计志

1986—2005

【第二十四卷】

四川省地方志编纂委员会 编

方志出版社
Publishing House of Local Records

图书在版编目(CIP)数据

四川省志．审计志:1986—2005 / 四川省地方志编纂委员会编．— 北京 : 方志出版社,2019．4
ISBN 978 - 7 - 5144 - 3722 - 5

Ⅰ．①四… Ⅱ．①四… Ⅲ．①四川 - 地方志②审计 - 工作概况 - 四川 - 1986 - 2005 Ⅳ．①K297．1

中国版本图书馆 CIP 数据核字(2019)第 058175 号

四川省志·审计志（1986—2005）

编　　者：四川省地方志编纂委员会
责任编辑：刘　珊

出 版 者：方志出版社
地址　北京市朝阳区潘家园东里 9 号（国家方志馆 4 层）
邮编　100021
网址　http://www.fzph.org
发　　行：方志出版社图书经销中心
电话（010）67110500
经　　销：各地新华书店
印　　刷：成都蜀通印务有限责任公司

开　　本：889 × 1194　1/16
彩插印张：1．25
正文印张：26．25
字　　数：745 千字
版　　次：2019 年 4 月第 1 版　2019 年 4 月第 1 次印刷
印　　数：0001 ~ 2000 册

ISBN 978 - 7 - 5144 - 3722 - 5　**定价：**361．00 元

领导关怀 LINGDAO GUANHUAI

1992年7月，审计署审计长于明涛（前排中）为四川省审计局题字。前排右一为省审计局局长吉福仓

1993年5月，审计署审计长吕培俭到四川考察时为四川省审计局题词

1997年3月，审计署审计长郭振乾（左）将中共中央政治局常委、国务院总理李鹏为四川省审计厅的题词转交给四川省审计厅厅长甘道明

1994年10月，审计署副审计长金基鹏（中）到四川调研时与四川省人民政府省长宋宝瑞（左二）、常务副省长蒲海清（左四）交换四川审计工作意见

1997年，审计署原副审计长崔建民（右五）在四川调研

2005年10月，审计署副审计长刘家义（右二）赴四川调研审计工作，与中共四川省委副书记甘道明（左二）、审计署驻成都特派员办事处特派员李勇库（左一）、四川省审计厅厅长李高伟（右一）合影

重要会议 ZHONGYAO HUIYI

1983年8月6日，四川省审计局成立

1983年10月27日，四川省第一次审计工作会议召开

1984年4月，四川省审计局召开第一次审计新闻发布会

1991年，省审计局召开四川省工交企业承包审计座谈会

1994年9月，省审计局召开“审计机关、新闻单位《审计法》宣传联席会”。省人大常委会副主任宋大凡（前排左二）、副省长甘宇平（前排左三）出席会议

1994年9月，省审计局以省人大、省政府名义召开宣传贯彻《审计法》大会

1996年，省审计厅组织检查组对成都、乐山、南充、达州等8个市（地）上年教育经费审计作出的审计决定报告情况进行检查核实

2000年，省审计厅召开全省经济责任审计工作会议

2000年，省审计厅召开四川省行政事业审计工作会

2001年，省审计厅召开全省金融审计工作会议

2001年1月，省审计厅召开四川省审计工作会暨表彰先进大会

2001年7月，四川省召开第一次高级审计师资格评审会

2003年9月，省审计厅召开四川省市（州）审计局离退休局长座谈会

2004年9月，省审计厅业务部门赴乐山参加国土审计交换意见会议

2005年，省审计厅召开全省外资审计研讨会

2006年，省审计厅召开全省金审工程工作座谈会，安排部署全省审计信息化建设工作

法规宣传 FAGUI XUANCHUAN

1994年9月,《中华人民共和国审计法》宣传上街头

1994年9月,《中华人民共和国审计法》颁布后,四川省审计科学研究所在成都市天府广场宣传

业务培训 YEWU PEIXUN

1985—1987年，省审计局与四川大学联合举办审计干部专修班，培养审计人才

1985年5月，审计署在四川举办中国—加拿大审计领导干部培训班,图为培训班结业典礼

2000年，省审计厅举办厅、处级领导干部计算机培训班

2000年，省审计厅举办四川省2000年社会保险基金审计培训班

2002年，省审计厅举办四川省固定资产投资审计培训班

2003年，省审计厅举办四川省县（市）区审计局长培训班，42名新任县级审计局局长参加培训

科技、宣传、教育活动 KEJI、XUANCHUAN、JIAOYUHUODONG

1994年3月，省审计科研所开展科技活动月活动，图为街头审计咨询

2002年5月，省审计厅举行全省审计系统捐资重建小平故居“德政坊”奠基仪式。省审计厅厅长李高伟（前一）在“德政坊”奠基仪式上致词

机关建设 JIGUAN JIANSHE

2004年，为纪念邓小平同志诞辰一百周年，审计署捐建审计林。图为审计署副审计长令狐安（右一）参观“德政坊”

1996年1月，四川省审计局更名为四川省审计厅。1月21日，在四川省审计工作会议上，举行授牌仪式

2002年，省审计厅中心组举办“十六大”理论学习班

1991年9月，四川省审计局举办“长城杯”审计知识电视大奖赛

四川省地方志编纂委员会成员

《四川省志(1986—2005)》
审核委员会成员

《四川省志（1986—2005）》
总编、副总编

总　编　陈建春

副总编　赵　行　邓　瑜　陶利辉　熊　倩
张兆法　高伟明　朱艳林　牛　淼

《四川省志·审计志（1986—2005）》
责任总编、责任编辑

责任总编　高伟明

责任编辑　高伟明

《四川省志·审计志(1986—2005)》
编纂委员会成员

《四川省志·审计志(1986—2005)》
初评审核小组成员

负 责 人	黄 河			
成 员	杨书军	蔡文强	唐 萍	陶志伟
	廖代永	曹晓雪	王克怀	王 斌
	陈代勇	伍 斌	青 敏	铁 英
	周 兵	李文双	曹国华	何雪萍
	康东进	吴 波	张 毅	佘 川
	易 洪	何远梅	胡 晓	黄昭清
	冷 天	曾永生	李 旭	李齐辉
	李启军	杨志永		

《四川省志·审计志(1986—2005)》
总编室

主　　编	黄　河			
副 主 编	陶志伟	李齐辉		
终审修定	吴　波	李大成(聘请)		
编辑(撰稿)	李大成(聘请)	周　兵	李齐辉	陈小林
	刘跃明	赵仕猛	侯文汉	黄海平
	谷　田	花映虹	张琼先	胡文绮
	代　瑜	尹叶萍	张　红	谭小波
	罗文才	魏旭敏	郑开国	任　健
	付云彤	费　佳	何小林	花映虹
	杨志永			
编　　务	侯文汉	杨　玲		

《四川省志（1986—2005）》

凡　　例

一、本书编纂工作以马克思列宁主义、毛泽东思想、邓小平理论、“三个代表”重要思想、科学发展观、习近平新时代中国特色社会主义思想为指导，坚持辩证唯物主义和历史唯物主义的立场、观点和方法，全面客观地记述四川省行政区域内自然、政治、经济、文化和社会的历史与现状。

二、本书系中华人民共和国成立后首部《四川省志》续编，总名《四川省志（1986—2005）》，由总类、大事纪述、专志、人物、市（州）概况、附录共93卷构成。各分卷名称为《四川省志·××志（1986—2005）》或《四川省志·××志》（后者为特色志志名），设中英文目录。

三、本书上限一般起自1986年，下限一般截至2005年。对前志未设之分卷或篇章从事物发端写起；对前志漏载、误载的某些事项进行补载、更正；对前志记载后变化不大的某些事项进行简要复载；升格详载具有地方特色的某些事项。

四、本书记述的地域范围以1986—2005年四川省行政区划为准。

五、本书采用述、记、志、传、图、表、录等体裁，以志为主。

六、本书总类卷设序言、凡例、总述、卷目等，为各卷之首，全书之纲。关于自然环境、建置沿革、经济与社会历史发展状况等基本省情在总述中作简要复载或反映。各专志（分卷）根据社会分工和学科分类的实际，按“以类相从”或“突出地方特色”的原则设立，以篇、章、节横分类别，节、目以下纵述史实，立足反映四川省行政区域某一事物（事业、行业）断限期内历史与现状的全貌。人物志卷采用传、录、表诸种表述形式，坚持“生不立传”原则，在世人物的突出事迹以事系人载入相关分卷。人物传统一收入人物志。本书大事记以编年体为主，辅以纪事本末体。为完整记述一些重要事物，保存有价值史料，有些分卷设置了专记。

七、本书使用规范的现代语体文记述，行文严谨、朴实、简洁、流畅。使用规范汉字，用词概念准确，符合现代汉语语法规范。使用的标点符号、数字、计量单位等均按国家规定的统一标准书写。

八、本书使用公元纪年，各卷正文（除引文外）采用第三人称表述；行文涉及机构、会议、文件、职衔、地名等，均按当时称谓；除涉及人名、地名、纪年和简称等项采用括注外，其余采用页下脚注。

九、本书资料来源于文献、档案、报刊、书摘、口碑及实地调查等，所用资料均经各修志部门考证、核实。各分卷数据一般采用省统计局公布的数据，省统计局缺乏的，采用有关部门正式提供的数据。

十、各分卷图片分为前置图片和随文插图，随文插图和表格均以篇为单位依次排序编号；所用地图均以省测绘局审定的为准。

十一、各分卷需要特别说明的事项，均在各分卷的《编辑说明》中注明。

《四川省志·审计志（1986—2005）》
编 辑 说 明

一、本志是上一轮《四川省志·综合管理志》第八篇《审计》的续志。记述一般上限起自1986年，但因审计机关于1983年建立，为完整记述自1983年审计机关建立至2005年22年间的审计事项，本志吸取了2000年2月出版的《四川省志·综合管理志》第八篇《审计》（1983—1992）的重要内容，并对有关部分进行删节、增补、更正；对1993—2005年的内容则进行全面的收集、梳理，系统、客观地予以记述。（下限断至2005年，个别事项适当下延）

二、本志记录的地域范围以断限期内四川省行政区域为准。1997年3月，因重庆市设为中央直辖市调整行政区划，四川原辖重庆市、万县市、涪陵市和黔江地区划出。重庆直辖前凡由省审计厅（局）统一计划安排的审计项目均记入本志。

三、本志慎用简称。单位名称首次出现时用全称，括号注明简称，以后出现时用简称，如“四川省审计局”（1996年1月前）、“四川省审计厅”（1996年1月后）分别简称为“省审计局”“省审计厅”。

四、本志资料主要来源于四川省审计厅、审计署驻成都特派员办事处、四川省人民政府组成部门及直属机构、国有企事业单位、各市（州）审计局有关档案及其他综合性资料。

目 录

第三篇　行政、事业单位审计

第四篇　社会保障资金审计

第五篇　工交、商贸部门及企业事业单位审计

第六篇　农业与资源环保资金审计

Contents

Part 5 The Audit on Financial Revenue and Expenditure for Industry, Transport and Trade Enterprises

Part 6 The Audit on Funds for Agriculture, Resources and Environmental Protection

Part 13 The Resident Office of CNAO in Chengdu

概　述

中国共产党十一届三中全会后，党和国家的工作重点转移到经济建设上来，国家实行改革开放政策，客观上要求建立健全国家审计制度和独立的审计机构，实施审计监督。1982 年，《中华人民共和国宪法》公布施行，国家实行审计监督制度，国务院和县级以上地方人民政府设立审计机关，依法独立行使审计监督权。1983 年，四川省县级以上人民政府审计机关相继建立。同年 6 月，平昌县审计局成立，是全国第一个成立的县级审计机关。1988 年，中华人民共和国审计署（以下简称审计署）驻成都特派员办事处成立。

在中共四川省委、省人民政府和审计署的领导下，四川审计经历了一个循序渐进、不断开拓的发展历程。1983 年至 1984 年的组建阶段，贯彻“边组建、边工作”的方针，初步打开审计工作局面。20 世纪 80 年代中期至 90 年代中期的积极发展阶段，贯彻“抓重点、打基础”“积极发展、逐步提高”的方针，审计工作成为一项经常性经济监督活动，社会认知度普遍提高。90 年代中后期稳步发展、全面提高阶段，贯彻“加强、改进、发展、提高”的方针，加强审计队伍建设、完善审计法制建设、推进审计工作手段和技术方法现代化建设（以下简称“人、法、技”建设），审计执法力度和执法水平不断提高，凸显“经济越发展、审计越重要”。进入 21 世纪，经过数年的深化和创新，各级审计机关贯彻“依法审计、服务大局、围绕中心、突出重点、求真务实”和“全面审计、突出重点”的指导方针，“加强对权力的制约和监督”，2004 年起逐步实行审计结果公开制度，审计监督在改革开放和民主法制建设中发挥着越来越重要的作用。

一

1983 年至 1984 年，四川省审计局和 18 个地（市、州）及 211 个县（市、区）审计局在相继建立后，认真贯彻审计署关于“边组建、边工作”的指导方针，在抓好组织建设和人员配备的同时，审计监督工作在全省范围内逐步展开。1983 年 11 月，省审计局牵头，会同省财政厅、省粮食局，涪陵地区审计局等部门对石柱县粮食企业进行试审。审计查出违纪违规金额 201 万元和挪用救灾专款 43.9 万元的事实。石柱县粮食局主要领导受到党纪政纪处分。省人民政府为此发出通报。1984 年 4 月，省审计局会同省、市纪委、财政、税务、人行等部门组成联合审计组，对原泸州市（县级）税务局进行了审计，查出违纪违规金额 70 多万元。违纪问题多属于执法违法、以权谋私性质。新华社将泸州市税务审计情况以“国内动态清样”上报后，国务院副总理田纪云批示：像这种执法犯法、监守自盗的问题还是少见的，如属实，必须严肃处理，并通报全国，以儆效尤。审计署派人到四川核实后，向全国发出通报。省政府在向全省的通报中要求：各地、各相关部门应通过对泸州市税务局问题的揭露，从中吸取教训，认真开展内部审计检查监督工作，结合整党，加强有关部门的思想、业务和组织建设，对违反财经纪律的行为，要坚决给予揭露和制裁；对在税收工作中营私舞弊、触犯刑律的违法分子应绳之以法，以维护财经纪律和政策的严肃性，保证利改税等经济改革工作的顺利进行和健康发展。《人民日报》《经济日报》《光明日报》《中国法制报》等国家级报刊分别对此案作了报道。这两起严重违纪案件，为纠正当时财经纪律松弛、财务管理混乱状况起到了监督和震慑作用。

与此同时，省审计局选择了具有一定代表性、管理水平处于全省中等状况但在全省丝绸行业中属较好水平的中型企业——遂宁丝厂作为试审对象。审计从财务收支入手，并向经济效益延伸，采取“重点抽查、个别追溯”的方法，对产品的产量、质量、成本、利润等项指标进行重点分析、检查，提出了8条改进和加强企业管理、提高经济效益的意见和建议。省审计局还选择了宜宾地区林业局对育林基金进行试审，对该局动用育林基金修建办公生活用房，向省政府作了专题汇报。省政府向全省进行了通报。通过试审，掌握了第一手资料，省审计局制定了全省育林基金审计方案，统一了审计范围、内容、处理原则及依据，使随后开展的全省育林基金审计得以顺利进行，查出违纪违规金额6937万元，审计处理上缴、归垫育林基金3051万元，占违纪违规总金额的43%。上述试审工作的开展，对新组建的审计机关及审计人员起到了实战练兵、积累知识、探索路子的效果，对指导全省审计工作的开展发挥了重要作用，也初步打开了审计工作的局面。

二

20世纪80年代中期至90年代中期，各级审计机关认真贯彻“抓重点、打基础”“积极发展，逐步提高”的指导方针，紧紧围绕党和国家的经济工作中心，把涉及国家宏观管理和地方经济发展的重点单位、重点项目、重点企业、重点资金作为审计主攻方向，成功地组织实施了在全省有重大影响的项目审计，为审计工作成为一项经常性制度奠定了基础，推动了审计事业的深入发展。

财政审计是审计机关有效发挥审计法定职责的主要形式，也是一项重要的工作任务。1985年和1986年，省审计局在对眉山县和德阳市财政决算进行审计后，及时总结，会同省财政厅、省税务局制发了《在财政审计中有关问题的处理意见》，有力地指导了财政审计工作的开展。1987年，省审计局根据审计署“抓收入较大、影响较大的市、县财政审计”的指示精神，又对成都市财政决算进行了审计。同时，在全省推行了县级审计部门对同级财政开展财政决算审签制度，扩大了财政审计面。1988年至1993年，省审计局不仅加大了对地（市、州）财政审计的力度，同时组织了对全省财政的交叉审计。至此，地（市、州）及县（市、区）财政都轮审了两遍以上（除重庆市外）。在此期间，省审计局制发了《财政审计规范意见》和《对地方财政收支中违纪问题处罚的暂行规定》，使财政审计逐步做到了经常化、制度化。

加强金融监管，防范金融风险，保持金融稳定，是贯彻执行国家宏观调控政策的必要条件，是维护国家经济安全的重要保证，也是审计监督工作的重点之一。金融审计一开始主要以财务收支为重点，从金融企业的成本费用入手，按照财政部制定的财务制度、指标控制要求，检查其财务收支状况，揭露和纠正隐瞒截留收入、乱挤乱摊成本、虚列支出、转移资金、私设“小金库”、漏交税费基金等违纪违规问题。1985年至1992年，全省共审计金融保险机构2572个，收缴归入财政8387万元。1990年，省审计局根据审计署统一部署，对71个农行、工行和人行分支机构1990年的粮棉油收购贷款进行专项审计，发现粮食部门和银行其他信贷业务挪用粮棉油收购贷款、多收少收贷款利息等违纪违规问题，涉及金额72120万元。1991年，全省审计机关对工行系统信贷计划及执行、信贷资金运用、内部控制制度及管理等情况进行了审计，查出逾期贷款98236万元，呆滞贷款15679万元，呆账贷款4722万元，多次展期贷款4329万元，流动资金贷款被挤占挪用63034万元，贷款合同要素不齐全等问题。1993年，全省对建行系统进行了信贷审计，查出违纪违规金额139103万元。通过审计揭露问题，分析产生问题的原因，提出有针对性的意见和建议，对促进金融机构堵塞漏洞、完善内控制度、依法经营、规范管理、防范和化解金融风险、提高资产质量等方面取得了明显成效。

根据《国务院关于清理固定资产在建项目，压缩投资规模、调整投资结构的通知》精神，1988年在对自筹基本建设资金审计覆盖率60%的基础上，1989年至1991年连续3年在全省范围内开展了此项工作，覆盖率达100%。仅1991年与1990年相比，审计查出有问题项目和金额呈下降趋势，违纪违规金额由9517万元减少到7553万元，特别是查出资金来源不当金额由3291万元减少到451万元，说明自筹基本建设资金来源审计收到明显成效。1990年至1992年，全省对固定资产投资2132个项目开工前进行审计，审计要求建设单位在新开工前必须申请，并提供完整的审计所需资料，对未经审计擅自开工的项目，除责令建设单位停工立即补办开工前审计手续外，并处以罚款。这项工作的连续开展，使一些建设单位不按基建程序办事、以生产性项目名义建非生产性项目、乱挪乱用资金搞基本建设等问题得到了有效遏制。通过审计，建设单位遵纪守法的意识明显增强，自觉提请审计的建设单位逐年增多。随着国家基本建设投资规模逐步加大，全省基建审计工作以固定资产投资活动为主线，重点对国家和地方大、中型项目及楼、堂、馆、所项目在建设期间的经济活动进行审计检查。1991年至1994年全省审计检查大、中型建设项目100个，其中省审计局先后审计检查了武都引水工程、成都印钞厂、雅安制浆厂等重点工程。全省还将基本建设项目竣工决算纳入审计范围，对停、缓建项目进行跟踪审计。基本建设投资主要靠施工单位具体实施完成，对施工企业的审计监督是基本建设审计的重要环节。自1987年开始，全省开展对施工企业和城市建设综合开发企业的审计，主要审查企业承包经营责任制的各项经营指标，以及企业经营者是否实现承包经营目标及其经济责任，保证国家利益不受损失。同时，对城市维护建设，环境保护资金征收、管理、使用情况进行审计，对加快城市污染治理步伐、促进环保事业健康发展起到了积极作用。

开展对执收执罚部门、机关的审计，强化对权力的制约和监督。1986年，对149个县以上工商、公安、法院、检察院、物价局、环保局等执法机关的罚没收入进行审计。1989年，对136个公安机关及所属单位的预算内外收支进行定期审计。1993年对17个地（市）工商局及所属161个工商所进行审计后，1994年又一次对县以上819个公安、检察院、法院、工商、物价、技术监督等部门、机关的罚没收入进行专项审计。对执收执罚部门、机关的审计，不仅摸清财务管理体制、财务收支情况，还摸清执法情况，把各类收费、罚没项目和资金、物品情况及管理情况全部纳入审计范围，促进了依法办事，起到对权力的制约和监督作用，促进了“收支两条线”规定的落实。

开展对关系人民群众切身利益的重点专项资金的审计，确保专款专用，提高资金使用的经济效益和社会效益，促进事业发展。1986年，对163个县教育局和1462个基层办学单位的教育经费进行专项审计，审计发现教育经费既短缺却又管理得不好，该用的不用，不该用的乱用，损失浪费等问题。1995年，全省再次对教育经费进行全面审计检查，查出各种违纪违规金额21182.8万元。审计后对违纪问题作了处理。省政府领导赞扬审计机关为四川教育事业办了一件大好事。全国人大常委会副委员长吴阶平、费孝通认为，四川对教育经费的审计，在全国带了一个好头，建议国务院总结和推广四川教育经费审计的经验。1988 年对省科委，1989 年对 19 个地（市、州）的 73 个科技主管部门，1994 年对 47 个科研主管部门和 115 个科研院所的科学事业费、科技三项费用和科技发展基金的管理、使用、效益情况的审计，及时纠正了科技经费投入不平衡，有偿使用资金回收率低，核算不准确及其他违纪违规问题。四川是农业大省，国家投入的各项专项资金较多。1988 年在南充、达县两地区开展支农扶贫资金审计后，其余地区逐年分批开展，使这项审计逐步实行周期审计。1989 年，对 82 个商品粮基地县的发展粮食生产专项资金进行审计。1990 年，对 53 个贫困县所分配使用的扶贫资金进行审计和对 11 个市（地）及其所辖 100 个县（市）农业发展基金的筹集、管理、使用和经济效益进行审计。1993 年，对 10 个国家级商品粮基地县、20 个农业综合开发县及 7 个粮食专项资金县开展审计，对 192 个国土、财政、房地产部门及开发区的国有土地使用权收入和耕地占用税进行审计，以及对 16 个地（市）100 个水电部门和 148 个地方电力企业“以电养电”资金的征收、管理、使用情况进行审计。1994 年，对 89 个贫困县的扶贫资金进行审计和对 156 个林业主管部门管理的林业专项资金进行审计。通过对重点专项资金的审计，及时纠正了普遍存在的挤占挪用问题，对促进教育科技事业和农业经济的发展、促进农民脱贫致富发挥了重要作用。

以财务收支审计为主线，以承包经营责任审计和行业审计为重点开展工交商贸企业审计。截至 1994 年底，全省审计机关共审计工交商贸企业 30459 个单位。针对违纪较普遍、财经纪律较松弛的情况开展的财务收支审计，为促进企业加强管理、维护国家利益起到了很好的作用。1987 年，省审计局带着对省烟草公司财务决算审计中的问题，到 19 个烟草单位进行验证核实，查出大量违纪违规问题，均做出处理，其中收缴归入中央财政 41291 万元。1989 年，根据省人大常委会会议提出《粮食亏损越来越大，建议研究对策、采取措施》的议案，各级审计机关对全省粮食企业财务进行了一次全面检查。1994 年，第二次开展全省粮食财务挂账审计检查。经审计核实，全省粮食企业 1992 年年末累计实际挂账共挤出“水分”6.16 亿元。全省审计机关还把财务收支审计与经济效益审计结合起来，将承包经营责任审计与厂长任期目标、离任及年度决算审计结合起来。省审计局先后对成都矿灯厂、东方汽轮机厂、长城特殊钢公司、四川化工总厂、省有色金属供应公司、省金属材料公司等企业进行了 2 至 3 轮经济责任审计，为促进承包经济责任制度健康发展发挥了重要作用。与此同时，全省还开展了冶金行业、电力行业、化肥企业、烟草行业、农资系统、供销社棉麻系统等行业审计。1991 年，对 584 个物资行业的审计，查出挤占成本、截留收入、违反价格政策、虚增外汇等违纪违规问题金额 3669.59 万元。1992 年，对 144 家化肥企业的审计，覆盖面达 98%。审计中注意对影响企业生产发展和经济效益提高的内、外部因素进行全面调查，并及时向有关部门反映，帮助企业解决了一些实际困难，审计工作受到企业普遍好评。

三

20 世纪 90 年代中后期，各级审计机关认真贯彻“加强、改进、发展、提高”的指导方针，着眼于关系到国计民生的重点领域、重点部门和重点资金，着眼于广大群众关心的热点、难点问题开展审计监督，始终把审计工作法制化、规范化作为奋斗目标，着力规范审计执法行为，进一步发挥了审计部门较高层次的监督作用，巩固了审计工作地位。

对同级财政预算执行情况审计是《中华人民共和国审计法》（以下简称《审计法》）赋予各级审计机关的新职责。自1995年全省全面开展同级财政预算执行情况审计以来，每年都要对本级预算执行情况进行审计监督，定期向本级政府提出对本级预算执行情况的审计结果报告，同时受本级政府委托向本级人大常委会提出审计机关对预算执行和其他财政收支的审计工作报告。1995年对同级财政预算执行情况的审计监督，主要审计了省和地（市、州）及县（市、区）本级财政预算批复、安排、拨付及财政收入的组织征收情况，财政周转金的管理、使用及效益情况，国有资产的保值、增值情况，并对国土有偿收入、罚没收入及行政性收费等缴纳财政情况进行了延伸审计。随着审计监督的深入，2000年各级审计机关在全面审计本级财政预算执行情况的基础上，实行省、市、县三级联动，对各级税务机关经费、农业税减免指标落实情况、纳税户登记管理情况、纳税大户纳税情况进行审计或调查，将财政对各部门单位的预算安排和资金拨付的全过程纳入审计范围，把对预算执行部门的延伸审计作为预算执行真实性的一个重要方面，审查、纠正各种挤占、挪用、损失浪费国家资金的行为，提高财政资金使用效果，为各级人大、政府全面监督财政预算执行，完善宏观调控，促进地方经济建设和各项事业发展提供了决策依据。2000年7月15日省第九届人大常委会颁布的《四川省财政收支审计条例》，成为全国以省级人大名义发布的第一个关于财政审计的地方性法规，为促进全省开展和深化财政审计工作奠定了法律基础。同年，省政府办公厅印发《关于进一步加强和深化财政预算执行审计的意见》，有力地推动了全省财政审计工作的开展。

改进企业审计，服务于企业深化改革。1998年，全省对40家亏损1000万元以上的国有企业进行审计，揭示40家亏损企业虚增资产7.8亿元，少计负债4.4亿元，多列净资产12.2亿元，隐瞒亏损12.21亿元，潜在亏损10.47亿元等情况，真实、客观地反映了企业的资产、负债、权益及明亏、隐亏、潜亏情况，摸清了企业家底，分析了企业财务状况不真实和亏损的原因，并从财务收支的真实性出发，在产业结构调整、企业组织结构调整、怎样扭亏控亏、使国有企业走出困境等方面提出了8条建议。1999年和2000年，审计机关又分两批对上述40家亏损企业进行了跟踪审计，弄清了企业扭亏目标完成情况及其发展变化情况，总结了扭亏脱困的有益做法，向省政府反映了落实脱困规划，以及扭亏成果不稳定、优惠政策不到位、资产重组不规范以及财务管理存在薄弱环节等问题。省长宋宝瑞和省委副书记黄寅逵对40家企业审计给予高度评价，指出：40家企业审计搞得很好，成绩很大，提供的情况太重要了，对省委、省政府搞好下一步工作和从宏观政策上正确决策提供了很好的依据。1999年，全省还对37家重点盈利扩张型企业进行审计，弄清了优势企业真实的财务状况，总结推广了多数企业在资本运作、生产经营、内部管理等方面创造和积累的好经验、好做法，并针对盈利扩张企业如何克服不足，充分利用优势，发挥领头羊作用，实行有效的发展和扩张，组建企业集团，建立现代企业制度等问题，向省委、省政府提交了审计综合报告。2000年全省选择了54家处于中等水平的国有及国有控股企业进行审计，审计发现54家企业资产质量不高，净资产占资产比例仅为29%，盈余公积占净资产比例仅为9.3%，影响了企业资本结构的稳定性和企业的获利能力，存在潜在的财务风险。同时，省审计厅还组织对7家国有及国有控股企业损益进行专项审计。上述企业审计，无论是优势企业或是中等水平的企业，通过审计为调整产业结构、深化企业改革，帮助企业扭亏脱困都发挥了重要的作用，对省委、省政府正确决策发挥了很好的参谋作用。

加大对专项资金审计的组织和检查力度。根据审计署要求，农业审计要以地、县审计机关为主，围绕农业专项资金的增收、分配、管理、使用情况开展审计，并把农业审计工作作为地、县审计机关的工作重点。为此，省审计厅加大了对专项资金审计的部署、组织和检查力度。1995 年和 1996 年，两次组织对三峡移民资金的审计；1997 年和 1999 年，组织进行了全省第三次和第四次扶贫资金的审计；1996 年，组织对 12 个地（市）和 53 个县（区）国土局、财政局、开发区等 193 个部门审批、占用国有土地和征收管理、使用国土出让金的情况进行审计；1998 年，组织对全省水利专项资金审计和川中农业综合开发资金的审计；1997 年，对全省计划生育经费进行审计；1998 年，对省红十字会救灾款物进行审计。在对农业专项资金审计中，对各级农业主管部门的审计覆盖面达 100%，并对凡是使用农业专项资金的单位和部分农户进行审计抽查。在此阶段，基本形成了比较完整的专项资金审计理论和操作方法，专项资金审计的组织形式、审计方法、审计内容、审计重点及审计抽查都更加规范，从而保证了审计质量，推动了农业审计工作的开展，对保障专项资金使用效果、促进农业和农村经济的发展发挥了很好的作用。

四

进入 21 世纪，各级审计机关贯彻“依法审计、服务大局、围绕中心、突出重点、求真务实”和“全面审计、突出重点”的指导方针，充分运用审计职能，加大对重大违法违纪问题和经济犯罪案件的查处力度；积极探索效益审计，促进提高财政财务管理水平和资金使用效益；不断提高审计质量和水平，在审计成果运用上下功夫，抓住带苗头性和典型性的问题，深入剖析原因，从完善宏观管理的角度，提出可行性建议，使审计成果进入高层次决策，为各级党委、政府宏观决策服务。

财政预算执行审计工作进一步深化。各级审计机关积极应对财政管理改革后对审计工作的新要求，探索实行“专户管理”“收支两条线”等改革后审计工作新路子、新方法，积极探索和逐步完善“一体化”的工作格局，整合审计资源，强化监督合力。省审计厅在省级预算执行审计中，除每年定期审计省财政厅、省地税局、地方金库外，省审计厅还将厅内各专业处（局）进行统一协调和组织，按照专业分工，每年都要安排对十多个厅局及二、三级预算单位进行审计。如 2000 年和 2003 年对省计委的预算执行审计中，查实了 1000 多万元的账外资产，没收了 600 多万元的账外资金，对屡查屡犯的行为进行罚款，建议对一名责任人（处级干部）进行纪律处分。同时，针对问题分析原因，帮助建章立制，建立和完善机关财务管理办法和固定资产管理办法。从 2002 年起，省审计厅每年还将对下级政府的财政决算审计纳入《审计工作报告》内容，向省人大常委会汇报，使其了解市（州）政府的真实财政状况和存在问题，受到省人大常委会的肯定和好评。在预算执行审计实施中，省审计厅主要领导统一指挥，简化程序，资源共享；审计结束后，统一整理审计成果，统一报告省政府和省人大常委会。《审计工作报告》经省人大常委会审议后，省审计厅加大了督促审计决定落实的力度。每年向省人大常委会报告工作后，《审计工作报告》在《四川省人大常委会公报》上进行公告，2004 年开始在《四川日报》上全文刊登，社会影响进一步扩大。预算执行审计工作的开展，使审计机关的职责和任务进一步到位，完善了国家的财政监督体系，提高了审计机关的法律地位，扩大了审计监督的影响，为审计工作的发展创造了更为有利的法律和社会环境。

专项资金审计成效明显。随着西部大开发战略的实施，全省审计机关以服务西部大开发，服务农业、农村经济发展和农民增收为目标，加大对农业与资源环保资金的审计力度。2001 年，省审计厅组织了 21 个市（州）及所辖 117 个县（市、区）对 1999 年至 2000 年退耕还林还草试点工程资金进行审计。通过审计促进资金到位4366万元，归还原资金渠道1643万元，调账3610万元，促进粮食到位50万千克。审计后，省政府转发省审计厅《关于退耕还林还草工程资金审计的综合报告》，要求各地对各级审计机关制发的审计决定和审计意见要求纠正的问题要逐项落到实处。2002年，省审计厅会同省财政厅等有关部门，组织4600多人，对全省截至2001年底的乡、村债权债务情况进行审计核实。通过审计核实，摸清家底，为省委、省政府决策提供较真实、可靠的乡村债权债务总体情况，为化解不良债务奠定了基础；促进了乡村财政、财务的规范管理，揭露查处了一些违法违纪问题，对乡村干部进行了一次依法行政、依法理财的教育。2002年和2005年，省审计厅两次组织全省审计机关对21个市（州）及所辖107个农业综合开发项目县（市、区）农业综合开发项目的计划执行、资金筹集、管理和使用情况进行了审计。在农业综合开发项目实施地区经济相对落后、地方财力普遍紧张的情况下，通过审计有效促进了农业综合开发各项目资金拨付到位，遏制了违纪违规问题的产生，对政府部门转变工作作风、促进政府投资科学决策、加强农业基础设施建设、农业生态环境改善、项目区粮食增产、农业增收等方面发挥了很好的作用，取得了较好的经济效益、社会效益和生态效益。2003年，全省审计机关还对77个县（市、区）中央及地方政府安排的天然林保护工程项目资金进行了审计。同时，对各市（州）及所辖36个扶贫重点县，122个扶贫五大工程项目县，中央及地方政府安排的财政资金，信贷扶贫资金进行了审计。结合同级财政预算执行情况审计，省审计厅组织全省审计机关对省、20个市（州）和138个县（市、区）管理的2001年至2002年失业保险基金和国有企业下岗职工基本生活保障资金和其他相关资金的征缴、预算安排、制度规定与管理、使用情况进行专项审计；同时，还对149个县级以上住房公积金中心管理使用住房公积金情况进行审计，审计披露的问题引起各级党政领导的高度重视。2004年，开展了对16个市（州）级及所辖80个县（市、区）2002年至2003年国土专项资金征收、管理、使用以及国土利用情况的审计。2005年，对成都、德阳、绵阳、宜宾、攀枝花等5个市2003年至2004年排污费和其他环境保护专项资金的征收、管理、使用情况进行审计。各级审计机关坚持以资金流向为主线，以资金活动为重点，注重资金管理的真实性、合法性审计向资金运用效益性审计转变，使审计监督职能得到充分发挥，审计的影响力大幅提高。

经济责任审计稳步推进。20世纪90年代中后期，经济责任审计在全省初步开展，审计对象主要是企业领导干部和行政事业单位的领导干部。从2000年开始，全省经济责任审计的对象纵向包括市、县、乡三级党政领导干部，横向包括党委、政府主要领导干部，行政事业单位领导干部和企业领导干部。2000年4月，省委办公厅、省政府办公厅印发《关于贯彻〈县以下党政领导干部任期经济责任审计暂行规定〉和〈国有企业及国有控股企业领导干部任期经济责任审计暂行规定〉的意见》，审计数量急剧增加，审计日趋规范，审计影响日益扩大。同时，对县以上党政领导干部经济责任审计开展试点，稳步推进。2000年至2005年，全省各级审计机关完成经济责任审计项目9575项，审计9727人，审计查出各种违纪违规金额1342574万元，其中应由被审计领导干部承担直接经济责任金额186697万元。审计后有关部门参考审计结果，对被审计领导干部免职543人，降职、撤职158人，晋升526人，平调3693人。审计后按规定程序移送纪检监察机关处理184人，移送司法机关处理93人，建议给予党纪政纪处分41人。具有中国特色的领导干部任期经济责任审计工作，是在改革开放不断深化和社会主义现代化建设不断向前推进的历史背景下应运而生的。通过经济责任审计，用客观翔实的数据和经济指标评价领导干部的经济业绩和应负的经济责任，弥补了组织、人事部门走访、座谈和查看个人档案等干部考察方式的不足，为党委、政府及组织、人事部门考核、使用干部提供了可靠的参考依据。通过经济责任审计，对被审计领导干部及其所在单位采取隐瞒财政支出、虚增财政收入等手段“垒政绩”行为的查处，增强其真抓实干、勤政务实的意识；对领导干部不知法而违法或知法犯法行为的查处，促使其进一步知法、护法、守法；对领导干部违规决策造成重大损失问题的查处，促使其增强依法行政、科学决策的意识。同时，经济责任审计也使其他领导干部从中吸取教训，收到“审计一个人，教育一班人”的效果。

金融外资和企业审计走出新路子。随着金融体制改革的不断深入，金融监管力度逐渐加大，对金融审计的重点从注重审查财务收支的合规性、合法性逐步转移到全面审计资产、负债、损益的真实、合法、效益上来，将金融资产质量、负债水平、盈亏真实作为审计重点内容。2000 年至 2002 年，全省各级审计机关对 620 个银行、保险、证券、信托等金融机构的资产、负债、损益情况进行审计，查出损益核算不实、挤占成本费用、挪用专项资金、违规放贷、违规投资、违规拆借、违规购建固定资产、违规经营及账外经营等违纪违规金额 24 亿多元。2003 年，又对中国人寿保险公司四川省分公司及所属 180 个分支公司 2002 年度资产、负债、损益情况进行了审计。通过审计揭露和纠正了违纪违规问题，有针对性地对资产、负债管理中存在的问题提出了改进意见，对促进金融、保险机构加强规范经营，防范经营风险，保障金融资产增值，提升竞争能力和水平，维护金融秩序等方面发挥了应有的作用。2004 年，全省审计机关把对农村信用社清产核资审计核查作为金融审计的重头戏，完成了对 444 个重点农村信用社的审计核查，资产核增 33 亿元，核减 33. 38 亿元，移送经济案件 13 件，促进了农村信用社改革的顺利进行。

随着对外开放的加大和引进外资不断增多，外资审计的职能由偏重于审计监督发展到审计监督与公证并重，审计内容由财务收支审计发展到以财务收支审计为基础，向外资项目的绩效和管理审计延伸。同时，外资审计领域进一步拓宽，由对国际金融组织贷援款项目审计发展到对外国政府贷款和国外援助项目的审计，国际银团贷款（商业贷款）项目审计及中外合资经营、合作经营企业审计。审计的指导原则也由“内外有别、适当披露”贷援款项目存在的问题，转变为“内外合一，如实披露”，坚持“强化监督、严格执法、如实披露、促进管理、不断深化、提高质量”的方针，全面履行外资审计职能，加大利用外资的监督力度。

为企业产业结构调整和深化改革服务。企业审计在财务收入、财经法纪审计和经济责任审计的基础上，积极探索以揭露管理不善、决策失误造成严重损失浪费和国有资产流失为重点的经济效益审计的新路子。2001 年，省审计厅组织全省审计机关对 61 个电信企业和 21 个国信通信企业以及省电力公司及下属部门供电企业共 47 个单位的资产、负债、损益进行审计，分别披露了漏计、隐瞒业务收入，未能如实反映资本、资本公积、未分配利润等项目的真实情况；发现随意变更会计核算期间，收入和利润不实，应计未计国家资本金、设置虚假股份、侵吞国有资本和违反税收规定享受企业所得税优惠减免的问题；以及全省电力系统应征未征各项基金，已收未缴各项基金的问题和国有资产不同程度流失的问题。2002 年，省审计厅组织全省审计机关对省烟草行业 140 家流通企业 2001 年度资产、负债、损益进行审计，发现违反财经法纪金额达 5. 6 亿多元，审计处理金额达 1. 5 亿多元。2004 年，省审计厅还组织开展了全省 50 条经营性和收费还贷公路的审计，除查出违纪违规问题外，还揭示了还贷公路较普遍存在的投入大、收入不足、经济效益差、偿债能力弱等问题，所提出的审计建议为加强对公路的有效管理、提高营运质量和效益发挥了积极作用。2005 年，省审计厅对省粮油（集团）有限责任公司、省粮油贸易公司、省粮食物资公司、省粮油收购储运公司、省粮油食品供应公司的资产、负债、损益进行审计。审计披露了省粮油食品供应公司法人违反国家财经法规，将收入及收回以前年度的债权不纳入单位统一财务核算，作账外资金单独管理使用，造成国有资产严重流失和巨额亏损，同时披露了省粮油（集团）有限责任公司违规投资期货造成巨额亏损的问题。审计为遏制国有资产流失、促进企业深化改革、提高经济效益等发挥了重要的作用。

五

审计署驻成都特派员办事处（以下简称成都办）是审计署1988年经国务院批准派驻地方的审计机构。审计特派员由审计署委派司（局）级干部担任，在审计特派员领导下设立办事处。成都办根据审计署的授权，依据法律法规，对中央各部门所属在地方的行政、企业、事业组织和省级财政及法律规定的其他事项，开展审计监督，直接对审计署负责并报告工作。审计范围：四川省、西藏自治区、重庆市（2002年4月，划归审计署驻重庆特派办审计范围）。

成都办在组建中按照“边组建、边工作”的方针，提出“一年以审促建，二年跟上步伐，三年走上正轨”的工作思路，采取“打硬仗，解难题，保质量，练队伍”的做法，审计工作以突破大单位、大项目审计为目标全面开展。3年组建期间，共审结项目159个，审计调查8项。审计查出超计划（或计划外）基本建设投资30项；查出违纪违规金额73078万元，审计决定收缴金额15339万元，罚款241万元。1992年，成都办制定了《关于深入贯彻中发〔92〕2号文件精神，加强和改进审计工作的意见》，围绕深化改革、发展经济、调整结构、提高效益这个中心，以加强和改进审计工作为主题履行审计监督职能。1994年，《中华人民共和国审计法》颁布实施，成都办把学习、宣传、贯彻《中华人民共和国审计法》作为一件大事，边学习，边实践，边探索，用“法”规范职业道德、职业纪律、工作程序、工作标准、审计管理，使各项工作步入“制度化、法制化、规范化”轨道，审计领域进一步得到拓展。1996年，随着国家“九五”计划实施，成都办制定了“九五”工作目标，从审计业务、队伍建设、机关管理、制度建设、理论研究等方面确定了5年的主要任务和阶段措施，按照“以提高工作质量为中心，以规范审计工作为主线，以加强队伍建设为关键”的总体工作思路，坚持从严治办的方针，开展思想政治教育、业务培训，“讲文明、树新风”和争创“一个好的领导班子、一支好的干部队伍、一种好的工作作风、一个好的机关作风”活动。1998年，按照审计署关于“企业审计应以真实性为基础，重点解决企业会计信息失真的问题”要求，把审计工作的重心转移到“以真实性为基础，重点摸清家底”的思路上，围绕资产、负债、损益的真实性开展，力求审计一家，摸清一家，规范一家，做到家底清、资料齐、信息真。结合反腐败斗争的形势和特点，开始把审计触角延伸至反腐倡廉领域，审计对事也对人，发现个人经济嫌疑问题时，不管难度有多大，坚持一查到底。1999—2003年，成都办按照审计署关于加强“人、法、技”建设的要求，深化各项事业的规范发展。一是以人为本，推进干部队伍建设，确立了“政治思想强、奉献精神足、业务水平高、廉洁守纪好”的队伍建设目标，开展“文明办公、文明审计、文明服务”为主题的精神文明创建活动。二是以法为纲，着力制度建设。在贯彻执行审计署《国家审计基本准则》《审计机关审计方案准则》基础上，制定了《关于办理审计复议答辩的暂行规定》《关于工作目标责任考核办法》等一系列业务制度，完善了30多项行政规章制度和审计项目实施方案，统一了办处两级审计复核记录等审计文书标准格式，健全了审计组长、业务处长、专职复核和审计会议、办领导层层把关的审计工作质量责任制。三是以技为先，加速信息化建设。制定了《信息化建设五年实施规划》。自1999年起连续投入300多万元购置计算机等设备。2003年以实施审计署“金审工程”为契机，出台《计算机审计和应用规划》，在全办各个审计领域全面推进计算机审计，实现了电子政务和办公自动化。2004年，成都办贯彻审计署五年发展规划，提出“二次创业”的战略构想和“质量兴办、特色兴办”的方针，确定“一年打基础、两年求发展、三年上台阶、四年创一流”的总体工作目标，制定了“项目审计抓重点、资源整合抓盲点、质量控制抓亮点、效益审计抓试点、计算机审计抓弱点、队伍建设抓难点”的具体措施，开启了成都办创新提高的新局面。近20年来，成都办审计工作成果丰硕，审计项目1477项，调查项目196项，审计查处违纪违规金额830.1亿元，决定收缴2.98亿元，罚款2304.98万元，责成补税1.73亿元；专项审计及调查项目涉及违纪违规金额214亿元；向司法机关移送涉嫌经济案件线索83件；报送综合报告、专题报告、调查报告871篇，《信息简报》1435篇，被中共中央办公厅、国务院办公厅、审计署及各级政府、部门采用1025篇次。

六

四川审计经过20多年的实践，探索和积累了反映历史进程、体现审计工作发展规律的成功经验：一是法治意识的树立和增强是审计建立与发展的前提和基础，而审计的建立和发展又促进民主与法治建设；二是坚持审计监督基本职能，围绕中心，服务大局，突出重点，真抓实干，审计才有地位；三是依法审计，实事求是，确保质量，审计才能充分发挥独立、客观、公正、权威的综合性经济监督作用；四是勇于开拓进取，正确处理监督与服务的关系，不断改进方法，审计才能充满生机与活力；五是坚持诚信为本、廉洁奉公，不断加强队伍建设，审计才能立于不败之地。

同时，审计工作也存在一些不足：审计服务于宏观决策方面还有潜力可挖，审计队伍的综合素质与推行审计结果公开制度等要求还不适应；任务重与审计资源不足的矛盾仍十分突出；审计质量控制不同程度地存在薄弱环节，一些现代审计技术方法如审计信息化手段与实践的需要比相对滞后；全省各级审计机关的基础建设和工作效果不平衡。

《四川省审计工作发展规划（2003—2007年）》要求，各级审计机关要按照中国共产党第十六次全国代表大会精神，从强化对权力的制约和监督的高度，以审计创新为动力，以提升审计成果质量为核心，以加强审计业务管理为基础，以“人、法、技”建设为保障，全面提高四川省审计工作法治化、规范化、科学化水平。

四川审计围绕党和政府工作中心，从监督到服务、从管理到治理，必将在促进四川科学发展，全面建成小康社会，实现中华民族伟大复兴的进程中谱写更加壮丽的篇章！

第一篇 审计管理

审计在中国有着悠久的历史。从西周时期至晚清，各历史时代都设有名称各异和级别不同的机构，司审计监督之权。1925 年 7 月中华民国国民政府在广州成立，设立监察院，下设第 2 局负责训练和审计（后改为第 3 司负责中央及地方审计）。此时，审计监督从行政体系中分立出来，实行监审合一体制。南京国民政府于 1928 年 7 月设立审计院，同年 10 月改为审计部并隶属监察院，且在各省设立审计处或审计办事处，负责各省的财政财务收支审计。四川都督府时期，根据四川省临时约法临时组织大纲，1912 年 4 月成立四川审计院，对财政负有完全监督之权责。1936 年 8 月，国民党四川省政府设立审计委员会。1939 年审计委员会被审计部四川审计处取代。四川审计处的职责范围除四川外，还包括云南省和西康省。由于军阀混战、外敌入侵、政治腐败，民国政府颁行的新式审计制度多流于形式。

1921 年 7 月，中国共产党成立，领导中国人民展开了反对帝国主义、反对封建主义和反对官僚资本主义的革命。在新民主主义革命的各个阶段，为审查财政收支，查处贪污浪费现象，巩固革命成果，以各种形式开展了审计监督工作。1931 年 11 月，中华苏维埃共和国临时中央政府在江西瑞金成立，颁布《地方苏维埃政府暂行组织条例》规定：组织审查委员会，审查各级苏维埃的财政收支。1932 年 8 月，苏区实行财审合一制。在红军内部和粮食合作社、生产合作社、消费合作社等组织中也先后成立了审查委员会，行使内部审计的职能。1933 年 9 月，苏区实行独立审计制。中央人民委员会成立审计委员会，独立审查财政委员会及其所属机构之财政账目，具有部分独立处理权限。1934年2月，《中华苏维埃共和国中央苏维埃组织法》规定，“在中央执行委员会之下设立审计委员会”，与中央人民委员会、中央革命军事委员会、最高法院并列。其成员由中央执行委员会主席团委任；其职权是“审核国家的岁入与岁出”和“监督国家预算之执行”。同月，颁布《中华苏维埃共和国中央政府执行委员会审计条例》。

中华人民共和国成立初期，履行或部分履行审计职能的机构主要以三种方式存在：一是企业主管部门设置的审计机构，二是财政部门设立的审计或监察机构，三是政务院于1949年11月成立的人民监察委员会（1954年改为监察部，于1959年撤销）。1952年底以后，全国各专职的审计机构陆续撤销。1953—1982年，审计职能由财政、税务、金融等部门内设的监察、稽察、稽核机构行使，同时组织财税大检查代行部分审计监督职能。

1982年8月，《国务院关于建立审计机关的通知》决定在全国建立审计机关，明确各级财政监察机构中的业务人员不得调动，待审计机构成立时转入。同年12月，第五届全国人民代表大会第五次会议通过《中华人民共和国宪法》，第91条规定：“国务院设立审计机关，对国务院各部门和地方各级政府的财政收支，对国家的财政金融机构和企事业组织的财务收支，进行审计监督。审计机关在国务院总理领导下，依照法律规定独立行使审计监督权，不受其他行政机关，社会团体和个人的干涉”。第109条规定：“县级以上的地方各级人民政府设立审计机关。地方各级审计机关依照法律规定独立行使审计监督权，对本级人民政府和上一级审计机关负责”。即实行双重领导体制。

从1982年起，中华人民共和国开始建立审计制度，以国家审计为主体，内部审计、社会审计为两翼的中国审计体系逐步建立起来。国家审计体制采用行政体制。审计机关切实履行宪法和法律赋予的职权，在经济活动的主要环节上发挥审计监督作用，以严肃财经法纪，维护正常的经济秩序，保进廉政建设和经济的发展。为履行审计监督职能，审计机关加强自身建设和管理，审计法律、法规和规章逐步建立；审计监督紧密结合党和国家各个时期的中心工作开展；加强审计质量的管理和检查，以促进审计工作制度化、法治化、规范化建设。

第一章　机构与职能

第一节　四川省审计机关与职能

审计监督的作用是维护国家财政经济秩序，提高财政资金使用效益，促进廉政建设保障国民经济和社会健康发展。审计的职能包括经济监督、经济评价和经济鉴证三大职能。而经济监督是基本职能。审计监督在政府审计、内部审计和社会审计三大体系中以及在不同时期，其职责和功能各有侧重。

一、四川省审计机关

1983 年 3 月，四川省人民政府办公厅发出《关于筹建四川省审计机关的通知》，省政府决定成立四川省审计机关筹备组。责成省财政厅负责筹建事宜，省财政厅原监察处干部成建制转为审计机关筹备组工作人员。8 月 6 日，经省人民政府批准，四川省审计局成立。

在各级政府的强力推动下，从 1983 年 3 月至 1984 年 2 月，四川省 18 个市、地、州和 211 个县（市、区）相继建立了审计机关。其中，平昌县审计局于 1983 年 6 月 7 日成立，是全国第一个成立的县级审计机关。

随着四川行政区划的调整、变化以及几次大的机构改革，审计机关的机构也相应发生了调整、变化。如 1993 年 7 月原达县地区一分为二更名达州地区，新成立巴中地区；原南充市一分为二新成立广安地区。1996 年 9 月，中共中央、国务院批准四川省委、省政府请示，决定万县地区、涪陵地区、黔江地区由重庆市代管；1997 年 3 月 14 日，第八届全国人民代表大会第五次会议决定，设立重庆直辖市（6 月 18 日正式挂牌成立），原重庆市、万县地区、涪陵地区、黔江地区一市三地四十余县区从四川省划出，川渝分治。1997 年 8 月，乐山市一分为二新设立眉山地区；1998 年 5 月，内江市一分为二新设立资阳市等。新设市、地和县、区也相继建立了审计机关。

1983 年 3 月，国务院《关于地方各级审计机关设置和人员编制问题的通知》规定：一、两年内，省、自治区、直辖市审计局编制暂按 50—100 人配备；100 万人口以上的城市审计局可比照省级审计局配备；50 万—100 万人口的城市审计局按 30—50 人配备；50 万人口以下的城市审计局按 20 人配备；自治州和省辖市的区级审计局按 10—30 人配备；县级审计局按 5—10 人配备。通知规定，地方各级审计机关的行政、事业经费按现行财政体制规定列入地方财政预算。

1984 年 5 月，省委组织部、省人事局印发《省审计局关于配齐各级审计机关领导班子和选调审计干部的请示报告的通知》，促进了全省各级审计机关领导干部的配备和审计干部的选调。

1985 年 11 月，省委组织部、人事局印发《关于各级审计机关领导班子和审计干部配备的补充通知》，要求各地加快进度，抓紧为审计机关选调干部，并规定今后各级审计机关领导干部的任免和调动，须先征求上一级审计机关的意见。同时，通知要求各级审计机关领导班子后备干部要抓紧选拨和培养。

1986 年 1 月，省编委、省人事局、省审计局、省财政厅联合发出《关于审计机关新增编制分配和经费开支问题的通知》，根据国务院批准为四川省各级审计机关增加行政编制 1000 名的精神，决定按增编人数从现有干部中选调和接收应届大专毕业生 600 名，接收军队转业干部 200 名，从城镇高中毕业以上文化程度的待业青年中招收录用 200 名。为落实此项工作，同年 3 月，省计划委员会、省人事局、省审计局联合下发了《关于 1986 年招收录用审计干部的通知》，通知规定所增加的编制在 1986—1987 年两年中使用，并规定了招收录用审计干部的具体条件、指标分配和录用办法、审批权限和手续、试用期限及工作安排等。当年，省审计局从四川大学经济系、西南财经大学会计系等录用干部 7 名。

1987 年 2 月，为加强对中央在川单位的审计监督，省编委、省人事局、省审计局、省财政厅联合研究决定将上级下达给四川省审计机关 80 个行政编制，暂预留 40 名在省编委；另 40 名先安排省审计局 20 名，成都市审计局 20 名，以建立中央单位审计处。

1988 年，审计署、劳动人事部、财政部联合发文，为加强和充实经济发达城市和县级第一线审计监督力量，给四川省审计机关 1988 年至 1990 年间增加事业编制 1470 名（含重庆市 210 名）。增编所需经费按现行财政体制分别纳入市（地、州）、县（市、区）财政预算。

1989 年 3 月，根据中央组织部、人事部《关于国家行政机关补充工作人员实行考试办法的通知》精神，省委组织部、省人事局对省内各级行政机关补充工作人员作出了相应规定。按照此规定，审计机关经省、市人事部门批准，通过公开招考，于 1990 年、1991 年、1997 年、1998 年和 2002 年，在在职人员和应届大学毕业生中，择优录取了一批审计人员，充实审计力量。其中：省审计厅通过公开、公平、竞争的考试考核，录用了 18 名大专以上在职人员和 10 名应届本科以上毕业生。

2003 年 12 月，审计厅机关再次面向全国公开招考，8 名本科以上毕业生于 2004 年进入机关工作。

二、四川省审计机关职能

审计机关代表国家行使审计监督权。四川省各级地方审计机关职能，主要根据四川省审计厅（局）的职能进行对口设定。

1983 年 8 月，四川省审计局成立。根据《中华人民共和国宪法》（以下简称《宪法》）和审计署的有关规定，其主要任务是，对政府各部门、地方各级人民政府的财政收支，地方国家财政金融机构和企事业组织的财务收支，进行审计监督。

1996 年 1 月，四川省审计局更名为四川省审计厅，根据省委、省政府《关于四川省党政机构改革方案的实施意见》，省审计厅职能转变的重点是：强化审计监督职能、维护国家财经法规，充分发挥审计在国民经济宏观管理中的作用，加强对省级各部门，特别是经济管理部门和省级财政预算的执行情况以及其他财政收支，市（地、州）财政预算执行情况和决算以及其他财政收支的审计监督；监督国有资产的管理和使用；改革企事业审计办法，重点审计与国计民生有重大关系的，占有使用国有资金数额较多和接受国家财政补贴较多，或者亏损数额较大的省属国有大中型企业，国有资产占控股地位或者主导地位的企业，以及关系社会发展的重要事业单位。

2000 年 7 月，根据省委、省政府《关于实施四川省人民政府机构改革方案有关问题的意见》，审计监督职能进行调整。

强化职能：对党政领导干部和国有企业及国有控股企业领导人员任期经济责任审计；社会保障资金和环境保护资金审计；省级国家重大工程资金筹集、使用情况审计。

划出职能：将指导和管理社会审计的职能划归省财政厅；减少统一部署的审计项目，省以下的审计项目原则上由地方审计机关根据当地人民政府的要求进行安排。

转变职能：将厅机关后勤服务职责划给厅机关后勤服务中心。

根据上述职能调整，省审计厅的主要职责是：

贯彻执行国家有关审计工作的法律、法规和方针政策；拟定本省地方性审计法规和规章，参与制定有审计内容的地方性财经法规，并监督其执行情况；组织领导、协调监督各级审计机关的业务。

向省政府报告和向省政府有关部门通报审计情况，提出制定和完善有关政策法规、宏观调控措施的建议。

依据《中华人民共和国审计法》等规定，直接进行下列审计：

1. 省级财政预算执行情况和其他财政收支。

2. 省级各部门、事业单位及直属单位的财务收支。

3. 市、州人民政府预算的执行情况和决算以及其他财政收支。

4. 省级地方金融机构的资产、负债和损益的状况。

5. 省级国有及国有资产占控股或主导地位企业的资产、负债、损益和经营等状况。

6. 省政府部门管理的和受省政府委托由社会团体管理的社会保障基金、环境保护资金、社会捐赠资金、发行彩票募集的资金及其他有关基金、资金的财务收支。

7. 省级国家重点建设项目概（预）算和决算。

8. 国际组织和外国政府在川援助、贷款项目的财务收支。

9. 其他法律法规规定应由省级审计机关进行的审计。

向省政府省长提交省级预算执行和其他财政收支情况的审计结果报告；受省政府委托向省人大常委会提出省级预算执行情况和其他财政收支审计工作报告。

组织实施对贯彻执行国家财经方针政策和宏观调控措施情况的行业审计、专项审计和审计调查；组织全省各级审计机关对党政领导干部和国有企业及国有控股企业领导人员任期经济责任审计；依法受理被审计单位对审计机关审计决定的复议申请。

与市、州人民政府共同领导市、州级审计机关，协同办理市、州级审计机关负责人的任免事项。

组织实施对内部审计的指导与监督；监督社会审计组织的审计业务质量；组织审计专业培训。

组织开展审计领域的国际交流活动。

承办省政府交办的其他事项。

1984—2005年四川省审计机构编制情况统计表

表1－1

年度	地区（数量／分类）	机构组建情况		人员配备情况					
		应建数（个）	已建数（个）	定编人数（人）	实有人数（人）	行政编制数 定编数（人）	行政编制数 实有数（人）	事业编制数 定编数（人）	事业编制数 实有数（人）
1984	省局	1	1	106	79				
	市地州局	18	18	497	390				
	县区局	212	212	1364	1287				
	合计	231	231	1967	1756				
1985	省局	1	1	177	101	152	87	25	14
	市地州局	20	20	609	452	602	447	7	5
	县区局	214	214	1780	1413	1771	1406	9	7
	合计	235	235	2566	1966	2525	1940	41	26
1986	省局	1	1	177	128	152	112	25	16
	市地州局	20	20	841	613	821	603	20	10
	县区局	214	214	2178	1695	2162	1689	16	6
	合计	235	235	3196	2436	3135	2404	61	32
1987	省局	1	1	197	130	172	114	25	16
	市地州局	20	20	883	679	860	668	23	11
	县区局	213	213	2214	1835	2195	1829	19	6
	合计	234	234	3294	2644	3227	2611	67	33
1988	省局	1	1	227	152	172	134	55	18
	市地州局	21	20	1381	867	949	798	432	69
	县区局	213	213	2773	2136	2759	2333	440	73
	合计	235	234	4381	3155	3454	2995	927	160
1989	省局	1	1	227	163	172	145	55	18
	市地州局	21	20	1268	981	926	861	342	120
	县区局	215	215	2765	2331	2205	2121	560	210
	合计	237	236	4260	3475	3303	3127	957	348
1990	省局	1	1	247	181	192	154	55	27
	市地州局	21	20	1235	1057	899	836	336	221
	县区局	217	217	2850	2543	2288	2041	562	502
	合计	239	238	4332	3781	3379	3031	953	750
1991	省局	1	1	220	206	165	165	55	41
	市地州局	21	20	1341	1108	921	870	420	238
	县区局	217	217	2911	2629	2274	2170	637	459
	合计	239	238	4472	3943	3360	3205	1112	738

续表 1－1

年度	地区	机构组建情况		人员配备情况					
		应建数（个）	已建数（个）	定编人数（人）	实有人数（人）	行政编制数		事业编制数	
						定编数（人）	实有数（人）	定编数（人）	实有数（人）
1992	省　局	1	1	228	214	165	165	63	49
	市地州局	21	21	1281	1147	914	873	367	274
	县区局	219	219	2993	2796	2319	2239	674	557
	合　计	241	241	4502	4157	3398	3277	1104	880
1993	省　局	1	1	228	213	185	178	43	35
	市地州局	23	23	1281	1146	914	873	367	273
	县区局	219	219	2980	2799	2312	2233	668	566
	合　计	243	243	4489	4158	3411	3284	1078	874
1994	省　局	1	1	228	210	185	179	43	31
	市地州局	23	23	1310	1151	952	940	358	211
	县区局	219	219	2945	2772	2298	2076	647	696
	合　计	243	243	4483	4133	3435	3195	1048	938
1995	省　局	1	1	228	208	165	165	63	43
	市地州局	23	23	1310	1115	952	904	358	211
	县区局	221	221	2943	2637	2298	2076	645	561
	合　计	245	245	4481	3960	3415	3145	1066	815
1996	省　厅	1	1	250	210	178	159	72	51
	市地州局	23	23	1242	1133	960	951	282	188
	县区局	222	222	2940	2869	2362	2335	578	529
	合　计	246	246	4432	4213	3500	3445	932	768
1997	省　厅	1	1	251	216	179	173	72	43
	市地州局	20	20	1132	1045	882	881	250	164
	县区局	180	180	2483	2414	2070	2037	413	377
	合　计	201	201	3866	3675	3131	3091	735	584
1998	省　厅	1	1	218	190	179	165	39	25
	市地州局	21	21	1132	1054	882	889	250	165
	县区局	180	180	2481	2403	2075	2031	406	372
	合　计	202	202	3831	3647	3136	3085	695	562
1999	省　厅	1	1	218	198	179	173	39	25
	市地州局	21	21	1068	1031	970	942	98	89
	县区局	180	180	2557	2588	2290	2331	267	257
	合　计	202	202	3843	3817	3439	3446	404	371

续表 1－1

年度	地区	机构组建情况 应建数（个）	机构组建情况 已建数（个）	人员配备情况 定编人数（人）	人员配备情况 实有人数（人）	行政编制数 定编数（人）	行政编制数 实有数（人）	事业编制数 定编数（人）	事业编制数 实有数（人）
2000	省　厅	1	1	168	145	113	113	55	32
	市地州局	21	21	1068	1031	970	941	98	90
	县区局	180	180	2593	2654	2309	2362	284	292
	合　计	202	202	3829	3830	3392	3416	437	414
2001	省　厅	1	1	196	165	141	133	55	32
	市地州局	21	21	1032	935	930	861	102	74
	县区局	180	180	2521	2630	2324	2420	197	210
	合　计	202	202	3749	3730	3395	3414	354	316
2002	省　厅	1	1	197	165	142	133	55	32
	市地州局	21	21	1042	988	929	908	113	80
	县区局	180	180	2600	2521	2357	2324	225	197
	合　计	202	202	3839	3674	3446	3365	393	309
2003	省　厅	1	1	213	162	158	131	55	31
	市地州局	21	21	1078	1009	940	907	138	102
	县区局	181	181	2672	2600	2332	2314	340	286
	合　计	203	203	3963	3771	3430	3352	533	419
2004	省　厅	1	1	213	172	158	143	55	29
	市地州局	21	21	1091	1025	963	930	128	95
	县区局	181	181	2730	2653	2355	2358	375	295
	合　计	203	203	4034	3850	3476	3431	558	419
2005	省　厅	1	1	215	170	160	141	55	29
	市地州局	21	21	1095	1043	960	953	135	90
	县区局	181	181	2836	2732	2398	2415	438	317
	合　计	203	203	4146	3945	3518	3509	628	436

注：含工勤岗位人员数

1984—2005年四川省审计机关职工情况统计表

表1-2

单位：人

年度＼类别	总人数	性别		人员分布			年龄构成					文化程度				具有技术专业职称人数			政治面貌	
		男	女	省（局）厅	地市州局	县市区局	35岁以下	36—45岁	46—55岁	56—60岁	60岁以上	研究生	大学	大专	高中以下	初级职称	中级职称	高级职称	党员	团员
1984	1756	1310	446	79	390	1287	683	434	579	56	4	1	138	94	1523	322	63			
1985	1966	1426	540	101	452	1413	864	458	572	70	2	1	127	91	1747	395	59			
1986	2436	1745	691	128	613	1695	1219	531	590	91	5	2	146	183	2105	520	90			
1987	2644	1877	767	130	679	1835	1344	551	644	99	6	2	158	261	2223	594	100			
1988	3155	2220	935	152	867	2136	1674	659	628	184	10	3	212	500	2440	700	166	1	1369	784
1989	3475	2424	1051	163	981	2331	1877	721	668	197	12	4	216	648	2607	777	221	1	1448	897
1990	3781	2585	1196	181	1057	2543	2045	823	681	223	9	4	226	854	2697	911	295	1	1628	1009
1991	3943	2667	1276	206	1108	2629	2170	852	689	221	11	4	238	1023	2678	993	307	1	1728	1183
1992	4157	2774	1383	214	1147	2796	2207	996	729	220	5	6	258	1274	2619	1066	442	9	1887	1105
1993	4158	2778	1380	213	1146	2799	2184	1010	738	220	6	6	259	1300	2593	1027	631	9	1914	1072
1994	4133	2764	1369	210	1151	2772	2061	1109	762	184	17	6	259	1468	2400	963	1147	12	1975	785
1995	3960	2601	1359	208	1115	2637	1953	1079	752	169	7	6	285	1431	2238	900	1180	21	1854	695
1996	4213	2772	1441	210	1133	2869	2021	1222	777	183	10	9	306	1626	2272	911	1296	41	2112	682
1997	3675	2410	1265	216	1045	2414	1726	1113	673	157	6	9	336	1435	1895	770	1154	16	1871	594
1998	3647	2392	1255	190	1113	2344	1715	1098	670	161	3	9	355	1408	1875	749	1175	18	1886	588
1999	3817	2436	1381	198	1030	2589	1348	1522	776	169	1	12	632	1705	1468	658	1253	18	2180	280
2000	3830	2448	1382	145	1031	2654	1321	1547	749	208	5	12	671	1743	1404	633	1347	18	2225	274
2001	3730	2373	1357	165	935	2630	1168	1705	719	138		16	800	1724	1190	569	1307	25	2285	200
2002	3674	2289	1385	165	988	2521	1222	1667	709	76		26	963	1740	945	511	1258	34	2250	178
2003	3771	2353	1418	162	1009	2600	1136	1763	798	74		35	1198	1736	802	552	1265	63	2395	153
2004	3850	2392	1458	172	1025	2653	1090	1793	880	87		36	1339	1778	697	536	1241	95	2541	139
2005	3945	2431	1514	170	1043	2732	1036	1875	933	101		54	1565	1712	614	560	1291	133	2667	133

四川省审计厅（局）机关机构设置情况表

表1－3

日期	机构设置情况
1983年8月	办公室、人事教育处、审计一处、二处、三处、四处
1983年11月	增设审计五处
1984年12月	人事教育处更名为人事处，审计一处为财政金融审计处，二处为工业交通审计处，三处为行政事业审计处，四处为商粮贸审计处，五处为基本建设审计处。成立局直属事业单位：四川省审计科研培训中心
1986年1月	增设综合处、外资审计处
1987年2月	增设中央单位审计处
1987年6月	设立局机关党委办公室
1988年1月	设立内部审计处
1988年9月	四川省审计科研培训中心分为：四川省审计科学研究所和四川省审计干部培训中心
1988年11月	审计署驻成都特派员办事处成立。12月31日，省审计局撤销中央单位审计处并成建制划归审计署驻成都特派员办事处
1989年2月	增设政策法规处
1996年1月	四川省审计局更名为四川省审计厅
1996年1月	审计厅设14个职能处（室）和机关党委，其中：原财政金融审计处分设为财政审计处、金融审计处；原行政事业审计处分设为行政事业审计处、农业审计处；原基本建设审计处更名为固定资产投资审计处；原内部审计社会审计指导处更名为审计管理处；设监察处，派驻纪检组与其合署办公。厅内部机构调整后为：办公室、综合处、政策法规处、财政审计处、金融审计处、行政事业审计处、工业交通审计处、商贸审计处、固定资产投资审计处、农业审计处、外资审计处、审计管理处、人事处、机关党委、中共四川省纪律检察委员会驻审计厅纪检组和省监察厅驻审计厅监察室（纪检组和监察室合署办公）。省审计厅设直属事业单位为：四川省审计科学研究所、四川省审计干部培训中心，四川省审计师事务所
1999年6月	四川省审计师事务所经脱钩改制后机构注销
2000年4月	机构改革再度进行，厅机关设12个职能处（室）和机关党委，即在原内设机构的基础上，增设经济责任审计处、社会保障审计处；原工业交通审计处和商贸审计处合并为经贸审计处；撤销原审计管理处，其内部审计的指导和监督工作划入经贸审计处，指导管理社会审计的职能划归省财政厅；原农业处更名为农业资源环保审计处，原人事处更名为人事教育处（增挂离退休人员工作处牌子）；原政策法规处更名为法制处
2000年7月	设立省审计厅直属审计分局
2000年9月	设立省审计厅机关服务中心
2002年4月	省审计干部培训中心和厅机关服务中心合并，实行两块牌子一套人员的管理体制
2003年11月	撤并经济责任审计处和直属审计分局，成立经济责任审计分局，为省厅直属审计机构；成立综合信息处，原由办公室承担的组织、指导全省审计机关信息化工作和审计计划，统计工作划归综合信息处

第二节　内部审计机构

1984年，根据审计署关于建立以国家审计为主体，内部审计、社会审计为两翼的中国审计体系的精神，四川省各级审计机关着手推进各部门、单位设置内部审计机构，配备内部审计人员，开展内部审计工作。

1985年5月，省审计局印发了《四川省内部审计实施暂行办法》，省审计局和大多数地、市审计机关设立了专门的内部审计工作指导机构，暂时未设的也配备了专门人员，以加强对内部审计工作的指导。同时，各级审计机关采取“一级抓一级，分级负责”的办法，重点抓部门、行业系统及大中型企业内审机构的组建和内审工作的开展。各地审计机关先后印发了《中华人民共和国审计条例》（以下简称《审计条例》），审计署《关于内部审计工作的规定》以及省人民政府关于加强内部审计工作的有关文件，并派出工作人员到各部门、大中型企业宣传内部审计，以各部门、企业、单位经济工作的实例分析说明实行内部审计制度的重要性和必要性，宣传内部审计是我国经济监督的一支重要力量，是建立现代企业制度和社会主义市场经济条件下企业自我发展、自我约束不可或缺的重要监督机制。全省内部审计工作局面逐步打开。各级部门、单位的内部审计机构先后建立起来，其中独立的机构包括审计处（科、股）、审计部、审计（服务）中心等，非独立的机构包括监察审计处（科、股）、监察审计法务部、财务审计处（部）、计财审计处等等。

1992 年 12 月，经有关部门批准，四川省内部审计学会成立（2000 年 2 月更名为四川省内部审计师协会）。1995 年《中华人民共和国审计法》实施，按照省委、省政府《关于四川省党政机构改革方案的实施意见》文件精神，在实施政府部门机构改革中，内审人员按编制总数的 1%—2% 配备，经济活动较大和下属企事业单位多的政府有关部门设专职机构，其余有关部门的内审可与纪检、监察合署办公。金融、保险、公安、交通、经贸、农牧、教委、广电等部门实行了内部审计制度，建立了独立的内部审计机构，配备了较强的内部审计力量。全省 800 余家大中型企业也普遍建立了内审机构，配备了内审人员。

2000 年 8 月，政府机构改革，经省政府批准，四川各级审计机关相继撤销了内部审计指导管理机构，改由经贸审计处（科）负责对内部审计工作的指导和监督。由内部审计（师）协会对各部门、单位内部审计进行自律性行业管理，为内部审计机构和内部审计人员提供业务指导和开展各种专业服务活动。通过宣传、交流，扩大内部审计的影响，维护内部审计机构的独立性、权威性和内部审计人员的合法权益，促进内部审计工作协调发展。有的部门、单位也相继撤并了内部审计机构。

1986 年至 2005 年全省内部审计机构及人员配置等情况如表 1 - 4。

1997 年 8 月，省内部审计学会参加全国内部审计理论研讨会，有 3 篇论文获奖

1986—2005年四川省内部审计情况统计表

表1-4

序号	年度	内审机构（个）		内审人员（人）		完成审计项目（个）									查出损失浪费金额（万元）	促进增收节支金额（万元）	纠正违纪违规金额（万元）	审计建议被采纳（条）	向司法机关移送案件（件）	建议给予党政处分（人）	移送司法机关处理（人）
		合计	其中：专职机构	合计	其中：专职人员	合计	财务审计	效益审计	经济责任（承包经营）审计	基本建设审计	专项审计	内部控制评审	风险评估	其它							
1	合计					347748	120197	15763	38600	75713	26334	3545	215	67381	319783	587517	1462670	197750	2020	2721	1790
2	1986年	1118	257	2604	723	1874	1283	5	24	57	67	12	0	426	2566	2020	5714	1469	21	62	48
3	1987年	1175	291	2748	968	2825	1683	12	118	98	56	6	1	851	2020	4214	5013	2010	12	45	24
4	1988年	1473	540	3360	1292	4366	2964	19	343	65	69	7	0	899	1974	6451	8343	2327	32	37	46
5	1989年	2915	1449	6955	2899	9721	3190	75	4781	180	103	10	0	1382	3141	6933	13556	2054	107	263	224
6	1990年	4501	1362	12051	3249	14835	7586	509	4404	204	131	15	0	1986	11178	7950	28895	2015	39	353	268
7	1991年	6520	3079	17730	6924	20995	8552	5206	2003	425	4809	24	1	3083	11279	13919	76913	2358	198	182	235
8	1992年	5628	2500	14383	5629	10384	5430	182	1510	425	120	31	0	2689	18705	11583	32110	2728	152	82	155
9	1993年	5750	2290	14473	5014	10593	6145	122	475	304	172	196	1	3033	9252	13989	133367	3277	112	108	102
10	1994年	6598	2120	17302	5699	16425	10943	99	414	300	367	89	3	4210	15561	46045	61975	5533	288	69	104
11	1995年	6202	2212	14962	4753	18661	9594	1087	1469	1205	1227	162	17	3900	27859	33920	119225	10743	108	126	74
12	1996年	5578	2126	15337	4479	16028	7070	985	1462	1397	1701	122	31	3260	43263	17161	136449	11851	124	123	66
13	1997年	4875	1875	13585	4164	17415	7682	1059	1688	1989	1452	131	15	3402	9311	21411	59247	13795	63	84	41
14	1998年	4891	1880	16708	4436	20612	7707	1043	2010	3719	1812	141	19	4162	12724	25712	79979	15271	52	87	28
15	1999年	4797	1700	15610	4504	19508	7231	1100	2136	3090	1196	114	8	4633	16979	27886	89135	17325	71	174	30
16	2000年	4737	1598	14536	3704	21896	6124	1129	2383	5861	2223	79	10	4088	39641	32647	62873	20768	77	137	30
17	2001年	4696	1597	15050	3809	22940	6227	761	2570	7499	742	126	16	4801	18696	46760	71474	13091	103	135	42
18	2002年	3485	1114	11351	2937	20492	4272	462	2235	7716	2197	458	23	3130	16569	44167	103120	9828	124	150	159
19	2003年	4024	1170	13094	3322	29049	4571	517	2512	11444	2504	237	23	7242	22689	60170	121475	10764	96	252	33
20	2004年	3417	1311	10407	3753	33472	5637	666	2350	16478	2640	498	24	5179	14766	75399	117560	13710	122	142	61
21	2005年	4437	1485	13047	4282	32879	6306	725	3713	13257	2746	1087	23	5025	21610	89180	136247	36833	119	110	20

第三节 社会审计组织

社会审计组织是20世纪80、90年代中国审计组织体系的组成部分。它是经省级以上审计机关审查批准成立的，接受国家机关、政府部门、企业事业单位或个人委托执行审计查证和审计咨询服务并已办理工商登记的审计事务所，是执业审计师（后更名为注册审计师）的工作机构。社会审计工作的管理机关为各级审计机关（2000年后改为财政部门）。审计事务所是依法独立承办审计查证和咨询服务的事业单位，实行有偿服务，自收自支，独立核算，依法纳税。

1985年9月至1987年12月，社会审计工作处于起步阶段，全省仅建立21个审计事务所，从业人员208人，接受审计机关和部门单位委托办理查证376项，业务主要是受托验资、财务收支审计、会计报表审签等。

由于主管审计机关的支持，办公条件得到改善，业务范围不断扩大，工作局面迅速打开。至1989年年底，全省建立审计事务所163个，从业人员达到1200余人，完成审计事项47823项。

经过12年的发展，至1997年年底，除甘孜、阿坝、凉山三个自治州所辖县外，其他18个地（市），173个县（市、区）均建立了审计事务所。截至1997年年底，全省有审计事务所237个，分所、办事处123家，从业人员3706人，有注册审计师1582人，共接受社会各方面委托累计完成审计查证、咨询服务项目226221项，核减基建预决算金额119029万元，核减虚假注册资金115700万元，为委托单位追回损失金额159442万元，促进提高经济效益26475万元，培训会计、审计人员10929人，为改革开放和建立维护社会主义市场经济秩序做出了积极贡献。

按照有关规定，至1999年年底全省挂靠各级审计机关的审计（会计师）事务所全部与主管审计机关脱钩，成为非公有制的社会中介组织。

第四节 审计署驻成都特派员办事处

1988年4月，根据《国务院办公厅转发审计署关于在部分城市增设审计特派员报告的通知》，审计署在成都等8个城市增设审计特派员。审计特派员由审计署委派局级干部担任，实行垂直领导。同年7月，审计署《关于设立审计特派员及其办事处有关问题的通知》：办事处内部机构设置，由审计特派员根据工作需要，本着精干、效能的原则提出，报经审计署批准后执行。组建初，成都办暂设办公室、人事处、审计一处。1989年2月，按审计署批复，设办公室和审计一、二、三处；同年10月，按审计署批复增设人事教育处、审计四处。1990年8月，按审计署批复增设审计五处。1991年6月，按审计署批复增设审计六处。1993年2月，按审计署批复增设金融审计处。

1995年9月，按审计署《关于印发审计署驻成都特派员办事处职能配置、内部机构和人员编制方案的通知》，设办公室、综合处、财政审计处、金融审计处、固定资产投资审计处、工业交通审计一处、工业交通审计二处、商贸审计处、外资行政事业审计处、人事教育处和机关党委。

1996年9月，按审计署批复成立机关服务处。次年12月，按审计署批复成立机关服务中心。机关服务处和机关服务中心实行一套班子，两块牌子，对内是机关后勤，对外有偿服务，并承担成都办授权管理的资产经营业务等。

2000 年 3 月，成都办特派员会议决定：撤销综合处，业务并入办公室；办公室的行政后勤工作划归机关服务中心；撤销工交审计处、商贸审计处和财政审计处、金融审计处。保留固定资产投资审计处、人事教育处、机关党委办公室、机关后勤服务中心。成立经贸审计处，财政审计一处，财政审计二处，金融审计一处，金融审计二处，行政事业审计处，农业与社会保障审计处。次年 3 月，成都办党组会议决定成立法制处和计算机审计处。

根据《国务院办公厅转发审计署关于在部分城市增设审计特派员报告的通知》，审计特派员根据审计署授权，对驻在省及邻近地区中央各部门所属企事业单位进行审计监督，并直接向审计署报告工作。同年，审计署《关于设立审计特派员及其办事处有关问题的通知》确定主要任务：负责对驻在省、直辖市中央直属企事业单位和中央投资的大型基本建设项目的财务收支及其经济效益进行审计；参加审计署组织的对省、自治区、直辖市及计划单列市财政收支审计；配合地方审计机关，对重大的带倾向性财政财务收支问题审计调查；办理审计署交办的重大审计事项。

1995 年，审计署《关于印发成都特派员办事处职能配置、内设机构和人员编制方案的通知》规定成都办主要职责任务：按照审计署计划安排，对省、自治区、直辖市和计划单列市政府预算执行情况和决算，以及预算外资金的管理和使用情况，进行审计监督。按照审计署计划安排，对中央银行分支机构的财务收支，国有金融机构的资产、负债、损益，进行审计监督。对审计署授权的中央部门所属行政、事业组织的财务收支，国有企业的资产、负债、损益，进行审计监督。对审计署授权的中央部门所属国家建设项目的预算执行情况和决算，国际组织援助、赠款和贷款项目财务收支，进行审计监督。对审计署授权的其他事项，进行审计监督。

1997 年 3 月，审计署《关于明确各特派员办事处审计分工范围的通知》规定，成都办审计邻近省（自治区、直辖市）及计划单列市范围是：驻在省及重庆市、西藏自治区。

第二章　审计法规与规章

第一节　地方审计法规规章

1983 年，审计机关建立，审计法制工作及职能由机关相关内设机构兼顾。1989 年 12 月省审计局设立专门机构负责法制工作，其主要任务是：负责地方审计法规规章的草拟；参与研究制定财政经济方面的法规和政策，提出有关建议；承办审计复核、复议和申诉事项，提供相关法律咨询服务；实施对本级机关各业务处和下级审计机关行政执法的监督检查等。

1985 年 7 月，省审计局党组向中共四川省委呈送《关于加强审计监督保证和促进经济体制改革的报告》，报告提出：在整党中进一步端正审计工作的业务指导思想；按照抓党风促改革的要求，明确审计工作的新任务；加强队伍建设，尽快完成打基础工作；加强领导维护审计工作的严肃性。同年 8 月，省委办公厅批转各市（地、州）、县委、省级各部委、省级各部门党组以督促审计机关认真贯彻执行。

1991 年 5 月，省审计局会同省政府法制局制发《四川省审计行政应诉管理暂行办法》。办法共 6 章 42 条，旨在更好地贯彻执行《中华人民共和国行政诉讼法》《审计条例》，对本级行政区内各级审计机关参与行政诉讼实行有效的组织和管理，维护合法的具体审计行政行为，要求审计机关参与行政诉讼，坚持以事实为依据，以法律为准绳，维护国家利益、社会公共利益和社会主义经济秩序，指导和管理审计机关及其工作人员接受人民法院的监督，怎样参加应诉，正确行使法定权利和自觉履行法定义务。

1991 年 5 月，省审计局发出《关于审计工作为改革开放、搞活企业服务的几点意见》，重申并提出以下具体意见：尽量避免对企业的重复检查；在抓重点企业的审计中，要紧密同企业开展“质量、品种、效益年”活动相结合，进一步改进和深化审计工作；在依法审计的同时，要注意认真坚持生产力标准；在对企业经营承包责任审计中，务必客观公正；随着对外开放的扩大，引进外资项目增多，各级审计机关要进一步加强和改进外资审计工作；基本建设审计要认真贯彻治理整顿、深化改革方案；加强审计质量和效益的考核。

1993 年 4 月，省审计局制定《审计案件审理制度》，制度规定审计案件划分为重大案件和一般案件。重大案件须经案件审理会议审定。审计案件由法规处复核审查，审核违纪事实是否清楚，取证材料是否齐全合规，运用法规是否准确，处理处罚是否恰当，是否执行了规定的审计程序，案件审理会议按照民主集中制和首长负责制原则，对审计有关事项作出决定。

1996年1月，省政府办公厅印发《关于严肃财经纪律严格执行审计决定的通知》，通知要求：各被审计单位必须严格执行审计决定；经催促执行审计决定仍无效时，按照《违反财政法规处罚暂行规定》的规定，对应上缴财政的违纪违规金额和罚款应从超过执行期起加收滞纳金。同时追究被审计单位领导的直接责任。财政、税务、银行等部门协助审计部门执行审计决定是应尽的职责。对催收无效时，与财政有缴款关系的单位和地区应实行财政扣缴的办法，与财政没有缴款拨款关系的单位和地区则实行由银行扣款的办法。

1998年12月，省委、省政府印发《关于加强和改进全省审计工作的意见》，意见提出：坚持以邓小平理论为指导，明确审计工作基本方略。深入贯彻《审计法》，加强对审计工作的领导。加强和改进审计业务工作，进一步提高工作质量。审计工作要由较单一的查错纠弊向查清和全面反映情况，积极反馈信息发展；由较单一的事后审计向事前、事中、事后的全过程审计发展；依法对被审计单位财政、财务收支的真实性、合法性和效益性进行全面审计，提高审计工作法制化、制度化、规范化水平，加快审计手段的现代化进程。理顺经济监督关系，强化审计执法力度。加强领导班子建设，从严治理审计队伍。加强干部培训工作，不断提高人员素质。

1999年，省审计厅组织人员开展固定资产投资审计立法调研

1999年6月，省人民政府令第127号颁布《四川省国家建设项目审计办法》，办法共7章27条。办法规定在四川省行政区域内进行的国家建设项目以及有关建设、设计、施工、采购、工程监理等单位与国家建设项目直接有关的财务收支，应当依法接受审计监督。办法对国家建设项目开工前、对建设期较长的大中型国家建设项目，在其已开工、尚未办理竣工验收和交付使用的阶段进行在建项目审计、以及竣工决算审计的内容作出明确的规定，并规定了审计机关和被审计单位应负的法律责任。

2000年7月，省人大常委会公告第33号颁布《四川省财政收支审计条例》，条例共17条。条例规定县级以上各级人民政府审计机关依法对本级财政预算执行情况和其他财政收支、下级政府财政预算执行情况、决算和其他财政收支进行审计监督。审计机关依法独立开展财政收支审计工作，不受其他行政机关、社会团体和个人干涉。各级审计机关应当每年向本级人民政府和上一级审计机关提出本级财政预算执行和其他财政收支的审计结果报告。县级以上人民政府应当每年向本级人民代表大会常务委员会提出审计机关对财政预算执行和其他财政收支的审计工作报告。审计工作报告必须真实反映审计期间的基本情况和问题。对审计出的问题应当提出处理意见，并根据人民代表大会常务委员会的审议意见和要求报告处理结果。

1998年，全省审计机关建立了行政执法责任制并推行实施。通过实践和根据国家发布、修订的法律、法规、规章，省审计厅于2002年9月重新制发了《四川省审计机关行政执法责任制》，制度规章共 18 个：《四川省审计机关行政执法责任制实施方案》；《四川省审计厅行政执法责任制度》；《审计行政执法主要依据目录》；《四川省审计机关审计规章和规范性文件制定程序及备案制度》；《四川省审计机关审计法律、法规、规章请示答复制度》；《四川省审计机关重大审计事项审理制度》；《四川省审计机关审计执法文书管理制度》；《四川省审计机关审计项目复核制度》；《四川省审计机关审计行政执法证管理办法》；《四川省审计机关审计人员执法教育培训制度》；《四川省审计机关审计人员考核制度》；《四川省审计机关行政执法错案责任追究办法》；《四川省审计机关审计项目质量监督检查办法》；《四川省审计执法人员违法违纪投诉受理制度》；《四川省审计执法人员违法违纪案件查处制度》；《四川省审计机关行政执法责任制考核办法》；《四川省审计机关审计业务工作考核办法》；《四川省审计机关行政执法责任书（格式）》。

2005 年，省审计厅制发《审计执法过错责任追究制度》（以下简称《制度》），共 5 章 27 条。《制度》规定省审计厅工作人员违反审计、财经法律、法规、规章的规定履行审计执法职务、实施审计具体行政行为，应当承担审计执法过错责任并予追究。违法履行审计执法职务、实施审计具体行政行为包括：依法作为而不作为，依法不应作为而作为。《制度》对审计执法过错责任划分为直接责任、审核责任、领导责任。审计执法过错责任具体划分为 15 类情况，视情节分别追究审计执法过错责任。制度规定追究责任处理方式：责令改正错误；告诫、批评教育；责令作书面检查；通报批评；暂扣或吊销行政执法证件；暂停审计组组长职务，或者取消担任审计组长资格；取消当年评优秀、先进资格；扣减当年目标奖 30%—100%；停职培训、转岗或待岗。并按《制度》规定的程序办理。

第二节　审计工作规范化建设

1994 年，省审计局先后几经补充修改制发了《四川省审计工作程序实施办法》（以下简称《办法》），《办法》规定审计程序包括审计准备、审计实施、审计报告及其审定、审计结论和决定的作出与执行、复议申诉事项的办理、审计事项的移送以及审计保密和审计档案等。要求审计机关办理审计事项必须按程序办事。在执行有关审计保密规定的前提下，应当将审计立项依据、查证事实、处理依据和结果、有关权利、义务告诉被审计单位。省审计局先后还制发了《审计案件审理制度》《审计质量管理制度》《审计回访制度》《审计人员守则和审计工作纪律》。这些规章制度的制定和执行，保证了审计执法有章可循，操作规范，对审计规范性文件的制发和项目审计的全过程实施有效监督。省审计局法规处在总审计师直接领导下，认真把好“五关”：一是严格工作程序，坚持操作规范，认真审核事实依据和取证材料，切实做到立项有据，取证完整，证据充分，事实清楚，把好“取证关”。二是在规范性文件的拟定和项目审计的定性处理上，坚持法律法规引用恰当，定性准确，处理实事求是，有明确规定的，不得随意变通。重大案件的审计结论和决定与《审计案件审理会议纪要》相符，把好“政策关”。三是严格行文规定，切实做到行文规范，用词准确、清晰，主题明确，逻辑分明，把好“文字关”。四是坚持做到审计事项案结卷成，项目档案要素齐全，资料合规、完整、规范，把好“档案关”。五是与综合处、办公室配合，开展审计执法检查。省审计局和各级审计机关都按制度把执法考核纳入年度工作目标，把好“考核关”。

1995 年，审计署制发了《关于在全国实行统一审计文书格式的通知》，制定了 15 种统一的审计业务文书。省审计局结合审计工作实践，进一步完善了相关的要求和规定。

1997年根据审计署《中国审计规范》的要求，省审计厅制发了《关于印发审计工作底稿等业务用纸的通知》，在继续贯彻执行有关规定的基础上，省审计厅进一步规范了审计工作底稿、审计复核意见书等审计业务用纸使用的要求。

1999年，依据《国家行政机关公文处理办法》和《审计署关于审计机关公文处理的规定》，省审计厅对施行的审计公文及审计业务用纸进行了清理、完善和补充，重新制定了一套审计业务公文及审计业务用纸格式，规范了17种审计业务公文、21种审计业务用纸格式。

2004年，根据审计署6号令要求，省审计厅将《重大审计事项审理制度》修订为《四川省审计厅审计业务会议制度》，实行审计组、一般审计事项、重大审计事项审计会议制度。特别强调现场审计结束后，审计组必须召开会议，讨论对问题的定性、处理和处罚建议并作出详细记录，避免个别不召开小组会或召开小组会未作出记录的随意性现象，增强审计组成员的责任心和防范风险意识。

2005年，根据审计署的要求，省审计厅在全省范围内全面部署开展“严谨细致、提高质量”年活动。将抽查市（州）审计局129个审计项目案卷中发现的问题整理归类予以通报。要求审计工作计划、方案、实施、取证、定性处理、报告、对外公告七个主要环节要严谨细致。在审计项目实施中做到“八个不能错”：一是程序不能错，坚持程序、实体并重，程序合法；二是问题的事实不能错，坚持以事实为依据，实事求是；三是定性不能错，坚持不枉、不纵定性准确；四是法律法规的引用不能错，坚持以法律为准绳，适用法律法规准确；五是审计处理处罚不能错，坚持执法必严、违法必究；六是基本评价不能错，坚持客观公正、实事求是；七是数据不能错；八是文字表述不能错，坚持职业谨慎原则，树立严谨细致的工作作风。

第三节　普法工作和审计质量考核

自1991年开始全省审计机关组织开展“二五”“三五”“四五”普法宣传教育活动，各级审计机关均成立了普法领导小组。省审计局（厅）在普法宣传教育活动中均制发了《关于全省审计机关开展专业普法教育五年规划的具体实施方案》，对普法宣传教育的目标、内容、方法、步骤、时间、考核要求及年度任务都作出了统一部署。各级审计机关采取集中学习、请专家授课、知识竞赛、出版专刊、信息报道等多种形式，广泛开展法治宣传教育活动。“二五”普法期间，1994年8月31日《审计法》颁布实施，全省开展了一次具有一定声势和规模的宣传学习活动。9月10日省审计局召开了有13个中央、省、市驻蓉新闻单位和省人大、省政府、省司法厅、省法制局负责人70余人参加的“审计机关新闻单位《审计法》宣传联席会”。9月18日全省统一开展了《审计法》宣传日活动。9月21日以省人大、省政府名义召开了有省级86个厅局和五行一司主要负责人参加的“省人大、省政府宣传贯彻《审计法》”大会。在《审计法》宣传活动中，全省各级地方领导发表署名文章867篇，电视讲话94人次。接受人民群众咨询6.8万人次，制作宣传栏3万多块，印发《审计法》单行本6万册，散发宣传材料57种，185万余份，审计法知识答卷1万余份。1996年以来，在“三五”普法期间，全省审计人员重点学习和掌握《宪法》《审计法》《中华人民共和国国家赔偿法》《中华人民共和国行政处罚法》《行政诉讼法》《中华人民共和国审计法实施条例》等“十法、三条例、二准则”。根据不同层次、不同范围、不同对象采取灵活多样的学习、培训方法。全省参加普法学习的审计人员3626名，占应参人数的99.88%，并全部通过考核、考试，取得了优异的成绩。在狠抓宣传教育的基础上，各级审计机关还结合实际，检查总结执法中存在的问题和薄弱环节，及时研究解决办法，凡以前订立的审计工作规章制度不符合现行法律法规和审计规范的一律进行修改。省审计厅先后研究制定了《四川省审计机关行政执法责任制》及其15项配套制度。

2001年，开展“四五”普法活动以来，全省审计机关普遍建立起普法规划和学法制度。省审计厅先后组织培训班6次，培训审计人员1000余人，并以此为骨干带动各级审计机关狠抓了新《宪法》《审计法实施条例》《中华人民共和国行政许可法》（以下简称《行政许可法》）以及审计署5号、6号令为重点内容的学习教育活动。各级审计机关还组织参加当地政府、人大组织的学习法律知识活动，如：除年度换发《中华人民共和国行政执法监督检查证》之前，例行参加当地政府法制办组织的《行政许可法》授课培训考试外，还相继参加了《人民代表大会制度知识竞赛》《四川省百万公民宪法知识竞赛》《全省“四五”普法法律知识考核》等活动。审计法制工作受到审计署、四川省委、省政府的充分肯定，被审计署表彰为全国审计系统“二五”“三五”“四五”普法先进单位，被省委、省政府表彰为全省“三五”“四五”普法先进单位。1997年至2005年连续被省政府表彰为“行政执法责任制工作先进单位”。

1993年，省审计局开始探索开展审计复核审理制度的工作，特别是1993年新旧会计制度对接和1994年新旧税法交替，被审计单位容易出现技术操作错误或故意舞弊行为，审计人员也容易发生差错。严把审计质量关是审计执法的重点。1994年省审计局法规处共审核省本级审计文书、审计项目255件，其中审计文书101件，审计报告80件，审计结论与决定74件。有2/3以上的审计报告、审计结论与决定经反复探讨研究，其中因审计事实不清、适用法律法规不当、数据差错、结论与决定不妥等重大问题上被修改的有70余件，依法提出需要处理处罚建议的50余件。省审计局还检查了23个市（地、州）审计局69份不同内容的审计项目档案，抓住“实体法的正确引用”“强化审计执法力度”“依法结论和依法处理、处罚”三个重点，改变了过去重视程序法，忽视实体法，审计执法软弱无力，失之过宽，以及不依法结论和处理的状况，从而提高了依法审计的力度，促进了审计质量的提高。

1995年是《审计法》实施第一年，各级审计机关在审计事实和引用法律、法规等实质问题上，坚持分析研究、实事求是、客观公正，严格把好法律、法规适用审核关。省审计局法规处审核本级审计文书248件，依法提出需要处理、处罚建议80余件。1998年，省审计厅制发《审计项目质量检查暂行办法》，将审计项目质量检查纳入年度审计工作计划，按计划组织实施考核检查。1999年，全省审计机关在全面推行审计行政执法监督责任制，层层落实责任目标的基础上，坚持审计项目组长负责制，按照“项目主审—审计组长—业务处（科、股）长—专（兼）职复核人员和机构—分管厅（局）长五级审计业务复核审理的要求，严把审计质量关。2000年至2005年省审计厅法规处复核审理本级审计项目500个，复核审理审计文书1396份，提出复核意见528条。2004年，省审计厅把平时复核与年终考核相结合，增设每个项目复核台账。通过台账对复核后情况实施监督。同时尝试由过去较单一的单个审计项目复核，向共性问题指导并重转变，把法制工作部门复核“关口”前移，对提高审计工作质量和开展行业审计发挥了示范作用。2005年开展“严谨细致、提高质量”年活动，省审计厅提出认真开展审前调查，确保审计方案质量；推行审计日记，完整如实记录实施审计的全过程；规范审计取证，提高审计证据质量；以审计报告作为审计结果的最终载体，取消审计意见书；推行审计责任制，执行审计执法责任追究制度等方式，针对检查中发现的问题，积极进行整改，审计人员的质量意识明显提高，出现的审计差错明显减少。

第四节　行政复议、诉讼管理

根据《行政复议法》《行政诉讼法》等相关法律的规定，提起行政复议和行政诉讼是公民、法人和其他组织的合法权益，随着社会法律意识的不断增强，审计行政复议和行政诉讼案件日益增多。历年来全省审计机关法制工作机构一方面严格按照《行政复议法》及《行政诉讼法》的规定，认真审查有关案件，依法客观公正地作出处理；另一方面通过实践，认真研究、分析典型案例，以案说法，积累经验，提高审计法制工作机构和人员办理行政复议案件、行政诉讼案件的能力和水平。

1994 年发生行政复议案件 7 件，其中，维持原审计决定 2 件，撤回原审计决定 3 件。行政诉讼 2 件，1 件胜诉，1 件撤诉。

1995 年发生行政复议案件 1 件，经复议后维持原审计决定。

1996 年发生行政复议案件 1 件。省审计厅对丰都县横二路东西两段移民工程资金进行审计后，被审计单位重庆长寿渝兴基建工程公司和重庆通达国际工程贸易公司对省审计厅作出的《关于丰都县三峡工程移民办公室三峡工程库区移民资金的审计决定》不服，因而向审计署提出行政复议申请。审计署最终作出的复议决定：对省审计厅作出的审计决定中的第一、二、三项决定照常执行，第四条决定予以撤销，并重新作出审计决定。省审计厅迅速组织人员对本案进行了复议审计，在进一步查明事实的基础上，对原第四条重新作出了审计决定，被审计单位无异议。

1997 年发生行政复议案件 1 件。省审计厅完成对康定电力公司不服甘孜州审计局作出的审计决定的审计行政复议案件，省厅领导亲自赴康定，经过艰苦细致的工作，作出了复议决定：维持原决定 5 条，改变原决定 5 条，并在复议中发现了一些新的问题。此项审计行政复议完成后，省审计厅的工作得到甘孜州委、州政府的赞扬，并为以后的审计行政复议工作起到了示范作用。

2000 年发生行政复议案件 1 起。南充市审计局对南部县四建司的有关问题进行了行政复议，并作出了审计复议决定，同时上报省审计厅。省审计厅经过认真研究，根据《行政复议法》和《审计机关审计复议的规定》的有关规定，作出《关于撤销南部县四建司审计的通知》，认为南充市审计局的行政复议主体错误，决定予以撤销。

2003 年发生行政复议案件 4 件，维持原决定 2 件，变更原决定 1 件，申请人撤回申请 1 件。

2005 年发生行政复议和行政诉讼案件 3 件。

第一件是因阆中市审计局 2001 年审计一财政所发现其出纳涉嫌贪污挪用公款问题，当事人以未告知为由提出行政复议，后又对南充市审计局提起了行政诉讼。对这起复议和诉讼案件，省审计厅积极组织相关处室依法采取对策，并及时向审计署、省人大、省法制办等领导汇报有关情况，同时也向省高院反映并请示协调，后南充审计局向南充市中级法院提起上诉。

第二件是达州市万源审计局接受当地检察院委托，对一乡财政所会计和出纳进行查证，两个当事人对审计局给检察院的回函不服，向达州市审计局申请行政复议，并转而向省审计厅申请行政复议。依据《行政复议法》和《审计法》有关管辖的规定，这起复议案件不属于省审计厅行政复议的范围，因此，省审计厅严格依照法律规定，首先向当事人电话讲明省审计厅不受理的依据，并向省政府法制办汇报和备案，对此行政复议不予受理。同时，以《四川省行政执法监督条例》的相关规定为依据，对此案件进行了指导和妥当的处理。

第三件是四川省展望实业公司清算组因虚假验资问题向德阳市人民法院起诉省审计厅和四川公诚信会计师事务所要求赔偿案件。对四川省展望实业公司清算组起诉一案，省审计厅积极弄清事情的原委，与有关处室共同展开调查，在征得厅领导同意后，委托四川天润华邦律师事务所作为厅机关代理人。最后，省审计厅积极配合律师收集和出具大量有力的证据，原告撤诉。

第二篇 财政、金融审计

财政审计是审计部门有效发挥审计法定职责的主要形式，是国家审计机关第一位的工作任务。从 1983 年审计机关建立以来，四川省财政审计工作经历了一个渐进的发展过程。它从只对下级政府的财政决算审计发展为同时开展对同级财政预算执行情况的审计；从主要对财政税务机关审计发展为对所有使用财政资金的部门单位进行审计；从审计机关内部的一项专业审计发展为国家审计机关的主体工作；从单个项目审计发展为“一体化”的工作模式；从主要检查违纪违规转变为以促进规范预算管理、提高财政资金使用效益为目标的审计。

审计署于 1984 年和 1989 年先后发文明确：人民银行总行及各专业银行总行和中国人民保险总公司分布在各地的分支机构，授权地方审计机关负责审计监督；地方非银行金融机构业务活动由所在地审计机关审计监督。1993 年，审计署行文收回对地方审计机关审计人民银行在各地分支机构的授权，由审计署驻地方特派员办事处负责审计。1999 年，审计署统一组织地方审计机关对国有金融机构进行审计，实行“五统一”原则，即统一下达审计通知、执行统一审计方案、统一制定审计查出问题定性及处理原则、统一下达审计意见书和审计决定、统一制定考核验收标准。自 1985 年第一次对农业银行省分行进行财务收支审计以来，已先后开展了人民银行、农业发展银行和商业银行、保险公司、证券公司、期货公司、信托投资公司、金融租赁公司、信用社等金融机构财务收支（资产负债损益）审计，部分专业银行信贷审计，财政委托银行贷款分成收入、粮棉油收购资金、储蓄存款、利息收入、金融机构基本建设和发放贷款支持其他单位基本建设，中国银行成都分行国外贷款偿还能力等专项审计和调查。为加强金融机构管理、改善信贷资产质量，防范金融风险发挥了积极作用。

第一章　财政审计

第一节　财政决算审计

1985年，省审计局遵照审计署“边组建、边工作”的方针，选择眉山县进行财政决算试审，在审计目标的选择和审计方式方法等方面进行了探索，重点抓了核实收支、清理往来款项及企业归还技措贷款情况的检查，并抽查了部分主管部门和企事业单位的决算，查出开税收政策口子、“包税”、财政违规退库等违纪违规金额130.8万元。

1986年，按照审计署“抓重点、打基础”的方针，省审计局从有关地（市、州）、县抽调业务骨干组成审计组，对德阳市1985年财政决算进行审计。重点是审查市本级财政收支，逐项核对了财政收支和财政决算的真实性、合规性和编报的政策依据，并对德阳市财政预算执行情况进行了评估。查出违纪违规金额517.4万元。同时，会同省财政厅、省税务局制发了《在财政审计中有关问题的处理意见》。

1987年，为进一步探索财政审计的路子，报经省领导批准，省政府以川府发〔1987〕160号文件要求全省县级审计部门对同级财政开展财政决算审签制度，凡是县级财政决算必须经过县级审计部门审查并在报表上签字盖章后才能上报上级财政汇总。这项制度在四川的推行受到审计署高度重视，并向全国作了经验介绍，它是同级财政审计的雏形。同年，根据审计署“抓收入较大、影响较大的市、县财政审计”的指示精神，报经省政府同意，省审计局对成都市1986年财政决算进行了审计，查出违纪违规金额1583万元。

1988年和1989年，遵照财政部、监察部、审计署发出的《关于对地方财政收支进行大检查的联合通知》精神，全省地方财政决算审计以财政收支大检查形式进行。两年期间，省审计局对达县、内江、泸州、广元、雅安、乐山、宜宾、绵阳、阿坝9个地、市、州财政决算进行了审计，查出违纪违规金额3571万元；各市（地、州）及县审计局对722个县、乡级财政税务部门进行了审计，查出违纪违规金额18293万元，增加各级财政收入3909万元。1988年，省审计局在总结前几年财政审计工作的基础上，制定了《全省财政审计规范意见》。

1990年，省审计局接受审计署的委托，对贵州省财政进行了审计。之后省审计局又对涪陵、黔江、万县、南充、攀枝花、凉山、甘孜7个地（市、州）的财政决算进行审计，审计总金额189585万元，占全省应审总额的28.3%，查出违纪违规金额3113万元，收缴入库886万元。

1991年，省审计局直接对成都、德阳两市进行审计外，还组织其余18个地（市、州）审计局进行交叉审计。至此，除重庆市外，对各地（市、州）财政决算审计已轮审两遍。各地（市、州）审计机关对67个县（市、区）财政进行审计后，全省县（市、区）财政审计面达到150%。1991年全省财政审计共查出违纪违规金额16115.05万元，收缴财政6620万元。其中，省审计局组织的18个地（市、州）交叉审计和省审计局直接审计的成都、德阳两市共查出违纪违规金额7122.3万元，收缴省财政1284万元。为严格执法，加大处罚力度，省审计局会同省财政厅制发了《对地方财政收支中违纪问题处罚的暂行规定》，并报经省政府同意，下发全省执行。

1992年，全省完成7个地（市、州）和72个县（市、区）的财政决算审计。据省审计局对绵阳、遂宁、德阳、甘孜、宜宾、达县、自贡1991年财政决算审计结果统计，查出违纪违规金额2241万元。1993年完成内江、雅安、泸州、黔江4个地、市和50个县（市、区）的财政决算审计，查出违纪违规金额9536.57万元。审计结果显示：各地财税部门过去经常查处的问题逐渐纠正，财政决算编报质量逐步提高。分析产生违纪违规问题的原因有三个方面，一是过去屡查屡犯的老问题，主要是财政体制和财政“分灶吃饭”的原因，地方政府、财政部门从为地方争利益出发，不惜违纪违规；在收入方面尽量压低基数，隐瞒、截留、转移收入；在支出方面，虚列、多列支出，忽视了必须遵守国家统一的财经法纪，发生明知故犯的违纪违规问题。二是财政税务管理不够完善，个别人员素质不高，出现本不该出现的差错，造成违纪违规事实。同时，由于财政税务管理中预测能力较弱，不能合理安排收入和支出进度，常常出现年终突击花钱，甚至虚列支出问题。三是由于财政制度本身问题和财税新旧制度交替，新的问题不断发生，而财经制度未能跟上所致。

1994年，全省对成都、绵阳、德阳等7个市（州）和52个县（市、区）财政决算进行审计。由于新的财政体制于1994年正式实施，以1993年财政实际收支数为基数来调整财力增量和分配格局，用分税制来规范中央和地方的分配关系，涉及到中央和地方财权、事权的重新划分，由于社会经济发展受地方利益机制驱使和法规、制度不配套等因素的影响，因此也还存在一些问题和不足。审计查出违纪违规金额35127.8万元，主要是：隐瞒、截留、转移财政收入11411.71万元；漏欠国家能源交通重点建设资金、国家预算调节基金和固定资产投资方向调节税11743.9万元；越权减免税收3689.5万元；虚列支出2444.53万元；违规提取集贸税和代征代扣手续费349.16万元。全省作收缴上级财政处理金额7473.62万元（其中省审计局6460.25万元）；作同级入库处理5236.5万元。违纪违规问题的特点是：收入违纪高于支出违纪。全省收入违纪金额27497.82万元，占违纪总金额78.23%，这是财税部门从支出违纪转向收入违纪的反映，也是财政审计重点转移的体现。隐瞒、截留、挤占上级收入，特别是涉及中央、省级收入较突出。这既反映了地方在处理中央与地方、上级和下级利益关系的本位主义思想，也说明了财税管理的薄弱。违纪金额分布的地区和层次很不平衡。省审计局直接审计的项目和经济较为发达地区查处的违纪金额较大。

1995年、1996年，按照审计署统一部署，财政审计工作以开展同级预算执行审计为重点，财政决算审计的规模和范围相应压缩。1996年实施财政决算审计39个，查出违纪违规金额5471万元。审计结果显示，部分市（地）、县财政管理中主要存在预算约束不力和决算支出不实的问题。财政决算审计作为财政审计体系的组成部分，在《审计法》颁布实施、同级预算执行审计开展以后，其地位和作用仍然不可替代。它具有事后审计的客观性和全面性，更具有“上审下”的独立性和权威性，在维护国家统一财政法规、纠正挖挤上级财政收入方面作用明显。

1997年，全省共审计4个地市级和55个县级财政决算。查出违纪违规金额39720.5万元。经审计处理，市（地）、县级共增加财政收入5265.9万元，减少财政支出1242万元。其中，省对市、地审计处理收缴上级财政1740.4万元。由于每年都要进行同级预算执行审计，在财政决算审计时充分利用“同级审”的资料，以分税制体制下国家财经政策执行情况，上级预算收入征管情况，以及上级专项资金的使用和效益等为审计重点，既避免了重复审计，缩短了审计时间，也提高了审计工作效率。同时，针对“同级审”出现的处理执行难等问题，在“上审下”时充分支持下级审计机关的工作，维护预算执行决定的严肃性。已处理过的问题一般不再另作处理，对未执行预算审计处理决定的，在“上审下”时严格按照现行政策处理；对同级难于审计的单位或资金进行重点审计，对违纪违规问题严肃处理。

1998年，全省共审计4个市、州级和51个县财政决算。查出违纪违规金额54738.73万元，其中，市州级41297.46万元，占75.44%，县级13441.27万元。违纪违规主要问题：挖挤上级收入8815.25万元；应缴未缴同级预算收入7505.8万元；预算支出不合规，虚列支出1860.25万元；违规收费和自设基金967万元；挪用财政有偿使用资金和专项资金13643.97万元；违规退库679.5万元；其他21066.96万元。经审计处理，仅审计的两市就应增加财政收入10266.92万元；县级财政应增加财政收入1678万元。在财政决算审计中，强调了开展账户审计，检查预算单位在银行开立的账户与其凭证账目上的资金是否一致和全面记录反映、追踪资金分布及流向，并就其设立“小金库”、预算内转预算外、预算级次、多头开户和账务不实等违纪违规问题进行查处。加大对各级人大、政府关心的热点问题的审计力度，如扶贫解困资金的审计，民政救济和农业救灾资金的审计。同时，探索新的工作路子，对以前未接触或接触不多的财政领域进行审计，如对财政结余资金的使用、财政结转资金、地方国库的审计等。

1999年，全省审计机关贯彻省委、省政府《关于加强和改进审计工作的意见》，提出“围绕党政工作中心，打假治乱、突出重点，揭露问题，严格执法，讲求实效，强化财政、财务管理，维护经济秩序，促进经济发展，规范财政审计操作，防范财政审计风险”的财政审计工作思路，在工作中转变三个观念：一是将过去的查账审计转变为以账本审计为基础，以国家宏观经济方针政策为根本，以三个有利于为标准的财政审计思想；二是将长期的就事论事，单一衡量和处理问题的传统观念转变为以单个的审计事实为基础，采取联系的、宏观的、发展的眼光来研究、分析和处理问题的新观念；三是将财政审计中重监督、轻服务，重保密、轻揭露，重项目、轻质量转变为监督与服务，保密与揭露和项目的落实、质量的提高齐抓并进的财政审计观念。全省对2个市级、61个县级财政决算进行审计，查出违纪违规金额77782.59万元，主要问题是：隐瞒、截留财政收入12150.1万元；挖挤上级财政收入3042.28万元；预算内转预算外2998.57万元；挤占挪用专项资金13857.66万元；虚列财政收支影响平衡10217.74万元；违规使用财政有偿使用资金9087.7万元；乱收费1841.41万元；其他问题24587.13万元。审计处理收缴财政20486.7万元，归垫专项资金22945.36万元；调整账务和指明纠正等34350.53万元。

2000年，全省审计机关根据国务院领导关于“全面审计，突出重点、注意发现大案要案线索”的指示，注意把财政决算审计与预算执行审计相结合，注意把对财政部门的审计与延伸二、三级单位审计相结合，注意把发现大要案线索与规范财政管理相结合。从银行账户审计入手，以内查为基础，外调为重点，广寻线索，发现问题，一查到底。同时，由省人大颁布的《四川省财政收支审计条例》（以下简称《条例》），针对财政审计查出的隐瞒、截留、挪用上级财政收入，被审计单位不按审计意见整改或拒不执行审计决定，应纳未纳入本级财政预算收入的资金，将预算内资金转入预算外，预算外资金未纳入财政专户管理，逾期未按审计处理处罚决定应上缴而未上缴、应归垫而未归垫的财政资金等问题缺乏处理处罚依据的情况，在该《条例》中作出了具体的规定，进一步补充、完善了财政审计处理、处罚法规，加大了审计处理、处罚力度。当年，在省审计厅对乐山市和20个市、州审计机关对58个县（市、区）的财政决算审计中，查出违纪违规金额105639.96万元。通过审计处理收缴财政8279.16万元，归垫专项资金9491.62万元，调整账务和指明纠正等87869.18万元，罚款661.31万元，取消税收过渡户6个。省审计厅对乐山市财政决算审计，除对截留省级收入867.8万元进行收缴外，对市国土局挪用资金1800万元修建办公大楼的问题，责成该市政府对办公大楼作了没收处理，重新作了调剂分配，并追究了有关人员的责任。达到了严肃财经法纪、强化财政管理的目的。

2001年，全省对3个市级和47个县级财政决算进行审计，查出违纪违规金额149504.03万元，主要问题：收入方面的问题61511.76万元，其中隐瞒、截留、坐支、转移、欠缴预算收入14099.66万元；行政事业性收费等未纳入预算管理17155.59万元；违规建立基金、无依据乱收费3109.45万元；虚列收入、少报赤字7735.6万元。支出方面的问题64455.74万元，其中虚列支出13648.73万元；挤占、挪用专项资金38587.69万元；专项资金拨付不及时6099.7万元；无依据违规列报6119.62万元。财政管理方面的其他问题42947.99万元。全省审计机关在当年的财政决算审计中，针对财政收支信息失真、资金使用效益不高、财政疏于监督和管理方面的问题，加大了查处力度，遏制了财政改革中的违纪违规行为；针对挪用、滞留、截留财政资金以及私设账外账、铺张浪费等问题，注意选择了资金量大、有行政事业性收费或罚没收入、有专项资金安排使用的重点部门进行延伸审计，以保证财政资金的安全完整和合理有效使用，为实行部门预算和国库集中收付制度创造了条件。

2002年，省审计厅对成都市2001年度财政决算进行审计，查出的主要问题是：虚增预算结转，减少预算净结余32808万元，造成平衡情况不真实。违规少征税款和漏征其他收入31139.4万元。成都市地税局违规少征13家重点纳税单位税款、并且未如实上报欠税27624万元，减少当年税收收入规模；2000—2001年漏征省级文化事业建设费3515.4万元。成都市建委挪用市政建设资金6040.8万元，用于修建市建委办公综合楼；成都市统征办截至2001年年底挪用土地出让金5007.8万元，用于修建市国土局办公综合楼。成都市国土局当年收取和以往年度累计结余的土地出让金和土地收益金171448.3万元，未按规定纳入预算管理，分存于11个银行账户，当年坐支60626.94万元，形成体外循环，使国土出让金脱离了财政管理和监督。成都市国土局及所属单位未及时清理划拨、上缴土地管理

2000年，对乐山市财政决算审计后，省审计厅领导同乐山市领导交换意见

费、耕地占用税、契税、新菜地开发基金等预算收入899.5万元；长期挂账、未及时拨付返还给各区县的土地管理费2108.8万元，影响各区县财政收入及时组织入库。国土综合开发费、耕地开垦费和市建委历年收取的配套费滞纳金、统征办建设用地粮食附加、市规划局小区配套费等行政性收费收入和预算外资金未纳入财政专户管理35959.5万元。漏、欠省级收入661万元。市地税局未将税务登记证和发票工本费收入383.5万元缴入省级预算管理。对以上问题，省审计厅按照有关法律法规的规定进行了严肃处理，并要求理顺部门之间的职责，建立健全制度，从源头规范管理。

2000年，省审计厅审计组在财政审计现场查阅资料

2003年，省审计厅对南充、达州市本级2002年度财政决算进行了审计，查处主要问题：截留、漏缴和滞留省级财政收入，主要是将部分省级收入调入市县级收入，以及不征收和征收后少划缴省级收入等1028.8万元。如达县地税局将已入库的资源税、一般营业税352.6万元，调整为企业所得税，将金融营业税67.1万元，调整为一般营业税，又以改变税种入库方式，将县局征收和市稽查局下划的资源税、一般营业税、金融保险营业税、交通建设费附加1576.8万元，以"其他收入"和"罚没收入"等缴入县级金库，造成截留省级收入610万元。违规收费和向社会集资等。如达州市继续收取已经取消的供水发展基金561万元；南充市在未报经批准的情况下，决定由有关部门在办理建筑安装工程审批、土地转让、车辆年审、工商年检和发放职工工资中，向行政事业单位、企业、个体工商户、职工个人等筹集青居电站建设资金，截至2003年7月，共集资8921万元；南充市北湖宾馆违规向部分单位和个人发行代币券963万元，按同等面值人民币到北湖宾馆消费使用，用以冲抵借款和工程欠款。挪用专项资金，主要是将拆迁土地安置补偿费、住房资金用于自身经费开支和对外借款等。如南充市国土局将土地安置补偿资金650万元借给兰迪公司，实际用于市国土局修建办公楼和南充大酒店；达州市财政局将住房资金用于对企业、单位借款1733万元，由于企业改制、破产等原因而使借出资金收回困难。预算外资金未纳入财政专户管理，主要是土地开垦费、拆迁安置补偿费存留于国土部门，未按规定纳入财政专户管理，涉及金额15393.8万元。以上问题，省审计厅已按法律、法规规定进行了处理。两市进行了积极整改。达县地税局问题揭露后，省地税局在全省系统内作了通报批评；达州市地税局对达县地税局局长给予免去其局长职务的处理和行政记过处分，并追究了其他相关人员的责任。

2004年，省审计厅对泸州、自贡、乐山、资阳4市本级2003年度财政决算进行了审计，查出主要问题是：部分预算收入未纳入预算管理30200万元。4市均存在此问题，包括国有资产产权转让收益8723万元，出租车经营权有偿使用费13450万元，以及部分单位的罚没收入和行政性收费8027万元，未纳入预算管理，大部分已被直接安排支出。挤占挪用专项资金8728万元，有3个市将省对县的专项转移支付资金计2984万元用于平衡市级预算缺口；4个市一些部门将专项资金6744万元安排作其他支出。截留省级财政收入955万元。4个市本级及部分县均存在此问题，主要是人为改变入库税种截留省级收入、专项收入征收后不划或少划省级收入，如4市将部分金融营业税以一般营业税入库，从中截留了省级收入407万元。支出挂账累计25247万元，导致决算未能客观反映收支平衡情况。有3个市存在此问题，其原因主要是对历史遗留问题无力消化，当年支出超过可用财力可能，以及追求当年决算编报平衡所致。

2005年，省审计厅对南充、巴中两市2004年度财政决算进行审计，查出主要问题：截留、漏征省级财政收入674.7万元；挤占、挪用专项资金4929.6万元；虚报项目获取省专项资金553万元；未纳入预算管理资金19700万元等。同时，还发现南充市经济技术开发区管委会、建设局将代征的税款308万元截留用于基建支出、安置供养人员和经费开支等。巴中市地税局直属分局管理混乱，部分以现金方式征收的税款违法存于7个私人储蓄存折，部分票证被销毁、遗失。该分局原财务科长陈某等人涉嫌从中贪污私分巨额税款。经审计移送有关机关处理，4名涉案人员被追究刑事责任。在审计查处此案过程中，还发现中国银行巴中分行营业部不仅存在违规办理转账结算行为，该部吴某等人还受陈某之托向审计组提供虚假现金进账单。对此严重违反金融规章制度和阻碍审计工作开展的问题，省审计厅已及时将违纪情况移送有关部门，责任人员受到了严肃处理。

第二节　财政预算执行审计

1993年，省审计局确定16个市（地、州）审计局对16个县级财政1993年1—7月预算执行情况进行审计，并制发了《关于对1993年财政预算执行进行审计的通知》，对审计目的、审计重点、审计方法和要求做出了较为详细的规定。也是预算执行审计工作的一次试审，为以后实施同级预算执行审计摸索了经验。

1995年、1996年，为贯彻落实《审计法》，省审计厅组织全省243个审计机关4400多人次，占全省审计人员94%，分两次对省本级及各市（地、州）、县（市、区）1995年度预算执行和其他财政收支进行审计。其中，省本级财政1995年度预算执行和其他财政收支审计主要涉及省财政厅、地税局、国资局等单位，审计发现的主要问题：

预算执行中的问题：应缴未缴预算收入5557.3万元，包括省财政厅在省信托投资公司的拨款过渡户的利息收入、基建拨款未及时入库等；省财政厅未按预算管理有关规定安排使用财政资金1010万元；未按财政部规定行政性收费作列收列支管理，虚列支出272.6万元；预算支出安排科目使用不当2786万元；外债还贷准备金18453万元未按照相关规定管理。

其他财政收支问题：设立财政周转金超过规定比例，规模过大，资金存留较大；部分基金、周转金借款逾期率高、回收难、部分形成呆滞借款，借款管理不规范、程序不符，财务管理和会计基础工作较差；将财政资金转作定活期存款3440万元；未按预算及规定设立周转金和基金2690万元；周转金的投放使用超过规定范围950万元；省农发办多提农发资金业务费38万元。

税收征管方面存在的问题：省地税局直属分局违规、越权减免部分企业所得税；征管不严导致漏欠国家税收，其中11个单位漏欠投调税1972.05万元。

其他问题：财政厅未按《中华人民共和国预算法实施条例》制定省级预算收支管理具体办法；应拨未拨棉花价差款500万元存于省信托暂存账户；预算外资金财政专户储存资金的融通比例偏高，占省本级预算外资金总量的比重较低；应转未转国家股本金3581万元；延伸审计部分单位发现违纪金额723.99万元；省地税局将粮食风险存款利息收入56.7万元单独存储，另账反映。对审计查出的问题，审计机关按照《审计法》《预算法》《违反财政法规处罚暂行规定》，结合四川省实际逐条进行了纠正处理。相关部门非常重视、积极落实，而且在完善规章制度和加强内部控制等方面作了大量工作。

1997年，省审计厅重点检查了省财政厅、省地税局及其直属分局1996年度预算执行情况，以及省计委、省经贸委、省科委当年基本建设、企业技术改造、科技三项费用等专项资金使用情况，并对省信托投资公司、省建设信托投资公司占用财政预算资金情况进行了调查核实。

对省财政厅、省地税局审计中发现的问题：应收未收和入库不及时，影响当年预算收入5052.9万元；预算资金被有关单位长期占用16210万元；财政将拟安排的省技改项目借款贴息资金3000万元从“企业挖革改资金类”科目列支，存周转金暂存账户，未作结转；未及时清理往来款项226.9万元；在省级财政累计预算赤字、且周转金规模已超出财政部规定的控制比例的情况下，全年仍以预算支出安排财政各项周转金、基金37484万元；无依据设置“科技三项费”周转金一项，年末余额4148.7万元；“交通建设附加”等专项收入年末仍有余额10476.6万元未及时清算、返还各地市和拨付到相关部门。

对省计委审计中发现的问题：收回基本建设拨改贷资金964.1万元未缴入省级金库；违规改变预算资金用途1374.6万元；有偿借出“小集镇建设周转金”债权脱离单位预算内外管理134万元；委机关和设在计委的各办公室银行开户数达55个，资金管理分散。

对省经贸委系统审计发现的问题：项目计划安排滞后，造成财政资金滞留7250万元，影响当年预算支出不真实2574万元；无依据收取企业管理费36万元，未纳入机关预算内外核算；省经济技术担保公司本年应缴未缴所得税343.64万元，违规使用财政专项资金642.4万元；委机关银行开户23个，资金管理较分散。

对省科委审计发现的问题：虚列支出转作预算外管理使用182万元；将“科技三项费”“攀西基金”等转作预算外管理使用54.4万元，脱离单位预算内外管理24.5万元。

其他问题：省信托投资公司1996年欠缴财政资金利息和占用费885.4万元，省建设信托投资公司1994—1995年两年应缴未缴财政投资分红319.4万元。对审计查出的问题，省审计厅根据《审计法》关于同级预算执行审计处理程序，报经省政府批准后，分别做出了相应处理，对问题资金及时补缴入库，或归还原资金渠道，或抓紧清算拨付，各单位对银行开户问题按照相关规定严格进行了清理、撤并，同时加强政府部门预算的监督，最大限度发挥预算资金的使用效益。

1998年，省审计厅对1997年度省本级预算执行情况及其他财政收支情况进行了审计。省财政厅存在的主要问题：未完成省委、省政府确定的省级1997年度消化财政赤字1000万元的奋斗目标，实际消化历年滚存赤字3722万元；专控商品附加费列支不当；政府性基金未及时、全面按规定纳入预算管理；省级财政周转金规模为可用财力的33.59%，超过最高控制比例（25%）；将省本级支农周转金以奖励形式分配各地项目资金1500万元；建设用地粮食附加未纳入粮食风险基金专户管理；下级改变项目资金使用用途；专项资金拨付不及时2976万元。人行省分行地方国库办理1997年省级预算资金收纳拨付业务中存在的问题；将1998年财政预算收入3400万元误作1997年度决算收入；对银行机构进驻办税服务场所监督审批有待加强；对纳税大厅税款收纳划解业务的监督应加强。省地税局存在的主要问题：无依据收取投调税零税率保证金103.2万元；耕地占用税未入库136.8万元；建设用地粮食附加未纳入省级粮食风险基金统一管理；“耕地占用税周转金”核算不规范；农业税丰欠调节基金管理上存在多提取业务费、基金存款利息收入未转入基金本金、基金借款合同不规范；未及时划转有关税费188.6万元；代征代扣手续费支付不合规；通过税收延伸专项检查还发现：漏征投调税184.91万元；漏征营业税及附加129.1万元。省国资局未及时对上市公司配股权转让收入375万元催收入库。

1999年，对省林业厅预算执行情况进行延伸审计，抽查该厅直属10个事业单位

1999年，省审计厅重点审计了省财政厅、省地税局、省国资局组织执行1998年度省级预算执行情况和其他财政收支情况，同时对省林业厅、省科委、省信托投资公司、省建设信托投资公司以及全省建委系统1998年度的财政、财务收支情况进行了审计和审计调查。

对省财政厅审计发现的主要问题：无项目结转、影响财政净结余942.4万元；对省信托投资公司和省建设信托投资公司决算批复不当；预算收入未及时收缴入库1741.6万元；与有关单位对账不及时，造成往来账务不符；专控商品附加费未并入预算外专户储存。

对省地税局审计发现的主要问题：减、免、缓税工作需要进一步规范；税收报表数据反映不完整；局机关经费管理分散；各地以前年度归还和上缴省局的周转金、征收经费等25.35万元未清理收回入账；多提手续费19.4万元。

对省国资局审计发现的主要问题：审批国有资产产权转让内容不完整，收益监缴力度有待加强；预算收入未解缴入库130.3万元；预算外资金未纳入财政专户储存73.7万元；违规设立“小金库”；违规修建机关招待所；财政资金使用效益差。

对省级其他部门单位审计发现的主要问题：挤占、挪用专项资金1125.2万元；虚列支出416万元；部分资金未纳入单位财务统一核算管理780.6万元；收取的专项基金485.5万元未作收入而长期摆在“其他暂存款”挂账；违规将财政拨款120万元转为银行定期存款；预算外资金5447.5万元未按规定缴入财政专户管理；周转金占用费收入418.2万元长期转入本金周转使用；违规办理存款业务11.93万元；贷款质量不高，不良贷款比重较大；投资业务效益不高，收益率低；证券业务中存在不合规行为；收入缴库不及时。

省审计厅组织各级审计机关对全省建委系统1998年度的财政、财务收支情况进行审计，查出违规收费1602.5万元，应缴未缴国库和未纳入财政专户管理资金25809.4万元，隐瞒、坐支收入

1940.1万元，挤占挪用专项资金2138万元，设立“小金库”金额254.5万元。两名人员涉嫌经济违法，移交有关部门处理。

针对上述问题，审计部门按照《审计法》《预算法》《税收征收管理法》和有关法律、法规进行了处理，并要求有关部门进一步强化和规范财政预算管理，严格税收执法，加强会计核算和财务监督，提高财政资金使用效益。有关单位和部门按照审计要求积极落实整改，进一步规范和完善各项管理制度与规定。

2000年，省审计厅主要检查了省财政厅、省地税局、省计委、省经贸委组织1999年度省级预算执行情况，并对省农业厅、省国土局、省环保局和省乡镇企业管理局等单位执行支出预算和财政财务制度情况进行了审计。对省财政厅的审计发现：“攀西基金”支出结转不合规；未执行专款专用188万元；预算收入未及时入库289万元；基本建设支出预算执行进度较慢；违规继续发放财政周转金；对省级部门预算资金使用情况的监督和预算外资金转出管理有待进一步加强；在对个别地区国债资金安排拨付情况的延伸审计中发现，至1999年底尚有15217万元国债资金滞留在财政环节。对省地税局的审计发现：未及时上缴省财政专项收入2210.7万元；规费收入未严格实行收支两条线管理；未及时解缴预算收入248.7万元；对农税丰欠调节基金的使用缺乏监督，其中250万元被基层税务局借给其他单位有偿使用；通过对全省范围核减农业税任务基数落实情况的专项审计调查发现，其中有1686953亩核减农业税未落实到位，当年仍征收农业税7648.6万元，客观上加重了乡镇和农民的负担。对省计委的审计发现：部分投资计划安排审批手续不完善；部分专项资金未纳入机关财务统一管理；挪用公款归个人使用；固定资产管理不严格，形成账外资产55.8万元；应缴未缴财政基建资金利息收入23.68万元。对省经贸委的审计发现：技改项目计划安排不当；财政专项资金未及时拨付到位；对安排的技改和贴息资金使用情况缺乏监督、检查，项目资金650.4万元被挪用；占用企业资金1030万元用于委机关职工宿舍修建；将专项资金17.5万元用于办公室装修。对其他部分省级部门和单位审计发现：挤占挪用专项资金521.6万元；挪用项目资金支付出国费用31.2万元；虚列支出688.3万元；拨付专项资金不及时134.3万元；应缴未缴各项税费211.7万元；将财政资金转为储蓄650万元。省审计厅根据省人大常委会的要求，对省科技投资公司资产、负债情况进行了审计发现：违规拆借资金819万元；违反审批程序、擅自转让国有资产；投资效益差，潜亏数额大。对上述问题，省审计厅按照有关法律、法规的规定做出了处理，对各项问题资金要求限期归垫、缴纳、拨付等，部分问题移送省纪委进行处理。各单位积极纠正，收到了较好的效果。

2001年，省审计厅对2000年度省本级预算执行和其他财政收支情况进行审计，主要涉及省财政厅、省地税局、省水电厅、省经贸委、省农科院、省卫生厅、省科技厅、省教育厅、省文化厅等单位和部门。省财政厅的主要问题：未执行专款专用原则960万元；滞留和未及时拨付项目专项资金8232万元；预算结转不合规550万元；违规使用住房公积金406万元；预算资金拨付渠道不合规260万元；基建存款利息等40.3万元未作预算收入；基金预算收入未纳入预算管理197.6万元；专控商品附加费9385万元和职工教育费2023万元多头开户，核算分散；财政周转金清理回收工作未按计划进度完成，且清理收回的资金使用不够规范和及时。省地税局的主要问题：违规批准缓税和缓税到期未征收入库4071万元；未按税收稽查决定予以追缴入库的税收1858万元；违规返还耕地占用税，减少省级预算收入72万元；未纳入财务统一核算管理的资金588万元；违规提取管理费66万元；固定资产未入账核算管理，形成账外资产100万元。其他省级部门、单位的主要问题：挤占挪用专项经费2008万元；乱收费和设置“小金库”424万元；未纳入财务统一管理资金1143万元；虚列支出1654万元；违规集资680万元；应缴未缴各项税收及附加681万元；预算外收入未纳入财政专户管理2701万元。从总体上看，《审计法》实施以来，经过几年的预算执行审计，省级各部门认真贯彻国家统一的财政政策和财政法规，重大违规违纪问题明显减少。对审计中发现的问题，有关部门和单位高度重视，认识和整改措施到位，审计效果明显。

2002年，省审计厅主要检查了2001年度省财政厅组织省级预算执行情况、省级国库办理预算资金收纳拨付情况、省地税局税收征管情况，并对省交通厅、省教育厅、省司法厅、省粮食局、省农机局、省就业局、省移民办以及省技术监督局（包括十八个市局）执行支出预算和财务收支情况进行了审计。针对财税管理中存在的主要问题，分析和把握其成因，提出具体解决问题的措施，为促进和完善财税改革提供宏观层面的决策参考和建议。

预算编制方面存在的问题及原因：一是预算编制粗，支出预算未完全具体到项目和支出单位。二是部门预算不完整。如省级基建投资预算和省技改资金仍采取切块给计委和经委的办法管理，未纳入部门预算。三是预算内外资金有机结合不够，统筹安排使用程度较差，未形成真正的综合财政预算。四是部门预算约束力较差，单位执行随意性大。其原因：一是传统的预算编制方法根深蒂固，预算组织部门和预算执行部门管理水平有待提高。二是对财政部门而言，预算编制粗带来预算分配透明度不高，会增大保留预算比例及预算执行中的随意性程度；对参与预算分配的部门来讲，有不愿放弃传统管理方式下既得的资金分配权力的倾向。三是实施部门预算，触及部分单位的切身利益，使过去不合理的分配造成的差距得以公开，并将逐渐受到遏制。因此，在预算执行单位也形成了一定阻力。

预算变动方面存在的问题及原因：一是各级财政部门较普遍存在次年办理财政决算时，根据支出决算和预算结转数额来倒编变动预算。二是提前将不确定性结算财力补助以预计形式进入变动预算。三是扩大预算变动范围。四是用上级专项资金安排支出在预算变动表中没有对应的项目预算反映。其原因：一是缺乏明确的规定。二是收支预算编制水平所限。

预算收入方面存在的问题及原因：一是巨额财政预算资金，如政策规定国有资产产权出让收入，土地出让金收入等非税收入应纳入预算管理，然而这些资金脱离财政监督、形成体外循环。二是税收计划考核办法存在不足，经济较发达、税源充足的地方在完成税收计划后就有税不征，搞“蓄水池”。税源不足的地区存在预征税款和借款垫税的情况。其原因：各资金分配部门及政府分管领导法纪意识不强，不愿放弃既得的资金分配权力和受到监督。现有税收计划体制的不足。为了完成税收任务，为了不垫高下一年度税收任务基数，为了控制税款缴库时间，为了完成分税种的考核任务而采取各种办法按计划征税，而不是依法征税，形成了重计划、轻管理的现象。

预算支出存在的问题及原因：一是预算支出项目违反国家统一政策，如搞税收返还、无预算拨款等。二是支出列报不真实，主要有虚列支出、随意调节支出科目或将已实现的支出不列报。三是财政资金还缺乏评价、考核资金效益的标准和办法。其原因：法制观念淡薄，政府领导和部门为获取本地区本部门利益，而置国家法律法规的统一性和严肃性不顾。财政困难，财力匮乏，但财政又过多介入竞争性领域。下级财政为了多争取上级财政调度资金，或为了人为减少财政赤字，或为了完成一部分支出科目考核的要求，加之上级财政部门办理财政决算时往往要求各地保持一定的净结余水平，就出现了支出列报不真实、虚列支出等问题。

预算平衡方面存在的问题及原因：一是虚减、虚增结转数额。人为地减少财政赤字，在上报人大和政府财政决算时虚减结转数额。经济条件较好的地方，为了增加第二年机动预算指标来源，在编报财政决算时直接虚增结转数额。二是虚增结转项目，为次年调剂安排其他支出项目作准备。三是较普遍存在已是预算赤字情况下，仍反映较大数额的结转下年支出，与“有钱结转、无钱不能结转”基本原则相悖。其原因：除了政府及财政部门为完成任务或为次年预留机动指标这一主观原因外，客观上与预算编制粗和缺乏规范统一政策作指导相关。

预算执行监督方面存在的问题及原因。预算执行的外部监督主要是人大权力机关的监督和审计监督。由于预算编制较粗、资金使用效益评价缺乏标准和审议时间较短，人大力量又有限，导致权力机关的监督在当前仅仅是一种程序性监督的问题仍未根本改观；审计机关作为政府部门，与同级财政存在经费领拨关系，不同程度存在对违纪问题的处理力度不够。同时财政内部监督还存在重下级、轻本级，重外部、轻内部的情况。预算管理中存在的问题，已引起各级党政领导的高度重视，现已推出的预算编制改革、国库集中支付制度和政府采购制度，对规范预算管理起到了一定的作用。

2003 年，省级预算执行及其他财政收支情况审计，主要检查了 2002 年度省财政厅具体组织省级预算执行情况、省地税局税收征管情况、省级国库办理预算资金收纳拨付情况，以及省计委、省农业厅、省林业厅、省就业局、省人事厅、省信息产业厅、省科技厅、省旅游局等部门及部分二级单位预算执行和财务收支情况。在财政审计的内容和方式上，审计人员树立财政财务收支真实合法审计与效益审计并重、审计和专项审计调查并重、审计检查与审计分析并重的指导思想，在审计中针对财政预算管理中的习惯做法，集中审计了无预算拨款的问题，对查出的 2980 万元无预算拨款，责成财政在 2003 年的部门预算中进行了抵顶，并要求财政部门严格执行人大批准的法定预算，杜绝预算执行中的随意性，坚持无预算不得拨款；针对财政投资评审不严密、对中介机构耗资数千万元资金却无法计算其成效的问题，提出了财政资金使用必须有其对应的效益体现，不能搞目标不明的财政投入。省财政厅制定了《关于加强省级财政投资项目评审监督管理工作的意见》，修订完善了《省级财政投资评审项目审减资金管理暂行办法》和《四川省省级财政专项支出项目预算评审管理暂行办法》；针对省级预算分配不规范和 6 亿多元资金未纳入部门预算编制的问题，提出要积极协调各方面的关系，克服狭隘的部门意识，有效地推进部门预算制度改革。省财政厅在《关于编制省级 2004 年部门预算有关问题的通知》中明确要求，具有预算二次分配权的专项资金管理部门，如省计委、省经贸委、省科技厅等应在规定时间内提出资金分配意见，经财政统一平衡后纳入部门年初预算进行批复，并采纳审计意见明确每年支出数千万元前期工作经费不得纳入基本建设支出安排，从管理办法上作了规定；针对预算变动不规范问题，审计部门多次与财政部门交换意见，促使加强了该项工作的政策研究；针对预算收入不准确的问题，审计调增了预算收入 2463 万元；针对国库集中收付制度尚不完善，执行中违规支付上亿元资金的问题，财政部门接受审计意见，及时完善了管理措施，省财政厅与人行成都分行制发了《关于进一步加强省级财政资金支付管理有关问题的通知》，加强了对单位零余额账户的管理。

2004 年，省审计厅明确提出要以“核实收支，揭露问题，规范管理，促进改革”为目标，积极实现以预算执行审计工作一体化为基本内容的审计监督机制，整合资源，打破专业分工，省审计厅内各业务部门以主要精力和人员参与预算执行审计，形成了审计合力。在对省财政厅具体组织 2003 年度省级预算执行情况、省地税局直属征收分局税收征管情况、省金库预算资金收纳拨付情况审计的同时，还对省发改委、省国土资源厅、省农业厅、省教育厅、省科技厅、省建设厅、省民政厅、省统计局、省民委、省人防办、省广电局、省劳教局、省新闻出版局等部门预算执行情况进行了审计。查出的主要问题是：省财政厅办理转移支付不规范 21300 万元；结转下年企业扶持资金 5000 万元和执法办案经费补助 7000 万元等未分配到具体单位；审核部门预算不完整，导致 8 个部门 2002 年度累计结余资金共计 12395 万元没有编入 2003 年部门预算；违规拨付专项经费 87 万元；调整使用财政安排的专项资金 60 万元未履行相应的手续等问题。省发改委扩大范围安排补助下级中小型水利项目资金 1150 万元；基建投资计划变动较频繁，约束力不强。省地税局违规开设税收过渡专户和从专户中划转市县 1619.9 万元税款；委托代征税款长期未缴入金库 2511 万元。对省发改委、省农业厅、省科技厅、省教育厅部门预算执行情况审计发现的问题是：决算反映不完整，未反映历年累计结余资金和收入 2917 万元，影响了决算的真实性，1525 万元的预算变动手续不完备；855 万元预算外资金脱离财政专户管理；138 万元的设备采购未按规定执行政府集中统一采购规定。其他 11 个部门预算执行中存在的主要问题：虚列支出、转移资金、收支未纳入部门决算反映等，涉及资金共计 5265 万元；行政事业性收费收入 629 万元未纳入预算管理；预算外收入 10131 万元未缴入财政专户管理；改变专项资金用途 417 万元，主要用于行政经费开支和对外借款等；375 万元的设备采购未按规定执行政府集中统一采购规定；无依据、无项目内容分配预算资金 2056 万元。省审计厅代省政府向省人大常委会提出审计工作报告后，省人大常委会以高票同意通过决议。从当年起，省本级的审计工作报告向社会公开，接受人民群众和舆论的监督。这使四川省通过法定形式公开审计工作报告形成了一项制度。审计报告披露的 15 个省级部门积极呼应，其中 13 个部门的主要领导或新闻发言人通过媒体公开表态，表示将严格按照审计的要求进行整改，均在时限内提交了整改结果报告。

2005 年，省审计厅主要审计了省财政厅具体组织 2004 年度省级预算执行情况，省地税局直属征收分局税收征管情况，省经委、交通厅等 13 个部门的预算执行情况。省财政厅在具体组织预算执行中存在的主要问题：项目库管理制度执行不力，未建立统一完整的项目库，实际执行过程中操作性较差，有待完善；结转项目资金结余管理使用不够严格，涉及 5 个项目结余资金 3816 万元；转移支付基础工作有待加强；财政转移支付市级配套资金有 9658 万元未落实到位；省土地统征整理事务中心 2004 年底结存国土项目资金 11770 万元（当年收到省财政厅拨付 14734 万元），形成大量资金滞留。省地税局直属分局在税收征管中存在的主要问题：对个别企业税收减免审查不严，少征所得税 327 万元；漏计欠税 6320 万元；已计提的企业所得税、房产税等 3277 万元未及时征收入库，个别企业已超过缓征期限的税款未及时征收，重点税源的监管和缓征到期税款的征收有待加强。部分省级部门预算执行和财务管理中存在的主要问题：上年结余未纳入当年部门预算管理 123647 万元，涉及 4 个部门、7 个下属单位。决算反映不够真实、完整，涉及资金 4038 万元。二次预算管理、分配不规范。如省经委 2003—2004 年所安排资金的项目中，有 72 个项目资料不齐全，经抽查眉山、遂宁两市经委推荐并由省安排技改资金的 30 个项目中，有 10 个项目无任何申报审查材料；省交通厅、省经委等部门无预算、超范围分配项目资金 8379 万元。收入未足额入库或未缴存财政专户 37780 万元。挤占挪用专项资金 13535 万元。内部制约监督不力；未按规定清理撤并银行账户；私存私放公款，乱发奖金补贴；违规经营、收取费用。另外，省审计厅还根据省委、省政府领导指示，对省级机关 359 个单位自报的房产、地产和对外投资情况进行了审计核实，结果净核增房产面积 29.6 万平方米、地产面积 81.4 万平方米、对外投资 10290 万元，净核减三项资产所对应的债务 38123 万元。这次审计核实，从总体上摸清了省级机关单位的资产家底，为机关国有资产管理体制改革奠定了基础。财政、税务部门是预算执行审计的固定审计对象，按照《审计法》的规定和审计工作报告的内容要求，已连续十年对这两个部门实施了审计。这种高密度、不间断的审计促进财政、地税部门不断改进工作，强化了管理。财政、地税部门的资金分配行为和税收征管行为基本规范。因此，2005 年进一步着力推进了向管理审计的延伸，摸索了效益审计路子。通过审计，促使省财政厅加强了转移支付基础工作，制定和完善了预算分配的内部管理制度和项目库管理办法。2005 年 7 月 30 日，省政府在《四川日报》全文公布了《审计工作报告》，引起了社会各界的广泛关注。

第三节　乡镇财政决算审计

乡镇财政决算审计是县级审计机关的主要工作职能之一。1986 年至 1997 年都由各县级审计机关按审计工作计划自行安排审计。

1998 年，根据审计署的要求，省审计厅统一部署、精心组织，全省 174 个县（市、区）审计局先后完成了 703 个乡镇财政审计项目。各地审计部门围绕省委、省政府关于夯实农业基础、实施科技兴川、落实扶贫攻坚的精神和财政工作总体思路以及农村经济中反映强烈的热点、难点问题，确定乡镇财政审计重点，对截留转移收入，损害侵占农民利益，加重农民负担，“三乱”现象，私设“小金库”，在挤占挪用支农、救灾、扶贫、教育专款，公款大吃大喝，请客送礼，游山玩水以及人均摊税和买卖税收等违纪违规问题进行重点审计查处。经审计共查出各项违纪违规资金 6959.28 万元，主要问题是：隐瞒转移财政收入 1459.09 万元；挖挤上级收入 78.35 万元；漏征税费和基金 116.82 万元；违规退库 1.28 万元；延压财政库款 19.18 万元；挪用专项资金 1730.39 万元；乱收费、乱集资和乱罚款 1252.69 万元；虚列收入和支出 743.36 万元；私设小金库 75.66 万元；违控购专控商品 201.5 万元；其他违规资金 1280.96 万元。各地本着“依法审计，实事求是”的原则，进行了严肃处理：收缴财政 558.03 万元，其中处以罚款 134.64 万元；调账归垫专项资金 4856.17 万元；清退企、事业单位和农民资金及补办相关手续等处理 1545.07 万元；审计收缴入库率达 100%。

1999 年，全省对 973 个乡（镇）财政决算进行了审计。审计情况表明，各乡（镇）财税部门在政府领导下，按照《预算法》及分税制财政管理体制运作，开源节流，增收节支，培植财源，寻找新的经济增长点。但仍有部分乡（镇）在贯彻落实国家统一的财政政策和法规、财政资金管理及财会基础工作方面存在着一些问题。审计查出各种违纪违规金额 20727.87 万元，收缴财政 1728.09 万元，责成调账和归垫资金 8864.85 万元，罚款 131.9 万元，限期清退乱收费和乱集资款 283.29 万元，其他处理 9921.93 万元。审计查出违纪违规问题：隐瞒截留财政预算收入 2295.2 万元，涉及被审计乡（镇）数的 90%；挪用农村教育附加、支农、乡统筹等专项资金 3268.3 万元；自立项目乱收费 1338.2 万元；虚列支出 801.2 万元；私设“小金库”、超发乱发奖金补助等其他问题 5566.27 万元。财政财务管理中存在的问题：部分乡（镇）未严格执行《预算法》及《实施细则》，“按需”编制预算和“书记、镇长预算”仍然存在；一些乡（镇）国有资产管理不善，家底不清，资料不详，流失严重；招待费支出数额居高不下，并呈逐年上升趋势；预算外资金管理普遍较差，滞留、随意使用现象较为普遍。对此，审计机关提出建议，要求各乡（镇）严格执行《预算法》《中华人民共和国税收征管法》（以下简称《税收征管法》）等法律法规，严格按现行政策清理各项预算外收费，坚决制止乱收费、乱罚款、乱摊派的行为。

2000 年，全省县级审计机关对 951 个乡（镇）财政收支和决算进行了审计，共查出各种违纪违规金额 38434.82 万元，收缴财政 1825.18 万元，责成单位和部门调账或归垫资金 5788.62 万元，罚款 177.3 万元，其他处理 15506.07 万元。移交案件 10 件。审计发现的主要问题是：隐瞒截留财政收入 2655.73 万元；隐瞒截留上级收入 148.8 万元；漏缴税费 162.49 万元；财政决算不真实 5291.18 万元；预算外资金未纳入财政专户管理 4007.11 万元；挤占挪用专项资金 7356.01 万元；乱收费 1949.49 万元；农业税减免不到位 406.27 万元；违反单位财务会计制度规定 6094.48 万元。乡镇财政审计有覆盖面宽、审计人员少、工作难度大的特点，审计机关从改进审计方法入手，把乡镇财政审计与乡镇经济责任审计、农业资金等专项审计相结合，把审计财政部门同延伸审计有关预算单位相结合，将预算收入解缴量大、预算外收入较多的单位作为延伸审计重点，加大审计监督范围，内外印证财政决算的真实、合法、合规性，遏制了地方虚假财政收支，维护了财经纪律。

2001 年，全省 181 个县级审计机关按照审计计划要求，对 789 个乡镇财政决算进行了审计，查出各项违纪违规金额 29649 万元，收缴入库和罚款 4301 万元，归垫原资金渠道和其他措施纠正 25348 万元。移交案件 9 件。审计发现的主要问题是：截留坐支收入、应缴未缴税费等 3490.3 万元；收入未缴财政专户 3773.5 万元；无收费项目或超标准乱收费 2264.3 万元；虚增收入、少列支出、隐瞒赤字 4536.2 万元；违规集资 106.3 万元；挤占挪用专项经费 4636.3 万元；虚列支出 2547.8 万元；违规列报 2480.3 万元；其他违规 5816.68 万元。审计中，县级审计机关将社会和群众关心的热点和难点问题作为重点，突出乡镇财政收支中的打假治乱，重点审计乡镇政府的负债情况，专项资金的管理使用情况以及招待费、租车费、电话费等费用的开支情况，并对乡镇农经站等进行了延伸审计，检查了各项提留统筹的收取是否超过政策规定，是否加重了农民负担。通过审计，摸清了家底，有效地遏制了乡镇财政收支的违规行为。

为加强财政预算执行情况审计，2002 年至 2005 年对乡镇财政决算审计仍由县级审计机关自行安排。省审计厅未作统一部署，审计结果未要求汇总上报。

第四节　财政专项审计调查

1984 年，按省政府的要求，省审计局牵头，与省、市纪委和财政、税务、人行等部门组成联合审计调查组对原泸州市税务局（县级）执法违法、以税谋私问题进行了专项审计调查，查出违纪金额 70 多万元，其中不正当收入 17 万余元，私设“小金库”39 万余元，并进行了严肃的处理。对原泸州市税务局主要领导作出撤销职务和留党察看处分，对滥发奖金补贴和私分公款做出了退赔的处理，对非法所得全部没收。此案引起了国务院领导同志的重视，《人民日报》《经济日报》《光明日报》几家报社先后作了报道，省政府也向全省发出通报。

1993 年，为配合财税体制改革，本着摸清家底，规范运行、提高效益的指导思想，经省政府同意，省审计局对全省 20 个市（地、州）（不含重庆市）1990—1992 年财政信用资金的来源、投向和管理等情况，进行了专项审计调查。审计调查发现的主要问题：政府对财政信用资金的家底不清，缺乏宏观监督和制约机制，难以充分发挥其作用，甚至出现违纪情况。资金分散，难以发挥规模效益。如某市财政局各处室在银行开设的财政信用账户近50个，其他地方都在10个以上。制度不完善，管理比较混乱。如某市市级财政管理科资金与银行核对不一致，并有200多万元账外循环，甚至多年不与银行对账。贷款的风险责任意识不强，呆滞贷款严重。调查发现呆滞贷款达54000万元，还未包括一再展期尚未归还的因素，潜在性的呆滞账款相当严重。部分资金来源不合规。有的地方用转移、截留、违规退库、挖上级财政收入等手段，建立财政周转金。会计基础工作薄弱，资产不清，科目设置不全，人员素质参差不齐。针对上述问题，省审计局向省政府写出了专题报告。

1994年，根据省政府的指示，省审计局统一组织，对2个地级市和14个市（地、州）所辖的38个县开展了国有资产管理工作的审计调查。此次审计调查主要是了解全省国有资产管理现状，反映国有资产管理和运行的情况，总结国有资产管理的经验和问题，提出强化国有资产管理工作的建议和措施，为各级党政领导决策提供信息和依据。审计调查反映存在的主要问题：一些地方党政领导和部门对国有资产管理工作的意义认识不深，有的重项目、重生产、轻管理；在清产核资时，有的只有部门资产、企业资产，而没有国有资产的概念。国资部门管理国有资产的法规不健全，责权利不清，职能交叉，政出多门，难以承担国有资产管理的重任。由于长期计划经济的影响，地方所有制、部门所有制、单位所有制的思想还在影响着一些人的行为，在产权界定、增值指标、产权处理、资产评估等方面，出现有章不循的现象。国资管理机构是二级单位，职能和权力无法到位，很难统一对国有资产的管理、监督。国有资产家底不清，情况不明，管理较乱。如某县级市一些单位国有资产不入账，账外资产达6000万元，占清产核资前账面数的29%。某区清产核资后增加5675万元，占清产核资前账面数的77.6%。多数地方未将集体所有制、预算外企业和单位、合资企业、第三产业、资源开发等行业的国有资产纳入国有资产管理。国有资产总量的增长态势减弱，非生产性国有资产总量结构比重在上升。国有资产管理松懈，流失严重。主要表现在：国资管理政策、法规、制度不健全造成流失；产权关系不清晰、难以界定等造成流失。国有资产不入账、不建账管理、随意处置造成流失。资产评估人为压低国有资产价值造成流失。企业经济效益差、亏损严重造成流失。如某县1993年总资产为14438万元，而企业负债总额达12336万元，亏损1540万元，国有资产几乎为零。行政事业机关兴办经济实体无偿或低价占用国有资产而造成流失。如某市1994年党政机关办实体124家，占用国有资产11193万元，只有17%的单位付少量租金，自1988年以来共上缴税金55.3万元。新旧会计制度接轨中，国有资产权益移位，企业采取少转国家资本、盘盈不入账、用国家资本金弥补亏损等造成国资流失。股份制企业中国有资产得不到应有的权益，采取国资不分红利，虚大总股本，稀释国资股权，扩大待分配基数，减少国资股权分配基数等方式导致国有资产流失。对国有资产产权变化收入监管不力。某县一被兼并企业作价84.82万元，国资部门一直未向该厂收取。国有资产的经济指标未纳入国民经济指标体系。

为加强国有资产的管理，捍卫国有资产的安全和完整，省审计局建议：各级领导必须高度重视国有资产管理工作，列入议事日程和目标管理，狠抓落实。要为国资管理部门创造条件，使之充分行使国有资产管理的权限。不能出现政出多门、职能不清的状况。各地要下大力气，认真摸清家底，深入研究，防止国有资产大量流失。积极探索新型的国有资产管理体制。实行“国家所有、分级管理、管营分离、权责利结合、分工监督、统一职权”的管理体制，把国资管理工作纳入法制化、制度化、规范化的轨道。

1996年，根据审计署《关于地方审计机关参与1996年度国税审计调查有关问题的通知》要求，省审计厅组织了18个地方审计机关与审计署驻成都特派员办事处联合，对2个市、23个县（市、区）国税局1996年1—11月中央税收及代征的地方税费征管情况进行了审计调查。调查情况表明，四川省国税部门认真贯彻执行《税收征管法》，基本做到了不乱开减免税口子，收入按规定预算级次组织入库，在加强征收的同时，还大力培植税源，积极配合有关部门参与企业转换经营机制，努力使国税增长建立在经济增长的基础之上。调查中也发现存在以下主要问题：企业欠税较多。据此次审计调查不完全统计，共欠税38811.73万元。应计未计各项税费6794.53万元。人为调节税收收入，一方面表现为企业欠税占压税款2472.86万元，另一方面表现为国税部门收过头税4477.6万元。违规越权批准企业免税缓缴税收883.18万元。各地税款过渡户未全部清理、撤销。审计调查查出税款过渡户8个，至1996年11月底账面资金余额人民币35.8万元，美元1248.27元。混淆入库级次。“两金”清欠差距大，存在部分违规减免。审计调查共查出至1996年11月底企业拖欠“两金”6501.8万元，国税部门违规减免“两金”618.8万元。挪用税款放贷，获取利息收入。国税部门代征代扣手续费提退行为应进一步规范。中央税收政策机制运行中出现的具体问题：由于部门政策、管理不规范，给增值税管理造成了一定困难；钻中央税收政策空子，人为侵蚀消费税税基2075.9万元；增值税管理有待进一步完善。针对审计调查的情况，省审计厅提出了几点建议：充分发挥地方政府和地方审计机关的作用，加强对国税部门经常性审计监督。加强对国税部门财务核算的审计。充实税收稽查力量，加大稽查力度，打击种种偷漏税行为，维护税法的严肃性。

1999年，省审计厅对成都、乐山、内江、绵阳、德阳、广元、宜宾、泸州、自贡9市市本级1995年至1998年国有资产收益收缴以及贯彻《四川省企业国有资产有偿转让管理暂行办法》（以下简称《办法》）等情况进行审计调查。调查发现：

贯彻《办法》中存在问题：对“有偿转让国有资产产权净收入的20%上缴省集中安排使用”之规定各地均未执行，至1998年末9市应上缴国有资产产权转让收入（包括国家股权转让收入）16500万元，但各地均未上缴；对资产经营公司国有资产产权（股权）转让收入是否上缴财政纳入预算管理，应亟待解决和明确；绝大多数国有资产产权（股权）转让收入都滞留在国资局和资产经营公司，未纳入预算管理，这一部分收入形成体外循环；国有资产转让收入未按省政府42号令规定作为生产性建设预算。

上市公司国有股权的转让存在问题：购买国家股权的款项实际上大部分未到位或者因为各种原因返还购买方，地方政府加强宏观调控、盘活资产存量和调整产业结构的目的未达到；出售和收购程序不规范；“壳资源”出售收入收缴管理不规范，存在将“壳资源”费全额返还给收购方或收取“壳资源”费后未纳入财政预算管理。

国有资产收益基金中的问题：各地自行建立“改革发展基金”和“国有资产保值增值基金”，资金来源为财政预算支出和国有企业产权或股权转让收入，对此类基金的管理，一是国家现行政策中没有建立此类基金的依据；二是大量国有资产收益游离在财政预算管理之外；三是形成第二财政信用，不符合国家金融政策，且此类基金借款回收困难，处于高风险状态；四是未制定相关管理办法，使用上随意性较大，造成新的潜在国有资产的流失。

国有企业产权转让中存在的问题：地方各级政府为促进中小型国有企业产权制度改革，出台了一些政策，其中有些与国家有关国有资产管理规定不符，造成国有资产大量流失；少数国有资产管理部门挪用产权转让收入；在企业改制和产权出售中，企业交纳的土地出让金一般只是评估价的三分之一，形成国有资产流失；国有企业欠税流失严重，如某市1998年在国有企业转让中流失以前年度欠税2000万元，约占该市市本级当年地方税收收入的1/3。

针对上述问题，省审计厅提出了几点建议：抓紧对省政府42号令进行修改，包括降低省集中比例、加强“壳资源”费收缴的管理、明确国家股权及配股权有偿转让收入的管理、加强授权经营国有资产产权转让的管理等。强化国资收益的预算管理，大力推进财政复式预算。规范国有资产经营公司的经营模式。各级国资部门应加强国资收益的监管工作和催收力度，避免国有资产的流失。各级财政部门应切实加强国有资产收益收缴工作，防止财政资金体外循环。加强企业改制活动监督，严格审核企业兼并、联合、分离、破产、收购、出售、股权（产权）变动等资产重组方案，防止各种违纪违规现象和短期行为的发生。规范上市公司国家股权转让程序。

2001年，根据审计署《关于地税部门提退代征代扣手续费的专题审计调查方案》要求，省审计厅组织全省审计机关，结合同级预算执行审计，对全省21个市（州）及所属县的地税部门2000年提取代征、代扣手续费的相关情况进行了专题审计调查。审计调查发现，地税部门自实行代征代扣手续费提取政策以来，对税收征收及管理、对税务部门的基础设施建设等方面起到了一定的积极作用，但是同时也存在一些有待规范的问题。主要表现在：中央部门制定的政策法规不一致，部分代征代扣手续费由税务部门自身使用。2000年全省税务部门实际支出的代征代扣手续费19550万元中，用于税务部门自身开支11163万元，占57.1%。违规提退代征代扣手续费783万元，主要为扩大范围、多计基数、入库前直接抵扣手续费等。代征代扣手续费核算不规范，部分地税部门未将代扣手续费单独核算。财政部门对手续费提取监管不力，审批时具有较大的随意性。如某县地税局2000年全年申报提退代征代扣手续费211万元，上级财政部门实际批准提退108万元，占申报数的51%，但是核减原因却不明确。省审计厅为此提出以下建议：对现有文件进行清理，统一和简化代征代扣手续费提退的方法，科学界定其收支范围，以便于监督部门的有效监督。严肃纪律，杜绝违规提退手续费行为，财政、金库部门要严格审核，严格把关，加强对代征代扣手续费的监督。理顺税务部门经费渠道，促进加强税收征管。减少代征代扣业务，降低税收成本。

2002年，省审计厅对成都、内江、绵阳、达州4市的地方税务局2001年度税收征管情况进行专项审计调查。发现存在的主要问题：新颁布实施的《税收征管法》，将审批延期纳税的权限上收到省级税务部门，但有些税务机关对企业申请缓缴税款，既不向上报告，在清缴欠税时也不按规定加收滞纳金，事实上形成了变相同意企业缓税的行为；税务会统报表中又未真实反映欠税情况，如成都市地税局违规少征的税款27624万元，占当年该局组织入库收入的13.5%，没有在报表中反映；抽查绵阳市地税局管理的22家纳税人资料，2001年度共计欠税4426.8万元，欠附加税费5543.4万元，均未在税收汇统报表中反映。存在有税不征和征过头税、借款垫税搞“蓄水池”。如成都市地税局2001年在完成任务后，违规少征成都电信6033万元、成都商报社2103万元的税款，而这两家企业完全具有纳税能力；经济欠发达的地区由于税源不足，又存在征过头税和借款垫税的情况，如达州市开江县2001年征过头税和将财政拨款从部门、单位借回，虚列名目垫税594万元，其中县级征收的过头税和借款垫税，占当年县级地税征收收入的36.1%。有的地税局违规开设税款过渡户，又未设置账薄核算，而且过渡户年末均有余额；有的违反程序，未下稽查决定就收取税款；有的稽查收入未按规定级次解缴入库；有的从稽查收入中违规退库提取经费等。委托代征税收方面存在问题。

代征单位延压税款，税务机关为获取经费，搞虚假委托代征，如2001年达州市地税局直属征收分局虚假代征税款、多提手续费200万元；内江市市中区地税局虚假代征税款、多提手续费75万元；成都市地税局将自身征收税款作为委托代征提取手续费69.6万元。按规定发票及税务登记证工本费全额纳入省级预算管理，但在执行中存在坐支“两费”收入、擅自从发票定点印刷厂收取管理费或利润分成的现象。省审计厅对产生上述问题的原因进行了分析，提出了建议：税务机关在政策规定的操作程序上应进一步细化，以利于加强税务机关内部管理，建立有效的税源监控机制，增强稽查力度，严格处罚制度，依法治税。

2003年，根据省政府的指示，省审计厅对成都市温江区2001年和2002年财政收支状况进行了审计调查。从调查情况来看，近年来温江区经济发展较快，经济总量和财政收入增幅较大，公共财政的职能不断得到加强，财政保障能力稳步提高。同时财政收支中也存在一些问题，主要是：财政收入数据不真实，预算缺乏完整性。财政收入未反映全面，资金体外循环比较突出；税务部门有税不征，建“蓄水池”，既不及时征收也不在报表中作欠税反映2142万元；财政管理的专户资金未在表内反映，其中部分资金应缴未缴预算；部门管理的财政性资金未纳入财政管理，存放在自己账上，自收自支，脱离监督；地税部门违规调整税种，直接影响省级收入96万元。财政行政支出增长幅度超过财政增长。政府性负债增长较快，缺乏统一管理和监督约束机制。政府性工程欠款大，致使工程税款征收困难。未征收文化事业建设费。委托代征管理存在代扣代缴时少计税基致使部分税收流失的现象。违法占用土地，国有土地收益得不到实现。对上述问题，审计调查组对问题产生的原因进行了分析，认为：大量财政性资金未统一管理核算而体外循环，既有上下级财政转移支付基数计算和人均财力、财政增长速度等上级考核的原因，也有有关人员对政策法规掌握偏差的原因。地税部门未及时征收主要是税收计划考核与实际税源情况有差异，人为地用“蓄水池”调节税收进度和增量所致。在财政资金紧张的情况下，地方政府用负债的方式解决建设资金的缺口，由职能部门具体组织实施，导致缺乏统一的监督管理和有效的风险控制机制。对此，提出建议：进一步优化投资环境，提升城市形象和竞争力，加大招商引资力度，积极培植新的财源，确保综合财力健康稳步增长。积极推进公共财政制度的建立，优化支出结构。加强税收征管，加大稽查的力度，确保税收应收尽收。切实加强对国土出让的规范和管理，严格执行《中华人民共和国土地管理法》和相关政策规定，采取有效措施防止非法占用土地，实施可持续发展战略，切实保护好耕地和有限的土地资源。加强对单位、部门财政、财务收支的监督，对财政改革中出现的新情况、新问题及时研究和解决，维护财经纪律的严肃性。

2004年，根据省政府的指示，省审计厅组织市（州）审计机关，按照“摸清家底，揭露问题，提出建议”的总体要求，对26个丘陵县、15个山区县、3个平原县、7个高原县共51个县（市、区）2003年县本级财力状况进行了审计调查。从审计调查的情况看，县（市、区）区域经济发展极不平衡，财力状况差别大，结构性问题和矛盾突出。51个县（市、区）中，绝大部分财政平衡基础弱，属于典型的“吃饭财政”，维持财政正常运行的难度较大，严重制约了县域经济和社会事业的进一步发展，基层政权的正常运转有一定困难。在财政管理和运行中，主要存在以下问题：财政收支和平衡情况不够真实。人为调剂收入规模。审计调查中发现有8个县（市、区）虚增当年收入6497.66万元，有38个县（市、区）少反映收入43491.99万元。虚列支出和支出挂账较普遍。有14个县（市、区）虚列一般预算支出23060.85万元，有16个县（市、区）将已实现的预算支出

20783.76万元作挂账处理而不进入当年决算，有2个县2003年的决算反映的一般预算结余293万元，实际上2个县存在超预算拨款、支出挂账等18599.5万元未列报支出，相当于当年一般预算收入的2.17倍。预算结余失真，形成虚假平衡。至2003年年底，有1个县虚增结转547万元，5个县少结转18408万元；有2个县因少列结转多反映的净结余达11330万元，这2个县实际累计赤字5502万元；还有1个县当年财政决算反映净结余2884万元，但当年少列结转3936万元、历年支出挂账2806万元，该县实际累计赤字额达3858万元。财政运行对上级依赖程序较高，保障水平低。调查的51个县（市、区）本级财政，2003年可用财力为564897万元，但其中自行组织的一般预算收入仅212850万元，占可用财力的38%。机关经费保障方面：多数县（市、区）公用经费安排标准较低，部分财政困难县甚至以负债保工资、保运转。社会保障经费方面：主要来源于上级财政补助的专项资金，本级财力的安排十分有限，配套资金严重不足。义务教育经费保障方面：大部分县（市、区）在预算安排上都尽了力，但在资金安排上仍有欠账。截至2003年年底，有38个县（市、区）"普九"欠账达95421.32万元。严重的财政赤字和上下级财政资金调度的不规范，致使财政运行极其困难。审计调查的17个赤字县（市、区），财政反映的累计赤字达23076万元，为2003年一般预算收入的10.84%。赤字最大的达5091万元，占当年一般预算收入的82.85%。上级财政占用县级财政资金，补助资金不能及时到位又在一定程序上加重了县级财政运行的困难。9个情况较为突出的县（市、区），被市级财政占用资金达31551万元，加上县本级财政存在一定缺口，致使县财政欠拨以前年度上级专款达12085万元。政府负债重，还债压力大。据不完全统计，截至2003年年底，51个县（市、区）财政、建设、交通、国土、教育、开发区等部门和政府性项目举借的债务达1908340万元（不含乡镇级财政负债），平均每县达37418万元，为当年可用财力的3.37倍。审计调查结果全面反映了51个县财政管理、财政体制存在的突出问题和县财政保障能力状况，揭示了当前县级财政问题存在的主客观成因及其可能产生的危害和潜在风险。在调查报告中，对财力状况较好的县，着重研究了如何加快发展；对能自给自足收支平衡的县，着重研究了如何增加收入、稳步发展；对财政困难完全靠转移支付支撑的县，着重研究了如何培植财源、逐步走出困境并提出了有助于优化财政体制改革的对策性建议，为建立安全可靠的县级财政体制和运行机制、增强县财政保障能力和政府宏观科学决策提供了可靠的信息。

第二章　金融机构审计

第一节　银行审计

一、财务收支审计

1985 年，全省审计机关对农业银行系统 1984 年财务收支决算进行审计。审计查出违纪违规金额 2250 万元，其中：虚列成本增大开支 196 万元，违反规定挤占费用 560 万元，挪用应付定期储蓄利息 143 万元冲减房租及修缮费，违反留成资金使用原则扩大福利基金支出 222 万元，违反控制指标，突击追加费用 305 万元，违规以信用合作基金发放贷款 41 万元，账务差错和账务悬案 783 万元。审计后分别提出处理意见和建议，其中对虚列成本，增大开支和挤占费用 756 万元做出上缴中央金库处理。

1986 年，全省审计机关对工商银行及省工行信托投资公司等 68 个单位的财务收支进行审计。查出违纪违规金额 4210 万元，主要问题是：应列未列收入 1250 万元，乱挤成本 2660 万元，虚列支出 258 万元，偷漏税费 42 万元。审计后处理上缴财政 922 万元。

1987 年，全省审计机关对 383 个金融机构 1985—1986 年财务决算进行审计，其中工商银行 177 个分支机构，建设银行 192 个分支机构，农业银行 13 个分支机构和 1 个人民银行分支机构。查出违纪违规金额 7890 万元，其中应列未列各种收入 3545 万元，主要是全省财政委托建行贷款利息分成未作收入，仅此一项即达 2608.1 万元；乱挤乱摊成本 1635 万元；虚列支出 274 万元；擅自扩大基本建设规模 2303 万元；欠漏税款 133 万元。审计后处理上缴财政 4051 万元。

1988 年，全省审计机关对 102 个保险公司分支机构进行审计的同时，对 9 个中国银行分支机构和 7 个农业银行分支机构 1987 年度财务决算进行审计。省审计局对农业银行省分行的审计中，查出违纪违规金额 15.3 万元，其中挤占成本 14.3 万元，审计处理上缴财政 12.4 万元。在对中国银行成都分行的审计中，查出违纪违规金额 129.3 万元，其中应列未列收入 2.7 万元，应由专用基金开支的设备购置费进入成本 125 万元，多列费用和集资款挤占费用 1.6 万元。审计处理上缴财政 3.2 万元，在成本中列支设备购置费 125 万元，专案上报审计署统一研究处理。

1989 年，经省财政金融会议决定，对金融保险机构财务收支实行“两年审一次，一次审两年”的轮审制度。1990 年全省审计机关对 151 个工商银行分支机构，208 个农业银行分支机构，211 个建设银行分支机构 1988—1989 年度财务决算进行行业审计。查出违纪违规金额 5663 万元，其中乱挤乱摊成本 1908 万元；挪用信贷基金 840 万元；隐瞒截留坐支收入 1065 万元；虚列支出 767 万元；偷漏税费 336 万元。经审计收缴财政 2317 万元。

1991 年，全省审计机关对人民银行、中国银行、交通银行、建设银行及保险公司分支机构 335 个单位 1989—1990 年度财务决算进行审计。查出违纪违规金额 1803 万元。主要问题是：漏缴、少缴各种税、费及基金 149 万元；挂账基建 146 万元；隐瞒截留坐支收入 164 万元；乱挤乱摊成本费用 643 万元；虚列支出、转移资金，搞“小钱柜”168 万元；其他问题 535 万元。经审计处理上缴财政 634 万元。

1992 年，全省对工商银行、建设银行、农业银行系统 1990—1991 年度财务收支进行行业审计。共审计 658 个金融机构。查出违纪违规金额 10544.7 万元。主要问题是：挪用信贷资金 720 万元；隐瞒截留收入 2851 万元；乱挤乱摊成本费用 1435 万元；虚列支出 233 万元；漏交税款 1122 万元；其他问题 4138 万元。经审计处理上缴财政 1460 万元。

1992 年以前，金融审计主要立足于查错纠弊的财务收支审计。随着财务改制工作的推进和《审计法》的颁布，1993—1994 年开始信贷审计到 1995 年形成的资产、负债、损益审计的全面监督模式。金融审计开始步入了真实反映盈亏情况，全面揭露资产、负债、损益方面存在的问题，以促进金融资产良性运用和防范金融风险，为宏观决策服务发挥了重要作用。

二、资产负债损益审计

1995 年，全省审计机关对建设银行省分行系统 1994 年度资产、负债、损益进行审计。查出违纪违规金额 15268 万元，其中国有资产流失 3846 万元，负债不实 3137 万元，损益不实 8285 万元。资产方面，信贷资产质量不高。1994 年逾期贷款 124872 万元，逾期率 6.38%，均超过商业银行资产负债比例管理所要求的 5%；此外贷款呆账增大比率较严重，1994 年呆账 7725 万元，呆账率 0.27%。负债及所有者权益方面，假委托信托存款 1091 万元；权益不实 1942 万元。损益方面，少摊费用 3727 万元，转移截留收入 1286 万元，挤占成本费用 1504 万元。经审计处理应上缴财政 871 万元。审计中发现专业银行在执行各种经济法规、规章制度时，采用实用主义，各取所需的态度。财政部和总行的法规、规章有利于己时，执行财政部、总行的；地方制定的法规、规章 有利于己时，即使与中央的法规规章抵触，也要执行地方的。为此审计建议对某些金融制度与国家政策规定不一致不配套的应加以调整，以保持地方与中央一致，政令统一，尽可能堵塞违纪漏洞。

1995 年，省审计局和地（市、州）两级审计机关对省、地（市、州）级中国银行 1994 年度资产、负债、损益进行审计。查出违纪违规金额 2525 万元。资产方面：信贷资产质量不高，“一逾两呆”贷款比重大。1994 年末逾期人民币贷款 130041.73 万元，催收款项 40703.2 万元，“一逾两呆”贷款为 19.96%，其中呆滞贷款率为 4.76%。1994 年末中行人民币贷款应收利息为 102276.3 万元，实收利息 86043.7 万元，实收率为 84.13%，因而严重影响了中行系统经营的效益性。损益方面：转移截留收入 149.70 万元；挤占成本费用 1361.41 万元，虚列支出 114.09 万元；少摊费用 353.41 万元；其他问题 357 万元。经审计处理应上缴财政 775.36 万元，罚款 37.38 万元。

1996 年，全省审计机关对省、地（市、州）、县中国银行 107 个单位 1995 年度资产、负债、损益进行审计。这是连续 3 年进行的审计。经查前两次审计，中行系统执行财经纪律的意识有所加强，违纪违规问题逐年减少，金额也大大下降。但仍查出违纪违规金额 1689.89 万元。资产方面：信贷资产质量较差，全辖 1995 年末逾期贷款 267547 万元，占贷款比重 13.92%，催收贷款 127300 万元，占贷款比重6.63%，不良资产比重为20.55%。负债及所有者权益方面：审计反映出中行大部分未申报1995年度应税工资额，省分行这部分就应补交所得税117.92万元，影响权益的真实性。损益方面：转移截留收入128.61万元；挤占成本费用，表现在将固定资产购置进入成本，将应由福利费支出或其他资金解决支出的费用进入成本；虚列支出和少摊费用以及少提应付利息、少计应收利息，导致损益不实等问题金额1047.61万元。经审计处理应上交财政423万元，罚款38万元。

1996年，全省审计机关对省、地（市、州）、县三级219个农业银行1995年度资产、负债、损益进行审计。查出违纪违规金额26741万元。资产方面存在问题金额12873万元，其中绕规模违规贷款6225万元；违规拆借资金2200万元；超计划指标购建固定资产2600万元；信贷资产质量差，1995年末逾期贷款566761万元，占贷款比重为18.84%，催收贷款614547万元，占贷款比重为20.43%，不良资产比重为39.27%；其他违纪违规1848万元。负债方面存在问题金额633万元，其中对公存款转储蓄存款455万元，违规提高利率吸收存款178万元。损益方面存在问题金额13235万元，其中转移截留收入11252万元，挤占成本费用1108万元，其他违纪违规522万元。经审计处理上缴财政681万元。同时，对农业银行信贷资产质量不高，自身资产结构不合理，国家对农行及其他金融机构核定的所得税率不平等，自我资本积累太少所面临的困境原因进行分析，提出了以经济效益为中心，调整经营战略的建议。

1997年，全省审计机关再次对农业银行省分行本级以及市（地、州）分行及所辖支行共210个单位进行审计。审计查出违纪违规金额10428万元，较去年审计查出违纪违规金额减少16313万元。资产负债方面存在问题金额5164万元，其中绕规模违规贷款4178万元；违反利率政策，多收利息451万元；违反规定对外投资400万元；贷款质量差，全辖1996年末不良贷款占贷款比重为42.5%，比1995年不良贷款比重39.27%上升3.23个百分点。损益方面存在问题金额5264万元，其中收入不实1531万元，挤占成本费用654万元，少摊费用1500万元。1997年是审计机关贯彻执行审计规范的第一年，各级审计机关对查出的问题，严格依据国家现行的政策、法规，提出审计意见，进行处理，其中应上缴财政909万元，罚款293万元，合计1202万元。

三、信贷资金审计

1990年，全省审计机关对71个农行、工行和人行机构1990年的粮棉油收购贷款进行专项审计。这是首次开展的金融信贷审计。审计发现主要问题：少数收购粮棉油信贷资金不到位，被其他信贷业务挪用82万元；多收、少收利息38万元，其中多收利息35万元；粮食部门挪用粮油收购贷款7.4亿元，其中粮食部门挪用1亿元用于建房和购置固定资产，搞附加业务，职工个人借支等。外单位拖欠5598万元。财政欠拨5.9亿元，欠拨包括加价补贴，政策性补贴和经营性亏损应由财政负担的部分。审计后提出处理意见：银行部门用粮棉油收购贷款发放其他贷款，限期纠正归位；多收、少收利息进行补退；粮食部门挪用粮油收购贷款，责成银行加强贷款管理，协助粮食部门使挪用的收购资金尽快归位。

1991年，全省审计机关对工商银行系统信贷计划及执行情况，信贷资金运用，内部控制制度及管理等问题进行审计。审计查出主要问题：逾期贷款98236万元，呆滞贷款15679万元，呆账贷款4722万元，多次展期贷款4329万元，流动资金贷款被挤占挪用63024万元，其中基本建设、固定资产购置占用3273万元；垫付未实现利润3790万元；被企业亏损占用39629万元；专用基金超支占用

7142万元。在贷款管理中，存在合同要素不齐等问题，“三查”贷款不严有304笔，非经济实体作为贷款企业的担保单位有10笔。

1993年，对全省建行系统信贷资金进行审计，查出违纪违规金额139103万元，其中绕过信贷规模发放贷款8218万元；委托贷款方式，绕规模发放贷款111笔，金额3091.3万元；违规拆借资金62742万元；用信贷资金购买债券34636万元；截留收入74万元；应收未收利息7336万元；其他问题26097万元，主要是挪用信贷资金在沿海地区炒房地产，贷款多次展期，以新贷还旧贷，用流动资金搞固定资产建设等。当年还对2个省级、47个地级和224个县级金融保险机构资金拆借、利率执行，结算纪律，炒买炒卖房地产和有价证券，自办经济实体5个方面进行专项审计。查出主要问题：违规拆借资金305152万元，其中拆入资金61657万元，拆出资金243495万元；超占联行汇差110521万元，压单压票；执行利率政策违规，超规定多收息，在利息之外收各种名目的附加费，逾期贷款不收加罚息，自办实体低息或不收息等；违规搞假委托贷款3337万元；挪用信贷资金搞房地产5073万元。经过审计，各级审计机关均依照有关法规进行了处理。

1996年，全省审计机关对农业银行系统进行资产、负债、损益审计的同时，对1994—1995年13个市（地）37个粮棉大县发展经济专项贷款进行了专项审计。审计显示，1994年省农行系统发放粮棉大县贷款16420万元，占总行下达计划的78.56%，其中具有一定规模贷款又在100万元以上、对粮棉生产能起带动作用的龙头项目52个，预计投产后能实现产值46000万元，利税11000万元。1995年继续扶持项目101个，共发放粮棉大县发展经济贷款25480万元。从项目的确立、计划的下达到贷款的落实和从贷款结构、对象、期限看，都体现了流动性、周转性、效益性和政策性。各级农业银行为此做了大量工作，粮棉大县专项贷款的计划及执行情况、社会效益和经济效益是比较好的。但通过专项审计也发现还有一些问题：少数项目缺乏充分可行性论证即立项，情况发生变化后，长期占用专项贷款指标；个别地方擅自调整和改变贷款项目，将专项贷款贷给非计划内项目使用。为此，审计建议由农业银行省分行统筹安排信贷资金，专项用于扶持粮棉大县经济发展，以保证资金及时、足额到位。同时，农业银行应积极主动参与立项前的可行性评估、论证和市场预测前期工作，把有限的资金用在急需的项目上。

1998年，全省审计机关对省农业发展银行系统1996年至1998年5月末信贷资金来源，实际发放的粮、棉、油贷款，其他农副产品储备贷款，开发类贷款及人行划转的专项贷款进行清查审计。审计反映信贷资金质量不容乐观。1996年年末省农发行逾期贷款306376万元，呆滞呆账贷款480119万元，不良贷款占贷款总额的29%；1997年年末，逾期贷款182750万元，呆滞呆账贷款1071906万元，不良贷款占贷款总额的34.9%；1998年5月末，逾期贷款214370万元，呆滞呆账贷款817470万元，不良贷款占贷款总额的35.1%。不良资产每年递增，而且双呆贷款比例很大，其原因：一是根据财政部规定对逾期二年以上的贷款转入了双呆贷款，故逾期贷款减少，双呆贷款增加；二是农业银行代理发行业务期间贷款占用形态反映不真实，对粮棉油等政策性信贷业务过分强调资金供应而忽视贷款管理，造成贷款质量低下；三是人行划转的专项贷款1997年年末余额179811万元中，逾期及双呆贷款就达56.2%；四是粮食企业亏损严重，附营业务挤占挪用贷款也是造成不能按期归还本金形成不良资产的原因。经审计，查出1996年至1998年5月末违规占用信贷资金34036万元，其中不符合农发行政策规定发放贷款32849万元。为此审计建议：加快粮食企业政策性业务与经营性业务的分离工作；各级政府督促各级财政部门安排好预算资金，按时将各种补贴拨补到位；粮油收购要坚持户交户结的结算办法：农发行应进一步加强信贷管理，严格按国家政策实施粮油收购资金的发放和管理工作，杜绝出现新的违规贷款的发生。

第二节　保险公司审计

1988年，省审计局组织对102个保险公司分支机构1987年度财务决算进行审计。审计查出违纪违规金额4005万元，主要问题是基建挂账2786万元，占违纪违规金额的69%，其中用于兴建办公楼1340万元，营业用房130万元，宿舍1099万元。其次是乱挤乱摊成本费用，漏欠税款及能源交通重点建设基金等。经审计处理应上缴财政358万元。

1991年，省审计局对中国人民保险公司四川省分公司1989年至1990年度财务收支进行审计。审计查出违纪违规金额27.3万元，其中挤占多列成本费用少缴财政15.4万元；应补缴奖金税9.6万元；省保险公司峨嵋山疗养院多提折旧2.3万元。经审计后，按有关财经法规作出了处理。

1998年，全省审计机关对中保集团寿险四川省分公司全辖1997年度资产、负债、损益进行审计。查出违纪违规金额6534.5万元。其问题是：资产方面违纪违规3393.9万元，其中违规贷款609.9万元，账外经营1521.4万元，账外资产346.8万元，资产有账无实4.8万元，会计账目不真实37.8万元，其他873.2万元。负债方面违纪违规金额171.8万元。损益方面违纪违规金额2331.3万元，其中少计收入1455.6万元；多提、少提各种准备金10.7万元；多计、少计各种应付利息132.1万元；多列、少列赔款支出3.3万元；多列、少列费用支出647.8万元；会计账目不真实51.2万元；其他30.6万元。漏缴各种税金341.1万元，其他296.3万元。经审计后处理，应上缴财政439.8万元，罚款59.4万元。同时，审计提出建议意见，调整险种结构，推行险种品牌，是今后应该高度重视的问题，进一步加强内部管理，积极稳妥推行财务处理中心工作，加强对重点资产的清理，大力盘活不良资产，尽量减少资产风险。

2001年，省审计厅组织对中国人民保险公司四川省分公司及所属的分支公司1999—2000年度的资产、负债、损益进行审计。审计查出违纪违规金额12000.56万元，其中1999年以来5698.78万元。审计发现的问题是：违规购建固定资产及账外资产282.77万元。账外经营145.42万元。财务及业务管理方面的问题：保费收入未按权责发生制及时入账，而赔款支出也不及时入账，造成会计核算不真实1841.85万元。以现金支付单位的代理手续费，无赔款优待、赔款、退保等1020.83万元。往来账款未作清理275.56万元。资产账实不符6181.38万元。部分地区由于界限掌握不准，存在营业用车投保，按非营业车辆费率计收保费；投保的非营业车辆，按营业营运出险给予赔付；进口车按国产车收费；国产车按进口车赔付的现象。保费业务未严格按规定划分自办业务与代理业务，保险代理业务不规范。部分公司保户储金未实行专户管理、专户存储，造成资金混用，人为挤占挪用保户储金。保险理赔手续不完善，一是有些赔案或无报案记录，或无现场查勘记录，或异地定损无承保公司委托等，或发生赔案后才交纳保费，存在通融赔款现象。普遍存在发票及支出附件不合规。经审计后，对少计保费收入265.14万元，其他收入6.55万元；少计收入506.83万元，多计收入19.96万元；漏缴税金37.13万元；私设“小金库”0.4万元等作出审计决定，处理应上缴财政347.76万元，其中：补交中央企业所得税287.10万元，补交中央营业税8.15万元，补交地方营业税及附加 14. 98 万元，补交地方其他税金 37. 13 万元，罚款 0. 42 万元。

2003 年，省审计厅组织市（州）和部分县级审计机关对中国人寿保险公司四川省分公司及所属的 180 个分支公司 2002 年度资产、负债、损益进行审计。审计查出违纪违规金额 7034. 64 万元，其中：2002 年度发生的违纪违规金额 5338. 61 万元。其问题是：少计收入 207. 18 万元，其中：少计保费收入 167. 12 万元；少计其他收入 40. 06 万元。多计收入 171. 85 万元。多计支出 1883. 71 万元，其中：多计给付支出 189. 47 万元；多计手续费及佣金支出 1338 万元；多计营业费用 228. 75 万元；多计其他支出 77. 49 万元。少计支出 13. 26 万元。违规购建固定资产及账外资产 1584. 71 万元。违规经营保险业务 2827. 08 万元，其中：违规营销展业 1532. 34 万元；违规承保 720. 18 万元；违规赔付 574. 56 万元。省人寿保险公司全辖不良资产账面数 17441 万元，审计核实数 17397 万元，其中损失数为 5475 万元。业务管理上存在：漏缴税金 10. 2 万元；个别支公司未按人寿保险总公司的规定要求，仍个人代理国寿鸿泰分红险保费收入 332. 65 万元。经审计，处理应上缴财政 20. 39 万元。同时对违规购建固定资产及账外资产，违规经营保险业务以及管理上存在的问题，要求公司调整有关账目，采取有效措施认真整改并追究有关人员责任，并将整改措施报告审计署和省审计厅。

第三节　证券公司审计

1996 年，省审计厅对四川证券交易中心 1995 年度资产、负债、损益进行审计。审计查出违纪违规金额 519. 99 万元。

资产负债方面：通过融资租赁方式租入电脑设备及汽车，将融资租入固定资产 230. 74 万元从“固定资产”账目中调出，挤入成本。同时也未按规定计提折旧；将购置的 28 套住房用于出租给外地券商单位工作人员居住，已计提固定资产折旧 13. 76 万元，应收租金 10. 4 万元未在单位财务账中反映；证交中心向绵阳市信托投资公司购入返售证券 340 万元，回购期限为 150 天，返售债券金额为 359. 38 万元，这项业务违反国家有关证券回购有关规定和财务核算管理规定，属违规经营；证交中心因技改先后 3 次向省人行贷款 1600 万元，同时进行两笔融资租赁 230 万元，经查以上 5 笔贷款和融资合同未粘贴和交纳“印花税”。

损益方面：券商临时租用交易中心席位和租金收入扣除已交部分的余额和列入差旅费科目核算的误餐费，在调增收入和利润，以及应在工资科目核算纳入计税基数，补交企业所得税 10. 73 万元；收取券商租用证券中心交易席位收入、兑付企业债券利息收入和其他利息收入、售“三联单”等其他营业收入，合计 509. 27 万元，补交营业税、城建税、教育附加费合计 28 万元。经审计后作出处理，上缴中央财政 10. 73 万元；上缴四川省财政 32 万元（含罚款 4 万元）。

1996 年，省审计厅举办四川省证券专项审计培训班

1997年，省审计厅对国泰证券有限公司1996年度资产、负债、损益进行审计。审计查出违纪违规金额431.02万元。

资产负债方面：违规进行长期投资，1996年末长期投资余额达460万元；证券交易违规，因管理不严，工作失误造成5人次股民透支，金额达161.1万元，并收取股民透支罚息685.70元；四川省分公司1995年向国泰证券有限公司武汉分公司签定合同出售回购“国债”1000万元，期限3个月，回购时每100元券值按105.7元付款，折换月利率19‰，该回购违反规定，期限超过7天，利率超过同期拆借资金利率。

损益方面：计税工资漏交企业所得税0.99万元，以收抵支漏交营业税及附加8.04万元；应列未列营业收入76.35万元；漏交营业税及附加3.98万元。经审计后处理上缴中央财政0.99万元，上缴四川省财政11.2万元，罚款1万元。

1998年，省审计厅对川财证券公司1997年度资产、负债、损益进行审计。查出违纪违规问题：公司未按规定计提自营买卖损失准备金15.56万元。违规支付手续费38.89万元，且支付程序不规范。公司在“营业费用”“其他营业支出”列支属发放个人福利性的活动费、奖金、补贴、实物等计72.57万元未作纳税调整。公司1996年国债发行和兑付手续费年末余额为56.63万元，1997年年末余额为46.60万元，以上收入列入“应付国债手续费”科目核算，未计入损益。公司1996年以支抵收99.20万元，漏交营业税及附加5.65万元。重复计提折旧0.77万元，减少利润。公司射洪营业部漏交营业税及附加等计40.18万元。经审计处理上缴财政58.36万元。

2000年，省审计厅对国信证券有限公司成都营业部进行审计。查出违纪违规问题：以收抵支少计营业税及附加0.6万元；费用超支、挤占成本，影响和少交企业所得税3.89万元；计税工资超支未能抵减部分，补交企业所得税4万元；历年税款未及时入库，超过税务机关时限规定，影响国家财政收入，补交企业所得税87.58万元；违规返佣及其他不公平竞争行为处以罚款1.5万元；少代扣代缴个人所得税2.7万元，补交入库。经审计处理上缴中央财政95.10万元，上缴四川省财政4.57万元。

2000年，省审计厅对申银万国证券股份有限公司四川管理部进行审计。审计查出以下违纪违规问题并作出了处理：少计营业收入，以支抵收或以收抵支，少计营业税及附加，处理补交营业税及附加2.4万元，补交企业所得税7.5万元。挤占成本、损益不实，少交企业所得税。补交企业所得税8.6万元，对多提折旧34.43万元系历史遗留问题免于处理。非工资性科目列支工资支出，调增纳税基数，补交企业所得税45.48万元。装修办公及营业用房未按规定计交固定资产投资方向调节税，予以补交31.9万元。违规返还客户佣金，处以罚款4万元。少代扣代缴个人所得税，补交个人所得税7.14万元。共计处理上缴中央财政62.57万元，上缴四川省财政44.64万元。

2000年，省审计厅对长城证券有限责任公司成都营业部进行审计。查出以下违纪违规问题并作出处理：以收抵支少计营业税及附加，补交营业税及附加5.42万元。违规返佣处以罚款2万元，少代扣代缴个人所得税，补交个人所得税9.58万元。

2001年，省审计厅对四川省天风证券经纪有限责任公司进行审计。审计查出以下违纪违规问题并作出处理：科目错误多计交营业税金及附加3.15万元，应在计交营业税时向税务机关如实申报，办理退税或抵减当年税收。挤占成本、损益不实，亏损企业应抵减亏损额82.48万元。应调未调计税工资基数，亏损企业应抵减亏损额14.66万元。非工资科目列支工资性支出，未调增纳税基数，亏损企业应抵减亏损额29.24万元。向雇员支付按业绩计算的报酬，计征5.8%的营业税及附加0.89万元。补交印花税3.88万元。房屋未按规定计交房产税，补交房产税13.5万元。共收缴财政18.31万元，抵减当年亏损126.38万元。

2002年，省审计厅组织审计机关对华西证券有限责任公司本级及所属北京、上海、杭州、深圳、万州营业部，成都市的陕西街、西玉龙街、东大街、南一环路、抚琴路、猛追湾营业部和乐山、峨眉山、绵阳、江油、自贡、宜宾、南充、遂宁、射洪、攀枝花、达州、雅安、广安、广汉等营业部共计25个核算单位2001年度资产、负债、损益进行审计。审计查出存在问题：公司违规用他人名义的账户进行自营证券买卖。万州营业部支付高额利息，挤占成本费用。公司自营与代理业务未分开清算。绵阳、江油营业部未按规定将股民保证金存入商业银行。射洪营业部违规在信用社开立银行存款账户。公司部分营业部将应上交的“开户费”直接从收入中扣交。费用超支，挤占成本，影响和少交企业所得税。公司部分营业部2001年度在费用中列支返还大户和机构佣金。自贡营业部2001年度按年末应收账款余额计提坏账准备金，挤占成本费用。上海、南一环路、西玉龙街、猛追湾营业部向单位和个人发放借款。广汉、射洪、峨眉山营业部固定资产盘盈、报废未入账或及时清理。经审计处理收缴财政180.58万元，其中补交企业所得税125.66万元，补交营业税及附加47.42万元，补交个人所得税1.44万元，补交印花税0.7万元，补交土地增值税2.99万元，罚款3万元。

2003年，省审计厅对和兴证券经纪有限责任公司本级及隶属省外的北京百万庄大街、上海中华新路、上海桂平路、上海崂山东路营业部、成都市的人民南路、福兴街、一环路西二段、创业路、红庙子营业部、省内的峨眉山、江油、南充、西昌胜利路、西昌顺城街等营业部共16个核算单位2002年度资产、负债、损益进行审计。查出以下违纪违规问题并作出处理：峨眉山营业部错列收入，漏计营业税金及附加，补缴营业税金及附加0.07万元；泸州营业部违规为股民垫付股票质押贷款，罚款2万元；固定资产清理损失未报批，调整纳税基数，抵减亏损6.32万元；部分营业部以收抵支或以支抵收少计营业税及附加，补缴营业税及附加3.29万元；费用超支、挤占成本，影响和少缴企业所得税17.40万元，抵减亏损319.08万元；对部分营业部挪用股民保证金问题，处以罚款2.5万元；部分营业部在营业外支出中列支滞纳金和罚款，调整纳税基数，抵减亏损0.41万元。以上共处理收缴财政25.29万元，调整纳税基数，抵减亏损325.83万元。

2004年，省审计厅对四川省天风证券有限责任公司进行审计。查出以下违纪违规问题并作出处理：公司股东大通证券出资入账的3200万元特许经营权作无形资产缺乏依据和其中的559.43万元无形资产未经评估计价问题。责令改正，并罚款2万元。公司本部超出业务许可范围委托4个单位理财的问题，要求于2005年2月前收回委托资金，并罚款3万元。对自有资金与客户资金账户未分开进行清算的问题，分别对两个营业部罚款0.5万元和0.2万元，并要求今后不得发生类似问题。对部分营业部以收抵支或以支抵收少计营业税及附加的问题，补缴营业税及附加0.49万元。公司本部及部分营业部费用超支，挤占成本，影响和少缴企业所得税，调整纳税基数，抵减亏损116.68万元。

2005年，省审计厅对华西证券有限责任公司总部及省外大连、北京、上海、深圳、重庆、广州营业部，成都市的陕西街、西玉龙街、东大街、南一环路、抚琴路、猛追湾营业部和绵阳、宜宾、遂宁、射洪、攀枝花、雅安等营业部共19个核算单位，以及四川天地实业有限公司、四川天富投资有限责任公司2个子公司2004年度资产、负债、损益进行审计。审计查出：公司总部违规借款6800

万元并收取资金占用费152万元。四川天地实业有限公司和四川天富投资有限责任公司是由华西证券分别出资150万元和475万元建立的全资子公司，该行为属违规办实业。深圳营业部2名员工违规参与股票交易。以收抵支或以支抵收少计营业税金及附加。费用超支、挤占成本，影响和少缴企业所得税。赔偿金在税前列支。客户交易结算资金未按规定比例上划。经审计处理，收缴财政191.89万元，其中补缴营业税金及附加6.92万元；罚款17万元；没收违法所得152万元；代扣代缴个人所得税15.97万元。另调整企业所得税纳税基数412.13万元。

第四节　其他金融机构审计

1996年，省审计厅对招商银行成都分行1995年度资产、负债、损益进行审计。审计查出以下违纪违规问题并作出处理：多提固定资产折旧30万元；分行全辖在“劳动保护费”和分行本部在“业务管理费”中列支行员服装费38.42万元，加大了成本费用；分行全辖在“业务管理费”中列支并以现金发放防暑降温费6.28万元；分行全辖在“业务管理费”中列支“员工住房基金”36.41万元，且将现金提出单独以存折形式管理。以上四项不符合国家有权机关的政策规定，但成都分行是执行上级行的相关规定，责任在总行，因此免于处理。1995年4月起，共有116笔贷款其贷款利率超过同期同档法定利率上限，多收利息121.28万元，处以20%的罚款，金额24.25万元。分行本部提高和多付单位定期利息52.35万元，处以20%的罚款，金额10.47万元。4笔同业拆借业务违反中行四川省分行和招商银行有关文件规定，多收利息3.66万元，予以等额罚款。分行委托安顺桥街办事处代理委托贷款4笔，收取手续费22万元，违反有关规定处以30%罚款，金额6.6万元。分行本部违反关于收取手续费不得超过概算成本3%的规定，多收四川敦煌集团融资租赁手续费2.4万元，罚款2.4万元。以上五项罚款共计47.38万元。分行本部和火车站、安顺桥街两个办事处挤占成本费用50.15万元，相应调增分行利润，补缴企业所得税16.55万元。经审计处理，上缴中央财政16.55万元，四川省财政47.38万元。

1997年，省审计厅对四川省融资中心1996年度资产、负债、损益进行审计，并随机对6个所属地、市级办事处进行了抽查。审计查出以下违纪违规问题并作出处理：多提固定资产折旧0.56万元，补交企业所得税0.18万元。超计税工资标准0.32万元，补交企业所得税0.11万元。少代扣代缴的个人所得税0.19万元，补交入库。漏交印花税0.28万元，补交入库。在费用中列支的职工住房公积金0.52万元，补交企业所得税0.17万元，并调整有关账目。内江办事处业务宣传费、招待费不能抵扣的7.25万元，补交企业所得税2.39万元。漏交企业所得税28.90万元，补交入库。

1996年，省审计厅审计组在招商银行审计

2001年，省审计厅对四川省信托投资公司2000年度资产、负债、损益进行审计。查出以下违纪违规问题并提出了审计意见和处理：挤占挪用股民保证金21577万元，要求积极筹措资金，及时归垫。吸收大量的单位活期存款和个人存款117768万元，超出了工商营业执照和金融许可证中规定的经营范围，责成在清理整顿改制中妥善解决。大量的内部往来和内部拆借在汇总报表时未按规定进行品迭，造成虚增资产和负债104608万元，责成减少虚增的资产和负债，调整相关账务。信托存款未列入信托存款科目98649万元，占整个信托贷款的56.9%，要求调整相关账务，真实反映。未经批准自行增加实收资本140万元，责成调减实收资本，归位到盈余公积金中。购置汽车3辆，价值225.58万元未记入固定资产账，责成调整账务，补记固定资产账。应计未计营业收入，以支抵收或以收抵支，少计营业税及附加23.14万元；违规返佣97.13万元，处以罚款1万元。共收缴财政24.14万元。

2001年，省审计厅对四川省建设信托投资公司1999—2000年度资产负债损益进行审计。审计查出以下违纪违规问题并提出审计意见和处理：以个人名义开户进行新股申购和自营证券买卖活动金额3737.08万元，鉴于信托正处于清理整顿阶段，此次审计不予处理。长期投资超比例53.82%，超过规定的3%，处以罚款5万元。违规代个人交纳所得税30.35万元，处以罚款5万元。营业部将五粮液股票12.6万股估算382.5万元收益进入“本年利润”和“自营库存证券”科目，应调减虚增资产和利润。合并会计报表未品迭内部往来账目，虚增资产和负债7754.49万元，应如数调减相关科目。乱用会计科目，在“其他应收款”科目向建信置业拨款1000万元，作为增加建信置业的注册资金。应付未付贷款利息349万元，按合同约定及时清偿。违规代垫由职工个人负担的集资建房款218.9万元，责成如数收回。盈余公积金额较大，超过注册资本3235.67万元，应转增“未分配利润”科目。应调整而未调整的账务、涉及金额3582.52万元，应按照会计师事务所出具的清产核资报告书要求进行调整。

2003年，省审计厅对成都市商业银行第二营业部2002年度资产负债损益进行审计。查出以下违纪违规问题并提出审计意见和处理：截至2002年年末应交未交各项税费524.63万元，但鉴于该笔欠税属原成都汇通银行遗留问题，因此待省撤销原汇通银行领导小组明确指示后再做处理。2002年少缴营业税0.2万元，欠缴房产税30.18万元，应予补交。营业外支出科目列支准备金罚金0.87万元；违规列支职工误餐费48.06万元；超计税工资262.09万元，超计税工资多提“三费”（职工福利费、工会经费、职工教育经费）45.87万元未调整纳税基数，按规定应调整纳税基数，抵减亏损。经处理应补缴营业税0.2万元，房产税30.18万元，抵减2002年亏损356.89万元。

2004年，根据省政府领导的指示，由审计、财政、国资委等部门组成联合检查组，对四川省信托投资公司和四川省建设信托投资公司截至2004年5月底的净资产进行审计核实。此次审计核实共计净调减四川省信托投资公司总资产28903.57万元；净调增总负债853.71万元，调减净资产29757.28万元。具体调整情况：调增营业收入32.49万元，调增营业支出992.93万元，调增营业外收入260万元，调增营业外支出29960.64万元。核实结果总资产为198575.83万元；总负债为209867.79万元，净资产合计－11291.96万元，若加上川信红照壁大厦有限责任公司固定资产评估增值20931.20万元，净资产为9639.34万元。此次审计核实四川省建设信托投资公司共计调减总资产1925.22万元。具体调整情况：调增营业支出31.50万元，调增营业外支出1893.72万元。审计核实后总资产90289.80万元，总负债77232.96万元，净资产13056.84万元。若加上奥林匹克花园项目土地评估增值8471.13万元，净资产21527.97万元。

第五节　金融机构专项审计调查

1989年，全省19个市（地、州）级和部分县级审计机关对人民银行、工商银行、农业银行、建设银行、中国银行、保险公司等金融机构1988年本单位、本系统的基建和发放贷款支持其他单位基建情况进行审计调查。调查显示各金融机构1988年本单位基建项目165个，计划基建总投资12636万元，至年末实际总投资12895万元，超出计划2.1%，其中保险公司超36%，人民银行超14%。在各金融机构基建中发现的问题是：挂“暂付款”给本单位本系统搞基建1128万元，其中：人民银行挂账709.5万元，占63%，保险公司挂账379万元，占33.5%。向其他单位借款搞基建1377万元，其中人民银行765万元，工商银行306万元，农业银行229万元。基建超计划投资。在发放贷款支持其他单位基建中发现的问题：支持基建单位无计划、超计划基建项目贷款3953万元；以流动资金贷款名义发放贷款625.9万元；用拆借资金发放基建贷款3163万元。

1990年，省审计局对中国银行成都分行国外贷款偿还能力进行审计调查。调查显示：至1989年末共有国外贷款项目17个，全部都是中行转贷的，包括了比利时、法国、奥地利、瑞士、日本、英国、意大利等国的政府混合贷款，买方贷款和“黑字还流”贷款（指一国的国际收支中包括经常项目和资本项目，国际收支的经常项目和资本项目品迭后会要么出现顺差，要么出现逆差。“黑字还流”中的“黑字”相当于“顺差”，是相对于“赤字”的财务名词，就是盈余的钱。外方把同中国政府贸易往来中顺差盈余的钱，通过优惠贷款的方式，再借回给中国，就是“黑字还流”。“黑字还流”是20世纪90年代的一个术语。21世纪后，中国经济发展的很快，中国国际收支中的经常项目和资本项目以顺差为主，所以现在已经没有“黑字还流”的说法了）。贷款金额43308万美元，1989年末，用款余额24673万美元。预计各年到期贷款金额是1990年381万美元，1991年611万美元，1992年3703万美元，1993年3504万美元，1994年及以后32119万美元。对于外债偿还能力不好预测，因全部项目都是总行转贷的，成都分行主要具体经办贷款手续。同时大部分项目不创汇，只有靠担保单位还款，担保单位大都是管理部门，不是经济实体。调查表明，中国银行成都分行偿还国外贷款形势严峻，要求今后几年各担保单位必须十分节约外汇使用，积极筹集地方留成外汇，集中财力归还国外借款。

1995年，省审计局对中国银行四川省分行本级减利潜亏情况进行审计调查。调查发现：流动和长期资产中的减利和潜亏问题。1994年年末省分行应收账款中应收催收利息5632万元，其中本年形成1573万元，未纳入当年损益核算。该项催收利息和催收贷款一样，属坏账性质，银行无法收回本金与利息，故未纳入损益核算。1994年年末省分行本外币逾期贷款106861万元，占贷款总额的13%，催收贷款为9712万元，占贷款总额1.18%。信贷资金质量不高是影响当年利润的重要因素。据对一些企业延伸审计发现，贷款的“三查”制度很不合规，在贷前调查、可行性分析不准确的情况下就草率将贷款放出去。固定资产中减利潜亏情况。经查省分行在1994年清产核资中，未发现固定资产盘亏、毁损，故没有未处理的毁损、盘亏损失。长期投资中的减利潜亏情况。省分行长期投资由购买的各种国债和向一些企业参股投资构成，购买的国债不存在风险损失，向企业参股投资，每年也分回了红利，还未发现投资损失的迹象，只是近期要按国务院和人民银行的规定，抽回向非银行金融机构的投资。省分行资本金结构不合理。1994 年年末省分行所有者权益为 24643 万元，其中资本金 23907 万元，公益金 736 万元。固定资产年末净值 10490 万元，在建工程余额 16587 万元，两项之和为 27077 万元，超过所有者权益 2434 万元。固定资产净值与在建工程之和已占资本金的 113%。大大超过金融保险企业财务制度规定的在企业资本中，银行固定资产净值所在的比重最高不得超过 30% 的标准。因而省分行的资本金中已无流动的信贷资金。发放贷款和其他金融性资金运用中的资金来源全部是来自负债类有成本的各项存款资金和拆借资金，从而提高了经营成本，影响利润。损益核算中不合规行为减少利润 1196.1 万元。根据上述五个方面调查，减利因素为应收催收利息 1573 万元，固定资产、在建工程超占资本金多付利息支出 1837 万元，损失中减利 1196.1 万元，减利合计 4606.1 万元，占当年该行利润总额的 34%，减少中央财政收入 2533 万元。

1996 年，省审计厅组织对南充、巴中、达川、广安、万县等地区的中国银行二级分行 1995 年度信贷资产质量进行审计调查。调查显示这些地区中国银行较好地完成了省分行下达的各项经营目标，为贫困地区的经济发展作出了较大贡献。同时也发现这些地区的信贷资产质量低下的问题十分突出：资金紧缺，存贷比例倒挂，存贷比例高达 108.66%，按商业银行资产负债比例管理所要求 75% 相比较，高出 33.66%，即超比例规模放贷 49601 万元，本身就增大了贷款的风险性。不良贷款占贷款总额比例高达 51.37%，其中逾期贷款占贷款总额 25.63%，催收贷款占贷款比例 25.74%。逾期、催收贷款中已包括呆滞、呆账贷款。这些地区的平均收息率为 65%，收息率过低，影响经济效益。应收未收利息高达 13030 万元。资本充足率平均数仅为 1.41%，按资产负债比例管理要求的 8% 来计算，应补充 19154 万元。平均费用率为 11.23%，也影响了银行经济效益的提高。1995 年年末亏损总额高达 8476.2 万元，包袱十分沉重。调查揭示信贷资产质量低下其原因是：一些建设项目论证不充分带来信贷风险；国有企业在市场经济中应变能力差，企业之间“三角债”互相拖欠，越演越烈，“赖账不还”已司空见惯，信用危机在企业效益滑坡的影响下，企业不积极履约还贷的情形十分普遍；各种政策性原因，也影响了银行的经济效益。

1997 年，省审计厅在完成农行省分行审计的同时，对乐山、自贡、宜宾、泸州、内江 5 市农业银行 1996 年度信贷资产质量进行审计调查。调查显示 5 市农业银行人民币贷款 1027034 万元，其中：正常贷款 492016 万元，占比 47.91%，逾期贷款 129345.3 万元，占比 11.83%，呆滞贷款 256852.5 万元，占比 25.01%，呆账贷款 149091.2 万元，占比 15.25%。不良资产形成的原因：企业破产、停业形成“双呆”贷款 65854 万元；企业亏损挪用贷款形成“双呆”贷款 139293.6 万元；企业产品严重积压形成“双呆”贷款 91119.8 万元。银行对贷款合同审查不力，失误造成“双呆”贷款 3775 万元，违规违章贷款形成“双呆”17434.4 万元。因行政干预形成“双呆”24466.9 万元；政策性因素形成“双呆”46000 万元。调查建议农业银行应紧紧围绕“搞好农村金融体制改革，切实加强内部管理、支持农村经济全面发展”三大重点，坚持“存款立行、效益兴行、依法治行”的工作方针，以市场为导向，选准选好项目、实行集约经营的原则，坚持贷款条件，严格按照程序，切实实行审贷分离，严格把好放贷关。对形成的“双呆”贷款，要采取经济的、行政的、法律的手段，最大限度地盘活存量。

1999 年，省审计厅承担了对四川省信托投资公司、四川省建设信托投资公司及德阳、乐山、南充、甘孜、阿坝、凉山 6 个市（州）级信托投资公司和下属办事处 1998 年度资产、负债、损益的审计调查。省财政厅、省国资局承担对四川省国际信托投资公司的审计调查。调查显示1998年实现利润7334万元，计交企业所得税后，净利润为3761万元。9家信托投资公司除省国投和南充信托亏损外，其余7家均有盈利。从主要经营活动看：

存款业务。截至1998年年末委托存款余额276499万元，信托存款340350万元。委托存款和信托存款是信托公司主要负债，占流动负债总量的73%。从信托公司存款吸收范围看，违规吸收的活期单位、个人存款和个人定期存款金额达128840万元，占流动负债总量的15.39%。

贷款业务。1998年年末委托贷款余额247261万元，信托贷款332684万元，在信托贷款中，正常贷款158222万元，不良贷款174462万元，占52.44%，其中损失贷款20271万元。审计调查表明，信托公司贷款质量欠佳，主要是不良贷款所占比重过大，逾期、催收贷款比例大大超过国家规定指标。

信托投资业务。1998年年末投资余额101562万元，当年收到投资分红1778万元，收益率仅为1.75%，大大低于商业银行一年期存款利息，使投资收益与资金成本倒挂。审计调查表明，凡投向省外和房地产的项目，基本无收益，有的损失严重，有的越陷越深。

资金拆借业务。1998年向外拆入资金106135万元，归还39617万元，期末净拆入余额66518万元。向外拆出资金70040万元，收回36193万元，期末净拆出33847万元。由于信托公司资产质量较差，信贷资产沉淀量大，资金周转困难，不得不通过融资来维持正常的经济活动，而资金拆贷利率实行市场浮动，通常高于贷款，至使财务费用加大，影响了收益和利润。

证券业务。25个证券营业部，1998年证券营业收入24685万元，扣除支出后，全年实现利润11948万元，净利润约为8006万元。审计调查表明，信托公司在业务发展过程中，经营和财务管理还存在有待规范的方面，从经营情况看，资本风险比率为173.25%；受经营大环境和企业效益不佳、破产或转制逃废债务等因素的影响，逾期贷款率为45%，超过15%的规定比例，催收贷款比例为16.58%，超过5%的规定比例，应收未收贷款利息历年累计达27639万元，影响了信托投资公司的资产质量和发展后劲。审计建议信托投资公司应继续加强经营管理和信贷资金管理，按照"安全性、流动性、效益性"原则掌握贷款的投向、投量，加强内部控制制度的完善和管理，提高财务核算和管理水平，在支持四川经济发展的同时，创造更好的经济效益。

2004年，由省审计厅牵头，财政、国税、地税、银监、人行、工商等部门参加，对全省424个农村信用社独立核算机构，2个市农村信用联社、19个行管办、省协会2003年至2004年6月的资产、负债、所有者权益及损益进行审计核查。抽查424个农村信用社独立核算机构的情况，资产总额8552657.13万元，比自查数8570134.68万元核减17477.55万元；负债总额8632722.90万元，比自查数8640247.65万元核减7524.74万元；所有者权益总额－80065.78万元，比自查数－70112.97万元核减9952.81万元。两个市联社核查结果，资产总额21235.95万元，负债总额18590.58万元，所有者权益总额2645.37万元。核查中注意发现大要案线索，移送案件共13件，涉案金额39717万元，其中移送检察院3件，公安局1件，移送政府2件，纪委1件，银监局6件。审计核查揭示存在的主要问题：因体制调整，农村信用社承担农业银行代管时期形成的历史包袱。1996年度以前，农村信用社隶属农业银行管理期间，农行当时自办公司在农村信用社的贷款，农行支持的企业当贷款出现较大风险时转嫁农村信用社贷款，以农行的行政指令在农村信用社的贷款，农行委托农村信用社放款等原因，据不完全统计金额达122980万元。因农村信用社与农业银行脱离隶属关系后，农村信用社的债权无法实现。因国家金融政策调整，1999 年按照清理整顿关闭农村合作基金会、城市信用社的有关规定，农村信用社接收了绝大部分的基金会，城市信用社资产和业务。由于基金会、城市信用社在经营管理过程中业务管理极不规范，使接收的贷款由于手续不健全、抵押物不足值、担保不落实，贷款质量普遍差，信用社接手后换据率不高，多数接收的贷款形成不良贷款。同时，由于接收的贷款中存在诸如政府财政担保、所在地县、乡（镇）政府承诺偿还资产，由于财政困难，根本无财力履行担保义务和承诺，使这部分贷款悬空。因地方政府行政干预贷款，形成的农村信用社不良资产，截至2004 年6 月贷款余额为156162 万元。经核查发现，信贷资产中还存在违规签发承兑汇票形成呆滞、呆账，违规向自办实体注入信贷资金形成呆账；向关系人发放信用贷款；抵押贷款手续不全、抵押物不实、不足值发放贷款；虚假抵押、重复抵押贷款；跨区域贷款；改变用途贷款以及以贷收贷、以息挂本等问题。省审计厅向省政府作出《关于四川省农村信用社清产核资审计核查结果的综合报告》。省政府领导作出批示：今年审计工作成效显著，对省政府交办的关于农村信用社专项审计时间紧、任务重、难度大，省审计厅组织专门力量高质量完成任务，应予表扬。

第三篇　行政、事业单位审计

行政事业单位财务收支审计是对国家权力机关、行政机关、司法机关，以及事业单位及社会团体财务收支活动进行的审计监督。审计机关成立后即对行政事业单位建立了经常性的审计制度，以促进行政事业单位加强财务管理，把有限资金管好、用好，提高资金使用效益。1994 年随着经济体制改革的深入，审计机关从反腐倡廉、对权力强化制约与监督的高度，加强了对具有财政财务政策、法规制定权、行政执法权、资金分配权和人财物管理权的重点部门的审计监督，开展了对公安、检察、法院、工商、物价、质检等执收执罚部门系统的审计和专项审计。对促进依法行政、保证政令畅通、促进“收支两条线”规定的落实，防止各种违纪违规行为的发生，提高财政资金的使用效益发挥了重要作用。2000 年以来，省审计厅把行政事业单位审计纳入财政预算执行情况审计的范围，按照省人大、省政府和群众普遍关心的问题，有针对性、有计划地开展对部门预算分配、预算执行、其他财务收支和财务状况的审计，分析评价其真实、合法和效益性，发现和揭露问题，提出改进建议，使财政预算执行审计在深度和广度有了较大突破，为政府实施有效的宏观调控发挥了审计应有的作用。

文教系统的审计范围，包括了文化、教育、科技、卫生、计划生育、广播电视、新闻出版、体育等部门的财务收支及其经济活动。文教审计的对象在业务活动、财务管理和会计核算等方面具有一定的特殊性：一是行业门类广、单位多、资金来源渠道多；二是单位类型既有行政主管部门又有事业单位、企业单位，还有企业化管理的事业单位；三是大多数单位业务范围属于社会公共（益）事业，涉及广大人民群众切身利益，既注重社会效益，又讲求经济效益。全省审计机关按照省政府的要求和年度审计工作计划的安排，有重点地开展教育、科技、卫生、计划生育等经费的审计和广播电视、新闻出版等部门财务收支审计，围绕促进加强和规范管理这一目标，主要以同级财政预算执行审计和专项资金审计方式为主，采取同级审计和“上审下”的方式进行。

第一章　行政事业单位定期审计和专项审计

第一节　行政事业单位财务收支定期审计

从1986年开始，全省审计机关经过积极试点、总结推广、基本普及二个阶段，对行政事业单位定期审计形成了一项经常性的审计制度。1986年有18个市（地、州）及113个县级审计局进行了定期审计试点工作，审计单位320个，查出违纪违规金额2521.8万元，审计处理应上缴财政927.6万元。1987年全省有227个市（地、州）和县级审计局开展了定期审计工作，审计单位2980个，查出违纪违规金额3528.2万元，审计处理应上缴财政291.24万元。审计显示基本控制违纪的单位1153个，财会工作基本合格的单位881个。1988年全省233个市（地、州）和县级审计局都开展了定期审计工作，审计单位6075个，查出违纪违规金额4758万元。1987年有14个县（区）审计覆盖面达到100%，1988年又有4个市（地、州）和36个县（区）审计覆盖面达到100%，财会工作合格单位达到3318个。1989年至1993年，全省审计机关共审计行政事业单位19821个，查出违纪违规金额40784万元，审计处理应上缴财政5276万元，应减少财政拨款或补贴313万元。在此期间，对行政事业单位定期审计做了大量改进，即适当缩小审计覆盖面，把审计重点放到经济管理、监督和执法部门以及预算外资金、事业经费和罚没收入较多的部门，有选择地对这些部门开展系统性的审计。1989年围绕治理整顿、深化改革的中心，许多审计机关把查处“小金库”作为控制消费基金膨胀，推进廉政建设的一项重要内容来抓，查出“小金库”90个，金额285.42万元，依法收缴财政10.9万元。一些审计机关还采用定期审计与专项审计相结合的方式，对138个公安局（处）及部分交警队、刑警队、

1999年，一年一度的全省行政事业审计工作会，总结、安排和布置全省行政事业单位审计工作

派出所的财务收支进行审计，查出违纪违规金额 1629.58 万元。针对有的公安机关存在不按规定及时上缴罚没收入、挪用罚没款、乱收费、乱摊派、罚没财物管理混乱等问题，提出了整改意见。为此，省公安厅发出《关于全省公安机关预算内外经费定期审计的情况通报》，督促检查各级公安机关进行整改，以进一步加强各项经费管理，切实纠正和制止各种违纪违规问题的发生。1990 年审计机关在定期审计中，狠抓了滥发钱物、违控购买专控商品、私设“小金库”、铺张浪费等常发性、多发性问题的查处。据成都、自贡等 10 个市（地）审计局统计，查处滥发钱物金额 106.26 万元，违控购买专控商品 205.63 万元。1991 年审计机关把预算外资金、事业经费、罚没收入作为行政单位财务收支定期审计的重点，审计 4191 个单位，查出违纪违规金额 4741 万元，其中挤占挪用专项资金 1392 万元，预算内资金转预算外 101 万元，截留应缴财政收入 366 万元。1991 年和 1993 年，为配合纠正行业不正之风，省审计局组织部分审计机关对 103 个工商行政管理局及所属 514 个工商所的罚没款、各种管理费、规费收入等资金进行审计。少数工商部门由于管理松弛、财经法纪观念淡薄，存在挤占挪用、截留上交罚没收入、滥发钱物和管理不当等问题，查出违纪违规金额 3690 万元。资金管理上存在的主要问题：市场管理费收入用于扩大发展市场建设不足，仅占收入的 35%；管理费和规费的开支没有按照量入为出的原则，支出大于收入是造成各种资金被挤占挪用的主要原因；罚没款上交不及时，造成财政决算不真实；管理费、规费上交不及时，影响集中资金用于市场建设。为此，审计建议财政部门应督促工商部门及时足额上交，避免截留、挪用等问题的发生，应把市场建设作为“两费”使用的重点，应按不低于收入 50% 的比例提取市场建设基金，专项用于市场建设。

第二节　行政事业单位专项审计

一、执法单位审计

1994 年，审计机关从反腐倡廉、对权力强化制约与监督的高度，加强了对行政执法权、资金分配权和人财物管理权的重点部门的审计监督。行政事业单位财政收支定期审计转为重点部门、重点资金的审计。当年，省审计局组织 10 个市（地）及所属县（区）审计局对同级公安、检察院、法院、工商、物价、技术监督等部门 1992—1993 年的罚没收入进行专项审计。共审计执法部门及所属单位 819 个，其中公安 64 个，检察院 48 个，法院 48 个，工商局 44 个，物价局 41 个，技术监督局 82 个，下属单位 492 个。查出违纪违规金额 7424.75 万元。主要问题是：隐瞒、截留、坐支罚没收入 1969.92 万元；挤占挪用罚没收入 977.69 万元；拖欠罚没收入 4118.69 万元；滥发钱物、吃喝送礼及私设“小金库”42.88 万元和其他违纪问题 308.9 万元。审计披露了少数执法部门领导财经法纪观念淡薄，同时也揭示了罚没财物需切实加强管理的问题：罚没收据不统一，收据繁杂多样，有的自制罚没收据，甚至个别执法部门使用白条收取罚款赃物；罚没款滞留，入账不及时；罚没物资和追回赃物管理不善，处理有章不循。对审计出的问题，审计机关提出了整改意见，同时追回被挤占挪用罚没收入 696.71 万元，应补缴财政 4516.68 万元。

1995 年，省审计局组织 11 个市（地）及所属县（区）审计局对公检法司机关 1994 年度办案收费、罚没款物等财务收支进行专项审计，共审计公安机关及派出所 224 个，检察院 53 个、法院 53

个、司法局及律师事务所59个。查出违纪违规金额3987.67万元。主要问题是：擅自增加收费项目和超标准收费353.24万元；隐瞒、截留罚没收入697.60万元；挤占挪用721万元；私设“小金库”372.46万元；滥发钱物616.59万元；违反控购规定385.82万元；其他违纪797.63万元。上述问题揭示了一些执法部门财经法纪观念淡薄，管理不善，其表现在：一些执收执法部门实行罚没款分成办法，或层层下达收缴指标并与其经济利益挂钩，造成乱收费等问题，给廉政建设、内部管理造成不良影响；办案经费补助与罚没收入未彻底脱钩；未严格执行“收支两条线”的规定，应缴未缴罚没收入及行政性收费问题仍然存在；票据领用、缴销制度不严，收费票据不合法；固定资产管理失控。为此，审计提出建议：各级财政、审计等监督部门要严格按照省财政厅转发的《财政部关于下达行政性收费、罚没收入实行预算管理办法的通知》要求执行，在监督检查中发现问题，要依法严肃处理。

1998年，省审计厅统一部署对全省公安机关1996—1997年度收费和罚没款的财务收支进行全面审计，共审计公安单位685个，其中省级1个，市（地、州）级34个，县级190个，基层派出所460个。查出违纪违规金额17577.5万元，主要问题是：应缴未缴和截留隐瞒的规费收入和罚没款6538.69万元；未纳入财政专户储存6906.58万元；超标准收费239.85万元；挤占挪用870.44万元；私设“小金库”108.84万元。审计处理处罚金额8218.42万元，其中：补交财政4160.12万元，追还被挤占挪用资金3940.85万元，罚款117.45万元。

1999年，按照审计署统一部署，全省有19个市（地、州）及所辖县（区）开展了对检察院、法院1997—1998年度财务收支审计。共审计省、市（地、州）、县级检察院、法院247个，查出违纪违规金额19657.26万元，主要问题是：拖欠应缴预算收入975.46万元；隐瞒截留收入969万元；乱收费、乱罚款、乱摊派1142.62万元；挤占挪用3698.85万元；私设“小金库”713.68万元；预算外资金未纳入财政专户管理6862.03万元。审计处理处罚金额2132.53万元，其中：补缴财政1600.65万元，追还被挤占挪用资金417.85万元，罚款114.03万元，移交检察、纪检监察部门处理各1人。此次审计较好地维护了财经纪律，促进了两院规范收费、罚没行为，提高了财务管理水平。同时，各级审计机关认真贯彻实施《审计法》，力求各项审计规范，提高审计质量。一些审计机关制定了“统一安排，分级实施；统一研究，分级处理”的审计实施原则，要求审计人员从三个方面入手，即：“从资金账户审计入手，弄清账户的相关性、安全性；从各项收入审计入手，弄清来源的合规性、完整性；从各项支出审计入手，弄清使用的合规性、合法性。”

2000年，全省组织103个审计机关对140个省、市、县级工商行政管理局、382个基层工商所以及工商行政管理部门所属事业单位1998—1999年行政性收费、罚没收入及财政财务收支情况进行审计。查出违纪违规问题：各级工商行政管理部门历年累计欠缴上级工商行政管理部门的行政性收费收入比较突出；行政性收费未纳入财政专户管理，“收支两条线”的管理规定执行得不够理想；行政性收费收入已纳入财政预算部分欠缴情况仍然存在。全省共查出违纪违规金额27298万元，其中截留、拖欠应缴预算收入4237万元，截留、拖欠应缴财政专户6886万元；隐瞒收入875万元；乱收费2192万元；挤占挪用7181万元；私设“小金库”192万元；漏缴税费558万元；违规使用票据29万元；其他问题5061万元。审计处理补缴财政1492万元；追回被挤占挪用资金3088万元；罚款175万元；调账和限期整改等处理3363万元。移交纪检监察处理案件3件，涉案人员5人。

2003年，省审计厅组织全省21个市（州）、112个县审计局对省公安厅、省交警总队、21个市

（州）、180个县公安机关和交警部门、577个派出所、交警大队、车管所2002年度财政财务收支实施审计。查出违纪违规金额48692.57万元，其中公安机关36871.87万元，交警部门11820.7万元。主要问题是：隐瞒收入1007.26万元；挤占挪用经费582.61万元；违规支出1547.4万元；转移资金129.34万元；设置“小金库”、账外账1605.03万元；挪用侵占扣押、暂扣款物831.39万元；乱收费、乱罚款、乱摊派2538.57万元；违规使用票据674.02万元；应缴未缴国库6214.02万元；应缴未缴财政预算外专户3516.15万元；固定资产管理混乱，违规金额18154.4万元；乱集资254.2万元；往来款管理不合规2651.33万元；使用不合规票据列支994.65万元；未执行“罚缴分离”规定598.81万元；罚没收入和行政性收费未按规定级次入库418.14万元；部门预算执行不规范774.85万元。对审计查出的问题，各级审计机关依法作出了处理，其中处以罚款、没收金额1013.23万元。在开展公安机关审计中，围绕促进加强和规范管理这一目标，在摸清公安机关的财政财务管理体制、财务收支情况、各类收费、罚没的项目和资金物品管理、使用情况的基础上，以执收执法情况作为审计的重点，对各项收费、罚没项目的设立、审批、收缴环节、票据的使用和管理、收支规模、解缴、返还、使用等情况，进行系统地审计。审计发现各地由于国库集中支付、会计集中核算的推行，县级以上公安机关财政一级预算单位违纪违规问题相对较少，而一些二、三级预算单位如基层看守所、公安分局、甚至没有独立核算的派出所、队、科在行政事业性收费和罚没款收解、票据使用等方面存在较突出的问题。因此，随着财政支出体制改革的不断深化，部门预算执行审计应将一级预算单位审计与二、三级预算单位审计相结合，加大对部门、单位所属二、三级预算单位的审计力度，这样就将预算执行审计引向深入，并促进深化财政体制改革。2003年，公安机关审计作了有益的尝试，取得了一定的效果。

2004年，全省审计机关对省检察院和21个市（州）、183个县（市、区）检察院2003年度财政财务收支进行审计。查出违纪违规金额11473.13万元，主要问题：对法院已下达刑事判决书认定的罚没款及赃款未及时上缴国库1541.51万元；挪用侵占暂扣款（物）、罚没款472.52万元；应退未退扣押款420.51万元；违规使用票据466.42万元；擅自设立收费项目乱收费和乱摊派282.97万元；违规支出518.12万元；账外账资金340.97万元；漏缴各项税金82.68万元；隐瞒收入291.89万元；固定资产账实不符3162.57万元；其他方面问题金额3611.57万元。经审计后依法作出处理，其中补缴财政1812.06万元，追回被挤占挪用172.97万元，处以罚款41.26万元，调账和其他纠正措施6774.14万元。在对检察院系统实施审计过程中，有的地方反映当地检察院对有关特情费审计不配合等情况，省审计厅主动与省委政法委、省检察院沟通，取得一致后联合下发了《关于做好全省检察系统2003年度财政财务收支审计工作的通知》，明确检察院特情费属审计机关审计范围，但要求安排专人进行审计，审计结果以密级文件单独报告，并切实做好保密工作。由于主动沟通，及时解决了审计中遇到的问题，确保了审计工作顺利开展。

2005年，全省审计机关对省高院、21个市（州）中级法院和126个县（市、区）法院2004年度财务收支进行审计。为加大审计力度，省审计厅直接组织对18个市中级法院进行交叉审计。审计查出违纪违规金额22390.33万元，管理上存在问题金额16371.14万元，共38761.47万元。主要问题是：部分法院未严格执行“收支两条线”的规定，将收取的诉讼费直接坐支，或未上缴财政，长期滞留于单位账内。坐支诉讼费金额5247.77万元；未及时上缴同级财政金库5054.51万元；影响省级财政收入626.17万元；超标准收取诉讼费771.72万元；应收未收诉讼费767.83万元。罚没款未及时足额缴入金库，存在欠缴、挤占挪用579.36万元；法律判决执行不力，罚没款未能应收尽收1042.35万元。挤占挪用执行款及利息2729.58万元；已结案而未及时支付给当事人的执行款及利息5422.66万元；执行案款未纳入财务账核算2936.1万元；以私人名义保存执行案款688.26万元。其他问题：账外资金1226.83万元；违反规定乱收费327.69万元；违规集资、借款、担保贷款1799万元；违规使用票据收取诉讼费、执行款和罚没款1180.72万元；固定资产账实不符8725.41万元。经审计处理，归还原资金渠道3701.3万元；补缴财政6000.36万元；调整账务13576.6万元；处以罚款123.01万元；其他纠正处理15483.21万元；移送有关部门处理3件。

二、省政府驻外办事处审计

根据省政府的要求和年度审计工作计划安排，省审计厅有重点地开展了省政府驻外办事处的审计监督。1997年，省审计厅对省政府驻广西办事处1996年度财务收支进行审计。审计查出：违规将预算内拨购房款50万元转预算外，出借给广西上思县十万山林化厂，收取利息8.1万元；违规将预算外资金50万元出借给两年未在工商部门年审的广西平南县兴业贸易公司，收取资金占用费8万元。审计作出及时收回到期借出资金、冲转有关账目、归还原资金渠道；对创收中收取的利息和资金占用费应用于弥补单位经费不足，不得发放给个人的处理意见。2003年省审计厅在对广西办事处负责人任期经济责任审计时，查出广西办事处实行差旅费包干、发放出差补助到职工个人14.97万元；在事业基金中列支职工个人住房款21.6万元。对此，审计按有关规定作出了相应处理。

1997年，省审计厅对省政府驻沈阳办事处1996年度财务收支审计中查出：违规将预算外资金10万元借给大能国际节能制品有限公司，借期一年，年息20%；违规将预算外拨入160万元基建款列预算外“暂存款”中核算；购置的办公用房，未进行固定资产核算；经营人员无原始凭证多报2.67万元。审计对违规事项作出了处理意见，并要求进一步完善内控制度，加强财务监督，保证国有资产完整、安全。

1998年，省审计厅对省政府驻深圳办事处1997年度财务收支进行审计时查出：挪用边境证收入40.01万元炒买炒卖股票；违规将边境证收入50万元出借给四川省绵阳市三维食品厂至审计时尚未收回本息；以个人名义开设活期储蓄存款户头，专账核算代办边境证所得收入263.99万元。审计作出妥善处理所持股票、及时收回借款本息、取消储蓄存折，所涉及的资金全部纳入单位预算管理的处理意见。同年，省审计厅对省政府驻海南办事处1997年度财务收支审计时，未发现违纪违规问题，但在财务活动及会计核算中存在不规范，部分其他收入未纳入单位财务统一核算的问题。2004年对海南办事处负责人任期经济责任审计中，发现海南办事处虚报冒领财政拨款24万元、超范围、超标准发放奖金、补贴38.24万元，以及违规出借银行账户等问题，审计除界定该负责人负分管领导责任外、还依法对违纪违规问题给予了处罚。

1999年，省审计厅对省政府驻福建办事处1997—1998年度财务收支进行审计。查出虚列支出28.57万元；漏计、漏缴税金2.69万元；违规出借银行账户为他人转款53.82万元；挪用预算内资金外借取得利息收入2.38万元。对上述问题依法给予了处理，对出借财政资金除没收非法取得的利息外，还处以罚款。

第二章　教育经费审计

第一节　教育部门及教育经费审计

1986年，全省审计机关组织2225人，对163个县以上教育局1985年的教育经费进行审计，同时抽查了1462个基层办学单位。审计预算内、外资金90300万元，查出违纪违规金额5773.25万元，主要问题是：挤占挪用2883.66万元，其中用于修建机关办公、生活用房和招待所2045.72万元，买小汽车350.68万元，经商办厂849.32万元；虚列支出、虚减收入、转移资金2525.27万元；滥发奖金、补贴、请客送礼、公费旅游等277.29万元；贪污教育经费5.62万元。对违纪问题根据有关政策规定作了处理，收回、归还资金2400多万元，留给教育部门用于改造危房和改善办学条件。在对全省教育经费审计的同时，省审计局对省教育厅进行了审计，抽查了该厅直属的四川教育学院、教学仪器设备公司、电化教育馆、校办企业服务公司的教育经费使用情况。查出违纪违规金额156.3万元，主要问题是：挪用教育经费81.76万元搞基本建设，挪用专项资金5万元作商业补助；截留教育专项资金19.89万元，其中将“一般地区危房修建补助费”8万元给厅属单位使用，将“中学藏文教师代培费”2.4万元弥补预算缺口，教学仪器设备公司将规定用于“老、少、边、穷”地区的专项器材指标（价值9.49万元）移作城市重点中小学使用；挪用教育经费16.35万元购小汽车，4.3万元购买名贵花木和备办大型生活设施；占用教育事业费29万元作其他开支。教育经费挪作他用的问题被披露后，引起省领导的重视，先后作出指示，提出必须严肃对待，认真纠正。省教育厅对省审计局作出的审计决定，逐条进行研究、纠正、落实。将变卖名贵花木收回的资金，从预算外收入中归还购买小汽车挪用的教育经费，一并用于中小学危房改造。

1990年，省审计局组织57个市（地）、县审计局352名审计人员，对49个控制社会集团购买力办公室、53个教育主管部门、53个税务局、20个银行和348个区乡财政所、217所乡村中小学，以及56个其他有关单位，1989年度的农村教育费附加、城镇教育费附加、中小学危房改造附加费、社会集团购置专控商品附加费的征收、管理、分配、使用等情况进行专项审计。查出主要问题：55个县应征8297万元，实征7654万元，少征643万元，其中297个乡少征农村教育费附加526万元；抽查55个县中，有45个县未按规定开征基本建设投资应税额1%的中小学危房改造附加费。有3104万元附加费未按规定纳入专户存储管理；1791万元社会集团购置专控商品附加费滞留在各级“控办”，未按规定及时拨付教育部门使用；中小学危房改造附加费普遍未按规定上交省、市应集中部分；农村教育费附加有173万元未按规定比例集中到县。挤占挪用、虚列支出、截留253万元。擅自提高手续费支付标准由30%提高至9倍。账目混乱，白条支付较为普遍。各级审计机关对查出的问题，根据有关规定作了严肃处理，对欠征的予以补征，对挤占挪用、截留的资金一律追还。有17个单位被通报批评，2个单位受到警告。

1995年，为落实《中共中央关于教育改革和发展纲要》，以及“科教兴川”战略，由省政府组织，审计、财政、教育等部门抽调3056人，开展了全省性教育经费的审计。这是省政府为了弄清全省1994年度教育经费筹措、投入、管理和使用情况采取的一项重大举措。共审计检查11594个部门和单位，审计金额达72.2亿元。查出违纪违规金额21182.8万元，其中：挤占挪用，包括用于行政性支出购买小汽车、经商办企业、修建办公楼及宿舍等5645.8万元；虚列支出、滥发钱物、私设“小金库”、违规购专控商品、预算外挤占预算内和多提业务费、贪污私分等没有充分用在教育事业上的金额达5044.6万元；乱集资、乱收费、少退代管费、少退校办企业税款等金额10492.4万元。少征各种教育费附加27552.27万元。财政欠拨教育经费54750万元。此次教育经费审计取得了较为明显的成效：落实了教育投入政策，按统一的审计处理原则，欠拨的教育经费各地已于1995年11月底基本拨付到位；1994年少征、漏征教育费附加，各地按政策规定积极组织补征，从1995年起要强化征收力度，严格依法办事，防止教育经费流失。抑制了违规收费问题。各地按照处理原则，对收入不合法、支出不合理的收费予以收缴和清退。这项工作得到各级领导支持，社会和学生家长的关心，收缴和清退工作比较顺利。加强了资金管理，建立健全了内控制度。对挤占挪用、虚列支出、私设“小金库”等作出了处理，其中追回归还原资金渠道4700多万元，冲减支出1100多万元，纳入单位财务统一管理2100多万元，清理、清退学生代管费3400多万元。各地有针对性地制定了一些措施，为确保教育经费专款专用，加强财务核算和勤工俭学经费管理奠定了良好的基础。此次审计促进了一系列教育优先发展政策措施的落实，科教才能兴川的战略意识被越来越多的人所接受。社会各界对这次审计普遍反映较好，学生家长比较满意，一致认为政府又为教育办了一件实事，一件好事。全国人大常委会副委员长吴阶平率领检查组来四川，对贯彻《中华人民共和国教育法》进行执法检查，对四川开展教育经费审计给予了高度评价，认为在全国带了一个好头，建议国务院总结和推广四川教育经费审计的经验。

1996年，根据省政府领导的指示，由省审计厅牵头、省人大、省教委参与组织检查组对成都、乐山、广元、南充、达川、宜宾、自贡和泸州8个市（地）1995年教育经费审计作出的审计决定执行情况进行检查核实。8个市（地）处理决定应执行数为43677.75万元，已执行数为19808.61万元，执行率为45.35%，其中：应补征各项教育税费13391.93万元，已补征350.08万元；征收部门应划拨资金598.55万元，已划拨393.57万元；应安排用于教育经费5483.45万元，已安排3430.03万元；财政应补拨欠款17835.61万元，已补拨11098.27万元；应清退给单位和个人1796.8万元，已清退1007.71万元；应归还原资金渠道3126.37万元，已归还2327.05万元；校办企业应拨付学校经费63.67万元，已拨付49.91万元；应上缴审计检查专户1381.09万元，已上缴1152.09万元。通过审计检查核实表明，除补征各项教育附加税费没有很好执行外，其他各项决定大部分得到了贯彻执行，说明各级政府是高度重视此项工作的。

2001年，省审计厅组织省、市（州）、县（区）186个审计机关对省、市（州）、县（区）级334个财政部门、教育部门，424所中小学2000年度预算内和预算外普教经费的筹集、拨付、使用和管理情况进行审计。审计查出违纪违规金额33627万元，其中财政部门8227万元，教育部门

10671 万元，中小学校 14729 万元。主要问题是：应缴未缴财政专户 4588 万元；隐瞒收入 1733 万元；挤占挪用普教经费 5587 万元；私设“小金库”454 万元；乱收费、乱集资、乱摊派 2825 万元；虚列、转移支出 370 万元；漏缴税费 143 万元；违规使用票据 1103 万元；固定资产流失 83 万元；其他违纪违规金额 16741 万元。对以上违纪违规问题审计依法作出了收缴财政金额 703 万元，追回被挤占挪用资金 3856 万元，罚款 189 万元的处理。同时作出了限期补缴财政专户、加强和完善固定资产管理、防止国有资产流失、建立健全财务会计核算和监督管理以及严格票据的使用管理的处理和纠正意见。

2004 年，为促进实施四川民族地区教育发展十年行动计划的资金管理，提高资金使用效益，省审计厅对甘孜、阿坝、凉山州本级及泸定、丹巴、马尔康、松潘、会东、喜德六县“行动计划”资金收入、拨付、管理、核算情况进行审计，并对各校基建项目资金、教学仪器设备经费开支情况、寄宿制学生生活补贴管理、发放情况进行了全面审查。审计查出违纪违规金额 4437.61 万元。主要问题是：滞留专项资金 1231.76 万元；挤占挪用 597.27 万元，主要是将寄宿制学生生活补助等挪作他用；未经批准擅自调整项目计划 790 万元；虚报冒领或多报少建 673.87 万元；少配套 1100 万元；其他问题 44.71 万元。经审计后按有关政策法规作出了处理，少配套的要求按规定足额配套；滞留、挤占、截留挪用的责成归垫；收入不入账，公款私存等其他问题予以了纠正。审计结果得到省领导的重视，省领导在审计报告上作出批示：“民族地区教育发展十年行动计划是省委、省政府的重大决策，意义重大而深远，专项资金筹措不易，更要珍惜、把它用好。对审计中发现的问题请专题研究，落实措施，切实整改，规范管理，确保不再出现类似问题。”

第二节　高校财务收支审计

1992 年，省审计局与省教委共同组成审计组，对川北医学院、重庆医科大学和泸州医学院 1991 年度财务收支进行审计，审计总金额 2633.45 万元，查出违纪违规金额 505.31 万元。主要问题是：挤占挪用教育事业费 155.62 万元；截留下属单位科研经费 129.1 万元；预算外收入挂往来账 147.66 万元；委托培养生、自费生欠款 55.64 万元，计划生欠学杂费 2 万元，均未纳入学院财务账内反映；预算外收入分配使用不合规。对审计查出的问题依法作出归垫挪用资金、调整会计账务、加强经费管理、合理使用资金的处理和建议。上述 3 个大学，先后将《审计结论和决定》的执行情况向省审计局、省教委作了汇报。

2003 年，省审计厅采取直接审计与授权审计相结合的方式，投入 120 余名审计人员对四川师范大学、四川音乐学院、成都中医药大学、四川广播电视大学、四川教育学院、西华师范大学、川北医学院、泸州医学院、四川农业大学、攀枝花学院共 10 所高校 2001—2002 年财务收支进行审计。审计查出违纪违规金额 52998.7 万元。其主要问题：违规收费 19748.48 万元，其中收取捐资助学费 15236.49 万元，收取点招费、择校择专业费、预升本、专升本成本补偿费等 4476.9 万元；设立“账外账”资金 230.75 万元；应作未作收入 8191.29 万元；应缴未缴财政专户资金 14057.12 万元；应缴未缴税金 190.56 万元；应转未转固定资产 10570.50 万元。对审计查出的问题按照有关法规作出了处理，同时针对收费管理不规范、财务管理薄弱和对校办企业、二级学院管理监督不力等问题，提出了实行教育收费公示制度、严把高校扩建审查关，充分发挥监督体系的作用，加大对高校的审计力度等建议。

2005 年，为贯彻执行党中央、国务院关于治理教育乱收费的部署，促进高校规范收费行为，加强财务管理，省审计厅对成都理工大学、西华大学、成都电子机械高等专科学校 2003—2004 年度财务收支进行审计。同时授权当地审计局对西南科技大学、西南石油学院、乐山师范学院、四川警官高等专科学校进行审计。审计查出违纪违规金额 99764. 31 万元。其主要问题：违规收费 14269. 58 万元；未严格执行“收支两条线”的规定，应缴未缴财政专户资金 61924. 85 万元；违规设置账外账、“小金库”19 个，金额 2165. 95 万元；收入挂往来或转至下属单位，转移、隐瞒收入 6145. 25 万元；虚列支出 13109. 76 万元；擅自扩大支出范围 2481. 92 万元，以及核算管理方面存在自行开立银行账户，科研经费管理不善和票据管理不规范等问题。对审计出的问题依照有关法律法规，并经请示省政府批准作出了处理，其中收缴财政 1887. 02 万元，补缴税费 154. 03 万元，追回应由个人负担的费用和应予追回的外单位占款 1149. 97 万元，归还挤占挪用资金 1544. 14 万元，调账和其他纠正措施金额 29535. 58 万元，移送司法机关处理案件 1 件。

第三章 科技、卫生、计划生育经费审计

第一节 科技经费审计

1988 年，省审计局对四川省科学技术委员会 1988 年 1—9 月科学事业费、科技三项费等科技资金和科研物资的分配、使用情况进行审计。还对四川省科技创业公司、四川省科学器材公司、眉山县科委科技服务中心、四川省农科院、四川省计划生育研究所、四川省中医药研究所 6 个单位进行了抽查。审计查出违纪违规金额 228.89 万元，其主要问题：挤占挪用科技资金 156.65 万元，其中借给其他企业作经营周转金 141.20 万元，省科委用科学事业费弥补省科技档案馆基建缺口 9.2 万元；其他单位挪用科学事业费 14.7 万元；科技三项费配套钢材多获收入 14.66 万元，其中省科器公司多收价款 10.25 万元，眉山县科委科技服务中心倒卖钢材获取非法收入 4.41 万元；滥发钱物、违反规定购专控商品、支付“咨询服务费”等支出 7.13 万元，如省农科院购小车支付“咨询服务费”2.8 万元，被个人以化名取走 2.52 万元。审计决定对挤占挪用，乱发钱物的科技资金一律收回，对被个人取走的现金，要求被审计单位清查、追还财政。

1989 年，省审计局组织 19 个市（地、州）和所辖 54 个县审计局对 73 个同级科技主管部门及 116 个管理、使用科研经费的其他部门和单位 1988 年度的科技经费进行专项审计。查出违纪违规金额 459.5 万元，主要问题：挤占挪用科技经费 378.5 万元，其中用于非生产性基建 148.49 万元，购买汽车 78.87 万元，经商办企业 64.55 万元，弥补行政经费缺口 35.97 万元，其他 50.62 万元；虚列支出、转移资金 41.42 万元；其他违纪违规 39.58 万元。省审计局以《关于我省科技经费审计的综合报告》向省政府作了汇报。

1995 年，省审计局组织 17 个市（地、州）及 27 个县（区）审计局对省级及 47 个科研主管部门和 115 个科研院所 1991—1993 年度的科学事业费、科技三项费和科技发展基金的管理、使用和效益进行审计。审计揭示受财政困难状况影响，科技经费投入很不平衡；省财政安排的科技三项费分别由省计委、省经委、省科委各使用一部分，各部门下达的科研项目计划缺乏有机联系，相互脱节，形成同一项目多头立项，重复投资，造成财力的浪费，科技经费存在随意性，直接用于科研的经费减少，挤占挪用现象较为突出。审计查出违纪违规金额 3861.8 万元，其中科技三项费有 2185.7 万元被挤占挪用，用于办公司 1803.8 万元，购车和基本建设 90.6 万元，虚列支出 42.8 万元，滥发钱物 1.4 万元，其他 247.1 万元。科学事业费被挤占挪用 992.8 万元，科技发展基金被挤占挪用 683.3 万元。科技经费有偿使用资金回收率低，科技三项费共计应回收 3884.9 万元，实际回收 1407 万元，占

应回收数的36.22%。省审计局和省财政厅联合向省政府作出《关于科技经费审计的综合报告》，提出进一步深化科技体制改革，增强科技意识，加强科技投入等审计建议。

第二节 卫生系统审计

1990年，省审计局收到未署名的人民来信，反映四川省医学科学院附属医院把血站的收入不纳入财务核算，另设账存放，拟将其100多万元用于盖高级住宅、购小汽车等。省审计局对此进行了审计调查。经调查核实，血站应交附属医院1986年至1989年利润1070.09万元没有及时解交，放在该站账上，存入银行。但四川省医学科学院附属医院从1989年3月至11月，收到血站上交的利润98.17万元，劳动服务公司上交的4.06万元，药厂房租收入0.12万元，招待所和黄河大客车收入1.5万元，利息收入0.8万元，共计104.66万元，没有纳入附属医院统一管理，由个别领导决定将款项以20个存单，分12个时期，用6种名称，4种储蓄种类，分别存入4个储蓄所，另立账目核算，收支情况只有极少数人知道，摆脱了附属医院财务的正常控制和监督，造成部分资金失控，实属“小金库”。经审计指出后，四川省医学科学院作出《关于我院账外资金的检查》，及时纠正错误。省审计局于1990年5月作出审计结论和决定，对该院依法免于处罚，但对两名责任人处以相当个人1个月基本工资20%的罚款。

1991年，省审计局对省直一医院1990年度的财务收支进行审计。查出违纪违规金额138.54万元。主要问题：隐瞒收入125.08万元；少列支出5.85万元；乱发钱物5.04万元；处方划价差错率高，科目设置不合理。对此，省审计局作出调整有关账目，重新建立总账，加强划价管理的审计结论和决定。同年省审计局和省卫生厅联合对重庆医科大学附属第一医院1990年度财务收支进行审计。查出违纪违规金额99.17万元。主要问题：账务处理不当，造成财务科银行账余额与药剂科银行账相差54.93万元及药剂科资金平衡表资金来源方比资金占用方多2万元，差错总额达62.13万元；专用基金开支挤占管理费4.29万元；药剂科应交未交该院承包利润32.75万元；处方划价差错率偏高；药剂科经济承包基数不合理，未考虑药品让利、包装物等非经营性收入的管理和分配；财务、会计基础工作薄弱，未设“现金”会计科目，未开设“专项存款”户进行专户存储、管理。对此，省审计局作出审计结论和决定，要求该院调整有关账目，加强财会基础工作，进一步完善内部经济责任制，开设“专项存款”户，注销药剂科的银行户头。

1992年，省审计局、省卫生厅组成联合审计组对川北医学院附属医院、泸州医学院附属医院、重庆医科大学附属儿科医院1991年度财务收支进行审计。查出违纪违规金额282.45万元。主要问题：挤占业务费用98.82万元；账务处理不合规167.36万元；账外财物12.6万元；药品核算管理薄弱；其他违规3.67万元。对此，省审计局作出审计结论和决定，要求3所附属医院作出相应的账务调整并加强业余医疗服务和药品管理。

1993年，省审计局和省卫生厅组成联合审计组，对重庆医科大学附属第二医院1992年度财务收支进行审计。查出违纪违规金额621.44万元。主要问题：购进药品货到应付未付货款468.47万元，未纳入财务核算；该院一级账少计、未计药品让利84.15万元；收回出国人员、停薪留职人员工资18.04万元和碎石收入医院留成部分5.77万元，以及药品让利3.05万元挂往来账；购进起博器、纪念币和其他低值易耗品、卫生材料39.39万元，以及业余医疗服务收入和其他收入提成支出2.57万元，直接在收入中列支。对此，省审计局作出审计结论和决定，要求该院按《医院会计制度》予以纠正。

第三节　计划生育经费审计

1992年，成都市、广元市、南充市、阆中市、越西县、广安县、武隆县和重庆沙坪坝区8个审计机关，对所辖200个乡（镇）、1000多个村的计划生育经费开展了审计和审计调查。审计查出在管理中存在主要问题：管理部门不统一、征收程序不合规、征收标准不一致，缴款也不及时。如成都市征收率为79.20%，有58.8%的乡村未用规定收据；管理资金未专户存储，坐支严重，抵交物资管理混乱，高折价、低销售；挤占、挪用、贪污、截留等现象严重，成都、南充、广元、阆中等市查出挤占挪用超生费170万元。200个乡镇中查出贪污计生罚款的有19人。省审计局将审计查出的问题在《四川审计简报》作了通报，并提出完善管理办法、加强监督检查、纳入目标管理等3条建议。审计署以《超生费收缴不严、管理混乱》为题，在《审计简报》上予以通报。国家计划生育委员会领导阅示后，转发四川省计划生育委员会。

1997年，省审计厅和市（州）、县（区）审计机关开展了对省级、16个市（地）、131个县（区）财政、计划生育主管部门、计划生育指导站、1285个乡镇和街道办事处等单位1995—1996年度计划生育事业费、药具经费的投入、征收、管理、使用情况的审计。审计金额116963万元，查出违纪违规金额14109.05万元，其中个人贪污20.8万元，移送司法部门处理15人。审计显示各地积极贯彻执行《四川省计划生育条例》，在财政困难的情况下努力增加对计划生育经费的投入，计划外生育费“乡收县管，财政监督”的管理模式已形成制度，较好地完成了国家下达的人口计划，四川省保持了全国生育水平一类省区的地位。同时，审计查出的问题有：违反规定乱收费1696.4万元；截留计划生育事业费423.23万元；截留、坐支计划外生育费1500.87万元；挤占挪用计划生育费5378.6万元；财政欠拨预算经费174.4万元；扩大开支范围1166.10万元；设立账外资金442.2万元；其他问题金额3480.85万元。通过审计基本上摸清了计划生育经费的投入、管理、使用情况及存在问题，并按政策规定对违纪违规问题进行了处理，基本上达到了预期目的。

第四章　广播、电视、新闻、出版、体育等单位审计

第一节　广播、电视等单位财务收支审计

省审计局于1989年、1990年、1991年连续三年对四川电视台1988年至1991年9月的财务收支进行审计。审计查出违纪违规金额759.39万元。主要问题：漏缴税金213.24万元，其中奖金税92.64万元，建筑税、固定资产投资方向调节税120.6万元；挤占成本238.4万元；虚列成本费用113.05万元，漏缴国家能源交通重点建设基金16.95万元；少计收入56.78万元，隐瞒收入、转移资金120.97万元；对经济合同监控不严，经济合同存根未交财务部门注销的达37本，经审计组督促交出25本，合同金额2438.11万元，欠交财务部门202.51万元；1987—1991年7月尚未收回的广告费1330万元，无专人催收。对此，省审计局分别作出审计结论和决定，漏缴税金、基金如数补缴；少计收入、挤占成本费用一律调整有关账务；隐瞒收入、虚列成本费用、转移资金部分，留该台作为修购基金、专项用于机器设备的更新改造；加强合同管理，清理欠款，积极催收；建议合并该台财务1科、2科及其两套账，设立财务部、建全全台统一的财务会计核算体系。

1992年，省审计局对四川人民广播电台1991年度财务收支进行审计。查出主要问题：该台有39人次月收入达到个人收入调节税起征点，应缴个人收入调节税0.94万元未申报交纳；节目赞助等收入在“暂存款”账户中列收列支，1991年底余额50.09万元；在管理费中提取7%组织广告收入包干差旅费。对此，省审计局作出审计结论和决定，由该台负责清理并申报个人收入调节税，节目赞助收入余额转入“专用基金”，停止执行在管理费中提取7%组织广告收入包干差旅费的办法。

1992年，省审计局对四川日报社1991年度财务收支进行审计。审计查出主要问题：应由专用基金或基建款开支的费用6.8万元，挤入企业管理费，从而漏缴国家有关税费和基金计3.48万元；购攀枝花钢铁公司债券利息收入8.1万元，漏缴所得税2.86万元；少缴奖金税21.6万元。对此，省审计局作出审计结论和决定，鉴于省财政厅对该社交纳的所得税实行全额返还，用于技术改造，因此对漏缴所得税款项作调账处理，所漏奖金税如数补缴。同年，省审计局对四川人民出版社1991年度财务收支进行审计。审计查出主要问题：广告收入7万元直接冲减费用，未作收入处理；该社未按会计原则进行会计核算，致使“产成品”科目出现贷方余额533万元，报表反映库存产品为零而实际库存产品码洋为405万元，“产品销售”科目贷方余额1344万元。对此，省审计局作出审计结论和决定，要求调整有关账务。

1996年，省审计厅对四川电视台1995年至1996年1—6月财务收支进行审计。审计查出少计业

务支出3135.7万元，相应多计结余、多提福利基金470.36万元和奖励基金313.57万元；在业务支出中列支超支医疗费用88.43万元。对此，省审计厅作出审计意见书，要求按规定调整有关账务，并提出严格栏目包干经费报销审核和改进暂付款核算方法等建议。

1996年，省审计厅对省广播电视厅1995年度预算执行和决算，以及预算外收入进行审计。审计查出截至1995年年末厅计财处“暂存款”为528.88万元，“暂付款”为1345.72万元；厅机关“暂存款”为150.04万元，“暂付款”1075.82万元，往来款数额较大。省审计厅作出《审计意见书》要求及时进行清理，对未了结款项，要及时结账，不能长期挂账。2000年省审计厅再次对省广播电视厅1999年度财务收支进行审计。审计查出厅计财处往来账挂账时间长，金额大，其中预付账款挂账54.42万元，其他应收款1999年年末940.18万元，挂账3年以上达935.65万元；厅计财处还存在多头开立银行账户，正常经费有6个户头，基建款有4个户头；厅机关及后勤服务中心均未设置固定资产明细账；厅计财处与办公室的往来账不符等问题．省广播电视厅对省审计厅作出的审计决定和审计意见书，认真进行整改，漏缴的房产税、营业税及附加4.42万元按规定上缴；对银行账户进行了清理，保留事业账户2个，基建账户2个；往来账户余额将在清产核资工作中进行清理，并按有关规定核销。

1997年，省审计厅组织14个市（地）审计机关对全省文化系统360个单位1996年度的行政、事业经费、专项拨款、预算外收入、捐赠收入及其他收入的收、管、用情况进行审计。审计查出违纪违规金额2024.54万元。主要问题是：挤占挪用文化专项经费、事业经费用于弥补行政经费、购车、建房等238.03万元；隐瞒收入437.45万元；乱收费39.62万元；漏缴各项税金183.6万元；以拨作支、虚列支出83.56万元；擅自购买专控商品50.35万元；截留应缴、应拨资金24.78万元；其他如滥发钱物、预算外资金未纳入财政专户储存、固定资产不入帐等967.19万元。审计处理收缴财政134万元，归还原资金渠道168.53万元，调整账务、补记入账等1398.95万元。

第二节　体育运动会财务收支审计

1993年，第七届全国体育运动会（以下简称“七运会”）四川省协办15个竞赛项目，来川参赛的代表团有40个。四川赛区筹备委员会于1992年8月设立了审计部，省审计局派出人员组成审计1处、2处，以内部审计的方式，对本赛区的财务收支及各项经济活动进行审计。审计部制定了《内部审计工作规定》和《审计工作方案》，确立了“事前监督、事中检查、事后复查”的审计工作原则。审计部对101个部（室）和102个竞赛委员会的经济活动及财务收支的真实性、合法性及效益性实施了审计。审计总金额6916.34万元，事中纠正和制止违纪违规金额667.61万元：制止某竞委会各工作任务负责人拟将其竞赛经费45.95万元，以现金形式包干领走；归垫被挤占挪用资金49.75万元；及时催缴入账各种集资收入556.23万元；要求调整账务10.1万元；协助税务部门征收开幕式大型文艺活动编导和歌星个人收入调节税5.58万元；对“七运会”四川赛区宣传标志的发售范围和发售标准进行审计调查，发现个别地区和单位擅自提高销售标准，及时给予纠正。此外，清理查明各种应收应付款项分别为130.2万元和100.6万元，以及待处理的物资45.53万元和应办理有关手续的固定资产515.86万元。

2002 年省审计厅对第六届全国大学生运动组委会（以下简称大运会组委会）财务收支及筹资情况进行审计。大运会组委会于 1998 年 8 月正式建立会计账簿。为加强财务管理和物资设备的采购以及筹集资金的管理，制定了《财务管理办法》《经费支出管理办法》《物资管理办法》《筹资办法》等 4 个财务管理制度。截至 2001 年年末，总收入 3399. 12 万元，总支出 3030. 69 万元。根据省政府 2001 年度第 14 期议事纪要，将大运会结余经费安排 200 万元到省教育基金会设立高校群众体育奖励基金，另外 100 万元转回省教育厅作教育经费安排。大运会组委会经费结余 68. 42 万元。经省审计厅审计后于 2002 年 4 月作出大运会组委会对大运会经费是严格按照收支两条线的原则进行管理和核算，核算真实、合法的审计结论。

2000 年至 2005 年 2 月，省审计厅对省体育彩票管理中心（以下简称省体彩中心）和省体育局连续 5 年体育彩票发行及财务收支和体育彩票公益金发行使用和管理情况进行审计，并对省运动技术学院、省陆上运动学校、省航空学校和省棒球垒球曲棍球运动管理中心的公益金项目使用情况进行延伸审计。审计总金额 462714. 27 万元，查出违纪违规金额 8634. 10 万元。主要问题：2000 年 1—6 月省体彩中心新增固定资产 909. 33 万元未计入固定资产明细账；2002 年末省体彩中心在四川国际信托投资公司开设的银行账户尚有存款余额 597. 43 万元；2002 年省体彩中心用现金支付广告费 56. 1 万元；2002 年开展的数字型和“四花选四”二次开奖回报活动兑奖未经过有效稽核，其记账凭据仅为销售员和出纳签字的“兑奖登记表”，共计支付奖金 1010. 2 万元；2003 年省体彩中心“6 + 1”数字型彩票调节基金账面只显示调节基金增加数未反映注入奖池的情况，导致“6 + 1”数字型体育彩票调节基金余额为 5566. 01 万元和应付兑奖金年末余额为 - 6453. 44 万元；2003 年省体彩中心预付账款 80 万元和 2004 年其他应收款 59 万元长期挂账；2004 年年末省体彩中心用终瑞维护专项经费弥补多缴发行费 301. 08 万元；2004 年省体彩中心无依据核销应收账款 54. 95 万元。上述问题，省审计厅分别作出审计结论，责成省体育彩票管理中心加强财务管理，要求固定资产及时入账，挤占专项资金及时调整归垫，加强合同管理，清理往来款项，进一步完善财务会计核算体系。

第五章　行政事业专项资金审计调查

第一节　教育经费专项审计调查

1995年，全省各地在进行教育经费审计的同时，根据省政府的要求，省审计局组织审计机关就教育投入、学校收费、教育结构等方面开展了审计调查。调查情况显示，四川教育事业得到长足发展，至1995年在占全省人口97%的地方普及了初等教育，占人口45%的地方普及了九年义务教育，学龄儿童入学率达98.41%，小学毕业生升初中的比例达88.59%，有163个县达到国家基本扫盲标准。但全省教育面临教育投入严重不足，结构不合理，发展极不平衡，社会对教育的需求急剧增大的困难和矛盾相当突出。对教育投入、学校收费的情况，省审计局在审计报告中给予了反映。就教育结构问题，省审计局向省政府上报了专题审计调查报告。在教育结构上反映的主要问题：全省各地中小学校点多，生源减少，班额不足，布局不合理等问题比较突出；师资结构不理想，教职工局部超、缺编矛盾突出，城乡中小学分布不均，教师学历达标率低，最低的是职业高中教师，全省只有27.56%，最高的是小学教师全省为83.54%；职业教育比例小，规模不大。对此，省审计局提出对策和建议：进行学龄儿童人口和人才需求预测、为教育结构调整提供科学依据；合理调整中小学布局，既考虑办学效益，又照顾学生就近入学；大力发展职业技术教育，调整专业结构，形成具有四川特点的技术教育体系；提高教师待遇，稳定教师队伍。

2001年，省审计厅组织实施全省普教经费审计的同时，开展了对教育系统乱收费情况的专项审计调查。调查揭示乱收费问题在部分市（州）、县的中小学校及教育主管部门都不同程度的存在。调查汇总乱收费金额达2421.54万元，项目多达50项。部分中小学违反国家有关规定，巧立名目向学生收费，如有的收取各种募捐、集资款以及资料费、体检费、科普艺术活动费等；有的收取早晚自习费、补课费、保留学籍费、小学、中学择校费等；学校和教育部门使用自制票据或不开票收费；继续收取国家早已明文取消的收费项目，如明文取消的课桌椅购置维护费、建校费、军训费、考生建档费、信息采集费等；某些地方政府部门超越审批收费项目，如收取实验设备费、电教教材费、计算机培训费、桌凳维修费等；学校利用自身优势，强行收费，如以捐资助学名义收取择校费、集资建校费等；强制学生接受有偿服务，收取服务费、购买保险等。学校、教育部门通过乱收费获得的资金，往往是在“小金库”、账外账中核算，形成管理上的大量漏洞。对此，省审计厅作出《关于教育系统乱收费情况的审计报告》，提出了加大教育经费投入，加强相关税费征收力度，加强管理、监督、检查的对策和建议。

2003年，省审计厅组织21个市（州）审计局对所辖21个县的教育经费筹集管理使用情况进行审计调查。调查情况表明：教育投入稳步提高，来源构成有所变动，其中国家财政性教育经费占74.1%；教育经费刚性支出比例大，结构较稳定，教育事业费支出占97.5%，其中个人经费部分占74.54%，公用经费部分约占23%；教育经费支出在各类学校之间的分配构成有所变化，中学的增长明显高于小学的增长；教育专项资金基本做到专款专用；人民助学金数额极小，对贫困学生的资助面和资助力度非常有限；学生人数是逐年下降趋势，且学龄段梯次构成变化较大；“三个增长”基本实现，即财政预算内教育拨款增长、人均预算内教育事业费支出增长，教职工人均年工资有所增长，但财政性教育经费投入离政策目标差距还很大。调查中发现主要问题：政府征用于教育的税费征管情况不理想，征缴率低。教育乱收费现象普遍存在，此次调查可统计乱收费金额超过2000万元。教育经费收入管理中存在诸多问题，地方税务局、城建局等地方教育费征管部门存在挪用、滞留、多收超政策规定标准手续费等现象；财政、教育主管部门挤占、挪用、滞留教育经费；县、乡政府、财政、教育主管部门违规统筹教育经费，在管理上也存在少安排教育经费、预算管理不完善等问题；应缴财政专户管理的教育事业性收入坐支现象普遍存在；一些学校和教育主管部门隐匿收入、甚至私设“小金库”，违规支用。县、乡财政资金调度普遍困难，对教育经费预算拨款基本是保障教职工直发工资部分，其他各项经费很难按需按时拨付。“普六”“普九”达标形成的教育负债反映在县、乡基层负担沉重、难以消化。对此，省审计厅向省政府上报了《关于县级教育经费审计调查的综合报告》，对改进和完善教育经费筹集管理使用提出了建议。

第二节 行政事业单位专项审计调查

1986年，省审计局组织9个市、县审计局对罚款情况进行审计调查。在对115个部门和单位（其中市属57个、县属58个）1—6月的罚款情况调查表明，大多数单位能按中央、地方统一规定执行罚款，但也存在不少问题：政出多门，罚款面大。从中央到地方各级政府均有罚款规定，工商、公安、卫生、交通、城建等21个部门都有罚款规定，罚款名目达135种。中央及有关部委规定进行罚款的单位有51个、61种，收罚款71.9万元；按照省政府规定进行罚款的单位有29个、36种，收罚款73.7万元；自行规定和无规定进行罚款的单位18个、21种，收罚款6.4万元。仅“交通违章罚款”就出自省财政厅、交通厅等6个部门的文件，整顿办、安全办、交通监理处、公安局等9个单位都有罚款项目。不少地方和单位片面强调“经济手段”，把罚款当成解决问题的唯一手段。罚款无统一标准，在135种罚款名目中，有标准的只有20种。不少单位对违章行为由工作人员当场确定罚款数额，有的任意加罚。手续不健全，有的单位对空白收据的发放、收回不建台账，心中无数，为贪污提供了方便。缴款时间也不统一，有的长期不上缴或以私人代名存入银行，套取银行利息。坐支挪用。调查的9个市、县中有4个存在坐支挪用现象。为此，审计提出建议，有关部门应统一制定罚款的权限、范围、项目、标准、缴库等一系列管理办法；罚款的收入必须全部上缴财政，不得拖欠、坐支、挪用；罚款收据由财政部门统一印制管理，各单位不得自制自购，各罚款单位对经手人要制定清收罚款的具体措施，及时检查，督促上缴。

1987年，省审计局组织对70个市、县工商行政管理局1986年市场管理费使用情况进行审计调查。被调查的70个工商局中有65个局存在挤占挪用市场管理费的现象，金额达856.5万元。用于修建局、所职工宿舍和办公楼505.5万元；发放奖金补贴52.8万元；用于弥补行政费事业费开支83.3万元；购置专控商品49.9万元；用于福利开支19万元；支付集资摊派7.5万元；欠交能源交通基金78.1万元。调查分析了违纪违规问题的原因，并提出了加强市场管理费使用管理的建议。

1991年，省审计局对省政府办公厅、计经委、科委、教委、卫生厅、农牧厅、化工厅、冶金厅、工商局、乡镇企业局10个主管部门1988—1990年行政经费的预、决算增减变化以及其他经费用以弥补行政经费的数额及变化情况进行审计调查。调查表明，行政经费年年增加，但与实际开支水平相差较大。主要问题是：预算管理上行政经费“包而不干”和包干经费定额在各部门之间不尽合理的现象没有很好解决，表现在机关行政经费不足随时追加。以1990年为例，10个单位年初下达包干经费886.06万元，年度追加375.97万元，是年初预算的42.43%；公用经费定额没有随物价的调整而调整，现行定额大部分仍维持着80年代中期水平，预算安排与实际需要的矛盾突出；大部分行政主管部门人员编制既有行政编制，又有事业编制，经费渠道来源多样，开支“两边吃”，事业费安排相对宽松，行政经费挤占事业费；弥补行政经费的来源渠道多样，违反规定挤占、挪用、摊派现象时有发生，金额达448万元；行政经费开支范围、项目、开支标准无统一规定，随意性大，各部门支出不均衡；弥补支出的各种资金都在往来款中核算，没有按会计制度要求设账，逃避监督检查。针对问题审计调查提出了强化预算管理机制的建议。

1992年，按照中央和省的文件精神，省审计局组织各地审计机关对部分行政事业单位元旦、春节期间用公款吃喝、送礼及滥发钱物等问题进行审计调查。从2577个被调查单位的情况反映，大多数单位对廉政工作真抓实干，坚持元旦、春节座谈会（团拜）清茶一杯，公务活动制度化，廉政建设一票否决权等措施，有效地遏制了公款吃喝、滥发钱物之风。但调查也发现部分单位仍不同程度地存在违纪违规问题，共查出违纪违规金额375万元，其中公款吃喝126万元，公款送礼38万元，滥发钱物96万元。为此，审计建议有关部门完善企业事业单位行政补助工会经费的资金渠道和补助标准，制定公务活动接待制度，明确招待费的经费来源和标准，研究解决政府目标管理奖等办法。

1993年，省审计局对省委办公厅、外事办、经协办、广播电视厅、文化厅、司法厅、水电厅、民政厅等20个单位1992年度预算外资金收支情况进行审计调查。调查发现：预算外资金收支呈递增趋势。20个单位1992年预算外收入278万元，预算外支出322.7万元，与1991年相比分别增长51%和71.2%，而同期行政经费预算增长仅为8.9%；预算外资金收入的来源渠道增多。20个单位预算外收入分别来源于汽车运输收入55.5万元，门面出租收入46.2万元，分成收入29.5万元，管理费收入29.1万元，劳务收入19.3万元，行政性收费15.3万元，招待所收入14万元，利息收入13万元，资料费及其他杂项收入37.7万元；预算外资金用于奖励福利的支出多，弥补行政经费不足的支出少，上缴国家税费和基金占总支出的4.7%，用于提取创收成本费、弥补行政经费不足占总支出的23.9%，用于资金、福利性的支出占总支出的53%；预算外资金支出中提高开支标准、扩大开支范围的现象仍然突出。为此，审计调查提出各单位的创收收入应规定及时缴纳税费和基金，预算外资金用于工资、奖金、福利等开支的，应按照国家规定的项目和标准提取等4条建议。

1994年，省审计局对省级10个机关与所办经济实体在名称、人员、职能、财务和经济利益5个方面脱钩情况进行审计调查。10个机关共办经济实体29个，重点抽查了17个，均属技术开放型和后勤服务型，独立核算，自负盈亏，共拥有注册资本金8159万元，其中国有资本金4529万元，法人资本金3230万元，个人资本金400万元。1993年7个实体缴纳税费24.38万元，10个实体免税。17个实体在名称、职能和财务核算上与机关完全脱钩，但在人员和经济利益方面脱钩进展缓慢。主要问题是：17个实体中有15个有行政机关人员兼职，共37人，工资关系至审计调查时仍未转走，也未按《贯彻党政机关与所办经济实体脱钩的规定的通知》川委办〔1993〕59号文件精神办理兼职手续；一些实体占用机关的资金、办公用房、汽车等，未按照公开、有偿使用的原则建立正常的经济合同关系，支付的占用费，以利润和管理费的形式上缴。1993年年末，各实体占用机关资金808万元，办公用房145平方米，丰田越野车一辆，其中资金527万元和办公用房、汽车无经济合同。针对调查情况提出建议，各机关要切实把脱钩工作与党中央、国务院反腐败斗争工作部署结合起来，坚决贯彻执行中央和省的脱钩规定，处级以上领导干部要做好表率，推动人员脱钩的进展。

2004年，在开展全省检察院系统审计时，凉山州审计局发现该州反贪局有不明私人账户2个，且有大量的现金存取记录。省审计厅将此情况向省领导作了汇报，并商请省纪委、省检察院组成联合调查组，于2005年1月进行审计调查。由于没有会计账薄和凭证，涉及时间较长，审计调查小组顶着压力，克服困难，查明凉山州反贪局存在以下问题：一是违规私设账户，1993年以来共违规设立4个账户，其中两个假名账户；二是违规坐支案款，1993年至1999年共坐支案款852.4万元；三是违规收受赞助费，在办案期间收受西昌电力局赞助款36万元；四是遗失账务资料。调查结果经研究决定对有关责任人进行处理，具体工作省纪委已移交省检察院办理。

2005年，为促进省级机关单位国有资产管理体制的改革，加强对国有资产的管理，根据省委、省政府文件精神，省审计厅于2005年2月至7月，先后分成两个阶段，直接组织对1077个省级机关及直属单位截至2004年年底的房产、地产和对外投资（以下简称“三项资产”）情况进行了审计核实。同时，省审计厅又指导和督促省地方税务局、工商行政管理局、质量技术监督局、食品药品检验监督局、国家安全厅等省垂管系统主管部门和教育厅、监狱管理局、地质矿产勘察开发局，开展了对本系统直属单位共1050个单位国有资产的审计核实。经核实，2127个省级机关单位“三项资产”账面价值共计2523414万元，其中：房产价值1841063万元，面积2286.7万平方米；地产价值358214万元，面积54333.1万平方米；对外投资总额324137万元。从“三项资产”的分布看，省级机关及所属事业单位、所办经济实体1262653万元，省垂管系统1260761万元。

省审计厅直接组织对1077个省级机关的审计核实，核增资产账面价值227295万元、房产面积101.5万平方米、地产面积5194.6万平方米。房屋、土地资产所对应债务核减32666万元。非经营性单位房屋出租收入核增434万元。对外投资760个具体项目经审计核增投资总额48887万元。此次全面的国有资产清理反映出管理中存在以下问题：部分单位资产权属不清晰；一些单位资产处置不规范；部分单位存在“重购建、轻管理”的思想，资产管理基础工作薄弱；非经营性资产配置不均衡，一方面有503个单位无房产，另一方面有563个单位将面积达70多万平方米的办公用房用于对外出租、出借；对建设和投资活动缺乏有效约束，存在国有资产浪费流失现象。

本次较大范围和规模的国有资产审计核实，达到了预期目的。从总体上摸清了省级机关单位的资产家底，特别是垂管系统首次全面、完整地掌握了自身资产家底情况，为省委、省政府和有关部门提供了一个比较真实、可靠的资产管理决策的依据；核查出了大量账面被遗漏的资产，同时核减了大量与资产相对应的不实债务，避免了日久可能因管理不善而带来的国有资产流失；增强了各单位依法理财、明白管家的意识，用事实普遍进行了一次确保国有资产安全完整的教育；发现了资产管理中存在的一些问题，为省级机关和垂管系统国有资产管理体制的改革、完善以及日常监督管理，提出了积极的建议，积累了比较丰富、系统的基础资料。省委书记张学忠在核查工作开展时作出指示："要在自查基础上，加强督察和审计核实工作，此事一定要彻底，不能留后遗症。"在审计核实结果综合报告上，省委常委陶武先作出批示："省审计厅服务大局，严密组织，摸清了资产家底，提出了管理问题，在较短的时间里，较好地完成了任务，难能可贵，值得表扬。建议机关事务管理局认真研究'审计建议'，把制定'试行办法'与加强管理结合起来，完善制度，规范运作。"

第四篇　社会保障资金审计

社会保障包括了社会保险、社会救助、社会福利和社会优抚等确保公民基本生活需要和健康保障诸方面的工作，涉及千千万万老百姓的切身利益。加强社会保障资金的审计，促进有关部门收好、管好、用好社会保障资金是维护社会稳定、构建和谐社会的重要组成部分。2000 年国家机关机构改革，各级审计机关新设立了社会保障资金审计部门，配备了专门的人员，以加强社会保障基金审计工作。各级审计机关把关注弱势群体，确保社会稳定作为社会保障资金审计工作的指导思想。针对社会保障资金审计政策性强，涉及单位多，在实施审计中坚持以财政审计为源头，对各级财政预算安排和财政专户管理的各项社会保障专项资金进行审计，就从源头上堵住了乱开社保资金支出口子的问题；坚持以社保经办机构审计为重点，有效地控制了社会保障资金运作主要环节挤占挪用具体行为的发生；坚持以账户审计为基础，全面掌握社会保障资金的财政财务收支状况，发现和纠正违纪违规问题，以确保社会保障资金安全正常运行；坚持以企业审计为延伸，通过清理企业欠费和核查缴费基数，对充实社会保障资金，完善社会保障制度起到了一定的作用。在审计署、省委、省政府和各地党政的领导和支持下，全省审计机关精心组织，合理安排，采取“上审下”“同级审”和“交叉审”多种方式，大力开展社会保障资金审计工作，取得了可喜的工作成绩，上报的审计结果多次得到审计署、省委、省政府的表彰和领导重要批示。

第一章 社会保险基金和其他专项资金审计及调查

第一节 社会保险基金审计

1992年，在社会保障资金审计专门机构尚未组建时，省审计局组织对136个社会保险局、100个就业服务管理局1990年至1991年的养老保险基金和待业保险基金收缴、管理和使用情况进行专项审计。审计单位数分别占应审计单位数的56.67%和41.67%，共审计两项基金241063.39万元，查出违纪违规金额1579.90万元，其中挤占挪用229.8万元，多提管理费33.18万元，利息收入未计入基金188.50万元，滥发钱物17.43万元。突出问题：欠缴少缴基金较普遍；企业保险基金用于机构经费的比重大，用于发放保险金比重小。

1996年，省审计厅组织20个市（地、州）及192个县（市、区）审计局对各级169个社会保险机构和192个就业服务管理机构1995年度企业职工养老保险基金和失业保险基金（以下简称“两项基金”）的征集、管理、使用和积累结存情况进行审计。审计总金额443630.87万元，查出违纪违规金额20403.22万元。其存在问题：“两项基金”拖欠问题突出，积累少，调剂功能弱，抵御风险能力和远期支付能力差。1995年年末累计欠缴养老保险基金51188.34万元，欠缴失业保险金2938.26万元，两项合计欠缴54126.60万元。1995年年末各地累计欠缴省级养老统筹基金17688.90万元，累计欠缴失业调剂金3311.97万元。削弱了“两项基金”全省性调剂功能，延缓了基金调剂的社会化进程。1995年全省基本养老保险基金收支当年结存41584万元，占参保企业职工工资总额的2.4%，低于国家规定3%的标准；1995年全省基金的积累率仅为5.23%，低于“八五”期间平均积累率（7.74%）。基金缺乏增值的有效措施，是积累低的一个重要因素。挤占挪用“两项基金”11630.20万元，其原因是个别地方、部门领导法纪观念淡薄，认为资金紧缺，为了建设，只要不装个人腰包，什么钱都敢用；管理分散，“两项基金”的“财权”管理在各级政府及财政、劳动部门和社保就业服务机构手中，缺乏有效的制约机制。其他违纪违规金额1016.60万元。管理费和退管活动费违纪违规金额295.78万元。基金储存方法不当，未按规定纳入专户储存4236.17万元，存入信用社及储蓄所3224.47万元。对审计查出的违纪违规问题，依法作出了处理：被挤占挪用的“两项基金”11630.20万元限期收回归垫；未按规定存入专户的7460.64万元，转存保险机构在国家银行开设的基金专户；对管理费、退管活动费的其他违纪违规问题，均按国家规定作了处理。

1999年，全省审计机关完成对197个社会保险经办机构的审计工作，并开展了对财政、劳动保障部门及部分参保企业的职工基本养老保险基金的审计和调查。审计结果表明：各级政府、财政部门、养老保险管理部门及其经办机构高度重视社会保险工作，为深化社会保障体制改革，加快建立起适应社会主义市场经济体制的社会保障体系做出了积极贡献。同时审计也查出在养老保险基金的征收和管理中存在的许多问题，主要表现在：企业欠缴保险基金情况比较突出，全省1998年年末累积欠缴达173403.67万元，当年欠缴就达54359.38万元，对欠缴基金的追缴力度不够，追回欠缴20837.49万元，追缴率较低，全省平均追缴率12%；养老保险基金纳入财政专户，实行“收支两条线”的管理办法执行不够理想，全省未纳入专户储存金额达78563.18万元；欠发养老保险基金的情况仍然存在，全省累计欠发6114.82万元，当年欠发393.94万元，补欠率仅为6.44%；挤占挪用甚至骗取、克扣养老保险基金的违纪违规问题仍然存在，本次查出全省挤占挪用养老保险基金达9439.02万元；企业及社保经办机构在养老保险基金的财务管理及会计核算方面基础工作较差，人员多为兼职且未经过专业技能培训；企业职工基本养老保险省级统筹以及建立统一的企业职工基本养老保险制度体系尚不健全，管理未跟上，在基金征缴、拨付、财务会计核算，管理和监督等方面不尽规范，相关制度、办法尚需配套完善。此次审计，全省共计查出各类违纪违规金额107468.73万元，其中：属政府行为金额5333.79万元；属财政部门行为金额61.35万元；属劳动保障部门行为金额419.92万元；属社保经办机构行为金额85978.76万元，其他行为15672.91万元。全省审计机关依照现行有关法律法规进行了处理，对挤占挪用的基金要求限期予以归垫；对欠缴的养老保险基金要求订出计划予以缴纳；对未纳入专户存储的养老保险基金，要求做出限期将基金本息纳入财政专户的处理。

2000年，省审计厅对达州市政府1999年度市本级社会保险基金进行审计，发现的主要问题是：挤占挪用养老保险基金413.95万元；挤占挪用工伤保险基金38.56万元；挤占挪用失业保险基金184.04万元；挤占挪用下岗职工生活费55.24万元；企业欠缴社会保险费13507.28万元；个人贪污养老保险基金和失业保险基金16.13万元。

2001年，四川省审计机关开展了对全省2000年度社会保障资金预算执行情况、1999年至2000年企业职工养老保险基金的审计。同时，省审计厅直接对省民政厅、省社保局、省就业局和德阳、乐山、攀枝花、成都市政府社会保障资金的安排、管理、使用情况，以及中国西南航空公司、成都铁路局解缴养老保险和失业保险基金的情况进行了审计。各级审计机关共审计986个社会保障资金管理单位，并对300余家企业进行了延伸审计或调查。查出各项违纪违规金额35.58亿元。其中，省审计厅审计的省级单位和重点抽查的市、县，查出各项违纪违规金额23.24亿元。主要是：挤占挪用社保基金39463.39万元；基金收入未及时入账3155.2万元；社会保险基金多头开户，违规存放14649.6万元；未纳入财政专户管理11436.53万元；财务管理混乱，社保经办机构基金账与财政专户账不一致555.72万元。挤占挪用下岗职工基本生活费4355.16万元；下岗职工基本生活费的筹集，地方财政欠安排88460万元；下岗职工基本生活保障和再就业资金财政专户管理不健全，违规金额达2516.08万元。社会保险基金欠征严重，全省企业、单位养老保险基金和失业保险基金欠征175750万元。有的地方由于经济不景气，企业效益差，企业过去欠账过多、包袱过于沉重，有的社保经办机构征缴不力，企业解交社保基金基数不实，或有的企业有意拖欠等种种原因，导致社保基金征缴困难。私设“小金库”76.77万元。

2002年，全省审计机关开展了对2001年度社会保障资金账户和存款运行情况的专项审计。审计单位1010个，审计社保资金账户4645个，查出各项违纪违规金额302961.9万元。主要问题是：违反规定在非国有商业银行存放，加大了社保资金存款风险。全省各项社保资金在非国有商业银行开设的活期存款账户达369个，截至2001年年底余额达85345.63万元；开设定期存款户129个，定期存款47435万元。审计调查表明，各地非国有商业银行存在严重资不抵债和大量不良贷款问题，金融机构竞争日益缴烈，非国有商业银行存在存款兑付风险，有的已影响到社保资金的及时到位和发放，给社会带来不稳定的隐患。社保资金银行多头开户，日趋严重。全省社保资金共开设账户4645个，平均每个市（州）和县（区）开设20多个，普遍存在超国家规定的情况。未严格实行“收支两条线”管理，未纳入财政专户管理105200.40万元。公款私存、私设“小金库”、贪污、损失社会保障基金达914.93万元。社保经办机构受利益驱使，隐瞒社保资金收入18272.65万元。挤占挪用社保资金开支劳动、社保经办机构经费1640.76万元；以及送温暖和慰问金496.08万元；地方财政挤占挪用社保资金作财政调度和平衡预算10480.95万元；违规提取、使用社保资金管理费和代征手续费259.93万元；挪用社保资金借给企业、行政事业单位和政府使用4777.04万元；挪用社保资金投资购买有价证券10122.9万元；用社保资金给企业担保，造成损失浪费和资金冻结2065.5万元；“以物抵费”占用社保资金11474.77万元；其他挤占挪用1523.93万元。个别市（州）为向上级财政和劳动、社会保障部门争取社保资金财政补助和调剂金，采取虚报收支和支出决算，造成社会保障资金收支决算失真。针对社会保障资金审计涉及部门单位多、内容广的特点，采取从“六个一致”“五个不准”着手的方法进行审计核查。“六个一致”是：各社保经办机构和财政专户的银行存款账面余额与开户行的对账单余额核对一致；财政专户的借方发生额与各经办机构收入户贷方发生额核对一致；财政专户的贷方发生额与社保经办机构支出户的借方发生额核对一致；财政专户余额与各社保经办机构的余额核对一致；社保资金决算报表与财政或社保经办机构的基金账核对一致；国债、定期存款账面数与票据原件核对一致。“五个不准”是：收入户除向财政专户划转基金外，不准发生任何支付业务；支出户除接收财政专户拨付的基金及该户的利息外，不准发生其他收入业务；不准多头开户和公款私存；不准在非国有商业银行开户；不准发生挤占、挪用、贪污社保资金和私设“小金库”。强有力的审计方法给社保资金银行账户和存款运行情况审计工作打下了坚实的基础，确保了这次审计工作的质量。

2003年，省审计厅及部分审计机关对省本级和成都、宜宾、泸州、广元、雅安、绵阳、巴中、遂宁8个市、24个县（区）2002年度城镇职工基本医疗保险进行审计。这是医疗保险制度改革以来审计署安排的第一次全国性审计。审计查出：挤占挪用医疗保险基金1247.1万元，其中财政部门挤占挪用916.67万元，经办机构挤占挪用330.43万元；基金未专户存储78.67万元；账户管理中存在少计财政专户利息收入和基金存款未按规定利率计算利息；收入户和支出户、统筹基金账户和个人账户混淆不清；省本级和审计的统筹地区均存在不同程度的漏缴、欠缴医疗保险基金，其原因是经办机构征收力度不够和各地制订的缴费工资总额不符合国家有关规定；计算机管理程序无法识别单位所有制性质，造成单位明细账数据不真实；定点医疗机构存在将自费项目列入统筹基金报销项目，擅自提高收费标准，在病历中多立项目超范围用药，未按规定比例计算应自付部分，多计药品、无医嘱计费等手段套取医疗保险基金。审计还发现，由于地区经济发展的不平衡，受地方财力的影响，各地医疗保险水平和覆盖面也相差较大，经济发达地区的保障能力和相应配套政策更加完善，而经济薄弱地区就相对滞后。

2003年，省审计厅组织20个市（州）（甘孜州除外）和138个县（市、区）及省本级开展了失业保险基金和下岗再就业资金的审计。审计单位778个，其中财政部门147个、就业局159个、解困办63个，延伸企事业单位409个。重点对各项资金的征缴、预算安排、预算执行、制度规范与管理等内容进行了审计检查。审计查出各项违纪违规金额55816.94万元。主要问题是：未严格执行“收支两条线”管理10187.29万元；挤占挪用失业保险基金和下岗再就业资金4137.13万元；擅自核销和减免失业保险基金和下岗再就业资金借款200.8万元；截留省级失业保险调剂金2152.57万元；个别地方下岗再就业资金虚假预决算2107.4万元；失业保险基金和下岗再就业资金仍存在银行多头开户和违规在非国有商业银行开户96个，存放31952.16万元；失业保险费欠缴严重达10381.76万元；其他问题5079.59万元。存在上述问题的特点：一是省、市（州）级社会保障资金存在问题相对较少，正在逐步规范，而县（区）级存在的问题要突出得多；二是查出的社保资金违纪问题中，2001年以前发生的遗留问题比较多，处理难度也较大；三是经济相对不发达和财力困难的地方，挤占挪用社保基金的问题要严重一些；四是挤占挪用社保资金的政府行为比较突出。省审计厅向省委、省政府报送了专题审计综合报告。省委、省政府领导很重视，作出了重要批示。省财政厅和省劳动和社会保障厅就审计查出的问题向全省下发了《关于对全省失业保险基金和下岗职工基本生活保障及再就业资金专项审计查出的问题进行整改的通知》。

2004年，省审计厅对凉山州政府2002—2003年度社会保障资金情况进行了审计。审计查出主要问题：挤占挪用国有企业下岗职工生活费3222.33万元；挤占挪用农村社会养老保险基金455.33万元；州残联挤占挪用残疾人就业保障金51.4万元和社会捐赠款1.7万元，购置车辆、康复器材和设备54.6万元未入固定资产、违规收费16.5万元未纳入单位财务管理，形成账外资金；违规在非国有商业银行开设社会保障资金账户；企业应缴未缴各项社会保险费184.6万元；州就业局、州残联利息收入1万元未及时转入财政专户。凉山州政府收到审计意见决定书后及时召开会议研究落实整改措施。州财政局制发了《关于对社会保障资金账户开设情况进行全面清理检查的通知》。对州残联财会人员及时进行培训，对其相关财务进行了清理、完善资产、资金账务核算，对违反财经纪律的相关人员追究相应责任。

2005年，省审计厅对广元、自贡市政府2003年至2004年度社会保障资金进行审计。审计了市本级管理和使用社会保障资金的财政局、民政局、残疾人联合会、劳动和社会保障局及其下属的社保局、就业局、医保中心，并分别延伸审计了青川县、旺苍县、苍溪县和荣县、富顺县；抽查了省烟草公司广元分公司、广元市供排水公司和自贡市机械密封件有限责任公司、自贡市天燃气公司的社会保险缴费情况。审计查出广元市的主要问题：挪用下岗职工生活费1044万元；社保基金相互挤占92.12万元；挪用民政专项经费12.3万元；社保基金未纳入财政专户管理775.4万元；企业少缴社会保险费72.3万元；基金资产未按规定拍卖变现5.19万元；未按规定开设银行账户等问题。审计查出自贡市的主要问题：挪用下岗职工生活费350万元；挪用社会保险基金3534.24万元；挪用民政专项经费256万元；违规提取管理费86万元；市本级挪用残疾人就业保障金160万元；未将残疾人就业保障金140万元纳入财政基金预算管理；养老保障基金银行存款未按规定利率计息；企业少缴养老、失业、医疗保险费5.23万元；基金资产未按规定拍卖变现9.83万元。上述问题按有关法规进行了处理，并在规范管理方面提出了合理化建议。

2005年，省审计厅对省商务厅和省机关事业单位养老保险基金管理中心的预算执行进行审计。查出违纪违规金额762万元。主要问题：私设“小金库”截留私分养老基金，无依据提取管理费，挤占挪用基本建设专项经费，未通过政府采购物品、固定资产不入账，以借作支、虚列会议费支出，预算经费结余未编入预算、预算外收入款未及时缴入财政专户，违反“两项政策”规定、违规发放奖金补助，会计核算基础工作较差等问题。其中只有12名工作人员的省机关事业单位养老保险基金管理中心，严重违反财经纪律，截留养老保险金和单位其他收入372万元私设“小金库”，除用作其他支出254.5万元外，从2002年2月至2004年6月间，以各种名目发给职工113万元，其中3位负责人人均分得12.7万元。该中心2004年不顾省委、省政府三令五申，在执行省“两项政策”之外，至当年6月的半年间，又用私存私放的公款人均发钱1.5万元。该中心主要负责人已涉嫌经济犯罪，案件移交检察院立案后，其主要负责人已被判刑。同年，省审计厅及时完成审计署安排的对攀枝花市2004年度失业保险基金的审计。查出违纪违规金额4311万元，主要问题是：违规开设社会保障资金账户；欠划拨下岗职工基本生活费2199.61万元；企业应缴未缴失业保险费111.7万元；应拨未拨再就业资金10万元以及会计核算不规范等问题。

第二节　社会保障其他资金审计

1991年，四川部分地方发生严重洪灾。全省各级审计机关按“急事急办”的原则，调整工作部署，抽调力量，迅速投入对群众十分关心的救灾捐赠款物的接收、管理、分配和使用情况的审计。省审计局派出调查组对黔江、万县、雅安等地、县救灾捐赠款物落实情况进行调查。南充、黔江等地抽派干部134人，组成43个审计组，对39个重灾区、72个乡、141家受灾户进行跟踪审计，审计金额727.85万元，审计覆盖率100%。全省共审计救灾捐赠款物14007.71万元，查处违纪金额11.33万元。审计表明，各地对救灾捐赠款物管理、分配总的情况是好的。但也有救灾捐赠款物使用不当的问题，主要是到位不及时、用于抵缴提留款、分配上有平均主义、物资分配不对路等问题。

1999年，省审计厅组织对省本级和14个市（州）及所辖县（市、区）的民政系统和红十字会系统1998年度接受救灾款物收入、管理、使用情况进行审计。审计核实全省民政系统1998年度救灾捐赠款物总收入21359.05万元，红十字会系统总收入861.43万元。全省在连续4年干旱和1998年严重春旱的情况下，21个市（州），179个县（市、区）又相继发生了严重的洪涝、山体滑坡、泥石流等灾害。全省民政系统和红十字会认真履行职责，依法开展了社会募捐救助工作，为帮助灾区人民克服困难，恢复生产，重建家园发挥了重要作用。但由于管理薄弱，仍存在违纪违规问题，主要是：此次审计共查出违纪违规金额73.36万元，其中挤占、挪用捐赠款48.06万元，主要用于民政系统弥补经费不足；个别民政部门和红十字会未设立捐赠款专户，与其他资金混淆，不利于捐赠款的管理使用；部分单位捐赠款收据使用不合规，使用票据不统一；个别灾区救灾款物分配重点不突出，出现平均分配和厚干薄群现象。

1999年，省审计厅组织对省本级和21个市（州）及所辖136个县（市、区）1998年度中国福利彩票赈灾专项募集情况进行审计。审计核实，截至1999年5月底，四川省按分配的额度共领取赈灾福利彩票19000万元（其中成都市民政局领取7000万元），四川省社会福利有奖募捐委员会上缴彩票资金4200万元，成都市民政局上缴2406.25万元，均完成上缴任务。为支援灾区人民恢复生产、重建家园做出了贡献。同时，审计也反映出一些问题：有7个市（州）未完成彩票发行任务；有2

个市欠交省社会福利有奖募捐委员会82.5万元；有中奖奖金229万元未经公证机关公证；采购奖品差价收入2.15万元未按规定处理；弃奖5.97万元处理不符合规定，或转入“小金库”，或用于发奖金；以其他资金抵顶专项募集资金上缴206.95万元。

2003年，全省21个市（州）安排部署了对“非典”资金和社会捐赠款物的审计工作，各级审计机关分别对各级财政、计委、民政、卫生部门和红十字会、慈善总会以及具体使用单位的财政专项资金和社会捐赠款物进行了审计和调查。全省财政部门共安排防治“非典”专项资金34531.44万元，省计委安排2661万元，其他部门（民政、卫生、交通、公安等）安排1108.99万元。全省收到社会捐赠款物共5012.68万元。全省各级党委和政府高度重视“非典”防治工作，指挥有力，措施果断。各有关部门紧紧围绕“预防、救治、控制”三方面全面展开“非典”防治工作，对“非典”专项资金和捐赠款物做到了安排合理、拨付及时，管理有效、专款专用。此次审计未发现设账外账，随意挤占挪用、损失浪费和贪污私分等重大违纪违规问题，使“非典”专项资金和捐赠款物发挥了使用效益，成功地阻断了“非典”疫情在全省的传播。但由于疫情的突发性，个别单位也还存在一些问题：分配、拨付专项资金和捐赠款物不及时427.4万元；挪用挤占14.95万元；采购物资质次价高3.36万元；捐赠协议确立的款物不到位30万元；未向捐赠人出具合法有效的收据59.43万元；捐赠款物未登记入账10.05万元及捐赠款物未实行专账管理36.01万元；非定向资金未及时上缴财政专户24.53万元；其他问题291.34万元。

第三节 社会保障资金专项审计调查

2000年，省审计厅组织对1999年度省属、21个市（州）属和县属国有和国有控股54家企业养老、失业保险费征收、解缴和欠费情况进行审计调查，涉及煤炭、木材采运、食品、纺织、造纸、化工、医药、建材、冶金、机械、电子、公用，交通运输和房地产等行业。调查显示，54家企业实际缴费职工人数为56463人，占应参保人数的99.52%；实际缴费工资总额33420.75万元，占应缴费工资总额94.87%；累计欠缴两费4230.86万元，1999年欠缴两费1828.13万元，占累计欠缴两费数的43.21%。54家企业两费收缴工作存在一个特点、一个问题。特点是：54家企业均全面参保，养老、失业保险费收缴率74.19%，已接近国家和省政府规定的90%的目标，其中32家企业不欠费。问题是：缴费覆盖面不够宽，部分企业临时工、合同制农民工仍未参保，一些企业职工两费续保工作存在漏洞；缴费基数和缴费方式不统一，应缴费工资额与实缴额相差12.5%；1999年度54家企业两费缴纳中，失业保险费欠缴311.75万元，欠缴率40.82%，比养老保险欠缴率24.16%高出16.7个百分点；养老、失业保险费应提未提、少进成本费用，形成企业潜亏累计达1400万元，其中1999年度为1000万元。形成企业欠缴养老失业保险费的原因：企业亏损，无法支付两费。54家企业中有23家企业累计亏损43464.38万元，占54家品迭后累计亏损额的118.81%，累计欠缴两费2632.91万元，占54家累计欠缴额的60.42%。企业存在对社会保险作用重视不够，特别是轻视失业保险的思想。54家企业中1999年实现当年税前盈利企业有31家，而其中有14家累计欠缴两费1132.32万元，占54家累计欠缴数近1/3。核准缴费人数，工资项目和工资总额，执行标准的缴费工资基数，实行全额缴费的方式，按照制度核算缴纳社会保险费以及实行集中、统一征收社会保险费等方面都有待进一步加强。

2002年，省审计厅组织成都、绵阳、自贡、南充、达州五市审计机关对市本级和所辖44个县（市、区）2001年度城市居民最低生活保障资金进行了专项审计调查。调查情况看，五市2001年应享受低保人数为475837人，实际享受低保为239441人，占应保人数的50.05%，其中：成都市已保81500人，占应保人数的100%。五市安排低保资金总额为6351.75万元，其中：中央财政及省级补助资金4194.94万元，市及县（市、区）财政配套资金2156.81万元，地方配套资金占低保资金总额的33.96%。调查表明，各级财政、民政部门都能严格执行国家政策，对低保资金的安排、拨付和发放做到及时、足额和专款专用、专户管理，严格执行“三公开一监督”原则，公开保障对象，公开保障标准，公开补差金额，并将低保人员情况、享受金额张榜公布，接受群众监督。审计调查也反映了该项工作存在一些问题：低保对象人均收入难以核定；部分民政部门的机构、人员及相关工作条件滞后。地方民政部门承担着救灾、救济、扶贫等大量日常性社会福利事项，工作人员往往身兼数职，影响了低保工作的正常开展；信息化管理工作滞后，多数民政部门均靠手工进行登记和对低保对象的动态管理；中央转移资金到位晚，低保资金投入不足，供需矛盾突出；低保工作法制政策滞后，可操作性差。近年来随着低保人数急剧增加，低保人员构成的复杂程度越来越大，已有的政策法规已不能适应日益膨胀的低保工作状况，纷纷要求出台操作性强的低保工作细则。同时，审计调查也发现一些违纪违规问题：低保资金与民政经费混合核算，部分地方未实行专户管理；低保资金开设账户不合规，某些街道、乡镇为方便发放，违反国家财经法规，以民政科、社会事务办或民政干部个人名义开设低保账户；挤占挪用低保资金；重复列支低保资金；地方财政配套的低保资金不到位和低保资金财政预算安排不足；部分市县低保资金未及时下拨，街道、乡镇又未及时发放到低保对象手中。通过这次审计调查，虽然四川省低保工作尽管起步较晚（1997年开始实施，1999年全面铺开），工作中也有一些问题，但在各地党委、政府的领导下，在广大人民群众的大力支持下，低保工作这一“民心工程”得以顺利进行，并将沿着制度化、法制化的轨道做得更好。

2005年，省审计厅组织全省审计机关对已建立农村社会养老保险的20个市（州）（甘孜州除外）106个县（市、区）农村社会养老保险基金（以下简称农保）的筹集、管理和使用情况进行了专项审计调查。各地审计机关按照全省统一工作方案，上下衔接，及时沟通情况。部分地方结合当地工作安排，对农保资金进行了全面的审计。省审计厅先后在阆中、眉山、内江、阿坝组织四个片区会，了解审计调查进展情况与存在问题，及时对各地的审计调查工作加以指导，解决遇到的问题，确保了审计调查的进度和质量。此次审计调查揭示的主要问题：制度滞后，投保率低，农村社保工作功能发挥有限，基金保值增值困难。农保机构体制不顺，农保与其他社会保险政策衔接不明确。农保基金纳入财政专户管理不到位；擅自扩大参保范围；内控制度不严，基础工作薄弱，基层财会人员素质不高。审计调查发现违纪违规金额134073.76万元，其中2001年33979.63万元，2002年32489.18万元，2003年33053.18万元，2004年34551.76万元。主要是违规存放基金46360.33万元，违规抵押贷款2663.59万元，违规借出农保基金69841.37万元，经办机构挪用8140.51万元，违规投资2989.57万元，其他违纪违规4078.39万元。省审计厅向省政府报送了《关于全省2001年至2004年农村社会养老保险资金专项审计调查结果的报告》，省政府领导作出了“认真研究整改措施，切实查处和纠正违纪违规问题，不断改进和完善提高我们的工作水平，搞好农村社会养老保险工作”的批示。为此，省劳动和社会保障厅研究并制定下发了《关于对农村养老保险基金违纪违规问题进行整改的意见》。

第二章　住房公积金、民政、残疾人专项资金审计

第一节　住房公积金审计

1998年，省审计厅组织13个审计机关对1992年至1997年年底住房资金的归集、管理和使用情况进行审计，分别审计了225个资金管理机构及企业自管住房资金单位，同时对工商银行、农业银行、建设银行等单位住房资金存贷管理进行了审计或调查。审计查出违纪违规金额14162.16万元，占总审计金额的4.3%，经处理收缴财政33.97万元，归还原资金渠道8706.89万元，核减财政拨款454万元。住房资金归集、管理和使用中存在的主要问题是：挤占挪用住房资金8965.14万元，占违纪金额的63%；欠收欠缴住房资金13533.6万元，使该资金不能有效的发挥效益；住房公积金归集力度不够，缴存率低，个别地县尚未实施住房公积金制度，离省政府要求在1997年1月起全面推行住房公积金制度相差甚远；住房资金多头管理，分别由财政、国资、房管、社保局等行政部门管理，难以形成一套较为统一、严密的会计核算制度和内部控制制度，导致政出多门，资金管理分散，弱化了政府的调控能力；资金投向随意性大，形成较大的投资风险。

2002年，省审计厅组织全省126个审计机关开展对县级以上149个公积金中心住房公积金管理、使用情况的审计工作。各级审计机关坚持从账户入手，采用审计和审计调查相结合的方式，对住房公积金管理使用情况的真实性、合法性及效益性进行全面审计。审计查出各类违纪违规金额97289.38万元。主要问题是：挤占挪用住房公积金56467.49万元；违规将住房公积金存入委托银行外的其他机构账户余额15809.51万元；财政欠拨住房公积金5478.74万元；企业欠缴住房公积金4805.72万元，行政事业单位欠缴1993.34万元；少提、未提贷款风险准备金1905.94万元；未将住房公积金纳入公积金专户管理703.33万元；坐支管理费用480.67万元；违规少给职工住房公积金个人账户计算利息255.72万元；挤占挪用住房公积金增值收益245.28万元；违规支取住房公积金191.53万元。问题产生的主要原因：住房公积金决策机制不健全；住房公积金管理机构设置不规范；住房公积金监督体系不完善；企业效益不佳和财政困难直接影响住房公积金归集额的扩大。对此，审计提出了4条建议，以促进加强管理，确保住房公积金安全、完整。

2003年省审计厅组织全省审计机关开展公积金审计意见和决定落实情况的检查。检查揭示，2002年审计查出全省住房公积金违纪违规金额97289.49万元中，审计处理落实为35057.57万元，落实率36.03%，其中挤占挪用住房公积金56467.49万元，审计处理落实为8073.7万元，落实率14.3%。省审计厅对此向省政府上报了关于住房公积金审计执行情况专题报告。省政府领导非常重

视，作出了“请省审计厅开出审计结果情况清单，重点地方由督办室列入督办，直至完全纠正为止。”和“住房公积金是职工个人的资金，中央曾三令五申不许挪用挤占，已挪用的要限期追回。请督办室要盯住不放，每年至少督查2次，凡计划定在2005年后的应调到2005年年底，这是最后期限”的批示。经督办和检查，截至2003年8月底，全省已收回挤占挪用住房公积金1.8亿元，占应收回额的32%。

第二节　民政专项资金审计

1987年，省审计局和成都、重庆、自贡、攀枝花、绵阳、德阳、广元、内江、宜宾、南充、乐山、遂宁、雅安13个市（地）及所属县（市、区）审计局对各级民政部门1986年的民政事业费进行审计。共组织528人，审计了99个县以上民政主管部门和335个直属单位。重点抽查了2个街道办事处、8个居委会、108个区、235个乡、409个村的民政事业费使用和发放情况，审计民政事业费15253.93万元，查出违纪违规金额727.19万元，发现贪污案件8起。审计情况表明，各级民政主管部门在优抚救济、救灾扶贫、安排军队移交地方离退休人员的生活，帮助福利企业发展生产、安置残疾人就业等方面做了大量工作。但有的民政部门对基层群众的疾苦了解不足，关心不够，满足于账表上发钱的数字，未深究各种款项用得对不对，落不落实，是否存在不同程度的挤占挪用、虚列支出等违纪违规和损失浪费的问题。审计对违纪违规问题作出了处理并提出建议，要求做到专款专用，切实保障优抚救济工作的需要，扶贫工作要讲求经济效益，以促进民政事业的发展。

2000年，省审计厅对达州市政府1999年度市本级社会保障资金审计的同时，对民政专项资金进行了审计，发现挤占挪用民政专款133万元用于办公司和支付银行借款利息20.31万元，挪用民政专款12.69万元弥补行政经费不足等问题。

2001年，结合全省社保资金预算执行审计工作，省审计厅组织广元、遂宁、泸州、内江、乐山、宜宾、资阳、凉山、攀枝花等部分市（州）审计局审计了民政部门专项资金，查出民政专项资金存在的问题8522.93万元。主要问题是：挤占挪用民政专项资金4227.02万元（其中挤占挪用社会救济和抚恤事业费、社会福利事业费3672.96万元；挤占挪用救灾资金504.88万元；挤占挪用城镇居民最低生活保障资金79.18万元）。财政部门欠拨各项民政专款1381.80万元。账务处理不规范金额达2914.11万元。

2002年，省审计厅对南充市政府2000年至2001年度民政专项资金预算安排、管理和使用情况进行审计。审计查出主要问题是：南充市财政局、阆中市民政局和嘉陵区民政局挪用省拨救灾资金103.81万元；南充市民政局、嘉陵区民政局挪用福利彩票资金48.97万元；嘉陵区民政局挪用农保资金和民政专项资金967.72万元；南充市财政局违规将省拨优抚资金110万元作本级财政预算收入；南充市财政局管理的民政救灾扶贫周转金621.99万元形成账外资金；嘉陵区有奖募捐委员会1996年违规将社会福利基金80万元委托银行贷款，致使该款至审计时无法收回；嘉陵区农保局违规将农保基金205.54万元存放在区工商联互助基金社，造成基金被冻结。审计根据有关法规规定作出了相应处理，对挪用的民政专项资金要求南充市政府责成相关部门制定计划，限期归垫资金。

2003年，省审计厅对巴中市政府2001年至2002年社会保障资金的财政、财务收支情况进行审计，查出挤占挪用民政专项资金272.35万元。其中：挪用民政专项资金弥补机关经费不足67.18万元；挪用抚恤事业费用于基建和维修经费57万元；挤占挪用彩票福利基金作储金会兑付60万元；挤占挪用救灾资金开支各项费用52.93万元；挤占挪用城市居民最低生活保障资金35.23万元。

2004年，省审计厅组织对全省21个市（州）88个县民政部门2003年度的民政专项资金进行审计。着重审计了财政、民政部门管理的优抚安置经费、救灾救济经费、社会福利费等民政专项资金和城镇居民最低生活保障资金管理使用的合规合法性，以及有无挤占挪用，损失浪费等问题。审计涉及单位达218个，查出违纪违规金额3816.20万元。其主要问题是：挤占挪用民政专项资金1289.03万元。其中：优抚、安置资金662.98万元，救灾资金294.98万元，福利资金189.21万元，低保资金141.86万元；账务处理不规范，收入挂往来账233.60万元；应缴财政专户管理的福利资金未缴入专户84.67万元；市（州）财政和民政部门欠拨县民政专项资金949.93万元；民政部门内部管理制度不健全，存在虚报计划获取上级补助、支付票据不合规、公款私存、信用社代发滞留在代发户上等违纪违规问题，金额490.68万元。通过审计对存在问题的原因和特点进行分析，市（州）级民政部门管理逐步规范，存在的问题相对较少；审计部门经常监督的地方，特别是采取上审下的地方，存在的问题也相对较少，而未经常开展审计监督的地方问题相对较多；在查出的民政专项资金违纪问题中，2003年以前发生的遗留问题未纠正的问题较多，表明全省民政专项资金执行审计决定的力度有待强化；经济相对不发达和财力困难的地区，挤占挪用民政专项资金的问题相对突出；法规不明确造成民政专项资金不能完全专款专用；民政专项资金管理多头，形成各自为政，不利于资金的整体规划和统筹安排。为此，省审计厅有针对性地提出了加强管理的建议。同年，省审计厅对凉山州政府2002—2003年度社保资金进行审计，查出州财政局挤占挪用救灾资金5万元，州民政局挤占挪用民政专项经费21万元。审计决定由州财政局和州民政局归垫原资金渠道。

2005年，省审计厅对广元市政府2003年至2004年度社会保障资金审计时，查出市本级挪用优抚事业经费7.34万元，青川县挪用5万元。审计决定由广元市民政局向市财政局、青川县民政局向县财政局申请专款于2006年6月30日前归垫。同年，省审计厅对自贡市政府2003年至2004年度社会保障资金审计时，查出市本级挪用城市居民最低生活保障资金158.6万元、富顺县挪用72.81万元、荣县挪用24.82万元。审计决定由自贡市财政、富顺县财政、荣县财政于2006年6月30日前分别安排资金归垫。

第三节 残疾人专项资金审计

1998年，全省审计机关对省本级和19个市（州）及其所辖县（市、区）的各级残疾人联合会开展向残疾人献爱心捐款两元钱活动所筹集的资金财务收支情况进行审计。该次活动捐赠款总收入1790.96万元。社会各界对残疾人捐款体现了全社会助残为乐、助残为善、助残为荣、助残有功的良好社会风尚，为四川省残疾人事业的发展打下了一定的基础，取得了较好的社会效益和经济效益。但由于管理薄弱和体制原因，仍存在一些问题。主要是：转移、挤占、挪用捐赠93.66万元，用于弥补经费不足，购买小汽车，借给企业收取利息等；部分市（州）欠缴省残联捐赠款比较严重，全省共欠上缴捐赠款343.96万元；捐赠款专用收据使用存在较多问题，一是空白捐赠收据，已使用的收据存根有的地方未按要求全数退缴省残联捐款工作办公室，二是有的捐款未使用统一的收据，有的超范围使用捐赠款收据收取助残资金借款或其他相关费用；省残联和个别市（州）未设立捐赠专户和收入、支出明细账，财务管理、核算欠规范；个别市（州）捐赠任务计划完成不理想。

2002 年，省审计厅在对省残疾人联合会负责人的任期经济责任审计时，除对省残联计划发展处和省残疾人福利基金会的有关账务进行审计外，还对其所属的用品用具供应服务站、就业服务中心、企业管理办公室、盲人按摩指导中心和聋儿康复中心以及基建办资金来源进行了审计，对 3 个市残联进行了抽查。审计发现：省残联用品用具供应服务站向农行成华支行贷款 200 万元用于省残联职工宿舍楼建设，至审计时无还款资金来源；无原始凭证做事业支出账务处理 3. 38 万元；挪用残疾人专项资金 25 万元搞基建；审计抽查部分地方残联挪用残疾人专项扶贫基金购买高价劣质猪饲料，称是按省、市残联要求同意在专项扶贫资金中列支。

2003 年，省审计厅对巴中市政府 2001 年至 2002 年社会保障资金的财政、财务收支情况进行审计，查出在残疾人专项经费中挤占挪用残疾人康复经费和残疾人扶贫资金 10. 41 万元。违规使用残疾人扶贫资金购买高价劣质饲料 22. 75 万元。

2004 年，省审计厅对四川大学、电子科技大学、西南财经大学、西南交通大学和西南石油学院 2003 年、2004 年两个年度残疾人就业保障金缴纳情况进行审计，查出 4 所院校少缴残疾人就业保障金 115. 75 万元的问题。

2004 年，省审计厅对凉山州政府 2002 年至 2003 年度社会保障资金进行审计时，查出残疾人专项资金主要违规问题是：州残联挤占挪用残疾人就业保障金 51. 39 万元，社会捐赠款 1. 7 万元；违反规定收费、资产不入账，未纳入单位财务管理形成账外资金和账外资产 70. 2 万元。审计决定：挤占挪用残疾人就业保障资金和社会捐赠款由州残联归垫原资金渠道；对州残联账外资金 16. 52 万元，处以罚款 1. 6 万元；对州残联固定资产未入账问题，责成对所购固定资产进行清理，及时入账。

2005 年，省审计厅对自贡市政府 2003 年至 2004 年度社会保障资金进行审计时，查出问题：市本级 2004 年挪用残疾人就业保障金 160. 4 万元；未将残疾人就业保障金 140. 6 万元纳入政府基金预算管理和收入。审计决定：挪用残疾人就业保障金 160. 4 万元由市财政预算安排资金于 2006 年 6 月 30 日前归垫；残疾人就业保障金应作未作收入 140. 6 万元，要求由市残联完善会计核算，报财政局同意，调整相关账表，今后一律全额纳入政府基金预算，并在取得收入的同时直接缴入金库。

第五篇　工交、商贸部门及企业事业单位审计

审计机关对工业、交通、商贸部门及企业事业单位审计是以财务收支为主线，以承包经营责任审计和行业审计、专项审计为重点，对财务收支的真实性、合法性、效益性进行审计监督，以维护国家财经法纪，促进部门及企业事业单位加强管理，提高经济效益。随着企业深化改革、产业结构调整，股份制企业的建立以及企业重组、兼并等，企业审计的重点、内容、方式都进行了很大的改进。企业审计在财务收支、财经法纪和经济责任审计的基础上，对企业的资产、负债、损益进行审计，积极探索以揭露管理不善、决策失误造成损失浪费和国有资产流失为重点的经济效益审计的新路子。在对国有重点企业的审计中，客观地反映企业资产、负债、损益的情况，总结推广企业在资本运作、生产经营、内部管理等方面创造和积累的好经验、好做法。通过审计为调整产业结构，深化企业改革，帮助企业扭亏增盈，促进现代企业制度的建立发挥了重要的作用。

第一章　工交部门及企业事业单位审计

第一节　工交部门及企业事业单位财务收支审计

1983年，省审计局选择了具有一定代表性，在全省丝绸行业中较好的中型企业——遂宁丝厂作为试审单位。审计从财务收支入手，并向经济效益延伸，对产品产量、质量、成本、利润4项指标进行重点分析、检查。查出违纪违规金额17万元，提出改进和加强企业管理，提高经济效益的建议和意见6条。此次审计起到了现场练兵，探索路子，初步打开了审计工作局面的作用。

1984年，省审计局对《人民日报》“情况汇编”的文章反映四川省轻工厅在万县市召开全省轻工机械技术改造和食品工业生产会议动用公款、挥霍浪费的问题进行查处，对造成的经济损失，本着“领导干部从严，一般干部从宽”的原则，进行了补缴和罚款。会议向企业摊派的款物，由省轻工厅、万县地区工业局分别清退。

1985年，省审计局对峨眉铁合金厂、什邡卷烟厂、四川省金川物资公司财务收支进行审计。在对四川省金川物资公司审计中，查出拖欠应缴国家能源交通重点建设基金215.89万元，应缴国家预算调节基金143.92万元，漏计漏缴四川省地方重点建设基金117.87万元，购置固定资产挤占费用0.77万元。审计决定国家“两金”和四川省地方重点建设基金共477.33万元全数上缴。

1986年，省审计局对会理锌矿进行复审，认定违纪违规金额50.09万元。因考虑企业的实际困难，决定上缴省财政13.9万元。

1987年，省审计局对四川宏明无线电器材厂、四川客车厂财务收支进行审计。在对四川客车厂的审计中，查出错计多摊成本100.46万元，错提多提费用16.19万元，少计增值税、城建税18.13万元，销售产品在售价之外向购货单位加收2%管理费51.94万元挂往来账，多发奖金，少缴奖金税8.4万元，购入“解放牌”底盘账实不符金额204.92万元。审计决定补缴各种税款116.43万元，同意企业留利69.66万元支持发展生产，材料“底盘”账实不符204.92万元作调账处理。

1988年，1989年省审计局对成都市交通稽查征费一处、二处财务收支进行审计，查出违纪违规金额36.83万元，审计作出决定补交税费30.99万元，归还原资金渠道1.65万元。

1989年，省审计局对四川省丝绸公司、省交通厅公路局财务收支进行审计。在对省交通厅公路局审计中，对查出的问题作出处理：以假集资名义、挪用养路工程“预备费”303.5万元用于修建公路服务公司综合楼——公路饭店。审计决定凡将预备费转入“专用基金”后缴纳集资款的单位，必须用自有资金归垫，将此款归还原资金渠道，专项安排用于养路生产，不得挪作他用。借“无家可归职工基地”建设用房名义，动用公路养路费兴建乐山园通寺综合楼。虽经省交通厅转报省计经委核批，但建设大大超过原投资计划，成为“钓鱼”项目。审计决定必须严格控制投资，不得突破省交通厅的追加投资计划，并对违纪问题连续发生给予单位和原行政负责人处以罚款5150元的处罚。长期挤占和挪用养路费、挪用专用资金弥补行政经费等金额27.53万元，作出归还原资金渠道或纳入局行管科统一管理的处理。

1990年，省审计局对四川省丝绸公司1989年度财务收支进行定期审计。查出有问题金额102.4万元，其中违纪违规金额97.4万元，并作出处理：支付有关会费和资助等款8.7万元列入商品流通费，决定调入自有资金开支，并补缴“两金”2.18万元。拨付省丝研所中试补助费12万元列营业外支出，决定调入自有资金开支。用专用基金28万元资助建房款和“办刊”，决定调入自有资金开支。公司计财处几项内部应付款36万元，经核对均已单边核销，决定纳入“营业外收入”核算，以完清财务手续。全公司1989年度超发奖金、补贴，应缴奖金税17.38万元，决定补缴。

1991年，省审计局对省交通厅公路局第一工程处、省轻工厅财务收支进行审计。在对省轻工厅审计中，对查出的问题作出处理：手工业联社向所属单位收取的资金占用费和利息收入、外汇额度收入、预算外资金利息收入等117.22万元漏交能交基金和预算调节基金29.30万元，决定补缴。在手工业联社管理费中列支职工家财险0.24万元，作调账处理。用轻工部拨“小技贷款”200万元直接用于修建办公大楼，鉴于省轻工厅确需修建办公大楼，且已成事实。审计建议省轻工厅写出专题报告轻工部和省政府及有关部门，以求得问题妥善解决。在对省轻工厅下属单位跟踪审计中，查出省造纸公司私设“小金库”33.5万元，决定全部没收上缴省财政。

1993年，省审计局对四川蜀光轮船公司、会理锌矿财务收支进行审计。在蜀光轮船公司审计中，对查出的问题作出如下处理：漏交税费0.57万元予以补缴。挤占、少摊成本费用和擅自购买专控商品2.5万元，调整账务和补办手续。应收款42.01万元无法收回、长期挂账，建议上报主管部门确认后准予核销。潜亏金额106.1万元，建议制定符合企业实际的船舶修理费用开支办法，避免船舶修理基金长期出现红字。

1994年，省审计局对四川新潮计算机产业集团、四川省公路机械修配厂等4家企业财务收支进行审计。在对新潮计算机产业集团审计中，对查出的问题作出如下处理：挤占管理费用34.47万元，调整有关账务。收回出售固定资产净收益10.4万元，应转作营业外收入。补提固定资产分类折旧29.8万元，计入管理费用。全年超支业务招待费12.2万元，应计入纳税所得额。医务室收回的送药费1.7万元，应冲减职工福利费支出。审计处理补缴税费10.8万元。

1995年，省审计局对四川省纺织机械厂、西南轻工型汽车工业联营公司等13家企业财务收支进行审计。在四川省纺织机械厂审计中，对查出的问题作出处理：多列成本费用22.47万元，应补交所得税6.03万元。超标列支业务招待费10万元，应补交所得税3.3万元。在建工程耗用外购钢材5.1万元未转出增值税进项税额作调整账务的同时，补交增值税0.87万元。补交对外提供汽车运输收入应纳营业税0.34万元；补交城建税、交通费附加等4.7万元。在西南轻工型汽车工业联营公司审计中，对查出的问题作出如下处理意见：对收取的技术管理服务费1.08万元，补记其他业务收入。对多记的增值税进项税额6.7万元，冲减期末应交税借方余额。对在盈余公积账户列支的2.67万元予以冲转，相应调增利润。对少摊销无形资产10万元予以补正，相应调减利润。

1996年，省审计厅组织对省交通厅、省公路局、稽征局、车购办、蜀海交通投资公司及成都、内江、德阳，乐山等14个市（地）级交通局、公路局（养护总段）、稽征处共44个单位1995年度财务收支，特别是车购费、养路费的征收、管理、使用情况进行审计中，查出违纪违规金额20183.49万元，其主要问题：交通规费征收方面违纪违规金额9653.84万元，其中：隐瞒截留，漏计各项规费收入4500.22万元；超标准，超范围收取各种手续费、工本费、赞助费615.95万元；违规减免和漏征养路费，车购费153.29万元；车主及规费代征单位拖欠各项规费4384.38万元。交通专项资金使用方面违纪违规金额9717.23万元，其中：挤占、虚列成本费用740.8万元；少计工程成本1919.92万元；未纳入计划安排和未按规定冲减成本的规费收益和其他收益2914.18万元；挪用、借占养路专项资金4094.82万元；私设"小金库"47.51万元。"三产"企业无偿占用主业资产、资金442.74万元；侵占主业利益26.33万元；向主业提供消费基金29.75万元，合计金额498.82万元。审计处理作出收缴省交通厅969.48万元，收缴财政607.08万元（其中罚款248.5万元），调整增加1996年资金来源6444.92万元，其余部分责成交通部门分别追回被挪用侵占的资金，尽快催收拖欠款项，调整账务等处理决定和建议意见。经处理可增加1996年可予安排的交通建设资金来源7414.4万元，增加财政收入607.08万元。

1997年，省审计厅组织对70家工交亏损企业1996年度财务收支进行审计。70家企业涉及丝绸、纺织、机械、冶金、轻工等10个行业和部分流通企业。70家企业总资产71.43亿元，总负债61.23亿元，所有者权益10.20亿元。1996年度账面亏损4.5亿元，经审计核实亏损为7.8亿元，增加73.55%，核实后累计亏损达15.31亿元。企业资产负债率1996年为86%，经审计核实为91%，增加5个百分点。经审计共查出有问题金额137732.26万元，其中：收入不实923.44万元，成本不实39111.26万元，利润不实18088.95万元，有问题资产总额65858.53万元，有问题负债总额13333.94万元，其他有问题金额416.14万元。审计收缴财政462.71万元，核增隐瞒少报的亏损39677.44万元，核出各种潜亏金额33313.58万元。企业隐瞒亏损的主要形式：不按规定结转产品成本，少转不转销售成本，金额9783.16万元；应提未提或少提折旧，金额4790.37万元；应摊未摊或少摊费用，金额5098.22万元；应计不计、少计少摊财务费用，金额10049.16万元。其他方面应增加亏损，金额9956.3万元。企业潜亏的主要形式：超过3年以上已较难收回的应收账款19072.76万元；不良存货3132.42万元；其他各种潜亏挂账11108.40万元。省审计厅向省政府提交了《全省工交亏损企业审计的综合报告》，分析了造成企业严重亏损的原因，并对企业如何尽快摆脱困境，实现减亏扭亏，提出了对策和建议。

1998年，省审计厅对四川省轻工总会、四川省电子工业厅和四川化工集团有限责任公司1997年度预算执行情况及其他财务收支进行了审计。发现的主要问题：私设"小金库"余额0.13万元；漏交房产税金及附加17.41万元；少缴增值税21.30万元；漏缴固定资产投资方向调节税77.84万元；白条抵领现金8.30万元；预算超支24.91万元；将预算内资金46.40万元转为预算外资金使用；有偿借出资金200万元；少计折旧69.61万元、多计折旧7.26万元；挤占成本费用503.76万元；少摊房租54万元；少计企业应税所得额240.41万元；少计固定资产148.54万元；未及时调减长期投资、实收资本1611.59万元及权益性投资收益223.09万元；多计捐赠资产187.75万元；将收到的返还款3677万元误计利润分配。并作出了补缴税费和调整账务等审计处理决定。

2000年，省审计厅对四川天华股份有限公司、成都开维内燃机公司等7家企业1999年度盈亏情况进行了审计。1999年7家企业亏损19056.22万元，审计确认7家企业实现利润557.88万元，总体上实现了扭亏为盈。其中：四川天华股份有限公司等4家企业扭亏为盈；2家企业隐瞒亏损，但减亏幅度很大；1家企业利润有所下滑。审计分析了7家企业扭亏减亏的各种因素，向省政府、省工业领导小组提交了审计综合报告。

2002年，省审计厅对省交通厅所属部分事业单位、公司2001年度的财政、财务收支进行审计。发现的问题：2001年运管费等收入4881.72万元、年末滚存结余3694.53万元未纳入财政专户管理；已停征的公路建设附加费2001年末存款余额1320.33万元未纳入预算外资金管理；挪用交通建设附加费5000万元购建职工宿舍及附属建筑；挪用及无计划安排公路建设资金3495.81万元；债券、债务不衔接，形成账外资金；已竣工使用的固定资产长期未入账核算；虚设债务，少计收入129.31万元；漏计个人所得税3万元；将政府拨入资金758462万元挂“长期应付款”等。省审计厅对以上问题作出了审计处理决定。

2003年，省审计厅对省信息产业厅2002年度的财政、财务收支进行审计。发现的问题：欠缴无线电频道占用费31.92万元；在专项支出中列支“菜篮子”补贴43.72万元；为职工购买商业医疗保险6.98万元；未将行业资产、负债、损益纳入会计报表；少计监测站固定资产2959.31万元；漏列机关服务中心固定资产2341.59万元；挪用收取的频道占用费56.04万元；账外资金216.54万元；挪用失业基金173.43万元。省审计厅 对以上问题作出了审计处理决定。

第二节　工交企业承包经营责任审计

1988年，审计署发布《关于全民所有制工业企业承包经营责任审计的若干规定》，对审计的目的、对象、内容、重点、程序和方法作了明确规定。1989年省审计局对东方汽轮机厂1988年度承包经营责任进行审计。该厂在完善承包经营责任中扎实工作，全面完成承包经营各项指标，生产有较大发展，企业内部管理井井有序，在执行国家财经法规方面，审计未发现突出问题。在对成都矿灯厂的审计中，查出多提包干工资及挤占成本问题，审计决定收缴财政3.25万元。

1990年，省审计局对长城特殊钢厂1989年度承包经营责任进行审计。审计显示该厂除技改、还贷任务因非主观上的特殊原因未完成而视同完成承包合同任务外，其余各项均超额完成了承包合同指标。审计查出违纪违规金额198.13万元，审计处理上缴财政109.12万元，其中补缴工资调节税61.11万元，能源交通基金28.80万元，预算调节基金19.20万元。在对四川省乐山客车厂的审计中，发现该厂没有完成主要承包指标，1989年生产经营成果为虚盈实亏10.85万元。审计决定按制度调账。

1991年，省审计局组织实施对省和市（地、州）所属的41家冶金企业承包经营责任审计。审计结果显示：承包经营合同执行较好，41家企业在承包期间盈利的企业33家，亏损企业8家；主要经济指标超额或完成合同目标的25家，未完成合同指标的16家；能按照合同指标完成情况进行奖罚兑现。审计中发现的主要问题：亏损严重。41家企业中有16家未完成合同利润指标，承包期间拉通计算亏损企业8家。其中1990年企业亏损更为严重，亏损企业14家，当年亏损额达7357万元。企业自有资金的使用向非生产和个人倾斜。更新改造资金，承包期间总支出36306万元，其中非生产性支出占总支出的29.9%；生产发展基金，承包期间总支出40216万元，其中非生产性支出占总支出的40.3%；后备基金，承包期间总支出7143万元，其中非生产性支出占总支出的62.1%；同时，有些企业消费基金的增长速度高于实现税利和实现利润的增长速度。流动资金紧缺。内部控制制度不健全，财务监督不够有力。审计查出违纪违规金额2851.8万元，其中：乱挤乱摊成本1101.8万元；隐瞒截留国家收入681.2万元；多转生产成本1067.1万元；违反国家控购规定1.7万元。审计机关依据有关财经法规作出处理，收缴财政700.6万元，罚款14.9万元，冲转有关账目和补办有关审批手续等2136.3万元。

1991年，省审计局对省机电设备公司、省化工轻工公司、省金属材料公司、省有色金属供应公司、省物资贸易中心、省建筑材料公司等单位1990年财务收支及承包经营责任审计。审计结果显示，上述单位合同规定目标利润2296.53万元，实际完成2561.38万元，完成111.53%；应上缴财政包干1033.53万元，实际上缴1061.42万元，基本上都能完成国家下达的指令性物资计划和利润指标、上缴财政包干指标。如省金属材料公司年度目标利润554.5万元，实际完成573.2万元，超4%；全年承包应上缴305万元，实际上缴310.6万元，完成101.8%；企业留利263万元。审计查出违纪违规金额294.6.万元，主要问题是：应作未作收入132.82万元；多摊流转费用159.06万元；第三经营部将调价增值价差2.72万元列“应付款”账户。审计作出处理收缴财政和补交“三金”、税金等款项共计200.22万元。

随着工交、商贸企业股份制改造以及重组、兼并等改革的深入，审计的内容、重点也随之发生变化，不再进行企业承包经营责任审计，重点是对企业资产、负债、损益的审计。

第三节　工交企业资产、负债、损益审计

1994年，省审计局组织实施对56家大中型工交企业资产负债损益审计，主要涉及机械、冶金、化工、纺织、轻工、建材6个行业。审计揭示在探索现代企业制度建立过程中，还存在一些不容忽视的问题：

企业资产、负债、损益不实情况普遍存在，部分企业问题较为严重。被审计的56家企业有52家均不同程度存在资产负债损益不实。据42家企业审计资料反映，共查出资产不实金额12075.94万元，为抽查金额（被查企业总资产的30%以内）的12.56%。资产不实金额中，应增未增而虚减资产5976.87万元；应减未减而虚增资产6099.07万元。不实金额在百万元以上的企业13家。查出企业负债不实金额7066.19万元，其中应调整增加负债6103.59万元，应调整减少负债1862.60万元。查出企业损益不实金额8260.90万元，其中应调整增加利润1557.28万元，应调整减少利润6703.62万元。

部分企业净资产呈减少趋势。审计发现，尽管国家一再强调要保证国有资产保值、增值，但据审计的35家可比企业反映，1993年底净资产总额为55005.60万元，较1992年减少13506.21万元，减少19.71%。其中有16家企业净资产减少16760.57万元，19家企业增加净资产3254.36万元，减少的金额是增加金额的5.16倍。

企业的负债金额高，生产资金周转困难。据审计的企业统计，1992年资产负债率平均为63.23%，1993年资产负债率平均为73.99%，上升10.76个百分点；流动比率1992年为145.33%，

到 1993 年下降为 108.06%；速动比率 1992 年为 84.34%，到 1993 年下降为 61.58%。审计还发现个别企业已资不抵债，应予破产。

企业潜亏、隐亏问题较突出。审计查出有 18 家企业潜亏、隐亏金额达 7605.66 万元，其中有 8 家亏损企业，其潜亏、隐亏金额 5268.80 万元，为原账面反映亏损数的 115.75%，其余 10 家盈利企业原账面反映利润 1573.64 万元，经审计核实尚有潜亏、隐亏金额 2336.86 万元，为原账面利润数 148.5%，其中有 5 家企业实际已是虚盈实亏。

企业对外投资效益差。据审计反映，有对外投资的 43 家企业，投资额 6419.63 万元，1993 年底有投资收益的企业仅 16 家，收益仅 249.5 万元，大大低于银行利率。

企业内部管理工作滑坡。审计发现不少企业存在"以包代管""以转代管"情况，内部管理松懈。一些企业在新旧财务制度转换中将应列入国家资本金的资金列入法人资本金的金额达 5407.66 万元，直接造成国家资本金和权益的流失。省审计局向省政府提交了《关于工交企业资产负债损益审计的综合报告》，并就加强企业管理，全面开展清产核资工作，妥善解决企业债务过重问题提出了 4 条建议。

1995 年，省审计局对四川西南机器厂和四川汽车工业总公司等企业资产、负债、损益进行审计。在对四川航空（股份有限）公司 1994 年度资产负债损益情况进行审计发现：股份制企业设立后运作中存在问题，一是珠海祥昌发展公司、协和房地产（宁波）有限公司两名发起人认缴的股款计人民币 18765 万元尚未投入；二是股份公司内部组织机构尚未按规定运转；三是财务核算和管理尚未按股份制企业规定进行。财务及生产经营方面存在问题，一是 1994 年度财务成果不真实，少计亏损 2421.58 万元，是原财务报表反映亏损数 625.55 万元的 3.87 倍；二是公司股本金中国家资本少反映 717.52 万元；三是经济效益大幅度下降，企业亏损严重，经审计核实 1994 年度亏损 3047.13 万元；四是债务负担沉重，至 1994 年年底企业总负债达 57283.86 万元，但因另两位发起人资金未到位，财务成果不真实等原因，企业实际负债率高达 84.40%；五是职工人数及工资总额呈较大增长趋势。经审计认为，"川航"股份制改组并未付绪实施，财务情况形势严峻。省审计局向省政府提交了审计情况报告，并对亟需采取措施加以解决的问题，提出了 6 条建议。

1996 年，省审计厅组织重庆、成都、自贡、南充、德阳、乐山、遂宁等 11 个市地，对国有股占控股地位的 15 家股份制企业 1995 年度财务收支及损益的真实、合规合法性进行审计。对红光股份、川纺股份、成量股份、长征药业、自贡纺织、米易糖业等 12 家股份制企业审计的情况显示，企业损益的真实性可信度有待提高。12 家企业中审计调增利润 7 家，调增利润 200 万元，调减利润 4 家，调减利润 1618 万元，品迭后调减利润 1418 万元。审计发现：财务方面存在问题：一是成本费用应纳未纳入当期损益 1305.6 万元；二是挤占费用 139 万元；三是挂账调节损益 1580 万元，其中亏损挂账 552 万元，费用挂账 845 万元，投资收益及联营分回利润挂账 77 万元，收到投资不作实收资本挂账 106 万元。资产权益方面存在的问题：一是超用国家股红利弥补亏损，影响国有资产收益 580 万元；二是所得税免税优惠参与股利分配 94 万元；三是审计发现一些股份制企业不按"同股同利"的原则运作，只分配个人股和企业股，国有股却不参加分配；四是投资收益未按规定分配。省审计厅向审计署、省政府提交了《关于对股份制企业审计的综合报告》，并就完善股份制企业改革配套措施及加强管理，提出了建议。

1997 年，省审计厅对四川通亚开发总公司和四川省电子工业发展总公司 1996 年度的资产、负债、损益进行审计。报表反映1996年底的资产总额6086.24万元，负债总额6569.89万元，所有者权益总额－483.65万元，1996年末累计亏损629.04万元，潜在亏损1513.81万元。审计发现的问题：购买地产损失194万元和参与期货交易损失52.08万元未列账反映；多计收益76.40万元；长期借款未及时计付利息157.59万元；应付款19.20万元未及时进行账务处理，形成未达账项；少提固定资产折旧11.72万元；计提利息9.18万元长期挂账；未经有关部门批准在境外投资，造成损失43.44万元；劳务费收入漏计营业税金及附加0.68万元；开办费72.87万元未按规定核销等。审计作出调减资产292.55万元、调增负债102.87万元、调减所有者权益395.43万元等审计处理决定。

1998年，省审计厅组织实施了对39家国有资产占控股或主导地位的股份制工交企业改制以来运作情况和1997年度资产、负债、损益审计。这次审计的绝大多数股份制企业在1994年前设立，有化工、冶金、电子、纺织、轻工、煤炭、机械、电力等行业。审计显示，39家股份制企业中有8家亏损或巨额亏损（共34264.35万元），11家微利（年利在30万以下），其余20家取得较好的经济效益（1997年共盈利25180.65万元）。审计揭示股份制企业改制、运作中存在以下问题：企业国有资产评估不实；企业虚构股份公司发起人、虚设法人股；个别企业股利挤列费用；一些企业将应付工资福利费等转为个人股、负债人股；“剥离企业”不规范，有的经济上仍依附于母体公司，留下一些后遗症；企业与政府关系尚未理顺、行政干预仍然存在；会计中介机构运作不规范，发现个别会计师事务所的审计报告均对企业有明显虚假问题的报告表示无保留意见；同股未能同利现象存在；现行某些社会保障制度不配套，企业负担依然沉重。同时，审计查出39家股份制企业违纪违规金额14850.99万元，其中资产违纪违规5803.36万元，负债违纪违规1927.87万元，财务收支违纪违规7119.76万元（其中偷漏税444.95万元），均作了收缴和调账处理。

1999年，遵照省委、省政府对扩张盈利企业真实性审计的指示精神，省审计厅对五粮液、剑南春、泸州老窖、全兴、沱牌、郎酒6家酒类扩张型企业1998年度资产、负债、损益进行审计。审计显示，6家企业资产总额132.41亿元，会计核算差错率为0.71%；负债总额为47.95亿元，会计核算差错率为4.85%；所有者权益总额为84.45亿元，会计核算差错率为2.81%；平均资产负债率为36%；资本保值增值率为142%；资本收益率为75%。6家酒类扩张型盈利企业财务会计数据是基本真实的，效益是良好的，整体经济状况是正常和合理的。但审计也揭示出6家企业存在一些违反财经法规的问题：偷漏增值税。除全兴外，其余5家企业共偷漏增值税1423.8万元，其中剑南春集团1353.3万元，1998年度为157.11万元，以前年度累计1196.27万元。偷漏消费税。泸州老窖、沱牌、郎酒、全兴4家企业共计1662.5万元，其中全兴集团1370万元。偷漏营业税及流转税相联系的税费。除剑南春、郎酒2家企业外，其余4家企业偷漏营业税计26.44万元，与前述流转税相联系的城建税204万元，教育费附加117.6万元，交通建设费附加132.8万元。偷漏企业所得税。剑南春、泸州老窖、郎酒、五粮液4家企业计5350.8万元，其中泸州老窖1830万元，剑南春1998年度442.2万元，以前年度累计2273.2万元。偷漏投资方向调节税。剑南春、沱牌、郎酒、五粮液4家企业计2897.3万元。偷漏房产税92.26万元。以确保和促进企业健康、稳定发展和深化改革，严肃财经法纪为基本出发点，对6家企业违反财经法规问题，省审计厅提出了5条办法和措施，向省委、省政府作出了《关于6家酒类扩张型企业违反税收法规问题进行审计处理的请示》。

2000年，省审计厅对四川威远煤矿、四川嘉阳煤矿和四川农用运输车集团1999年度资产、负债、损益进行审计。在对四川农用运输车集团及其3个子公司的审计中，查出以下主要问题：经营状况差、亏损严重。经审计核实集团公司资产 10051.24 万元，负债 9499.84 万元，所有者权益 551.4 万元，累计亏损达 2498.03 万元。资产管理问题多。一是价值不实。会计报表反映资产总额 11144.29 万元，差错率 45.2%。在引进韩国泛系统（中国）有限公司新型墙体材料制造设备时，发票价高于合同价 30 万美元；少摊无形资产、少提固定资产折旧 395.7 万元。二是资产流失。个人挪用公款 44.13 万元；68.9 万元购商品住房长期以个人名义挂往来账，集团受赠的 2 辆“雷诺”样车不入账，形成账外资产；2 次利用“应付工资”将数十万元转入“实收资本—个人资本”，以个人资本置换国有资产。三是潜亏多，对外投资风险大。集团不良资产、潜在亏损和对外担保或有损失 7000 余万元。弄虚作假、会计信息质量差，财经法纪观念谈薄。经审计，会计报表差错率高，3/4 的会计要素不可信赖。资产差错金额 4543 万元，差错率 45.2%，负债差错金额 599 万元，差错率 6.3%，所有者权益差错金额 3059 万元，差错率 554.9%。会计业务处理中存在隐瞒、转移、截留收入以及改账、改表、改证等违纪现象。省审计厅向省政府提交了《四川农用运输车集团公司财务审计报告》，提出了加强对企业资产清理监管工作的建议，组织专业人员核清企业资产的数量和质量，彻底堵塞可能造成国有资产流失或被侵吞的漏洞。对于趁脱钩改制之机，采用非法手段侵吞、挥霍、浪费国有资产或造成国有资产流失的要严肃查处。

2004 年，省审计厅对四川成渝高速公路股份有限公司 2003 年度资产、负债、损益进行审计。报表反映：2003 年年末资产总额 519170.48 万元，负债总额 36974.09 万元，所有者权益 482196.39 万元，利润总额 22322.69 万元。经审计确认，2003 年年末资产总额 517592.34 万元，调减 1578.14 万元；负债总额 36704.33 万元，调减 269.76 万元；所有者权益 480888.01 万元，调减 1308.38 万元；利润总额 18642.26 万元，调减 3680.43 万元。发现的问题：逾期委托贷款未提减值准备 386.75 万元；应收账款未计提坏账准备 62.35 万元；未按期收回的款项应提未提坏账准备 250 万元；多计利息收入 0.24 万元；将保险返还款 4.56 万元计入福利费；将车辆报废残值等 0.51 万元冲减管理费用；无法支付的款项及专项拨款节余 290.91 万元长期挂账；少计其他业务收入等 382.69 万元；在管理费用中列支慰问费 1.06 万元；多计广告费收入 24.97 万元、投资收益 65.99 万元；少交企业所得税 3.54 万元；投资损失 592 万元等。并作了审计处理决定。

2004 年，省审计厅组织部分审计机关对全省 50 条收费公路（其中：经营性公路 16 条，收费还贷公路 34 条）2003 年度资产、负债、损益情况进行审计。报表反映：全省 50 条收费公路 2003 年末资产总额 2752414.24 万元，负债总额 1663997.93 万元，所有者权益 1088416.31 万元，利润总额 -44985.86万元。经审计确认，2003 年末资产总额 2766542.73 万元，调增 14128.49 万元；负债总额 1678591.73 万元，调增 14593.80 万元；所有者权益 1087951 万元，调减 465.31 万元；利润总额 -36998.74万元，调增 7987.12 万元。审计发现的主要问题：未按规定标准和时间收取车辆通行费 493.42 万元；挤占挪用车辆通行费收入 1309.05 万元；少计、转移其他业务收入、变卖固定资产不计收入等 3169.05 万元；少提折旧、虚增利润 2388.98 万元；挤占成本费用 3014.70 万元；挪用公路建设资金 5873.49 万元；财务费用不实 5239.72 万元；少计坏账准备 1879.09 万元；保留账外资产 712.28 万元；违规处置资产 490.94 万元；无偿占用资产 280.84 万元；对外投资损失 640 万元；收费还贷公路车辆通行费收入 318.03 万元未纳入财政专户管理等。省审计厅向省政府提交了综合报告。

第四节　工交重点企业审计

1998年，省审计厅认真贯彻落实省委、省政府以国有工业企业亏损大户为扭亏重点，通过审计模清亏损大户的真实情况，做好扭亏规划，加大监管力度，促进全省扭亏工作的指示精神，组织审计机关开展了对全省1997年度亏损额在1000万元以上的40家工业亏损企业的审计。审计揭示亏损企业存在的普遍问题：企业资产、负债、损益及其亏损状况严重不真实。40家企业会计资料反映拥有资产135.12亿元，经审计核查现有资产127.32亿元，虚增资产7.80亿元，若加上企业潜亏因素中实际已经损失减少的资产3.92亿元，资产实际虚增11.72亿元；40家企业表列负债123.76亿元，审计核查实际负债128.17亿元，少计负债4.41亿元；40家企业会计资料反映企业净资产11.36亿元，审计核实为－0.85亿元，实际减少了12.21亿元，企业隐瞒了实际亏损额；经审计的40家企业，隐瞒亏损的32家，多报亏损的8家。40家企业报表反映1997年度亏损为13.87亿元，经审查实际亏损为26.08亿元，32家隐瞒亏损12.38亿元，扣除8家多报亏损0.17亿元，实际隐瞒亏损12.21亿元。企业亏损程度高，潜在亏损风险突出。40家企业累计亏损已达44.15亿元，有27家企业销售收入不能抵补销售成本和销售费用，其销售亏损就达8.02亿元。40家企业潜亏达10.47亿元，是企业明亏金额13.87亿元的75.48%。企业资产负债率高，资不抵债的已过半数。40家企业平均负债率为100.67%。企业干部职工情绪较为低落。审计发现40家企业从领导至职工都不同程度存在等兼并、等破产、等拍卖；靠国家、靠救济、靠扶持；要投入、要负债、要政策的思想，缺乏振作精神克服困难，实行生产自救的积极性。截至1998年5月底有13家企业处于停产、半停产状态，40家企业无一扭亏为盈。审计分析了产生问题的原因，提出了解决存在问题的建议。省审计厅向审计署、省委、省政府提交了《审计情况报告》。省委、省政府领导高度重视，分别5次听取审计情况的汇报，并作了重要指示："要求审计机关继续开展亏损大户三年扭亏脱困规划的专项审计工作；对国有大中型亏损企业年度减亏目标和三年扭亏目标的完成情况进行定期审计；将审计结果作为考核经营者业绩，确定奖罚、信用的依据"。"要求审计机关要进一步深入分析重点亏损企业亏损原因，有针对性地提出扭亏建议；对于扭亏工作中行之有效的'分块搞活、分散突围'等成功经验要认真总结推广"。省委组织部、省财政厅、省经贸委等部门的领导也充分了解40家亏损企业的审计情况，并按照省委、省政府领导指示充分运用审计成果，全省出现了企业扭亏工作的新局面。

1999年，省审计厅在全省企业审计工作会议上，通过以会代训的方式开展全省28家扩张型企业审计培训会

1999年，省审计厅组织部分市、地审计机关对37家盈利扩张型企业中的28家企业进行审计。

审计显示：28 家企业实现销售收入 217.22 亿元，比上年增长 10.87%，平均资产负债比率 45.08%，销售利润率 11.78%，资本金利润率 42.04%，净资产收益率 9.48%。在企业扩张发展中，在资本运作、市场营销、生产经营、内部管理等领域都创造和积累了不少好经验和好做法。强化、规范会计基础工作，提高会计核算质量。28 家企业资产、负债、权益、损益核算差错率平均为 3.33%、2.94%、6.35% 和 17.46%。以产品结构调整，优化资源配置，提高核心企业竞争力的目标，通过联合、兼并和收购等方式，推行积极稳妥的扩张策略，努力实现低成本扩张、高效益发展。28 家企业中有五粮液、剑南春、成烟等 10 家企业资产规模、主营收入、利润总额基本实现了同步增长，比例分别为 42.32%、22.89% 和 20.88%。增加技改投入，增强企业发展后劲。28 家企业有 11 家 1996—1998 年三年累计投入技改资金 25 亿元，新增收入 17.56 亿元，实现利税 9.91 亿元。面向市场、转换企业经营机制和改革企业管理模式。加大人事、用工和分配"三大制度"改革力度，增强企业内在活力。同时，审计也揭示了存在的主要问题：会计核算方面，有 5 家企业违反合并会计报表编制规定，应抵销项目不抵销，应纳入合并范围的不纳入，或子公司应编不编合并报表，造成资产不实 29455.58 万元，负债不实 9305.46 万元，权益不实 20150.12 万元，收入不实 43433.38 万元，利润不实 1374.37 万元；部分企业存在违反财务制度，不按规定进行会计核算和账务处理，造成资产不实 81671.20 万元，负债不实 34974.70 万元，权益不实 96104.51 万元，收入不实 29983.46 万元，成本费用不实 46863.42 万元，利润不实 43338.92 万元；28 家企业中有 25 家不同程度存在欠漏国家各项税费 11319.18 万元；有 4 家企业存在设"两本账"和私设"小金库"的严重问题。企业发展方面，有 9 家企业主营业务收入减少，有 10 家企业盈利水平下降；有 4 家企业生产经营困难，已出现和继续发生亏损，金额达 2.43 亿元；个别企业运作不规范，存在虚夸企业规模、拼凑企业集团现象；有 17 家企业资产质量不高，不同程度存在潜亏，金额达 64110.92 万元。针对审计发现的问题，省审计厅提出 7 条建议，其中对已发生严重亏损、丧失"领头羊"作用的 4 家企业和不具备扩张基本条件、拼凑企业集团的 2 家企业，建议省政府取消其扩张企业资格，由其他优势企业予以替代。

1999 年，省审计厅组织对 40 家亏损企业中的 15 家企业 1998 年度扭亏目标完成情况进行审计。审计显示，15 家企业 1998 年实际亏损 43729.66 万元，与上年亏损 46531.5 万元相比减少 2801.84 万元，减幅达 6%，其中，7 家减亏 13419.63 万元，8 家增亏 10617.79 万元。15 家企业中，减亏在 50% 以上 1 家，达到了省委、省政府规定的领导直接联系的重点亏损企业 1998 年扭亏责任目标；减亏 30% 至 50% 的企业有 5 家，达到了规定地区重点亏损企业 1998 年扭亏责任目标。15 家企业亏损减少的主要原因：成本和费用开支减少。产品销售收入下降，财务费用支出增加的幅度低于产品销售成本和管理费用下降的幅度。深化改革促进了扭亏。15 家企业中，实行合资经营、租赁经营的 4 家，被兼并重组的 1 家，采用划小核算单位、分块搞活、

1999 年，省审计厅开展全省 40 家亏损企业审计

内部承包等形式进行内部改革的6家，实施破产的2家。审计中发现的主要问题：亏损企业财务状况未得到明显改善。15家企业1998年资产负债率比上年增加14.8%，达到143.59%；连续亏损3年以上的有11家，累计亏损14.83亿元，企业不良资产和潜亏挂账1.31亿元不能妥善处理。亏损企业债务、冗员、企业办社会等包袱沉重，制约企业生产经营的正常开展。企业改组改制的一些措施和办法存在不规范、不配套、不落实现象。省审计厅针对审计中发现的问题，为继续抓好扭亏目标责任制的落实，提高扭亏减亏质量，提出了3条建议，向省政府提交了《审计报告》。

2000年，省审计厅组织对40家重点亏损企业中的25家企业1999年度扭亏脱困情况进行审计。审计显示，25家企业中有14家企业持续减亏或先增亏后减亏，1999年亏损48790.33万元，比上年减亏22929.04万元。有7家企业持续增亏或先减亏后增亏，1999年亏损106746.61万元，比上年增亏91631.82万元。有4家企业破产消亏10406万元。25家企业亏损总额124309.27万元，与1998年的61604.08万元比较，增亏62705.19万元，剔除政策性减亏因素，1999年亏损总额155536.94万元。25家国有亏损企业在扭亏脱困中发生了较大变化，一是加大对外开放和深化结构调整力度，促进扭亏脱困。25家企业有8家实现了与内资或外资重组，与优质资产股份制嫁接。二是在加大开放，深化结构调整中搞好“三抓”，一抓优势企业转产；二抓产品有市场企业自救；三抓一厂多制，实施整体或部分租赁、承包等方式，发展多种经营。三是提高企业管理水平，夯实脱困基础，重点抓精简机构、规范制度，加强企业成本、采购、销售、资金管理。四是党政、社会的综合扶持，促进企业扭亏脱困，一是从管理体制上扶持，对重点亏损企业的领导班子进行调整和实行经营者年薪制，激励企业建立扭亏的生产经营新机制；二是从政策、资金上扶持，重点亏损企业减亏的政策性因素约占40%，其中落实停息挂账、财政负担下岗人员生活费127567万元；三是从减负上扶持，加快分离办社会包袱。省审计厅向省政府提交了《25家重点亏损企业扭亏跟踪审计的情况报告》，并就谋划和落实重点亏损国有企业脱困规划，解决扭亏成果不稳定、优惠政策待落实的问题提出了建议。

2000年，省审计厅组织对全省54家重点企业审计，涉及化工、机械、电子、冶金、纺织、电力、建材、煤炭、航空、建筑、医药、食品、造纸、房地产开发等20多个行业。其中大型企业7家，中小型企业47家。省属企业3家，市（地、州）属企业38家，县属企业13家。盈利企业31家，亏损企业23家。23家亏损企业中资不抵债企业5家。已进行公司改造的企业26家。这些企业既不包含省40家重点企业，也不包含省37家盈利扩张型企业。54家企业资产、负债、权益总体上真实和基本真实，但损益严重不真实。1999年度54家重点企业会计报表反映资产总额为1271751.7万元，经审计确认为1240532.2万元，差错率4.91%，报表反映负债总额为869634.5万元，审计确认为874631.5万元，差错率3.30%，报表反映所有者权益402117.2万元，审计确认为365900.7万元，差错率9.89%，报表反映利润总额11966万元，审计确认亏损4903.75万元，差错率达343%。审计查出54家重点企业违反财经法规少计资产14862.3万元，多计资产46081.8万元，品迭后多计资产31219.5万元；少计负债16956.4万元，多计负债11959.37万元，品迭后少计负债4997万元；多计利润16872.8万元。查出账外资产3220.8万元，“小金库”368.4万元。审计机关在审计职权范围内依法进行了处理。同时，审计发现一些大案要案线索，如甘孜州力邱河林业局下属金矿有关责任人走私黄金、个人贪污犯罪嫌疑，四川农用车集团、眉山方园新型建材有限公司有关责任人挪用公款，原四川航空实业公司有关责任人诈骗国家财产、侵吞公司财物，造成国家资产巨大损失。审计机关已依法移交司法机关处理。

第五节　工交系统专项资金审计

1986年，省审计局组织20个市（地、州）及177个县级审计机关对各级公路、监理及交通管理部门所属510个单位1984—1985年养路费收支情况进行专项审计。查出违纪违规金额16563.89万元，其中省级6082.28万元，各地10481.61万元。主要问题：公路养路费征收方面，一些养路费征收单位不按征收制度办事，未经省交通厅同意擅自减免和改变计征依据，造成少收、漏收；还有一些征收单位采取瞒报、截留等手法，挪用、坐支养路费，违纪违规金额达2113.35万元。支出方面，审计查出违纪违规金额14450.54万元，其中将养路费用于公路以外基本建设2556.09万元，滥发奖金、实物、补贴193.04万元，交通系统购置汽车451.68万元，交通系统内借占长期不还1969.24万元，政府挪用、借占、平调561.94万元。针对问题，省审计局与省交通厅、省财政厅共同研究制定了《四川省公路养路费审计统一处理原则》，并作出如下处理：集中省交通厅统一安排、专款专用资金652.28万元；按规定应上缴财政、补缴各种税金235.72万元；应上缴国家能源交通重点建设基金2547.84万元；限期收回养路资金3508.40万元；归垫转养路费专户2720.56万元；调整账务2156.46万元；免于处理4076.99万元；待处理及其他665.64万元。省审计局向省政府作出了《全省公路养路费审计工作情况的报告》。

1993年，省审计局组织对煤炭勘探开发基金、电力建设基金、长话电报附加费的征收、划缴情况进行审计。煤炭勘探开发基金1993年起已大部分停征。省审计局安排主要对省煤管局及所属5个统配煤矿和部分市（地）、县煤矿及当地集中解缴单位进行审计清理。从1988年开征至1992年底省煤管局所属5个统配煤矿共实征收基金22098.1万元，应上缴省15831.6万元，至审计时尚拖欠未缴6313.4万元。经对内江、达县、南充、广元等地51个地县煤矿和11个集中解缴单位审计，共应缴省2540.2万元，尚拖欠1549.4万元。经审计后，审计机关均作出决定，要求及时解交应上缴省的基金。经对省邮电管理局审计，1992年共征收长话、电报附加费5171.49万元。审计发现未及时划缴已征收资金问题仍然存在，拖欠金额达3474.03万元，其中省邮电局1125.83万元，各地邮电局2348.20万元。审计决定要求于1993年3月底前全数补缴。省电力系统1992年实收电力建设基金23881.23万元。审计发现欠缴4309.59万元。审计后于1993年7月补缴完毕。

1994年，省审计局组织在全省（除成都、重庆）范围内对交通建设费附加和公路建设附加费的征收、管理、解缴情况进行审计。审计显示，从开征时间起至1993年12月底止，省级和20个市（地、州）（不含成都、重庆、绵阳）应征收交通建设费附加15821.85万元，实征7229.49万元；应征收公路建设附加费5689.06万元，实征4116.87万元。审计未发现重大违纪违规问题。但“两费”实际征收结果不理想，少征漏征金额10164.15万元，较之出台“两费”征收政策时的预计存在较大差距。省审计局向省政府提交了《审计情况报告》，并就强化“两费”征收、解缴应采取的措施提出了建议。

1998年，省审计厅对四川省邮电管理局从1988年开征邮电附加费至1996年年末止，该项费用的征收、解缴情况进行专项审计核查。经核查：全省共应征收邮电附加费82006万元，按照基金制管理办法有关规定，应全额作为应缴数解缴省投资公司。但省邮电局账表反映应缴数为81860万元，比应征数少 146 万元，系巴中、广安两地区 1996 年调减应缴数 146 万元所致。截至 1996 年年末市（地、州）向省邮电管理局实际解缴邮电附加费 75060 万元。前述应收数与实收数品迭后，市（地、州）邮电局欠交省邮电管理局 6946 万元。截至 1996 年年末，省邮电局先后实际划交省投资公司邮电附加费共计 68317 万元，尚欠 13688.24 万元未划交。经核查，1997 年度全省应征收农话附加费 5349.93 万元，扣税后应征 5174.31 万元，均未划交省投资公司。欠交邮电附加费 13688.24 万元，欠交农话附加费 5174.31 万元，共计 18862.55 万元，上述核查情况，省审计厅向省政府提交了《我省邮电附加费征缴情况的审计查证报告》。

第六节　中央在川企业审计

1995 年，省审计局根据审计署授权组织对省邮电管理局、成都、乐山、德阳等 10 个市地级邮电局、广汉、峨眉山、温江等 10 个县（市）级邮电局共 21 个单位 1994 年度财务收支和邮电通信建设资金进行审计。审计查出：21 个单位中有 13 个单位漏计、隐瞒业务收入 1552.10 万元，主要是未将已实现的业务收入按规定结转而挂账“往来”，造成少结转利润 378.13 万元；21 个单位均存在挤列成本费用问题金额 2497.81 万元；有 8 个单位“多种经营”侵占主业收入，金额 961.40 万元；有 5 个单位错列隐瞒市话初装费，金额 889.83 万元；有 5 个单位“主业”挤占“多种经营”，“多种经营”向“主业”提供消费基金，金额 666.51 万元；有 3 个单位私设“小金库”106.16 万元。审计处理核减中央国营部分 1994 年度亏损 3240.36 万元（为原表列亏损的 26.61%），收缴财政金额 529.44 万元（其中初装费、附加费漏缴营业税 200.73 万元），调账增记“资本公积——初装费”889.83 万元，通信建设资金 37.10 万元。

1996 年，省审计厅组织对绵阳、攀枝花、宜宾、自贡、广元、达川和西昌 7 个电业局 1995—1996 年 5 月的财务收支进行审计，并延伸审计了部分县级供电单位和“三产”企业。审计查出违纪违规金额 1427.8 万元。主要问题：少缴漏缴税款 92.8 万元；少计、挤占成本费用 464.2 万元；违反贴费使用管理规定，据自贡、达川、攀枝花、绵阳电业局统计，挪用贴费于其他开支和挂其他应付款科目，未及时上缴金额 870.8 万元；用户欠费现象严重，仅对 5 个电业局统计、用户累计欠费 60388 万元；基层电业（供电）部门拖欠应缴代征基金等款项情况突出。经审计处理收缴财政 928 万元，调账归垫 1335 万元，并对全省电力部门代征电力建设基金、二滩基金等进行了专项清理，促进上缴拖欠基金 6000 多万元。

1997 年，省审计厅根据审计署授权组织对四川卷烟厂等 4 家生产企业、绵阳等 2 个市级烟草公司、什邡等 12 个县（市）级烟草公司和中国烟草四川进出口公司共 19 个单位 1996 年度财务收支进行审计。审计查出违纪违规金额 3417.89 万元。主要问题是：漏计、少计销售收入 1343.7 万元；漏缴流转税费 103.58 万元；挤占、少列成本费用 542.81 万元；漏缴所得税及专营利润 323.1 万元；漏缴“农业特业税”、房产税和固定资产投资方向调节税 537.34 万元；主业向三产企业让利 23.8 万元。审计依据国家法规政策作出处理，调增利润 385.31 万元，收缴增值税、农业特产税、中央企业所得税共 981.52 万元。同时，查出在烟草专卖政策执行中存在一些问题，对此作出罚款 17.5 万元的处罚。

1998 年，根据审计署授权，省审计厅组织实施了对甘孜州邮电局、阿坝州邮电局、凉山州邮电局、宜宾县邮电局 4 个单位和四川省烟草公司广安分公司、崇州市公司 2 个单位 1997—1998 年 6 月底财务收支审计。审计查出 4 家邮电局违纪违规金额 911.12 万元，其主要问题：漏缴税费 17.33 万元；资本性支出挤占成本 705.07 万元；工资性支出挤占成本 14.95 万元；费用等其他支出挤占成本 55.15 万元；应补缴中央所得税 3.78 万元；“三产”企业侵占主业利润 3.92 万元；少计成本（折旧）107.79 万元；多计收入 3.13 万元。查出 2 家烟草公司违纪违规金额 227.66 万元，其主要问题：漏缴企业所得税 40.28 万元；漏缴烟草商业专营利润 6.3 万元；漏缴集中留利 5.04 万元；漏缴烟草专卖罚没收入 11.83 万元；违规外借款 150 万元。审计处理 6 个单位共收缴财政 84.56 万元，其中中央级收入 72.73 万元。提出纠正和改进财务管理的意见和建议 18 条。

2000 年，根据审计署授权，省审计厅组织实施了对南部县石油公司、广汉市烟草公司、富顺县烟草公司和自贡市电信局 4 家中央在川企业 1999 年度资产、负债、损益的审计。经审计，4 家企业 1999 年度会计报表反映资产总额 41870.08 万元，确认应调整差错金额 339.32 万元，差错率 0.81%；反映负债总额 29354.66 万元，确认应调整差错金额 135.73 万元，差错率 0.05%；反映所有者权益 12515.42 万元，确认应调整差错金额 189.10 万元，差错率 1.5%；反映利润总额 770.53 万元，确认应调整差错金额 70.82 万元，实际为 819.34 万元，差错率 8.64%。审计发现的主要问题：少计收入 22.90 万元；不按规定核算成本费用，导致成本费用不实，盈亏不实金额 46.52 万元；擅自将国有资产注册为集体企业，形成账外资产；漏计增值税、印花税、投调税等。审计对违纪违规问题分别作出了冲转账目、收缴应当上缴的收入的处理。对部分问题视情给予了处罚。

2001 年，根据审计署授权，省审计厅组织对全省 61 个电信公司（省公司 1 个，市（州）公司 20 个，县公司 40 个）开展电信行业审计。审计查出主要问题：漏计、隐瞒业务收入 1306.56 万元；挤列成本费用 2153.48 万元；少提少缴养老保险、失业保险金 44.73 万元；职工内退一次性补贴进费用 12548 万元未缴个人收入所得税；欠缴各项税费严重，仅成都市电信公司 1998 至 2001 年 6 月 30 日欠缴各项税费达 5272.05 万元；“三产”挤占主业 1123.49 万元；多付公话代理费 670.77 万元；虚列工程成本 194.05 万元；截留挪用市话初装费和邮电通信建设附加 2447.96 万元；有 2 个单位私设“小金库”74.22 万元；省电信公司与省移动通讯公司之间存在网间互联的费用结算收入反映不实；省电信公司及所属分公司将农话净资产一并记入“资本公积”，未能如实反映实收资本公积、未分配利润等项真实情况；省电信公司资产总计 227.87 亿元，净资产 98.92 亿元，内部关联单位多，投资控股企业多，审计进行了必要延伸和专项检查，发现省电信公司代市（州）公司付广东一公司货款 9677 万元，长期不进行清算和催收；省电信公司下属公用信息产业公司在年末人为将对外投资 430 万元转入其他应收款账，造成应收款催收不及时。针对以上问题，审计机关依据财经法规进行了处理，共收缴各项流转税费 6011.09 万元，应调增 2000 年度应纳税所得额 19198.16 万元，补缴企业所得税 6335.39 万元（其中省公司为 4842.29 万元）。

2001 年，根据审计署授权，省审计厅组织对国信通信行业 21 个单位资产、负债、损益进行审计。省审计厅直接审计了四川国信通信有限公司本部和成都通发电信股份有限公司 2 个单位。经审计核实，2000 年度 21 个单位资产负债率为 34.8%，比上年下降了 6.4 个百分点；主营业务收入比上年增长了 2.27 个百分点；销售利润率 25.3%，比上年增长了 1.7 个百分点；资本金利润率 27.24%，比上年增加了 2.41 个百分点；资本保值增值率为 115%。国信通信行业提供的财务会计资料大多数能够基本真实地反映企业实际的财务状况和经营成果。审计查出违纪违规金额26463.5万元，其中隐瞒、截留主营业务收入1146万元；虚报主营业务收入4063万元，相应平推主营业务成本4063万元；乱挤乱摊成本费用936万元；账外资产1850万元；偷逃国家各种税费7425万元（其中违反政策规定享受所得税优惠减免6727万元）。审计揭示的主要问题：随意变更会计核算期间，违反收入确认原则，弄虚作假，人为调节收入和利润，金额5008万元；低价倾销商品，导致成本高于售价，同时偷逃国家税费253万元；虚假冲销库存商品173万元，实现所谓“零库存”，并隐瞒利润69万元；核算差错以及核算不及时，造成虚计固定资产199万元；应计未计国家资本金11697万元；少提、少缴养老、失业保险基金246万元；虚设债务108万元；成都通发股份有限公司不按照规定计提资产减值准备，造成虚增资产、虚增利润1551万元；成都通发股份有限公司违规库存本公司股票43.4万股；四川国信通信公司从成本费用中计提资金1850万元，存于账外进行体外运作；通过设置虚假股份，侵吞国有资产400万元；违反税收法律规定，享受企业所得税优惠减免6727万元。对上述违纪违规问题，审计机关依法进行了处理，对一些情节严重的给予了相应的处罚。省审计厅向审计署提出了《审计综合报告》，并对强化审计监督，坚决纠正企业财务会计核算中的弄虚作假行为，进一步完善公司内部管理体制提出了4点建议。

2001年，根据审计署授权，省审计厅组织部分审计机关对四川省电力公司及下属部分供电企业计47个单位2000年度资产、负债和损益情况进行了审计。2000年度省电力公司会计报表反映资产总额4490150.83万元，确认应调整差错金额58067.69万元，实际应为4439781.75万元，差错率1.31%；报表反映负债总额3132058.25万元，确认应调整差错金额53069.60万元，实际应为3081079.82万元，差错率1.72%；报表反映所有者权益1358092.58万元，确认应调整差错金额2326.28万元，实际应为1358701.93万元，差错率0.17%；报表反映利润总额14091.83万元，确认应调整差错金额1998.46万元，实际应为15286.77万元，差错率13.07%。审计结果表明，被审计的47个供电企业汇总情况后的资产、负债基本真实，但损益不真实。审计中发现的主要问题：(各项基金收取、解缴和管理方面存在问题突出。截至2000年末，全省电力系统应征未征电力建设基金、二滩基金、三峡工程建设基金、后期移民扶持基金合计75524.21万元；已收未缴电力建设基金、二滩基金、三峡工程建设基金、后期移民扶持基金合计48790.22万元；欠缴供电贴费3668.76万元。财务收支方面，截至2000年末，47个供电单位少计、隐瞒、转移售电收入1064.94万元；挤占、虚列多计、多提成本费用1116.28万元，少计、少提成本费用1453.45万元；少计营业外收支净额773.65万元；偷漏、少缴增值税费等10681.88万元；欠缴增值税110878万元；多计、多摊、虚列工程成本支出971.53万元；账外资产1500多万元等。国有资产流失问题突出，特别是企业在改组、改制，对外经济交往过程中和处理国家、集体、个人三者利益关系较为突出。如省电力公司在出售龚嘴电厂所涉及的资产评估增值、股权转让收益的确认及新设公司方面和与嘉陵电力公司就嘉陵成都电厂电力购售、运行服务、燃料供应合作中损害国家权益问题；多支付外商得利问题；挪用生产性资金1亿多元修建职工住宅问题；三年以上难以收回电费10.57亿元的问题；“三产”侵占主业的问题等等。审计还发现：省电力公司对外担保项目多、金额大，截至2000年年末尚有未解除连带清偿责任的担保款项655985万元，担保总额占公司净资产的48.30%，若担保项目不能实现预期收益，势必给公司造成财务压力；长期投资数额大、但效益差，2000年对外投资余额362082万元，投资收益－3343.23万元，收益率－0.92%；委托金融机构贷款余额8亿多元，存在风险资产监控和管理的薄弱点。2001年是四川省开展中央在川企业审计工作的第一年。在开展对电力审计时，出现阻扰、抵制审计的现象。电力公司无理由要求取消电力审计，并向中央企业工委和国务院派驻国有企业监事会谎报：电力审计属重复审计、越权审计、扩大范围审计等等，甚至中伤审计机关是收费审计。导致四川省电力审计工作一再推迟，有的审计机关迟迟不能进场，全省审计不能同步进行，在审计成本、时间上造成很大浪费，并且在社会上造成了较坏影响。面对上述情况，四川省审计机关坚定对已批准审计的电力单位资产、负债、损益状况审清、审实、审深、审透的信心和决心，树立敢于打硬仗的思想，以《审计法》为基本依据，加强工作协调，做好必要的思想工作和解释工作。同时明确了所有参审单位必须贯彻执行“统一组织领导，统一工作部署，统一方案编制，统一审核监控，统一政策解释，统一处理处罚”的电力行业审计“六统一”原则。通过扎实、细致的审计工作，强化审计力度，确保了电力审计工作的顺利开展和正常实施，审出了成效。

2002年，根据审计署授权，省审计厅组织对四川省烟草行业140家流通企业2001年度资产、负债、损益进行审计，同时还对部分投资、联营和相关单位实施了延伸审计或审计调查。审计显示，省烟草公司及市州烟草公司2001年会计报表反映资产总额590682.09万元，审计确认差错率0.45%，负债总额391029.56万元，确认差错率2.2%，所有者权益199652.53万元，确认差错率0.87%，实现净利润41544.48万元，确认差错率3.04%，有127家企业内部控制制度测试结果基本可信赖、财务指标测试结果基本真实。审计查出违纪违规金额56665.82万元，揭示的主要问题：在主业资产、负债、损益基本真实情况下还存在着一些不真实因素。经审计，省烟草公司本部“三产”“多经”企业投资就达27家，投资额27332.28万元（还未包括债权及其担保），均未纳入并编制合并财务报表，从而影响了省公司2001年度会计报表的真实性、完整性。在烟草行业良好的经营效益情况下隐藏着资产损失隐患。一是对外投资效益差，投资损失大。全省烟草行业截至2001年末对外投资48735.89万元，实现投资收益2325.61万元，投资收益率仅4.77%，省烟草公司本部投资“三产、多经企业”27家，仅从4家被投资企业取得投资收益，当年经批准核销了投资损失1770.14万元；二是担保借款不能按时归还，连带清偿责任无法解除。仅省烟草公司提供担保将承担连带清偿责任损失1493万元，内江烟草公司也因其“三产”企业担保贷款可能发生损失3630万元；三是企业间互相拆借资金问题突出，存在较大债权损失。主业企业管理严，业绩好，而投资兴办的第三产业、多种经营单位管理松、效益差。审计抽查了与省公司投资关联的企业中的17家企业，总资产47772.6万元，净资产17856.32万元，2001年有2家无经营收入，有2家企业注册资金不实，查出违纪违规金额16812.7万元，潜亏3160.39万元。主业财会法规执行较好，而违反烟草专卖法律、法规的行为较突出。主要表现在无计划、超计划收购、调拨烟叶，无跨省经营许可证，跨省购运、销售卷烟，超合同计划购运销售卷烟，超经营许可范围跨省向大户（含个体户）销售卷烟等。2001年无计划收购烟叶1.39万担，计521.44万元；无计划调拨烟叶8.64万担，计3633.9万元；违规销售卷烟469427件，非法赢利242.86万元。抓行业制度建设和落实，疏忽了国家税收法律、法规的贯彻执行。审计查出偷漏各项税款和专营利润、集中留利4778.75万元，其中增值税1489.57万元、农业特产税4.18万元、企业所得税537.01万元、个人所得税158.2万元、印花税219.5万元。资产管理中不良资产、账外资产仍然较多。截至2001年年末被审计的烟草流通企业账外资产6778万元，不良资产18468.19万元。不良资产中80%属于3年以上的呆坏账，计15280.39万元。主业收入、成本、费用、利润不真实的金额较小，但影响其真实性、合法性的因素较多。一是应做收入的款项长期挂往来；二是将收入记作负债隐瞒实际获得利益；三是少计实物收入；四是违反国家财经法规乱列、虚列成本费用；五是"白条"入账或无合法手续支付款项；六是罚没的卷烟入库和销毁不按规定办理；七是乱收费和违规使用发票。省烟草公司购买成都娇子实业发展有限公司股权过程中存在国家利益被侵占，偷漏国家税收和涉嫌犯罪等问题。审计处理主业违纪违规金额15995.33万元，应缴财政4748.10万元（含税款），归还原资金渠道69.36万元，调账处理8972.33万元（均未含投资、控股的第三产业、多种经营企业）。发现并移送3起重大经济案件。

2003年，省审计厅派出审计人员实施了审计署统一组织的对国电电力发展股份有限公司2002年度财务收支审计。审计揭示的问题：在建工程不实119.63万元；收入不实774.60万元；成本费用不实1932.08万元；权益不实23788.06万元等。同年省审计厅派出审计人员参加了审计署统一组织的对中国华电工程（集团）公司2002年度财务收支审计。发现的问题：少计长期投资及资本公积1087.49万元；少计其他应收款1351万元、其他应付款210万元；违规挪用流动资金贷款7000万元等。

第七节　工交企业专项审计调查

1993年，省审计局组织对31家工交重点企业进行审计和16家重点企业审计调查，涉及纺织、轻工、矿山、钢铁、化工、火电、机械、汽车运输8个行业。47家企业中有34家企业盈利（其中22家微利），13家亏损。审计发现47家企业都不同程度存在潜亏损失，潜亏金额3.12亿元，是47家企业账面实现利润的3.1倍，平均每户潜亏725.32万元。潜亏表现在：少转成本费用、虚增利润。有19家企业存在此类问题，金额9162.74万元，是1992年实现利润的102%。管理不善造成原材料及产成品盘亏损失。有21家企业存在此类问题，金额4518.95万元。产成品成本高于售价，成品资金损失严重。有18家企业存在此类问题，金额12166.76万元。结算纪律不严，应收款形成呆账、坏账造成潜亏损失。有29家企业存在此类问题，金额3450.71万元。待处理财产损失挂账尚未处理。有15家企业存在此类问题，金额1889.61万元。审计还发现一些企业向外投资不注重投资权益，效益极差，远低于银行存款利率的问题。省审计局将审计和审计调查情况向省政府提交了报告，并就企业扭亏增盈、清理潜亏工作提出了5条建议。

1997年，省审计厅组织对省内104家国有企业（其中省属企业9家）1996年度不合理负担进行审计调查。调查揭示：不合理行政性收费增加企业负担，反映最为强烈的不合理收费主要是各地和一些部门自定收费项目。据泸州市调查存在有问题的收费项目29个，其中自定收费项目13个。不合理收费项目主要集中在规模大，效益较好的企业以及基建项目多、车辆多的企业。金融机构不按国家规定标准计息，特别是一些非银行金融机构问题突出。据德阳市调查，该市的城市信用社、基金会、信托投资公司的贷款利率比国家允许的浮动利率分别高7.18%、3.886%和5.904%。有关部门和单位长期无偿占用企业资金、财力和人力。据内江市调查，一个企业主管部门在外地投资，向所属企业借款114万元达5年之久尚未归还，也未付资金占用费。社会中介机构收费带有明显的行政干预色彩。一家企业在办理财产抵押许可证时，有关部门对已由国家批准的有评估资格的事务所进行的评估结果不予认可，而要求由本部门的评估机构进行评估才盖章，该企业因此支付评估费用

70万元。一些单位利用垄断经营地位，额外增加企业负担。据宜宾市调查，铁路部门除正常的运输费外，还收取治安费、场地费、服务费、道路维修费等多项杂费。企业主管部门以及上级单位不按规定收取各种管理性质的费用。有关部门强行推销报纸杂志。调查了解到，一些机关和单位借庆典、纪念活动等机会，大肆向企业发送请柬，企业戏称为“红色罚款”，对这类变相摊派企业拒之不得、为之又难。省审计厅向省政府提交了《部分工交企业不合理负担审计调查综合报告》，对治理向企业乱收费、乱罚款和各种摊派提出了5条建议。

1998年，省审计厅组织实施了对56家工交企业产权制度改革和资产重组情况的审计调查，涉及机械、电力、轻纺、建材、化工、冶金等行业。有44家股份制公司和有限责任公司（其中有5家为上市公司），6家破产兼并重组企业，6家整体出售企业。调查发现，在股份制企业运作中，上市公司按照证监委的规定进行操作情况较好；其他股份制企业还存在一些问题，破产兼并重组和出售的工作开展存在值得规范、完善的问题。其主要问题是：一些股份制企业为了股本达到一定的规模，贪大求全，过低估计筹资过程中的困难，至使股本金不能及时到位。有的企业股本到位率在80%～90%，个别企业在扩股过程中，股本的到位率只有62%。有的股份制企业存在发起人随意抽走股份。有的入股单位参股不规范，出现无投入参股，虚设入股资金。有的未经批准擅自增加股本。资产评估中土地价值评估有的过高，有的过低，由于不同的评估部门及评估时间、范围，评估价格标准不一致，从形式上看均为虚估资产，其结果是负债持股或少计国有股本。企业为达到正常的生产经营只得举债，企业资产负债比率居高不下，不仅增加财务费用，又减少企业盈利（增加亏损）和国有资产的大量流失。股利分配中，一种情况是股份制企业在确定红利分配方案时采取同股不同利的作法，在国家股、法人股、个人股的分配上区别对待，形成红利差别，总的是法人股、个人股偏高，国家股偏低。另一种情况是将上一年分配的法人股红利留在企业，下一年则开始计算复利。还有一种情况则是将国家股应分配的红利直接留给了企业。还有一些企业用国家股的红利弥补费用。以上作法其结果造成企业净资产的流失，减少了企业的积累，削弱了企业发展的后劲。非生产经营性资产从股份制公司剥离出去，以国家股分配的股利维系生存。效益好的股份公司基本上可以将剥离部分带走，而效益差的股份公司其剥离部分生存就非常艰难。解决企业“办社会”的问题难度大。有的企业虽然进行了股份制改造，但面貌依旧。省审计厅向审计署提交了《审计调查综合报告》。

1999年，省审计厅与省财政厅组织联合审计组对省交通厅1997年至1998年10月的生产建设性资金的征收、管理、使用情况进行审计调查。调查显示，省交通厅共收入生产建设性资金652368.02万元，在资金的使用、安排和管理上是比较好的，也较为合理、合规，基本上做到了预算管理、专户储存，按计划支出，按规定办事，为交通事业的发展做出了较大贡献。同时，调查中也发现以下主要问题：修建的车购费征管中心综合楼，虽有省计委等有关部门批文，但从立项、资金投入到竣工交付使用，都存在一定的差距。车购费征管中心综合楼竣工后，其使用单位除车购费征管中心外，主要为省交通厅机关各处室，投资总额也由原来的2000万元扩大到6000多万元，资金来源由车购费分成和补助、蜀海公司收益性自有资金，扩展到养路费、航务及港监经费、运管费、通行费等。从客运附加费中提取、建立、使用的运输发展基金，一是未经省政府及有关部门批准同意；二是尽管省交通厅主观愿望是好的，是为了支持、发展和扶持交通运输企业，但客观上却不符合客运附加费征收、管理、使用的规定，也违反了当初建立运输发展基金的宗旨和原则；三是借贷管理不善，造成较大数额的呆账、坏账；四是财务管理核算不严，有1248.27万元暂不能说明情况，需认真进行清理。省交通厅公路局行政处用养路费129万元为职工购买福寿险。截至1998年10月尚有各项规费应收款26947.22万元挂账未收。此外省交通厅及所属单位1997年至1998年10月共安排各项规费8346.60万元用于办公楼、职工宿舍等基本建设。省审计厅、省财政厅联合向省政府提交了《审计调查报告》，并就加强交通生产建设性资金的使用管理提出了5条建议。

2003年，省审计厅组织全省审计机关开展了企业审计调查。调查结果表明，全省企业数53690家，按企业经济性质分为：国有及国有控股企业8780家，集体企业12260家，民营企业32400家，外商投资企业250家；按企业财政、财务隶属关系分为：中央级企业1770家，省级企业2740家，市（州）级企业9260家，县（市、区）及乡镇企业39920家。企业产权状况，截至2002年年底，经审计调查企业的产权总额42053793万元，包括国有产权28643347万元、集体产权2915894万元、民营产权8135931万元，外商投资产权2358621万元。分别占68.11%、6.93%、19.35%、5.61%。企业的财政、财务状况，截至2002年年底，资产总额225205093万元，负债总额152573220万元及权益总额72631873万元，收入总额60897561万元，利润总额2535065万元，税费上缴款3292396万元。调查结果显示，全省企业经济结构总体跟上了经济体制改革的步伐、基本形成了各种经济成分相互补充、相互促进与共同发展的格局。国有及国有控股企业占据着全省企业的主导地位，私营企业迅猛发展，外商投资企业方兴未艾。调查也反映出一些问题：国有企业的运行机制、结构调整还未能实现到位；集体企业整体发展状况为喜忧并存；民营企业发展势头强劲，但也暴露经营管理方面存在一些问题；对外招商引资整体规模不足，引资项目技术含量不高；改制企业国有资产减值大、改制成本高及隐藏着不隐定因素。

第二章　商贸企业审计

第一节　商贸企业财务收支审计

1985 年，省审计局对省粮食局及直属企事业 16 个核算单位 1983—1984 年度财务收支进行审计。查出主要问题：漏列收入虚报 1984 年亏损 1236.84 万元；动支、转移历年应退、应缴纳的财政款和收入 1026.91 万元；漏交各种收入 1144.83 万元；挤占成本费用 63.46 万元；挪用建仓款 150 万元；把生产性基金转作消费基金 47.38 万元；其他有问题金额 24.71 万元；欠缴税金 3.01 万元。审计依法作出处理：收缴财政 1628.71 万元，调账、归还原资金渠道 67 万元，补缴税金 3.01 万元。

1986 年，省审计局对省金属材料公司，省机电设备公司等 10 个企业 1984—1985 年度财务收支进行审计。查出违纪违规金额 1184.93 万元，审计处理收缴财政 526.63 万元，补缴税金 104.36 万元。同年，省审计局受审计署委托对中国机电设备公司西南产管处、中国金属材料公司西南一级站及其交易中心等 6 个单位 1984—1985 年度财务收支进行审计。查出违纪违规金额 440.09 万元，审计处理收缴财政 362.76 万元。

1987 年，省审计局对省粮油公司、省畜产进出口公司、省糖酒公司 1985—1986 年度财务收支进行审计，查出违纪违规金额 2189 万元，审计处理收缴财政 450.59 万元，调账 372.3 万元。

1988 年，省审计局对省农资公司等 4 个企业 1987 年度财务收支进行审计，查出违纪违规金额 139.74 万元，审计处理收缴财政 46.55 万元，调账 48 万元。

1989 年，省审计局对省长江企业（集团）公司、省食品工业开发总公司财务收支进行了审计。同年 9 月至 1990 年 4 月，根据省人大七届二次会议提出“粮食亏损越来越大，建议研究对策，采取措施”的议案，省审计局和省财政厅成立省粮食审计检查办公室，组织对 1988 年度全省粮食平价商品企业财务收支进行审计。查出挤占成本费用、收入不入账、违规搞基建、私设“小金库”等违纪违规金额 12099 万元。省粮检办按市（地、州）为单位逐户批复中作出了收缴省财政 2686.3 万元，调账抵减亏损 4576.5 万元的处理。

1990 年，省审计局对中国国际旅行社成都分社、四川中国旅行社等 4 家旅行社财务收支进行审计。查出挤占成本、漏交税费、未交旅游宣传费、旅游对外报价削价等违纪违规金额 99.75 万元。审计作出调整利润、补缴税金、调账归垫的处理。

1991 年，省审计局组织对全省 584 个物资单位进行行业审计，采取分层次实施，分级负责并与承包经营审计相结合的方式进行。审计查出挤占成本、截留收入、漏缴税金等违纪违规金额 3869.59 万元。审计处理收缴财政 952.13 万元。同年，省审计局还对省长江企业（集团）公司、长江国际信托投资公司、省物资厅、岷山饭店等单位1990年度财务收支进行审计。在对省物资厅审计中，该厅将集中省属物资公司的统筹专用基金共计57.14万元用于补贴机关行政经费，其中主要用于超编人员经费开支。鉴于该厅对此已作自查，并写了检查。审计作出免予处理结论，并提出了解决问题的意见和建议。

1992年，省审计局对省石油公司，万县、成都采购供应站，乐山、雅安、攀枝花3个分公司等6个单位1991年度财务收支进行审计。查出违纪违规金额323.72万元，审计处理收缴财政88.84万元，补缴能源交通建设基金、国家预算调节基金、地方重点建设基金46.87万元。

1993年，省审计局组织16个市（地）审计机关对229个医药流通企业1992年度财务收支进行审计。审计查出违纪违规金额1177.46万元，主要问题是乱挤乱摊成本、应作未作收入、挪用流动资金、虚增利润、漏缴“两金”及税款等。审计机关依法进行了处理。在审计的同时，审计机关对医药行业经营中存在的主要问题开展了调查，审计反映的主要问题是：随着“四放开”的推行，药品经营由“一统天下”变成国有、集体、个人一拥而上，许多单位无证或“三证不齐”。行业管理失控，非法经营药品单位多。许多个体经营者以国营的名义搞批发，兽防部门经营人药的现象较为普遍，医院也设网点，以联购分销、代购代销的名义变相搞批发，集体、个人药店明零售暗批发。这些单位只讲赚钱，不讲职业道德，一时假药、伪药充斥市场。回扣成风、利润流失严重。“三角债”困扰，严重阻碍企业的经营和发展。经营决策失误，管理不善、潜亏严重。省审计局向审计署、省政府提交了《四川省医药行业审计综合报告》，提出了建设性的意见。

1993年，省审计局组织16个市（地）审计机关对全省粮食行业财务挂账进行审计和审计调查。据资料统计，16个市（地）的粮食财务挂账总额为245320万元，其中政策性财务挂账234551万元，占全部财务挂账的95.6%，企业自身原因造成财务挂账10769万元，占4.4%。粮食财务挂账的主要原因：体制不顺，钱粮脱节；计划亏损指标严重不足，而粮油经营量逐步扩大；物价水平提高、营业设施、人员增加、使流通费用增大；粮食超亏分级负担办法难以落实；地方政府出政策、开口子、增大财务挂账；企业自身经营不善、违纪违规造成财务挂账。审计查出违纪违规金额5872.31.万元，占1992年新增财务挂账的5.3%，其中截留收入435.72万元，人为增减成本、扩大亏损921.90万元，越权扩大修理费开支129.60万元，违规购物10.11万元，超规报废报损78.24万元，虚列、多提利息525.39万元，议价费用挤平价177.55万元，基建、固定资产购置挤费用251.15万元，违规核销财产损失30.76万元，挪用补贴款723.36万元，其他1831.70万元。省审计局向审计署、省政府提交了《全省粮食企业财务挂账审计和审计调查的综合报告》，对解决粮食财务挂账提出了建议。

随着改革的深入、1994年后，商贸企业的审计发生了很大变化，重点是对企业资产、负债、损益进行审计。因此，对商贸企业财务收支的审计由对企业的资产、负债、损益的审计和对行业、系统进行专题性的审计所替代。

第二节　商贸企业资产、负债、损益审计和专项审计

1993年，省审计局组织对1988年中央下放地方管理、3年承包期间超亏挂账的外贸企业进行专

项审计。专项审计了91个单位，审计超亏挂账金额25205.58万元，减去违反财经法规造成的挂账846.59万元，加上少列亏损725.10万元，审计核实挂账金额为25084.09万元，其中包括重大损失造成的超亏730万元。审计揭示的主要问题：违纪违规造成挂账846.59万元，主要是挤占成本费用649.29万元，截留收入和利润95.08万元，虚列亏损102.22万元；少列超亏挂账725.10万元，部分县级外贸企业存在多计收入、少计成本和隐瞒超亏的情况，这些单位大多是包供货、包上缴利润的小承包单位；少数外贸企业因经营失误、管理不善，加之自然灾害造成损失浪费挂账730万元；外贸企业3年承包期间还存在潜亏，据14个市（地、州）和3个省级企业反映出，1990年年末潜亏达9829.65万元，其中在1991年和1992年转为明亏，形成新的亏损挂账3875.38万元，超亏大户也是潜亏大户。3年承包期间遗留的潜亏主要是：库存商品积压，质次价高，霉烂变质、短缺等8010万元占潜亏金额的81%；流动资产损失挂账1178万元；呆账633万元。审计查找超亏挂账形成的原因，一是外贸企业体制变化的影响；二是国内经济过热、国际市场出口商品受阻，给外贸企业3年承包期间造成很大的外部压力；三是外贸企业经营管理不能适应体制改革的需要。对此，省审计局向省政府提交了《外贸企业3年承包期间超亏挂账专项审计报告》，对消化挂账提出了5条建议。

1994年，省审计局对省服装进出口公司资产、负债、损益进行审计。审计查出违纪违规金额60.74万元。主要问题是：多列费用39.08万元；多结转销售成本3.10万元；应作未作收益18.56万元。其他问题：对外投资786.58万元列往来账户，影响公司对外投资的管理和控制；“实收资本”比注册资本少798.52万元。审计处理：多列费用、多转销售成本、应作收益共计60.74万元，增加利润，调整有关账项；对外投资786.58万元分别转入“长期投资”和“短期投资”账户；“实收资本”少于“注册资金”按规定从盈余公积金转增实收资本，以补足资金。

1995年，省审计局对省粮油食品进出口公司、省农资总公司资产、负债、损益和经营情况进行审计。审计查出违纪违规金额501.33万元。主要问题是：挤占费用36.50万元；多转销售成本121.82万元；应作未作收入306.34万元；多列费用36.67万元。审计处理上缴财政86.91万元和调账处理。

1996年，省对外贸易经济合作委员会和省审计厅联合组成审计组对嘉陵集团有限公司（本部）及国内全资公司、联合营公司、办事处的投资和资产、负债、损益进行专项审计检查。审计结果显示，集团公司由于人员管理及资金运作失控，原集团个别领导成员的财务活动及其经营业务，自行无限制扩大，失去有效的内部控制。公司因对外投资过大，部分投资已形成不良资产，致使亏损严重，累计亏损达2456万港元。同年，省审计厅对省石油总公司，省国际信托投资公司1995年度资产、负债、损益进行审计。在对省国际信托投资公司审计中，1995年末公司表列资产总额170566.99万元，负债总额152192.23万元，所有者权益18374.76万元，利润总额1780.40万元。经审计调整后分别为159662.67万元、141729.27万元、17933.4万元、1540.34万元。由于公司内部管理不够完善，内部控制执行不力，加之宏观经济调控和一些非企业行为因素的影响，截至1995年年末公司有上亿元不良资产。经审计查证，1995年年末公司人民币逾期贷款达21765万元，逾期贷款率为55%，超过规定比例40个百分点，催收贷款1221万元，通过法院起诉的贷款达20多笔，涉及金额3240万元。审计还查出多计资产和负债2666.30万元，净利润和未分配利润虚增201.30万元，虚列暂付款和暂存款8000万元，多列营业费用2.96万元等问题，并作出了处理，对公司加强内部管理和财会基础工作提出了建议。

1996年，省审计厅组织实施全省农资系统专题性行业审计。据对省农资公司、成都等18个市地以及19个粮食主产县农资公司的审计。查出违纪违规金额3249万元，主要问题是：多转成本、乱列费用663.99万元；虚增销售收入66.26万元；隐瞒收入657.31万元；高价牟利822.12万元。另外，企业在债权方面存在呆账、悬账造成资产损失问题也较严重，以黔江地区为例、农资系统应收款项4684万元，其中难以收回应收款项1586.67万元，占33.67%。审计反映，农资系统普遍存在经营资金紧张，农行贷款规模增加不足，资金缺口增大的问题。由于化肥淡季储备量大，化肥购进成本增高以及主管银行信贷资金偏紧，难以满足化肥经营、储备的资金需求，只好向其他金融机构或非金融机构筹措，从而增大了企业的财务费用开支，影响了化肥供求平衡和农资企业的经营效益。审计建议：不断改革和完善农资流通体制，取消化肥农膜等重要生产资料价格双轨制，把农资信贷资金纳入政策性银行管理。

1997年，省审计厅组织对省棉麻土产总公司及内江、乐山等10个市（地）棉麻公司和简阳、资阳等15个县（市）棉麻公司及30%的基层棉花收购站和轧花厂进行专题性行业审计。审计显示，棉麻企业在收购棉花过程中，较好地执行了棉花收购价格政策，基本上没有抬级抬价、压级压价及坑害农民的问题。在棉花调销过程中，执行国家的销售价格，基本上没有发现价外加价及收取其他费用的问题。审计查出和反映的问题是：棉花收购管死，销售放开，经营政策不配套。二级站无实际收购调销权利，在夹缝中过日子，经营艰难，处于名存实亡的地位。多头经营、协调不够，省内棉花售卖难。市场监管力度不够，棉花资源流失。科技推广难度大，棉花生产种植面积逐年下降。纺织产品结构调整、市场消费习惯转变，造成低等棉销售十分困难，库存积压问题尤为突出。棉花经营单位负担很重。棉麻公司系统流动资金被不合理占用问题突出。财务收支中存在虚列费用1404.2万元；隐瞒收入167.02万元；挪用收购资金33.88万元兴办“三产”；其他挪用收购资金957.24万元；“小金库”8.49万元，其他违纪违规行为2945.8万元。对审计查出的违纪违规金额审计机关依法作了处理，同时对棉花购销中反映的问题，省审计厅向审计署、省政府提交了专题审计报告。

1998年，由省审计厅牵头，省农发行、省粮食局、省财政厅、省监察厅等部门配合，全省抽调2130名人员，组成460个审计组，对全省农发行、粮食系统和财政部门等1858个单位1992年至1998年5月发放粮油贷款、新增财务挂账和其他合理占用贷款以利息、费用补贴转拨情况进行清查审计和审计调查。经清查核实，截至1998年5月末，全省国有政策性粮食企业占用农发行贷款及未付利息247.25亿元，占用该项贷款分布构成是：库存商品占用118.16亿元；货币资金占用5.52亿元；结算资金占用7.34亿元；粮油进项税等占用1.18亿元；未消化的1991年

1998年，全省粮食财务挂账清查审计培训会在成都举行

度末粮食财务挂账本金占用7.11亿元；新增财务挂账占用85亿元；其他不合理占用20.31亿元；建仓建罐贷款占用2.63亿元。此次审计查出的主要问题：经营收入、补贴收入不按规定纳入损益金额7622万元；存在粮油账实不符、账账不符的问题；挪用粮油贷款兴建宾馆、招待所办公用房、职工用房等金额3.29亿元；挪用粮油收购贷款购置交通、通讯工具、对外投资、炒股票、期货、房地产、金额达1.17亿元；私设“小金库”；突击报损较为普遍，有的以定额损耗代替实际损耗，有的不符合报损程序，有的超越报损权限。尤以1998年3—5月为甚，这是该期内挂账猛增的原因之一；企业陈化粮较多，初步核实全省陈化粮达12.5亿千克；财政和粮食主管部门占用应转拨给企业的政策性补贴款项2.7亿元；违规销售专储粮非法获利；1998年仍进行逆向销售；虚报财务挂账金额9081万元；企业内部管理不严，擅自扩大成本费用开支范围标准，虚列成本费用开支，扩大亏损，违规列支营业外支出等问题较突出。在粮食清查审计过程中，省审计厅接到举报信件和电话78件，举报事项涉及金额14.56亿元。省审计厅对重大案件组织4个专案组进行核查，对举报问题金额13.28亿元进行了查证，查实问题金额3.2亿元，移交案件5件。省审计厅向审计署、省委、省政府提交了《全省粮食挂账清查审计的情况报告》。

1999年，省审计厅对四川亿人（集团）有限公司1991年至1998年7月末资产负债及财务收支情况进行专项审计。审计结果显示，截至1998年7月末报表反映总资产为29800万元，总负债37241万元，资不抵债7440万元，累计亏损12375万元。经审计调整后总资产为18536万元（调减11264万元），总负债28487万元（调减8754万元），累计经营亏损14881万元，潜在亏损10505万元，净资产为负9951万元。公司主要负责人在“重发展轻管理、重规模轻效益”的指导思想下，在没有积累的情况过份注重企业规模投入，摊子过多，投资资金几乎有去无回，加之经营管理、内部控制、财务监督、会计核算、资金调度存在较严重失职，导致公司资产结构恶化，财务监督失控，会计核算失真，亏损严重。审计认为公司前领导集体，特别是前任总经理应负主要责任，副总经理和总会计师负有不可推卸的责任。审计建议因涉及个人违纪违法问题移交有关部门继续检查处理；公司应对分公司和子公司作资产清算，收回经营权和资产权；继续追收债权，以免资产流失。

2000年，省审计厅组织实施对全省648家旅游主管部门事业单位和旅游企业的行业审计和审计调查，覆盖面为36%。审计查出违纪违规金额2.35亿元，其中挪用旅游专项资金2180万元，隐瞒转移收入3340万元，私设“小金库”33万元，违规收取回扣1655万元，挤占成本费用412万元，违规集资办公司3791万元，虚亏实盈或虚盈实亏991万元，资产不实4275万元，少计税金203万元，账外资产717万元，账务处理不规范1709万元。审计处理金额16201万元，其中应缴财政887万元，归还原资金渠道2000万元，调整账务13173万元，罚款138万元。审计反映旅游行业存在的主要问题：体制不顺制约着旅游业的发展。省内各地之间旅游业发展不平衡，与当地的旅游资源、交通状况、服务设施，服务质量有密切关系，更与发展旅游产业的指导思想不够明确、认识和重视程度密不可分。旅游开发资金投入少，开发不力，旅游基础设施不能适应旅游业发展的需要。旅游从业人员素质差，在29286人中，取得导游资格的463人，占1.58%；导游损害游客利益，暗里吃回扣是公开的秘密。旅游要素能力结构不合理，“吃、住”能力相对过剩，“娱、购”能力不足，“行”的能力发展滞后。旅游企业自身素质不高，经营管理不善，违纪违规问题较多。据全省审计汇总资料，利润总额和未分配利润两项主要财务数据企业账面数与审计核实数相差额分别达8001万元、7778万元，差错率分别为353%、38%。部分旅游企业由于长期处于无监管部门检查监督，会计核算质量差，造成盈亏不实4946万元，其中隐瞒转移收入3340万元，挤占成本费用412万元，虚亏实盈或虚盈实亏991万元，少计税金203万元，造成账务处理不规范1709万元。旅游企业经营困难，经济效益差。审计（调查）的648家企业中1999年年末有184家亏损、亏损金额10190万元。被审计（调查）的企业有固定资产53亿元，其中已损失216万元，无法使用1320万元，长期闲置912万元，在应收、预付款（暂付款）的5.2亿元中，已形成呆坏账损失1442万元，三年以上应收款潜在损失7409万元；长期投资7.4亿元中，已形成投资损失2061万元，三年以上无投资收益项目1290个，决策失误投资项目73个；影响企业潜亏7522万元，其中应提不提5229万元，应摊不摊971万元，资产损失挂账不处理385万元，担保损失818万元，经济纠纷潜在损失30万元。促销力度不够，宣传效果不佳。省审计厅向省政府提交了《全省旅游行业审计（调查）的综合报告》，并对发展四川旅游，成为省支柱产业之一，提高服务质量和管理水平提出了9条建议。

2000年，省级机关机构改革，原工交、商贸企业审计处合并为经贸审计处。省审计厅整合审计力量，集中人员加强财政预算执行审计和经济责任审计工作，2001年至2004年未安排商贸企业审计和审计调查。

2005年，省审计厅对省粮油集团、省粮食物资公司、省粮食收购储运公司、省粮贸公司、省饲料公司、省粮油食品公司、省粮食工业公司等1998年至2004年资产、负债、损益进行审计。在对省倍力粮油仓储有限公司2004年资产、负债、损益及1999年至2004年亏损进行审计中，调增资产4604.82万元，调减资产508.09万元，调整后资产总计36766.60万元；调增负债19.36万元，调减负债1531.28万元，调整后负债合计37511.76万元；调增所有者权益2087.77万元、调减所有者权益1052.02万元，调整后所有者权益为－745.16万元。审计评价：2004年度中央专储粮管理较好；周转粮账实不符；内部控制制度不健全，财务收支的部分环节失控较严重。审计查出主要问题及处理意见：虚构购销业务，转移省农发行粮食收购资金900万元，被关联单位用于商业性经营，责成收回占用粮食收购资金及资金占用费950.22万元，冲减财务费用，减少累计亏损。账外现金4.2万元，责成记入“现金”账内，待分清所属单位后调入相关单位收入。多计费用39.06万元，责成调减应付福利费27.71万元，调减其他应付款11.35万元，减少累计亏损39.06万元。预提费用长期挂账，多计亏损1207.73万元，责成调账，减少累计亏损。对专储粮费用补贴长期挂账未转入补贴收入。无依据划拨专储粮油费息补贴366.95万元，责成调减专储粮油费息补贴258.71万元，调增应收四川粮油集团公司108.24万元，减少累计亏损366.95万元。对无依据核销应收款项价差收入长期挂账，多计亏损221.72万元，责成调账减少亏损。违规为个人交纳所得税款28.06万元，责成向应缴纳个人所得税的公司职工收回，增加应付福利费15.15万元，减少亏损10.75万元。无单位的应收账款、长期挂账、不及时结账，已出库未作销售收入和未转销库存商品账，形成账实不符，责成调整有关账务，减少累计亏损。违反国家财经法规贷款以个人账户进行结算，责成及时核销个人储蓄账户，并制定相关规定措施，完善内部管理制度。

2005年，为认真贯彻国务院进一步深化粮食流通体制改革精神，遵照省政府《关于进一步深化粮食流通体制改革的方案》的要求，省审计厅组织了2000多名审计人员对全省849家具有政策性经营业务的国有粮食购销企业1998年6月至2004年12月底的财务收支全面开展了清理、审计，基本摸清了被审计企业的资产、负债、权益和盈亏状况；分清了政策性经营亏损和商业性经营亏损及其占用农业发展银行贷款情况；揭示了被审计粮食企业违反国家财经法规的问题，为积极隐妥地推进全省粮食流通体制改革提供了依据，为构建和完善正常的粮食流通会计核算秩序，保护国有资产的安全、完整作出了努力。经审计确认，全省被审计的849家国有粮食购销企业2004年底，资产总额为231.65亿元，负债总额为290.09亿元，所有者权益总额为－58.44亿元；当年亏损39.13亿元，累计亏损101.4亿元。尚留有各种库存原粮46.81亿公斤，计成本63.57亿元。其间国家给予政策性粮食经营费用、利息补贴计73.91亿元，向农业发展银行短期贷款共231.23.亿元。经各市（州）人民政府审理，认定了各市（州）、县（区）审计机关提交的粮食企业审计结果情况。省审计厅依照财经法规的规定和审计方案的要求，对各市（州）人民政府认定的粮食企业审计结果情况进行了复核。纠正、调整了政策性经营亏损的差错金额27.13亿元。其中，核增了保护价粮食价差亏损8.56亿元；核减了商品周转库存陈化粮价差亏损7.54亿元。相应核增、核减了保护价粮购进和销售、陈化粮销售的数量和余额。核增了政策性补贴0.41亿元。核减了保护价粮费用8.32亿元，陈化粮费用0.53亿元，其他政策性粮食经营费用1.77亿元。同时核增了商业性粮食经营费用11.48亿元以及纠正、调整了差错的农业发展银行贷款本息11.77亿元。库存粮食账面数调减了21.6万公斤，金额138.3万元；实际库存核减了581.6万公斤，金额583.46万元。上述经清理、审计认定的粮食政策性经营亏损共计79.555亿元，占用农发行贷款本息78.9亿元。清理、审计发现国有粮食企业存在的主要问题：资产、负债、权益不真实。849家国有粮食购销企业2004年年底财务会计报表反映资产总额为264.94亿元。经清理、审计增加资产19.52亿元，减少资产52.81亿元，确认资产总额为231.65亿元。其差错额为72.33亿元，不真实率为31.2%。财务会计报表反映负债总额为288.45亿元，经清理、审计增加负债8.79亿元，减少负债7.16.亿元，确认负债总额为290.08亿元，其差错额为15.95亿元，不真实率达5.5%。财务会计报表反映所有者权益为－23.51亿元，经清理、审计减少权益34.92亿元，确认所有者权益为－58.43亿元。差错额为34.92亿元，不真实率达59.76%。隐瞒亏损严重。849家国有粮食购销企业财务报表反映2004年度利润总额为－6.934亿元，经清理、审计查出隐瞒亏损32.2亿元，确认实际亏损额为39.13亿元，隐瞒亏损金额是真实亏损金额的82.2%。财务会计报表反映累计亏损66.56亿元，经清理、审计查出累计亏损34.84亿元，确认累计亏损总额101.4亿元，隐瞒累计亏损金额是实际累计亏损金额的34.4%。违反财经法规的行为种类较多、金额较大。经审计违反财经法规的行为有100多个种类，合计金额达30.79亿元，主要表现为少计、少转成本、期间费用；隐瞒、少计营业外支出净额；隐瞒、少计、转移主营业务收入、其他业务收入；多计补贴收入；库存粮食短少、虚库假账；虚报粮食收购、虚开收购单证、虚购粮食库存；挪用粮食经营资金炒作股票、期货、房地产；三产、个人侵占主业财产；挪用、挤占、转移政策性粮食经营资金；伪造、虚挂应付款；公款私存私放、设立“小金库”等，全省发现违法违纪重要案件线索26件。疏于管理、监控。849家国有粮食企业多数没有贯彻1998年审计署等中央有关部门作出的审计决定意见，没有建立、健全完善的内控制度，没有按照国家规定将政策性经营业务与商业性经营业务分开核算。不按会计法规办理业务；普遍存在违规核算、单证违法，账表、账证、账实不符；以出库单代替国家规定的销货凭证，以划码单顶替国家规定的收购凭证，给虚假购销业务提供了环境条件，给违反财经法规行为以及犯罪分子留下了可乘空间。

第三节　商贸企业专项审计调查

1993年，省审计局对省级商贸单位设在海南、深圳、珠海的19家“窗口”企业进行审计调查。调查显示，截至1992年年末，19家企业投入资金8149.50万元，资金投向侧重于房地产和进出口业务，实现利润1771.23万元。企业实现利润大部分留在当地加大资金投入，以增强实力，参与特区市场竞争。调查发现的问题是：资金投入不足。省级商贸企业投入海南资金仅6000多万元，企业只能“小打小闹”，在竞争中处于不利地位。各行其事，孤军奋战，缺乏集团优势。内地企业与特区企业在经营机制上反差较大，难以很快适应特区的管理。费用开支较大、内控制度有待建立和健全。少数企业派驻人员素质较差，难以开拓局面。对此，省审计局向省政府提交了《关于省级商贸特区“窗口”企业的审计调查报告》，提出了强化省政府驻特区办事处的作用，为企业牵线搭桥，排忧解难，依靠整体实力，参与竞争占领市场等4条建议。

1994年，省审计局组织成都、南充、内江、攀枝花、达州、黔江、宜宾7市地对部分商贸亏损企业财务亏损情况进行审计调查。调查涉及商业、物资、供销、医药4个行业的60家企业。调查显示，60家企业普遍存在着商品销售额逐年下降，费用水平、流动负债逐年上升、亏损额成倍增长，昔日的国营主渠道变成如今填不满的亏损大户。以前有过辉煌的历史，是财政缴库大户，而今却困难重重，举步维艰。主要表现为：明亏、暗亏现象严重，主要是库存商品毁损待报废及结算资产中的呆、坏账损失。据内江市3家企业审计核实，资产中潜亏达1032.91万元。其次是应收账款造成潜亏严重，如黔江地区调查的39家商贸企业，无法收回的应收账款造成潜亏达2236.44万元。企业资不抵债情况严重，调查反映多数企业的资产负债率达到或超过100%，表明这些企业经营主要靠贷款。巨额的亏损实质上是拖占信贷资产，由此又造成每年支付的利息增大，形成恶性循环。负担沉重、政策性任务重。被调查企业以前都曾处于流通领域的主渠道地位，实行市场经济，其主渠道作用被削弱，加之企业退休人员多、费用开支大，同时政策性任务也加重了企业的负担。企业垫（预）付生产扶持资金、支农资金、预购资金、粮棉赊销资金等政策性或政府安排性资金过多，影响企业资金周转困难。审计调查分析了商品流通企业亏损面越来越大，既缘于历史，又来自现实，既有客观因素，更多的还在于企业自身内功修炼不够，适应市场能力差。省审计局向省政府提交了《审计调查报告》，提出了扭亏增盈的4条建议。

1995年，省审计局组织对商业、粮食、物资、医药等16个行业的305家国有商贸企业实行新税制后税利变动情况及其影响的审计调查。调查结果显示，实行新税制后国有商贸企业除了税源、纳税项目变化较小和销售收入结构较难准确反映外，在税负水平、税利结构、销售收入总额等方面都发生了较大变化。其主要问题是：期初存货待扣税金的计算不够准确，动用期初库存抵扣税金不够统一和规范；农副产品收购、加工企业和废旧回收经营企业等部分行业和企业因其经营的特殊性和业务特点难以取得增值税专用发票后确实普遍存在“高征低扣”或“只征不扣”的问题；退税缺乏及时性手续繁锁；执行税款（如期初待扣税金）加大企业资金占用；新税制的实施和管理存在对国有企业严、对个体、私营和集体企业宽，加之税收征管不配套，产生新的不平等税利；偷、漏税收现象仍较普遍。省审计局向省政府提交了审计调查报告，为使税收真正体现公平税制，促进平等竞争，立足搞活国有商贸企业，保障税制改革的顺利实施，提出了4点建议。

1996年，省审计厅组织对省金属材料总公司及成都、自贡、宜宾、内江、绵阳、黔江、雅安、达川、攀枝花10家物资（金属）企业1995年年末潜亏情况进行专项审计或审计调查。审计和调查显示，10家企业1995年末资产总额73010.78万元，负债总额54333.37万元，平均资产负债率74%，所有者权益18677.41万元，减去核实的潜亏3572.96万元，应为15104.45万元。省金属材料总公司作为全省金属材料公司的龙头，资产总额46190万元，负债总额35463万元，资产负债率也高达77%。10家企业1995年末利润总额为亏损984.39万元。审计有重点的对流动资产、损益及其他可能形成的潜亏因素进行了核实。核实的潜亏为3572.96万元，其中流动资产中潜亏1408.81万元，损益中潜亏946.15万元，其他潜亏1222万元。并分析了企业亏损及潜亏的原因。省审计厅向审计署提交了《10家物资（金属）企业潜亏情况审计调查的综合报告》，并就如何遏制亏损面的继续扩大，改变物资经营现状提出了5条建议。

1997年，省审计厅组织对省本级和17个市（地、州）的117家商贸企业在银行及非银行金融机构开户和账户管理情况进行审计调查。调查揭示的主要问题：账户开设手续普遍简化，依据不充分。开设一般存款户、临时存款和专用存款户分别缺少基本账户存款人同意其附属的非独立核算单位开户的证明，当地工商行政管理机关核发的临时执照，专用存款户的有权部门批准立项的文件等。多头开户现象较普遍。被调查的117家企业，1996年年末在银行及非银行金融机构开户786个，平均每家企业开户6.72个，余额20397.94万元。由于银行放宽尺度、简化开户手续、监控不严，企业随意支取现金的情况严重。据泸州市调查的5家企业，46个账户中能随意支取现金的账户达29个。销户不及时，存在部分呆滞未用的应销账户。账户使用及管理不合规。调查中发现有出租、转让账户的现象，为一些个体户和信誉不高的企业逃避银行、税务监督而套取透支现金提供方便，造成国家税收工作漏洞、税金流失。调查分析了存在问题的主要原因，揭示了企业多头开户和资金违规现象的危害，提出了纠正企业在银行及非银行金融机构开设账户过多、过滥和违规开户的现象，规范资金运作行为，保障国家资产安全完整的建议。省审计厅向省政府提交了《审计调查的综合报告》。

同年，省审计厅还组织18个市（地、州）对140家商贸企业亏损大户的审计调查。调查揭示，1994年亏损额为8754.52万元，1995年为12164.2万元，1996年为24123.70万元。1996年亏损是1994年的2.7倍，是1995年的1.9倍。1996年年末存货潜亏达5555.66万元，应收账款中的呆坏账达4782.71万元，1996年亏损、存货潜亏、呆坏账共计34462.07万元，户平有问题资金246万元，占总资产的11.58%。巨额的亏损，亏空了企业的资产，国有资产大量流失，不少企业已资不抵债。巨额亏损的原因：国家和地方政府出台政策导致企业增加亏损。国有商业独家经营的局面被打破，国有商品流通企业的主渠道作用受到强烈冲击、市场竞争激烈；市场经济初期，有关法律法规还不健全，市场竞争无序，有关主管部门管理不规范等外部因素的影响，也增加了企业的亏损。企业自身经营管理不善和转制不力是商品流通企业巨额亏损的主要原因。省审计厅向省政府提交了《商贸企业亏损大户审计调查报告》，对搞活国有企业、盘活国有资产、实现企业扭亏增盈提出了6条建议。

1998年，省审计厅组织对国有资产占控股地位的17家商贸股份有限公司改制、改造、改组过程中有关事项进行审计调查。调查显示，17家企业实行股份制改组给企业增强了活力，企业管理者在观念上树立了现代企业制度的意识，已从过去的“等、靠、要”发展到自主的、自立的参予市场竞

1998 年，审计组在扩张型企业川商集团审计

争，制定有利于市场竞争的价格策略，搞活经营；适应市场变化、及时调整经营网点和经营布局结构，走向规模化经营；调整和完善经营功能，开拓新的利润增长点，依靠强化管理来提高企业效益。调查发现的问题：国家股股本流失。有的企业实际列入国家股本金的金额与国资局批文入账的国有资产折价入股、国有土地使用权评估列入国家股本金等存在差异；个别企业无形资产、非生产性资产净增部分未及时转增国家资本，有任意核销国有资产现象。股本不到位。经批准在实现国家股转让给法人单位时，有的企业存在虚假转出的违纪违规行为，有的企业职工认购股份未按规定及时足额到位。国家股收益在一些公司挂往来，无偿占用。同时剥离出的非经营性资产的支出也挂往来，企业垫支，使国家股收益不到位，再增值流失。公司上市时资产评估不完整。违规参与认购向社会公开发行的本公司股票和违规参与上市公司股票运作。利润不实。一方面表现为企业虚减利润，“以丰补欠”，另一方面表现为虚增利润以完成某些指标任务的行为。省审计厅向省政府提交了《股份制（改制）商贸企业审计（调查）的综合报告》，对着重抓好的几项工作提出了建议。

1998 年，省审计厅组织对全省粮食企业财务挂账进行审计（调查）。审计核实 1993—1997 年新增财务挂账 886322.75 万元中，政策性财务挂账 585506.57 万元，占新增挂账总额的 66.06%；经营性财务挂账 100609.86 万元，占 11.35%；客观原因造成挂账 70937.77 万元，占 8%；其他原因造成挂账 129268.35 万元，占 14.58%，主要是建仓建罐、老挂账本金的滚动利息、银行加罚息、资产评估损失等挂账。亏损挂账的主要构成因素：企业违规及经营和管理不当造成挂账 16286.77 万元。粮食主管部门收入不实影响少报亏损 160.05 万元。政策性财务挂账 590989.87 万元，其中：中央出台政策形成财务挂账 393002.10 万元；地方出台政策形成挂账 197987.77 万元。客观原因对企业盈亏的影响造成挂账 143672.64 万元。政策性资金被挤占挪用 73227.79 万元，占政策性资金总量的 3.03%。审计还发现粮食企业潜亏问题。据 8 个市（地）统计，各种潜亏达 5.4 亿多元。此次审计（调查）显示，政策性和客观原因是导致挂账的主要因素。省审计厅向审计署提交了《全省粮食行业财务挂账情况的审计（调查）综合报告》，并对消化老挂账，遏制新的财务挂账猛增势头，促进粮食企业改革转制和发展提出了 5 条建议。

2000 年，省审计厅对九寨沟管理局财务收支审计的同时，对九寨沟风景名胜区部分涉旅单位 1999 年度财务收支进行审计调查。调查已形成规模的旅游企业 18 家，截至 1999 年年末共有资产总额 30060.40 万元，负债总额 11969.94 万元，所有者权益 19058.46 万元，实现销售收入 12501 万元，较 1998 年增长 7843 万元，利润总额 2743 万元，较 1998 年增长 1795 万元。其中盈利 12 家，盈利 2836 万元；亏损 6 家，亏损 93 万元。调查显示，1999 年九寨沟县财政收入为 2517 万元，九寨沟风景名胜区应征缴各种税费 1343.84 万元，已征收入库 1301.99 万元，加上入库的企业所得税 700 多万元，扣除国库收入和应上缴税费后占县级财政收入的 80.3%。调查发现景区存在的问题：基础设施建设相对滞后、资源保护、管理和开发、利用的条件尚需改善。一是交通仍是制约九寨沟发展的瓶颈；二是排污，急需建好污水处理场，拟购的 8 台垃圾车尚无资金来源；三是供电，急需架设 110 千伏输变电线路引进国家电网；四是森林防火和病虫防治，安全监测系统尚未建立，保护设备缺乏，手段落后；五是沟内经营活动外迁，据测算需资金 1.5 亿元，单靠部分门票收入筹集，相差甚远；六是景区通讯，现装机容量和移动通信条件与建立国际旅游胜地不相称；七是旅游商品经济发展与提高旅游市场的竞争力不相适应；八是泥石流治理和景区的自来水供应、卫生设施建设和观景台建设上也存在基础条件差的问题。国有资产监管乏力，部分企业产权不明晰，在景区的国有旅游企业均为州内外的国家机关、国有企业、事业组织投资或合资兴建，但相当一部分单位未按国家关于国有资产管理的法律、法规和政策办理产权登记、变更、转移手续，其他性质的一些企业使用国有资产也未按规定缴纳占用费，既影响国有资产的保值增值，甚至会带来国有资产的流失。部分企业拖欠国家税费，尤其是拖欠企业所得税和拓展费较为突出。企业管理人员尤其是财务管理人员素质有待提高。九寨沟旅游集团有限责任公司的组织和行为不尽规范、完善。涉旅单位的不合理负担较重。省审计厅向省政府提交了《九寨沟风景名胜区财务收支情况的审计调查报告》，对加快九寨沟旅游事业的发展提出了 10 条建议。

第六篇　农业与资源环保资金审计

四川是农业大省，国家投入大量专项资金以促进农业、农村经济的发展，帮助农民脱贫致富奔小康。全省各级审计机关针对农业与资源环保专项资金来源渠道多、投入大、分布广的特点，始终以农业、农村经济为主线，以农业与资源环保专项资金审计为重点，基本形成了统一部署、分级审计、统一处理的工作格局，先后开展了对扶贫资金、农业综合开发资金、天然林保护资金、退耕还林资金、三峡移民外迁资金、国土出让金、水利环保资金等专项资金的审计和审计调查。审计有效地促进了有关部门和单位严格执行国家法律法规，提高了专项资金的使用效益，保障了农村经济的健康发展、农业产业结构调整及西部大开发战略的实施。农业审计的地位明显提高。

第一章　扶贫、国土、三峡工程库区移民资金审计

第一节　扶贫资金审计

1990年，全省53个贫困县审计局对县1986—1989年所分配、使用的扶贫资金进行全面审计。省审计局在渠县进行了审计试点。全省审计总金额40920万元，查出违纪违规金额1477万元。主要问题是：挤占挪用971万元；工农行扶贫贴息贷款利率执行有误，均存在多收扶贫专项贴息贷款利息现象；倒卖扶贫物资获取非法收入20.24万元；管理不善、违规开支扶贫资金417.63万元；虚列支出、转移资金36.23万元；请客送礼、滥发钱物3.15万元；贪污扶贫资金0.69万元。此外，还查出历年损失浪费扶贫资金28.59万元；呆滞资金726万元。审计后按有关法规进行了处理，归还原资金渠道830万元，多收利息退还给原单位18万元，退还给农户4万元，罚没款上缴当地纳入扶贫基金40万元，上缴财政3万元。查出贪污3人，移交司法部门处理2人。

1992年，省审计局对省扶贫办试办的旺苍、阆中、石柱、开县4个扶贫经济开发公司1988—1991年度财务收支进行审计。这4个扶贫经济开发公司是经国务院、省贫困地区经济开发领导小组批准作为探索扶贫工作走企业化的试点县。审计情况表明，公司成立以来资金投放方向明确，发放合理，到位及时，取得了较好的经济效益和社会效益。此次审计总金额3923.57万元，查出违纪违规金额595.32万元。一是财政专项贴息进入公司收入分配217.64万元；二是未按国家利率规定，多收利息46.54万元；三是拆借资金给城市信用社等金融企业136万元；四是多提风险基金161.14万元；五是旺苍公司用扶贫专项和财政专项贴息贷款25万元购买住房；六是多付信用社利息9万元。省审计局作出审计处理，对中央财政贴息和多收利息264.18万元转为扶贫基金，购买住房款及多提风险基金186万元调账归还原资金渠道。

1993年，省贫困地区经济开发领导小组办公室、以工代赈办公室和省审计局联合组织实施对69个贫困县1990—1992年度所使用的扶贫资金和物资、以工代赈资金进行审计。全省共抽调业务干部483人，组成89个审计组，对银行、财政、物资、交通、粮食、林业等195个县以上主管部门所管理使用的扶贫资金进行审计，并深入到1177个区乡营业所、信用社、企业和1545个贫困户，审计调查核实扶贫资金的发放和资金使用的效果。审计的69个贫困县共投入各项扶贫资金14.95亿元。审计结果显示，扶贫资金管理使用情况较好，扶贫效果比较显著，已有58个县的1057万贫困农民达到了人均纯收入的温饱标准，贫困农民人均纯收入为452.90元，比1989年人均纯收入401元，净增

51.90元。此次审计总金额134768.46万元，查出违纪违规金额1378.43万元。主要问题是：挤占挪用1139.64万元；虚报冒领、虚列转移48万元；请客送礼、滥发钱物18.50万元；扶贫贷款到期回收困难，涪陵地区逾期未还扶贫贷款417万元，达县地区达1618.40万元；以工代赈配套资金，有的市（地、州）、县由于财政困难等原因落实较差；扶贫基金征收困难；扶贫物资分配、供应、管理制度不健全。审计后对查出的违纪违规问题按有关法规、政策进行了处理。

1997年，为进一步落实国家“八七”扶贫攻坚战略，推动扶贫事业的发展，全省开展了对14个市（地、州）、63个贫困县1994—1996年支援不发达地区发展资金、以工代赈资金、扶贫贷款进行全面审计。由省审计厅统一组织，31个国定贫困县由市、地、州审计机关“上审下”，32个省定贫困县由市（地、州）审计机关“上审下”或“同级审”。共抽调审计干部475人，组成81个审计组，深入到扶贫办、财政、农行、农发行、以工代赈办、农业、农机、交通、卫生、教育等主管部门945个，乡镇315个，项目和单位807个，村180个，农户632家。审计总金额195266万元，查出违纪违规金额21240万元。主要问题是：扶贫资金抵扣、投放不足、滞留、未到位6806.37万元；越权下达计划、未经批准调整计划和项目、安排计划外项目6718.71万元；挤占挪用扶贫资金4606.65万元；用扶贫资金投资入股、借给企业经营周转1495.59万元；用扶贫资金谋取非法收益以及违反利率政策收取利息237.82万元；提取、列支以工代赈资金管理费659.55万元；虚列支出、转移资金80.02万元；损失浪费192万元；个人贪污及挪用扶贫资金443.84万元。审计还发现扶贫贷款投向结构不合规；扶贫贷款的沉淀率高；异地扶贫开发效益不理想等问题。对审计查出的问题，按照省统一处理政策杠子作了依法处理16733万元，其中挤占挪用作归垫处理7630万元；欠拨、未到位、滞留限1997年9月30日前补拨投入到位6072万元；收缴财政167万元。对严重违纪的单位和主要负责人分别给予批评、通报批评、并处罚款、追究个人行政责任和经济责任。其中移送案件2件、移送司法机关处理4人、行政撤职处分2人。

1999年，省审计厅统一组织对14个市（地、州）、63个贫困县（其中国定县31个、省定县32个）全部采取“上审下”方式对全省1997年至1999年6月扶贫资金的投入、管理、使用及效益情况进行了审计。省审计厅直接审计宜宾市、南充市、巴中地区、凉山州及兴文县、昭觉县。共抽调审计干部612人，组成99个审计组，审计了各级扶贫办、财政、农行、农发行、以工代赈办，农业、农机、林业、交通、水电、畜牧、卫生等主管部门1155个，抽查乡镇368个，项目和单位504个，村252个，农户1096家。审计总金额408203.99万元，查出违纪违规金额33943.74万元。主要问题是：财政抵扣占用扶贫资金1125.22万元，挪用新增财政扶贫资金用于发放工资3895.78万元，农行、农发行抵扣贷款1147.14万元；扶贫项目资金未到位，滞留在市县乡主管部门8029.99万元；弥补行政经费支出878.13万元；建房购车1527.39万元；擅自计提收取费用115.15万元；随意调整扶贫计划2561.65万元；改变扶贫资金投向8855.35万元；违规实行有偿使用456.55万元；违反利率政策投放贷款4244.80万元，多收利息及谋取非法收益307.09万元；损失浪费780.60万元；贪污、侵占和私设“小金库”9.45万元。审计还发现地县两级扶贫配套资金未落实40029万元；扶贫贷款呆滞呆账金额大效益发挥较差；省扶贫开发区异地扶贫开发效果较差；部分贫困户脱贫情况不尽如人意；乡镇扶贫资金的财务管理亟待规范等问题。通过审计，对违纪违规问题进行了严肃处理，促进财政资金投入到位13587.56万元、追回归还原资金渠道8664.15万元、促进贷款计划落实4104.17万元，处理纠正违纪违规贷款6973.06万元，决定处理处罚收缴财政614.80万元。对严重违纪的单位和主要责任人分别给予了通报批评、罚款、追究个人行政和经济责任，移送纪检监察部门案件2件、2人、建议给予党纪政纪处分2人。

2003年，省审计厅组织各级审计机关对21个市（州）及所辖36个扶贫工作重点县及122个“五大扶贫工程”项目县（市、区）2001—2002年中央及地方各级政府安排的财政扶贫资金、信贷扶贫资金进行审计。共审计各级扶贫办、财政局、以工代赈办等主管部门2030个，审计总金额349119.13万元，抽审直接使用资金的项目单位3524个，查出违纪违规金额17936.25万元。自1992年至2003年，省审计厅已先后4次组织对全省扶贫资金进行审计。通过审计，引起各级政府和有关主管部门的高度重视，对查出的问题认真整改，取得明显效果。2003年查出违纪违规金额仅占审计总金额的5%，较1999年违纪违规金额下降了47%，违纪违规率下降了3个百分点。但由于扶贫资金管理部门多，资金来源渠道广，加之一些部门领导和经办人员法制观念不强，仍然存在一些问题。财政扶贫资金管理使用中存在违纪违规问题金额15166.25万元，其中：擅自改变扶贫资金计划4443.60万元；财政占用、扶贫资金专管部门及用款单位挤占、挪用、出借扶贫资金3554.62万元；扶贫资金拨付不及时4447.20万元；用扶贫资金抵扣借款371.50万元；违规收取培训费、管理费、项目论证费等143.65万元；虚报冒领、套取截留扶贫资金55.16万元；变无偿为有偿资金使用58.30万元；财务管理不规范、票据报销不合规522.54万元；部分区县财政部门扶贫资金未实行专户管理、封闭运行、以拨作支及报账不及时等938.02万元；未实行政府采购、扶贫资金与其他资金相互串用等违纪违规行为631.66万元。扶贫贴息贷款管理使用中存在问题金额2770万元，其中挪用扶贫贴息贷款975.20万元；多收、预收扶贫贴息贷款利息151.16万元；以新贷归还旧贷款633.36万元；多申报扶贫贴息227.42万元及未按实际贷款规模下划财政贴息款202.36万元；未经批准立项发放“回收再贷”扶贫贷款580.50万元。同时，还发现大部分贫困县农业银行未向贫困户发放小额扶贫贷款。经审计，促进资金投放到位1994.50万元，促进扶贫贴息贷款计划落实150万元，决定归还原资金渠道4285.62万元，收缴财政117.43万元，限期完善立项报批手续及纳入县级财政报账5962.12万元，限期拨付资金4409万元，调整账务及其他处理2378.72万元；审计建议给予党纪政纪处分2人，移送司法、纪检部门案件3件。

第二节　国土资金审计

1992年，省审计局组织14个市（地、州）及所辖133个县审计局对同级国土部门1991年预算内外资金进行行业审计。审计总金额10701万元，查出违纪违规金额1127万元。主要问题是：挤占挪用589万元。其中挪用国土资金给职工着装250.78万元；修建房屋开支233.58万元；违规购置汽车等交通工具50.53万元；将国土资金用于弥补行政经费开支38.51万元；用国土资金给企业周转10万元。隐瞒截留没收的变价款等142.28万元。虚列转移、私设“小金库”、滥发钱物、私分贪污等235.18万元。（四）乱收费82.4万元，提高标准收费47.67万元，扩大范围收费3.9万元，自定项目收费26.57万元。经审计，除国土局着装问题按国务院统一政策另作处理外，决定上缴财政216.46万元，对5个被审计单位给予罚款3.46万元。

1993年，省审计局组织成都、重庆及所辖县（区）和峨眉山市对1991—1992年度的国有土地使用权有偿使用收入和耕地占用税进行审计。共审计国土、财政、房地产部门及房地产开发公司、开发区192个单位。审计总金额67455.39万元，查出违纪违规金额3370.1万元。审计发现主要问题：对违法占地处罚不严，造成未经审批违法占地587.4亩；土地出让转让合同不合规，擅自延长付款期限，导致国土资金欠占过多，影响了资金的利用；耕地占用税征收困难，征地单位欠交1285.60万元，缓征977万元，未及时入库172万元，应转未转农发基金443.9万元；国有土地有偿使用中72.64%，计15315.74万元未纳入财政预算统一管理，仍留在征收部门，致使专款不能专用，被挤占、挪用于经商、放贷及行政开支达1715.87万元。审计结束，省审计局向省政府提交了《我省三市国土资金审计情况的综合报告》。

1996年，省审计厅组织12个市（地）和所属41个县（市、区）对1994—1995年度审批、占用国有土地和征收、管理、使用国有土地使用权出让金情况进行了审计。审计采取“上审下”的方式，共审计了国土、财政、开发区及部分用地单位115个，审计总金额52480.10万元。审计发现主要问题：欠征数额较大，造成国土使用出让金收入回收难。据统计，12个市（地）两年应收78033.28万元，实收50759.55万元，占应征额的63%，欠收29122.8万元。非土地管理部门出让国有土地使用权数额大，导致省市级国土收入流失严重。据统计12市地两年出让土地1722宗，面积11769.2亩，而各地开发区则出让1034宗，面积8238.44亩，占总出让面积的60%，而实际收取出让金50759万元中，国土部门仅为19441.03万元，只占总收入的38.2%。国土使用出让金未纳入同级财政预算管理，金额42913.69万元。挤占挪用出让金3277.52万元。未按出让国有土地使用权批准权限越权审批出让土地39宗，面积853.34亩。不按规定将出让金折价入股，金额2549.1万元。未按法律规定出让土地使用权，12市（地）中有的地区仍将经营性用地采取划拨而并非出让供地。12市（地）中只有6个正式出台基准地价，其余均以协议形式出让国有土地使用权，势必造成出让价格的随意性，导致财政收入流失。省审计厅对产生上述问题的原因进行分析，提出了制定合理基准地价，建立健全征、管、用制度，加大征收力度，加强入股的土地资产管理等审计建议，得到了省政府领导的高度重视。

2000年，省审计厅组织16个市（地）及79个县级审计机关对131个国土、财政、开发区及用地单位1998—1999年度审批、占用国有土地和国有土地使用权出让金的征收、管理、使用情况进行审计。审计总金额148663万元，查出违纪违规金额5158.96万元。发现的主要问题是：截留土地出让金1692.04万元；挪用土地出让金2166.9万元，其中财政部门挪用315.2万元，国土部门挪用1800.54万元；国土出让金未按规定纳入预算管理，造成国有土地资金流失1300.04万元。同时还发现在管理使用中存在：征收力度不够，应征未征土地出让金57522.3万元；非土地管理部门出让土地使用权收取出让金30267.2万元；一些地区存在出让土地使用权合同与财会账面记录不一致，批准的土地开发项目与实际用途不一致，越权批准国有土地使用权等问题；未制定或执行统一的基准地价，给人情收费、暗箱操作提供了较大空间，不利于对国有土地使用权出让行为的监督和管理。对审计出的问题审计机关进行了严肃处理：收缴财政和国土部门1510.27万元，罚款23.58万元，归还原资金渠道652.29万元，纳入预算专户管理858.69万元，其他要求纠正金额2114.13万元。

2004年，省审计厅组织审计机关对16个市州本级及80个县（市）2002—2003年土地出让金、新增建设用地有偿使用费、各项行政及事业性收费等国土资金的征收、管理、使用及解缴情况进行审计。共审计561个国土、财政、重点建设指挥部及开发区等部门和单位。审计总金额1710730.43

万元。审计查出主要问题：挤占挪用土地出让金等专项资金41289.24万元，其中挤占挪用专项资金用于平衡财政预算2749.99万元；用于弥补工作经费10510.87万元；挪用于修建办公楼3916.44万元；挪用于购车229.7万元；挤占用于发放奖金补助695.48万元；将土地出让金等专项资金支付及借出用于与土地开发无关的项目23186.76万元。违规减免土地出让金、新增建设用地有偿使用费等专项资金24304.36万元。土地出让金未纳入财政专户、实行收支两条线管理，直接用于城市基础设施建设等，形成体外循环达246634.3万元。拖欠土地出让金总价款、新增建设用地有偿使用费、耕地开垦费等各种收入153795.48万元。未及时上缴各项预算收入28580.39万元。违规收费3165.9万元。虚列支出、票据不合规及财务管理基础工作不规范4853.58万元。私设“小金库”373.62万元。审计机关对以上问题依法作出了处理：归还原资金渠道36645万元，已作罚款处理金额74114.73万元，并处以罚款889.24万元，收缴财政26503.14万元，调账27165.09万元，移交纪检部门处理案件2件，移交省国土资源厅处理案件1件，移交市（县）政府处理案件37件（违规用地案件），移交处理金额1916万元，对未纳入财政专户管理、实行“收支两条线”及拖欠土地出让金等336652.57万元要求各地政府及国土部门限期整改。

2005年4月，省审计厅印发了《关于检查国土资金审计意见书和审计决定执行的通知》，向各级审计机关布置了开展审计意见书和审计决定执行情况的检查工作。截至同年10月，各地违纪违规资金已整改、处理落实到位376100.59万元，占审计查处违纪违规金额的87.50%。审计要求归还原资金渠道36645万元，已纠正29936.01万元，占查处违纪金额的81.70%；处以罚款889.24万元，已处理落实全部上缴；审计要求收缴财政26503.14万元，已收缴22233.20万元，占查处违纪违规金额的83.90%；审计要求调账27165.09万元，已全部纠正；对未纳入财政专户管理、实行收支两条线及拖欠土地出让金336652.57万元，已纠正并纳入财政专户管理的资金达293961.05万元，占查处违纪违规金额的87.31%；审计移交纪检部门处理的2起案件已全部处理，移交省国土资源厅处理的1起案件已处理完毕，移交市、县政府处理土地的37起案件，已处理35起。未完全执行审计意见和审计决定的主要原因：部分地方部门和单位资金调度困难；国土部门机构调整，部分财务关系尚未理顺；政府收取的出让金低于20%和土地价款低于7%的资金，由于部分市、县政府在招商引资时已违规减免，目前回收比较困难。省审计厅建议省政府对尚未及时纠正的问题，纳入督办期限整改到位；对确有困难、短期内无法整改的，应制定整改计划，确保执行到位；对不认真整改的单位和部门，应追究责任人的责任，以维护法律法规的严肃性。

第三节　三峡工程库区移民资金审计

1995年，省审计局组织对三峡淹没区内的重庆市及所辖巴南区、渝北区、长寿县、涪陵地区及所辖武隆县、丰都县、涪陵市和黔江地区所辖石柱县1993—1994年移民资金的分配、拨付、管理和使用情况进行审计，并抽查了32个移民项目。审计总金额22458.44万元，查出违纪违规金额6304.35万元。主要问题是：挤占挪用问题突出，金额达4453.27万元，其中：将移民资金借给公司经营周转1400万元；挪用移民资金委托银行发放贷款787.26万元；行政管理费超支挤占项目资金610.27万元；在用于移民的以工代赈投资中违规提取管理费403.63万元；挪用移民资金为公司、企业贷款担保295万元；将移民资金借给非移民部门使用200.28万元；挪用发放奖金、补贴等9.29万元。擅自改变移民项目计划，有5个县（市）未经批准调整项目27个，金额1052.30万元。基建项目管理薄弱，如丰都县在修建新城道路承包工程结算款中，高估冒算工程款114.64万元；还存在超投资、超合同结算款490万元，以及层层转包移民工程，不仅多支付工程款，还致使工程质量无法保证。由于移民工程招投标竞争机制不健全，管理上的漏洞很多，致使少数人陷进犯罪的泥潭。如涪陵市移民局原局长丁某因受贿20万元被逮捕。丰都县移民局原局长扈某收受贿赂15.5万元，被判处无期徒刑。此次审计，对查出的问题进行了处理：按审批程序补办审批手续24个，金额846.50万元，追回被侵占的资金2434.86万元，调账343.66万元。

1996年，省审计厅组织10个审计机关对重庆市及所辖长寿县、渝北区、巴南区、涪陵市及所辖织城区、李渡区、丰都县、武隆县、石柱县1995年三峡工程库区移民资金进行审计。抽审移民工程项目73个。审计总金额28398.62万元，查出违纪违规金额1636.62万元。主要问题是：挤占挪用问题屡查屡犯，其中：擅自改变年度移民计划项目679.08万元；将移民资金挪作企业、事业经营使用222.09万元；挪作搞非移民项目投资154.23万元；挪作融资、入股110万元；用于行管费超支335.95万元；归还陈贷和为企业贷款担保107万元和乱发奖金补贴7万元等。工程项目管理漏洞多，其中：损失浪费21.27万元，部分项目安置移民未落实；个别移民部门内控制度不健全，财务管理混乱。以前年度审计查出的问题纠正不力。重庆、涪陵、石柱对1995年审计的审计决定落实情况进行检查，大多数违纪违规问题得到了纠正，但仍有1351.81万元的违纪违规金额应当纠正而未纠正，占当年违纪违规总金额的21.44%。审计机关对审计查出的问题进行了严肃处理，按审批程序补办项目审批手续4个，金额679.08万元，追回被侵占挪用移民资金788.54万元，调账170万元，移送主管部门处理1人。

2002年，省审计厅组织12个审计机关对市本级及安置三峡移民的47个县（市、区）2000年至2002年8月三峡外迁移民资金的管理、拨付、使用及移民安置情况进行审计。审计涉及50个主管部门、148个乡镇、243个村，调查了587家，2348人移民安置、生产及生活情况。审计总金额18646.31万元，查出违纪违规金额1674.43万元。主要问题是：挤占挪用移民资金454.70万元；虚列支出53.18万元；违规存放移民资金112.18万元；未及时拨付移民资金44.98万元；违规发放移民生产安置费和基础设施费546万元；未按规定及时将移民资金发放给移民户9.69万元；平均发放移民困难补助费145万元；违规一次性发放过渡性补助费293.95万元；部分乡镇财务管理差。经审计归还原资金渠道588.37万元，限期拨付资金55.72万元，将移民资金转存国有银行45.01万元，要求纠正金额983.33万元，罚款1.03万元。2003年2月，省审计厅组织对审计决定和审计意见执行情况的检查。结果显示，各地积极采取措施及时整改，已纠正违纪违规金额1601.71万元，占应纠正金额的96%。

第二章　农、林、水、环保等专项资金审计和调查

第一节　农业综合开发专项资金审计

1991年，省审计局和省农发基金管理领导小组办公室联合重庆、南充、黔江等11个市（地）及所辖100个县（市）对1989—1990年农发基金的筹集、管理、使用和经济效益进行审计。审计总金额65046万元，查出违纪违规金额3971万元。主要问题：少征漏征3937万元；挤占挪用2722万元；虚列转移农发基金233.84万元；虚报冒领8.38万元；滥发钱物、请客送礼216.67万元；私分贪污2.42万元。经审计依法作了处理，对少征的已补收3913万元，上缴财政374.45万元，归还原资金渠道2505.73万元，罚款3.11万元。受党纪政纪处分5人，移交司法部门查处1人。

1992年，省审计局组织涪陵、达县、万县、黔江4个地区对所辖20个县（市）1991年度农业综合开发资金管理、使用及经济效益进行审计。审计结果表明：川东改土改田项目达到了“开发一片，治理一片，成效一片”的目的，取得了较好的经济效益。由于加强了管理，违纪现象减少，查出违纪违规金额只有38.81万元。省审计局写出专题报告《关于农业综合开发资金审计情况的综合报告》，上报省政府。

1993年，省审计局组织对盐源、秀山、剑阁、马边、南江、通江、广安、宜宾、武隆、古蔺、云阳11个县1991—1992年度农业资金总体投入情况进行审计。审计226个县级主管部门，280个用款单位。审计总金额55340万元。审计显示，各县农业资金总体投入情况较好，投放方向明确，做到按项目发放，资金运用合理。但由于经济贫困的山区县，资金匮乏，农业资金投入跟不上农业生产发展的需要，农业投入政策有的还未落到实处，农业生产明显缺乏发展后劲。同时审计发现少数干部财经法纪观念淡薄，在农业资金管理、使用上存一些问题，查出违纪违规金额989.93万元，其中用于平衡财政预算80.82万元，弥补行政经费37万元，修建办公楼、宿舍51.85万元，外借439.53万元，其他违纪287.94万元。此外损失浪费967.47万元。经审计处理，上缴财政24万元，归还原资金渠道851.34万元，其他处理40.64万元，对单位和个人罚款3.6万元，受党纪政纪处分2人。

1995年，省审计局组织对9个市（地）及所辖45个县（市、区）1992—1994年四川省中部丘陵地区农业综合开发资金进行审计。审计总项目1个，分项目45个，子项目135个。审计总金额49356.38万元。审计发现问题：农行贷款计划缺乏衔接，贷款资金不到位近50%。个别地方财政资

金配套不够，资金拨付滞后。查出违纪违规金额557.15万元，其中自行变更计划项目295.8万元；超标准提取业务费95.89万元；挤占挪用30.88万元。经审计依法作出处理，归垫资金515.02万元，收缴财政26.4万元；罚款4.09万元。移送有关部门处理1人。

1998年，审计人员在农业综合开发项目实施现场进行实地核查

1996年，省审计厅组织对5个市（州）及所辖48个县（市、区）1993—1995年农业综合开发资金的投入、拨付、管理及使用效益进行审计，共审计221个主管部门和项目使用单位，审计资金总额21073.09万元，抽查项目652个，项目投资20750.48万元。查出违纪违规金额610.22万元。主要问题是：财政配套资金拨付滞后。经审计机关检查督促，至1996年3月底，已促进当地财政将尚未拨付的资金1210.64万元拨付到位；挤占挪用111.55万元；虚列支出、转移资金63.07万元；未经批准改变项目16.6万元；损失浪费24.39万元；少数县（市、区）资金投向分散，影响了规模效益；个别县（市、区）农业综合开发资金未设立专账，更没有实行专户储存。乡镇财务管理薄弱，以拨作支，“白条”报账偏多。

1998年，省审计厅组织10个市（州）及所属37个县（市、区）审计机关对1996—1997年四川省长江上游水土保持农业综合开发项目及种子基地和良种科研推广项目的计划批复与执行、资金配套与到位，以及财务收支、开发效益、工程建设与管理进行专项审计。审计总项目2个，分项目39个，子项目118个。审计总金额10267.60万元。审计结果显示，中央下达治理面积547.35万亩的任务，完成100.4%。其中：改造坡耕地和建设基本农田42.80万亩，建造经果林64.98万亩，营造水土保持林150万亩，种草24万亩，保土耕地110.87万亩，修塘堰、排灌水渠、截山沟等完成土石方8540万方。通过治理改善了农业生产基础条件，生态环境明显改善，充分发挥了减灾效益，山区群众找到了脱贫致富和就地转化农村剩余劳动力的出路。同时，审计查出违纪违规金额1115.25万元。主要问题是：配套资金未落实455.73万元；资金未到位104.95万元；滞留、挪用资金385.60万元；挤占资金53.77万元；计划投资未完成113.20万元；损失浪费2万元。审计机关依法作出处理，其中归还原资金渠道51万元，促进资金到位589.05万元，收缴财政1.40万元，罚款0.28万元。

1998年，省审计厅组织对10个市（地）及所辖48个县（市、区）1995—1997年四川中部丘陵地区第三期农业综合开发项目的计划批复与执行、资金配套与到位、以及财务收支、开发效益、工程建设与管理等进行专项审计。审计分项目48个、子项目148个。项目计划任务为：改造中低产田土196.74万亩，开垦荒地5.7万亩，营造水土保持林18.65万亩，多种经营龙头项目32个，经济林19.64万亩，水产养殖14.23万亩。审计显示：农业综合开发圆满完成国家下达的计划任务，地方财政配套资金落实较好，投资结构符合计划要求，社会、经济、生态三大效益显著。此次审计总金额54140万元，查出违纪违规金额2666.87万元。发现的问题是：专项贷款计划衔接不够、资金未落实1100万元。省、市、县三级预留以奖代补资金1154.8万元。资金使用不当412.07万元，其中财政部门挤占120.06万元；行政事业经费挤占26.84万元；自行变更计划和违规实行有偿使用84.83万元；以新贷还旧贷抵扣154万元。审计还发现财政有偿资金使用收回困难，个别地方擅自提高专项贷款利率，业务费使用不符合规定等问题。上述问题审计机关进行了处理，收缴财政26.34万元，归还原资金渠道314.53万元，促进资金到位519.26万元。

1999年，省审计厅组织采取“上审下”与同级审计相结合的方法，对1998年到期验收的农业综合开发项目计划执行和资金筹集、管理、使用情况进行审计。审计涉及20个市（州）及90个县，抽查项目438个。省审计厅直接审计了省农发办、农业银行省分行和5个市（州）。全省审计单位352个。审计总金额121018.55万元，查出违纪违规金额7470.52万元。主要问题是：欠拨项目资金2708.78万元，1996—1998年市（州）级累计欠拨1100.1万元，县（市、区）级欠拨1608.68万元。地方配套资金未足额落实，金额481.45万元。挤占挪用项目资金444.31万元。财政有偿资金回收困难，省、市、县三级累计达13725.8万元。农业综合开发专项贷款到位率低，未到位金额4802万元。其他违纪违规3478.59万元，其中：改变资金投向674.37万元；自筹资金不到位1126.7万元；财务管理欠规范、支出票据不合规91.24万元以及自行提高有偿资金占用费标准，多收占用费和占用费收入未按规定转作农发基金等。通过审计促进资金到位1719.95万元，归还原资金渠道48.39万元，收缴财政5.4万元。

2002年，省审计厅组织对21个市（州）及所辖107个县（市）1999—2001年农业综合开发项目的计划执行、资金筹集、管理和使用情况进行审计。共审计129个主管部门，抽查230个项目，审计总金额158297万元。审计结果表明，全省实际完成改造中低产田320.77万亩，种植（造林）61.45万亩，生态农业6万亩，节水农业40.4万亩，养殖1062万头（只），水产养殖0.65万亩，均占计划数的100%，草原围栏完成26万亩，占计划数的76%，完成加工项目17个，占计划数77%。通过实施农业综合开发，实行山、水、田、林、路综合治理，水土流失、草地沙化等现象得到有效控制，农业生态环境有了较大改善，取得了较好的社会效益、经济效益和生态效益。审计也查出违纪违规金额27002万元（包括2000年审计查出的2535.55万元和2001年查出的3311.94万元）。主要问题是：配套资金未落实5543万元；欠拨项目资金及未按计划安排项目资金11158万元；随意调整项目计划800万元；财政借用、占用农业综合开发资金2821万元；部分县级农发办抵扣项目资金1532.70万元；部分县级农发办及项目单位挤占挪用585万元；少数市及所辖项目县违规提高有偿资金占用费率，发放有偿资金774万元；其他违纪违规1791.30万元。审计还发现贷款计划不落实、改变项目计划及以新贷抵旧贷问题金额1997万元，以及财政有偿资金回收困难的现象比较普遍。以上问题审计依法作出处理，限期拨付项目资金15075万元，归还原资金渠道5124万元，调整账务453万元，其他纠正6335万元，罚款及收缴财政21万元。

2005年，省审计厅组织对21个市（州）及所辖107个项目县（市）2002—2004年农业综合开发项目进行审计。审计结果表明，全省农业综合开发项目完成情况良好，项目区中低产田得到全面整治，水土流失、草场沙化得到有效控制，项目区粮食增产，农民增收，取得较好的社会效益、经济效益和生态效益。同时审计也发现一些问题：欠拨项目资金及未完成项目计划投资2695.20万元。配套资金未落实416.40万元。挤占农业综合开发资金2354.01万元。随意调整项目计划219.24万元。审计还发现，未经金融机构代发农业综合开发有偿资金；有4个县农业综合开发项目未实行招投标和工程施工监理；少数县自筹资金不落实或自筹资金未纳入县级农业综合开发资金财务统一核算。经审计后，以上问题各项目县（市）已基本纠正，未及时拨付的资金已拨付到位，被挤占的资金已收回归垫。

第二节　林业、粮棉、水利、环保等专项资金审计

1983 年，省审计局对宜宾地区林业局进行育林基金审计试点，查出该局挪用育林基金、中央补助抚育间伐专款、省投入多种经营周转金等生产资金，用于修建宿舍、接待大楼和发放奖金等开支。省审计局对违纪违规问题进行了处理，为全省开展育林基金审计提供了定性处理依据。1984—1985 年全省审计了省、地、县三级林业局、森工局、水运局及部分林场 530 个。查出违纪违规金额 6937 万元。主要问题：少征、漏征、隐瞒不报育林费 994 万元；挪用育林基金 2186 万元，其他生产资金 434 万元用于修建办公、生活用房；挪用育林基金购买非生产设备 302 万元；滥发奖金、奖品、扩大福利开支 50 万元；有关部门摊派、借支育林基金 906 万元；虚列支出、截留挪用育林基金 1086 万元；职工私人借支 29.89 万元；挤占应缴税款 337 万元；财会制度不健全、管理混乱。审计查出贪污 32 人。对查出的问题，审计机关按统一的政策规定，分级进行了处理，上缴、归垫育林基金 3051 万元。

1988 年，省审计局下发了《关于城市维护建设资金、环境保护资金审计方案的通知》，要求各地、市、州至少要开展一个县或一个项目城建环保资金审计。当年全省审计 210 个单位，查出违纪违规金额 6338.6 万元。城建环保资金主要来源是征收城市维护建设税、公用事业附加、超标排污费和地方机动财力安排等。审计发现，全省漏收 481 万元。同时查出征收不上缴，挪作流动资金；挪用城建环保资金搞基建，金额达 1400 万元，以及部分城建环保部门内控制度不健全、财务监督不严等问题。

1989 年，全省安排 82 个商品粮基地县 1986—1989 年发展粮食生产专项资金审计。省审计局在忠县进行了审计试点。全省审计总金额 13330 万元。查出违纪违规金额 1214.47 万元。主要问题：挤占挪用 914.99 万元，其中用于基建 459.55 万元；用于弥补行政经费不足 47.53 万元；用于经商办企业 103 万元；挪用于购汽车及其他设备 24.93 万元。虚列支出 103.05 万元。滥发钱物、请客送礼 7.36 万元。贪污私分、虚报冒领 3.9 万元。其他违纪违规 153.17 万元。审计依法进行了处理，收缴财政 13.28 万元，归还原资金渠道 908.22 万元。

1992 年，省审计局组织 21 个市（地、州）及所辖 74 个粮食生产基地县开展发展粮食生产专项资金审计。审计重点放在各地是否按比例匹配资金及投放效果上。审计结果表明，74 个县粮专资金来源 5369.5 万元，投入农业、农机和水利 5124.9 万元，改造中低产田 42.43 万亩，购置农机设备 3.13 万台，推广新良种面积 1481.23 万亩，新增灌溉面积 29 万亩，恢复灌溉面积 69.7 万亩，预计增产粮食 4.28 亿斤。审计也发现一些问题：资金到位不及时，影响了项目工程进展，1991 年全省计划安排 4753.7 万元，实际到位 4103.34 万元。应配套资金 1346.78 万元，实际配套 1263 万元。违纪违规 160 万元，其中行政主管部门挪用 109.6 万元。基层单位财务管理较差，以领代报、白条报账现象较严重。此次审计为县（市）政府弄清了家底，堵塞了漏洞，也使一些主管部门和区乡干部增强了农业为先的意识。

1997年，省审计厅组织10个市（地）和所属29个县（市）对1995—1996年粮棉大县专项资金的投放、管理和使用情况进行专项审计。省审计厅直接审计了江油市。审计内容包括各级农业银行贷款执行、财政贴息资金投放以及用款单位的资金使用情况。审计单位142个，抽查贷款项目或资金使用单位84个。审计总金额43898万元，其中粮棉专项贷款42633万元，财政贴息资金1265万元。审计发现：自筹配套资金到位情况不理想。由于受各地筹资能力、市场变化、行政干预等因素影响，各县（市）之间项目自筹资金到位很不平衡，少数县（市）项目配套资金不能完全落实，大大影响了项目建设进程。项目论证不够充分，损失浪费较大。未经有关部门批准，自行改变计划规模。经审计彭州、仁寿、蓬安、中江、资中等县（市）变更计划规模金额达1643万元。违纪违规较普遍。一是用新贷抵陈贷及利息；二是挪用专项贷款搞基建；三是财政贴息资金到位不及时，审计发现涉及财政部门12个，农业局2个，金额222万元。项目和资金管理工作薄弱。审计后，省审计厅向省政府上报了《关于粮棉大县专项资金审计的综合报告》。

1997年，全省进行了环保资金的审计调查。在此基础上，1998年省审计厅组织实施了对全省20个市（地、州）及77个县（市、区）共194个环保部门、单位环保资金征收、管理、使用情况的审计。审计揭示的主要问题：排污费征收率低，欠征问题突出。截至1997年年底，全省应征18096万元，实征10246万元，征收率仅为56.62%；征收的排污费未及时足额上缴财政。全省排污费未入库达1120.16万元，滞留在环保部门账上；隐瞒、截留、挤占、挪用环保专项资金1207.55万元，用于单位经费、基建开支、外借投资及职工福利；污染治理专项基金有偿周转使用制度大多数地方未按规定建立，已建立的运行效果不理想。1997年末全省借出环保基金3627万元，逾期未归还的借款达1362万元；全省各级环保部门使用的补助环保部门资金支出不规范，使用结构不合理。1997年全省补助环保部门资金支出4855万元，除用于综合治理的占总支出6.5%外，其余主要用于人员补助费、业务活动补助费、基本建设、福利奖励、设备购置等。通过审计，进一步掌握了环保系统的基本情况，监督了环保资金的征收、管理、使用和国家环保法规政策的执行，对促进环保事业健康发展起到了积极作用。

1998年，省审计厅组织各级审计机关对全省1996—1997年水利专项资金的筹集、投入、管理和使用情况进行专项审计。省审计厅直接审计了省水利厅、省财政厅、德阳市、都江堰市。全省审计单位975个，审计总金额199350万元。查出违纪违规金额13608万元。审计发现的问题：既定的水利资金筹集政策落实不到位，使应征集的水利资金欠收严重。欠收水利建设基金。据不完全统计，全省可提取基金总量为19653万元。但至审计之日止，实际征收量为5908万元，实际数占应征数的29%，地县仅为10%。欠征各种水规费收入。两年全省应征数54838万元，已征数50923万元，欠征5623万元。挤占挪用水利资金3671万元，用于建房、买车、弥补经费、经商办企业等。虚列支出1766万元。水规费收入2086万元未及时纳入同级财政预算管理。投入不足，致使水利工程不能如期完成。有的地方采取“钓鱼”政策，地方资金不能与上级下拨的水利专项资金相匹配，致使水利配套设施达不到设计要求，影响其正常效益的发挥。违反规定，改变资金投向范围。通过审计，促进投入到位2473万元，归还原资金渠道4470万元，上交财政289万元。

1998年，省审计厅组织省地两级审计机关对14个“以电养电”资金重点地市及所辖36个县（市、区）1995—1997年度“以电养电”资金的征收、解缴、管理及使用情况进行审计。共审计111个单位，审计总金额39284.07万元。审计结果显示，省政府“以电养电”政策出台以来，以中小水

1998 年，省审计厅审计组在被审计单位审计“以电养电”有关账目

电为主体的地方电力事业得到持续、快速、健康发展。到 1997 年底已建成 38 个农村初级电气化县。全省三分之一的县（市、区）主要靠地方电站电网供电。“以电养电”政策的贯彻执行，对改造城乡电网，缓解乡镇农村缺电矛盾，推动农村脱贫致富和地方经济发展发挥了较大作用。同时，审计查出违纪违规金额 12897.74 万元。存在的问题是：地方电力企业在实现利润中欠缴“以电养电”资金 6288.77 万元；应缴未缴所得税中欠缴 410.52 万元。两项共计欠缴 6699.29 万元。财政部门执行“以电养电”管理办法不力。审计的 36 个县（市、区）有 24 个未按规定建立“以电养电”专户资金，金额达 1986.3 万元，其中有 1260.43 万元用于平衡同级财政预算。部分水电部门“以电养电”资金使用不当，作为弥补单位经费不足的来源之一，非生产性开支过多，实际用于地方电力企业发展生产投入相对减少。审计机关对审计出的问题进行了处理，达到了摸清情况、理顺关系、确保省政府政令畅通，落实“以电养电”政策和促进地方电力企业发展的目的。

2000 年，省审计厅组织对 20 个市（州）（阿坝州未安排）、104 个县（市、区）排污费征收、管理、使用和效益情况进行专项审计，并对 758 个重点排污费缴用款单位进行延伸审计。省审计厅直接审计了省环保局、成都市及所属 10 个区（市）。审计显示，自 1982 年正式开展征收排污费工作以来，各市（州）、县分期分批修建了环境监测管理站工作用房和辅助用房，配备了必要的监测仪器设备，环境监测和征收排污费工作走上正轨。1998 年至 1999 年全省以狠抓“一控双达标”为载体，环境治理、环境保护工作成效显著。成都市在全国 46 个重点城市的城市环境综合整治定量考核中均为第六名。同时，审计揭示排污费征收管理中还存在一些问题：排污费征收执法力度普遍弱化，1998 年至 1999 年全省应征 42014.91 万元，实征 27008.25 万元，欠征率为 36%，除成都、广安、达川征收较好外，其余 17 个市州普遍存在欠征、漏征或任意减免。可供使用排污费实际安排较低。1999 年末已筹集排污费未作预算安排 13453.12 万元，占可供投入额的 37%。使用中违纪违规严重。排污费违纪违规支出 7481.18 万元，占实际支出的 32%。挤占污染治理资金 4456.51 万元，其中：省出台排污费政策将超标排污费用于环保部门自身建设部分的比例较国家规定提高 10%，全省共安排污染源治理资金比国家规定少 2620.33 万元；城市基础设施建设挤占污染源治理资金 340.81 万元；行政事业经费等挤占污染源治理资金 1495.37 万元。出国、建房买车、配手机 1896.54 万元。平衡财政预算等 625.27 万元。擅自改变预算资金用途 53.78 万元。其他违纪支出 138.72 万元。借给企业经商 188 万元。损失浪费 65 万元。账外资金 57.36 万元。据审计调查，截至 2000 年 9 月底，全省所有重点工业污染企业 6150 家，未达标 1154 家，未达标率占 20%。抽查二氧化硫污染源治理重点单位治标难治本。污染源治理信贷专用基金逾期回收困难。应缴未缴税费 235 .10 万元，应缴未缴国土出让金 86.55 万元。排污费财务核算不合规 490.98 万元。审计处理金额 26426.34 万元，其中：限期征收入库11406.66万元，限期安排使用7013.20万元，决定归还原资金渠道6732.90万元，解缴财政1273.58万元，处以罚款108.07万元。查出案件2件，涉案8人，涉案金额95万元。省审计厅向省政府提交了《全省1998至1999年排污费审计的综合报告》。

2001年，省审计厅组织各级审计机关对21个市（州）、117个县1999—2000年退耕还林还草试点工程项目计划执行、资金拨付和使用、相关政策落实以及项目实施效益进行专项审计。省审计厅直接审计了青川、汶川县。共审计项目主管部门528个，项目实施单位1698个，抽查农户13619家。审计总金额94695.9万元。审计结果显示：117个县试点工程计划面积为387.2万亩，实际完成390.28万亩，其中退耕还林还草295.32万亩，荒山造林94.96万亩，占计划100.8%。由于各级政府精心组织、科学规划、严格政策兑现，基本上达到了退得下、稳得住、能致富、不反弹，为建设成为长江中上游绿色生态屏障打下了良好的基础。同时，审计查出违纪违规金额10331.08万元。主要问题是：财政部门滞留粮食补助资金612.06万元；同时未将粮食补助资金实行封闭运行，开放式核算，使粮食补助资金节余留存于企业基本账户内，任企业随意支用。林业部门截留退耕还林还草工程资金用于抵扣种苗费、生活补助404.2万元；弥补经费69.76万元；挤占挪用113.17万元；应拨未拨种苗补助、骨干苗圃建设资金2027.63万元；将退耕还林资金拨给非退耕县231.40万元；大户承包未将钱粮兑现给原承包农户108.02万元；将好地、平地、集体坡耕地2745.99亩纳入退耕还林。粮食部门粮食进销差未冲减成本2519.9万元；粮食不出库就地作账收购292.22万元；滞留粮食调运费64.89万元；挤占挪用322.65万元；由于计划作业设计地点和退耕户发生调整变化，粮食供应对象发生变动数量957.48万斤，少兑现粮食给农户折价670.24万元；部分供粮企业提供不合格粮食21.7万斤，折合金额15.19万元。有的农发行将粮食补助资金抵扣贷款利息和归还经营性贷款263.79万元。税务部门未按验收合格面积扣减农业税及减免的农业税未落实到农户916.38万元。项目实施单位及乡镇违纪违规143.22万元。其他违纪违规1021.85万元。审计机关依法对违纪违规问题作出处理，归还原资金渠道5253.44万元，促进资金到位4366万元，促进粮食到位49.69万公斤，上缴财政3.2万元，其他处理711.64万元。移交案件1件，贪污2人。

2003年，省审计厅组织各级审计机关对21个市（州）所辖77个天然林保护工程资金项目县（市、区）2001—2002年中央及地方政府安排的天然林资源保护工程资金进行审计。审计各级林业局、财政局、社保局等主管部门232个，抽查乡（镇）、村、组231个。审计总金额90813万元。审计结果显示：项目资金管理基本上实行了县级报账制和专户存储、专账管理、单独核算，工程项目基本上按照上级林业部门下达的计划组织实施。审计年度内的天然林管护任务和公益林建设任务基本完成，纳入管护范围的天然林未出现大面积病虫危害、森林火灾、滥砍乱伐、毁林开荒等现象；公益林人工造林成活率普遍较高，长势良好。通过实施天保工程，天然林资源得到了初步保护和恢复，森林覆盖率不断提高、生态环境恶化的趋势得到有效缓解。审计查出违纪违规金额14217.95万元。主要问题是：财政部门违纪违规3055.71万元，其中，滞留天保资金2833.06万元，占用天保资金192.09万元，其他违纪30.56万元。林业部门违纪违规11120.48万元，其中：弄虚作假、虚列支出、转移资金用于私设“小金库”、滥发奖金补贴等1380.13万元；挤占挪用2219.66万元；滞留资金5254.31万元；串用资金1176.84万元；擅自改变计划223.29万元；欠缴养老基金163.67万元，其他违纪702.58万元。乡镇违纪违规41.76万元，主要用于弥补乡镇经费不足。审计还发现市县两级配套资金不到位问题突出，金额达24902.15万元。各级审计机关对违纪违规问题依法进行了处理，要求限期拨付资金8070.85万元，决定归还原资金渠道3930.27万元，罚款64.90万元，收缴财政207.10万元，调账403.36万元，完善手续等494.05万元，上缴养老基金157.32万元。移送司法、纪检监察部门的案件4件，涉案人员6人，涉案金额955万元。审计建议给予党纪政纪处分8人。

2004年1月，省审计厅为贯彻落实省政府领导的批示精神，印发了《关于检查天然林保护工程资金审计意见书和审计决定执行情况的通知》，部署了各级审计机关对审计意见书及审计决定执行情况进行检查。截至4月底，经过各级政府、主管部门及项目实施单位认真整改，对全省共查出违纪违规问题14217.95万元已纠正12614.31万元，占要求纠正数的89%，未纠正1603.64万元。具体纠正情况为：已拨付资金7864.79万元，占要求拨付数8070.85万元的97%，其中财政部门应拨付资金2833.06万元，已拨付资金2659.53万元，林业部门应拨付5237.79万元，已拨付资金5205.26万元，欠拨32.53万元。已归还原资金渠道2950.62万元，占要求归还数3930.27万元的75%，其中财政部门应归还原资金渠道192.09万元，已全部归还；林业部门应归还原资金渠道3696.42万元，已归还2716.77万元。已上缴财政37.30万元，占要求上缴数207.1万元的18%，应缴未缴169.8万元，系甘孜州由于财力有限无法上缴。已上缴罚款64.90万元，全部执行完毕。已调账162.47万元，占要求数403.36万元的40%。已上缴养老基金157.32万元，全部执行完毕。已完善手续等其他处理486.81万元，占要求数494.05万元的99%。审计移送司法、纪检部门案件4件，已全部移交有关部门，已结案1起，正在查处3起。对8个市（州）尚未落实和纠正的1603.64万元违纪违规资金，省审计厅建议省政府责成8个市（州）政府予以高度重视，尽快制定整改计划，采取措施，坚决纠正。凡是未及时纠正和整改的部门和单位，应追究有关责任人的责任。

2005年，省审计厅对成都、德阳、绵阳、宜宾、攀枝花市本级2003—2004年排污费和其他环境保护专项资金的征收、管理、使用情况进行审计。审计了环保局及所属二级单位和相关财政部门共24个，审计调查缴纳排污费企业46家，抽查污染源治理项目40个。审计总金额49930.82万元。查出违纪违规金额6701.19万元。主要问题是：征收环节中存在：漏征、少征排污费652.80万元；违反规定减免排污费23.30万元；征收的排污费67.02万元未作本级财政收入；排污费未缴入金库239.97万元。使用环节中存在：挤占挪用排污费专项资金630.44万元，主要是环保部门挤占挪用于行政经费开支、财政部门扩大环保补助专项资金开支范围安排资金；应缴未缴财政专户248.75万元；排污费结余未纳入年度预算553.87万元；结余及拨款未作收入340.74万元；无预算列支支出79.90万元；未及时拨付及未按计划拨付污染治理资金110.66万元；未足额缴纳排污费上级分成收入67.85万元；购置设备未通过政府采购36.94万元；未纳入单位财务核算的收入108.72万元；虚列支出、票据不合规、资金来源及开支不明、违规转包环保工程等624.13万元；固定资产未及时入账2364.87万元。效益调查中存在：两年5市征收的排污费中，安排用于环保部门人员及公用经费多，安排用于企业及单位的污染源治理资金较少。据统计，5市本级安排的排污费共计11279.14万元，用于污染治理项目的资金4288.50万元，仅占总支出的38%；污染源治理项目中财政投入的环保补助资金比例少。审计调查40个环保污染源治理项目计划总投资19463.58万元中，财政补助资金3482万元占计划投资的18%；污染源治理资金481.03万元未及时拨付到位；部分污染源治理项目未按时完工、验收不及时；个别项目未按国家规定实施招投标。省审计厅依法对违纪违规问题进行了处理，审计决定限期归还原资金渠道630.44万元，罚款2.46万元，限期缴纳漏征、少征排污费

652.80万元，调账及其他处理5417.95万元，移送主管部门调查处理2件。同时，省审计厅向省政府提交了《关于5市排污费及其他环保资金征收管理使用及效益情况审计的报告》。

第三节　农业与环保资金专项审计调查

1989年，根据审计署的要求，省审计局分别在重庆、成都、攀枝花、凉山州开展了对城建环保资金收、管、用三个方面的审计调查。调查发现少收、漏收、欠交以及挪用城建环保资金的现象较为严重，部分单位对污染治理不积极，环保资金利用率不高。为此，审计提出如下建议：对新建、扩建、改建工程项目必须严格执行“三同时”（即对环境有影响的建设项目必须与防治污染的措施同时设计，同时建设，同时投产）的规定，并把治理污染所需要资金纳入固定资产投资计划，严格把关，避免产生新的污染源。努力提高环保补助资金的利用率。在安排支出时，不仅要把上年收入基本都安排出去，还应提前半年安排当年收入；鉴于治理项目设计周期长，重点治理项目应提前1—2年列入准备项目计划，做好建设前期准备工作，使每年安排的项目较均衡，并尽快建成投入使用。建议将部分城市维护费和环保补助资金用于建立环保贷款基金，鼓励企业有偿使用环保补助资金，加快城市污染治理的步伐。坚持“专款专用”原则，不得挤占挪用城建环保资金。

1997年，省审计厅组织对16个市（地、州）及所属70个县（市、区）环保局和78个污染较重的企事业单位1995年、1996年环保资金来源情况、排污费征收、解交、使用、管理情况，省（市）级污染治理资金使用及治污项目效益发挥情况进行审计调查。调查揭示的主要问题：排污费征收不理想，未征数额大。两年全省应征40131.8万元，实征18374.15万元，仅占45.78%；入库不及时，1996年年底未入库资金510.05万元，影响财政预算；拨补不到位，滞留资金较多，1996年年底排污费在财政未安排资金3489.7万元，使有限的治理资金未能尽快发挥作用；专项资金未专用，环保资金挪用严重，主要用于支付环保部门人头经费729.97万元，支付建房、购车费1679.16万元，支付奖金福利694.49万元，其他支出3039.70万元；治理工程管理不善，效益不够好；执行财会制度不规范。此次调查基本上摸清了全省环保资金的情况，对环保资金的征收、管理、使用需进一步研究解决的问题提出了建议，引起了有关方面的重视。

1999年，省审计厅对成都市金牛扶贫开发区19家扶贫企业1997年至1999年6月的生产、经营、财务收支及扶贫任务完成情况进行审计调查。调查结果显示，19家扶贫企业中盈利的8家，亏损的11家。8家盈利企业累计实现产值15246万元，实现产品销售收入11074.62万元，创税773.93万元，赢利710.78万元。11家亏损企业累计实现产值2257.91万元，实现产品销售收入1147.74万元，创税115.63万元，亏损694.77万元。实行异地扶贫开发，是实现《国家八七扶贫攻坚计划》的一种扶贫方式的尝试，是省扶贫工作的创举。由于没有现成的模式可借鉴，因此存在一些问题有待探讨：企业亏损面较大。19家扶贫开发区企业扶贫贷款总量达9164万元，其中逾期贷款6000万元。扶贫贷款大部分用于修建厂房、购买设备，形成的固定资产达9681.7万元。由于亏损、停产，固定资产大部分闲置。扶贫义务未得到很好履行。审计调查分析了产生问题的原因，提出了从根本上改变扶贫企业现状的6条建议。省审计厅向省政府提交了《关于四川省扶贫开发区扶贫企业的审计调查报告》。

2001年，省审计厅对都江堰管理局（简称都管局）、人民渠一处及彭州、新都、中江、三台、双流、青白江、崇州、都江堰8县（市、区）1998—2000年都江堰灌区农业水费收支进行审计调查。调查结果表明：农业水费计征耕地面积基数和实物折价基准异议。8县（市、区）以农业税征税面积计算农业水费应征面积并以政府下文落实到户。都管局强调征收面积依据现行规定应以三查三定面积进行结算。灌区各县（市、区）实征面积比都管局应征面积小；8县（市、区）一般采用实物征收农业水费、实物变现后普遍贬值，都管局对折现贬值不予认可。所调查8县（市、区）拖欠3079.75万元中60%应归纳为上述两个原因。已征水费被挤占挪用724.39万元，占已征水费的27%。应征未征水费981.41万元，占应征数的13%。省审计厅向省政府作出专题报告，建议有关部门重新核定征收面积标准和明确水费使用比例；水费使用管理应纳入县级政府目标管理，以达到管好用好水费，促进灌区农业生产发展的目的。

2004年，省审计厅结合国土资金审计工作，组织各级审计机关对16个市（州）及80个县（市）2002—2003年被征用土地农民补偿费的拨付及兑现情况进行审计调查。抽查了824家被征地农民土地补偿安置费的兑现情况。调查显示，各地党委政府根据《中华人民共和国土地管理法》，结合本地实际，先后制定及完善了本地的补偿标准、程序及办法，坚持了“两公开一登记”制度，严格按照法定标准及程序征用农民集体土地，各项土地补偿安置费到位及时，管理规范，使用合理，基本无挤占挪用现象。审计调查两个年度内16个市（州）拖欠农民补偿费的只有7个市（州），其余9个市（州）在审计范围内未发现拖欠现象。7个市（州）累计拖欠被征用土地农民补偿费28140.94万元，拖欠单位基本上都是当地的开发区。从抽查824家农民情况看，已按标准兑现的有684家，未兑现完毕的有140家，应兑现土地补偿费2975.84万元，实际兑现2610.86万元，占应兑现数的88%。调查发现少数失地农民生活就业困难。抽查的824家被征用土地的农户，只有639人就业，平均每户不足1人。调查还发现，省上尚未出台失地农民的低保、失业、养老、医疗等具体办法，大部分市（州）及县（市）社会保障制度推行缓慢。目前政府仅能解决失地农民临时性的生活问题，但长久的保障还未从政策上给予保障。许多失地农民对此存在担忧。

2004年，省审计厅组织甘孜、阿坝、凉山、攀枝花等10个市（州）审计局对所辖22个退耕还林工程县1999—2003年退耕还林工程的实施、相关政策的执行、资金投入效益、当前存在的主要问题及工程的后续发展情况进行审计调查。共调查了22个县，涉及计划、财政、统计、林业、农业、粮食及农业发展银行等主管部门107个，实施退耕还林工程的乡镇132个，村264个，退耕农户1344家。审计调查金额72813万元。调查显示，22个县通过实施退耕还林工程，种植生态林达93%，经济林占7%，促进了当地生态环境改善，水土流失现象得到了有效控制，自然灾害明显减少。退耕还林工程实施后，解放了农村劳动力，增加了外出务工的机会。22个县中有15个县从1999年至2003年累计转移到二、三产业的劳动力人数达61万人。退耕还林工程不仅增加了农民的劳务和钱粮补助收入，而且推动了林果业、竹产业、畜牧业、生态旅游等产业的发展，为培育地方经济注入了新的活力。22个县林业总产值累计113978万元，占当年农业总产值的9.6%。还使22个县林产品产量由1999年的285716吨，增加到2003年的366285吨，增加了28%。审计调查查出退耕还林工程资金管理使用中违纪违规金额950.9万元，其中：弄虚作假、虚列支出、套取资金121.93万元用于其他开支；挤占资金230.22万元用于弥补经费或用于与退耕还林无关的项目开支；未及时核销粮食企业贷款247.5万元，多收取利息35.96万元；未及时拨付资金259.54万元；以粮食折现发放

31.52万元。调查还发现资金投入效益中存在问题：未按时完成荒山造林任务53335.04亩；规划不合理、项目选择失效、造成资金损失41.2万元；随意扩大退耕范围、盲目退耕32130.8亩，未给退耕户兑现钱粮，加剧农户生活困难；违规将国营林场集体耕地及水田纳入退耕范围1049亩；生态林生长周期长，一时难以产生经济效益，加之国家对种植生态林的补助年限相对较短，退耕农户生产生活无法保障，个别县出现林粮间种及复耕现象；未及时发放林权证26.12万本。针对上述问题，审计调查提出6点建议，并向省政府提交了《关于退耕还林工程资金效益情况的审计调查报告》。

第七篇　固定资产投资审计

固定资产投资审计是审计机关依法对政府投资和以政府投资为主的建设项目的预算执行情况和决算，以及其他关系到国家利益和社会公共利益的重大建设项目实施审计监督的行为。

四川省审计机关建立初期，基本建设项目审计主要开展了自筹资金基本建设、技术改造（更新改造）、新开工、城市建设、环境保护等项目的审计。以财务收支审计为主，检查建设资金来源是否正当，建设资金是否落实，有无挤占挪用问题。同时审查建设项目是否按规定报经有关部门批准，有无未经批准擅自开工的情况。审计的目的是督促控制和调整社会基本建设规模和结构的政策落实，保证基本建设计划项目的完成。

随着改革开放的深入和社会经济的发展，固定资产呈现投资体制多样化，给固定资产投资审计提出了许多新的课题。20 多年来，全省审计机关紧紧围绕为地方经济建设和实施西部大开发战略服务的指导思想，不断探索在新形势下投资审计的发展方向，以提高投资审计的质量和监督的效应。在审计的内容上由单一的财务收支审计发展到对概（预）算执行、工程管理、工程造价、财务核实的全面审计；审计范围由建设单位转为既审计建设单位又注意延伸审计设计、施工、监理等单位；审计对象由审计一般的楼堂馆所到水利、公路、铁路、机场、市政建设、公用设施等各个领域；审计形式由事后审计向全过程跟踪审计发展。同时，注意财务收支的真实合法与绩效审计相结合，对建设效果进行审计，分析项目建设情况，规范建设行为，揭露损失浪费；对建成后的效益，对政策、法规的完善，环境设施的配套等可能影响效益的因素进行分析预测，提出完善和改进的建议。固定资产投资审计已初步形成了具有专业特色基本理论体系和全过程工程财务和效益审计的基本格局。

第一章 建设项目资金及建设企业审计

第一节 一般基本建设项目审计

审计机关建立之初，对基本建设项目审计主要以财务收支为主，多采用对建设过程进行审计检查。1987 年至 1989 年，省审计局先后对中国机械设备进出口公司四川分公司、省物资交易信息中心、省粮食局综合楼辅助工程、乐山市八仙洞宾馆、都江堰市粮食局招待所等建设项目进行审计。共查出超规模、超标准、超投资以及资金来源不当，挪用专项资金、违反控购等违纪违规金额 2696.3 万元，收缴财政 305.6 万元。

1989 年 3 月，省审计局、省计经委转发了审计署、国家计委《关于对停缓建项目进行跟踪审计的联合通知》。全省对 678 个停缓建项目进行了跟踪审计。审计反映大多数建设单位能及时停止施工，并组织专人负责善后工作。但仍有 60 个项目未按规定执行或停缓建后又擅自开工，导致多完成投资 2292 万元；审计查出资金不落实、来源不正当的情况突出；部分项目停缓后善后处理措施不当，设备损坏，浪费严重等问题。

1990 年 3 月，省审计局、省计经委、省建委下发了《关于我省 1990 年基本建设项目审计检查的实施方案》，开展对国家和地方大、中型建设项目和楼堂馆所项目在建期间的经济活动进行审计检查。1990 年和 1991 年全省共审计检查基建项目 100 个。省审计局先后审计检查了武都引水工程、四川清平磷矿、川黔铁路电气化改造工程、成都印钞厂、万县川东盐厂、雅安制浆厂等重点基建项目。审计查出概算不实、概算外投资、资金不到位等金额 27717 万元，违纪违规金额 17230 万元，损失浪费金额 1182 万元。经审计，削减投资 3593 万元，处理归还原资金渠道 5589 万元，补缴税金 1503 万元。针对问题，审计提出了加强项目可行性研究、初设概算审查、对地方重点项目逐步推行和建立业主负责制等管理的建议。

第二节 自筹基建资金审计

自筹基本建设投资是基本建设投资的重要组成部分。省审计局在 1986 年、1987 年开展自筹基本建设资金审计试点的基础上，1988 年在全省范围内普遍开展了此项审计工作，当年审计覆盖面达 60% 以上，共审计了 859 个计划安排项目，查出有问题项目 16 个，金额 9037 万元。经审计，决定撤销 13 个项目，停、缓建 25 个项目，压缩控制 5 个项目。主要问题是：投资结构不尽合理，非生产性项目偏多；项目资金缺口大；乱挪乱用流动基金、更新改造资金，银行贷款以及乱集资、乱摊派现象严重；改头换面，化整为零，以零星项目的名义搞较大规模基建等。

1989年，根据国务院《关于清理固定资产在建项目，压缩投资规模、调整投资结构的通知》的精神，省审计局下发了《关于1989年继续开展自筹基本建设资金来源审计的通知》，当年绝大多数市（地）审计覆盖面达到100%，全省共审计1277个计划安排项目。经审计建议撤销资金不落实和来源不当项目7个，停、缓建项目20个，控制预安排计划项目3个，补缴建筑税和补购重点债券402.6万元，归还原资金渠道2505万元。

1990年和1991年，全省共审计自筹基建资金来源项目5194个，查出有问题项目382个，违纪违规金额17070万元，商请有关部门停建项目11个，撤销资金不落实、来源不当和缺口较大项目55个，控制预安排项目63个，追缴建筑税和补购重点债券279万元，节省项目投资7709万元。

第三节　技术改造（更新改造）项目资金审计

1990年，省审计局、省计经委下发《关于开展对我省技术改造（更新改造）项目资金审计的通知》，在技术改造计划下达前，应对要求列入当年计划的投资项目的资金来源进行审计；在坚持先审后批的原则下，适当选择部分技术改造项目进行专项调查或事中、事后审计。当年全省共审计技改项目114个（土建部分），发现有问题项目20个，主要是：项目未经审计就下达了计划，漏审项目多；投资不落实，资金缺口达1804万元；资金来源不当，存在乱挪乱用等问题金额415万元。

1992年，省审计局采用重点抽查和项目单位自查相结合的方法，对5个省级限额以上技改项目进行审计调查。同时组织部分市（地、州）审计局也开展了此项工作。主要目的是摸清全省更新改造项目的基本情况和存在问题，积极向有关部门提出宏观调控建议，以促进企业技术进步，提高市场竞争力。全省共审计调查93个更新改造项目，发现主要问题：有28个项目未达到设计水平，这些项目的实际生产能力与设计生产能力相比，产值差距达27921万元，利税差距达7582万元。项目投资效益不理想，造成还贷能力弱，拖欠贷款严重。在总投资161134万元中，银行贷款高达85457万元，占总投资一半以上。个别项目全靠银行贷款。特别是一些没有达到预期效益水平的项目，连贷款利息都无力支付，更谈不上按期还本了。投资超计划严重。无论是竣工还是在建项目，均存在投资超计划问题。超计划的原因，一是因物价上涨，有的技改项目工期长、时间跨度大，没有对物价变动因素进行充分估计；二是计划偏低。为了把限上项目做为限下项目来审批而压低投资计划；三是因项目预算不周而出现漏项，建设过程中修改设计而超计划投资。同时还发现以技改名义上基建项目、非生产性建设在投资中比重偏大的问题。为此，审计建议国家制定技改投资管理法规，对技改的范围、资金来源及应用，有关部门、单位投资责任及违规处罚作出明确规定，以便有法可依，将技改投资管理纳入法制的轨道。

第四节　新开工项目审计

建设项目实行开工前资金来源审计，是国家对投资规模调控的一项重要措施。1990年1月，省审计局、省计经委下发了《关于贯彻审计署、国家计委〈关于开展基本建设项目开工前审计的联合通知〉的意见》。当年全省共审计新开工项目 375 个，查出违反基建程序项目 17 个，计划外项目 2 个，扩大投资规模、提高建设标准项目 14 个，擅自开工或复工项目 4 个，资金不落实、来源不正当项目 27 个。通过审计对资金不落实、来源不正当等 15 个项目不同意开工，归还原资金渠道项目 2 个。1991 年全省共审计新开工项目 752 个。审计查出违反基建程序项目 7 个，计划外项目 2 个，扩大投资规模项目 17 个，自行提高建设项目标准 9 个，擅自开工项目 1 个，资金不落实、来源不正当项目 45 个。通过审计对不符合产业政策的 4 个项目不同意开工，对违反基建程序建设作出取消和通报批评的项目 14 个，对一些建设单位以生产性项目名义建非生产性项目，乱挪乱用资金搞基本建设等问题，均据有关规定作了严肃处理。

1992 年 5 月，省审计局、省计委、省建委下发了审计署、国家计委、建设部《关于印发〈固定资产投资项目开工前审计暂行办法〉的通知》。当年全省共审计新开工项目 1005 个。查出有问题金额 5947 万元，并作了相应处理。同时也发现一些普遍性、倾向性问题：有的建设单位将征地拆迁等费用抛在投资概算之外，使项目资金留下缺口；以技改名义上基建项目；有的建设单位因资金不落实，有意将项目以大报小，以多报少，建设中逐步加码，使项目超概算，超投资较多。1993 年，全省共审计新开工建设项目 1037 个。经审计查出资金来源不合理等违规问题金额 19399 万元。通过审计对违规建设项目分别作出处理：对不具备开工条件的建设项目及时向有关部门反馈信息，建议不予批准开工；对资金来源不合理的建设项目，按有关规定要求项目单位归还原资金渠道；对未经审计擅自开工的项目，除责令建设单位停工立即补办开工前审计手续外，并处以罚款；对资金有缺口的项目，要求建设单位必须将项目所需投资意向性证明等手续全部落实，以及当年投资的资金到位后才予以审计鉴证同意开工，以便事后有据可查，将问题控制在建设项目开工前，防患于未然。通过近几年来的审计，建设单位遵纪守法的自觉性明显增强，审计查处违纪违规金额由 1992 年的 29129 万元减少到 1993 年的 19399 万元，减少了 33.4%。特别在建设资金落实方面，通过审计引起了建设单位的普遍重视，使资金不落实问题逐年递减，1993 年与 1992 年同期相比减少了 16308 万元。

1994 年，全省共审计新开工项目 1246 个，查出违纪违规金额 8567 万元，分别按有关规定作出了处理。从当年审计情况看，各行业投资较均衡，其中原材料、能源和科教文卫体投资额较上年同期有明显增长，而楼堂馆所项目投资由 1993 年的 14641 万元减少到 2251 万元，减少了 86.62%。

1995 年，根据国务院《关于严格限制新开工项目，加强固定资产资金源头控制的通知》精神，全省继续开展了对新开工建设项目开工前资金来源审计。全省共审计了 1198 个新开工项目。经审计查出资金来源不合规金额 13496 万元，并按违纪违规性质分别作出了处理：对资金不合规挤占挪用金额 845 万元，责成建设单位按规定归还原资金渠道；漏缴税款 94 万元，责成建设单位补缴；未经审计擅自开工的项目，除责成建设单位补办审计手续外，并对情节严重的项目进行了罚款处理；对不具备开工条件的 11 个有问题项目，已及时向有关部门反馈了信息，建议不予批准开工，将问题控制在开工前。对新开工项目开工前的审计，逐步使我省固定资产投资规模及结构得到了有效的控制和调整。

第五节 城市建设综合开发企业和施工企业审计

城市建设综合开发企业随改革开放涌现并发展起来。1990 年 12 月，省审计局下发了《关于开展国营城市建设（房地产）综合开发企业的审计方案》，次年对 15 家城市建设综合开发企业财务资格和财务收支活动进行了审计。审计反映出：部分房地产综合开发企业注册自有资金达不到国家规定的资质等级标准；有的开发企业利用商品房计划，修建公司及主管部门职工住宅挤占企业开发资金；较普遍存在挤占开发成本，将销售商品房价款、新征土地转让费部分列入收入、直接冲减开发成本或列作其他科目，影响企业收入、成本、利润的真实性；漏交国家有关税费。共查出有问题金额 1088.1 万元。审计决定收缴财政金额 184 万元，补缴各种税款及“两金”172.8 万元，调整账务 391.6 万元。

2000 年，审计组在工程结算审计现场实地测量

1992 年，房地产开发企业迅猛发展，由原来 100 余家猛增至 1000 余家，企业的性质也由原来的全民为主，集体为辅发展到全民、集体、股份制、中外合资、合作或独资等多种经济形式。为此，省审计局于 1992 年和 1993 年组织对全省房地产开发企业进行了行业性审计调查。在此基础上，1995 年，省审计局组织对 21 家房地产开发企业进行财务收支审计，其中省属企业 5 家，市属企业 6 家，县属企业 10 家。审计查出有问题金额 4238.55 万元。审计显示，大多数房地产开发企业能积极面向市场，大力开发和销售民用住房，积极进行旧城改造，为城市建设和人民生活水平提高作出了积极贡献。但在执行国家财经法规方面也还存在一些问题：经营管理方面，普遍存在注册资本到位率较差，有的企业靠举债进行开发，资金有限，影响了企业正常开发经营和发展；部分项目建设未按基建程序进行，造成项目开发过量、商品房积压，影响了企业的经济效益。财务核算与管理方面，财务核算体系不健全、方法不科学，表现在账面记录数字与会计报表数字不一致；财务报表及资料不齐全；虚列成本、多计成本、隐匿收入，偷漏税费现象仍很普遍。为此，审计建议财政、税务、工商、审计等部门各司其职，密切配合，加大对房地产开发企业的税收征管和财务管理方面的监督，使其在法律规定下健康、有序地发展。

1996 年，省审计厅对四川冠中集团股份有限公司资产、负债、损益进行审计，核实该公司账面资产负债率已达 95%，考虑土地投资等潜亏因素，实际已资不抵债。审计后撰写的审计信息引起了省政府的重视。

1999 年，省审计厅对总府嘉信房地产公司总府花园楼、成都银通房屋有限公司综合楼、四川新宇置业公司住宅楼等项目进行专项审计，查出上述公司少缴所得税、固定资产投资方向调节税等共计 595 万元，全部收缴财政。

对国营施工企业审计也是固定资产投资审计的一个组成部分。1987 年和 1988 年，省审计局和部分地、市审计局开展了对国营施工企业的审计。省审计局审计了省建一公司和十二公司，地、市审计局审计了 11 家施工企业。审计主要审查承包经营责任制各项经营指标，以及企业经营者是否实现了承包经营目标及其经济责任，以保证国家利益不受损失。审计查出盈亏不实、截留利润、挤占工程成本等违纪违规金额 995. 63 万元。审计决定收缴财政 142. 01 万元。

第二章　政府投资项目全过程和效益审计及专项审计调查

第一节　国家重点投资项目审计

1993年，投资审计开始从建设资金、建设企业审计为主向项目概算执行情况和竣工决算审计为主的财务收支、工程结算审计转变，突出了对国家和地方重点建设项目、重点建设资金的审计监督，开展了以固定资产投资活动为主线，从建设资金的到位审查资金缺口对建设工期造成的影响；从项目概算入手审查投资控制和年度计划的执行；从建设管理审查财务核算工作和内控制度的完善程度，以提高投资效益为目的的审计监督。当年完成审计项目49个，其中在建项目12个，竣工项目37个。审计查出有问题金额39516.73万元，其中概算不实10861.33万元，概算外投资7011.17万元，资金不落实8561.33万元，资金不到位7713.13万元，损失浪费971.02万元，违反财经纪律4398.31万元。经审计处理削减投资1488.86万元，归还原资金渠道1180.98万元，补缴税金884.26万元。审计结果显示大部分建设项目能按基建程序办事，基本能遵守国家规定，按批准的建设内容和建筑标准进行施工。

1994年，省审计局提出“竣工决算要全面进行，重点在建项目审计面达到百分之三十以上”的要求，全年完成竣工决算审计36项，重点在建项目审计13项。审计揭示主要问题是：概算不实、超概算超投资比较普遍；少数项目手续不全，有的项目资金来源不当；有的管理不善，会计核算工作不规范，损失浪费严重和漏欠缴税费等。审计查出有问题金额26874.79万元，其中：概算不实2496.64万元，概算外投资5569.21万元，资金不到位15571.88万元，资金不落实616.50万元，违反财经法规1598.64万元。审计处理核减投资512万元，归还原资金渠道386.52万元，补缴税金636.71万元。

1995年，针对基建审计任务重的情况，省审计局提出了地方重点建设项目由国家审计机关负责，一般性项目原则上由内部审计和社会审计组织进行审计查证工作，由此扩大审计覆盖面。对地方重点建设项目实行了事前、事中、事后全过程审计制度，逐步形成较完整的开工前、在建、竣工决算审计模式。当年完成在建项目审计19项、竣工项目审计187项。查出有问题金额100509.34万元。重点在建项目审计出的主要问题是开工手续不全、超计划投资、概算外投资、概算不实、资金来源不当，挪用建设资金、挤摊成本以及漏欠税费、造价不实等。竣工决算发现主要问题是概算外投资、交付使用财产不实、尾工不实、损失浪费、高估冒算、漏欠税金等。经审计处理核减投资 1441.93 万元，调账 2420.77 万元，制止概算外工程投资 3395 万元，归还原资金渠道 1960.44 万元，补缴税费 910.43 万元。

1999 年，省审计厅组织对南充东站、广元、西昌、攀枝花、眉山、蓬安、达川、渠县、南江 9 个中央直属储备粮库建设项目进行审计。其中 2 个为新建项目、7 个为扩建项目。审计查出违纪违规金额 741 万元。其中：超概算投资 444.20 万元，概算外投资 74.50 万元，设计漏项 15 万元，兴建非生产性设施 25 万元，挪用建设资金 50 万元，挤占建设成本 46.21 万元，投资完成不实 58.52 万元，其他 27.58 万元。审计揭示的主要问题：渠县粮库扩建工程预算超概算投资 425.66 万元，造成资金较大缺口。南充东站粮库、南江粮库建设所需土地未落实，导致项目建设占用原国家粮库土地和占用中直粮库建设资金问题。攀枝花新建粮库项目、广元中直粮库和达川中直粮库存在扩大建设规模及计划外工程投资问题。蓬安粮库工程进度滞后且项目管理费已超 19.2 万元。西昌粮库、广元粮库、南江粮库和南充东站粮库违反规定将不应列入项目投资的各种零星费用进入投资，挤占建设成本。针对上述问题，审计提出了 4 点建议，对违纪违规问题按照有关规定进行了处理，其中：归还原资金渠道 95.90 万元，指明要求纠正 668.79 万元。

西部大开发战略实施以来，四川省确定了“西部开发、交通先行”的发展战略，交通建设规模空前、投资巨大、发展迅速，成为投资审计的重点。2000 年全省审计机关在“有路必审、审出成效”的指导下，全省共审计公路 89 条，审计总投资 55 亿元，审计核减 30952.78 万元，其中核减工程造价 11436.09 万元，核减建设成本 19516.69 万元。省审计厅在对成绵高速公路工程竣工决算、成都绕城高速公路在建项目审计中，核减投资 8856.33 万元。2002 年省审计厅对自宜、成雅、隆纳三条高速公路竣工决算进行审计。审计表明：三条高速公路的建成通车极大的改善了川西、川南 5 市和近 20 个县的交通状况，带来了良好的效益。同时，审计揭示在建设和管理中存在问题：工程投资概算粗糙，一些项目概算超支严重，一些项目概算又大量结余，经过专家评审和批准的概算失去了控制投资规模的作用；三条高速公路指挥部在设计变更上，不按基本建设程序办事，以领导批示、口示或内部决议擅自改变部分重大设计方案，擅自增加工程内容、越权批准工程变更设计方案，在工程交工验收时才上报，使投资严重失控；三条高速公路的设计、建设、施工、监理、质检几乎均在交通系统封闭进行，这样一个集设计、建设、施工、监理、质检于一体的管理体制，既缺乏竞争和约束，又无有效的监督，行业垄断和行业保护主义严重；截留挪用征地拆迁安置补偿经费，使用管理无制度，开支混乱；三条高速公路损失浪费 22454.4 万元，原因是多方面的，但多付、重付、合同外支付、设计粗糙、随意修改设计为其主要原因。

2000 年，省审计厅审计组在公路审计现场实地测量

2001年，省审计厅组织对45个县农村电网建设与改造项目审计的基础上，2002年又对115个县农村电网建设与改造项目的投资管理、工程造价管理、资金管理使用情况进行了审计。审计共查出违纪违规金额52769万元，其中：多计工程造价13683万元，超计划投资7483万元，挤占成本进投资4222万元，挪用农网资金6578万元，设备材料加价1263万元，欠缴税金1374万元，多计费用1233万元，农民承担工程费用1866万元，违规收费317万元，建设资金混存5618万元，滞留农网资金7658万元，其他1474万元。主要表现在：普遍存在农网工程结算中高估冒算，据抽审统计，核减工程造价13245万元；违规计提各类费用，如不按实际发生列支设计费、监理费，违规列支行政性费用；违规提取材料价差等，审计共剔出此类费用2496万元；乱收费、乱集资、搭车收费在个别地方仍然严重；农网改造投资严重不足、网改工程不彻底；到户率指标与投资计划不匹配；对实现城乡同电同价的要求存在较大差距。2003年省审计厅组织对一期农村电网建设与改造项目审计意见和审计决定落实情况进行跟踪检查。检查结果表明，各地认真落实审计意见和决定，已纠正违纪违规金额32605万元，占应纠正的81%，其中工程造价不实、虚增工程投资9252.55万元，已调减农网工程投资；农民垫资农网项目1981.83万元，已全部退还给农民。审计成果已得到较好体现。

2004年，省审计厅组织21个市（州）对二期农网建设与改造工程进行审计。审计查出违纪违规金额37355.56万元，主要是：工程造价决算不实17631.03万元；挤占、挪用农网建设资金998.28万元；设备材料采购违规加价和高于招标价支付价款508.72万元；项目设计、施工、监理、材料采购招投标不规范，不按实际发生列支设计费、监理费等6885.96万元；欠缴税费800.45万元；工程核算和管理不规范10531.12万元；个别村社存在多收费情况；部分户表改造计划未完成，个别地方改造存在质量问题。对上述问题，审计机关进行了严肃处理，有效地遏制了农村电力管理中长期存在的乱加价和乱收费问题，使农村电力管理更加规范和透明，也促使“农电体制改革”和“同价”工作取得了明显进展。当年，省审计厅又组织对二期农网建设与改造项目审计决定落实情况进行了检查。审计查出违纪违规金额37355万元基本得到纠正。其中：工程造价决算不实17631.03万元，已调减农网工程投资；挤占挪用998万元已按要求追回；违规列支设计费、监理费等6885.96万元也已调减农网投资。省电力公司、省地电公司结合审计意见和决定的执行，在全省开展农网改造“回头看”的检查，对审计提出的问题积极整改。

第二节　政府投资项目全过程和效益审计

2003年，省审计厅组织对全省使用国债资金建设的6个垃圾处理厂（场）竣工项目、12个在建项目进行审计，同时对12个垃圾处理运营项目进行审计调查。审计查出违纪违规金额21432.45万元，其中：概算编制不实127.45万元，未按规定招投标2066.63万元，无必备资质单位中标1314.32万元，损失浪费1373.47万元，建设资金不到位14732.54万元，转移、挪用建设资金264.47万元，挤占、侵占建设资金532.11万元，工程结算价款不实964.12万元，多付工程价款44.74万元，违规收费12.59万元。在披露建设过程中存在违纪违规问题的同时，重点检查、分析、评价了垃圾处理建设项目的建设成果和投资效益，指出目前影响垃圾处理厂（场）投资效益的主要问题是：从生产运行情况看，生产能力普遍未能达到设计要求，运行处于时断时续，开开停停的状态，生化制肥系统基本上未运转。从设备运转情况看，质量存在较大问题，经常发生故障。第一批11个垃圾处理厂有8家设备制作安装由刚组建的四川省绿色环保产业公司承担，设计和设备制作安装调试，设备质量均存在严重问题。该公司已被省环保局取消业务资格。企业不能正常运转，问题得不到解决，责任无法追究。从经济效益看，由于目前垃圾结构复杂，技术处理不成熟，堆肥质量极差，不能被用户接受、无法出售，因此未能产生经济效益。从厂区环境看，不能及时处理的垃圾和不能销售的堆肥形成新的污染源。从正在建设的垃圾处理厂情况看，配套资金严重不到位，建设速度缓慢。产生上述问题的原因，除技术可行性研究论证差，设计不合理；设备存在严重质量问题和技术缺陷；项目建设管理比较混乱；配套措施不完善外，主要是对国债专项资金只重视跑项目、争资金，而对管理使用重视不足所致。为此，审计提出了加强国债资金使用管理，提高国债资金使用效益的4条建议。同时对违纪违规金额作出了归还原资金渠道235.49万元，核减工程价款964.12万元的处理。

审计厅审计组利用计算机进行固定资产投资审计

2005年，省审计厅和攀枝花审计局对九寨黄龙机场、攀枝花机场项目进行了审计，同时探索性地开展了投资建设及其运营管理效益情况的审计调查。审计情况表明，随着机场的建成通航，缩短了两地与中心城市的距离，吸引了海内外大量游客，促进了招商引资、旅游事业和当地经济的发展，提高了两地乃至四川在世界的知名度。两个机场建成后，实行企业化管理，资产使用和运行情况总体是好的。尤其是九寨黄龙机场在投入运营第二年，旅客吞吐量等主要经济指标即大大超过设计能力，展示了其良好的发展前景。审计也披露了机场建设管理中影响投资效益的主要问题：招投标违规现象较突出。九寨黄龙机场山下航站区建设工程，其中13946万元的投资和除A—F6个标段外的工程监理，未公开招投标。攀枝花机场采购未进行公开招投标，而通过中间商代购钢材、水泥，使机场建设多付价款866.91万元。施工合同约束力不够。九寨黄龙机场山下航站楼工程，实行了招标部分在已按招标价签订工程合同后，又对改变用途增加的部分工程签订事后合同，前后合同计价方式不一致，建设单位多付工程款229万元。攀枝花机场第一标段的实际工程量与合同工程量存在较大差异，但未按实际情况对合同进行书面调整，结果因土石方比不一致带来工程差价差额820.56万元，由于无正式变更补充协议，导致其差额无法予以审减。招标文件编制存在缺陷。九寨黄龙机场土石方工程弃土超运距问题，因没有对不足1公里运距的计价进行说明，仅此一项就涉及工程造价540万元。前期工作不充分，导致工程直接损失。攀枝花机场不按规范组织地质勘察，加之勘察设计单位事前对关键部位的勘察要求不具体，造成“边勘察、边设计、边治理、边施工”的被动局面，工程大面积窝工、停工，导致工程直接损失2077.83万元。设计方案欠周全导致设计变更增加建设投资。九寨黄龙机场航站楼由原设计在山下改为山上，致使投资3826万元的原山下航站楼改变用途，利用率不高。攀枝花机场未经设计单位同意，擅自改变机场跑道面板表面拉毛的设计，发生刻槽费用55.75万元。经测试平均摩擦系数达不到技术标准，形成至今难以整改的质量缺陷。竣工决算把关不严，存在高估冒算现象。经对九寨黄龙机场竣工决算的部分工程造价进行抽查，发现多计工程造价 1257.75 万元。违规挤占建设资金。四川九寨黄龙机场建设开发公司挤占建设资金 3026 万元，造成建设期负债增加。部分生产设备闲置，使用效率低。2004 年九寨黄龙机场亏损 7674.77 万元，未达到可行性研究报告预期效益，其原因是建设投资大，资金不到位导致折旧费用和财务费用增加。攀枝花机场按全额计算亏损 5656.65 万元。未达到可行性研究报告预期效益，其原因是生产能力未达到设计要求，经营收入低，而折旧费和财务费用高。加之机场客（货）流量偏低，亏损状况短期内尚难转变。审计建议：由于机场还处于市场培育阶段，政府和部门应加大扶持力度，在政策和财力上予以支持，继续深化企业改革，着力提高管理水平，挖掘内部潜力，降低成本费用，充分利用机场条件和设施，提高综合开发能力。

第三节　固定资产投资专项审计调查

1993 年，省审计局组织对全省房地产开发企业进行行业性审计调查。调查内容主要是房屋综合开发企业的资质、开发和效益情况。其中省局调查 33 家省级房地产开发公司。调查情况显示：企业资质普遍达不到规定的等级要求。主要表现在：部分企业在未进行资质审查的情况下就进行开发经营活动；机构不健全，技术力量较弱，特别是 1992 年在大、中城市房地产企业增长呈畸形发展和一涌而上的趋势，部分企业专业技术人员均未达到规定标准；企业自有资金达不到同级资质等级规定的要求，少数企业根本就无自有资金。普遍存在注册资金不实。至 1992 年年底，据调查省级房地产开发公司实际财务反映的开发基金和其他单位投入资金与注册时的资金比较仅占 43%。企业为项目开发，依赖借款和发行债券筹资情况突出。土地开发成为各开发公司特别热衷的开发项目，土地开发量与实际房屋建设比例失调，由于资金不足，造成土地浪费。开发公司主要任务应是充分利用现有资金，配合城市改造和住宅商品化，多建中低档住宅以改善城市居民的住房条件，而一些房地产公司不同程度存在建“花园别墅、高级公寓、高档写字楼、度假村”等高标准项目的趋势。行政管理不力。有的地方存在多头审批公司的情况，有的地方管理部门只是批准盖章，并无相应监督管理手段。部分企业缺乏自我约束能力，内部管理较差，违纪违规问题较多。

1995 年，省审计局组织对全省 1993 年度、1994 年度城建资金的征收、管理、使用情况进行审计调查。调查表明，城市市政建设的大量投入，城市面貌有了很大改观，城市整体功能得到加强，有了良好的投资环境，推动了城市经济和社会的发展。但城建资金在征收、管理、使用上仍存在一些问题：拖欠、减免严重。两年累计应征收 204926 万元，实际只征收 176375 万元，欠、漏及减免 28551 万元。挤占、挪用、转移资金较为普遍。少数经济较落后地区用征收的部分城建资金来平衡财政赤字；一些建委系统违规扩大开支范围，用于补贴经费和事业经费的不足，有的用于建办公楼、建职工住宅、购汽车等，把城建资金当成了有关费用支出的“储水池”，当作单位自有资金任意处置。超前安排“寅吃卯粮”，该收取的资金没有完全收起来，计划安排的项目又必须上，造成城建资金缺口较大。负责城建资金管理的有关政府职能部门协调不一致。建委系统负责收取的有关城建资金缺乏较为完整、全面的管理法规。为保证每年有 10 多亿元城建资金的运作，发挥好效益。审计建议：加强对城建资金的计划安排、资金落实到位和财务决算的审计监督，对建委收取的占主导地位的市政建设配套费进行经常性的重点审计。

1998年，省审计厅组织15个市（州）审计机关对148个建设项目税费负担情况进行审计调查。调查发现：欠缴投调税现象严重。148个项目应缴投调税9777.96万元，截至审计时缴纳2248.23万元，仅占应缴数的22.99%。收费项目多、金额大、费大于税、费挤税现象严重。在成都市，建设项目经常性收费仍有20多项，如商业网点费、市政设施配套费、人防费、中小学危房改造等，还有按增容量计算的水、电、气集资收取额也相当惊人。调查的148个项目收费达24435.1万元，是税收的2.5倍。从解交情况看，各项收费的上交率在90%以上，大大超过投调税仅22.99%的上缴率。无依据收费、乱收费现象仍然存在，表现在：收费标准规范性差，随意性大；个别项目存在乱摊派现象；一些特权行业及下属部门随意对项目收费；已取消的收费项目在一些地方还在收取；保证金几乎成为又一类收费。针对调查中反映的问题，省审计厅提出了6条建议，向省政府提交了报告，对清理建设项目不合理负担，规范建设项目收费，加强建设项目管理，增强建设单位依法纳税意识，发挥了很好的作用。

2004年，省审计厅对甘孜、阿坝、凉山三州通县油路建设进行了审计调查。调查表明，自2001年6月开始建设，截至2004年6月，建成通县油路4433公里，使三州州政府所在地到38个县和4个相邻省区油路全部连通，实现了三州交通发展的大跨越。同时，调查也披露了在建设中存在的一些问题，主要是：资金上的缺口使设计不够完善。三州都存在地方配套资金不能落实的情况，从设计开始就只有采取就简原则，使病害路段和危险路段设计不完善，为以后的管理使用带来了较大困难。滞留、挪用4065万元建设资金，用于非通县油路建设，增大了建设资金缺口。招投标承诺把关不严，一些施工单位中标后转包，存在买卖资质、层层转包、违法分包、无资质施工，带来质量、进度以及拖欠民工工资问题。招投标收入管理较乱，私设“小金库”91万元；部分工程造价计量不准确等问题。调查报告反映的情况和问题，省政府领导很重视，省交通厅行文督促整改，省公路局制定完善养护管理办法。

2005年，根据省政府信访办交办的由国家信访局转来的群众来信，省审计厅对大英县实施的省级重点土地开发项目——长江坝土地开发项目的财务收支及项目建设等进行了专项审计调查。调查结果表明，群众举报反映的情况基本属实。这是一起严重的弄虚作假，虚报造地面积，假招标，虚报工程投资、套取并挤占、挪用省拨专项建设资金的典型违纪案件。其主要问题：虚报投资705.51万元，并挪用转移专项建设资金469.65万元。虚报新增耕地面积约982亩。多计工程造价73.06万元。假招标。该工程的发包实际未进行招标，招投标资料是应付验收、检查，事后编造的。部分工程质量不符合设计要求。有关职能部门未认真履行职责。对这样一个存在严重弄虚作假，典型违纪问题的项目，却顺利通过县、市、省国土部门组织的评审、验收。各验收、评审程序形同虚设。省审计厅向省政府报告了审计调查结果。省政府领导作了批示：“拟请省审计厅、国土厅督促遂宁市政府对此事作出个负责的处理决定报省政府”。对弄虚作假、虚报冒领、挤占挪用的项目资金全部追回，多付工程款全部核减，质量不符合要求，特别是不符合要求的复耕地，全部返工。县国土局长被免职，县招标办主任被撤职，原监察局长、国土局2名副局长受到党内警告处分，其他责任人员也分别受到了党纪政纪处分。

第八篇　外资运用审计

外资审计工作自 1984 年开始试审，经历“实践—总结—再实践—再总结”的过程，摸索出了一条适应四川省情的路子。随着国家引进和利用外资的结构和规模的不断扩大，外资审计工作也发生了质的变化：一是审计结构由单个教育、卫生项目的审计发展到对教育、卫生、交通等系统或行业，对能源和原材料工业利用外资项目，以及金融系统利用外资支持工业技改项目、农业及其加工业项目综合性贷款项目的审计；二是审计领域由对世界银行贷款项目的审计发展到对世界银行（以下简称世行）、亚洲开发银行（以下简称亚行）和国际农发基金会等其他国际金融组织贷援款项目以及国际银团贷款（商业贷款）项目和中外合资、合作经营企业的审计；三是审计职能由偏重于审计监督发展到审计监督与公证并重，由“内外有别、适当披露”贷款项目存在的问题，转变为“内外合一、如实披露”、坚持“强化监督、严格执法、如实披露、促进管理、不断深化、提高质量”的指导方针，全面履行外资审计职能，加大利用外资的监督力度；四是外资审计内容由常规的财务收支审计，发展到以财务收支审计为基础，向外资项目的绩效和管理审计延伸，以改善投资环境、提高利用外资质量、降低政府偿债风险为目标，突出重点、改进方法，提升外资审计工作水平。20 多年来全省外资审计工作上了一个新台阶，对促进改革开放和外资大幅度引进，提高审计机关的国际信誉，振兴四川经济做出了积极贡献

第一章　世界银行和亚洲开发银行贷（赠）款项目审计

第一节　教育、卫生项目审计

一、大学发展项目

世行贷款大学发展项目执行单位为四川大学、重庆大学。其中，四川大学贷款500万美元，折合人民币1400万元，国内配套人民币755.50万元，总投资人民币2155.50万元。项目资金主要用于设备仪器采购，出国留学人员培训，图书设备购置等。项目从1983年开始执行，1986年执行完毕。1984年省审计局对四川大学项目执行和财务收支情况进行试审，重庆大学项目执行和财务收支情况的审计由重庆市审计局进行审计。审计发现的主要问题：四川大学未按教育部有关规定把贷款项目的财务工作统管起来，贷款收支账和实物账未单独及时建立；国内配套资金账不完整，列支范围不明确，年终决算报表未统一编制，致使有关财务报表、统计数据资料的准确性、真实性和合法性受到较大影响。设备采购环节存在问题，对已验收的不合格设备或存在各种问题的68台设备，价值92万多美元，量多价高，其索赔和修理尚未得到解决。项目效益发挥不理想，新建的分析测试中心大楼和计算机中心用房是国内配套项目的重点工程，但管理比较混乱，边设计，边施工，边修改，工期一再推迟，损失浪费不小。对于审计发现的问题，省审计局提出审计建议，并在后续审计中监督整改。1987年省审计局对项目进行了终结审计，项目世行贷款资金的使用方向符合规定的要求，配套资金保证了项目建设的需要，会计核算真实完整，项目目标基本实现，贷款效益显著。

二、农业教育项目

世行贷款农业教育项目执行单位有西南农学院、成都气象学院、四川大学、温江农业学校、重庆大学。其中，成都气象学院、四川大学、温江农业学校贷款折合人民币1409.23万元，国内配套人民币1752.32万元，总投资人民币3161.55万元。项目资金主要用于各项目学校建立计算机分析测试中心、农业科研实验室，购买试验教学设备和图书，教师国内外培训等。项目从1984年开始执行，1992年执行完毕。1985年至1993年，省审计局对项目执行和财务收支情况进行了审计，其中对西南农学院、重庆大学项目执行和财务收支情况的审计由省审计局委托重庆市审计局实施。审计发现的主要问题：项目管理工作较薄弱，四川大学分析测试中心大楼决算超概算；成都气象学院贷款职能机构发挥职能作用不够，项目管理制度不健全。财务会计基础工作较差，成都气象学院会计报表科目与账簿设置的科目不衔接，表与表数字不符，科目使用差错，项目财务决算报表中部分支出不真实。采购的设备利用率低，项目效益发挥不理想，由于成都气象学院专业性强，学院采购的部分设备使用面不宽，部分设备存在问题而闲置，造成较大损失浪费。四川大学设备验收、组织使用工作滞后，设备的修复、索赔困难且缺乏运行和维护经费。温江农业学校对设备的保管使用未建立相关规章制度进行约束。对审计发现的问题，省审计局提出审计建议。项目在实施期间，各项目学校及时调整贷款的组织领导，加强项目管理工作，对审计建议认真进行整改，保证了项目建设进度。项目基本完成了各项计划任务，项目贷款和配套资金无挪用现象。通过项目建设，充实了各项目学校的教育、科研设备，培训了一批教学科研骨干，各项效益指标完成较好。

三、电视大学（简称电大）、短期大学（简称短大）项目

受四川省高等教育局委托，四川省广播电视大学领导成都、重庆、乐山、自贡、内江5所广播电视大学共同执行世行贷款电大、短大项目。1984年国家教委分配给四川省广播电视大学世行贷款指标共计132.38万美元折合人民币264.69万元，国内配套共计人民币370.57万元，贷款主要用于电视教学录制设备采购和教师培训，改善四川省电视大学系统的办学条件。此外，世行贷款电大、短大项目四川教育电视发射台（21频道）工程由四川省广播电视厅直接管理并负责执行，贷款总额80.05万美元折合人民币160.10万元，国内配套人民币256万元，贷款主要用于购买四川教育电视发射台（21频道）工程发射机和播出系统设备。世行贷款电大、短大项目从1984年开始执行，1989年执行完毕。1985年至1990年省审计局对世行贷款电大、短大项目执行和财务收支情况进行了审计。审计发现的主要问题：项目财务工作检查督促不力，四川广播电视大学新建电教中心楼列入配套资金缺乏依据；四川电视台中心发射室、21频道发射机房个别会计事项不合规。项目效益发挥情况不理想。5个学习中心使用的贷款订购设备MS－5000微机，无汉字终端，国内通用软件无法利用，功能开发受限，影响效益发挥；四川电视台中心发射室、21频道发射机房设备维护费不落实。部分贷款设备利用率不高，未能充分发挥其效益；引进设备零配件供应问题没有解决。对审计发现的问题，省审计局提出了审计建议，并监督整改。四川广播电视大学等项目单位利用世行贷款引进先进设备，进行6年的项目建设，使四川省电视大学系统的办学条件得以改善，办学规模逐年扩大，达到并超过项目的预期目标，促进了四川省电视教育事业的发展，取得了较为明显的社会效益。

四、农村卫生和医学教育项目

世行贷款农村卫生和医学教育项目主管单位是省卫生厅，项目执行单位包括四川省卫生防疫站、四川省人民医院、华西医科大学和16个县卫生部门等19个单位。1984年卫生部分配贷款指标折合人民币3934.01万元，国内配套人民币3934.01万元。项目主要目标是卫生场所基础建设，采购设备和人员培训，改善卫生系统工作条件，提高从业人员职业素质。项目从1984年开始执行，1992年执行完毕。1985年至1993年省审计局对世行贷款农村卫生和医学教育项目执行和财务收支情况进行了审计，并对项目所属部分医院的项目财务报表、基本建设、贷款设备的验收、管理、使用情况、运行效益以及国内人员培训费的提取等方面进行了检查。对审计发现的问题，省审计局提出审计建议：尽快建立健全项目内部控制制度，理顺项目管理关系。同时建立有关项目管理、财务管理、物资管理规章制度，尽快取得执行项目的法律文件。充实贷款项目管理人员力量，加强贷款办公室的管理

工作。加强会计基础工作，尽快补齐缺少的原始凭据，平时加强会计检查，保证会计工作的连续性和真实性；调整相关账务处理。逐年核实国内配套资金，作出计划安排确保项目按计划执行，同时加强资金管理使其发挥最大效益。重视对操作人员、技术人员的外语、操作、维修等技能的培训，加强设备使用效率，及时解决设备不配套的问题以发挥引进设备的经济效益。经过整改，各项目执行单位基本能够根据项目目标和任务，拟定分年实施计划，最大程度地筹措配套资金确保项目开展实施，使得项目目标全部实现。项目建设基本取得了预期效果。

五、第二个大学发展项目

世行贷款第二个大学发展项目执行单位包括成都科技大学、四川财经学院、西南交通大学、电子科技大学、重庆建筑工程学院、西南政法大学。其中：成都科技大学、四川财经学院、成都电讯工程学院、西南交通大学贷款折合人民币4470万元，国内配套人民币4665万元，总投资合计人民币9135万元。项目资金主要用于以上学校基建建设、设备采购、人员培训、支付世行专家和项目专家的咨询服务费等。项目从1985年开始执行，1993年执行完毕。省审计局负责对世行贷款第二个大学发展项目执行和财务收支情况进行审计，其中对重庆建筑工程学院，西南政法大学项目执行和财务收支情况的审计由重庆市审计局直接执行。省审计局审计发现的主要问题：配套资金未完全落实。贷款资金使用进度慢，贷款项目仪器、设备管理和使用不平衡且利用率低。贷款办综合协调作用发挥不够，有关部门职责不够明确。针对审计发现的问题，省审计局提出了审计建议并监督执行。项目在1993年执行完毕，各项目学校基本完成项目的主要目标，提高了自身的教学质量、管理水平，促进了教学和科研工作的发展。

六、农村饮水项目

省爱国卫生运动委员会是世行贷款农村饮水项目管理单位，垫江县、中江县、绵阳市中区、成都市金牛区和崇庆县是项目执行单位。1985年财政部、中央爱国卫生运动委员会正式确定转贷给四川省世行信贷资金1882.14万个特别提款权，折合人民币5135.20万元，另有人民币25.34万元的无偿援助，国内配套资金人民币7438.16万元，项目总投资人民币12598.70万元。项目资金主要用于建设农村饮水工程，建立改水技术培训中心和基地，举办省、县级人员培训和参加中央爱国卫生运动委员会的培训班。项目从1985年开始执行，1992年执行完毕。省审计局对世行贷款农村饮水项目执行及财务收支情况进行审计。重点审查了国内配套资金的落实，工程情况及财务管理以及财务决算报表等。审计发现的主要问题：项目工程进度缓慢。配套资金不到位，各县财政配套资金和集体、个人集资都尚未完全落实。财务处理不符合制度规定，基层财务人员素质较差；部分工程点组织自筹的资金未专户存入银行，而是存入个人活期储蓄账户内；省爱国卫生运动委员会项目管理办公室扩大项目费用开支范围。物资管理不善，项目存在串换转卖贷款进口物资，进口物资管理不善，损失浪费较为严重；项目固定资产管理较差，省改水办购置专控商品有违控现象。部分工程忽视质量，造成损失浪费；部分项目工程建设不力、技术档案不全。省爱国卫生运动委员会项目管理办公室挪用改水项目资金支付非项目费用。已建竣工使用后的水厂运营管理薄弱，水厂亏损情况比较严重，项目受益人口率低。项目后续管理工作较薄弱，项目贷款偿还责任不落实；建设单位项目意识差，短期行为严重，贷款回收率低。对审计发现的问题，省审计局提出了审计建议。1993年省审计局对该项目进行了终结审计。世行贷款农村饮水项目机构普遍存在不稳定、人员流动大的问题，项目建设遗留“尾巴大”，项目目标没有完全达标。

七、地方大学项目

世行贷款地方大学项目的执行单位是四川师范大学、重庆医科大学、西南师范大学。其中，四川师范大学贷款折合人民币 432 万元，国内配套人民币 420 万元。项目资金主要用于理化测试中心和计算机教育中心的建设，采购试验设备仪器，开展教师国内外培训等。项目从 1986 年开始执行，1992 年执行完毕。省审计局对项目执行和财务收支情况进行审计，其中对重庆医科大学、西南师范大学项目执行和财务收支情况的审计由重庆市审计局执行。省审计局发现的主要问题：四川师范大学项目前期准备工作不充分，项目管理工作较粗。大学理化中心、计算机教育中心的建制问题未及时解决；新建“师资培训中心”列入国内配套工程无审批手续；公共外语言实验室改造项目无验收报告和决算资料。财务基础工作较差。四川师范大学项目账的原始凭证签章不全；经实地盘点，计算机设备账实不符；贷款设备的收入没有提取维护费。配套资金不落实。1987 年审计发现，四川师范大学配套资金不足。四川师范大学配套设施放置不当；化学样品配置和处理的排气问题没有妥善解决，影响项目效益发挥。针对审计发现的问题，省审计局提出了审计建议，促进了各项目单位加强管理，基本做到了项目财务决算内容真实，账、表、证相符，通过项目实施，加强了学校教学设施的建设，引进了大批国外先进设备，学校扩大了招生规模；开展了一系列学习培训工作，提高了教学质量和管理水平。

八、农村卫生和预防医学项目

世行贷款农村卫生和预防医学项目管理单位是省卫生厅，项目执行单位是省卫生防疫站、华西医科大学和 13 个相关县级项目单位。项目贷款 1760 万个特别提款权折合人民币 7728 万元，国内配套人民币 12800 万元，总投资人民币 20528 万元。项目资金主要用于设备采购、人员培训、基本建设等方面。项目从 1987 年开始执行，1992 年执行完毕。省审计局对项目执行和财务收支情况进行审计，审计发现的主要问题：全省汇总发现的有 230 多万元资金支出不合规、不合理。项目管理工作基础薄弱，项目的财产管理制度不健全；部分县级项目办不熟悉项目会计制度；省卫生防疫站未及时与卫生部贷款办签定分贷协议；华西医科大学项目内部控制制度不健全，项目财务会计基础工作较差，账表设置不规范；基建项目超计划。部分县配套资金不足；华西医科大学国内配套资金来源不落实。贷款管理不严格。省卫生厅贷款办将世行归垫的国内人员培训费纳入项目外核算，并且未及时返还各贷款县；未按分贷协议按期偿还本金。项目进度缓慢，执行不力。项目效益发挥不佳，贷款设备维修难；农村健康保险科研项目经费严重不足。对审计发现的问题，省审计局提出了审计建议。项目实施以来，各项目执行单位建立完善了项目的内部控制制度，落实了项目资金；项目人员培训、土建和设备仪器的采购进展顺利，改善了卫生防疫和医学教育研究的条件，建立了疾病监测点，提高了防病治病的质量。项目基本完成了建设任务和目标。

九、中学在职教师培训项目

世行贷款中学在职教师培训项目执行单位是四川教育学院等 9 个单位。项目使用贷款资金 74 万个特别提款权折合人民币370万元，国内配套人民币628.30万元。项目资金主要用于图书馆、实验室等土建工程，仪器设备购置，人员培训等。项目从1988年开始执行，1993年执行完毕。省审计局对项目执行和财务收支情况进行审计。审计发现的主要问题：配套资金落实困难。项目管理工作薄弱。四川教育学院土建项目——图书馆、生物实验室未纳入基建计划；该院新建图书馆工程会计核算不合规，工程超概算投资98.82万元。非项目贷款院校使用项目贷款24.56万美元。项目效益发挥不理想，贷款设备利用率偏低，项目采购的设备——电子显微镜一直未投入使用。对审计发现的问题，省审计局提出了审计建议，促进了各项目单位加强管理。项目实施以来，学校建立了相关的项目管理制度和机构，在基建、设备采购上做了大量工作，基本完成了项目目标。

十、教材开发项目

世行贷款教材开发项目的执行单位有四川新华彩印厂、四川新华印刷厂。

（一）四川新华彩印厂

四川新华彩印厂贷款总额39.60万个特别提款权折合人民币198.88万元，国内配套人民币207.20万元。项目资金主要用于印刷设备采购、引进先进生产工艺技术和印刷技术人员培训等。项目从1989年开始执行，1993年执行完毕。省审计局对四川新华彩印厂世行贷款教材开发项目执行和财务收支情况进行审计。审计促进了四川新华彩印厂基本解决了项目配套资金不足的问题，完成了职工业务技术培训和教育的任务，通过提高职工业务技术水平的办法弥补购买设备质量差等不利因素的影响，基本完成了教材改版印刷的任务。

（二）四川新华印刷厂

四川新华印刷厂贷款114.30万个特别提款权折合人民币584.35万元。项目资金主要用于印刷设备采购、引进先进生产工艺技术、培训印刷技术人员等。项目从1989年开始执行，1993年执行完毕。省审计局对四川新华印刷厂世行贷款教材开发项目执行和财务收支情况进行审计。针对审计发现的问题，省审计局提出了审计建议：加强项目财务会计工作，对账务处理错误及时进行调整。企业应充分利用本厂的技术力量对其进行技术改造，解决其设备存在的关键问题，使其尽快运转投入生产。项目执行以来，四川新华印刷厂重视贷款设备的使用、维护保养和管理工作，保质、保量完成了印刷、装订的生产任务，基本实现了项目目标。

十一、传染病与地方病控制项目

世行贷款传染病与地方病控制项目主管单位是省卫生厅，项目执行单位涉及8个市、地、州的41个项目县。项目贷款1653.42万个特别提款权，折合人民币13116万元，国内配套人民币13452万元。项目资金主要用于控制血吸虫病与结核病。项目从1992年开始执行，2000年执行完毕。省审计厅对项目执行和财务收支情况进行审计，审计发现的主要问题：财务基础工作薄弱，项目账务处理和会计核算不规范，省结核病防治项目办和省血吸虫病防治项目办都存在账账、账实不符问题；项目结核病防治部分1997年度财务决算报表缺少广元市财务报表数据，未能全面反映全省项目执行情况；财务核算不准确。存在有挪用项目专项配套资金的问题；结核病防治项目处理链霉素款项列入省结防所事业经费账上；少数地区虚报工作量、虚列项目工程支出和存在财政滞留项目资金的现象，省项目办将非项目费用1.77万元计入项目工程支出。项目资金未落实，配套资金不到位，项目进度缓慢。到2001年最终审计时，配套资金不到位共计1848.44万元。结核病防治项目覆盖进度缓慢，世行报账提款回补资金部分未到项目单位金额192.28万元；项目配套费不落实造成部分县区拖欠督导管理费，影响项目执行；全省滞留项目信贷资金99.59万元。项目采购的设备、药品质量差，存在损失浪费问题。江油市血防项目办1995年到货的湘江牌汽车债务分割单价7718.41美元折合人民币6.4万元，至1996年支付维修费达1.08万元；全省共采购X线机80台，截至1996年，有30台需维修后才能使用，有2台因球管已坏不能修复；省统一采购的药品有潮解、药粉外漏情况，共计损失10.6万元。其他影响项目实施的问题。部分地方未签项目转贷协议；财政部多计四川省债务59.82万元；北京制药厂长期不返回四川要求退换的变质药折合金额4628.42个特别提款权；部分县区拖欠报病费（指乡、村医生推荐可疑症状者或疑似病人，经县级医疗机构确诊为病人后，向乡、村医生发放的奖励性补助）、督导费、设备维修费影响项目执行。对审计发现的问题，省审计厅提出了审计建议。世行贷款传染病与地方病控制项目执行过程中尽管存在一些问题，但项目基本完成了既定目标和任务，全省结核病和血吸虫病的发病率大大降低，对结核病和血吸虫病发病的治疗也取得了显著成效；同时，项目举办的各种相关培训和宣传提高了医疗人员的技术水平和素质，采购的药品和设备在项目区也发挥了一定的社会效益和经济效益。

十二、师范教育发展项目

世行贷款项目师范教育发展项目的管理单位是省教委，项目执行单位涉及全省15所院校和省教委信息中心共16个单位。项目总投资人民币13171.94万元，其中世行贷款869.17万个特别提款权折合人民币6606.14万元，国内配套人民币6565.80万元。项目资金主要用于项目单位新建教学楼、采购教学设备仪器、购置图书、培训教学人员、开展改革课题研究等。项目从1994年开始执行，1999年执行完毕。省审计厅对项目执行和财务收支情况进行了审计，并针对审计发现的问题，提出了审计建议：省教委应及时向教育部和世行反映，使采购的设备能及时到位，发挥效益；同时督促各项目院校积极采取有效措施，做好项目资金的配套工作；要按贷款协议要求按项目建设计划提出配套资金的具体安排意见，分资金来源逐一落实，以保证项目建设需要。对于贷款资金使用较慢的问题，省教委在重点组织好设备仪器引进工作外，还应指导各项目院校做好垫付款项的报销工作，及时按垫付款开支范围、审批程序及报账程序结账、报账，加快提款报账进度，保证项目资金的正常运转。省教委要加强对项目财务工作的指导和检查，进一步提高全省项目财务工作质量；同时，要求各项目单位按相关管理制度，完善对设备仪器的管理工作。世行贷款项目师范教育发展项目实施以后，重点装备了一批承担职前初中师资培训任务的师范专科学校和承担专科办学任务的部分本科师范学院，建立并加强了四川省同中央教育管理信息系统。

十三、贫困和少数民族地区基础教育发展项目

世行贷款贫困和少数民族地区基础教育发展项目管理单位是省教委，项目执行单位涉及全省25个贫困县和10所师范中学。项目贷款总额6920万个特别提款权，折合人民币8.7亿元，国内配套人民币10.6亿元，项目总投资人民币19.3亿元。项目资金主要用于帮助项目县以小学为重点，兼顾初中，通过改善办学条件，加快实施九年义务教育；选择改革调整后的10所师范中学进行标准化建设，使学校规模扩大至规划核定的水平，在数量和质量上满足农村边远地区普及小学阶段义务教育

的师资需求；加强行政管理人员、教师、校长的培训，提高教育行政部门的决策能力和管理水平，提高教学质量。项目从1995年开始执行，1998年执行完毕。省审计厅对项目执行和财政财务收支情况进行审计发现的主要问题：个别县建设项目超计划规模和投资，土建工程费用管理不严。部分项目地区财务基础工作较差，管理不够完善，账表不符合计人民币115.98万元；存在物资采购环节与财务核算脱节现象。个别项目县配套资金到位差；个别县虚列国内配套资金。贷款管理不规范，报账提款资金到位不及时。个别县虚列项目工程投资28.99万元；项目资金出借13.8万元；昭觉县项目办在无任何依据的情况下冲销预付账款。对发现的问题，省审计厅提出了审计建议。

十四、综合性妇幼卫生项目

世行贷款综合性妇幼卫生项目管理单位是省卫生厅，项目执行单位分布较广，涉及全省22个市（地、州）的50个县。项目贷款折合人民币21116万元，项目预算经费为人民币31332.33万元（包括国内配套人民币2049.70万元）。通过项目实施，降低项目地区五岁以下儿童和孕产妇死亡率以及与之相关的疾病发病率，提高对妇女儿童基本卫生服务特别是乡、村妇幼卫生服务的能力和质量，加强项目地区群众对基本的妇幼保健服务的利用，提高对妇幼卫生服务和资源的规划及协调管理能力。项目从1995年开始执行，2002年执行完毕。省审计厅对世行贷款综合性妇幼卫生项目执行和财务收支情况进行审计发现的主要问题：项目资金到位不及时，全省项目配套资金不到位合计1311.78万元，省财政滞留项目信贷资金14.10万元。项目财务管理不规范，财务会计工作基础较差，项目财务决算报表编报不规范，上报不及时。由于卫生部、财政部对项目利用贷款招标采购设备的债务分割不及时，造成贷款设备不能及时入账，设备中转站会计核算体系较为混乱，基础工作有待加强。项目资金开支存在不合理、不合规的问题，省级配套资金40万元用途不明；扩大提款报账范围，多报世行贷款14.1万元；宜宾县财政局从世行贷款中提取还贷准备金58.35万元。对审计发现的问题，省审计厅提出审计建议。2003年省审计厅对世行贷款综合性妇幼卫生项目进行了终结审计。项目实施以来形成了自上而下的项目组织和管理体系，各级项目执行单位在项目管理和技术指导上做了大量工作，取得了一定成绩；多渠道落实项目资金，开展了一系列与项目密切相关的基层人员岗位培训与复训和项目扶贫工作，基本完成了设备装备和业务用房改扩建的目标。

十五、第四个贫困地区基础教育发展项目

世行贷款第四个贫困地区基础教育发展项目管理单位是省教委，项目执行单位涉及5个市（地）的12个县级项目单位。项目贷款折合人民币6225万元，国内配套人民币5640万元，总投资人民币11865万元。项目资金主要用于四川省秦巴地区小学建设，校舍修建，仪器设备采购，图书资料及课桌椅采购，师资培训，资助贫困儿童入学等。项目从1997年开始执行，2002年执行完毕。省审计厅对项目执行和财务收支情况进行审计发现的主要问题：项目管理工作基础薄弱，个别市、县存在转贷过程中加息问题及未签定转贷协议问题。财务核算质量较差，财务管理不完善，省教委外资贷款办未将项目管理费单独设账进行核算。配套资金到位难，影响项目进度。贷款资金使用慢，管理存在问题，南充市嘉陵区、广元市朝天区、巴中市南江县尚有世行回补资金滞留财政局。南充市仪陇县教委项目办将世行回补资金14万元分期分批借给教育系统非项目单位至今仍未归还；巴中市南江县教委将世行回补资金7.5万元借出至今未归还；渠县世行支付的证据不足支出9.9万元。对审计

发现的问题，省审计厅提出了审计建议。项目经过几年建设，项目县小学办学条件得到了改善，项目覆盖的学校达到了国家规定的建设标准，提高了学校教学管理水平和教育质量，提高了各级教育行政部门的决策能力和管理水平，帮助项目县加快实施普及初等义务教育步伐。

十六、基本卫生服务项目

世行贷款基本卫生服务项目管理单位是省卫生厅，项目执行单位涉及全省5个市（州）的12个县（区）的项目单位。项目总投资人民币8761.89万元，世行贷款折合人民币6215.12万元，国内配套人民币2546.77万元。项目资金主要用于改善卫生资源配置与管理，改善农村卫生设施，改进卫生服务与项目的质量和有效性，增加贫困人口对基本卫生服务的风险分担和承受能力。项目从1999年开始执行，截至2005年项目尚在执行。省审计厅对项目执行和财务收支情况进行审计，并针对审计发现的问题提出了审计建议：全力落实项目配套资金，对于滞留的项目资金必须及时下拨到位，确保项目顺利实施。对财务收支及账务处理存在的违规违制问题要及时清理，保证项目资金的安全，合理安排项目资金的使用，使项目资金真正用于项目上。加强项目财务管理工作，严格财务核算，以真实、合规地反映项目执行情况和建设内容；省卫生厅要督促各级项目单位充实财务管理力量，保证项目管理机构和人员的稳定。项目执行以来，帮助项目区县农村的贫困人口初步改善了基本卫生服务。项目土建、培训、医疗救助及其他活动正在抓紧实施之中。

第二节 农业、林业和环保项目审计

一、林业发展项目

世行贷款林业发展项目管理单位是省林业厅，分为A、B两个部分。A部分项目执行单位包括洪雅县林场、南江县林场、合江县林场、峨眉县林场、沙湾区林场、合江县竹木加工厂、林业厅直属土壤化验室，B部分项目执行单位是四川省林业科学研究所。A部分项目总投资人民币8837.20万元，其中世行贷款1288.80万个特别提款权，折合人民币3570.80万元，国内投资5266.40万元，A部分项目主要用于人工造林、森林改造、林区道路建设等。B部分总投资人民币1797.60万元，其中世行贷款折合人民币600万元，国内配套人民币1197.60万元，B部分项目主要用于林业科研和科研推广。项目从1985年开始执行，1991年执行完毕。省审计局对世行贷款林业发展项目执行及财务收支情况进行审计，着重对省林业厅的项目A部分财务报表、洪雅林场的有关财务账目、基建现场以及省林业科研所项目B部分财务报表进行检查。审计发现的主要问题：一是项目基础工作薄弱。基层单位少数财会人员素质较差，账目与报表有差错，个别项目单位设置账外收支。二是存在虚报工程量的问题。三是项目效益发挥不理想，在执行过程中均不同程度地出现苗木生长较差的情况。针对审计发现的问题，省审计局提出了审计建议：按照林业部的要求，建立和健全会计核算和财务管理制度，并按项目要求单独建账核算；做好项目财务管理人员的培训工作，提高队伍素质，搞好会计核算工作。补报应列未列入决算报表的其他费用；及时调整相关账务。省林业厅应加强对有关县区项目执行单位的领导和督促，督促其配备好专业专职人员，人员定岗，以尽快改变项目机构不健全的问题。加快提款报账进度，减少承诺费支出。

项目在 1991 年执行完毕后，基本完成项目的主要目标，各个项目林场的整体经营水平有所提高，改善了林区的生态环境状况，促进林业科学教学和科研工作的发展，项目取得了较明显的社会、环境综合效益。

二、中国种子项目

省农牧厅是世行贷款中国种子项目管理单位，其下属 6 个种子公司（包括四川省种子公司）是项目执行单位。1985 年中国种子公司转贷给四川省种子公司世行贷款 358.62 万个特别提款权，折合人民币 688 万元，国内配套人民币 684 万元，用于购买国外种子生产、烘干、加工、运输、检验、办公等先进仪器设备及考察、培训。项目从 1985 年开始执行，1990 年执行完毕。省审计局对世行贷款中国种子项目执行和财务收支情况进行了审计。针对审计发现的问题，省审计局提出审计建议：主管单位要迅速制定统一的会计核算制度，以便各项目单位有所遵循；充实项目管理力量，配备技术管理、财务管理、工程管理和外语等方面的专业人员，做好项目管理工作。项目计划编制不合理产生的资金缺口，各项目单位必须从实际情况出发认真研究，提出解决措施，以保证引进设备效益的正常发挥；同时按照国家有关规定严格控制基建投资支出不超出投资计划。抓紧土建配套工程的完善，以保证设备到货后能及时安装、投入使用，发挥效益。世行贷款中国种子项目经过五年多的建设，初步建立了相关的管理规章和制度体系，基本完成了国内配套资金计划以及相关的设备采购、培训考察任务，各项主要指标基本达到评估报告的要求，基本完成项目的主要目标，取得了一定的社会效益。

三、长江上中游农业开发项目

世行贷款长江上中游农业开发项目管理单位是省农牧厅下设的四川省长江上中游水果开发项目办公室，执行单位涉及 20 个市（地）和县（区）的 27 个项目单位。项目贷款 2280 万个特别提款权折合人民币 14198 万元，国内配套人民币 16432 万元。项目资金主要用于项目区新建园改土、改建园改土、灌溉工程、修建道路，同时新建培训、推广体系用房建筑，开展技术培训和国内外考察交流等。项目从 1990 年开始执行，1997 年执行完毕。省审计局对项目执行和财务收支情况进行审计。审计发现主要问题：项目管理较薄弱，资金多渠道投放，缺乏统一安排和管理；由于撤地设市、撤区建镇、撤乡并镇导致果园行政隶属关系变化，致使部分项目点的果园管理差；部分果园没有严格按照规定进行财务管理和核算。财务管理基础工作差，项目各执行单位财务处理不合规，账务出现差错。国内配套资金不足，缺口达人民币 2220.18 万元；配套建设落后于工程进度；配套设施不完善。全省项目虚报、虚列资金合计 98.62 万元；乱摊、乱挤占项目资金以及违控购买商品合计 359.37 万元；违规借出贷款资金合计 1131.74 万元。项目执行进度缓慢，建筑工程全省仅完成 14781 平方米，是总目标的 42.47%，苗木育成期推迟造成定植时间相应推迟 2 至 3 年，影响项目进度。对审计发现的问题，省审计厅提出了审计建议。项目执行以来，各级项目办认真按计划组织实施了物资采购、苗木培育和管理、果园配套等工作；项目取得了一定的经济效益和环境综合效益，基本完成了项目目标。

四、国家造林项目

世行贷款国家造林项目管理单位是省林业厅，项目执行单位涉及成都、宜宾、泸州、乐山、眉山、雅安、凉山7个市（州）的21个区（县），1758个造林实体，包括国营林场、集体林场与合作林场。项目总投资为人民币29800万元，其中使用世界银行信贷1669.8万个特别提款权折合人民币约16700万元，国内配套投资人民币13100万元。项目资金主要用于速生丰产用材林的营造、监测，营林技术、信息管理培训和考察，林业科研的推广（重点在树种改良方面），建立长期的组织管理机构等。项目从1990年开始执行，1997年执行完毕。省审计厅对世行贷款国家造林项目执行和财务收支情况进行审计，重点检查项目汇总财务报表、项目办本级账、表、证、项目机构建设和内部控制制度建设，对部分市县项目进行了抽查。世行贷款国家造林项目的实施扩大了项目地区的森林覆盖率，缩小了木材供需之间的缺口；由于选用优良种植材料和引进吸收先进的集约经营技术，提高了营造人工林的质量和用材林的生产能力；加强了林业的科研推广工作，项目实施为林区创造了大量就业机会。

五、四川农业综合开发项目

世行贷款四川农业综合开发项目管理单位是四川农业综合项目办公室，项目执行单位涉及绵阳、南充、广元和黔江四地市及其所属27个项目县。项目总投资人民币154914.70万元，世行贷款10470万个特别提款权折合人民币79086万元，国内配套人民币75828.70万元。项目资金主要用于通过扩大灌溉面积提高生产力，增加作物产量，使项目区农作物布局更为经济合理；提供包括农业综合投入、支持服务适应性研究、培训、技术援助在内的一揽子辅助项目；减少水土流失，保持土肥力。项目从1992年开始执行，1999年执行完毕。省审计厅对项目执行和财务收支情况进行了审计。世行贷款四川农业综合开发项目具有投资大、涉及行业多、建设内容广、招标批次繁等特点，通过8年项目实施和审计，并针对审计提出的建议进行整改，项目基本完成了武都扩建、升钟、杨家坝水利灌溉设施、水土保持、农副产品加工和创收扶贫等目标任务。

六、四川农业支持服务项目

世行贷款四川农业支持服务项目有畜牧、种子和农业技术推广三个子项目。

（一）畜牧子项目

畜牧子项目执行单位是省畜牧食品局，贷款资金总额367.60万个特别提款权折合人民币4547.54万元，国内配套人民币3709.81万元，资金主要用于畜牧服务中心建设、汽车及各类设备采购、国内外技术培训等。项目从1994年开始执行，2000年执行完毕。省审计厅对项目执行和财务收支情况进行了审计。针对审计发现的问题，省审计厅提出了审计建议：省财政厅和当地政府应督促有关项目单位尽快落实债权债务关系，将贷款资金及时拨给项目单位用于项目建设。省畜牧食品局项目办应将项目设备采购中存在的问题及时向农业部反映，对设备招标，签订合同、采购、运转应按年计划进行，对已到位的仪器及时发放到项目单位，使项目设备尽快投入使用。省畜牧食品局要严格按项目评估报告和贷款协定要求和规定，尽快落实省服务中心的使用面积，保证项目设备实施的正常需要。省畜牧食品局应采取切实措施，及时归垫项目资金，加快提款报账进度，调整相关账目，加强财务核算和设备、物资的管理工作。2001年省审计厅对项目进行了终结审计。项目充实了管理人员，制定了一套培训、物资、设备等管理制度，完成了土建、物资、设备采购、培训等任务目标。

（二）种子子项目

种子子项目执行单位是省农牧厅、省种子公司。贷款总额85.60万个特别提款权折合人民币924万元，国内配套人民币924万元。项目资金用于兴建省、市、县、乡四级农技培训中心及省、市、县种子公司服务体系。项目从1993年开始执行，1998年执行完毕。省审计厅对项目执行和财务收支情况进行审计发现的主要问题：省农牧厅项目办人员分工不明确，岗位责任制不落实；大部分项目单位未签订转贷协议。包括省项目办在内的多数项目办未能独立建账，单独核算。世行贷款资金严重不到位，内江市、南充市项目单位配套资金不落实；资阳市财政局滞留世行回补资金3.6万美元。部分统一采购的物资价格偏高，不适用，处理又造成大量损失浪费。农业部统一采购的设备物资存在与项目建设脱节、不适用或价高等现象，造成部分物资损失浪费；南充市种子公司经营上挤占、挪用项目资金5.37万元。对审计发现的问题，省审计厅提出了审计建议。通过6年的项目实施和审计，全省各级项目办克服了转贷协议签订较慢、配套资金到位缓慢等不利因素影响，基本完成了项目目标，建立了专门的项目管理机构，配备了项目管理人员，基本能适应项目管理需要；组建了一批农业技术服务和推广中心，初步形成了农业支持服务体系。

（三）农业技术推广子项目

农业技术推广子项目的执行单位是省农牧厅。项目贷款资金459.20万个特别提款权折合人民币5707.27万元，国内配套人民币3909.90万元。项目资金主要用于农业技术推广服务的土建工程，汽车、设备、物资材料的采购，人员培训。项目从1994年开始执行，2000年执行完毕。省审计厅对项目执行和财务收支情况进行审计发现的主要问题：部分市、县项目单位未签订转贷协议。物资设备采购计划完成差；世行贷款债务分割滞后影响项目财务核算工作，世行贷款资金滞留市、县财政合计445.91万元；未归垫项目资金及科目处理有误人民币28.25万元。有的项目市、县政府承诺的配套资金未到位。虚列、挤占项目支出163.7万元；挪借项目资金人民币32.61万元。项目部分招标采购汽车价格偏高且日常运行维护费用较大；处理变卖不适用物资设备造成经济损失35万元；部分项目设备管理差，未及时投入使用。对审计发现的问题，省审计厅提出了审计建议。项目在省农牧厅直接指导下，人员培训工作实施的进度较为迅速，土建工程建设质量较好，得到了世行检查团的肯定和好评，基本实现了项目目标。

七、森林资源发展和保护项目

省林业厅是世行贷款森林资源发展和保护项目的管理单位，项目执行单位涉及成都、乐山、眉山、绵阳、广元、内江、资阳、遂宁8市的16个区（县）。项目总投资为人民币35104万元，其中国际开发协会贷款1716万个特别提款权折合人民币21063万元，国内地方配套人民币14041万元。1997年由于行政区划调整，重庆市的外资借款计划总额781万个特别提款权折合人民币8084万元，国内配套资金人民币6400万元从四川省划出。项目资金主要用途是营造集约经营人工林和多功能防护林，建立项目各项支持体系，包括种子开发和苗圃管理、科研推广、组织机构能力建设、环境保护和信息管理等。项目从1995年开始执行，1999年执行完毕。省审计厅对世行贷款森林资源发展和保护项目执行和财务收支情况进行了审计。针对问题提出了整改建议。经过6年的建设，世行贷款森林资源发展和保护项目基本完成了计划目标，完成了集约经营人工林和多功能防护林建设任务，项目区生态效益有明显的改善，项目区的森林覆盖率增加；通过对苗圃管理人员的专业技术培训，

1999年，审计人员查看项目苗圃长势情况

培养了大批苗木生产的中心苗圃及乡镇的骨干苗圃；整个项目建设期间，充分利用了现有土地资源，实现了农林、林种结构的调整，优化了土地利用模式，为项目区提供了社会就业机会，增加项目实施区劳动者收入，帮助村民脱贫致富。

八、中国环境技援项目

世行贷款中国环境技援项目执行单位是省环境保护局。项目世行贷款折合人民币313.33万元，国内配套人民币216.32万元，共计总投资人民币529.65万元。该项目分两个子项目，即B－1子项目世行贷款折合人民币204.76万元，配套资金人民币130万元，用于省级信息中心建设；B－6子项目世行贷款折合人民币108.57万元，配套资金人民币86.32万元，用于环境保护干部培训与人力资源开发。项目从1995年开始执行，1996年执行完毕。省审计厅对项目执行和财务收支情况进行审计发现的主要问题：项目财务基础薄弱，项目未按要求建立贷款账。B－1子项目到货设备迟迟无法安装使用；B－6子项目国外统采电教设备关税负担难以承受。项目配套资金未全部落实到位。对审计发现的问题，省审计厅提出了审计建议。世行贷款中国环境技援项目在机构不健全、人员少、办公用房紧张的情况下，基本完成了省级信息中心建设和环境保护干部培训与人力资源开发的目标任务。

九、移民安置和环境影响技术培训中心技术援助项目

世行赠款移民安置和环境影响技术培训中心技术援助项目的执行单位是四川省移民办。项目计划投资人民币1062万元，其中世行赠款折合人民币415万元；国内配套人民币647万元。项目是二滩工程的附属工程，项目资金主要用于从事移民及环境保护的工作人员提高其技术和管理水平，使其受到系统和科学的培训。项目执行期间为1996年至1998年8月。省审计厅对项目执行和财务收支情况进行审计发现的主要问题：赠款未全额反映，省移民培训中心账目上只反映了省财政厅拨款部分，未反映省财政厅直接支付的国外专家咨询费和上交财政部管理费；支付培训费人民币5万元无发票依据；设备管理不规范，部分设备未建立固定资产明细账；国内配套资金未按规定比例到位。对审计发现的问题，省审计厅提出了审计建议。省移民办移民安置和环境影响技术培训中心技术援助项目由四川省移民工程开发中心具体实施，中心在两名外国咨询专家的指导下，举办了相关的培训班，并在此基础上对红格移民安置区土地的快速熟化和配肥进行了现场培训指导和咨询工作。技术援助工作经过两年实施已顺利完成。

十、中国种子商业化项目

世行贷款中国种子商业化项目执行单位是省种子站。项目贷款折合人民币3536万元，国内配套人民币4200万元，总投资人民币7736万元。项目资金主要用于购买国外种子生产、烘干、加工、运

输、检验、办公等先进仪器设备及考察、培训。项目从1997年开始执行，2000年执行完毕。1998年、2001年省审计厅对该项目进行了审计，并针对审计发现的问题提出了审计建议：省种子公司项目办要督促有关项目单位纠正虚报工程费用的问题，保证今后向世行报账的真实性、合规性；省种子公司要向省财政厅等有关单位反映，尽快解决项目贷款滞留地方财政的问题，为世行贷款项目建设创造良好的外部环境，项目资金必须到位；省种子公司要督促各级项目单位按照规定建账、建制，搞好项目核算工作，专款专用，并加强项目会计人员的培训工作，保证项目核算工作的顺利实施。由于该项目一度停滞，项目未实现计划的建设目标，未完成建设任务。已建设的部分项目产生了一定的经济效益和社会效益，但项目的影响和示范作用有限。

十一、秦巴扶贫项目

世行贷款秦巴山区扶贫项目于1997年7月正式启动，项目总投资149400万元，其中：世行贷款9000万美元。项目建设内容，包括土地农户开发、基础设施、劳务输出、小额贷款、机构建设、项目监测与管理7个分项目、370个子项目。项目受益者包括朝天区、旺苍县、苍溪县、通江县、南江县、宣汉县、渠县、仪陇县、阆中县、南部县、嘉陵区、广安区12个国定贫困县所选项目区，129个贫困乡、1194个村、1117万贫困农户。审计过程中认真贯彻“内外合一、如实披露”的方针，加大审计力度。年度审计除了对省项目办及全省汇总情况进行审计外，同时坚持深入基层，对县级项目执行情况实地抽审。在项目执行的7年期间，由于本项目所属12个县均属国定贫困县，财政十分困难，不同程度地存在国内配套资金不到位、挪用、滞留项目资金等问题。1999年针对项目审计中发现的部分建筑安装工程投资支出证据不足，国内配套资金不到位，部分市、县滞留、挪用项目配套资金等违纪违规问题以及项目管理中存在的会计核算基础薄弱、财务管理制度不健全的情况，省审计厅以签报的形式向省委、省政府领导作了汇报。省委书记、省长分别作出了批示。同时也引起项目所在地各级领导的重视，使审计查出的问题得到及时整改。在签报中还就如何加强项目建设，提高项目管理水平提出了具体意见和措施，促进了项目建设的顺利实施。项目实施7年来共在中英文审计报告中，反映国内配套资金不到位11568万元，挪用、滞留项目资金等问题金额9432万元，提出加强和改进项目管理意见和建议10余条，受到审计署和世界银行的高度评价。到2003年项目区通电村100%，通公路村100%，能接收电视节目的村100%，项目区农村人均生活消费支出1469元，实际增长率达37.6%，人均居住面积增加了9.25平方米，住房价值增加了86.8%，充分表明了农户生活水平的提高。项目审计实施期间，共接受世界银行检查8次，审计署的审计质量检查4次。项目审计工作得到充分肯定。秦巴项目的审计经验2000年被审计署外资司汇编的审计案例收录。项目审计工作在2003年全国外资审计质

1999年，审计署检查组在巴中地区对世行贷款秦巴扶贫项目审计质量进行检查

量检查中被评为全国外资审计质量一等奖项目。项目建设工作也得到世界银行和国家项目办的高度评价。

十二、安宁河农业开发项目

世行贷款安宁河农业开发项目管理单位是省农业引进外资领导小组办公室，项目执行单位涉及凉山州、攀枝花市的15个区（县）的项目单位。项目总投资人民币19.68亿元，其中使用世行贷款折合人民币9.84亿元，国内配套人民币9.84亿元。项目资金主要用于安宁河流域的农业开发，含水利、农业、畜牧、农产品加工和市场营销等4大类21个子项目。项目从1999年开始执行，截至2005年项目尚在执行之中。省审计厅对项目执行和财务收支情况实施审计发现的主要问题：挪用项目资金合计629.14万元，其中挪用世行贷款资金139.41万元。滞留项目资金1498.46万元。项目违规提取还贷准备金393530.6美元，已提部分未退还各项目县。项目违规提取项目管理费32.58万元，攀枝花市仁和区项目办管理费超支21.60万元。省财政厅下达凉山州财政局的债务数与凉山州上报的项目财务报表中债务数不一致。攀枝花市盐边县未办理转贷手续，出借世行资金58.7万元；西昌市精米种子加工项目转贷担保手续不合规。攀枝花市西区群众投劳折资、以物折资59.6万元未附原始单据；攀枝花市盐边县多计收农户利息2.18万元，世行多计收项目利息增加了项目建设成本。漫水湾供水工程开发中心为湖北机械设备进出口公司累计垫付人民币462.71万元，垫付款主要为民工工资、设备款以及工程款，与黄大线路架设合同中的特别条款第14款第1条不相符。个别贷款责任不明确，未按规定建立偿债准备金，拖欠世行贷款本息情况严重。对审计发现的问题，省审计厅提出了审计建议。项目实施以来，一定程度上帮助项目区提高了农业、园艺水果、畜牧生产产量、其他商品附加值，并在帮助边远山区农户脱贫方面起到了很好的示范作用，产生了较大的社会效益、经济效益、环境生态效益。

十三、贫困地区林业发展项目

世行贷款贫困地区林业发展项目管理单位是省林业厅，项目执行单位涉及8个市（地、州）的15个县区级项目单位。项目利用世行信贷资金和贷款资金折合人民币12450万元，国内配套人民币10209万元，总投资共计人民币22659万元。项目资金主要用于扶持四川省贫困地区林业发展，包括造林、乡镇企业加工业投资和营销设施投资等，并采购一批必须的相关技术设备和办公设备，开展一系列技术人员和管理人员的培训。项目从1998年开始执行，截至2005年项目尚在执行之中。省审计厅对项目执行和财务收支情况进行汇总审计发现的主要问题：项目管理工作基础较差：绵阳市未及时向造林户签定转贷协议；省项目办管理费支出明细账中“其他应收款——纳溪项目办”余额10万元挂账多年未及时清理。项目会计核算基础工作薄弱，核算体系不健全。项目配套资金不到位75万元。贷款资金使用进度缓慢，滞留项目资金合计166.97万元。挪用项目资金78.47万元。项目违规外借项目资金53.04万元。项目执行效果不佳，部分县退出项目的手续迟迟未了结，影响整个项目的建设与执行。对审计发现的问题，省审计厅提出了审计建议。项目执行以来，实施进度较为顺利，促进了当地林业事业的可持续发展，改善了当地林区生态环境，帮助部分贫困人口增加了经济收入，产生了一定的社会、经济、环境综合效益。

十四、中德合作四川造林与自然保护项目

世行贷款/德国政府赠款中德合作四川造林与自然保护项目管理单位是省林业厅，项目执行单位包括广元市的7个区县。项目获得德国政府赠款折合人民币6492.80万元，国内配套人民币6492.80万元，项目总投资人民币12985.60万元。项目资金主要用于用材林、经济林培育，封山育林费用，唐家河自然保护，购买节能灶、车辆、设备，修建林间便道等。项目从1998年开始执行，截至2005年项目尚在执行。省审计厅对项目执行和财务收支情况进行了审计。对审计发现的问题，省审计厅提出审计建议：提高项目管理工作质量，健全项目管理制度，规范项目实施。加强项目财务管理，完善资料的归档保存工作；严格财务审核把关，对于非项目支出要及时进行归垫和账务调整；加强对设备等固定资产的管理，规范设备的使用和管理。

十五、四川城市环保工程项目

省人民政府水资源规划城建环保项目领导小组办公室是世行贷款四川城市环保工程项目管理单位，项目执行单位涉及成都、德阳、乐山、泸州的7个单位。项目总投资人民币113833.58万元，项目资金主要用于帮助四川省从过去水环境和土地资源恶化的状况中恢复过来，以实现四川经济的可持续发展；通过改善对水资源产生较大影响的污水和垃圾的管理，减少城区给岷江和沱江带来的污染负荷；通过改善供水设施，增加城市供水能力；通过项目实施，强化城市的财务能力和机构自主性。项目从2002年开始执行，2005年项目尚在执行之中。省审计厅对项目执行和财务收支情况进行了审计。对审计发现的问题，省审计厅提出审计建议：进一步规范项目财务管理和会计核算工作。加快项目实施进度，提高用款效益。各项目单位应积极落实配套资金，确保项目顺利实施。对不合规、不合理的项目支出，要坚决整改并进行账务调整。

十六、JPN四川城市环境项目

世行赠款JPN四川城市环境项目执行单位是省人民政府水资源规划城建环保项目领导小组办公室。项目赠款金额折合人民币331.07万元，主要用于四川城市环保项目的前期准备工作，包括召开研讨会、聘请国内外专家和进行必要的课题研究等。项目从2003年开始执行，2004年执行完毕。省审计厅对项目执行和财务收支情况进行审计未发现问题。

第三节　工业、交通和金融项目审计

一、农村公路项目

世行贷款农村公路项目分布于全省6个市（地），涉及15个县（区），项目管理单位是省交通厅，世行贷款折合人民币3318.22万元，国内配套人民币4697.71万元。项目主要用于18段国道、农村公路的建设，计304.60公里。项目从1985年开始执行，1989年执行完毕。省审计局对世行贷款农村公路项目执行及财务收支情况进行审计。对审计发现的问题，省审计局提出了审计建议。1990年省审计局对世行贷款农村公路项目进行了终结审计。四川省世行贷款第一批农村公路项目经

过5年艰苦努力，基本达到项目建设目标。

二、化肥节能技术改造项目

世行贷款化肥节能技术改造项目执行单位是泸州天然气化工公司。1985年化工部分配给泸州天然气化工公司贷款金额折合人民币4841万元，要求国内配套人民币4841万元，总投资合计人民币9682万元，主要用于建设新系统和模拟装置，进行老系统技术改造。项目从1985年开始执行，1990年执行完毕。省审计局对项目执行和财务收支情况进行审计。审计发现的主要问题：项目执行中存在违规违制问题。公司将应由企业专用基金开支的费用人民币5.06万元列入成本；对外劳务技术服务和废旧物资处理收入，滞留于专项往来账，减少当年企业利润9.74万元；应补交能源交通建设基金45万元；生产经营中违纪违制金额42.86万元。项目管理较薄弱，项目指挥部专职人员少，有关部门工作衔接、协调配合不够。项目会计核算基础工作不够完善，二级科目设置不完备；银行存款账户余额与银行对账单不符。配套资金不足，公司自筹资金部分不够落实，国内配套资金尚有1500万元未到位。项目技改（即采取技术措施增加生产能力的挖掘、革新、改造等）贷款资金不落实。项目预订的完成期推迟。项目效益发挥不理想。还本付息外汇未落实；项目工程所需“三材”（钢材、水泥、木材）不落实；技改项目经济效益欠佳。对审计发现的问题，省审计局提出了审计建议。泸州天然气化工公司利用世行贷款对其自身的大中化肥装置进行技术改造是成功的，实现了节能降耗的指标，项目目标基本实现。

三、威远气田技术改造项目

项目管理和执行单位是四川石油管理局川西南矿区，矿区是省石油局下属内部独立核算单位，生产和基建并兼，担负四川盆地西南部石油、天然气勘探开发任务。项目总投资人民币10700万元，其中世行贷款折合人民币5350万元，预算拨款人民币1000万元，自筹4350万元，项目主要用于矿区油气田勘测、钻探、开采等生产用途和矿区基建。项目从1985年开始执行，1992年执行完毕。省审计局对世行贷款威远气田技术改造项目执行和财务收支情况进行了审计。针对审计发现的问题，省审计局提出审计建议：矿区应加强指挥部办公室综合协调，从人员、技术、资金上给予保证；完善财务核算体系，实现独立核算和核算工作的连续性。严格财经纪律，防止违规违制问题再度发生；健全内部审计机构，充实人员，充分发挥内审人员作用，加强财务监督。及时归垫不应由项目资金支付的费用，并及时进行相关账务处理、调整账务记录。搞好矿区经营管理，巩固和完善内部经济责任制，定期进行经济分析；将工程、设备管理纳入制度化轨道，发挥项目效益。1993年省审计局对世行贷款威远气田技术改造项目进行了终结审计。威远气田技术援助项目经过7年多的建设，成功的完成了威远气田诊断性研究，仪器设备的采购工作已经完成并产生了效益。同时项目也得到了世行专家的肯定，威远气田技术援助项目的对外审计报告是比较好的，现金流量表的编制符合世行要求，报表上下年度数字衔接一致。

四、世行贷款第二、四个工业信贷项目和亚洲开发银行项目

世行贷款第二、四个工业信贷项目和亚洲开发银行项目管理单位是中国投资银行四川省分行，项目执行单位（分贷单位）包括自贡无线电二厂、成都造纸公司等22个企业。世行贷款第二、四个

工业信贷项目和亚洲开发银行项目使用世行贷款折合人民币 3979.78 万元，亚行贷款折合人民币 2616.04 万元，国内贷款配套人民币 1160.70 万元，总投资人民币 7756.52 万元。项目资金主要用于扶持四川省优势产业发展，加快电子、造纸、机械、建材行业设备的引进使用和技术改造，提高企业生产能力和经济效益。项目从 1985 年开始执行，1994 年执行完毕。省审计局对项目执行和财务决算情况进行审计，并抽审了部分贷款企业的投资效益和还贷能力。针对审计发现的问题，省审计局提出审计建议：账务处理不正确、账账不符问题，限期做出调整。乱挤乱摊成本问题，省投行要督促贷款使用单位认真进行整改；对挪用等违纪违规问题坚决纠正，省投行要加强对贷款使用单位的监督检查，确保贷款资金的专款专用。省投行要指导监督相关单位加强会计的稽核工作。省投行要认真分析部分贷款和财务收支计划完不成的原因，积极开拓贷款业务，增加技术改造项目比重，提高企业自身经济效益。对于部分企业引进设备成本高、设备利用率低的问题，省投行要会同有关地方政府和部门，积极提出解决意见，帮助企业渡过难关。项目执行以来，省投行利用国外贷款资金扶持中小型优势企业进行技术改造，多数项目能较快投产生产，且效益较好，形成了一定的创汇节汇能力和规模。

五、川黔铁路电气化改造项目

世行贷款川黔铁路电气化改造项目执行单位是成都铁路局。项目利用世行贷款资金折合人民币 2.02 亿元，国内配套人民币 3.45 亿元，总投资人民币 5.47 亿元。项目资金主要用于成渝线、贵昆线、湘黔线、川黔线铁路的电气化改造。项目从 1987 年开始执行，1997 年执行完毕。省审计厅对项目执行和财务收支情况进行审计并对项目电气化改造完成后的经济、社会效益方面进行了检查。针对审计发现的问题，省审计厅提出审计建议：成都铁路局要加强与铁道部贷款办的联系，改进和完善外资贷款核算办法，对川黔线电气化改造工程的会计核算的组织管理，应集中在一个部门进行。严格按照国家有关基本建设会计制度使用会计科目，对账务处理错误的金额及时调整，补办相关入账手续；今后不得再预提管理费。财务收支违纪问题，省审计厅除作出相应处理处罚外，要求成都铁路局限期进行纠正。经过多年对世行贷款川黔铁路电气化改造项目的审计，项目单位对发现的问题进行了整改，促进了对原有铁路系统的改造，工程质量满足项目建设需要，基本实现了项目的计划目标。

六、第三个农村信贷项目

世行贷款第三个农村信贷项目管理单位是中国农业银行四川省分行，项目执行单位（分贷单位）涉及 44 个项目市（地）、县农行。项目总投资人民币 24944 万元，其中世行贷款折合人民币 13128 万元，农行配套资金人民币 4524 万元，借款户自筹资金人民币 7292 万元。项目资金主要用于为项目区工业和商业发展提供贷款支持，发放乡镇企业贷款、固定资产贷款和农业支农贷款等。项目从 1988 年开始执行，1994 年执行完毕。省审计局对项目执行和财务决算、信贷管理及项目效益情况进行审计。针对审计发现的问题，省审计局提出审计建议：农行省分行要及时纠正会计核算中的差错，加强财务力量；督促基层农行认真整改项目核算中存在的问题，并加强对基层项目人员的培训和项目会计核算检查和辅导工作。农行省分行要加强基层农行宣传教育，帮助其提高自身对分贷单位的监督和监测管理水平。要采取措施帮助分贷单位完善内控制度，提高工程质量，发挥生产效益。世界银行抽查全国执行项目的审计报告，四川省第三个农村信贷项目对外审计报告获得了 B + 的成绩。1995 年省审计局对项目进行了终结审计。项目在农行四川省分行的直接领导和指导下，在项目管理的监控、报账、会计核算以及实地监测等方面形成了一套外资信贷管理模式，较好地发挥了银行信贷监督作用，帮助和扶持了一大批建成投产企业和农户，取得了明显的社会效益和经济效益。

七、四川公路项目

世行贷款四川公路项目执行单位是四川省交通厅世行贷款办公室和四川省重点公路建设指挥部。项目建设分东段组织和西段组织，其中项目东段由省审计局授权重庆市审计局进行审计。项目总投资人民币 116400 万元，西段总投资为人民币 236525 万元，东段总投资为人民币 158584 万元；其中，世行贷款折合人民币 67500 万元，其余人民币 48900 万元由交通部适当补助一部分，省交通厅及重庆市交通局通过征收流转税附加费、客货运附加费、养路费、重点建设基金，以及国内贷款、集资等办法筹集。项目资金主要用于四川省重点公路—成渝公路项目的建设。项目从 1989 年开始执行，1996 年执行完毕。省审计厅对项目执行和财务收支情况进行审计。对审计发现的问题，省审计厅提出审计建议：省指挥部要督促资阳、资中、简阳等县指挥部执行国家基本建设的规定，尽快办理基建审批手续，落实资金来源。监理部西段代表处要对审计支付报表发现的问题进行清理，补齐相关手续。省指挥部应抓紧与承包商的谈判力争尽快解决工程合同执行中的各项问题。省指挥部应加强对监理部西段代表处财会人员的业务培训和会计核算基础工作，按照规定调整相关账目。对于项目东段存在的问题，要严格按照重庆市审计局审计结论和决定执行。1992 年，世界银行对四川公路项目审计报告进行了抽查，评价较好。1999 年，省审计厅对四川公路项目后续工程的执行情况及世行贷款的还贷情况进行了审计调查，审计调查认为项目基本完成了项目建设任务和目标，社会效益和经济效益明显。

第四节　亚洲开发银行贷款项目审计

一、工业节能环境改善项目

亚行贷款工业节能环境改善项目执行单位是四川省渠江水泥厂。项目总投资人民币 15408 万元，其中亚行贷款折合人民币 7737 万元，国内配套人民币 7671 万元。项目资金主要用于购买设备，开展项目配套基础建设，将原湿法生产工艺进行半干法的技术改造以提高技术水平，节约烧成热耗。项目从 1993 年开始执行，1997 年执行完毕。省审计厅对项目执行和财务收支情况进行审计。对审计发现的问题，省审计厅提出审计建议：鉴于广安地区刚成立不久，给企业配套资金有一定困难，渠江水泥厂应专题向税务部门汇报漏缴“特种基金”的情况。坚决纠正乱列管理费的问题，不得以预提等任何形式挤占成本。采取措施加强财务管理，切实做到总账与明细账核对，银行、现金日记账要日结月清。亚行贷款工业节能环境改善项目实施以来，项目基建、技改工程进展顺利，渠江水泥厂生产经营状况良好，各项任务全面完成，基本实现了工业节能与环境改善的项目目标。

二、中国农业银行二期项目

亚行贷款中国农业银行二期项目管理单位是中国农业银行四川省分行，项目执行单位包括泸县东方编织厂、德阳斯佳丝绸公司、成都绿色食品厂等。项目使用贷款资金折合人民币5085.96万元，企业自筹人民币6721.78万元。项目从1995年开始执行，1999年执行完毕。省审计厅对项目执行和财务收支情况进行审计。农行四川省分行认真执行了亚行贷款的有关规定，分贷项目手续完善；预付金账户和费用支付清单程序符合亚行和农业银行总行的要求，对项目单位的监督、检查工作比较细致；资金投入与项目工程进度一致，确保了项目贷款专款专用。同时对审计发现的问题采取了有效措施，及时进行了整改和纠正，促进了项目顺利实施。

三、成南高速公路项目

亚行贷款成南高速公路项目执行单位是四川省成南高速公路有限责任公司。成南高速公路项目计划投资总额636200万元，其中利用亚行贷款金额207500万元，国内配套428700万元。成南高速公路正线208.61公里，成都连接线6.84公里，全长215.45公里。成南高速公路是国家规划的“五纵七横”国道主干线上海至成都公路（支线）的一段，是国家“九五”和“十五”交通重点建设工程之一，是四川省第一个利用亚洲开发银行贷款、实行国际竞争性招标和中外监理工程师联合监理的重点公路建设项目，也是四川省已建成高速公路中投资最多的项目。成南高速公路项目于1999年正式开工建设，2005年项目尚在执行之中。省审计厅对亚行贷款成南高速公路项目执行和财务收支情况进行了审计。对审计发现的问题，省审计厅提出建议：公司应加强财务审核把关，尽快补齐合法的原始单据以明确项目支付依据。严格控制概算，使管理费用的开支保持在合理范围内。规范账务处理，及时调整错误的会计账务记录。加强项目内部控制和管理，不得再发生挪用资金的情况；对已挪用的资金要及时归垫。增强纳税意识，建立健全规章制度，规范材料物资的保管和使用。成南高速公司按照审计提出的建议进行了认真整改，审计对项目建设起到了一定的促进作用：2003年亚洲开发银行官员和执行董事团先后考察了成南高速公路。亚行副行长约瑟夫·埃肯博格先生认为，“成南高速公路可以与世界上任何一条优秀的高速公路媲美，是世界上不多见的一流的高速公路”。亚行执行董事团认为成南路“是一条具有国际水准的高质量的高速公路”。与此同时，成南高速公路项目也赢得了国家水利部的赞誉，被命名为“开发建设项目水土保持示范工程”，是四川省唯一入选的公路建设工程，也是全国五个水土保持示范公路项目之一。

四、川南道路发展项目

亚行贷款川南道路发展项目执行单位是西攀高速公路公司。项目总投资89亿元人民币，其中亚行贷款折合人民币24.86亿元，国家开发银行贷款22亿元，交通部补助11.58亿元，省自筹30.56亿元。项目资金主要用于建设西昌至攀枝花高速公路。项目从2004年开始执行，截至2005年年底项目尚在执行之中。省审计厅2005年起对该项目执行和财务收支情况实施审计。

第二章　外国政府和国际组织贷（赠）款项目审计

第一节　外国政府贷（赠）款项目审计

外国政府和非金融国际组织贷（赠）款是指一些国家政府和联合国专门机构、国际非金融性组织提供的贷（赠）款。通过审计署授权，省审计厅对外国政府和非金融国际组织贷（赠）款项目实施审计，审计工作开展的组织方式与对国际金融组织贷款项目审计的组织方式基本一致。

一、中国水行业发展项目

英国国际发展部赠款中国水行业发展项目的管理单位是省水利厅，项目执行单位包括省农田水利局和广元市、巴中市的水利主管单位。项目赠款折合人民币224.25万元，国内配套人民币230万元。项目资金主要用于支持四川省农村用水者协会的发展，进行工程建设，买入物资和材料。项目从2001年开始执行，2004年执行完毕。省审计厅对项目执行和财务收支情况进行审计发现的主要问题：苍溪县项目办以不合规支出单据列支项目服务费人民币1.11万元，且项目会计核算和财务管理工作存在薄弱环节；省农田水利局将专家咨询费用用于发放职工福利。对审计发现的问题，省审计厅提出审计建议：对不合理支出，立即按有关规定进行整改。加强财务审核把关。

二、中英性病艾滋病防治合作项目

英国国际发展部赠款中英性病艾滋病防治合作项目执行单位是省卫生厅。项目赠款折合人民币9462.57万元。项目资金主要用于四川省性病、艾滋病防治。项目从2000年开始执行，截至2005年年底项目尚在执行。2001年审计署直接对项目执行和财务收支情况进行了审计。2002年至2005年，由省审计厅实施审计。对审计发现的问题，省审计厅提出审计建议：省项目办应向国家项目办建议，由国家项目办会同有关部门制定出一个适合项目需要的受益人群参与活动的访谈费用和误工补助的指导标准；省项目办应将更多的活动以合同或任务书的形式委托给专家、各级政府部门、相关机构和非政府组织实施，按合同规定支付费用，并加强财务的监督和管理。

三、中德合作四川扶贫项目

德国复兴开发银行援款中德合作四川扶贫项目执行单位是平昌县扶贫开发办公室。项目援款折合人民币1200万元，国内配套人民币1200万元。项目资金主要用于平昌县的农村扶贫工作，包括经果林建设、沼气池、蓄水池、机耕路、车辆及设备等。项目从2001年开始执行，截至2005年年底项目尚在执行。省审计厅2004年至2005年对德国复兴开发银行援款中德合作四川扶贫项目执行和财务收支情况进行审计发现的主要问题：为项目所采购的物资中有农药和化肥28.54万元存放在供应商处，财务上无这些物资的记录；技术援助支出没有纳入该年度财务报表。个别村在物资分发上缺乏透明度，部分发给农户的化肥没有领取人签名。对审计发现的问题，省审计厅提出审计建议，要求加强项目财务管理工作，费用支出要严格审核把关，取得合法有效的支持凭据。项目实施以来进展较为顺利。

第二节　其他国际金融组织贷（赠）款项目审计

其他国际金融组织贷（赠）款是指除世界银行、亚洲开发银行以外的各种国际金融组织提供的贷（赠）款，如国际农发基金会、蒙特利尔多边基金等机构提供的贷（赠）款。通过审计署授权，省审计厅独立开展对其他国际金融组织贷（赠）款项目的审计，审计工作开展的组织方式一般由省审计厅直接组织实施。

一、四川畜牧发展项目

国际农发基金会贷款四川畜牧发展项目管理单位是省畜牧局，项目执行单位涉及广元市、雅安地区、达县地区的14个县畜牧局。国际农发基金会向项目贷款1340万个特别提款权约折合人民币6401万元，国内配套人民币6401万元。项目资金主要用于扶持山区贫困农户发展畜牧业，增加收入，脱贫致富。项目从1989年开始执行，1994年执行完毕。省审计局对项目执行和财务收支情况进行审计发现的主要问题：项目管理不到位，项目年度计划完成差。项目的国内配套资金不落实。审计发现挪用项目资金990.25万元。部分费用开支不合理、不合规。项目执行效益不理想，牲畜发展子项目完成不平衡；少数加工厂经济效益差，到期贷款回收率不高；市（地）、县执行单位存在以拨代支、未独立建账、账表不符等问题，影响项目效益发挥。对审计发现的问题，省审计局提出审计建议。项目执行单位按照审计机关作出的审计处理意见进行整改，建立了项目机构，配备了项目人员，制定了一些管理办法；在贷款资金的支持下，项目区畜牧业发展较快，基本完成了项目计划。

二、成都SOS儿童村项目

国际SOS儿童村组织援款成都SOS儿童村项目的执行单位是成都市政府、省民政厅。项目援助内容是：无偿提供筹建儿童村全部基建费用约150万美元；支付儿童村全部孤儿的生活、学习费用；支付儿童村“妈妈”的工资、医疗费、退休费，并解决退休后的住房；支付儿童村必要的生活用品购置费用；支付儿童村必要的房屋维修费用。项目从1996年开始执行，截至2005年年底项目尚在执行。省审计厅对项目执行和财务收支情况进行审计发现的主要问题：物资管理不规范，成都SOS儿童村未设立物资管理台账，无物资出入手续；财务核算未设立往来科目对预付款等经济活动进行核算，出现虚增支出和收入的情况。对审计发现的问题，省审计厅提出审计建议。在省、市民政部门的支持下，项目建设取得了明显的成绩，项目财务严格按照中国SOS儿童村协会批复的经费预算控制项目支出，确保了项目基建和日常工作实施顺利。

三、蒙特利尔多边基金援助项目

根据审计署授权和国家环保总局的要求，省审计厅对蒙特利尔多边基金援助项目进行审计。

（一）CFC 生产线拆除项目

1998 年省审计厅对自贡市釜江化工厂 1995 年至 1997 年执行的 CFC 生产线拆除项目进行了审计。项目总共获赠人民币 934.13 万元，用于 CFC 生产线拆除和相关技术改造支出。2000 年省审计厅对 1999 年项目执行和财务收支情况再次进行了审计。审计显示项目执行情况良好，合同管理和内部管理规范，审计未发现问题。

（二）ODS 清洗剂整体淘汰项目

四川丹甫制冷压缩机有限责任公司执行的 ODS 清洗剂整体淘汰项目获赠资金人民币 178 万元，主要用于生产技术改革，使用溶剂超声波粗洗—精洗—溶剂蒸浴、干燥的技术工艺替代原用 ODS 清洗剂和固体清洗剂进行清洗的技术工艺。2002 年省审计厅对该项目进行审计显示，项目执行情况良好，合同管理和内部管理规范，审计未发现问题。

四、川东北农业综合开发项目

国际农发基金会赠款川东北农业综合开发项目执行单位是省农业厅，项目执行单位涉及 4 个项目县。项目赠款 7750 万个特别提款权折合人民币 93616.40 万元，以及 31995 吨粮食的无偿援助。项目资金主要用于改善农村基础设施和生态条件，进行生产开发、人员培训等，改善受益人口的生活条件，并为项目区农业生产和农村经济持续发展提供基础。项目从 1997 年开始执行，2003 年执行完毕。省审计厅对项目执行和财务收支情况进行审计发现的主要问题：乡级、县级会计核算不规范，无具体的项目财务管理和会计核算实施细则。个别项目县挪用项目资金、改变贷款对象、用途和超额发放贷款。乡镇农村信用合作社从乡镇项目办获得的利差为 1%，难以维持运作成本，因此对运作和管理信贷资金缺乏积极性，造成信贷资金支付滞后。（四）省项目办多报账 3.13 万元。对审计发现的问题，省审计厅提出审计建议。项目实施以后，川东北项目区农村经济得到了一定程度的扶持，农业生产可持续发展状况良好。

第三章　中外合资合作企业审计及其他专项审计

第一节　中外合资合作企业审计

1993 年，省审计局组织对省内 168 家中外合资、合作经营企业进行审计调查。调查显示，这些企业的特点，一是产业结构加工工业多，农业、能源、交通、原材料等基础产业少；二是投资规模小型企业多，大中型企业少；三是外方投资者港澳台多，中方在港中资机构投资多，其他投资者少；四是经济效益差的较多，如重庆市审计局调查已经开始生产经营的 21 家企业中，盈利的 10 家，亏损的 11 家，盈亏相抵后亏损了 145.13 万元。调查反映的普遍问题是：外商资本金到位状况差。一些地方政府或主管部门急于求成，指导上求数量，许多投资者将合资（合作）企业批准证书和营业执照拿到手，再去筹集和落实资本金，致使企业出资期限延长，外商资金难以到位。合同条文不够严密。一些中外合资（合作）企业的中方对有关法律、法规研究不够，对国际经济交往惯例、准则不够熟悉，合同的条款不严密，对资金不如期到位，购买设备、原材料不符合质量要求等的经济责任，索赔手段等都不够明确，以致无法追究其经济责任。收益分配中不按年度进行，部分企业几年才分配一次收益，造成中方，特别是国有资产投资方盈利状况不实；不按规定提取“储备”基金，企业发展基金和职工奖励及福利基金，缺乏长远考虑，势必造成分光吃光的局面；中方投资者不按规定收回所得利润，造成国有资产流失。投资环境不够完善，在一定程度上影响外商投资积极性和合营企业的发展，表现在政府和有关部门综合服务做得不够；基础设施还不配套；各种收费名目繁多，政出多门；美元兑人民币调剂价格大幅上涨等。省审计局向审计署提交了审计调查情况报告，并对外资工作的正常发展，创造良好的投资环境，维护中外投资者的合法权益提出了 4 条建议。

1994 年，省审计局组织对 149 家中外合资合作企业亏损情况进行审计调查。被调查的企业 1993 年亏损 4247 万元，占累计亏损 8815 万元的 48.18%，潜在亏损 1010 万元。由于亏损造成国家财产损失 12904 万元，外方损失 11970 万元。造成亏损的主要原因：决策失误，可行性报告不实，造成亏损有 18 家，亏损额 863 万元；注册资金到位低，企业负债居高不下，造成亏损有 30 家，亏损额 492 万元；外方投资设备（物资）以次充好，高报进价，造成亏损有 23 家，亏损额 412 万元；原材料高进，产成品低出，造成亏损有 14 家，亏损额 813 万元；生产规模小，销售额低，造成亏损有 20 家，亏损额 680 万元；物价上涨，成本增加，造成亏损有 20 家，亏损额 390 万元；弄虚作假，虚增亏损有 6 家，亏损额 213 万元；财务管理松弛，费用开支大，造成亏损有 21 家，亏损额 384 万元。另外，还有一些难以量化的重要因素：人员素质低，管理“国企化”。大部分合资合作企业由中方管理，企业沿袭合资前模式，人、财、物管理存在尚未改革的“国企化”；合资企业董事会不健全，对重大问题不及时研究，影响了企业发展。管理不严，监督不力，表现在注册资金严重不到位，一些外方投资的设备（物资）未经国家商检，质量性能差造成损失。针对问题，省审计局提供了意见和建议，并向省政府提交了审计调查报告。省政府办公厅转发了省审计局《关于四川省中外合资合作企业亏损情况审计报告的通知》，要求各级政府切实加强对中外合资合作企业的审批和管理，克服对外招商引资“重数量，轻质量，重引进，轻管理，重投入，轻效益”等倾向，推动全省中外合资合作企业沿着“持续、快速、健康”的轨道向前发展。

1995 年，省审计局组织对 22 家中外合资企业 1994 年至 1995 年 6 月财务收支进行审计。22 家企业中方投入国有资产额占 1/2 以上，或中方在经营管理中占据主导地位。省审计局直接审计了四川现代控制系统工程有限公司和四川九龙林产品有限公司。审计结果显示，国有资产和国家收入流失总额 2081. 53 万元，其中国有资产流失额 1841. 94 万元，占国有资产比重的 18. 4%，潜在亏损 489. 63 万元，中方分担潜亏 337. 96 万元。查出国家收入流失 239. 59 万元。经审计为国家挽回损失 459. 8 万元，其中国有资产 220. 21 万元，国家收入 239. 59 万元。审计查出的主要问题是：企业无偿占用中方资金的有 2 家，金额 315 万元，造成国有资产直接流失。有 3 家企业外商代购设备高报价金额 133. 7 万美元。企业负债经营，利息负担重。不少企业在筹建时，注意了基本建设资金，忽视了生产流动资金，致使企业建成后，所需流动资金不得不依靠贷款。有的企业则因实际出资与注册资金相差较大，使企业可支配资金微乎其微，只有向银行举债维持经营，加重了企业负担，制约了企业发展。出口创汇低。22 家合资企业中出口创汇型和先进技术型企业仅 2 家。一些企业没有有效地利用外方原有的销售渠道，虽然在合同中规定了外方负责产品外销任务的比例，但对违约责任未作规定，无约束力。有的企业将外销权全部交予外方，但没有明确具体的义务和应负的责任，致使外方在产品销路好，有利可图时还能积极推销，一旦销势疲软则撒手不管。财务管理松弛。22 家企业均不同程度存在财务管理薄弱，费用开支大的状况，漏计、错计成本、乱挤乱摊成本的现象普遍，“白条”报账、无依据付款现象也较严重。省审计局向审计署提交了审计情况的综合报告。

1996 年，省审计厅组织对 16 家中外合资企业 1995 年度财务收支进行审计。审计结果显示，大部分合资企业都较好地遵守中国的有关法律、规定，取得了较好的经济效益和社会效益，给四川的经济发展注入了生机和活力。同时审计也发现国有资产和国家收入流失 735. 5 万元，潜在亏损 335. 8 万元。审计查出的问题是：资产账外循环，经营成果严重不实。省审计厅直接审计的四川（中日）出租汽车有限公司 1995 年年末将 160 多辆汽车价值约 1000 多万元的资产不纳入账务核算，也未提取折旧；截至 1995 年年末已收到的 800 多万元承包收入也未按收入与成本匹配的原则分期纳入损益核算，致使经营成果严重不实。少列成本费用形成潜亏。省审计厅直接审计的四川通联珍稀动物养殖有限公司 1995 年将应计入当期财务费用支出的 55. 6 万元列入待摊费用；公司对开办费和筹建期间汇总损失 78. 2 万元近四年来不做摊销，两项造成公司潜亏 133. 8 万元。不按制度规定计提折旧，混淆国有资产和低值易耗品的界限。经查乐山嘉成电子有限公司等 5 家企业，当期成本费用不实，未能真实反映固定资产真实价值金额合计 43. 1 万元。有 3 家企业将超标准集资利息引入财务费用，使企业财务负担过重。有 4 家企业侵犯中方权益，致使国有资产流失 446 万元。对审计查出的问题，审计机关按照国家现行法规进行了处理，分别责成补交税款或调整账务；对法规规定不很明确的事项或突出问题以信息和专题汇报的形式向各级政府及有关部门进行了反映。

1997 年，省审计厅组织对 30 家中外合资合作企业注册资金到位情况，1996 年度生产经营状况进行审计调查。省审计厅还对四川川信房地产开发有限公司和四川川材中药材有限公司进行了审计。调查的 30 家企业投资总额 120423.11 万元，合同规定注册资金 72781.31 万元，其中中方应投入 60.35%，即 43922.14 万元；外方应投入 39.65%，即 28859.17 万元。注册资金实际到位 62073.32 万元，占合同规定金额的 85.28%，其中中方投入 38351.44 万元，占应投入的 87.3%；外方投入 23721.38 万元，占应投入的 82.44%；30 家企业中港台投资 24 家；生产型企业 14 家，房地产开发企业 6 家，餐饮娱乐业 4 家，其他行业 6 家；企业经营状况亏损面较大，其中：刚开业 4 家，盈利、微利 12 家，利润总额 2458.2 万元；亏损 14 家，亏损总额 8633.3 万元，盈亏品迭后净亏 6175.1 万元。调查揭示的主要问题：有 6 家企业注册资金未到位或未如数到位，造成企业负债经营。如四川捷祥置业有限公司注册资金 5000 万元，成立 3 年来实收资本仅有中方投入的 400 万元，外方应投入的 1250 万元至今未到，实属空壳公司。合作伙伴不当。由于前期工作对外方资金情况，经营作风、信誉和经营能力缺乏全面的资信调查而急于签约，以致造成损失。如四川伊迪国际工程咨询有限公司，外方仅投入少量资金，而在引进项目、设备时以高出国际市场价格 20% ~30% 赚取高利润，同时又以代公司购买汽车为借口，骗走公司 18 万元，对合资公司状况置之不理，公司准备注销。决策失误，可行性报告不实。几年前房地产开发业蜂拥而上，近两年受到大环境的影响，调查的 6 家房地产开发有限公司中，有 5 家处于瘫痪亏损状态。如成都华凌房地产开发有限公司注册资金被迫由 3000 万元减为 1200 万元，公司在龙泉驿所购的 150 亩地闲置，既不愿继续开发修建，又无法将土地转让出去，进退两难，只得维持现状，等待时机。产业结构不合理。引进和利用外资中，高科技、交通、能源和基础行业少，而餐饮娱乐等第三产业多，有的项目还重复引进。从四川嘉里粮油工业有限公司了解到，全省有规模的加工厂约 140 多家，榨油加工能力严重过剩，原材料供应严重不足，公司刚投产就只得大量从省外调入，增加了原材料成本，致使公司经营亏损。大部分合资合作企业由中方管理，观念和机制没有大的转变，有的企业独立的法人地位未得到完全体现，经营决策，人事安排以及职工福利等都由中方单位决定，企业缺少相应的经营自主权，责权利不明确，影响了企业的发展。大部分企业还均不同程度存在财务管理薄弱，乱挤乱摊成本的状况，以致企业出现虚盈实亏或虚亏实盈的问题，致使国家税收流失。“三资”企业在四川还处在创建发展阶段，如何注意引导，全面规划，加强管理，注重质量。省审计厅向审计署提交了审计调查报告，并提出了建议。

1998 年，省审计厅组织对 14 家中外合资合作企业的审计，省审计厅直接审计了四川晶樽包装有限公司。审计重点是企业 1997 年度财务收支，同时核实了企业资产、负债、损益状况。审计查出的问题：有 2 家企业注册资金未按规定到位，外方到位注册资金分别占应出资额的 77% 和 72%，影响了企业正常经营活动的开展。有 4 家企业不按财务制度规定结转成本，多转产品生产成本 151.5 万元。有 1 家企业少计销售收入 5.8 万元。有 9 家企业未按规定计提、少提中方物价补贴、上缴同级财政金额 37.19 万元，侵犯了中方职工的合法权益。（五）有 4 家企业由于公司领导班子不协调，忽视抓生产和效益，造成连年亏损金额达 3239 万元。对审计查出的问题，审计机关均按国家有关法律法规进行了处理，分别责成上缴财政、补交所得税和调整账务的处理。

1999 年，省审计厅组织对 13 家中外合资合作企业的审计，省审计厅直接审计了四川百事可乐饮料有限公司和四川六朵金花酒业有限公司，重点检查企业核算是否真实，是否依法纳税，是否平等互利经营，权益分配是否得当合理，中方职工合法权益是否得到保障等内容。审计发现的主要问题：损害中方合法权益。四川益和服装有限公司违反合同规定的按比例分享利润和分担风险及亏损的规定，将1998年度和以前年度累计财产损失和亏损全部冲转“其他应付款”往来账，即把合资企业损失、亏损全部转移给中方投资者，致使国有资产流失。部分企业挤占成本55.82万元，所得税收入流失14.93万元。个别企业未按规定计提中方职工物价、住房补贴。13家企业中，只有3家企业生产规模、经营业绩基本达到可行性论证报告预测水平，其余2家盈利，2家微利，6家连年亏损，甚至资不抵债。13家企业均不同程度存在财务核算不规范问题。成都华泰房屋开发有限公司将应列入资本公积的原实收资本折算差价收益380万元列入“筹建期间汇总收益”账户核算；绵阳新晨动力机械有限公司将销售承包费156.34万元以个人名义存入储蓄所，存款利息未入账核算；四川川意陶瓷有限公司生产设备多计提折旧130.26万元，固定资产盘亏136.89万元未作账务处理。上述问题均在一定程度上影响了企业成本、费用、利润的真实性，造成企业潜在亏损或虚亏实盈，致使国有资产流失。

2000年，省审计厅对四川名仕体育健身有限公司1999年度资产、负债、损益情况进行了审计。审计结果显示，公司会计核算比较规范，资产管理严密，及时上缴营业税及文化事业建设费、中方职工物价补贴、职工退休养老保险金，严格控制成本支出，资产、负债、损益情况基本真实。但公司流动资金缺乏，负债率较高，成本负担较重，累计亏损403.47万元，公司效益有待提高。审计查出的问题：注册资本变更未履行相关手续，审计要求按照国家有关规定对注册资本变更后的情况进行验资，并到工商管理部门办理变更登记手续；长期投资30万元列入“其他应收款”，审计责成公司进行账务调整。

2001年，省审计厅对四川汇川房地产开发有限公司2000年度资产、负债、损益情况进行审计。审计结果显示，由于外方注册资本一直未按时足额到位，加之流动资金严重缺乏，房地产开发业务基本未开展，累计亏损167.27万元。审计查出的问题及处理意见是：虚列外方注册资本64万美元，进行调整账务处理，并敦促外方在工商年检前补足应到位资金，否则应到工商部门进行注册资金变更登记。注册资本汇率折算差额112.11万元未列入资本公积金，应进行调账处理。将财务费用—其他科目贷方余额80.49万元在会计报表上冲减期末存货余额。预提肖家河工程费用10万元未按时冲账，应调整账务，冲减工程成本。转让龙泉驿土地款261.3万元未作相应账务处理，应调整账务，同时调增应收款168万元，增加2000年度亏损93.3万元。

2002年，省审计厅对四川巴蜀电力开发公司2001年度资产、负债、损益情况进行审计。审计显示，该公司以资本为纽带，以实业为基础，有效地实现了国有资产的保值增值，公司财务报表反映资产、负债基本真实，但损益差异较大。审计查出的问题及处理意见是：少计提交通附加83.13万元予以补缴；计发在职人员及返聘人员工资时少计缴个人所得税14.56万元，进行清理并补缴；实行工效挂钩的工资核算办法没有经过省劳动部门确认，应尽快完善手续，工资基金余额4413.27万元属于历史形成，按实际发生数在成本中列支；锁定汇率核算外债长期借款，造成虚列长期借款29617.82万元，影响了损益的真实性，建议与财政部门联系，共同确定适当汇率使之与实际更为接近；长期负债列入职工住房周转金1978.12万元，进行账务调整，以真实反映公司净资产；按成本法核算5家控股企业的长期投资，没有按现行会计制度规定的权益法核算，公司应进行账务调整，以真实反映公司投资实际损失1971.68万元；长期投资美国巴蜀有限责任公司注册资本30万美元均由公司一家出资，应完善手续进行必要的变更登记；在“生产费用”“工资基金—储备工资”等科目中列支返聘人员“住房公积金”、养老、医疗保险费用15.36万元应予纠正。在生产费用—其他费用—可控费用中列支劳务费6.45万元进行账务调整。

2003年，省审计厅对四川高路交通信息工程有限公司2002年和2003年1至6月资产、负债、损益情况进行审计。审计结果显示，公司财务报表反映资产、负债、损益较为真实，2000年资产总规模达到近7000万元，净资产1540万元，实现了国有资产保值增值，经营状况和财务状况趋于良好。审计查出的问题及处理意见是：应收未计工程收入105.35万元，审计决定纳入2003年工程收入核算，并补缴营业税3.16万元。与公司正常经营活动无关的费用263万元计入成本、冲销债权。审计决定冲销原账务处理，同时相应增加历年累计未分配利润。发放职工过节费4.49万元和伙食补贴9.71万元在管理费用科目中列支。审计决定冲转和调整账务处理。

第二节　其他专项审计

1989年至1994年，根据审计署的授权和攀枝花钢铁公司的委托，省审计局对国际银团商业贷款攀钢二期项目执行和财务收支情况进行了审计。国际银团商业贷款攀钢二期项目执行单位是攀枝花钢铁公司。项目投资总额为26.80亿元，其中国际银团商业贷款1.8亿美元（不含用于建设期支付贷款利息的贷款3000万美元），折合人民币5.76亿元，基建拨款该贷款人民币1.12亿元，建行贷款人民币17.32亿元，企业自筹资金人民币2.60亿元。项目资金主要用于建设1350平方米的高炉一座；1450冷、热轧机各一套；H型钢轧机一套；五氧化二钒车间及相应的辅助生产设施和民用生活设施。在项目完成后，计划形成年生产能力为生铁280万吨、钢材250万吨、钒渣9万吨。项目从1987年开始执行，1993年执行完毕。对审计发现的问题，省审计局提出的审计建议主要有：加强会计核算基础工作，对有账务处理或会计核算错误的及时整改，进行调账处理。对违反制度规定的问题。要严格依据城建部门收费标准和规定冲减相应科目；不应由项目支付的费用应由企业自有资金归还；虚增工程投资部分要按规定进行冲减。对违反财经纪律问题，平时要加大财务检查力度，加强采购审批责任制，补办手续，加强项目内部控制和管理。及时向冶金部反映项目资金来源和投资实际完成情况，加强项目资金使用和基建进度的监督管理。攀钢二期工程项目实施以来，攀钢公司通过多渠道筹措齐了项目建设所需资金，项目管理机构人员基本上能适应项目建设的需要，项目建设进度较快，工程的建设质量基本达到了项目计划的目标。

1995年，省审计局对四川省国际信托投资公司等18家单位外债的借、用、还等环节进行年检审计。审计显示，单位外债借款的审批程序均符合规定，在建项目均具备有资格单位编制或审批的可行性论证报告，经中央、省（市）计（经）委正式批准列入固定资产计划；在外债使用上都按规定项目投入，无挪用现象；外债核算上都设有专户，凭外债经办银行结算凭证入账，账证齐全。审计检查外债使用中存在的主要问题：个别外债使用未达到预期效果，如雅安制浆造纸厂外债全部用于支付外方设备款，但地方配套资金仅到位53%，由于工程造价增长，巨额资金缺口。迫使工程停顿。由于外汇汇率变动，产成品售价受国家政策限制，使应付贷款利息纳入成本后，企业承受较大困难以及三角债拖欠不清等原因，使有的单位无外债偿付能力，实际将偿债义务转嫁给直接借款的金融机构。如成都无线电一厂转贷入500万美元用于引进彩电生产线，由于市场竞争能力差，销售量小于生产力，企业亏损严重达七年之久，无力偿付本息，不得不由国际信托投资公司以短期外债代为支付。

1997年至1999年，省审计厅对四川省国际信托投资公司外债借、用、还情况进行了年检审计。审计结果显示，该公司根据省委、省政府制定的四川经济发展战略目标，结合具体情况积极开展国际融资业务，特别是1997年下半年东南亚金融市场出现大动荡和1998年对信托公司进行整顿归并的情况下，以认真求实的精神加强外汇信贷资产质量和防范外汇金融风险的工作，较好地发挥了对外融资的窗口作用。1996年至1998年度外汇资产流动比率分别为110%、133%、135%；资本盈利率分别为8%、10.78%、3.82%；实现利润分别为125万美元、136万美元、725万元人民币。公司坚持信誉第一，在偿还对外债务时，未发生预期还本罚息的情况。审计查出的主要问题是：国际业务部与财务部之间衔接不够，1996年度境外短期借款在财务账上两部相差1016万美元，短期外债余额相差206万美元；1997年度短期借款年末余额相差700万美元，影响了财务真实性。部分借用外债企业因各种原因无法按期归还外债，给公司外债偿还造成严重影响。1996年度少计营业费用和少计贷款利息、虚增利润39.91万美元；1998年汇总收益79.29万元人民币未纳入本年利润，造成利润不实，漏计所得税26.16万元。审计依照有关法规进行了处理，并对加强外债资金管理提出了建议。

第九篇　经济责任审计

经济责任审计是对党政领导、行政事业单位和国有企业及国有控股企业领导人员任期经济责任的审计。从1979年扩大企业自主权（放权、让利、搞活）开始，随着城市经济体制改革的推进，进一步实行“开放、扩权、搞活”的经济政策，企业各种经济责任制和厂长（经理）任期目标责任制逐步建立和完善，产生了对厂长（经理）在任职期内的业绩进行全面、客观、公正的监督和评价的内在需要，经济责任审计应运而生。经过各地的长期实践与探索，经济责任审计的对象范围，从企业领导人员逐步扩大到各级地方党政领导、行政机关、审判机关、检察机关、事业单位、群众团体及其直属单位领导干部。

第一章　经济责任审计制度建设与审计重点

第一节　经济责任审计制度建设

1987 年 1 月，省政府办公厅转发了省计经委、省财政厅、省审计局、省人事局《关于实行国营企业厂长（经理）离任经济责任审计评议的报告》。该报告指出，国营企业厂长（经理）离任（包括提拔、调动、免职、离退休等），除按规定办理财产交接手续外，应在正式办理离任手续前，按干部管理权限，由上级组织、人事部门或企业主管部门书面通知审计机关，对该企业进行审计。审计机关在接到通知后一周内，应派审计组对该企业施行就地审计。同时还规定，凡准备离任的厂长（经理），在审计结论前，任何部门不得为其办理调动手续。

1997 年 1 月，成都市第十二届人大常委会第二十二次会议通过，1997 年 6 月四川省第八届人大常委会第二十七次会议批准，颁发了《成都市国有企业法定代表人离任审计条例》。该条例规定，市、区（市）、县属国有企业及国有资产占控股地位和主导地位的企业法定代表人离任，必须接受审计监督。

1999 年 5 月，中共中央办公厅、国务院办公厅发布《县级以下党政领导干部任期经济责任审计暂行规定》和《国有企业及国有控股企业领导人员任期经济责任审计暂行规定》。2000 年 4 月，省委办公厅、省人民政府办公厅颁布《关于贯彻〈县级以下党政领导干部任期经济责任审计暂行规定〉和〈国有企业及国有控股企业领导人员任期经济责任审计暂行规定〉的意见》，全省党政领导干部以及企业和事业单位领导人员经济责任审计工作全面推开。

领导干部任期经济责任审计工作直接涉及多个部门。在省委、省政府的领导下，省纪律检查委员会、省委组织部、省委企业工作委员会、省人事厅、省监察厅、省审计厅六部委共同建立起“四川省经济责任审计工作联席会议工作制度”。该制度规定，省经济责任审计工作联席会议由省审计厅牵头，其办公室设在省审计厅。省经济责任审计工作联席会议的主要职责是：协调、指导全省经济责任审计工作；研究、解决全省经济责任审计工作中出现的重大问题；确定省级审计对象；协调各成员单位之间有关经济责任审计工作关系；交流经济责任审计情况，通报审计成果运用；研究、审定有关经济责任审计的管理制度、办法；检查、指导各市（州）任期经济责任审计工作；完成省委、省政府交办的其他工作。根据 2001 年 6 月 11 日《中共四川省委办公厅、四川省人民政府办公厅转发省纪委等部门〈关于进一步做好我省经济责任审计工作的意见〉的通知》（注：该《意见》由省纪委、省委组织部、省委企业工委、省委机构编制委员会办公室、省监察厅、省人事厅、省审计厅等七部委办共同起草），各地也相继建立了经济责任审计工作联席会议工作制度或领导小组。各级审计机关以经济责任审计联席会议为纽带，加强与纪委、组织、监察、人事、企业工委等部门的协调和配合，定期召开联席会议通报审计工作情况，研究处理重大事项，推动经济责任审计工作的开展。一些地方为更好地推进经济责任审计工作，还着力提升经济责任审计机构级别、增加人员编制。例如，2003 年 8 月，在机构编制精减的情况下，南充市决定成立南充市经济责任审计分局，分局领导高配副县级，确定行政执法编制 8 人；南充市所辖南部、顺庆等 4 县（市、区）亦成立了经济责任审计专门机构。至 2005 年底，全省已有 2 个市（州）、13 个县（区）专职机构升格，7 个市（州）、21 个县（区）专职机构高配领导干部。

各地在审计工作实践的过程中，逐步建立了经济责任审计各类规章制度。2000 年至 2005 年，全省以各级党委、政府、经济责任审计工作联席会议（领导小组）或相关部门名义，共出台了有关经济责任审计规章制度 701 项（含村干部经济责任审计相关制度 547 项），初步形成一套适用于经济责任审计工作的操作规范、评价标准和成果运用办法。例如，省纪委、省委组织部、省委企业工委和省监察厅、省人事厅、省审计厅六部门于 2001 年 1 月联合发布了《四川省经济责任审计管辖范围划分的暂行规定》。2001 年，省农业厅、省审计厅、省监察厅等部门制定了《关于认真贯彻川办发〔2000〕138 号文件切实做好乡村干部任期经济责任审计的通知》《关于推动农村集体财务管理和监督经常化规范化制度化的意见》等文件，推行村社集体经济组织干部任期和离任审计制度，并对村干部经济责任审计的对象、内容、组织实施等作出了基本规定。

2002 年 7 月，省委办公厅、省政府办公厅颁发了《四川省市、县级党政主要领导干部经济责任审计暂行办法》。

2003 年 12 月省纪委、省委组织部、省委企业工委和省监察厅、省人事厅、省审计厅联合印发《四川省领导干部任期经济责任专项审计调查实施办法（试行）》，中央五部委经济责任审计工作联席会议办公室于 2004 年 2 月向全国转发（中央五部委即中组部、监察部、人事部、审计署、国资委），《中国财经审计法规》于 2004 年第 6 期选载。2004 年 3 月，省审计厅与省纪委、省委组织部、省监察厅、省人事厅、省国资委等联合制发了《四川省乡镇党委书记、乡镇长任期经济责任审计工作指导意见》，中央五部委经济责任审计联席会议办公室于 2004 年 8 月向全国转发。

2005 年 5 月，四川省经济责任审计联席会议出台了《四川省地方党委、政府主要领导干部任期经济责任审计操作规程（试行）》和《四川省行政事业单位领导干部任期经济责任审计操作规程（试行）》。

第二节　审计重点内容

经济责任审计的职能，从财政财务收支的真实、合法、效益性和财经纪律执行情况的监督与评价，扩展到对领导干部个人“德、能、勤、绩、廉”的检查和对权力的监督与制约，以及对领导班子集体工作状况的评价等方面。经济责任审计的内容，从检查经营绩效、国有资产保值增值、遵守财经法纪情况和抓大案要案线索，扩展到注重制度机制建设、管控能力、决策的科学性和规范性等。经济责任审计的评价指标，从单一的微观经济责任类，拓展到微观与宏观、经济与环境、社会责任与可持续发展等类并重。领导干部的经济责任划分，从对领导干部个人责任与集体责任、现任责任与前任责任、直接责任与间接责任、主观责任与客观责任、故意责任与过失责任、直接责任与间接责任、主管责任与领导责任等多种情况的界定，逐步规范为直接责任、主管责任、领导责任等三种。

经济责任审计从最初省审计厅组织试点，到后来分层次扩大试点面，逐步步入全面发展时期。审计的对象纵向包括市（州）、县、乡三级党政领导干部；横向包括党委、政府主要领导干部、行政部门、事业单位领导干部和企业领导人员。经济责任审计的重点对象为拟提拔、调任的领导干部；党委、政府要求审计的领导干部；群众反映问题比较多的领导干部。审计重点内容：领导干部任期内财政经济工作主要业绩的真实性。领导干部任期内财政收支的真实、合法、效益性和管理制度的健全、有效性，弄清决策的合法、合规性及其影响。领导干部任期内重大经济决策的合法、合规及效益性，弄清依法行政情况。领导干部个人遵守财经法规和廉政纪律规定的情况，以拓宽干部监督考核渠道，为党委、政府提供管理使用干部的参考依据。同时，逐步将事后审计向事中审计拓展，即从领导干部离任后对其进行经济责任审计向任中审计发展。这种“先审计后离任”的方式使监督关口得以前移，把对权力的制约和监督更好地落到实处，有利于审计结果的及时利用，更有利于满足干部监督管理工作的需要。

第二章 经济责任审计监督实务与专项审计调查

第一节 经济责任审计监督实务

经济责任审计是在各地审计实践中，自下而上，从局部到整体，经过总结又从上而下逐步开展起来的。南充地区及其所辖10个县（市）于1986年开始建立厂长（经理）离任经济责任审计制度，并对6名厂长（经理）开展了离任经济责任审计。1987年至1998年，南充地区审计局（1993年后，为南充市审计局）共对110位厂长（经理）开展了离任经济责任审计。该局于1998年还对7名行政事业单位领导干部进行了离任经济责任审计。有的单位内部审计机构也开展了经济责任审计。南充市教育委员会1998年共对30名中小学校长开展了离任经济责任审计。广安市及其所辖5县（区）审计机关1994年至1998年共开展领导干部离任经济责任审计100项，其中行政事业单位71个，工商企业29家；审计地厅级干部1人，县处级13人，县级以下86人。查出违纪违规金额6654万元，审计处理收缴177.2万元，处罚个人0.3万元。发现的主要问题包括：企业隐瞒亏损和潜亏金额3188万元；少缴、漏缴税25万元；行政事业单位违反“控制社会集团购买力”的有关规定，购买“社会集团购买专项控制商品”近100万元；在农发基金中开支生活费32.62万元；职工拖欠公款50万元等。

1999年，全省各级审计机关共开展领导干部经济责任审计906项，审计党政领导干部699人、国有企业领导人员207人。其中，降、撤职76人，党政纪处分16人，移送司法机关10人。

2000年，省审计厅组织9个市的200多名审计人员，在纪委、组织、监察等部门的支持下，采取省审计厅直接审计、市（州）之间交叉审计等方式，对52名县级以上领导干部经济责任进行审计试点。其中，有22名县（市、区）委书记，24名省、市部门领导干部，2名事业单位领导干部，4名企业领导人员。审计查处各种违反财经纪律问题金额共计71182万元，同时，还揭示了部分领导干部超标购置小轿车、利用职权为亲友经商办企业谋利、配偶违规购买企业内部职工股票等不廉洁行为。主要表现是：虚增财政收入1698万元，财政隐性赤字10606万元。部分地区由于缺乏新的经济增长点，财政收入增长明显低于财政支出增长，为完成上级下达的经济指标，往往采取虚增收入，少报支出等手法，导致财政决算数据失真。如，江油市1999年年末，财政账面反映累计赤字1.48亿元，有1.43亿元财政借欠款，形成事实上的财政赤字。农业税减免款未落实到农户1387万元，变相增加农民负担。如，蓬溪县1998年和1999年两年财政办理决算时，分别将315.5万元和513.2万元的农业税减免款截留挪用，未按政策规定退还纳税的农民。开江县、大英县、射洪县、遂宁市中区也不同程度地存在此类问题。乱收费、乱集资10205万元。如，犍为县在1997年至1999年间，违规设立征收价格调节基金148.1万元、征收公路发展基金757.7万元、违规吸存资金3739.2万元，共计乱集资4645万元。再如，绵阳市游仙区未经批准，于1996年和1998年两次向辖区内有关部门、单位集资2002万元，用于沉杭水库修建。绵阳市交通局、乐山市计生委、广元市建委、遂宁市计生委和遂宁市经研所不同程度地存在此类问题。挪用专项资金和基金14656万元。其中：用于建办公楼和职工住宅2497万元；放贷752.2万元；给职工和有关部门发奖金、补助248.9万元；补充行政经费57.9万元。如，在对绵阳市交通局原局长任期经济责任审计中，查明该局及其直属单位自1993年5月至2000年4月，共挤占挪用交通专项资金7682万元，用于建办公楼和住宅2036.8万元，向11个单位提供赞助费417.6万元，用于下属公路局装修美食城390万元。私设“小金库”（账外账）2090.8万元。如，乐山市国土局原局长周某任职期间，要求局财务部门将825万元应缴财政收入存入其下属单位——土地管理事务所，从中开支用于建办公楼565万元，用于行政经费129万元。盲目决策，造成投资损失1454.8万元。如，对蓬溪县原县委书记陈某经济责任审计发现，1996年3月，陈某主持召开了浅层油气开发现场办公会，在缺乏项目地质资料、也未按规定报经省计委立项审批情况下，会议就对浅层油气开发和“利一井”向县城输气工程的资金筹集等重大问题作出了决定，最终导致国有资产直接损失1180万元。

通过上述52名县（处）级以上党政领导干部任期经济责任审计试点，收到初步效果，主要体现在：通过对被审计领导干部所在地区、单位的财政财务及相关经济指标的检查和分析，把对领导干部的定性与定量考核相结合，使考核结果更加真实、全面、科学，为党委、政府提供了有说服力的评价和用人依据。审计机关在经济责任审计过程中，依法对领导干部的违反财经纪律问题定性和处理，不仅使被审计领导干部本人，而且对其他领导干部也是一次生动的法制和党风廉政教育。审计机关形成的书面审计报告、审计意见、审计决定，被审计单位大都召开领导班子成员会议学习研究，从而促使领导干部增强法制观念和依法行政意识，有效地发挥了从源头上遏制腐败的作用。同时，通过经济责任审计，使广大干部进一步清醒地认识到，要离任，甚至得到重任，必须靠真抓实干，干出实绩，必须遵纪守法，靠浮报虚夸是行不通的。为纪检、监察及司法机关提供大案、要案线索。如，审计发现绵阳市交通局挪用巨额交通建设资金，乱发钱物等重大违纪问题，及时移送省纪委查处。再如，前述审计查出乐山市国土局私设“小金库”的问题，责成乐山市政府作出没收“小金库”财产的处理。避免了国家财产损失。通过审计依法查处了领导干部所在单位1217万元的账外固定资产、2090万元的“小金库”、739万元的应缴未缴税金，追收个人应付未付的购买国有企业产权转让款项230万元等，避免了国有资产的损失。

渠县审计局本着“大胆实践，积极探索，由点到面，逐步规范”的原则，在对领导干部拟任、任中、离任三个阶段经济责任审计的优劣对比分析的基础上，提出了建立任中经济责任审计制度的设想。2000年4月，在渠县人大通过的《关于加强审计工作的决议》中，对这一制度作出了明确规定，从而使任中经济责任审计纳入地方性立法的范畴。该局当年在涉及秦巴扶贫项目的区（镇）进行审计试点，具体操作是：“一项审计，出具两项报告，记入三个档案”。即：财政财务收支审计与任中经济责任审计，同时发出审计通知，同时实施审计；出具对被审计单位的财政财务收支审计报告和对单位领导的任中经济责任审计的报告；将对领导干部任中经济责任审计报告，进入组织人事部门的勤政业绩档案、纪检监察部门的廉政档案、审计部门的审计档案。通过审计，查出违反财经法纪资金35万元，其中挪用专项资金25万元，用于非生产性支出，审计给予了处罚处理；查出一出纳虚列支出贪污民政救灾款1.86万元，责任人员被追究刑事责任。审计中，及时发现问题，追回专项资金14.16万元。该局认为，开展任中经济责任审计，“认识是前提，制度是保障，领导是关键，部门配合是基础”。

2000年，全省各级干部管理机关参照审计结果，共降职、撤职34人，党政纪处分6人；审计移送纪检、监察部门处理13人，移送司法机关28人。

2001年，贯彻中共中央办公厅、国务院办公厅《县级以下党政领导干部任期经济责任暂行规定》和《国有企业及国有控股企业领导人员任期经济责任审计暂行规定》，以及省委办公厅、省政府办公厅《关于进一步做好全省经济责任审计工作的意见》，审计覆盖面进一步扩大。审计实践中，逐步摸索出对党政主要领导干部经济责任审计的关键是抓住“经济决策”这个牛鼻子，从查决策入手，重点检查其遵守国家财经法纪、依法行政、科学决策、国有资产保值增值的情况；检查社保、扶贫等事关民生和社会稳定的重点专项资金的管理使用情况；逐项核查有关方面反映的个人经济问题和违反廉政纪律的问题。通过检查上述各方面情况，对党政主要领导干部的经济责任做出客观公正的评价。全省各级审计机关当年共对1726名党政领导干部及企业领导人员开展了任期经济责任审计，其中县级以上党政主要领导干部57名，县以下领导人员1335人，部门领导干部207人，企业领导人员127名。经济责任审计不仅评价领导干部任期经济责任情况，同时揭露、查处被审计单位违反财经法纪的问题。全省各级审计机关查出的违纪违规金额中，属于领导干部主管责任48245万元，属于直接责任4919万元；查出管理不规范问题金额中，主管责任81366万元，直接责任3966万元；查出损失浪费金额中，主管责任1982万元。全省各级干部管理机关参照审计结果对领导干部平调1284人，晋升152人，免职137人，降职和撤职41人，受党纪政纪处分13人。全省经济责任审计查出个人经济问题金额717万元，其中：贪污305万元，挪用资金53万元，其他359万元。审计后移送纪检、监察部门37人，移送司法机关19人。例如，省审计厅对省工商局局长李某经济责任审计时，查出李某利用职权为亲友借公款4000多万元，导致多数款项难以收回，同时还查出李某所在单位截留应上缴的行政事业性收费收入，私设“小金库”等问题。省审计厅将此线索移送省纪委、司法机关后，省检察院以涉嫌挪用公款、滥用职权罪将其逮捕。再如，德阳市审计局对该市天然气总公司原总经理李某（审计时已任德阳市政协党组副书记）经济责任审计时，查出李某及副总经理陆某涉嫌侵占属天然气总公司所有的国有股权金额225万元，私分公款53万元，李某涉嫌渎职造成损失167万元等问题。审计机关将上述问题移送德阳市司法机关。经法院审判认定，李某利用职务之便侵占国有股权金额56万元，贪污公款10万元；陆某贪污公款6万元。法院一审判处李某有期徒刑10年，并处没收个人财产3万元；判处陆某有期徒刑3年，缓期3年执行。又如，广安市武胜县人大准备正式任命县政府驻成都办事处原主任张某为代县长（当时已在县政府主持工作），广安市审计局受委托对张某经济责任审计后，查出其违纪兼职取酬4.8万元，以个人名义为一个体户在市财政担保借款，导致30万元的财政款本息无法收回，擅自将政府用于建办事处及宾馆的基建资金100万元借给私营企业做生意等问题，广安市委停止张某代理县长资格，并给予党纪和行政降职处分。省审计厅对盐源县原县委书记王某经济责任审计后，县委、县政府针对审计中揭露的不少部门、单位违反财经纪律的问题，及时作出《关于进一步强化财政监管、整顿财政经济秩序的决定》。

2002年，按照“积极稳妥、量力而行、提高质量、防范风险”的经济责任审计工作“十六字”指导原则，对乡镇党委、政府主要领导和县属部门领导干部开展任期经济责任审计，已经成为县级审计机关的一项主要任务，不少地方已经形成了比较规范的工作格局。成都、南充、泸州、广安、宜宾、遂宁、乐山、眉山、达州、甘孜等市（州）所辖的大部分县（市、区）的县级以下党政领导干部在职务变动时，党委、政府和干部管理监督部门确定应当进行经济责任审计的重点对象，基本上都经过了经济责任审计。全省审计县级以下党政领导干部1542人，主要查处了财政收支不真实、挤占挪用专项资金、乱收费、乱集资、乱摊派、私设“小金库”、违规决策造成国有资产损失浪费等违纪违规问题，以及严重渎职及个人经济犯罪的领导干部，对基层干部起到了警示教育作用。

2002年，对县以上党政领导干部经济责任审计的试点范围逐步扩大。省及21个市（州）均扩大了对县级及县级以上直属部门、单位主要领导干部的经济责任审计试点覆盖面。通过对任期主要经济目标的完成情况，地方财政收支真实、合法、效益情况，领导干部重大经济决策的合法、合规、效益性，以及领导干部个人遵守财经法规、执行廉政纪律等方面的审计检查，就领导干部履行经济责任情况作出评价，为党委、政府管理、任用干部提供参考依据。例如，省审计厅在完成宜宾市市长和拟提任为市级领导的宜宾县县委书记两个跨年度经济责任审计试点项目的基础上，又受省委组织部委托，对洪雅县委书记和自贡市沿滩区委书记进行了经济责任审计，还对省物价局、省监狱局、省供销社、省外经贸厅、省残联、省政府驻深圳、上海办事处7个省直属部门、单位主要领导干部进行了经济责任审计。同时，绵阳、南充、甘孜、德阳、内江、乐山、遂宁、眉山、自贡、攀枝花、广安、凉山12个市（州）审计机关也进行了县委书记、县长经济责任审计试点，全省审计机关共审计县及县级以上党政领导干部398人，其中县委书记31人、县长30人。查出违纪违规金额53242万元，损失浪费金额8832万元，个人经济问题金额743万元。主要案例：省审计厅在对省政府驻广州办事处原主任孙某的经济责任审计中，发现其违规签订合同，造成国有资产损失70余万元，盲目投资直接损失40余万元，多个账户不纳入统一核算，部分资金去向不明，以及违规安排使用直系亲属等违纪问题，并移送省纪委、省监察厅进一步查处。成都市审计局在对金牛、龙泉驿、双流、彭州4个区（市、县）检察院检察长的经济责任审计中，查出违纪违规金额3398万元，应纠正金额3143万元，查出了多年的账外账、“小金库”及个人涉嫌贪污等深层次、隐蔽性的问题，移送纪检、监察机关处理5件。金牛区检察院检察长冯某涉嫌贪污公款42万元，移送司法机关后，冯某被判处10年零6个月徒刑。乐山市审计局在对高新区原主要负责人陈某经济责任审计中，查出陈某利用职权，弄虚作假，涉嫌私分国有资产160万元的重大违法违纪问题，涉案人员被依法逮捕。名山县审计局在对县粮食局局长何某经济责任审计中，查出其挪用国家专储粮款790万元，何个人涉嫌贪污公款近50万元。广汉市审计局在对市民政局局长经济责任审计中，通过对殡仪馆的延伸审计，发现11起违法违纪线索，该馆主要负责人及财务人员贪污公款数百万元，已逮捕3人，追回赃款500余万元。邻水县审计局经授权对县公安局局长进行经济责任审计，发现该局出纳柏某经手的56万余元公款账实不符，经移交检察机关立案侦查，查明其将72万余元公款据为已有，挥霍用于赌博；查明该局行装科长陈某私自提取公款12万余元用于赌博。这一系列严重违法违纪问题的查处，在干部群众中引起了强烈反响。

2002年，全省各级审计机关共完成经济责任审计2028项，其中：审计党政领导干部1940人，审计国有及国有控股企业领导人员88人。查出违纪违规金额95509万元，损失浪费金额9978万元。其中，领导干部直接经济责任8556万元、损失浪费金额348万元；领导干部主管经济责任86953万元、损失浪费金额9113万元；被审计单位管理不规范应纠正金额241385万元。审计还查出涉嫌个人经济问题金额 880 万元。通过审计，有关部门参考审计结果，免职、降职、撤职 193 人，建议给予党纪政纪处分 17 人，移送纪检监察机关进一步查处 45 人，移送司法机关依法处理 10 人。

2003 年，全省审计机关对乡镇党委、政府主要领导和县级直属部门领导干部任期经济责任审计向纵深发展，县级审计机关经济责任审计项目一般占全县审计项目总数的三分之一以上。县级审计机关共审计县以下党政领导干部 1545 人，查出应负主管责任和直接责任的违纪违规金额 63667 万元。通过审计，对加强和改进乡镇及县直属部门的财政财务收支管理，增强基层领导干部依法行政观念起到了积极作用。在稳定县以下党委、政府部门、单位主要领导经济责任审计规模的同时，逐步扩大对市、县党委、政府主要领导干部经济责任的审计面。全省共审计县级以上党政领导干部 152 人，查出违纪违规金额 58284 万元，损失浪费金额 435 万元，收到良好的社会效果。主要案例包括，省审计厅在开展对绵阳市市长、达州市市长、遂宁市常务副市长经济责任审计后，根据审计查出的问题和建议，绵阳市出台了《关于加强财政体制改革、实施国库集中收付制度有关问题的紧急通知》和《关于市级单位账户清理后有关事项处理办法的通知》。遂宁市政府决定对市政府直属大公司实施经常性审计监督的决定，进一步规范了市级单位财政经济秩序。与此同时，省审计厅还对急需任免或处理，又有群众反映经济事项不清楚的领导干部采取专项审计调查，既提高了经济责任审计监督的时效性，又查清了委托审计单位需要解决的事项，清除了疑虑。例如，省审计厅对省林科院院长拟任副厅级职务公示期间，群众反映有关经济问题实施专项经济责任审计调查，澄清了不实的反映，该人后被任命为副厅级领导干部。又如，在对广安市检察院原检察长、省侨办主任进行专项经济责任审计调查中，查出存在较大的违纪违规问题。省委、省政府根据审计调查结果及干部考察情况均作出了相应处理。2003 年，全省各级审计机关共完成国有及国有控股企业领导人员经济责任审计 65 人，查出各种违纪违规金额 12400 万元。

在上述 2003 年审计查出的各种违纪违规金额 134351 万元中，领导干部应负主管经济责任 109386 万元，应负直接经济责任 24965 万元。审计发现属于直接责任和主管责任的管理不规范金额 233509 万元，损失浪费金额 2890 万元。领导干部个人经济问题金额 98 万元。有关部门参考审计结果，免职、降职、撤职 112 人，审计建议给予党纪政纪处分 3 人，移送纪检、监察机关处理 51 人，移送司法机关处理 8 人。

2004 年，全省各级审计机关共对党政领导干部 1593 人（含县以下党政领导干部 1355 人）和国有及国有控股企业领导人员 62 人进行了经济责任审计，审计查出违纪违规金额 503349 万元，其中应由被审计领导干部承担直接责任 114751 万元，涉嫌个人经济问题 218 万元。审计后，有关部门参考审计结果给予被审计领导干部免职 90 人，降职、撤职 20 人，晋升 117 人，平调 699 人，移送纪检、监察机关处理 55 人，建议给予党纪政纪处分 3 人，移送司法机关处理 37 人，移送纪检、司法部门的其他涉案人员 1 人。为稳步扩大对市、县级党政领导干部经济责任审计覆盖面，全省共审计县及县以上党政领导干部 238 人，同比增加 36%。其中，省审计厅完成地（厅）级领导干部经济责任审计 16 人（其中市长 4 人，副市长 1 人，省直部门厅级领导干部 10 人，国有大型企业领导人员 1 人）。经审计，一方面提高了对领导干部的监督层次，扩大了社会影响；另一方面对于加强领导干部个人遵守财经法纪和廉政纪律教育，促进领导干部在工作中自觉依法行政，提高执政能力，发挥了较大的影响力和警示作用。按照全省干部监督工作会议关于对领导干部经济责任审计结果在一定范围内公开，对存在的重大问题进行集体谈话的要求，省委组织部、省审计厅共同对资阳市市长、巴中市副市长经济责任审计后的集体整改谈话，不仅使领导干部本人受到了深刻教育，同时也使市委、市政府班子的主要领导对如何加强管理、依法行政起到了很好的警示教育作用。结合对国有企业的改制，审计机关抓了对国有及国有控股企业领导人员经济责任审计的规范工作。全省通过对 62 名企业领导人员的审计，查出领导人员经济问题 218 万元，审计后被免职、撤职 6 人，移送纪检、监察和司法机关处理 6 人。为增强经济责任审计的时效性，2004 年加大了领导干部任中经济责任审计的力度，推进干部监督关口前移，把原来以离任审计为主，逐步转变为以任中审计为主，把离任审计的一次性监督，变成任中审计的经常性监督。在省本级审计的 16 名领导干部中属于任中审计达 15 人。开展任中经济责任审计，不仅避免了在换届时集中委托因审计力量不足难保时效的问题，也有利于监督关口前移，使领导干部在履行经济责任和廉政方面存在的问题能够早发现、早认识、早整改。2004 年还着力推行经济责任审计专项调查，明确规定在干部考查或任职公示期间、任期内或离任时，对群众反映的问题或纪检、监察机关需要查证的事项，均可直接实施专项审计调查。其中 1 人的问题得到了澄清，顺利提拔走上了新的岗位；另 1 人的问题查清后，专题报告省委和省委组织部处理。

2005 年，各级审计机关将坚持把抓大案要案作为经济责任审计的一项重要内容，一方面通过例行审计及时发现腐败线索和信息；另一方面在重点领域、重点部门和单位、重点项目和资金进行重点审计时，一旦发现大案要案线索，抓住不放，一查到底。当年，全省各级审计机关共完成经济责任审计 1656 项，审计 1773 人，同比增加 7.1%，其中，审计党政领导干部 1726 人（含县级审计机关审计县以下党政领导干部 1451 人）。审计查出有问题金额 856596 万元，其中违纪违规金额 563560 万元，管理不规范金额 290110 万元，损失浪费金额 2926 万元。领导干部应承担直接经济责任 45151 万元，涉嫌个人经济问题金额 533 万元。全省各级参考经济责任审计结果，平调 837 人，晋升 73 人，免职 92 人，降职 14 人，撤职 6 人，建议给予党纪政纪处分 2 人，移送纪检、监察机关处理 35 人，移送司法机关处理 3 人，移送纪检、司法机关处理的其他涉案人员 25 人。例如，南充市在对市计生委原主任宋某经济责任审计中，发现该单位在开发及购买房产中采取欺骗、偷梁换柱的方式，违规决策，违规操作，将一块位于黄金地段 8 亩多价值 2000 万元的地产低价入股搞开发，造成国有资产几乎全部损失，单位巨额负债的严重后果，并多人涉嫌受贿。审计结果引起市委、市政府高度重视，司法机关对涉嫌违法的正县级主任 2 人、副县级 1 人、科长 1 人执行批捕。原主任宋某因受贿 30 万，案发后主动自首，退清赃款，并检举他人犯罪行为，南充市顺庆区人民法院判处宋某有期徒刑 8 年并处没收财产 3 万元；原副主任吴某受贿 20 万元，案发后，吴退出赃款 4 万元，获有期徒刑 12 年并处没收财产 3 万元；原办公室主任张某受贿 8 万元，获有期徒刑 3 年缓刑 4 年并处没收财产 1 万元；前任主任白某受贿 11 万，投案自首并退清全部赃款，判 3 年缓 3 年。再如，省级完成 14 名地、厅级领导干部和国有大型企业领导人员经济责任审计，其中市长 2 人，省直部门厅局级领导干部 9 人。审计后移送纪检、监察机关处理 9 件 6 人，其中被审计领导干部 1 人，其他涉案人员 5 人。省审计厅在对巴中市市长任期经济责任和 2004 年市级财政决算审计中，查出该市地税局直属分局的税收会计资料部分账证不符，存在短款，有 2 人涉嫌截留贪污税款，通过巴中市纪委核实，移送司法机关处理。在对省级某委主任任期经济责任审计中发现，该单位通过虚列支出套取现金，资金用途不详，将单位“小金库”资金交由领导干部的亲属炒股未作任何账务记载，将单位房产转让收入划转给私营企业，以及在工程建设中涉嫌虚假招标等问题移送省纪委进一步调查处理。又如，全省各级审计机关对同级重点国有及国有控股企业领导人员经济责任审计，把企业会计信息是否真实，领导人员有无因决策失误给国家造成重大经济损失，内控制度是否健全有效，以及领导人员个人有无违反廉政规定等问题作为审计重点，使审计监督的效力进一步显现。当年共审计国有及国有控股企业领导人员47人，查出违纪违规金额22811万元，管理不规范金额3553万元。农村基层组织也先后开展了经济责任审计。1996年，在乡镇机构改革和村组建制调整时，部分乡镇结合换届工作开展了村干部离任审计工作试点。至2005年年底，成都、绵阳等11个市（州）已全面开展了村干部经济责任审计；自贡、雅安、遂宁、资阳、凉山、阿坝等市（州）均有1个县（区）开展此项审计。截至2005年年末，全省累计审计村干部24297人次，其中政府审计机关审计108人、乡镇政府财政和内审机构审计5155人、县和乡镇农经站审计18962人、委托会计师事务所等机构审计72人。绵阳、遂宁、达州等部分市（州）村干部经济责任审计共查出违纪违规问题11151万元，出具村干部经济责任审计报告7000份。各委托单位参照审计结果进行处理：由乡镇党委、政府作出撤职、免职等处理的128人，移送纪检监察机关处理89人，移送司法机关处理40人。例如，绵阳市移送纪检监察部门处理18人，给予党纪或行政处分5人，移送司法机关3人，其中某村原党支部书记被判处有期徒刑15年，并追缴其非法挪用和侵占的集体资金。

第二节　经济责任专项审计调查

2004年，受省委组织部委托，省审计厅对原西昌农业高等专科学校负责人拟任西昌学院院长公示阶段，群众反映该负责人在1999年至2003年任职期间，通过虚报、伪造职工工资花名册套取国家资金，去向不明；在修建校教职工住宅楼、购买教学仪器设备和代购学生军训服装中吃回扣等经济事项进行了专项调查。调查结果表明：1999年至2003年9月，根据上级决定，拟将西昌农业高等专科学校、凉山大学等4校合并，筹建西昌学院（本科）。经农专校行政办公会研究决定并报告凉山州教委西昌学院筹备领导小组后，农专校将部分调出和拟调入教师列入了职工工资花名册。4年间虚列人数最少时7人，最多时64人。校财务处在编制工资表时，将虚列人员名单编入了“其他人员”工资表中。但在发放工资时，这些虚列人员的工资实际没有支出，只是通过会计作一增一减“经费支出”的技术处理。这种做法属弄虚作假行为。对此该负责人应承担直接领导责任。根据财务资料未发现该同志有领取虚报人员工资的行为。2002年西昌农专累计购买教学仪器设备766.64万元，经查学校财务处提供的会计资料和询问经办人员未发现回扣资金。同时，审计人员还对该校通过两个公司购买仪器设备过程中是否存在回扣问题进行了延伸抽查核实，均未发现有回扣资金给学校和个人的情况存在。经查该校2001年至2003年为学生代购军训服装、床上用品及代办保险，实际累计支付供货款261.07万元。该校采取低进高出的做法，实际累计收到学生交来购买军训服装、床上用品及代办保险费返还款297.73万元、收支相抵共获得差价收入及代办收入36.65万元，资金存放在校财务“暂存款”账上。差价收入由该负责人签批给学工部和后勤处12.7万元，主要用于支付接待费用、职工奖励、通信费补贴等。余额由学校计财处列入“其他收入”纳入学校预决算统一核算管理。对代购军训服装费等向学生多收款问题，该负责人知道并签批了部分奖金给学校有关部门使用，应负有直接领导责任。经查1999年至2003年，农专校在修建综合楼等项目与有关建筑公司签订建筑施工合同的同时，签订了捐资助学协议书（实际为工程回扣协议），5年来学校收到捐赠收入总额

235.35 万元，均列入了校财务“其他收入”科目核算管理；1999 年至 2002 年学校采取引进社会、个人资金的办法修建商业网点及超市，累计引入 130.3 万元，该项目基建决算金额 94.57 万元，收支相抵结余 35.73 万元，全部作为了学校其他基本建设项目自筹资金来源。除此之外，未发现其他给单位和个人的“回扣”资金。调查组对农专校修建的教工住宅楼、行政综合楼和实验大楼招标情况进行审计调查，除实验大楼属续建工程免于招标外，其余两项工程均进行了公开招标。但调查发现，省教育厅批复同意农专校修建四幢教工住宅楼，规定资金来源由教职工全额自筹。该住宅楼实际已支付工程款 773.31 万元，资金全部由学校用财政拨入的教育事业费支付。教工住宅楼一共修建 96 套，经教代会生活福利委员会审议通过，校领导同意，将其中 24 套作为预留房，72 套以租赁方式分配给教职工，租赁期暂定 10 年，月租金 50 元或 60 元。以上违规用教育事业费修建教工宿舍；在分房者已享受过福利分房政策后，违规继续以租赁方式分配教工住房，其中该负责人分得住房一套 120 平方米。作为负责人应承担直接领导责任。对审计调查发现的违规用教育事业费修建教工宿舍、违反房改政策分房、乱向学生收费、专升本过程中虚报教师名单等问题。省审计厅建议省委组织部责成有关部门依法处理。

2004 年，受省委组织部的委托，省审计厅派出人员加入省委组织部组织的联合调查组，对省侨务办公室原负责人 1996 年以来安排使用国务院侨务办公室下拨的归侨生活救济费、归侨困难补贴、归侨扶贫收支情况；1996 年以来省侨办从下属企业收取、使用管理费的情况；修建“四川侨苑”工程资金来源及拨付使用等情况进行专项审计调查。调查发现的问题：2002 年经该负责人决定，将国侨办拨入用于归侨生活救济、归侨侨眷下岗就业培训、扶贫等专项资金 95 万元用作修建“侨苑”的基建资金，已由省侨办列报了专项经费支出。对挪用专项资金用于基建的问题，该负责人应承担直接领导责任。省侨办修建“四川侨苑”工程，至 2003 年年底累计投资 519.9 万元，面积超基本建设计划 3438 平方米，投资超 209.9 万元，未见计委批准的追加基建计划；省侨办“侨苑”工程合同造价 317 万元，至 2002 年年底该工程暂时停建，在工程并未全部完工的情况下，实际已支付工程进度款 408 万元，超合同付款 91 万元，未见支付工程进度款、增加工程量款或其他应付工程款的依据。该工程进度审定、付款均由该负责人审查签批同意后，交财务部门办理；2003 年年末，省侨办财务采取虚列“基建支出”的方式，将省财政拨入的建房款和办公楼改造款 129.64 万元转入某装饰工程有限公司，又从该公司转回省侨办“往来账”专户，脱离了财务监督。上述基建计划管理及资金管理的问题，该同志应承担直接领导责任。1995 年经该负责人个人同意，省侨办用协助部分下属单位和其他单位购办公大楼所赚取的房款收入借给某房地产开发有限公司 30 万元，至 2004 年 7 月未见收回此款形成呆账，该负责人应承担个人责任；1996 年省侨办将原代某集团购买的华侨大厦第 15 层转让给某房地产发展有限公司，房屋转让由省侨办与该公司签定，至 2004 年 6 月实际已收到房款 201 万元，省侨办将其全部付给了某集团，该集团原付给省侨办购第 15 层的购房款 160 万元，因此多付出 41 万元。由于未见省侨办与某集团签有代转让房屋合同、超额付款给某集团缺乏依据。此转让房屋和付款均由该负责人决定，应承担领导责任。1999 年经该负责人主持党组会研究决定，用省财政拨款和省房改办拨入专款等购买某实业有限公司股份 32.5 万元。违反专款专用、不得挪作他用的规定，该负责人应承担直接领导责任。1994 年至 2004 年 1 月，省侨办向两个所属该负责人企业收取管理费累计 94 万元，省侨办未入机关财务账，而是记入工会账和“小金库”流水账，且收入合计只有 64 万元，差额 30 万元因未提供相关财务资料审计无法进一步核实；另据调查省侨汇公司自 1996 年以来，每年交管理费不少于 8 万元，有部分交现金，部分转账，累计交给省侨办资金应为 78 万元；加上省中旅交管理费账面数 30 万元，省侨办收到管理费应为 108 万元，与审计查证省侨办财务资料已收到管理费 64 万元，相差 44 万元。收取管理费是由该负责人及部分领导决定的，开支由该负责人"一支笔"签批，对违规向企业收取管理费，该负责人应承担直接领导责任；对经办人擅自销毁部分财务资料，由于该负责人未及时作出对该部分财务资料的交接安排工作，应承担分管领导责任。

第十篇 内部审计与社会审计

内部审计，相对于“外部审计”（即政府审计和社会审计），是指各部门、各企业事业单位及其他社会组织内部设立的审计机构或专（兼）职审计人员对本部门、本单位、本组织及其所属单位开展的一种相对独立的审计监督、评价和咨询活动，以协助决策层和管理层更有效地工作。社会审计亦称“民间审计”，是“政府审计”（亦称“国家审计”）的对称，是指经省以上审计机关审核批准的民间审计组织及其注册审计师从事的审计查证、鉴证、咨询服务活动，是接受国家机关、企业事业单位和个人委托，执行审计查证、经济案件鉴定、注册资金验证和年检、涉外审计等社会中介业务。政府审计与内部审计、社会审计共同组成我国完整的审计活动体系，三者自成体系、各司其职，又相互联系、互为补充。

第一章 内部审计

第一节 内部审计工作的发展

内部审计几乎与政府审计同步产生。奴隶社会是内部审计的萌芽时期。我国西周时期，周王在“天官”之下设有大夫“司会”官职。司会负责政府岁入、岁出的汇总，并兼管带审计性质的财政经济监察工作即审核日常会计核算和期末会计报告，可视为内部审计的雏形。封建社会出现的皇宫审计、寺院审计，属于内部审计范畴。审计的目的主要是查错防弊，审查内部经济责任者的诚实性。清末、民国时期引进国外模式经营管理的企业建立有较为健全的内部稽核制度。

在革命苏区，随着根据地审计事业的发展，在红军内部，财政、银行、邮政局和各种合作社建立有相应的内部审计机构。

中华人民共和国成立初期，一些企业设有内部审计机构，但不久就撤销了。“八二宪法”颁布施行以后，在各级审计机关的推动下，内部审计制度和机构陆续建立起来。内部审计的发展大致经历了三个阶段：

第一阶段为行政推动与初建探索时期（1983—1994 年）。中华人民共和国审计署成立前后，通过发布一系列行政法规，确立了内部审计的基本制度，并利用行政力量推动各级政府部门、国有金融机构、国有企业、事业单位建立内部审计机构开展内部审计工作。在审计署组建筹备期间，1983 年 8 月，国务院批转审计署《关于开展审计工作几个问题的请示》，指出：建立和健全部门、单位的内部审计，是搞好国家审计监督的基础。根据国务院的指示精神，全国各部门和单位开始边组建机构边开展内部审计。1985 年 8 月，《国务院关于审计工作的暂行规定》第十条规定：“县以上政府部门应当设立内部审计机构或审计人员”。1985 年 12 月，《审计署关于内部审计工作的若干规定》第 2 条指出，内部审计是国家审计体系的组成部分；第三条规定，国务院和县级以上地方政府的各部门，国家的财政金融机构、大中型企业事业组织和基本建设单位，设置独立的内部审计机构；审计业务少的部门和小型企业事业组织，可设置专职内部审计人员。1987 年 7 月，国务院办公厅转发审计署《关于加强内部审计工作的报告》。1988 年 11 月国务院颁布《中华人民共和国审计条例》，其中第六章对各单位内部审计的领导体制、机构设置、人员配备、审计内容以及审计机关对内部审计的业务指导等方面作出了规定。1989 年 12 月，审计署令第 3 号发布《关于内部审计工作的规定》。

省审计局于 1983 年 8 月成立后，建立内部审计制度便于 11 月提上议事日程，着手推动各部门、单位建立内部审计制度。把促进内部审计工作的重点放在经济较发达的大中城市及工商企业较集中的地区，并着重抓好省级各部门、行业的内部审计工作。通过抓大中型企业内部审计，全省 800 多家大中型企业建立起内部审计制度和内部审计机构，开展了财务收支、财经法纪、经济效益、承包经营责任、厂长（经理）离任、基建预（决）算等审计或审计调查。

第二阶段是巩固与职业化发展时期（1994—2002 年）。1994 年 8 月颁布《中华人民共和国审计法》，确立了内部审计的法律地位。审计署《关于内部审计工作的规定》和《审计机关指导监督内部审计业务的规定》分别于 1995 年 7 月和 1996 年 12 月发布施行外，《中华人民共和国会计法》《中国人民银行法》《上市公司章程指引》《上市公司治理准则》《信托投资公司管理办法》《国有重点金融机构监事会条例》以及《企业国有资产监督管理暂行条例》等相关法律法规，也对建立内部审计制度、开展内部审计工作作了相应的规定。基于相关法律、法规对内部审计的独立性要求，许多部门、行业、企业事业单位的内部审计从财务部门独立出来，独立行使审计职权。在四川省经济较为发达的地（市），省、市属单位和大中型企业以及中央驻川单位，其内审机构相对健全，内审规章制度的执行相对严格。在促进建立现代企业制度，实现“两个根本转变”（即经济体制从传统的计划经济体制向社会主义市场经济体制转变，经济增长方式从粗放型向集约型转变）中，结合本单位实际，积极探索内审职能和方法的转变，参与企业资产重组和组织机构调整工作，促进企业转制和改善管理。2000 年，政府机构改革和落实政企分开的政策。内部审计社会团体开始逐步从学术性组织转变为行业自律性管理组织，开展自律管理、提供业务指导和各种专业服务活动。许多行业、企业为了开拓和占领市场，增强竞争实力，提高经济效益，有加强内部审计的内在性需求，以促进改善管理和实现经营目标。有的单位还借助外部审计的力量来加强内部审计甚至将部分审计业务外包。这些企业的内部审计得到巩固和发展。内部审计开始从行政推动，步入职业化发展的道路。内部审计模式也由传统的账项基础审计向制度基础审计过渡。

第三阶段是挑战与转型时期（2003 年以后）。自 2001 年 11 月起，美国安然、施乐、世界通讯、默克制药等公司财务造假舞弊案接二连三的曝光，震惊了全球的会计与审计职业界。投资者信心受到重挫。再次警醒企业、投资大众和企业相关利益团体对内部审计的重视及其定位的反思。2002 年 7 月，美国颁布《2002 年公众公司会计改革和投资者保护法案》（亦称《萨班斯—奥克斯莱法案》），世界内部审计进入后安然时期。在中国，从 1992 年 7 月第一宗上市公司欺诈案曝光至 2004 年，全国 1200 家上市公司中，有包括成都“红光实业”（1998 年）、四川“东方锅炉”（1999 年）等 200 家公司发生过财务丑闻。其重要原因之一是没有发挥内部审计的应有作用。也让大多数中国企业认识到内部审计是企业经营管理中不可或缺的重要手段。中国内部审计开始快速发展。此外，内部审计的独立性也不断被相关监管机关、学术机构以及企业所重视。2003 年 3 月，《审计署关于内部审计工作的规定》发布实施。这是审计署第 4 次对内部审计工作作出规定。要求内部审计不仅要对财政财务收支进行监督和评价，而且要对经济活动进行监督和评价。截至 2005 年底，中国内部审计协会陆续颁布了中国内部审计基本准则、二十项具体准则和两个内部审计实务指南，对内部审计活动的开展提供了一套比较完整、科学、权威的规范。这一时期，内部审计模式开始由控制导向审计向风险导向审计转型。内部审计的重心开始向风险为导向、控制为主线、治理为目标、增值为目的转移。从这一阶段起，审计署提出强化对内部审计（师）协会的指导和监督，并通过协会加强对内部审计的管理、指导、宣传、交流和服务。四川省内部审计师协会事实上承担着省审计厅对内部审计指导和监督的部分行政职责，作为审计机关的行政补充。

第二节 内部审计工作的指导和管理

1983年8月，省审计局成立后便将建立内部审计工作制度提上议事日程。11月，省审计局发出《关于建立省级各部门、各单位内部审计的通知》。按照通知要求，部分省级部门和单位着手办理内审机构报批手续和选调干部。至年底，省林业厅、省物资局、省水电厅、省医药总公司、省丝绸公司等报请省编委成立审计室。各市（地、州）县审计局在报请当地政府批转开展审计工作的文件时，也都根据具体情况，对建立各部门，单位内部审计工作问题作了具体部署。

1984年3月，省审计局召开全省市（地、州）审计局长会议，对当年内部审计工作进行具体部署，立足“今年打好基础，明年开创新局面”，要求省级重点部门和单位尽快建立内部审计机构，省级其他单位及大中型企业事业单位，争取在年内建立独立的审计机构或配备专职审计人员。同年11月，省审计局向各市（地、州）县审计局转发审计署《关于加强审计监督工作支持和促进经济体制改革的几点意见》（以下简称《意见》）。该《意见》要求：在实行经济体制改革、简政放权、政企职责分开以后，要加强内部审计监督工作。各级主管业务部门尚未建立内部审计机构的，要根据国务院的规定抓紧组建，配备人员，开展工作。已建立内部审计机构的，要进一步充实力量加强本部门、本行业内部审计监督。大中型企业事业单位要抓紧建立内部审计机构。审计机关要加强对部门、单位内部审计工作的业务指导。

1985年3月，省审计局召开“内部审计工作座谈会”，传达了审计署召开的全国内部审计工作会议精神。同年5月，省审计局印发《四川省内部审计实施暂行办法》。省审计局和大多数市（地、州）审计局先后建立了专门的内部审计工作指导机构，暂时未建的也配备了专职人员。同时，采取“一级抓一级，分级负责”的办法，重点抓部门、系统及大中型企业内审机构的组建和内审工作的开展。各地审计机关先后印发《审计条例》、审计署《关于内部审计工作的规定》、省政府关于加强内部审计工作的文件，并派出审计人员到各部门、大中型企业宣传内部审计。截至12月，省级部门的交通、轻工、水电、商业、供销、粮食、林业、化工、建筑等42个部门和单位相继建立了处级内部审计机构。机械、纺织、冶金、医药等行业55个大中型企业建立了处（科）级内部审计机构。部分厅、局的下属单位和各市（地、州），县部分部门单位也建立内部审计机构或配备了审计人员。据不完全统计，全省各市（地、州），县已有900多个部门单位建立了内审机构或配备了专职内审人员。各单位边组建，边工作，量力而行，在探索中开展内部审计工作。

1986年2月，省审计局召开省直机关内部审计工作会议。省级65个厅、局、委、专业公司，中央驻蓉单位内部审计机构负责人参加了会议。会上，省煤管局、省建筑总公司、四川芙蓉矿务局、德阳第二重型机器厂、万县地区教育局5个单位介绍了“抓内部审计机构组建，打开审计工作局面”的经验。会议指出，全省内部审计面临两项主要任务，一是加快建立健全内部审计机构，要求未建立内部审计机构的省级各主管部门和大中型企事业单位，在年内建起机构，次年一季度配齐干部。所有内部审计机构和专职审计人员都应按规定独立设置，不能附设在本部门、本单位的其他职能机构。各主管部门除抓好自身机构组建外，还要指导和督促所属系统各单位组建好机构。二是有重点地开展内部审计工作，要求对妨碍改革，弄虚作假等违反财经纪律案件进行查处，重点审计企业存在的产品质量差、物资消耗高、管理落后、效益低等问题。各主管部门要对大中型企事业单位的财务决算进行审计，逐步做到经内部审计部门审核签章其财务决算才能上报。

1988 年 1 月，经省编制委员会批准，省审计局设置了内部审计指导处，具体负责全省内部审计工作的指导和管理，重点抓好省级部门、大中型企业以及国家拨款较多的事业单位内部审计机构的组建工作，充实配备专职内审人员。在深化改革，普遍实行承包经营的情况下，为完善审计体系，弥补国家审计机关力量不足，各内部审计机构普遍开展了财务收支审计、厂长（经理）经济责任审计、经济效益审计。全省商业、粮食、物资、供销、邮电、金融保险机构等系统（行业）内部审计机构完成审计的项目占全省内部审计机构完成审计项目总数的 35.1%。重庆钢铁公司以审计处 23 名专职审计干部为骨干力量的全公司 160 多名专兼职审计人员，1986 年至 1988 年共审计出违纪违规金额 3163.7 万元，为本单位增加利润 666 万元，增收节支 414 万元，为提高该公司经济效益做出了显著成绩。省建筑总公司审计处 1988 年对下属单位承包经营事项、财务收支、自筹基建等 70 个项目进行审计，查出违纪违规金额 243 万元，促进增收节支 205 万元，受到公司领导的好评。截至 1988 年底，全省已建立内部审计机构 1473 个，配备内部审计人员 3360 人。全年审计了 4366 个项目，纠正违纪违规金额 8344 万元，查出损失浪费金额 1974 万元，促进增收节支 6451 万元，查出万元以上贪污案件 40 件。

1989 年 1 月，经省编制委员会同意，省审计局内部审计指导处更名为内部审计社会审计指导处。同年 2 月，省审计局召开省级机关内部审计工作会议。会议传达了全国，全省审计工作会议精神和中央领导对审计工作的指示，讨论了《关于省级各部门、单位内部审计工作职责分工的具体办法》，提出了 1989 年内部审计工作重点。会后，省审计局制发了《关于省级各部门、单位设立内部审计机构及其工作职责的暂行规定》。同年 4 月，省内四个行业（冶金、电子、化工、机械）及部分大型企业内部审计联席会第一次会议在重庆钢铁公司召开。省冶金厅、省电子厅、成都无缝钢管厂、四川化工总厂、长城特殊钢公司、省建筑工程总公司、东方电机厂、第二重型机器厂、四川化工机械厂、长虹机器厂、宏明无线电器材厂、重庆钢铁公司等单位内部审计机构负责人出席了会议。会议对内部审计在我国社会主义审计体系中及在企业的地位和作用开展了讨论，同时重点围绕如何搞好内部经济责任审计，经济效益审计交流经验，沟通信息，相互学习，并对内部审计工作所遇到的困难及共同关心的问题畅所欲言，探讨了解决办法。会议收到 16 篇经验材料和论文。会后由省审计局汇编成专辑，提供有关单位学习参考，以扩大影响，推动内部审计工作的开展。1989 年各级审计机关按照《审计条例》的规定，采取“一级抓一级，分级负责”，分层次审计的办法，重点抓了各级内部审计机构的组建和大中型企业内部审计工作的开展、运用内部审计典型推动工作。截至年底，全省建立内部审计机构 2915 个（其中专职机构 1449 个），配备内部审计工作人员 6955 人（其中专职人员 2899 人）。当年，全省内部审计机构共审计 9721 个项目，比 1988 年的 4366 个增加 5355 个，增长一倍多，其中完成审计机关委托审计项目 467 个，定期审计项目 3013 个，承包经营审计项目 4448 个；查出损失浪费金额 3141 万元，纠正违纪违规金额 13556 万元，促进增收节支 6933 万元，查出万元以上贪污贿赂案 107 件，建议给予党纪政纪处分 263 人，移送司法机关处理 224 人。

1990 年，省审计局按照“分级管理、分工负责、分类指导”的原则管理和指导内部审计工作。全省 21 个市（地、州），除 3 个民族自治州未作统一要求外，其余 18 个市（地）审计局已有 10 个建立了指导内部审计工作的专门机构，未建指导机构的也落实了管理指导的具体承办部门。各级审计机关通过抓大中型企业、部门和行业的内部审计工作来带动其他企业事业单位内部审计工作的开展。省审计局采取与省级主管部门联合发文的形式，促系统、行业内部审计机构的组建，先后与省乡镇企业局、省农牧厅、省总工会、省交通厅、省水电厅、省计生委等部门联合发出通知，有力地促进了这几个部门、系统的内部审计工作。同年4月，省属部分大中型企业第二次内部审计工作联席会议在德阳市东方电机厂召开，将原来的10个单位扩大到38个部门和单位共计53名代表参加。会议收到论文、审计案例和经验材料29篇。会后，省审计局编印《内部审计工作经验汇集》2000册，分别发送相关部门单位。同年8月，省审计局印发审计署《关于地方各部门内审机构是否有指导行业内审工作职责的复函》的函，明确了“上一级内部审计机构负责对直属单位和本行业下级单位的内部审计工作进行指导的职责”，解答了《审计署关于审计工作的规定》执行中出现的相关疑问。截至1990年末，全省已建内部审计机构4501个，配备内部审计人员12051人，完成审计项目（单位）14835个，纠正违纪违规金额28895万元，查出损失经费金额11778万元，促进增收节支金额7950万元，查出万元以上贪污贿赂案134件，金额712万元，建议给予党纪政纪处分353人，移送司法机关处理268人。

1991年3月，省审计局印发《关于进一步加强内部审计工作的意见》，意见要求在巩固提高现有内部审计机构的基础上求发展，采取分级负责、分层次管理，把工作重点放在大中城市经济比较发达、工商企业相对集中的地区，对民族地区和边远山区不搞一刀切，实行区别对待，分类指导，着力在巩固方面下功夫。要逐步建立内部审计工作计划管理制度，结合国家审计机关任务，内部审计机构应抓好承包经营责任审计、经济效益审计、财务收支审计和定期审计，以及审计调查。对内部审计工作开展好的部门和单位，各级审计机关经过一定的审批程序，可以实行定期免审。同年4月，省审计局制定了《四川省内部审计工作1991年至1993年上新台阶规划要点》和《四川省审计机关指导处（科）工作职责》。省审计局通过抓主管部门，抓系统、行业的内部审计工作，逐步形成内部审计监督网络。省审计局还把内部审计工作起步早、基础好、完成审计项目多、成效显著的部门和单位作为内部审计指导工作的联系点，采取走下去、请上来的办法，总结经验，运用典型指导工作。冶金行业内部审计工作在四川省一直处于领先地位，至1991年，全省40个冶金企业事业单位和两个主管厅、局全部建立内部审计机构，配备审计人员410名，完成各项审计项目2284个，纠正违纪违规金额18373万元。长城特殊钢公司、重庆钢铁公司、成都无缝钢管厂荣获全国冶金行业内部审计工作先进单位。其中，长城特殊钢公司开展内部审计工作5年来，按照“促管提效”的内部审计工作目标，开展了财务审计、内部控制制度审计、技改项目事前和事后审计、经济效益审计、二级单位厂长经济责任审计、降低成本专项审计，以及对横向经济联合项目等领导希望了解的事项进行审计调查，共完成审计项目184项，审计发现有问题金额4603万元，其中违纪违规金额1671万元，损失浪费金额475万元，审计采取措施后挽回损失109万元，收缴、罚款及增加上交利税金额684万元，促进增收节支和提高经济效益2457万元。同年4月，四川省第三次内部审计工作联席会议在长城特殊钢公司召开，与会代表在现场观摩学习了他们的经验。截至1991年年底，全省建立内部审计机构6520个，其中专职机构3079个，配备内审人员17730人，其中专职内审人员6924人。共完成审计项目20995个，纠正违规违规金额76913万元，促进增收节支13919万元，查出损失浪费金额11279万元。其中，工交、建筑安装、商贸、供销、粮食、物资等8个行业开展的经济效益审计、专项审计项目9626个，促进增收节支12988万元，分别为全省内部审计完成项目总数的45.9%

和增收节支总数的93.3%。

1992年1月，省审计局召开省级部门内部审计工作会议。会议传达贯彻了全国和全省审计工作会议精神，部署了1993年内部审计工作。同年4月，审计署副审计长李金华一行3人到四川考察审计工作期间，先后考察了德阳市审计局以及市中区、广汉、什邡县审计局，听取了第二重型机器厂内部审计工作汇报。同年5月，省商业厅召开系统内部审计工作暨“双先”表彰会。省审计局、省商业厅联合对22个集体、31名个人分别授予“内部审计工作先进集体”和“内部审计先进工作者”称号。同年6月，省审计局印发《关于成立四川省内部审计学会筹备组的通知》。内部审计学会筹备组由21人组成，负责起草章程，发展团体会员，协商学会理事会人选等相关事宜。当年，四川化工控股（集团）有限责任公司年产20万吨合成氨国产化装置是国家“七五”重点建设项目，1991年以前企业垫付了6278万元自有资金，项目建成试车一年多，国家应贷款资金不到位，到1991年底试车费累计又发生2512万元，资金困难已危及到公司正常的生产经营。公司审计室急企业所急，及时开展了对“20万吨合成氨技改资金的审计”。审计报告向国务院大化办、化工部及省政府提出了建设性意见，包括希望对国产化建设项目制定有关优惠政策等。特别是当时地方自筹资金1897.78万元，尚有503.78万元未到位，建议省政府责令有关部门尽快拨付。审计报告引起了省政府、省经委、省审计局的重视，在有关方面的积极支持下，503.78万元资金于1992年4月拨付到位。截至1992年年底，全省已建内部审计机构5628个，其中专职机构2500个，已配备内部审计人员14383人，其中专职人员5629人。全年完成审计项目（单位）10384个，纠正违纪违规金额32110万元，查出损失浪费金额18705万元，促进增收节支11583万元。向司法机关移送案件152件，移送司法机关处理155人。

1993年1月，省审计局召开省级部门内部审计工作会议，贯彻落实党的十四大提出的建立和完善社会主义市场经济体制和《全民所有制工业企业转换经营机制条例》的精神，使内部审计工作进一步适应深化改革的需要。同年4月，在四川化工总厂召开第五次部分大中型企业内部审计联系会，24家企业内部审计机构负责人共38人出席了会议。会上，重庆钢铁集团公司、四川化工总厂、第二重型机器厂、省邮电管理局、东方电机厂、四川棉纺厂、长城特殊钢厂等单位介绍了为强化企业内部管理、促进企业增收节支、提高经济效益、为企业领导排忧解难等方面，积极开展审计实践取得的显著成绩。同时，交流了开展经济效益、内控制度、经济合同、工程预决算审计的经验。探讨了内部审计要保证企业依法经营，对企业资产负债、损益的真实性、国有资产的保值、增值和经营合法性进行监督，对侵犯企业合法权益的现象要敢于斗争，用法律武器维护企业的合法权益等问题。同年12月，省审计局召开部分股份制试点企业内部审计工作研讨会。16家股份制试点企业内部审计机构的负责人参加了研讨会。会议收到经验材料和专题研讨文章8篇。部分企业代表在会上作了发言，交流了经验。会议认为，股份制试点企业内部审计是企业实现经营目标的重要组成部分，也是建立现代企业制度必不可少的。在当前深化企业改革的条件下，企业内部审计既存在机遇，又面临挑战，只有正确处理好监督与服务的关系，切实研究本单位的难点、热点问题，通过自身工作，拿出办法，为企业领导排忧解难，为企业领导层次策提供可靠的依据，以自身有为的工作业绩，争取到内部审计应有的地位。同年12月，根据各地审计机关和省级有关部门、省直各单位的推荐，省审计局、省内部审计学会作出《关于表彰全省内部审计工作先进集体的决定》，对125个内部审计工作先进集体予以表彰，其中包括获得审计署“全国内部审计工作先进单位”称号的13个集体。

1994年3月，省审计局召开省级部门内部审计工作会议，传达全国和全省审计工作会议精神，总结1993年全省内部审计工作，并向获得“全国内部审计工作先进集体”的省级部门及直属单位授牌。同年7月，第六次部分大中型企业内部审计联系会在长虹电器股份有限公司召开。来自成都、重庆、自贡、攀枝花、乐山、德阳、绵阳等地37家企业和单位内部审计机构负责人，共70多位同志出席了会议。会上，省石油局、长虹电器股份有限公司、长城特殊钢公司、重庆钢铁集团公司、东新电碳股份有限公司、成都发动机公司、第二重型机器厂等11个单位交流了开展内部审计工作的经验。会议认为，随着我国改革的不断深化，社会主义市场经济体制逐步建立和完善，企业加快建立现代企业制度的进程，内部审计将日益显示出其存在发展的必要性。企业内部审计制度只能得到加强，而不能有丝毫的削弱。当前内部审计要做好以下工作：强化对内部审计工作的宣传；转变观念，深入研究本单位实际情况，通过扎实工作，用显著的工作业绩来证明内部审计的价值和作用；完善内部审计工作内容；提高素质，巩固内部审计队伍。截至1994年年底全省建立内部审计机构6598个，配备内部审计人员17302人，其中专职人员5699人，当年审计16425个项目（单位），纠正各类违纪违规金额61975万元，查出损失浪费金额15561万元，促进增收节支46045万元，向司法机关移送案件288件，移送司法机关处理104人。

1995年2月，省审计局召开省级各部门、直属公司内部审计工作会议，传达全国、全省审计工作会议精神及国务院领导讲话，总结了1994年内部审计工作。同月，省审计局向省编制委员会提交了“关于在省级各部门机构改革中，按规定设置内部审计机构的报告”。按照省委、省政府《关于四川省党政机构改革方案的实施意见》精神，在实施政府部门机构改革中，内部审计人员按编制总数1%～2%配备，经济活动量大和下属企事业单位多的政府部门设专职机构，其余部门的内部审计可与纪检、检察合署办公。尽管省级各部门的机构精减，人员缩编，但不少部门、单位的内部审计机构却进一步健全和完善，内部审计队伍得到充实。公安、交通、经贸、农牧、教委、广电、金融、保险等部门建立了独立的内部审计机构，配备了较强的内部审计力量。全省800余家大中型企业内部审计机构也进一步充实完善。与此同时，审计工作的领域和范围不断拓展，大多数都由财务收支审计、财经法纪审计向经济效益、内部控制制度审计、经济责任审计、固定资产投资审计和对外投资审计拓展。同年5月，省审计局、省内部审计学会在四川石油管理局召开了“四川省第七次部分大中型企业内部审计联席会”。会议以深入贯彻《审计法》为重点，对内部审计工作的发展前景作了展望。来自省内30个单位52名代表出席了会议。会议收到理论研讨材料13篇，16人作了交流发言。攀枝花钢铁集团公司组建内部审计机构至1995年年底，完成财务收支审计395项，查出违纪违规金额8319万元，挽回经济损失3980万元；开展经济效益审计37项，促进增收节支4000多万元；审计经济合同1925份，标的金额9亿元，挽回经济损失1500万元。1995年是《审计法》实施的第一年。《审计法》的实施，标志着中国审计法治建设进入一个新时期。四川省内部审计抓住契机，狠抓组织建设，努力开拓业务，积极开展审计工作。至年底，全省内部审计机构达到6202个，其中专职机构2212个，配备内部审计人员14692人，其中专职人员4753人。完成审计项目18661个，查出损失浪费金额27859万元，促进提高经济效益金额33920万元，纠正违纪违规金额119225万元，向司法机关移送案件108件。

1996年1月，省审计厅召开全省审计工作会议，提出内部审计工作的主要任务是，以建立现代企业制度，提高经济效益为出发点进一步探索现代企业内部审计制度的地位、作用和运行机制，加强和改进对内部审计的指导和监督；督促有关部门、单位完善内部审计制度，健全内部审计机构，稳定内部审计队伍；继续抓好国营大中型企业、股份制企业、行业性公司和经济管理部门的内部审计工作；指导内部审计机构在加强企业科学管理，建立自我约束机制，促进“两个转变”等方面当好部门、单位领导的参谋助手。同年1月，按照省人民政府《关于省审计厅职能配置、内设机构和人员编制方案的通知》，省审计厅原“内部审计社会审计指导处”更名为“审计管理处”。同年3月，省审计厅召开省级部门审计工作会议，传达贯彻全国、全省审计工作会议精神，提出了省级各部门单位1996年度内部审计工作意见。意见要求省级部门单位要继续贯彻落实《审计法》和审计署《关于内部审计工作的规定》，把规范市场主体行为、严肃财经法纪、促进廉政建设、打击经济犯罪、治理经济秩序作为内部审计的主要任务，把提高经济效益作为内部审计工作的重点，结合国家审计机关开展的同级财政审计，搞好本部门、单位预算执行和决算审计，以及领导干部经济责任审计等多项审计工作，以促进本部门、单位经济健康发展和内部审计制度化、规范化建设。当年，省农牧厅、省农科院、省邮电管理局、省地质矿产厅、省新华书店、省总工会、省司法厅等部门和单位，结合自身的行业特点，制定与《审计法》《关于内部审计工作的规定》相配套的一系列内部审计制度。贯彻落实《审计法》和《关于内部审计工作的规定》，省级部门和单位内部审计出现了良好的发展势头。省粮食局系统建立内部审计机构403个，比上年增加210个，其中独立的机构140个，增加103个，内部审计人员984个，增加344人，其中专职人员231人，增加83人。省劳改局系统在机构改革中加强了内部审计的组织建设，建立了49个独立的内部审计机构，配备了159名内部审计人员。省丝绸系统前两年内部审计一度削弱，经营管理受到制约，公司接受教训，加强了内部审计组织建设，全系统80%的单位建立了独立的内部审计机构。内部审计机构的健全和完善，为部门、单位内部审计工作奠定了坚实基础，大多数部门、单位都由传统的财务收支审计、财经法纪审计向经济效益审计、内部控制制度审计、各种形式的经济责任审计、固定资产投资项目的预算、决算审计和对外投资审计开拓和发展。省经委重点开展了境外投资、境内外合资、合作企业和项目的审计，取得突破性的拓展，受到省人民政府的重视和表扬。省邮电系统内部审计总结全行业审计情况，为省局领导提供了全行业68%的企业邮电主业与多种经营管理关系不清、资产权责不明、业务相互串混、财务会计核算不顺，导致多种经营企业侵占主业利益等问题。于是1996年全省邮电系统把加强多种经营的审计监督、理顺主业与多经关系、建立健全多经的内部控制、规范多种经营行为，作为促进全行业发展的重要工作任务，取得了显著成绩。使各级邮电部门的多种经营实体，真正成为社会主义市场经济条件下的独立核算、自负盈亏，照章纳税的经济实体，促进了邮电多种经营健康发展。

1997年2月，根据审计署《关于做好全国内部审计工作暨先进表彰会议准备工作的通知》精神，省审计厅就做好推荐全国内部审计工作先进集体、先进个人的工作、评选推荐条件等有关事项发出通知，要求各市（地、州）审计局认真总结内部审计工作经验，切实做好内部审计先进单位和先进个人的评选推荐工作。同年6月，根据审计署《关于审计机关指导监督内部审计业务的规定》，省审计厅印发了《关于省级部门、单位内部审计机构审计项目质量检查暂行办法》，并派出两个检查组分别对省司法厅等20个省级部门、单位（公司）内部审计机构1996年度审计项目质量进行检查。为确保检查质量，检查工作采取先听取情况介绍，再抽查审计档案，最后交换意见并现场填写了《省级部门、单位审计机构审计项目质量检查情况记录》的方法，统一取证、评分和综合考评。检查情况显示，各内部审计机构1996年度审计目标任务完成较好，审计效果明显。省监狱管理局、省外经贸委、省石油集团总公司、省司法厅、省交通厅、省煤管局、地方铁路局7个单位1996年度审计项目质量较好，基本符合检查要求。但检查也发现内部审计机构现有基础工作较薄弱，实际工作操作不够规范，业务发展不平衡。从档案抽查中发现，年度审计项目计划欠缺，审计证据记录合规、合法性较差，审计报告缺要素、欠规范，采纳审计意见和审计决定执行情况反馈差等问题。同年9月，省审计厅制发了内部审计业务文书格式和作业用纸统一表样。在审计署《内部审计工作条例》、《内部审计标准》尚未出台的情况下，供内部审计机构参照执行。要求各内部审计机构结合自身工作实际，加强内部审计制度化、规范化建设。同年9月，四川省第九次部分大中型企业内部审计联席会在射洪县召开。省级部门、企事业单位以及中央驻川单位内部审计机构的负责人近70人参加会议。会议收到研讨文章和经验交流材料23篇，7个单位作了专题发言。通过大会交流和分组讨论，从不同侧面对社会主义市场经济条件下，内部审计在促进“两个根本性转变”中的作用；内部审计如何才能为企业加强经营管理，提高经济效益，为企业领导层和管理层服务；内部审计的机构设置与管理；内审人员后续教育；内部审计如何向新高度、新水平发展等问题进行了研讨。四川省邮电管理局系统内部审计机构成立至1997年，共开展各类审计项目4386项，累计审计金额近300亿元，查处问题金额17000万元，全系统内部管理得到改善。通过开展工程预算和决算审计，为全省邮电建设单位节约资金14400万元。攀钢集团成都钢钒有限公司内部审计部门，1997年7月对原成都无缝钢管厂某炼钢厂厂长进行离任经济责任审计，重点评价离任厂长任期经济责任履行情况，核实两届领导交接时的资产情况。通过离任审计，查出企业潜亏1740万元的问题，划清了两届领导的责任。审计报告披露了重大潜亏事项，公司对该单位作出了严肃处理，相关主管领导受到行政处分，扣回了该单位由于虚报成本而套取的奖励金额67万元。截至1997年年底，全省内部审计机构4875个，其中专职机构1875个，配备内部审计人员13585人，其中专职人员4164人，完成审计项目单位17415个，查出损失浪费金额9311万元，纠正违纪违规金额59247万元，促进增收节支21411万元，建议给予党纪政纪处分84人，移送司法机关处理41人。

1998年3月，省审计厅印发《关于1998年审计管理工作意见的通知》，通知要求按照全国和全省审计工作会议的部署开展审计项目质量检查，进一步加强对内部审计业务的指导监督，为提高审计工作质量，推动内部审计工作健康发展发挥重要作用。同年11月，省审计厅、省内部审计学会在全省范围内组织了内部审计优秀审计项目评选活动。经省审计厅、省审计学会组织评选委员会按照评选标准评定，四川石油管理局《输气公司天然气流量计算检测中心工程项目竣工决算审计》、四川嘉陵纺织集团总公司《南充大康实业公司综合服务公司经营目标责任审计》等7个优秀审计项目获得一等奖。省司法厅《法联律师事务所1995—1997年度财务收支》、攀枝花市交通局《交通运输公司资产负债损益情况审计》等13个优秀审计项目获得二等奖。省体委《省体育彩票管理中心彩票销售及财务收支》等19个优秀审计项目获得三等奖。同年12月，省审计厅印发《关于四川省荣获全国内部审计工作先进单位和先进个人的通报》，四川省公安厅、东新电碳股份有限公司、四川沱牌集团有限公司等12个单位获得全国内部审计工作先进单位；长江起重机厂苟基贵、内江市贸易局张小燕等11人获得全国内部审计工作先进个人。当年，省交通厅组织开展全省车辆通行费自查审计，并对19个市（地、州）36个收费项目进行抽审。通过审计发现问题：管理体制尚未理顺，地方政府和财政部门直接受理收费还贷，公路公司与事业性收费机构企事不分；收费项目投资结构不合理，资金成本过高，全省平均投资负债率为60.3%，个别项目负债率高达91%；收费项目的投资回报率低，回收期长；超收分成和票价管理存在问题，个别地方通行费超收分成比例达20%；经费超支，全省收费机构累计经费支出3.33亿元，占通行费收支的11.8%，超支1079.55万元；会计核算不规范，个别收费项目工程价款和其他债权债务长年挂账，不及时清退。针对以上问题，省交通厅提出了6条处理意见。当年，五粮液集团公司内审人员对两项工程决算进行复核审查时，发现承建方在该两项工程决算中多计算工程量和未扣除未照图施工部分，造成多领工程款180万元，内审人员及时与相关人员及承建方协商核对，认定多领工程款180万元的事实，并及时追回。同时，内审人员还发现技改工程决算复核和付款环节存在漏洞，经向领导反映，及时完善了相关制度。

2000年1月，省审计厅召开全省审计工作会议，提出内部审计工作的主要任务是，以建立现代企业制度，提高经济效益为出发点，进一步探索现代企业内部审计制度的地位、作用和运行机制，加强和改进对内部审计的指导和监督；督促有关部门、单位完善内部审计制度，健全内部审计机构，继续稳定内部审计队伍；继续抓好国营大中型企业、股份制企业、行业性公司和经济管理部门的内部审计工作；指导内部审计机构在加强企业科学管理、建立自我约束机制等方面当好部门、单位领导的参谋助手。同年5月，省审计厅对四川化工集团有限责任公司发挥内部审计作用进行调研。该集团公司15年来坚持抓内部审计，促进经济效益提高取得明显成效，仅1999年集团公司查处违纪违规、增收节支金额相当于企业当年效益的4%。他们的经验是：改制不断深入、机构几经精简，但对于内部审计始终做到主要领导直管、机构独设、力量充实“三不变”。针对企业处在计划经济向市场经济转型时期，新旧体制并行运转不可避免在政策、管理方面出现一些空隙的现象。川化集团注重深化制约功能，发挥参与功能，启动预防功能，形成经济活动真实合规性和效益性审计并重，事后与事中、事前的审计并重，为领导决策、为企业自身发展服务并重，有宽度、深度、层次的内部审计格局。川化集团审计处围绕生产经营中心工作，对长期难以发挥应有经济效益的项目敢碰，对容易产生权钱交易的物资采购、对委托外包工程敢管，对二级单位账外资财敢清，对违纪违规事项敢查处，推进了企业自律和廉政建设。1987年至1994年连续8年被化工部、省审计厅分别评为全国化工先进企业、省先进单位。1993年、1998年被审计署授予全国内部审计优秀成果单位和全国内部审计工作先进集体。同年8月，省审计厅机构改革后，原“审计管理处”撤销，其“组织实施对内部审计指导与监督”职能划归所设的“经贸审计处”履行。待内部审计师协会成立后，对内部审计实行自律性行业管理，为内部审计提供业务指导和开展各项专业服务活动。

2001年3月，省审计厅向省内各级审计机关、省级有关部门内审机构、各大中型企业审计处下发了《关于成立四川省内部审计师协会筹备组的通知》。随后，省审计厅又印发了《关于推荐四川省内部审计师协会理事的通知》，通知明确了四川省内部审计师协会的宗旨、业务范围、理事推荐条件、理事名额分配等相关问题。同年8月，四川省内部审计师协会在绵阳市召开成立大会。自此，四川省内部审计师协会对内部审计履行自律性行业管理和服务职能，在加强内部审计工作的协调和管理、促进部门、单位内部审计制度建设和内部审计工作的开展等方面发挥行政职能的补充作用。同年6月，省审计厅根据审计署关于第四季度召开全国内部审计工作先进单位和先进工作者表彰会的决定，印发了《关于评选全国内部审计工作先进单位和先进工作者的通知》。在基层推荐的基础上，省审计厅向审计署“双先”评选领导小组报送了《全国内部审计工作先进材料的报告》，推荐了四川省公安厅、四川新华书店集团有限责任公司等6个先进单位，攀枝花钢铁（集团）公司候卫民，四川火炬集团有限责任公司熊天明等6名先进工作者。同年5月，根据中国内部审计学会《关于同意在四川省设立国际注册内部审计师考试点的函》，在四川省正式设立了国际注册内部审计师（CIA）考点，考场设在成都市。CIA是注册内部审计师（CERTIFED INTERNAL AUDITOR）的英文缩写，它既是国际内部审计领域专家的标志，又是世界各国唯一共同认证的职业资格。同年8月，省审计厅、省人事厅、省教育厅联合成立了四川省国际注册内部审计师资格考试委员会，考务工作由省内部审计师协会具体承办。省内部审计师协会在成都、自贡、攀枝花、南充、巴中5市设置了报名点。在成都举办了考前培训班。同年11月，在成都四川外语专修学院，96名考生顺利参加了CIA资格考试，四川考点第一年的考务工作任务圆满完成。当年，省内部审计师协会承担了中国内部审计学会下达的“中国内部审计准则第八号公告”（正式发布时改为第6号具体准则）的起草任务。省内部审计师协会邀请了省财政厅、省地税局、西南财经大学、省商业集团、攀钢集团、川化集团有限责任公司等单位参与协作。起草小组历时半年调研，几易其稿，完成了《内部审计具体准则第6号—舞弊的预防、检查与报告准则》的起草修改工作。中国农业银行达州市分行对内部审计稽核质量实行终身负责制，即凡是经过分行稽核稽察部审计稽核过的单位和事项，若国家审计机关、省、市分行有关业务部门在检查中发现原审计报告中没有或未向领导报告的违法违纪问题，不论相隔多长时间，分行都将追究有关稽核人员的行政和经济责任。该行实行这一制度以来收到显著效果。自1997年以来4年时间，稽核稽察部累计完成稽核项目86个，审计总金额260亿元，查出各种违纪违规金额685.3万元，都按规定作了处理，为国家挽回直接经济损失54.08万元。通过审计稽核建议行政处理3个单位15人，没有发生一起因审计稽核工作质量而要求复议和因质量而追究审计稽核人员责任的。稽核稽察部多次被分行及有关部门评为先进集体，有8名审计稽核人员被省分行评为先进个人，2人荣获“突出贡献奖”，有4人走上领导岗位。

2002年1月，经省内部审计师协会推荐，省公安厅审计处代表四川省内部审计先进单位参加全国内部审计工作表彰会。同年3月，为吸收新会员，壮大协会组织，省内部审计师协会印发了《关于推荐增补理事暨团体会员的通知》，要求各相关单位按照团体会员入会条件，协会理事推荐条件进行推荐。至2002年年底，省内部审计师协会有团体会员131个，个人会员393人。同年8月，省内部审计师协会接受12人入会并担任理事。同年4月，第四届亚洲区内部稽核专业研讨会在中国台北召开。来自亚洲各国和台湾等地区的4万余名代表出席会议。四川内部审计师协会也派员随团参会，积极参与国际学术交流。根据审计署“人、法、技”建设的要求，省内部审计师协会于4月和8月举办了两期内部审计知识培训，共300多人参加培训。同年，省内部审计师协会实施了CIA四川考点的考试。考生人数比上年增长2.3倍，来自四川、重庆、陕西、甘肃、贵州、云南6省市共493名考生报名参加了考试。为扩大内部审计的宣传和交流，省内部审计师协会创办了《四川内部审计》会刊。当年共出2期，每期免费送达各会员单位和理事。同年12月，根据中国内部审计学会要求，为促进中国内部审计工作发展，扩大在国际内部审计领域的影响，省内部审计师协会印发了《关于发展国际内部审计师协会会员的通知》，要求各单位按相关条件和规定，积极推荐国际内部审计师协会会员。

2003年6月，为贯彻审计署《关于内部审计工作的规定》和中国内部审计制定的《内部审计基本准则》、《内部审计人员职业道德规范》，省审计厅印发了《关于贯彻审计署内部审计工作相关规定的通知》，要求各单位和内部审计人员要“认识内部审计的目的和意义、把握内部审计的地位和作用，明确内部审计的职责权限，牢记内部审计人员的权利和义务，规范内部审计行为，不断提高内部审计工作的质量”。同年7月，省审计厅印发《关于内部审计人员岗位资格证书及后续教育实施意见的通知》，继后，省审计厅召开四川省内部审计工作座谈会暨培训会，布置内部审计岗位资格证书申办和后续教育工作。会后，内部审计人员岗位资格证书的申办和后续教育工作进一步推开，省内部审计师协会举办4期培训班和其他形式的培训，全省共有900多名内部审计人员参加内部审计基本知识和内部审计基本准则等各种培训。经省内部审计师协会推荐参加中国内部审计协会举办的各类培训班30多人。其中推选3人参加中国内部审计协会举办的《准则资格培训班》，为省内部审计基本准则培训培养了师资。至年底，全省近3000多名内部审计人员申办了岗位资格证书，并通过省内部审计师协会上报中国内部审计师协会复核备案。同年11月，省内部审计师协会制定了《四川省内部审计师协会团体会员管理办法》和《四川省内部审计师协会会费管理办法》，经省内部审计师协会第一届理事会第二次会议讨论并原则通过。省内部审计师协会组织并完成了国际注册内部审计师资格考试四川考点考务工作，共有387名考生报名参加CIA考试。全年出刊2期《四川内部审计》，组织会员单位参加四川审计20年审计工作总结暨理论与实践研讨活动，收到各单位论文18篇，其中攀钢集团推荐的《国有企业内部经济责任审计的探讨》和四川新华书店集团的《加大内部审计力度，保护公司投资效益》分获省审计厅优秀论文二、三等奖。

2004年5月，省内部审计师协会召开常务理事扩大会议，传达了中国内部审计师协会四届四次常务理事扩大会议和全省审计工作会议精神，学习贯彻第二批内部审计具体准则，交流内部审计经验，布置当年内部审计工作任务。会上，省内部审计先进单位省总工会、攀枝花钢铁集团公司、宜宾内部审计师协会介绍了开展内部审计工作经验。会议还对当年内部审计岗位资格证书申办和后续教育工作进行了安排。同年9月，省内部审计师协会召开了全省内部审计师协会工作经验交流会，6个市级协会和3个行业分会的会长及秘书长参加会议。同年12月，按照审计署和中国内部审计协会的统一部署，省内部审计师协会开展了三年一度的全国内部审计工作先进单位和先进个人的评选活动。根据各部门、单位的推荐和评选，省内部审计师协会报送了“全国内部审计工作先进单位和先进工作者推荐名单”。当年，经个人申报及省内部审计师协会申请，加入国际注册内部审计师协会（CIA）会员的有123人。省内部审计师协会有团体会员146个，市级协会8个，行业分会3个。省内部审计师协会全年举办10期内部审计基本知识和内部审计准则等培训，其中一期是计算机审计培训，一期是农业与资源环保审计培训，共有700多名内部审计人员参训。当年，省内部审计师协会组织完成了国际注册内部审计师（CIA）资格考试四川考点考试工作，有480多名考生参加考试。全年共出刊4期《四川内部审计》。举办了2次理论研讨和经验交流会；推荐内部审计单位参加全国内部审计理论与经验交流会，《试论企业投资主体多元化后内部审计的岗位及机构设置》《树立系统的内审观，提高内审工作质量》等论文参加了会议交流。至年底，经审查复核后，为全省符合条件的近10000名专（兼）职内审人员制发了“内部审计人员岗位资格证”（简称“上岗证”）。

2005年9月，省内部审计师协会召开年度常务理事会，传达中国内部审计协会第五次会员代表大会精神，学习内部审计具体准则并讨论进一步贯彻的意见和办法，更换理事，交流内部审计经验。会上，省内部审计先进单位中铁二局、成都市公安局介绍了开展内部审计工作的经验。当年省内部审计师有理事单位152个，市级协会10个，行业分会3个，新增补理事19人。为贯彻落实内部审计人员岗位资格证书制度和内部审计人员后续教育制度，省内部审计师协会全年举办了8期内部审计基本知识和内部审计准则等培训班，有1150人参加培训。全年为合格内部审计人员核发内部审计上岗资格证432个。同年12月，省内部审计师协会召开部分单位内部审计工作座谈会。省地矿局、省监狱管理局、省冶金地质局、电子十所、省新华书店、中铁二局等单位参加了座谈，就内部审计管理体制、经济责任审计、内部控制制度建设等方面交流了经验。当年，省内部审计师协会组织完成了2005年国际注册内部审计师（CIA）资格四川考点考试工作，共有555名考生报告考试。全年共出刊《四川内部审计》会刊3期。当年，审计署授予中铁二局集团有限公司，省地质矿产勘察开发局等5个单位全国内部审计先进单位；授予省监狱管理局徐英（女）、省电信有限公司阿坝州分公司周林霞（女）等6人为全国内部审计先进工作者。

第三节　国家级内部审计先进集体和先进工作者

1988年，长城特殊钢公司审计处被冶金部命名为全国冶金审计先进集体，甘大奇、罗孝麟被授予全国冶金审计先进工作者称号。

1991年，四川省地质矿产勘查开发局被地矿部评为“地矿部系统审计先进单位”。

1992年，广安市广安区粮食局被商业部审计局评为内审工作先进集体。

1993年，四川省13个单位获得审计署“全国内部审计工作先进单位”称号，分别是中国五冶建设公司审计处、四川化工总厂审计处、四川省地质矿产勘查开发局审计处、成都无缝钢管公司审计处、重庆钢铁集团公司审计处、江津市教委审计科、自贡市东新电碳股份有限公司审计处、德阳二重公司审计处、核工业总公司国营812厂审计室、长城特殊钢公司审计处、农业银行绵阳市分行稽核科、重庆建工学院 、南充粮食局审计科。

1995年，四川省地质矿产勘查开发局被地质矿产部评为“地质矿产系统内部审计工作先进集体”。

1998年，四川省12个单位荣获审计署“全国内部审计先进单位”称号，分别是四川省公安厅、四川齿轮厂、四川长虹电子集团公司、东新电碳股份有限公司、德阳市粮食局、川化集团有限责任公司、四川沱牌集团有限公司、四川省电力工业局、中国建设银行达川地区分行、中国农业银行苍溪县支行、中国工商银行宜宾地区分行、中国人民银行宜宾地区分行。获审计署“全国内部审计先进个人”表彰9人，分别是长江起重机厂苟基贵，攀枝花市第一建筑工程公司牟国锦，峨眉山盐化工业（集团）股份有限公司胡国庆，宜宾纸业股份有限公司计林星，内江市贸易局张小燕，四川省南充市茧丝绸公司蒲冬梅，武胜县教育委员会王昌禄，中国民用航空西南管理局蒋文学，四川省烟草专卖局石磊。

1998年，四川省地质矿产勘查开发局被地质矿产部评为“地质矿产部内部审计先进集体”。

2002年，中国工商银行宜宾市分行稽核监督部副经理郭佳，分别被中国工商银行总行、工商银行四川省分行评为1999年至2001年“稽核先进个人”。

2002年1月审计署表彰全国内部审计先进集体6家，分别是四川省公安厅、四川新华书店集团有限责任公司、成都人民商场（集团）有限公司、广安粮食局、巴中市巴州区计划生育委员会、甘孜藏族自治州交通局。表彰全国内部审计先进个人6名，分别是中国建设银行四川省分行自贡审计办事处刘德林，阿坝州岷江造林局周丽（女），中国电信集团四川省电信公司雅安市分公司胡世强（回族），攀枝花钢铁（集团）公司侯卫民，四川火炬集团有限责任公司熊天明。

四川省总工会经审办内审工作取得显著成绩，在全国总工会年度竞赛中，连续五年被评为全国省级工会经审工作特等奖；2003 年，被中华全国总工会表彰为全国工会经审工作先进集体（五年评一次）。

2005 年，为表彰 2002 年以来在内部审计工作中取得显著成绩的先进集体和先进个人，审计署授予全国 242 个单位内部审计先进单位荣誉称号，授予 269 人内部审计先进工作者荣誉称号。其中四川省荣获全国内部审计先进单位 5 个，分别是中铁二局集团有限公司、四川省宜宾五粮液集团有限公司、农业发展银行内江市分行、四川省地质矿产勘查开发局、四川省总工会。全国内部审计先进工作者 6 名，分别是东方锅炉（集团）股份有限公司范京梅（女）、攀枝花钢铁（集团）公司王保军、四川省电信有限公司遂宁分公司肖红云、四川省电信有限公司阿坝州分公司周林霞（女）、四川省监狱管理局徐英（女）、成都市公安局唐德树。

第二章　会计（审计）师事务所管理

第一节　社会审计工作的发展

20 世纪 80 年代初，社会主义市场经济的建立和逐步完善，国有经济、集体经济、私营经济、外资企业、中外合资经营企业、股份制企业、联营企业等多种经济成分并存，经济结构发生了巨大变化，企业成为自主经营、自负盈亏、自我发展的独立经营者。审计查证、咨询、鉴证、鉴定等社会服务，成为国家机关和企业的客观需要和紧迫需求，催生了社会审计的产生。审计（咨询）事务所的出现，成为中国审计史中一朵短暂而绚丽的奇葩。四川社会审计在城乡经济体制改革和“治理经济环境、整顿经济秩序”中，逐步建立和发展起来。在维护企业合法权益，消除经济纠纷，为经营管理者提供决策依据，维护正常社会经济秩序等方面，发挥着重要作用。四川社会审计工作，在审计机关管理时期，经历了萌芽与自发创立、快速发展与规范管理、环境改善与整顿提高三阶段。

第一阶段为 1985 年至 1987 年。这一时期是根据审计署于 1985 年 3 月召开的全国审计工作会议上提出“各级审计机关把社会审计力量组织起来，充分发挥他们的作用”以及同年 7 月国务院领导指出“在建立部门、单位内审机构的同时，可以试建社会审计组织”的精神，少数审计机关适应社会经济需要，自发开展社会审计工作。由于缺乏配套的政策、法规，发展缓慢。审计署 1987 年 1 月发出《关于进一步开展社会审计工作若干问题的通知》后，至年底全省建立 21 家审计事务所，从业人员 208 人，委托查证项目 376 项，业务单一、范围窄。

第二阶段是 1988 年至 1991 年。1987 年 10 月中共十三大，肯定了股份制形式，股份制试点企业迅速增多，至 1988 年全国试行股份制的大中型企业达到 6000 多家，出现了一批向社会公开发行股票的企业，股份制试点证券市场的培育有了实质性进展，极大地推动了社会审计的发展。《中华人民共和国审计条例》颁布后，社会审计纳入法制规范，列入审计机关的重要议事日程。四川省审计局于 1989 年 1 月设立内部审计社会审计指导处，配备 7 名干部。同年 6 月，在自贡市召开全省第一次社会审计工作会议，总结了四川社会审计的发展情况，讨论并制定了社会审计发展的规章制度。这一时期，根据 1989 年 7 月审计署令第 2 号《关于社会审计工作的规定》和 1991 年 10 月审计署令第 59 号《执业审计师制度（试行）》，四川先后制定了审计事务所业务收费办法，社会审计工作基本程序、管理办法，以及审计事务所人员管理、档案管理等办法。至 1991 年年底，全省审计事务所增加到 189 个，从业人员 2200 人，完成审计事项 10 多万项。

第三阶段是 1992 年至 1997 年。这一阶段，社会审计的政策和社会环境得到改善，行业也更加规范。1992 年 4 月，党中央、国务院《关于加快发展第三产业的决定》，把审计咨询业纳入第三产业，要求大力发展。1992 年 7 月 23 日，国务院令第 103 号颁发实施的《全民所有制工业企业转换经营机制条例》规定，政府要建立和发展会计师、审计师事务所等社会服务组织，为企业提供服务。1993 年 11 月，《中共中央关于建立社会主义市场经济体制若干问题的决定》，要“发展市场中介组织，发挥其服务、沟通、公证、监督作用。当前要着重发展会计师、审计师和律师事务所”等。以此为契机，四川各级审计机关配备得力干部，加强对社会审计的管理、指导和监督，强化宣传，完善行业管理制度，审计事务所社会声誉及市场竞争力进一步提高。四川社会审计从无到有，从业人员从少到多，机构由小变大，基本形成布局比较合理、管理相对完善、质量逐年提高、信誉不断增强的社会审计组织网络体系。1997 年，社会审计的管理和指导职能划归省财政厅及省注册会计师协会。审计机关负责对社会审计组织的业务质量进行监督。

第二节　审计事务所管理和指导

1985 年夏，江津县审计局成立了审计事务所。同年秋，重庆市审计局成立审计咨询服务中心。

从 1986 年起，企业逐步推行承包经营责任制，同时城乡集体企业迅速发展，需要鉴证的工作越来越多。省审计局提出，在有条件的地方建立社会审计组织，当年全省已建立审计事务所 16 个，多数与审计局是“一套人马，两块牌子”。1987 年年底，发展到 24 个，从业人员 208 人，办理审计查证 376 项。1988 年 6 月审计署全国审计局长座谈会后，传达贯彻国务院领导和审计署关于建立社会审计组织的精神，在全省各级审计机关引起普遍重视。1988 年组建审计事务所 98 个。至 1989 年底，省、地（市、州）、县（市、区）审计局共组建审计事务所 163 个，从业人员 1200 余人，其中聘用审计师、会计师 710 人。完成审计查证、咨询 4.3 万项。各地审计事务所组建后，贯彻“边组建、边工作”的方针，赢得了社会各方面的认可。

1987 年 4 月，成都审计事务所成立，一年后，从业人员从最初的 7 人扩充到近 40 人，完成委托审计项目 13 项，审计总金额 6839 万元，查出违纪违制金额 529 万元，其中收缴入地方财政 57 万元，并对 337 家工商企业进行了审计验资，共验证注册资金 4830 万元，发现 30% 的企业申报的注册资金不实，受理咨询服务 7 项，培训审计、财会人员 100 余人。至 1993 年，编制内员工、聘用人员和特约人员等从业人员发展到 118 人，并建立了 4 个行业分所。6 年共完成各类业务项目 6769 项，累计实现业务收入 398 万元。37 次被服务单位以感谢信等方式给予赞许，获得锦旗 16 面。

巫山县审计事务所于 1987 年 6 月成立至 1988 年 9 月底，共完成各项咨询服务 46 项，查出贪污案 1 个、涉及金额 12 多万元；检查核实挪用公款案 1 个，涉及金额 5 万余元；接受委托对 27 个单位进行了财务、税收、物价大检查（审计），查出违反财经纪律金额 75.3 万余元，收缴入县财政 47.7 万余元；接受 17 个部门、单位委托，对有关经济问题进行了查证。

南充审计事务所于 1988 年 7 月成立。1990 年在对某丝绸印染厂开展咨询服务中，发现该厂建厂 8 年，财务账目不清，该事务所花了 4 个半月的时间，查出错、乱、差账目合计 6500 多万元，受到当地财政、税务等部门和厂方领导的赞扬。该厂向该事务所赠送了锦屏，以表谢意。

铜梁县审计事务所 1988 年至 1995 年年初，6 年来共审计项目 1443 项，审计资金总额 11.86 亿元，查出违纪违制金额3023万元，挽回经济损失410.7万元，赢得了“经济卫士”“经济参谋”“经济医生”的美誉。

遂宁市市中区审计局，在四川省智力援遂专家组成员、西南农业大学侯德坤教授的指导下，于1988年2月建立了全省第一个农村社会审计组织——安居坝审计事务所。至1991年年底，遂宁市中区共建立6个农村审计事务所，31个乡（镇）建立了审计咨询服务站。这些审计事务所及咨询服务站，4年共对177个行政事业单位、乡镇企业，以及乡、村、社合作经济组织开展审计查证，查证总金额982.7万元。查出违纪违制金额111.5万元，其中贪污1575元，挪用7.5万元，挽回直接经济损失19.54万元，收缴入区、乡、镇财政6.18万元。审计后，被审计单位受到党纪政纪处分11人。接受委托，对20名干部进行离任经济责任审计后，区组织人事部门对其中10名干部升职，8名平调，2名降职。1990年至1991年，还对分管经济工作的领导和具体管理集体单位钱物的30名中共入党积极分子开展了入党前经济责任审计。审计的内容包括遵守党的经济政策、国家经济法律法规及财务制度的情况；勤政廉洁，个人收入是否正常等情况。

经省编制委员会1989年4月《关于成立四川省审计事务所批复》，省审计事务所于1989年7月1日成立并开业。开业4年后，发展到七部一室（工交、商贸、基建、外资审计咨询部及资产评估部、验资部、培训部和办公室）和8个分所。从业人员210人，其中取得中国注册审计师资格证书的47人，取得资产评估资格证书20多名，承办各类审计查证业务1900多项，形成总资产180万元。

1988年至1989年，为加强对审计事务所和注册审计师的管理，省审计局以及成都、重庆、自贡、德阳、广元、涪陵等地（市）审计局率先建立社会审计管理指导机构。

1989年6月，全省社会审计工作会议在自贡市召开。会议总结了全省社会审计工作，传达了全国审计系统指导处长培训班精神，研究了审计事务所有关规则和制度，交流了社会审计工作经验。同年7月省工商局、省审计局、省财政厅转发了《国家工商行政管理局、财政部、审计署关于在清理整顿中对公司注册资金进行验证的通知》。8月省审计局转发了《审计署关于社会审计工作的规定》。9月，为促进社会审计事业的健康发展，省审计局发出通知，要求各审计事务所就坚持为改革开放服务、艰苦创业、廉洁办事、严格财务管理、在经济上与审计机关划分清楚、提高审计查证及咨询服务质量、合理合规处理好收益分配等方面，组织力量进行检查，并将检查情况报告省审计局。

各级审计机关先后制定了社会审计组织的人员管理、岗位责任制、财务管理、目标责任管理、主审负责制、质量控制、内部分配等方面的规章制度。例如，省审计局从1989年起，先后独立或与省编委、省财政厅、省工商局、省物价局、省乡镇企业管理局等部门联合行文，制发了《四川省审计事务所收费标准》《四川省社会审计工作管理办法》《四川省社会审计组织财务管理办法》《四川省社会审计工作基本程序》《四川省社会审计组织档案管理试行办法》《审计事务所业务收费暂行规定》《关于审计事务所人员编制问题的通知》《关于在全省乡镇企业系统实行审计监督的通知》等文件。又如，省审计局与省总工会、省政府集体经济办公室等联合印发了关于工会经费审计和城镇集体经济组织实行审计监督等文件，进一步扩大了审计事务所的业务范围。同时，在总结审计事务所实践经验的基础上，制定了一些单项业务操作规程和业务质量控制办法。

1989年，全省社会审计组织接受国家审计机关和其他部门、单位委托的经济鉴定、验证事项43900多项，查证总金额190亿元，提供咨询服务770多项，已被采纳建议860多条，促进增收节支1600多万元，培训审计、会计人员770多人。

1990年，经省审计局批准成立的审计事务所达到162个，分布在全省21个地（市、州）和145个县（市、区），共有相对固定的从业人员1300余人。1990年全年各审计事务所接受委托办理审计查证事项18917项，查证总额129亿元；为社会提供咨询服务983项，被采纳建议1767项，促进增收节支1617万元，培训审计、会计人员2459人；完成审计机关委托审计事项677项，审计资金总额46亿元，查出违纪金额3575万元，经有关部门处理上缴财政749万元，全年服务费收入800多万元。

至1991年，全省共建立审计事务所194个，从业人员1700余人。省审计局与省农牧厅联合发文，在农业（牧业）部门的农村经营管理机构建立农村经济审计事务所，乡镇建立分所或办事处。

1992年，全省新建审计事务所15个。试办股份（集体）合作制和跨地区、跨行业的审计事务所。绵阳诚信审计师事务所是四川省第一家股份制审计师事务所。各级审计机关除多方动员为事务所广揽、选调业务骨干外，还从审计机关内选派人员充实加强社会审计队伍。至年底，有省管审计事务所及17个地（市）和部分县（市、区）审计事务所取得国有资产评估和地价评估资格，并继续开展了企业兼并和转股的企业清产核资、资产评估业务以及基本建设工程预决算审计业务等。全省审计事务所共实现总收入2375万元，比1991年增长130%；其中年收入超过10万的事务所，占全省40%。

1993年2月，四川省第二次社会审计工作会暨省注册审计师协会第一届四次理事会在温江召开，全省社会审计协会理事、各地（市、州）、部分县（市、区）审计事务所所长共120余人出席了会议。同年8月，省审计局印发《关于加强对社会审计事务所管理，确保审计质量的通知》，要求各审计事务所对近年完成的各项业务的质量等方面全面进行自查自纠。同时，在全省实行统一的社会审计从业人员管理办法、岗位责任制、内部控制制度、收益分配及工效挂钩等办法。10月，14省市社会审计协作会议在成都市召开。协作会议正式成员单位和应邀的四川、重庆、昆明、西安、江西等省市审计事务所的代表出席了会议。

1993年10月，中华人民共和国主席令第13号公布《中华人民共和国注册会计师法》（以下简称《注册会计师法》）。该法授权国务院规定注册审计师认定为注册会计师资格的办法。在认定办法没有出台前，审计事务所和注册审计师的执业地位受到影响。审计事务所人心不稳。为此，省审计局、省注册审计师协会联合召开了全省社会审计暨贯彻落实《注册会计师法》的大会。会议提出，审计事务所和注册审计师要“保持稳定、继续执业、等待规定”。提出在四川实行“两所”（即审计事务所和会计师事务所）、“两师”（注册审计师和注册会计师）并存，共享一个法，公平竞争，平稳过渡，并肩前进的原则。随后，省审计局3次向省政府、省人大财经委、省政府法制局报告审计事务所贯彻《注册会计师法》的意见和措施。

1994年5月，省审计局向省政府专题报告并获批准。该报告建议：仍由省审计局和省财政厅分别管理审计（师）事务所和会计师事务所。对于注册审计师的注册会计师资格，经审计机关审核认定发给注册会计师证书，并可以执行《注册会计师法》规定的业务。对在审计事务所工作的注册会计师的管理按原有办法加强管理。成立注册审计师协会和注册会计师协会联合联络小组。

此后，省审计局按照审计署《关于认定注册会计师资格有关问题的通知》（审管发〔1994〕171号）的统一部署，审核认定了注册审计师的注册会计师资格。1994年10月，省审计局、省注册审计师协会联合在《四川日报》上刊登公告，宣布：经认定为具有注册会计师资格的注册审计师可以依法承担《注册会计师法》规定的业务。

1995年，全省有14个地（市）审计局建立了内部审计社会审计指导科，其他没有建立专门机构的地（市）以及县级审计局也明确了内部的分管机构和分管人员。除甘孜、阿坝、凉山州的县（区）外，全省其他20个地（市）、183个县（市、区）共建立审计师事务所293家，分所、办事处120家，从业人员3581人（其中注册审计师2338人），全省审计事务所形成固定资产和提留专项基金共计3500多万元。9年来，各级审计机关还组织注册审计师队伍的培训、考核，对社会审计组织的业务质量进行抽查，在社会审计业务不断开拓的同时，服务质量逐步提高。全省审计事务所累计接受社会各界委托完成审计查证、咨询服务项目26.8万余项，查证总金额上千亿元。其中，1994年1月至9月，全省审计事务所核减各项预算决算金额1.04亿元，核减虚假注册资金3.25亿元，为委托单位追回损失1526万元，促进企业提高经济效益2075万元。经过近10年的发展，审计事务所的传统业务和“拳头”业务包括三大类和几十个小类：第一大类为审计类，包括财务收支审计，厂长（经理）离任审计、承包经营责任审计、国有企业查证、基本建设项目竣工财务决算审计、集体企业审计、世界银行贷款审计等。第二大类为鉴证类，包括会计报表审签、基建预（决）算验证、资产评估、贷款抵押财产评估、经济案件鉴定、工资奖金总额审核、企业资金验证等。第三大类为管理咨询类，包括审计、会计顾问，代办会计业务，税务代理，项目可行性分析，企业管理咨询，培训财务、审计人员等。注册审计师认定为注册会计师资格后，审计事务所的业务又拓展到《注册会计师法》规定的业务。根据财政部和审计署的有关规定，从1996年起，四川着手注册审计师协会和注册会计师协会的合并，以及注册审计师具有注册会计师资格的最后认定和更名。至1997年上半年基本完成。部分审计事务所随后亦更名为会计师事务所。至此，“注册审计师”这一称谓完成了历史使命。

1997年，实现全省注册会计师、注册审计师大联合

第三节　会计（审计）师事务所的业务质量检查

根据财政部、审计署《关于中国注册会计师协会、中国注册审计师协会实行联合的有关问题的通知》（1995年6月19日）和《关于加速地方注册会计师协会及注册审计师协会联合的通知》（1996年12月15日）精神，省财政厅、省审计厅于1996年12月联合发出了“两会”实行联合的通知。1998年1月，省审计厅在《四川日报》上发布《公告》，原挂靠省审计厅及注册审计师协会、内部审计学会的社会审计组织机构，从即日起与省审计厅脱离挂靠关系，所承办的审计事项由其自行承担法律责任。根据1999年6月21日《四川省人民政府办公厅关于印发〈会计师（审计）事务

2001 年，省审计厅对会计师（审计师）事务所的审计质量进行检查

所脱钩改制实施意见〉的通知》精神，至 1999 年年底，全省挂靠审计机关的审计师（会计师）事务所全部与主管审计机关脱钩，成为非公有制独立的社会中介组织。审计机关依照《审计法》的规定行使对社会审计的监督职能。2000 年 7 月，省政府在省审计厅机构改革方案中明确对社会审计的指导和管理职能划归省财政厅，审计机关负责监督社会审计组织的审计业务质量。省审计厅于 2001 年至 2004 年组织了部分社会审计的业务质量监督、检查。2001 年全省完成 10 家会计师事务所审计业务质量监督检查，其中省级 1 家，市级 7 家，县级 2 家。省审计厅对四川万方会计师事务所有限责任公司 2000 年度完成的部分审计业务质量及对部分 2001 年审计业务进行了抽查。业务质量检查发现，该所在对某房地产公司变更注册资本金进行审验时，某房地产公司由注册资本金 600 万元增加至 2000 万元，新增注册资本金 1400 万元由该房地产公司现金投入。审计组通过银行协查发现，该所对审验资料的真实性、可行性关注不足，未向有关银行进行函证，出现了银行虚假进账单 1400 万元的问题。

2002 年，省审计厅和部分市、县审计机关对 10 家会计师事务所 2000 年至 2001 年度所承担的资产评估和验资业务质量进行了检查。省审计厅直接检查了四川省信通会计师事务所、四川省衡典会计师事务所。根据《社会审计组织业务质量检查工作方案》确定的检查内容和重点，对所经办的会计报表、资产评估和验资业务进行了抽查，共检查 119 个项目，其中资产评估 26 个，会计报表 5 个，验资 88 个。检查是否符合《注册会计师法》《独立审计基本准则》《独立审计具体准则》《独立审计实务公告》的相关规定。通过对审计档案的查阅、审查与检查事项有关的文件、资料，并实施必要的延伸调查，检查各会计师事务所出具的审计报告、验资报告、资产评估及证明文件是否真实、合法。经检查表明，10 家会计师事务所对被审验单位进行审计、验资、评估，收集的证据基本做到了相关、真实、充分，出具的审计、验资及评估报告基本真实、合法。为提高审计质量、防范审计风险，还建立健全了内部审计业务质量控制制度。同时，质量检查也发现少数项目存在以下问题：审计程序方面，一是接受委托事项未签定业务约定书；二是有的审计项目未制定审计工作计划；三是审计程序不完备，审计取证不充分，审计报告未对有关事项作出说明；四是验资报告、审计报告仅有一名注册会计师签字。审计业务质量方面，一是验资报告实物资产未办理产权转移手续；二是土地使用权评估无土地使用权证；三是无形资产验资超过验资总额 20% 的规定；四是变更注册资本表述不准确；五是出具审计报告类型不当。上述问题虽然是个别情况，但存在不同的审计风险。为此提出了切实树立审计质量和风险意识，强化审计业务管理，健全完善内部管理机制，从内部消除审计风险产生根源的建议。

2003 年，省审计厅统一组织并授权 10 个市（州）审计机关对 14 家会计师事务所 2002 年至 2003 年所承办的部分验资业务质量和审计业务质量等共 179 个项目进行了随机抽查，其中省审计厅检查了 3 家。通过对审计档案的查阅，检查与审计事项有关的文件、资料，并进行必要的延伸调查、取证，检查各会计师事务所出具的审计报告、验资报告是否真实、可靠、合法。通过检查发现存在以下问题：审计程序方面，一是个别项目未签订业务约定书；二是审计业务约定书要素不齐全；三是部分验资项目未编制验资计划和总体验资计划；四是审计程序不完备，审计取证不充分，工作底稿太简化，审计报告未对有关事项作出说明。审计业务质量方面，一是个别注册会计师未审出问题；二是无形资产验资超过验资总额20%的规定；三是仅凭被审验单位提供的虚假证明就出具了不真实的验资报告；四是审计查出来的问题未在审计报告中反映；五是审计证据不足；六是未对被审计单位的“期后事项”予以关注。这些问题虽然是少数情况，检查认为存在因审计质量问题而带来审计风险。为此，建议对严重违规的会计师事务所进行严肃处理或通报批评，对存在不实验资报告的问题，责成改正，并对相关注册会计师给予警告或通报批评。同时对提供虚假验资证明的相关人员也进行严肃处理。

2004年，省审计厅组织成都市、温江区、泸州市审计局对5家会计师事务所业务质量监督检查，其中省厅直接检查1家。共抽查会计报表审计项目33个，财务收支审计项目2个，验资项目30个。并延伸调查了部分会计师事务所的委托单位和所涉及的金融机构。通过检查和延伸调查，发现应计未计收入、应提未提坏账准备金的问题未予披露、无审计业务约定书、对借款和往来款未进行函证或实施必要的替代程序、审计报告内容不实、验资证明材料不足、审计程序及基础工作不规范的问题。上述审计机关分别提出5份对会计师事务所审计项目业务质量检查报告。

第十一篇　综合业务与信息化建设

审计综合业务包括审计计划、审计统计、档案管理、信息与宣传、业务考核、人员培训等，是不可或缺的基础性工作。前四项是采用不同的方式和渠道，反映和记录审计成果，揭露查处的问题，促进加强管理、规范经济秩序、健全完善制度机制，服务领导科学决策，推广审计工作新方法、新思路和新经验，接受社会和群众监督的审计综合性业务工作。业务考核是为确保审计工作法治化、科学化和规范化，对各项审计业务开展检查、评比和奖惩等的激励和鞭策活动。干部培训是提高审计人员综合素质的主要方式，是所有审计工作的基本保障。四川的审计综合业务与审计业务同时起步，经历了边干边学、以老带新、以会代训、总结规范的发展历程。1983 年以来，四川审计计划、统计和档案工作逐步由纯手工发展到手工与计算机及其他信息化手段并用，提高了计划编制、调整、审计统计运算、检索和分析能力。统计指标由数个发展为一个指标体系。档案由纸质发展到纸质和电子文档并存。

第一章　审计计划、统计与档案管理

第一节　审计计划管理

审计项目计划管理是审计工作程序的首要环节，是整个审计项目计划安排、实施和取得审计成果的重要基础工作。对于指导审计工作开展，控制审计项目实施过程，确保审计项目计划完成，保障审计业务质量，进行检查和考核审计工作等具有重要作用。审计项目计划包括：上级审计机关统一组织的审计项目计划、本级自定的审计项目计划、党政交办及委托审计项目计划、授权审计项目计划。审计项目计划管理，实行“统一领导、分级负责、归口管理”。审计项目计划管理工作包括：年度审计项目计划的编制、执行、调整和考核。

1983年，四川各级审计机关在抓紧机构组建和人员调配的同时，有针对性地选择不同类型的部门和单位进行试审，以摸索经验，指导审计工作的开展。在此期间，基本上没有实行审计项目计划管理。

1986年6月，全省开展了第一次审计对象调查。调查结果显示全省共有审计对象68336个，其中：工业企业7480个，非工业企业18991个，行政事业单位40915个，金融保险机构950个。按财务隶属关系分，省级单位3647个，市（地、州）级单位8181个，县级单位45203个，县以下单位11305个。随着改革的深化，审计对象的隶属关系、行业分布发生较大变化。1991年9月，全省进行了第二次审计对象调查。调查结果，全省共有审计对象40978个，其中：工业企业4785个，非工业企业11554个，行政事业单位24412个，中外合资合作企业227个。省本级审计对象1136个。第二次审计对象调查结果比第一次调查结果总数减少27358个。主要原因：一是第二次调查的口径范围比第一次小，大量实行转账的单位未纳入本次统计范围；二是大量集体企业和区、乡级单位未纳入统计总数。两次审计对象调查，为加强审计项目计划管理提供了扎实的基础。

1986年12月，审计署印发了《审计项目计划编制试行办法》，审计项目分为：必审项目、选审项目、自定项目。审计项目计划管理分为：审计单位数、编制程序、编制说明、计划检查等。1989年3月，省审计局在贯彻实行《审计项目计划编制试行办法》中认真摸索和总结，制定了《审计工作年度计划管理办法》。审计项目分为：全国审计项目、自定项目、审计调查项目。审计工作计划编制程序：自上而下逐级下达审计工作设想；自下而上逐级编报审计工作计划草案；自上而下逐级核定下达审计工作计划。审计工作计划的编制、审批、下达和调整，由审计机关的综合部门统一归口管理。上级审计机关对下级审计机关的审计工作计划执行情况，定期进行检查、指导和考核。1991

年11月，省审计局在总结近几年审计计划管理工作经验的基础上，制定了《四川省审计项目计划管理办法》。其主要内容：审计工作年度计划内容；审计计划编制的原则和程序；年度计划的执行和调整；年度计划执行情况的检查、考核。《四川省审计项目计划管理办法》从1992年起执行，使审计工作计划编制、执行、调整和考核工作纳入了制度化、规范化的管理。全省各级审计机关紧紧围绕党和国家的经济工作中心，把涉及国家宏观管理和地方经济发展的重点单位、重点项目、重点企业、重点资金作为主攻方向，按照审计工作计划要求，成功地组织实施了在全省有重大影响的项目审计，促进了审计工作经常化、制度化、法制化建设，推动了审计事业的深入发展。

1997年10月，省审计厅制定了《四川省审计机关项目计划实施办法》，对审计项目计划管理作了较大改进。其主要内容：改审计项目数与审计单位数统一落实到审计单位数。即把审计项目具体细化为审计单位，以“三个一”（一个审计通知书、一个意见书或决定、一个审计单位）原则来确定审计单位；改审计项目与审计单位汇总表统一为年度审计项目计划表，审计项目分为：署定、省定、自定；改审计通知书业务处拟稿、分管领导签发统一为综合处会签；改交办事项形式多样为统一的书面交办；年度审计项目计划的编制、执行等情况纳入年度考核。

1999年11月，为了加强全省授权审计项目的管理，制定了《四川省审计厅关于中央、省属审计项目授权下级审计机关审计管理办法》。对年度审计项目授权管理方面作了具体规定和要求。

2001年，按照“全面审计、突出重点”的要求，在审计项目计划安排上“控数量，保重点，抓质量，上水平”，以服务西部大开发战略目标的进行，把农业和环保专项资金的审计、对公路、水利、市政、能源等国家重大建设项目的审计和实施“科教兴国”战略，对普教经费的专项审计为重点，并对全省经济及社会发展有重要作用的电力行业和重点电信单位开展资产负债损益的审计。全省安排审计项目计划单位5370个，实现了市（州）审计机关网上报送审计项目计划。

2002年，审计署印发了《审计机关审计项目计划管理办法》，对年度审计项目计划管理进一步改进、规范。全省审计项目计划编制重点是围绕整顿和规范市场经济秩序，提高经济增长的质量和效益，加大对重点行业、重点资金、重点项目的审计力度。注重把审计与审计调查相结合，通过对普遍性、倾向性问题进行剖析，提出加强和改进管理的建议，使审计监督在较高层次上发挥作用。同时科学合理安排任务，量力而行，明确审计目标，确保审计质量，归避审计风险。因此要求审计项目制定详细的实施方案，任务到人，责任到人。全省安排审计项目计划单位5194个，其中：署定467个、省定1769个，省组织的审计调查6个。

2003年，审计项目计划管理，总体要求是：保质量，保重点，审深审透，提高水平。围绕促进增收节支，加大对财政专项资金的审计力度，分析当前影响增收节支的主要因素，进一步挖掘增收节支的潜力；从维护财政资金和国有资产安全完整出发，积极开展效益审计，重点揭露和查处各种国有资产流失和财政资金损失浪费的行为。审计项目计划管理采取进一步的完善措施，即实行一上一下，大块项目计划下达各地，上报具体项目计划单位数量表备案，一改历年的审批制为备案制。全省市（州）、县（区）实现了网上报送审计项目计划。同时，省审计厅确定，省本级和市（州）审计局的年度审计项目计划执行情况改为两年一次考核。省厅只考核署定、省定项目。

2004年，审计项目计划安排按照省审计厅制定的《四川省审计工作发展规划（2003—2007）》分步实施的要求，立足于促进对权力运行的制约和监督，加大对重大违法违规问题和经济案件查处力度；按照财政预算执行审计“一体化”的工作思路，围绕推进依法行政，继续加大对部门预算执行和专项资金的审计力度；围绕加强和完善领导干部监督机制，加强经济责任审计；围绕加强防范金融风险和促进经济体制改革，深化金融、外资和国有企业审计；进一步加大效益审计和专项审计调查力度，促进加强宏观调控，为保障社会和经济全面协调可持续发展发挥更大作用。在审计项目计划上，坚持量力而行、科学均衡配置审计人力资源的原则，落实三年滚动计划，始终如一地坚持把党政领导重视、人民群众关心、社会各界关注的热点问题作为审计的重点。全省安排审计项目计划单位6612个。

2005年，审计项目计划以《四川省审计工作发展规划（2003—2007）》为依据进行编制。要以现有审计人力资源为基础，并充分考虑署定项目、党政交办以及集中组织职工培训等因素，留有余地确定项目计划数和项目计划执行时间；按照试编预算执行审计三年滚动计划的要求，安排好部门预算执行单位的审计；要适应审计工作报告公开后出现的新情况、新问题，本着“以我为主”，即以本级直接审计为主的原则安排审计计划，减少一般性的统一组织审计的项目；注意均衡选择审计对象，原则上2003年、2004年已经审计过的单位不再列为本年度项目计划，要力求扫清审计死角。全省安排审计项目计划单位6732个，其中：署定68个、省定1685个、调查312个。

第二节　审计统计

审计统计是运用专门的方法收集、整理审计活动中的各种数据资料，以便真实反映审计工作成果和发展变化，探索审计工作规律的重要手段。通过审计统计揭示国民经济运行中带有普遍性、倾向性的问题，发挥审计统计的信息监督和咨询服务作用，是审计成果为宏观经济管理和宏观调控服务的重要基础性工作。审计统计报表包括：月报表、季度报表、年度报表。

1983年，省审计局成立后，要求各地（市、州）审计局报送审计情况统计表（手工式报表1页）。主要指标：被审计单位数（个）、应上交财政金额、违纪（法）金额、效益问题金额、账目差错金额等。

1986年，根据审计署文件精神，对审计统计报表作了修改。修改后的统计报表（审统01－－05表）。审统01~03表为政府审计报表。增加百万元以上违纪单位、万元以上贪污案、受处分人数等指标。省审计局制定了《审计统计工作考核办法》，要求各地（市、州）审计局每季上报1份统计分析报告。

1987年，使用由审计署制表、国家统计局批准的统一报表（审统02－－09表）。审统02~06表为政府审计报表，02表是审计工作情况的综合报表，03表是违纪金额分类统计表，04、05表分别是定期审计、厂长（经理）经济责任审计专项统计报表，06表用于反映专题审计调查项目的报表，07表为社会审计统计报表，08、09表为内部审计情况报表。审统01表为月报表。同年3月，省审计局在自贡市召开审计统计会议，要求报送报表和软盘，拟定了对各市（地、州）审计局上报的月报、季报、年报进行考核的内容和办法，即：报送的时间是否准时、统计指标是否真实正确、编表说明是否清楚、报表内容是否完整、章戳是否齐全。当年度省审计局被审计署评为全国14个统计报表较好单位之一，受到通报表扬。

1988年，审计统计报表（审统02－－10表）在原统计表式的基础上，增加了06表自筹基建资金审计统计表，07 表财经审计专项统计表，08 表审计建议采纳情况综合统计表，09 表为内部审计情况报表，10 表为社会审计情况报表。01 表为月报表。同年 7 月，省审计局在雅安、内江分片开展了全省审计统计报表汇审，对统计报表的质量进行了检查考核，评出成都、南充等 7 个地（市、州）审计局年度审计统计报表先进单位。

1990 年 7 月，在全省推广应用审计署研制开发的审计统计报表软件，由于全省各市（地、州）局审计统计报表工作发展不平衡，推进程度不一，手工报表与报表软件并存使用。

1991 年，使用审计统计报表（审统 02－－14 表）。02 表综合审计工作概况、03 表违纪违规金额分类、04 表审计调查情况、05 表企业经营责任审计、06 表行政单位定期审计、07 表事业单位审计、08 表财政税务审计、09 表金融（保险）审计、10 表基本建设审计、11 表外资运用审计、12 表农业专项资金审计、13 表内部审计报表、14 表社会审计报表。01 表为月报表。经考核评出重庆、内江等 7 个地（市、州）审计局年度审计统计报表先进单位。

1995 年，为贯彻实施《审计法》，审计署对《审计情况统计报表》进行了修改。修改后的表（审统 02－－13 表）。02 表审计情况表、03 表预算执行审计情况报表、04 表财政决算审计情况报表、05 表金融审计情况报表、06 表固定资产投资审计情况报表、07 表企业审计情况报表、08 表行政事业审计情况报表、09 表农业资金审计情况报表、10 表国外贷款援助项目审计情况报表、11 表经济责任审计情况报表、12 表审计调查情况报表、13 表内部审计情况报表、14 表社会审计报表。01 表为审计情况月报表。经考核评出达州、德阳等 9 个地（市、州）审计局年度审计统计报表先进单位。

1996 年，要求各地（市、州）审计局报送审计统计报表电子邮件，取消纸质表到软盘的阶段。经过几年努力抓市（州）局远程站建设，规定从网上报送电子报表，审计统计报表工作上了一个新台阶。

1998 年 4 月，省审计厅制定《关于印发审计情况登记表（台账）的通知》，对原统计台账作了修改、调整，全省审计系统全面实行了审计统计台账运作。

2002 年，审计署印发了《统计工作改革实施方案及统计报表表式的通知》，对年度审计项目计划管理进一步改进、规范。改进、规范后的报表（审统 01－－13 表），取消 01 表审计情况月报表，08 表农业资金审计情况报表；增加专项资金审计情况报表、社会审计组织业务质量检查情况报表。即：01 表审计情况报表、02 表预算执行审计情况报表、03 表财政决算审计情况报表、04 表专项资金审计情况报表、05 表行政事业审计情况报表、06 表固定资产投资审计情况报表、07 表金融审计情况报表、08 表外资运用项目审计情况报表、09 表企业审计情况报表、10 表审计调查情况报表、11 表经济责任审计情况报表、12 表社会审计组织业务质量检查情况报表、13 表内部审计情况报表。

2003 年至 2005 年，审计统计工作执行新的审计统计软件。省审计厅实行了审计项目统计到县、到每一个审计项目的电子台账统计报表。改变统计报表由统计人员单一填报为由审计项目主审填报，审计组长复核，统计人员收集、汇制报表的统计办法，大大提高了统计数据的准确性和真实性，受到了审计署的充分肯定。

第三节　审计档案管理

审计档案是国家审计机关、内部审计机构和社会审计组织在进行审计活动中直接形成的、具有保存价值的、各种形式的历史记录。审计档案工作包括历史记录（审计工作过程中的原始资料）的收集、整理、保管、利用、编研、统计等，并编制必要的检索工具和参考材料，以利迅速、准确地查找和利用案卷。

1983 年 8 月，四川省各级审计机关相继成立后，审计档案管理和审计工作几乎同步进行。随着审计工作逐步开展，产生了不少项目审计文件材料，如何将审计工作中产生的审计文书材料进行系统的收集、整理、归档便提到了议事日程。1984 年初，省审计局在办公室设立档案室，配备了 1 名专职档案员，1985 年又增加了 1 名。1989 年 1 月设立了档案科，配备了 3 名专职档案员。并要求全省各级审计机关在办公室设立档案科或档案室，并配备相应的审计档案人员或兼职人员。截至 1989 年年底，全省审计机关建立健全了档案管理机构，建立了以局长分管，主任主管，专职档案人员及各处（科）室兼职人员具体承办的档案工作管理网络。

为加强档案管理制度化、规范化、科学化，1988 年 12 月，省审计局在西昌市召开了第一次以档案管理为主要内容的全省审计机关办公室主任会，各地（市、州）审计局办公室主任和专兼职档案员共 48 人参加了会议。这次会议对进一步提高档案管理工作意识，健全和完善档案管理制度，做好档案收集、整理、归档等基础工作，提高文书档案和审计档案质量发挥了很好的作用。

1989 年 4 月，在乐山市四川省审计干部培训中心举办审计机关档案辅导员培训班。地（市、州）审计局办公室档案员及部分县审计局从事档案工作的同志共 53 人参加培训。培训内容为《文书学》《档案管理学》和《审计文书档案管理》。这次培训丰富了档案管理理论知识，为进一步做好档案管理打下了基础。

1990 年 10 月，在阆中县召开全省审计系统档案工作会议。参加会议的有各地（市、州）审计局办公室主任和从事档案工作的人员 56 人。会议总结了档案管理工作的经验、观摩档案、现场参观学习阆中县审计局综合档案室达省一级标准的经验，研究开展了档案达标上等级规划。

1991 年 3 月，省审计局《关于表彰全省审计机关档案工作达标升级单位的通报》对全省第一批市地州审计局档案工作达三级管理标准的涪陵市审计局，攀枝花市审计局，达县地区审计局，遂宁地区审计局，内江市审计局，乐山市审计局，南充地区审计局 7 个单位通报表彰。同年 6 月，省审计局和省档案局联合转发审计署、国家档案局《印发关于审计档案管理工作的规定和审计文件材料立卷归档工作程序的通知》，对省、市、县级档案管理机构设置、人员配备、基本任务、责任划分作出了规定，明确提出："审计档案立卷工作，实行谁审计谁立卷，边审计边收集整理，审结卷成的原则"。还规定，"审计文件材料立卷，采用按职能分类、按项目立卷、按单元排列的方法"。对内部审计机构、社会审计组织和对接受审计机关委托审计所形成的文件材料以及审计档案收集范围、排列顺序、移交、保管、利用、鉴定、统计等工作也作出了相应的规定。同年 9 月，根据审计署下发的《审计文件材料立卷归档作业规程》，结合四川实际，制定了《审计档案卷内文件材料排列顺序表》，下发到各级审计机关执行。同年 11 月，省审计局召开局机关档案和保密工作会。各处室负责人及档案兼职人员参加。会上传达了全国档案检查试点会情况和省保密局关于划密规定，并就搞好档案和划密、补密工作进行布置。会议决定：调整、解决局机关档案库房紧张状况和落实人员、资金等问题，组织对全省及局机关专兼职档案人员进行档案业务培训。

1992 年 3 月，省审计局《关于表彰全省审计机关档案达标升级单位的通报》对全省审计机关档案工作达到三级档案管理标准的自贡市审计局等 8 个单位进行表彰。至此全省已有 101 个审计机关达到省主管部门制定的三级以上标准。其中达标的15个地（市、州）局中，达县、乐山达二级；涪陵、攀枝花、遂宁、内江、南充、自贡、万县、德阳、成都、广元、凉山、雅安达三级。在达标的86个县级局中有14个县级局达二级，阆中市跃升为一级，成为全省第一个县级审计局档案达一级的单位。达县、万县、涪陵、遂宁4个市、地审计局所属县、区全部达标，实现了"满堂红"。南充地区、乐山市、广元市、内江市有80%以上县、区达标上等级。同年4月，全省审计档案工作会议在万县举行，市（地、州）审计局办公室主任、档案员以及阆中市等几个县审计局从事档案工作的同志53人参加了会议。会议重点就全省审计机关档案工作进行了总结，传达了审计署召开的审计档案工作座谈会和检查试点工作情况，有12个单位在会上交流了经验，互相观摩了各单位带到会上的档案，与会人员围绕审计署《关于审计档案管理工作的规定》和《审计文件材料立卷归档工作程序》的进一步贯彻落实进行了讨论，会议还提出了"贯彻新《规定》，再上新台阶"的要求，研究部署迎接审计署组织的西南片区审计档案工作检查事宜。同年9月，省审计局机关档案工作经省档案局组成的专家验收小组现场考评，达到省二级标准，当场授予奖状、证书。同年10月，审计署组织西南片区审计档案工作检查。贵州、云南、四川三省审计局主管档案工作的办公室领导和档案科负责人参加。重点检查了省审计局机关的审计档案工作，同时每省抽查地、县审计局各一个，四川省除省审计局外，检查了乐山市和乐山市中区审计局。检查内容：档案工作组织领导；档案工作制度建设；审计案卷质量；档案管理。重点是1991年的审计案卷质量。检查工作采取"一听、二看、三查、四评"的方法，四川查阅了106个审计案卷，依据审计署制定的《评分标准》进行现场考评。每检查一个单位，评分结果及时反馈。四川省总评分为96.07分，列三省之冠。在这次检查中，省审计局和乐山市审计局、乐山市中区审计局均被审计署评为全国档案管理先进单位并颁发了奖牌和证书。

1993年5月，在广元市召开全省地（市、州）审计局办公室工作会议，有40人参加了会议。档案工作是这次会议的重点内容，会议总结了档案工作情况，研究布置了全省审计档案检查工作。根据审计署的部署，同年8月至9月，组织了各地（市、州）审计局办公室主任和档案员参加的检查组，对全省20个地（市、州）审计局（阿坝州未检查）及其所属县（区）审计局共40个单位的档案工作进行了检查。这次检查采取西南片区审计档案检查的内容和方法进行现场考评。通过检查，40个单位对审计档案工作都很重视，在规章制度建设，业务指导，案卷质量以及开发利用档案，为审计工作和经济建设服务方面取得较好的成绩。乐山、万县、达县、成都、凉山、自贡、涪陵、重庆、攀枝花、遂宁、内江、南充、绵阳、广元、雅安、德阳16个单位的档案工作为优秀，其中乐山、万县、达县、成都、凉山、自贡6个单位的档案工作尤为突出。

在审计署组织的审计档案检查和省档案局每三年一次档案检查中，省审计局的档案管理工作均受到通报表彰，省档案局还带着河南、青海、新疆及省内省级机关和地（市、州）的档案员及参加省档案局举办的培训班的人员到省审计局参观学习，对省审计局档案管理工作有很大促进。

1994年2月，《四川省档案局关于省级机关档案工作先进单位和先进个人的通报》，省审计局被评为先进单位。同年5月、6月，省审计局在都江堰市省委老干部局都江堰市接待站举办两期全省审计档案知识培训班，各市（地、州）和县级审计机关的专兼职档案员共99人参加了培训。培训内容包括公文知识和公文处理概述，文书档案概论，审计公文基础知识，审计档案概论。

1995年5月，全国审计档案理论研讨会在成都市召开，全国各省、市、自治区审计厅分管档案工作的人员共20多人参加了会议。这次会议，推动了四川省审计系统档案工作进一步规范化。截至1995年底，全省243个审计机关有184个审计机关的档案工作达到省三级以上标准，达一标的2个，达二标的48个，达三标的134个。

1996年8月，在宜宾市召开全省审计系统办公室主任会，会议传达了审计署公文处理、档案规章专业培训班等会议精神，布置公文检查评比、档案、保密等工作。

1997年12月，省审计厅机关审计档案工作达到省一级标准

1997年1月，《四川省档案局关于省级机关档案工作检查情况的通报》，省审计厅被评为先进单位。同年4月，全国审计机关办公室主任会议在省审计干部培训中心召开。会议交流了全国审计机关公文处理、档案管理及信息、调研等工作情况和主要经验。同年8月，省审计厅举办两次公文、档案知识培训，参加人员有各市（州）、县审计机关办公室主任。同年12月，省审计厅机关的档案工作经四川省档案局组成的专家验收小组现场考评，达到省一级标准，当场授予奖牌、奖状、证书。

1999年1月，为了保质保量完成文书材料立卷归档工作，四川省审计厅印发《关于做好1998年度文书档案立卷归档工作的通知》，对归档文件材料的范围、质量提出了要求和要达到的标准。同年6月，省档案局组织开展了省级机关档案工作检查，通报表彰省审计厅机关档案工作为先进单位。同年9月，省人大内务司法委员会对省审计厅贯彻《中华人民共和国档案法》执法情况进行了检查。检查认为，省审计厅机关的档案管理工作在规范化、科学化、制度化方面成效显著。同年10月，省审计厅侯文汉被国家档案局、中央档案馆授予全国“优秀档案工作者”称号。

2000年12月，省档案局、四川省法制建设领导小组办公室联合发文，通报表彰省审计厅为全省档案“三五”普法先进集体并颁发了奖状、证书。

2001年11月，为贯彻执行审计署2001年第3号令发布的《审计机关审计档案工作准则》，省审计厅印发《审计业务公文及审计业务用纸的通知》和《审计档案卷内文件材料排列顺序表》，统一规范审计立卷归档工作。

公文处理及时、准确，电子文件与纸质文件同步运行

2002年10月，省审计厅机关的档案工作经省档案局组织复查，保持了省一级标准，当场授予达标一级复查证书。同年12月，省档案局通报表彰省审计厅为省级机关档案工作1999—2001年度先进单位并颁发了奖牌。

2005年9月，根据审计署2004年第6号令《关于审计机关审计项目质量控制办法

（试行）》，为统一规范审计档案立卷归档工作，省审计厅重新修订和下发了《审计档案卷内文件材料排列顺序表》，此表分四个单元共35条，按表立卷，统一标准，使全省审计档案质量达到了齐全完整，精炼有效。在每年的审计工作考核中均按此表收集立卷并提供考核。

截至2005年底，全省审计机关保存的各类档案256063卷，档案门类比较完整齐全，除文书、审计、会计档案外，基建档案、声像档案也进行了收集整理。各种档案资料编制齐全，为开展档案信息资源利用工作提供了方便，为进一步搞好审计档案工作奠定了基础。

第二章　业务工作考核和干部培训

第一节　审计业务工作考核

审计业务工作考核始于1988年，当年省审计局转发了审计署《关于审计工作考核试行办法》，其考核办法的主要内容：一是考核范围，重点考核审计工作实绩；二是考核指标，包括审计单位覆盖率、审计资金覆盖率、必审项目完成计划的比例、查出违纪违规金额、应缴财政金额和已缴财政金额、揭露损失浪费金额、定期审计单位违纪金额下降率、反映宏观经济情况的报告份数和被批示或采纳的报告份数、审计决定落实率、复审差错率；三是考核办法，实行统一领导、分级负责制，考核工作每年进行一次，要求写出本地区年度审计工作综合考核报告，由上级审计机关对下级审计机关进行考核。上级审计机关应将考核结果以内部通报形式公布。至2002年底，省审计厅每年都要派出考核组对市、地、州审计机关进行审计业务工作考核。绝大多数市（地、州）审计机关也坚持每年对所辖县（市、区）审计机关进行考核。这种分级负责分级考核的办法实施以来，对加强各级审计机关的基础工作，提高审计业务质量水平，规避审计风险，加强审计工作管理和规范审计工作行为发挥了重要作用，取得了明显成效。

1990年，为深入贯彻《审计条例》，不断提高审计工作质量，对年度审计业务考核的内容进行了补充和修改，制定了四项考核评比办法：审计工作业务实绩，把重点项目计划完成率、应缴财政入库率、审计决定落实率、信息报送被采纳数作为重点考核；审计工作质量，把遵守审计工作程序、审计取证的完整、合规，审计定性和处理合法性以及审计复议结果处理等作为重点考核；同时，增加了领导班子建设、廉政建设、思想政治工作制度建设、干部教育培训和对内部审计、社会审计工作管理指导等考核内容。

1996年，按照审计业务考核评比办法规定的内容、标准，省审计厅派出3个检查考核组，分别对19个市（地、州）审计机关进行检查考核。在评选出7个审计机关荣获先进单位，12个审计机关达到考核目标的同时，通过考核检查对各地在审计业务档案管理、审计信息管理、计算机应用，审计人员遵守工作纪律等方面进行了认真总结，推广了广元市审计局系统化的审计项目归口管理体系；攀枝花市审计局审计项目检查期中介入制度；绵阳、巴中市审计局对基建项目进行反复篦梳式审计；成都、德阳、遂宁、乐山、自贡、宜宾、泸州、凉山、达州等市（地、州）审计机关坚持并发展了的审计质量控制五次把关目标责任制和重大审计事项的集体审理制，以及审计质量检查运行机制，促进了审计业务及管理工作进一步规范化、制度化，充分发挥了相互制约、制度管人、制度管事的作用。

2000年，省审计厅派出5个考核组分别对21个市（州）审计机关的审计业务工作，以审计业务量、审计业务效果、审计执法、审计业务管理4个方面、33条量化标准实施了考核。当年考核情况显示，审计工作取得了显著成效，主要表现在以下方面：全面按时完成全年署定、省定的审计项目计划任务，当地党政交办的自定审计任务超计划23%。审计业务成果明显，查处应收缴财政金额和已收缴入库率均较上年有明显增长；发现大要案线索113件，均已移送纪检监察和司法机关处理；促进被审计单位加强管理，改进工作的事例96件；审计报告和信息受到党政领导批示92件。审计业务操作进一步规范。以往存在的执行审计程序不严密、告之程序不严谨、证据资料不完整等问题，比较以往大为减少，21个市（州）审计机关本级没有复议案件发生。审计执法意识进一步增强。各地审计机关认真学习贯彻《审计法》《审计法实施条例》《审计规范》，特别是审计署1、2号令下发后，积极组织学习新规定，主动以新规定要求完成审计项目。审计业务基础工作不断加强。各地普遍重视对审计人员的业务知识、业务技能、计算机应用以及政治理论的学习培训，业务基础工作进一步完善、规范，从项目计划、报表、档案，各种资料的收集整理、归档都形成了一套较完整的工作程序。注重营造良好的审计工作外部环境。各地十分重视积极争取当地党委、人大、政府对审计工作的领导和支持，重视处理好与当地各部门以及被审计单位的关系。各地还注意加强审计工作的宣传，不断扩大审计的社会影响。

2002年，省审计厅采取平时检查与年终考核相结合的方式进行审计项目质量检查。平时，对厅本级检查主要通过审计项目复核进行，对市州局检查主要通过每年抽查1/3市州局的审计项目档案进行；年终，全省年度目标考核时随机抽查厅本级各业务处、各市州局6个项目档案进行质量检查、考评、打分。审计质量考核分值占年度目标考核分值的30%。检查工作程序为：实施检查前向被检查审计机关送达审计项目质量检查通知书；进入检查现场后，首先召开见面会，告知检查内容和要求，听取法制工作情况汇报；最后召开交换意见会，就检查结果进行通报，共同商讨贯彻《审计法》《审计法实施条例》《国家审计准则》和审计执法方面存在的问题及建议。检查结束后，向被检查审计机关下达审计项目质量检查结论。检查情况表明，近年来各级领导增强了审计质量是审计工作生命线的意识，把学习、贯彻《国家审计准则》作为头等大事来抓，尽可能多地为审计人员创造学习和培训条件，提高审计人员的综合素质。同时，为切实贯彻审计署1、2、3号令，各级审计机关联系自身工作实际，建立和完善各项内控制度，审计项目分级复核责任制和重大事项审理制度得到了很好的贯彻落实，收效良好。

2003年，为适应审计事业的发展，根据审计署和《四川省审计工作2003年至2007年发展规划》，同时鉴于审计署关于审计项目质量控制和审计组长、主审管理暂行办法等审计质量和审计管理办法将陆续出台，为使修订后的考核工作办法更加完善、规范和稳定，省审计厅党组决定2003年暂停对市（州）审计业务工作考核，待考核办法正式出台后与2004年的审计业务工作一并考核。同时拟定了今后考核工作的几项原则：成立审计管理委员会，在委员会下设审计工作考核专门机构以加强领导和协调。为体现“公开、公平、公正”和透明的考核原则，拟定今后的考核工作原则上采取送达考核方式，由被考核单位将考核所需资料在规定时间内送达到指定地点。同时对市（州）审计机关日常基础工作和管理工作的指导和了解，将作为重要内容纳入考核。为保证考核的持续效果，拟采取两年考一次、一次考两年的办法。鉴于省审计厅对市（州）审计工作的指导关系，今后省审计厅对市（州）的考核原则以审计业务工作为主，从审计项目质量和审计管理工作两个方面进行考核。为增强审计业务工作考核的权威性，杜绝与考核抵触、重复的工作，除全省性大的行业审计外，省审计厅不再进行日常工作和单项工作的评比表彰。与考核工作相关的厅内各单位的检查、考核工作全部纳入统一考核。所有考核结果，由考核工作机构在评定工作结束后，通过公开性网站向市（州）审计机关通报，以利监督、规范管理，促进工作。

2005 年年初，审计署下发了开展“严谨细致、提高质量”年活动的通知。为尽快把这项活动开展起来，省审计厅领导在全省审计工作会上，将 2003—2004 年度审计业务工作考核情况进行了通报。从抽查 21 个市（州）的 129 个项目总体情况看，各地在基础工作和审计管理等方面较之以前年度又有了新的进步，但各地之间发展很不平衡，最高分和最低分相差 50 分。考核中还发现一些屡查屡犯的问题，而且还有一些在审计事项公开后出现新的问题。

在审计实施方面存在的主要问题：审计程序方面，审计通知书不按规定时限发出，审计通知书里面没有注明审计方式。审计方案一是不归档，二是实施方案的内容不全不具体，与工作方案区别不大，有的完全是照抄工作方案，质量不高。取证记录和底稿存在不规范，证据的客观性、相关性、合法性不强，如附件材料没有提供单位和个人的签章，库存现金盘点表无审定数，个别问题无取证记录。被审计单位的承诺书无被审计单位法定代表人签字，多数送检项目没有编制承诺书的工作底稿，不符合基本准则第 11 条的规定。审计报告中存在一是无审计组讨论审计报告的会议记录，不符合审计机关审计报告编审准则第 11 条规定；二是超时限提交审计报告征求意见稿，现场审计实施以后应在 60 日以内提出审计报告，有几个项目都超出了时限的规定；三是数据错误，如有个项目发现问题的合计数与分项数相差 900 多万。对外文书存在超时限提交，审计报告《征求意见稿》返回来后应在 30 日内发出审计意见书和审计决定书，有的就违反了这个规定；处罚执行超时限，按照《行政处罚法》有关规定，当事人应在收到行政处罚决定之日起 15 日内到指定银行交纳罚款，有的审计决定没有按此规定办。审计复核工作存在，一是复核内容不清晰，有些项目审计复核人员只是签署了“审计评价重点突出、要素齐全，但个别地方用语欠佳”的公式化的复核意见；二是复核失误，对明显地存在审计文书和使用法律法规不当以及没有正确运用审计业务用纸，没有提出异议；三是复核成果未及时反馈，部分审计项目未制作采纳复核意见说明书。

在审计实务方面存在的主要问题：使用法规错误，较为突出的是混用《审计法实施条例》第 52 条、第 53 条，这是处理处罚两条重要的依据，两条的实用范围是不一样的。第 52 条是对财政收支而言，第 53 条是对财务收支而言。另外还有法规运用张冠李戴，用处罚法规作为定性法规来运用，免于处理没有依据，对一些应该重处的问题给予免于处理等问题。把应在《审计决定书》反映的问题写进《审计意见书》，这是一个普遍问题。凡是要直接进行处理处罚的都要上审计决定，调账也是处理。不如实上报审计情况。表现在三个方面：一是审计记录有的问题不上审计报告；二是审计报告有的问题不在对外文书中反映；三是不如实向省审计厅上报情况。需强调的是，如果不如实向省审计厅报告情况，那么，省审计厅向省政府提供的报告就很可能是一个不完整、不真实的报告，将对全省审计机关都会产生极坏的影响。另外考核中还发现有个别项目居然没有审计出任何问题，尽管这也不是完全不可能，但这样的项目在审计 20 多年间还是第一次见到。如果今后再发现类似情况，省审计厅要组织力量检查，如果属实将通报表扬，反之则通报批评。上述问题的通报，也说明了及时开展“严谨细致、提高质量”年活动的必要性和重要性。省审计厅要求审计部门的领导都应该懂业务，抓业务。树立严谨、细致的作风首先从领导做起。同时明确目标要求，按照审计署提出的在计划、方案、实施、取证、报告、对外公告等环节要严谨细致；项目实施中做到“八个不能错”，即：程序不能错、问题的事实不能错、问题的定性不能错、法律法规的引用不能错、审计处理处罚不能错、基本评价不能错、数据不能错、文字表述不能错。

第二节　干部培训

1983 年，审计机关建立，各级审计机关就把培养造就一支具有较高理论素养、掌握现代科学文化和管理知识、熟悉审计业务、作风优良的审计干部队伍为目标，坚持将培训和审计业务工作一起抓，采取集训、自学和外派学习等形式，有计划地实施培训工作，形成了层次分明、重点突出、考培结合并有一定成效的干部培训工作局面。审计机关培训从培训主体来看包括省审计厅机关组织的对全省审计机关工作人员的培训、派出人员参加审计署组织的培训、省委党校、四川行政学院组织的培训、委托大专院校组织的培训等，从培训内容来看包括政治理论、审计业务、学历教育、职称、审计专门人才、更新知识培训等，从培训对象来看包括对省审计厅机关工作人员的培训、对市（州）审计局负责人的培训、对审计业务骨干的培训等。

审计机关组建及成立初期，鉴于当时审计干部基础理论较差，着重抓了基础理论的培训，以适应工作起步的需要。1984 年至 1988 年 5 年期间，全省省地（市、州）两级共举办脱产 15 天以上的短期培训班 79 期，培训干部 3344 人次，其中省审计局举办 13 期（含 3 期内审人员培训班），培训 820 人次。培训班类型有以地（市、州）县审计局长为对象的领导干部培训班，以培训各地（市、州）师资为对象的师资培训班，以各专业审计（如财政、金融、行政、基建审计等）人员为对象的专业审计培训班，以审计科研人员为对象的基础理论研讨班及内审人员培训班。为取得培训教育的预期效果，省审计局还组织力量编写了《审计基础知识》《专业审计学》《审计案例分析》等教材，并选调有一定理论水平和实践经验的优秀审计人员担任教员。1985 年在国家审计署的大力支持下，省审计局投资 120 余万元在乐山市建立了四川省审计干部培训中心。重庆、绵阳、遂宁、自贡、万县、广元、涪陵等市（地）也相继建立了培训教育中心，为开展培训教育工作创造了良好的条件。1987 年省审计局与省电大联合举办“审计师岗位专业知识培训班”，全省审计系统 873 人注册学习，654 人参加统一考试，有 529 人在开设的 4 门课程的学习中成绩均及格以上，由省审计局发给“审计师岗位专业知识合格证书”。恢复职称工作以来，省审计局成立了审计专业技术职称改革工作领导小组和审计专业中、高级评审委员会。1992 年省审计局组织了全省首次审计专业资格培训和考试。全省审计机关、内部审计和社会审计人员共 6397 人报名参加考试，实际参考 4816 人，其中助理审计师 1389 人参考，双科合格 591 人，占 42.5%，居全国第十四名；审计师 3431 人参考，双科合格 1301 人，占 38%，居全国第九名。1989 年和 1991 年省审计局还开展了审计人员的学历教育，委托四川大学国民经济管理系开办了审计干部专修班（大专学历）两届，各市（地、州）选送了 93 人学习深造。这批毕业生绝大多数成了审计机关的业务骨干，不少人还进入了各级领导班子。随着审计工作的深入开展，审计干部培训教育工作既注重基础理论的培训学习，更注重结合工作需要加强具体业务技能的培训学习，采取内培与外送相结合，理论与实践相结合，干什么学什么，缺什么补什么，先普及后提高的方法。省审计局先后举办“商贸审计班”“行政事业审计班”“财政金融审计班”“固定资产投资审计班”等，至1994年的10年间，省审计局就开办各类专业培训班60期，参训人员3300余人次。选派了210人参加审计署培训中心学习。1995年各级审计机关在审计任务繁忙的情况下，仍然安排20天时间进行业务培训。省审计局全年举办县级局长培训班、固定资产投资审计培训班、审计档案培训班、会计和审计电算化培训班等共7期，参训320多人，促进了审计知识的更新和审计工作与时俱进。

2000年，省审计厅印发《2000年至2002年审计干部培训考试工作要点》，提出争取通过三年努力，在全省审计系统形成层次分明、重点突出、考培结合、成效显著的干部培训考试工作新局面。2003年12月，省政府办公厅印发《四川省审计工作发展规划（2003—2007年）》，要求大力培育和开发审计人力资源，全面提高审计队伍素质，提出2003年至2007年通过教育培训，审计干部队伍建设应达到的目标任务，即力争至2007年省审计厅机关公务员全部达到大专以上文化程度，市（州）、县审计机关大专以上文化程度的审计人员分别占到公务员总数的90%、80%左右，省、市（州）、县审计机关熟悉审计业务，同时又了解和掌握工程技术、计算机、外语、法律、经济管理等知识的人员分别占人员总数的40%、30%、20%左右；具有中、高级专业技术职称的人员分别占总数的70%、60%、50%左右。要求健全审计职业教育体系，针对不同职位和知识结构的人员，实施分层次培训，五年内完成全省审计机关公务员轮训工作。为落实上述要点和规划要求，做了以下事项：审计局长培训。2002年省审计厅举办市（州）、县审计局长培训班，当年培训43名。2003年因县级审计局长调整较大，新任较多的实际情况，举办新任县级审计局长培训班，共有42名参加培训。2004年培训县级审计局长66名。2005年将培训范围扩大到市（州）审计局副局长，共有70余名局长参训，采取集中学习培训与外出实地考察相结合，开设审计业务与领导能力等专题讲座，邀请宜宾市、成都市、金牛区审计局就如何开展审计工作、加强队伍建设作学习交流；组织50余名市、县局长赴浙江、江苏和上海市审计厅（局）考察，学习借鉴他们审计管理的经验和做法。审计师职称培训评审。2001年审计署、人事部进行高级审计师资格考评试点，四川省被列为全国第三批高级审计师资格考评结合试点省份。当年全省报名参加高级审计师考试有630名。同年8月，在省审计培训中心举办了高级审计师培训班，有110多名参考人员作为师资进行了培训。同年10月，全省高级审计师资格考试在成都顺利进行。考试后，对符合申报条件的47名进行评审，有39名通过，经省职称改革领导小组批准确认为高级审计师资格。2004年举办了1期高级审计师考前培训班，有37名参训。经统考全省57名审计师考试合格，合格率为30%；高级审计师考试合格37名，合格率为46%。对35名符合高级审计师申报条件的进行了封闭式集中答辩和评审，33名通过评审，被省职称改革领导小组批准确认为高级审计师资格。2005年，经组织考前培训和考试后，对34名符合高级审计师申报条件的参评人员进行评审，29名通过评审被确认为高级审计师资格。自2002年至2005年，通过答辩评审共有115名（省审计厅机关22名）取得高级审计师任职资格。更新知识培训。坚持以业务为主导、以自学为基础、以集训为辅助的指导思想，把普及性学习、骨干培训与高级人才的培养相互结合起来，为造就一支梯次健全的审计干部队伍奠定基础。2001年省审计厅与电子科技大学建立合作关系，至2003年举办了2期培训班，培训了85名计算机审计操作骨干。2001年2月和12月，省审计厅外资处和固定资产投资处先后举办“外资审计管理信息系统管理平台培训班”和“投资审计软件运用培训班”，共有120余名审计人员参加培训。2001年省审计厅组织3次审计人员计算机技能上岗培训考试，全省审计系统共有 852 人参考。2004 年全省审计系统组织开展了第二轮计算机基础知识和操作技能培训。同时开展了中级计算机操作技能的培训和考试。2003 年开展 WTO 知识和规划的培训并组织省审计厅机关 119 名处级及以下干部参加由省人事厅组织的统一考试，均全部合格。学历教育。鼓励干部学历上台阶，对未达到大专学历的审计人员，省审计厅各处室逐一落实了 5 年内达到规划要求的责任目标；对已有大专以上学历但仍需提高学历层次的人员，制订了鼓励措施。至 2003 年，厅机关先后有 70 名干部利用业余时间，通过自学提高了学历层次。2003 年，与四川大学联办了软件工作硕士研究生班，共有 12 名审计干部完成学业，取得硕士学位。2002 年，省审计厅派员参加南京审计学院 3 期培训 14 人。2001 年至 2005 年，选派 72 名审计人员参加审计署的培训。同时，下派干部注重进行实践锻炼，1990 年至 2005 年省审计厅共下派 37 名干部到贫困地区挂职锻炼，其中处级干部 15 名，科级干部 22 名。省审计厅在开展政治理论培训中，一是借助中心组学习、党员培训、支部生活、职工学习和年度集训，对各类各级干部，特别是县处级以上领导干部进行时事和政治理论的辅导学习。二是选派干部参加党校和行政学院培训，2000—2004 年，共选派 40 余名中青年干部参加党校，行政学院组织的培训。三是组织 35 名科级干部以及处级非领导职务干部参加并通过拟任县处级领导职务政治理论水平考试，取得合格证书。省审计厅评为省级机关参加拟任政治理论考试的先进单位，受到省委组织部表扬。2003—2005 年省审计厅每年 8 月集中一周左右时间对机关及直属事业单位全员集中培训，以提高干部综合素质和业务技能。培训内容为时事热点以及科技文化知识等。2005 年的培训，邀请了 4 位高校教授作专题讲座，培训结束进行培训评估意见的测评，满意和基本满意达 99%。

第三章　审计信息与宣传和信息化建设

第一节　审计信息与宣传

审计信息和宣传工作几乎与审计业务的开展是同步的。在省审计局建局不久就编发了《四川审计简报》，并将其作为全省审计机关宣传审计工作，交流工作经验，反映存在问题的主要阵地，是党政领导和各级领导机关及社会各界了解审计工作的一个重要窗口。1985 年，根据审计署《关于建立全国审计信息反馈网络的通知》精神，省审计局决定建立省审计信息反馈网络，要求各市（地、州）审计局及省级有关部门内审机构指定一名信息联络员负责单位信息的收集、加工、处理和传递。省审计局每周定期向各市（地、州）审计局及省级内审机构发一次信息要点，主要传递方式有信递、电话、传真、电报等。

1986 年，省审计局成立综合处，各市（地、州）审计局也相继成立综合科，审计信息宣传工作有了比较系统完整的管理体系。1986 年、1988 年、1989 年省审计局三次召开全省审计综合工作会议，建立和完善了审计信息定期或不定期报送制度；建立信息要点和信息宣传工作情况通报制度；建立信息网络、开发微机在信息工作中的运用等，这些制度对提高信息宣传工作质量，及时准确地报送，促进审计信息宣传工作经常化、制度化发挥了很好的作用。

从 1990 年起，省审计局从各市（地、州）选择了 35 个县（区）审计局作为信息联系点，直接向省审计局报送信息，并对其进行考核，此举扩大了审计信息网络，丰富了信息内容和信息量。1992 年省审计局制定了审计信息工作考评办法，按照信息质量与数量并重的原则，对各市（地、州）审计局的信息报送，采用情况和信息工作进行考核评比。在上报信息中评选出的优秀信息，对评选出的信息工作先进单位给予通报表扬和奖励。

省审计局建立后其审计信息和宣传的主要载体是《四川审计简报》。1983 年至 1992 年共编发《四川审计简报》275 期。四川简报发送审计署、省委、省政府、省人大、省纪委、省政协、省法院、省检察院、省级各有关厅（局）、新闻单位和各市（地、州）审计局。随着审计工作的不断发展，发送范围有所扩大，有的简报因其登载有涉及面广、影响大的带普遍性问题，开始发送到县一级政府和审计局。与此同时，省审计局为及时将审计工作中发现的情况和问题以及审计工作动态消息报送给各级党政领导和上级审计机关，1993 年开辟了《四川审计信息》《审计信息专报》。这类信息采用一事一报的方式，更具有实效性强、针对性强、信息量大、反映的情况和问题更具有普遍性和典型性等特点，因而受到各级党政领导的高度重视。

1991年3月至10月，由省审计局、四川电视台和长城特殊钢公司联合举办，在全省范围内开展了四川省“长城杯”审计知识竞赛活动，旨在宣传审计法规，普及审计知识，提高审计人员的素质。四川电视台现场直播了团体赛决赛全过程。竞赛分个人赛和团体赛两个阶段，全省各级党政机关、企事业单位、大专院校和驻川部队等1000多个单位的2万多名财会、审计人员参与了此次活动，个人赛回收答卷5500余份。21个市（地、州）及内部审计机构的25个代表队参加了团体赛。此次活动其声势和规模之大，在审计机关成立以来尚属首次，尤其是通过电视台现场直播的形式广为宣传，其影响面大，社会反映好，圆满地达到了竞赛的预期效果。

1993年，省审计局发送审计报告、审计简报、信息专报252篇（条），被省委、省政府、审计署采用45篇（条），被新闻单位采用35篇。当年省审计局同部分市（地）审计局对同级企业在沿海开办“窗口”企业进行审计调查，发现有的企业投资效益低下，存在观念落后、用人不当、财务失控等问题。上报信息材料被省政府主要领导批示，责成有关部门加以研究。

1994年，省审计局编发《四川审计简报》11期、《四川审计信息》17期、《审计信息专报》85期，报送信息250条、被采用126条，其中被省委、省政府领导批示6条，被省委、省政府及审计署信息刊物采用75条，被省级及其以上新闻报刊采用45条。省审计局对《加强领导班子建设和内部管理是企业扭亏的重要途径——四川化工机械厂审计分析报告》和《涪陵市三年挤占挪用三峡移民资金766万元》等13篇优秀信息给予奖励和通报表彰。

1995年，省审计局共收到各地报送的信息1000多条，编发审计信息及宣传稿件200余条（篇），其中被国务院办公厅、省委、省政府、审计署及省级以上新闻单位采用80多条（篇）。省审计局编发的《当前基建项目中高估冒算情况越来越严重》《国有资产总量及结构变化堪忧》《当前现代企业制度试点企业职工的心态》等信息，受到省委、省政府领导的重视，批示有关部门参考。

1996年，全省审计机关向地方党政领导机关和上级审计机关提交审计综合报告、专项审计报告、调查报告和信息简报共6752篇，其中被批示，采用3748篇。省审计厅在对世界银行“四川农业项目”审计后，将该项目实施过程中存在的问题及解决问题的建议以《签报》和信息的形式向省委、省政府领导报告。省委、省政府主要领导作出批示，财政、项目办、计委等部门及时认真地研究，解决了审计提出的问题。

1997年，全省审计机关提交审计工作报告和信息5697篇（条），其中被地方党委、政府及上报审计机批示采用3053篇（条）。省审计厅统一组织各市（地、州）审计机关对104家国有工交企业不合理负担进行调查后，揭示个别地区一些已明文取消的收费又死灰复燃，企业不合理负担仍较重的情况，引起省政府领导的重视。省政府办公厅以《政府工作通报》全文转发了《省审计厅关于部分工交企业不合理负担的审计调查报告》，对纠正不合理收费，减轻企业负担发挥了很好的作用。在对省级国有大公司审计中，针对省丝绸公司在财务管理中的违纪问题，省审计厅上报的《名为机动财力，实为“小金库”》的审计信息，引起省政府领导重视，分别作出批示；“此类亏损大户中的问题应请审计等部门认真深入调查”；“错误要纠正，资金要归位，罚没要慎重，必须请示汇报”。

1998年，全省审计机关提交审计工作报告、信息5278篇（条），被地方党委、政府和上级审计机关及新闻煤介批示、采用2475篇（条）。省审计厅编报《审计信息专报》72期。省审计厅统一组织，重点开展对40家亏损额在1000万元以上的地方国有大中型企业审计，在基本模清企业的家底，真实地反映企业亏损大户财务状况和生产经营情况的基础上，分析了企业亏损原因，有针对性地提出了审计建议，向省委、省政府提交了审计报告。省委、省政府主要领导将审计报告批转给所有省委常委、副省长以及省人大、省政协领导，要求有关部门充分运用40家重点亏损企业的审计成果，加大企业扭亏工作的力度。省经贸委对40家企业制定了扭亏方案和改制方案。

1999年，省审计厅编发《四川审计简报》9期、《四川审计信息》21期、《审计信息专报》67期。为庆祝国庆50周年，四川审计机关成立16周年暨《中华人民共和国审计法》颁布实施5周年，省审计厅在全省组织了“新闻宣传月”活动。《四川日报》用一版的篇幅刊登全省审计机关成立16周年以来的成就。四川电视台“新闻联播”节目中连续5次播放审计工作成就。四川人民广播电台第一套节目的“新闻广角”中开设“审计之光”专栏。在全省造成一个宣传审计工作的强大声势，起到了扩大审计影响，改善审计环境，增强审计监督威慑力的作用。

2000年，省审计厅编发《四川审计信息》27期、《四川审计简报》6期、《审计信息专报》45期。同年，经审计署批准，《中国审计报》四川记者站成立。记者站充分发挥宣传审计的功能，2000年至2003年先后在全国公开发行的省级以上报刊发表有关审计文章和图片300余篇（幅），为各市(州)、县推荐文稿和图片200余篇（幅），连续3年荣获《中国审计报》社宣传（通联）先进单位。

2001年，审计署为全面推进审计信息化建设，将四川省审计厅列为全国两个省审计信息化建设试点单位之一。同年，为培养一批审计信息化建设骨干，省审计厅举办首期审计信息化建设骨干培训班，并力争用5年左右的时间培养3%—5%的高级人员和10%—20%的中级技术骨干。同时，厅机关党政网建成，并依托地方党政网高速宽带平台和网络环境，尽快建成全省各级审计机关集党政网、广域网以及逐步实现计算机辅助审计为一体的审计机关审计信息化系统。网络宣传渠道的开通，极大地扩展了审计工作宣传范围，也改变了以往审计宣传工作的途径和思路，扩展了审计宣传的新空间。自2002年，审计署、省审计厅、市（州）三级审计机关和大部分县（区）审计局已实行网上信息报送和交流制度。省审计厅除保留《四川审计简报》尚印部分纸质的发送市（州）、县外，其他《审计信息专报》《四川审计信息》均已取消纸质，全部从网络报送省委、省政府、审计署及有关部门，并选择在网上发布。

2003年，省审计厅编发《审计信息专报》4期、《四川审计信息》93期、《四川审计简报》10期，所报信息被省委采用96条、省政府采用61条，审计署采用17条，中办采用3条，全面超额完成省委、省政府下达的信息目标各50分的任务。信息工作被省委和省政府办公厅分别评为先进单位。同时，省审计厅加强了党政网的建设和管理工作，全年组稿编辑上网信息696条，点击率成倍上升，达到近10万人次。同年，全省审计机关采用多种形式，积极开展审计机关成立20周年宣传活动。省审计厅撰写的四川审计20年回眸文章被《中国审计》全文刊载。

2004年，省审计厅编发《审计信息专报》《四川审计信息》119期，被省委采用99条，省政府采用78条，审计署采用14条，中办国办采用4条，省领导批示5条。省审计厅政务信息工作再次获得省委办公厅和省政府办公厅的表彰。同时，省审计厅完成了网站的改造，更新了信息发布系统，以丰富的网站内容和形式多样的栏目使网站点击率迅速提高，达到每天近千次，总点击率近20万次。

2005年，省审计厅编发《四川审计信息》126期、《四川审计简报》9期、报送图片信息15篇。被省委、省政府和审计署采用116条（次），省政府领导批示3条。省审计厅完成了厅内网站的改版工作，网站质量明显提高，点击率增加近20%，总点击超过30万次。

第二节　审计信息化建设

四川省审计机关1983年8月成立后，随着社会进步和审计事业的发展，计算机技术应用的重要性、紧迫感日益凸显。从1987年购置第一台计算机开始，1991年计算机技术初步应用到审计工作中，全省审计系统信息化建设大致经历了三个阶段：

1992—1996年，主要是自发自主发展阶段，这一阶段的计算机技术应用就是审计统计报表、成果数据的汇总和全省计算机点到点远程联网和远程通信，并自主开发和应用《四川省审计综合管理系统》。

1997—2002年，主要工作是贯彻落实国务院《关于政府领导决策系统建设的通知》、国务院办公厅《关于利用计算机信息系统开展审计工作有关问题的通知》以及审计署《地方审计机关信息化建设指导意见》等文件精神，开展网络建设和办公自动化应用。省审计厅与审计署合作开发了《机关辅助办公系统》，并在全国审计系统全面推广和应用，为全省审计信息化建设打下了坚实的基础，并迈出了重要的一步。

2003—2005年，主要工作是贯彻落实《国家信息化领导小组关于我国电子政务建设指导意见》《审计署2004年信息化工作安排意见》，加快全省审计信息化建设步伐，分阶段实现“金审工程”建设目标，结合全省党政网建设的实际情况，率先提出了“依托四川党政网，建设审计系统网络，发展四川审计信息化”建设的全新思路，并因此成为审计署金审工程建设的三个试点省之一。

2000年10月至2003年年底审计信息化工作归省审计厅办公室负责，2004年初成立综合信息处负责审计信息化建设工作。

1991年，计算机运用只是审计统计管理。1992年，第一次在审计业务中使用了计算机手段。1993年，主要是要求省审计局和市（地、州）审计局审计人员中进行计算机运用操作的基础知识培训，提高计算机应用水平。1994年，推进应用于审计的计算机技术和应用于统计工作。

1995年，省审计局建立了计算机中心机房，全省计算机点到点远程联网和远程通信，全省正式开通了市（地、州）审计局的计算机广域网，初步建成了全省审计系统的信息高速公路。1996年，省审计厅机关建成局域网。全省自行开发应用《四川省审计综合管理系统》，在全国审计机关综合工作会议演示并受到好评。

1997年，与审计署联合研制和开发了集文书管理、办公管理、信息服务、辅助办公、远程站文书收发管理于一体的《机关辅助办公系统》获得审计署计算机项目评选二等奖。将计算机技术运用到统计、计划、文档处理和公文管理中。

1998年，省审计厅和市（州）、县审计局采取点对点远程拨号上网的方式，实现公文的无纸化传递。开通了与审计署和省政府的远程通信。对各项审计业务和日常办公提供计算机辅助管理，逐步以计算机远程通信代替纸质文件的传送方式，实现了信息资源共享。

1999年5月，审计署发文在全国审计系统推广、使用《机关辅助办公系统》，将计算机技术运用到统计、计划、文档处理和公文管理中。为全省审计信息化建设打下了坚实的基础，并迈出了重要的一步。

2000年，快速推进审计信息化建设，省审计厅分别在四川党政网上和因特网建立了四川省审计厅网站；全省审计系统拥有计算机设备近3000余台；21个市（州）及80个县级审计机关建成了计算机局域网络；通过四川省党政网已联通130个审计机关，全省计算机网络已经初步形成；全省审计系统基本实现无纸化办公；地方审计法规库已经建设完成，收录了中央及地方法规35000条；计算机辅助审计也较为广泛地运用到了具体审计业务中。

2001年，为贯彻落实国务院办公厅《关于利用计算机信息系统开展审计工作有关问题的通知》以及审计署《地方审计机关信息化建设指导意见》等文件精神，省审计厅加快全省审计信息化建设，提出了"依托四川省党政网，建设四川省审计信息高速通道，发展四川省审计信息化建设"的发展规划，并由此成为审计署金审工程的三个试点省之一。省审计厅和各市（州）审计局都成立了以"一把手"为组长的金审工程领导小组。

2002年，省审计厅印发《关于依托党政网实施文件电子化管理的通知》，积极推进文件电子化管理，省审计厅电子政务工作连续4年被省党政网建设领导小组评为先进单位。全省乡村负债审计核实，省审计厅自行开发软件应用于全省系统获得很好的使用效果。省审计厅对信息化建设实行连续3年目标考核，成效显著。为加快人才培养，省审计厅还在全省选拔了25名骨干参加四川大学软件工程硕士的入学考试，13名学员通过考试入学学习，为全省信息化建设方面增添了后劲。

2003年，金融审计、外资审计开展了计算机审计和辅助审计；省政府交办的省级机关执行"两项政策"检查和全省企业审计调查，编制应用了审计小软件，应用于全省系统获得很好的效果。全国寿险公司审计中，开发的佣金提取审计模块受到审计署肯定，并入选审计署编撰的计算机审计范例。"金财工程"运行情况的审计调查，为探索财政及部门预算计算机审计的路子作了有益的尝试，调查后还编制预算指标审计分析软件。

2003年前后，省审计厅每年投入数十万元，用于购置计算机、服务器、网络设备和各种软件，以及人员培训等。截至2003年底，省审计厅有各种服务器8台、笔记本电脑80多台、台式机120台，信息化硬件配置达到一定水平。2004年举办各类计算机培训班28期（次），参训人员达2013人。同年12月，金审工程一期由省发改委立项（总投资1730万元）。金审工程一期的内容是建设"五个一"工程，即：建设一个依托四川省政务内网，连通审计署、全省各级审计机关和重点被审计单位的审计专网；开发一批满足审计业务需求的应用软件；建立一个为审计业务和决策、为政府和社会公众提供有效信息的数据库群；配置一批经济适用的计算机设备；培养一支胜任审计信息化的新型队伍。省审计厅建立了审计信息化建设领导小组及办公室，制定了工程管理、财务管理等规章制度使工程得以规范透明。全部子项目都是按照政府采购、招投标的相关法律法规要求，进行了公开招标、竞争性谈判或询价比选。

2005年6月，金审工程一期正式启动，工程建设内容：网络系统、安全设备、机房改造、多媒体、系统软件及应用软件、计算机设备购置等几个部分。为了保证工程质量和顺利实施，特从以下方面制定措施，落实责任：认真落实省政府电子政务目标。在网络建设及管理、网上应用推广、网络安全保密等方面做成效，全面完成省政府的电子政务目标。出台《强力推进我省审计信息化建设的意见》。对全省审计信息化建设的组织领导、机构建设、项目投资、技术标准、专业培训等提出了原则要求。全面推广运用现场审计实施系统软件。省审计厅要求各业务处预算执行情况审计和其他审计项目中，必须应用现场审计实施系统软件。有条件的市（州）审计局，也要开展计算机审计，应用 AO 软件。实施项目建设的规范管理。金审工程一期项目建设将严格按照《招标投标法》规定，实行公开招投标。在项目管理上，将严格按照审计署颁发的《审计信息化系统（金审工程）项目建设管理办法》等一系列规范性文件实施规范管理。建设审计数据库。进一步完善地方审计法规数据库；建立被审计单位数据库和审计项目管理数据库；着手建立审计专家经验数据库等。

第十二篇　审计科研及社会团体

1983 年，中华人民共和国审计署成立，以及地方各级政府审计机关、各单位内部审计机构和审计事务所的相继建立，全国审计工作逐步开展，迫切需要回答什么是审计，审计的起源，审计的目的和意义，审计的地位、职能、作用，如何开展审计等审计基本理论和实践问题。审计学科建设也同时紧迫地摆在审计工作者面前。审计实践呼唤理论指导和审计学科建设。为此，审计署及各省、市、自治区审计厅（局）的审计科研和学术交流活动的专门组织机构相继建立起来。此后，审计理论研究和各项学术交流活动出现了蓬勃兴起之势，群众性审计学术团体及审计报刊也如雨后春笋。

四川省审计科研的发展大致可分为三个阶段，在科研选题上也相应体现出不同特点：

第一个阶段是探索创业阶段（20 世纪 80 年代）。全省地方各级审计机关相继成立，审计工作者及社会各界对审计工作不熟悉，也没有现成的工作经验和操作模式可供借鉴。由此，审计科研选题在基础理论方面主要有：什么是审计？建立审计制度的必要性、重要性是什么？审计的职能、作用、对象、任务、方式和方法，怎样开展审计工作等等。在应用研究方面，主要围绕经济体制改革和对外开放服务，在承包经营责任审计、厂长（经理）离任审计、内部审计以及各专业审计的内容和方法等方面。在科普方面，组织编写案例、教材和辞典等，以满足审计人员学习、培训的需要。

第二个阶段是深化提高阶段（20世纪90年代）。随着审计实践的深入，审计实务工作中遇到许多亟待研究解决的问题，审计科研工作结合实践，“围绕中心、服务大局”，形成许多具有指导意义的成果，有的成果被相关法规和规章采纳或在实务工作中被广泛应用。在开展基础理论研究的同时，审计应用研究课题从财政财务收支审计和财经法纪审计理论和方法的研究，逐步深化和拓展到效益审计、领导干部经济责任审计、审计管理、审计调查、审计标准、审计准则、审计风险以及各种专业审计和行业审计的理论和方法等方面。

第三个阶段是开拓创新阶段（2000年以后）。随着审计工作“二十字方针”的贯彻落实，审计结果公告制度的逐步建立和执行，财政预算执行审计、经济责任审计、经济效益审计的深化和拓展，信息化审计手段的普及和运用，社会各界对审计工作的期望值越来越高，同时，也增大了审计工作的风险。本阶段审计科研的重点：一是对审计本质和审计目标的再认识；二是审计管理体制和制度创新；三是审计公告，审计风险；四是计算机审计，内部控制审计；五是各专业审计的内容和方法。

20多年来，四川省审计科研工作始终贯彻执行国家方针政策，遵循科研规律和原则，致力于促进审计理论与实践的发展，在全省审计工作中占有重要席位，起着不可或缺的作用。

第一章　审计科学研究

第一节　审计科研及学术活动

四川省审计机关建立之初，由省审计局直接领导并组织开展全省审计科研活动。1984 年 6 月，经省编制委员会批准，四川省审计科研培训中心于 12 月组建（省编委 1988 年 9 月 22 日批准更名为四川省审计科学研究所）。它与四川省审计学会共同成为省内从事审计科学研究、组织开展相关学术活动的专门机构。开展的审计科研活动主要包括：组织、承担并完成由审计署、省审计厅下达的科研课题，以及自选科研课题；组织开展四川省审计科研学术研讨活动；组织开展四川省审计科研优秀论文的评奖活动；编辑、出版、发行审计类报刊。1985 年至 2005 年底，四川审计科研所和四川省审计学会共组织、承担完成各类审计科研重点课题 40 余项，出版审计专著（教材）8 本，其中在省级以上刊物发表论文 50 余篇，获部、省级优秀审计科研成果奖 14 项，地（市、州）级优秀科研成果 6 项。组织各类审计学术研讨活动 26 次；组织全省审计科研优秀论文评奖活动 9 次；编辑出版《现代审计》127 期，编印《四川审计报》近 110 期，向上级报送审计信息被采用 80 余条。

各地（市、州）、县（市、区）没有建立审计科研的专门机构，但部分地（市、州）及县（市、区）先后成立有相关群众性、学术性社会团体，在当地审计局领导下组织开展地方性的审计科研和学术活动。没有成立学术性团体的，一般直接由当地审计局组织开展活动。

1985 年，省审计局刘家义编著的《经济效益审计的基本方法》，由省审计科培中心编审，四川科学技术出版社出版发行。省审计科培中心、省审计学会组织、参与并完成《审计案例选编》的编著，该书由四川科技出版社出版。同年，省审计科研培训中心陈光汉完成科研课题《内部审计对象探讨》（发表于《审计研究》1985 年第 3 期）；完成《审计是经济管理和经济监督的重要组成部分》课题（发表于《四川财政研究》1985 年第 7 期）。

1986 年，根据《审计署 1986—1987 年审计科研重点课题计划》，四川省接受了三项重点课题研究任务。其中：《中国社会主义审计职能、作用和任务》课题由省审计科培中心委托中国内部审计学会理事、省审计学会副秘书长、西南财经大学副教授张齐新承担。该课题于 1986 年 12 月完成初稿。经省内评审后于 1987 年 2 月上报，同年 6 月在京召开的课题研讨会上通过。全文约 3.5 万字，《现代审计》于 1987 年第 6 期摘要发表。《论审计在宏观控制中的地位》课题由省审计科培中心陈光汉承担完成，发表于《现代审计》1988 年第 2 期。另有《试论审计监督与宏观控制》，发表在《中国审计》1986 年第 3 期。《经济效益审计的概念、标准、范围、程序和方法》课题，由省审计科研培训中心课题研究小组完成，发表于《现代审计》1988 年第 3 期。

1986 年 11 月，省审计学会召开了学会年会暨第二次理论讨论会。参会代表约 60 人。会议着重进行审计的概念和职能、审计与宏观调控及经济体制改革、审计与横向经济联合、审计工作效果及其衡量标准等 4 个重点专题的讨论，并就审计与精神文明建设的关系、如何建立健全社会主义审计体系、审计工作程序与方法、内部审计独立性、审计与服务关系、审计工作重点等一系列问题进行了广泛讨论。大会共收到论文 40 多篇。会后，编辑出版《四川省审计学会 1986 年年会论文集》，收入较高水平的论文 22 篇。

1986 年，根据审计署关于尽快建立全国审计情报网，为领导决策、审计科研、审计实务服务的要求，省审计科研培训中心内设情报机构和专职情报人员，并在全省各地（市、州）、县（市、区）审计局以及省级各部门（单位）内审机构，发展审计情报通讯员约 250 人。

1987 年，省审计科研培训中心完成《探索审计发展规律，确定审计工作方略——兼谈审计如何在企业承包经营责任制中发挥作用》。该文以省审计局名义提交西南审计协作会交流。省审计科研培训中心完成自选课题《财政金融是审计工作的重点》和《审计工作成果考核标准》。省审计科研培训中心组织李公才、陈光汉、黄锦生等 12 人集体完成《专业审计学》教材的编着（四川大学出版社 1987 年 6 月出版）。

1988 年，省审计局工交审计处完成《关于企业承包和厂长经济责任审计几个问题的探索》；省审计局中央单位审计处完成《“三线”企业对改善“环境”的要求》调查报告；省审计科培中心、省审计学会组织完成《审计发展规律》《经济效益审计研究》《论经济决策审计》等课题。同年 9 月，中国内部审计学会第一届理事会第二次会议于 1988 年 9 月在成都市温江召开。审计署顾问祁田、常务副审计长崔建民、四川省副省长金洪生出席会议。会议围绕“内部审计的职能、任务、作用和地位”“企业承包经营审计的必要性、特点、内容和组织分工”等主题开展了学术交流。会议受国际内部审计师协会委托、向 40 名国际内部审计师协会会员代表颁发了证书。同年 10 月，“四川省部分地（市、州）第四次审计理论与实践研讨会”在西昌市召开。全省 14 个地（市、州）的 100 余名代表出席会议。省审计局副局长李公才出席会议并讲话。与会代表就审计工作如何适应经济体制改革、当前审计工作中存在的问题进行了认真的研究讨论。

1989 年，省审计局综合处完成《企业个人消费基金膨胀的现状、原因及对策》调研报告。省审计局财政金融审计处完成《县级财政决算同级审计签证应该注意的几个问题》，基建审计处完成《切实加强对停缓建项目的跟踪审计》课题。省审计学会、省审计科研所组织完成《承包经营审计研究》课题，并参加了中国审计学会 10 月在北京怀柔县举办的承包经营研讨会交流。同年 6 月，南充地区审计学会成立大会暨四川省部分地（市、州）审计理论研讨会在南充地区召开。16 个地（市、州）、县（市、区）的 100 余名代表出席了会议。研讨会就治理整顿与深化改革的关系，经济体制改革与审计监督的关系，宏观控制与微观控制的关系，遏制经济过热与保持正常改革的关系，整顿流通领域混乱现象与建立商品经济新秩序的关系等开展了讨论和交流。同年 8 月，第一次全省审计科研工作座谈会在峨眉山市召开。全省 21 个市（地、州）审计局的领导和有关负责人出席会议。省审计局副局长李公才就怎样正确认识审计科研与审计实践的关系和审计科研工作的指导思想等问题作了讲话。省审计科研所总结、汇报了审计科研工作；讨论了由该所草拟的“关于加强我省审计科研工作的意见”。12 个地（市、州）审计局提交了经验材料；成都、自贡、内江、南充 4 个审计局负责人作了重点发言，介绍了推动审计工作者积极从事审计科研的方法与措施，以审计理论为先导指导实践所取得的成就与经验。会议结束时，省审计局局长吉福仓作了总结发言。

1990 年，省审计局综合处完成中国审计学会 1989 年重点课题《审计工作年度计划的编制和管理》；工交审计处完成《企业承包审计的实践与问题探讨》；省审计科研所黄锦生等完成《审计工作制度化、经常化、规范化初步研究》课题。同年 10 月，人民出版社出版发行《审计学辞典》。该辞典由审计署科研所、中国审计出版社主持，四川、江苏、贵州等 8 个省审计局以及苏州大学、监察部等单位共 30 多名专家参与编着。同年 5 月，达县地区审计学会成立大会在达县召开，省审计局及 14 个地（市、州）代表出席了会议。会议期间开展了经验交流和学术研讨。同年 10 月，德阳市审计学会成立大会暨四川省部分地（市、州）第八次审计理论与实践研讨会在德阳市召开。16 个地（市、州）的代表出席了会议。同年 10 月，省审计学会在成都召开了一次小型审计理论研讨会，全省已成立审计学会的绵阳、南充、宜宾、达县、涪陵、雅安、凉山、广元、遂宁、射洪 10 地（市、州）、及部分县（市、区）代表出席会议。会议收到审计学术论文 14 篇，并围绕承包经营审计、财政审计、审计与行政诉讼法、内部审计以及审计理论与实践问题展开了探讨和交流。同年 11 月，省审计科研所与自贡市审计局建立了审计科研联系制度，该项制度的主要内容：一是开展重点课题研究；二是探索办刊经验；三是建立信息反馈网络；四是拓展学会基础工作。为保证这项制度的顺利实施，双方共同制定了加强领导、精心组织、认真规划、严格考核、创造条件、各负其责、定期总结、积极进行的几项具体措施。

1991 年，省审计局组织省审计科研所和自贡市审计局审计人员组成课题组完成《审计质量控制》课题，论文发表于《现代审计》1991 年第 1 期增刊。同年，省审计科研所研究人员发表《对审计工作法制化几个问题的思考》《试谈审计信息及其组织管理》《浅谈审计工作中的质量管理》等论文。该年四川省审计科研学术活动十分活跃，共召开 7 个审计理论研讨会：一是在自贡市召开了四川省部分地（市、州）第九次审计理论研讨会，成都、重庆、南充、达县、泸州、内江、宜宾、乐山、广元、绵阳、遂宁、德阳、雅安、凉山和自贡等地（市、州）审计局的代表共 60 人出席了会议。审计署驻成都特派员办事处副特派员张思武应邀出席研讨会。会议收到论文 18 篇。会议期间，与会代表交流了审计工作经验并宣读了论文。会议代表认为，审计向较高层次发展已经开始起步，要发挥较高层次作用主要通过审计的综合监督和审计报告的宏观调控决策参考来发挥，应突出国民经济重要部门的审计监督，应加强经济杠杆部门（财政、税务、银行）的审计。二是四川省部分地（市、州）第十次审计理论研讨会在宜宾市召开。14 个地（市、州）审计机关的 100 余人出席了会议，大会共收到学术论文 20 余篇。会议着重对提高审计质量，加强内部管理进行了探讨。提出了建立案件审理制度并对案件审理的概念、组织、任务、程序、标准以及应处理好的几个关系从理论上进行了探讨。三是中南、西南地区第七次审计理论研讨会在峨嵋山市召开。广东、广西、海南、河南、湖北、云南、贵州、成都、重庆、武汉、广州、深圳等省、直辖市、自治区、计划单列市的审计科研工作者参加了会议。审计署驻成都特派办，成都军区、海南省、重庆市审计局的有关领导应邀出席了会议。提交会议的审计论文及科研成果 15 篇。会议研讨和交流的主要内容为：审计工作“三化”（即“制度化、法制化、规范化”）的研究，实现“较高层次”审计监督的途径，经济效益审计中国家审计与内部审计的范围界定，审计质量控制，少数民族地区审计工作的新情况、新问题、新特点，开展审计科研、编辑、情报资料和学会工作的经验与体会。四是为迎接全国民族地区审计工作会议的召开并为大会推荐优秀论文，省审计科研所、省审计学会在西昌市召开了四川省民族地区审计工作理论研讨会。乐山市、黔江地区、凉山州、甘孜州、阿坝州的审计工作者参加了会议。会议重点讨论了少数民族地区审计工作如何为企业搞好服务，如何为转换企业机制服务；民族地区审计工作如何搞好“两个延伸”；民族地区审计工作的特点以及各专业审计的现状、重点等。五是省审计局、省审计学会举办的全省财政金融审计理论研讨会在峨嵋山市召开，各地（市、州）审计系统代表出席了会议。会议论文参考题目是：财政金融审计在较高层次监督中的地位和作用；财政审计与财政监督、金融审计与金融系统内部稽核的关系；信贷资金审计的范围、内容和方法；对县级财政实行同级审签是否必要，如何坚持、完善；对市（地、州）级财政推行由上级委托同级审计的可行性；对开展财政专项审计和审计调查内容、方法等。会议着重交流了各地开展财政、金融审计的工作经验，探索财政、金融审计上台阶、上水平的途径。代表们对加强财政、金融审计的行业性指导，保持审计独立性，拓展财政、金融审计新的内容与范围等问题，发表了意见。六是由省审计局、省审计学会举办的四川省行政事业单位审计理论研讨会在万县地区召开。成都、重庆、阿坝州、万县等15个市（地、州）县审计局，以及省审计局行政事业审计处、省审计科研所的代表共41人出席了会议。提交会议交流的论文17篇，主要围绕：在改革开放的新形式下，行政事业审计的意义、任务、特点和重点；行政事业单位预算外资金审计的意义、特点、内容和方法（重点讨论“小金库”“假发票”“多账户”等的审计方法）；怎样改进行政事业单位定期审计，专项资金审计如何实现制度化、法制化、规范化等方面开展了研讨。会议认为，行政事业单位定期审计的重点是：多项收费和预算外资金多，财务管理差的部门和单位；各项专项资金；党政领导和人民群众关心的社会问题与各地方、单位经济活动中所出现的带倾向性、苗头性问题。会议提出，改进定期审计应注意完善定期审计评价标准、加快定期审计规范化进程、处理好突出重点与保持一定覆盖面的关系。会议还提出了农业专项资金系统审计的设想。七是省审计学会召开了全省基本建设审计理论研讨会，各地（市、州）审计系统代表出席了会议。会议论文参考题目是：基建审计的职能、地位及怎样在控制固定资产投资规模中发挥作用；如何实现基本建设审计工作的“三化”（制度化、法制化、规范化）；基建项目开工前审计，自筹基建、技术改造（更新改造）投资项目年度计划安排前资金审计，对控制固定资产规模、合理运用资金方面的意义和作用；怎样开展建安企业经营承包责任制审计；怎样开展固定资产投资效益审计等。会议着重就基建审计的“三化”问题进行了研讨。会议总结了几年来四川基建审计的成功经验，分析了基建“三化”的难点及途径。会议布置了今后基建审计理论研究工作。1991年7次研讨会在总结实践经验的基础上，共提交96篇有一定价值的学术论文。通过上述会议评比，共评选出30篇优秀论文。

1991年3月至10月，省审计局、省审计学会组织了四川省“长城杯”审计知识电视大奖赛。全省各级审计机关、社会审计组织、内部审计机构，大专院校和驻川部队1000多个单位、两万余人参加比赛，收到有效答卷5000余份。省委、省政府领导出席了由全省25个代表队进行的团体赛四川省电视台直播现场。

1992年，省审计学会组织省内各地（市、州）审计学会组成课题组完成《内控制度评价及其审计》《电子计算机审计》《违纪、违规的一般规律及其控制》等课题。省审计学会《经济效益审计》课题组完成《经济效益审计的含义、重点、职能和作用》，发表于《现代审计》1992年第3期。省审计学会完成《宏观经济与审计》课题，论文发表于《广西审计》。同年9月，省审计局组织完成

《股份制企业财务与审计》一书的编写。同年3月，根据中国审计学会的布置，经四川、云南、贵州三省审计局商定，西南地区经济效益审计理论研讨会在重庆市召开。贵州、云南、四川、成都、重庆三省两市审计局，以及南充地区审计局、长城特殊钢公司审计处、西南财经大学会计系的24名代表参加了会议。提交学术论文及案例共24篇。会议就经济效益审计的有关基本理论、应用理论与实践问题开展了讨论。同年8月，省审计局、省审计学会在成都市温江县举办四川省工交审计理论研讨暨工作会，各地（市、州）审计机关代表出席了会议。会议论文参考题目是：工交企业审计如何搞好“两个延伸”，如何适应新形势搞好企业审计，国家审计机关开展企业经济效益审计的探讨，行业审计的回顾与展望等。会议认为，开创我省工交审计新局面：一要坚持审计监督职能，把财务收支审计作为企业单位的主要内容来抓；二要坚持依法审计，实事求是地处理问题，做到具体问题具体分析，以“三个有利于”为准，不局限于现行规范约束；三要抓住审计监督的重点，项目选择要求典型性、实际性、可行性，结合当地党政和群众关心的“热点”“难点”来确定；四要搞好审计调查，为宏观调控服务，为深化企业改革出谋划策。同年9月，省审计科研所、省审计学会在阿坝州汶川县召开了四川省民族地区第二次审计理论研讨会。凉山州、甘孜州、阿坝州审计局，乐山市、黔江地区等的民族自治县，省审计局综合处、省审计科研所的代表共39人参加了会议。会议收到学术论文14篇，内容包括：民族地区审计工作面临的问题及相关对策、民族地区财政审计，专项资金审计、审计体制，以及审计为转换企业经营机制服务等。会议就省审计局《关于进一步加强和改进少数民族地区审计工作的意见（讨论稿）》展开讨论，提出了建议和修改意见。会后，作为正式文件下发。同年9月，省审计局承办了中南、西南地区审计工作研讨会。会议在乐山市召开。来自中南、西南片区的各省（市、自治区）、计划单列市、审计署特派办的60名代表出席会议。会议就坚持审计监督基本职能、积极发挥宏观调控作用、建设精干高效的审计机关、实事求是处理查出的问题、稳定内部审计、发展社会审计等方面开展了讨论和交流。1992年的上述4次会议，共收到论文76篇，共评选出优秀论文17篇。

1993年完成了《行政事业审计研究》课题。年初，审计署驻冶金部审计局在攀枝花市攀矿公司召开“西南三省冶金审计研讨会”。攀钢、攀矿、重钢、长钢、成都无缝钢管厂、昆钢、水钢、贵钢、遵义铁合金厂、云南冶金汽修厂等12个西南重点冶金企业，以及四川、贵州省冶金厅、云南冶金工业总公司审计处的负责人参加会议。会议传达了全国审计工作会精神；总结交流了冶金企业内部审计工作经验；探讨了内部审计如何适应企业转换经营机制的需要和冶金企业内部审计的发展。同年5月，四川省部分地（市、州）第十四次审计理论研讨会在成都召开。15个地（市、州）审计局的代表共60余人出席了会议。会议以“如何适应市场经济体制，强化审计监督”为主题开展了审计理论探讨，交流了“审计如何促进国有企业转换经营机制”“审计如何为宏观调控服务”以及各专业审计在实践中的经验体会。此次会议共收到各类理论研讨文章15篇。同年，召开了全省民族地区第三次审计理论研讨会。

1994年，省审计局、省审计科研所、南充市审计局共同组成调研组完成调查报告《学习借鉴国外经验 提高审计业务水平 为改革开放和发展四川经济服务》。完成《审计体制研究》课题。审计署驻成都特派办与四川省审计科研所共同组成省审计科研课题组完成调研课题《一条经济领域的塔里木河——企业国有资产流失的调查报告》，刊载于《现代审计》1994年第6期。同年，召开了全省民族地区第四次审计理论研讨会。

1995年，由省审计学会组织省审计局、省审计科研所与西南财经大学会计系专家共同组成“四川省审计科研课题组”，完成的课题主要有《关于社会主义市场经济体制下审计基本理论的研究》，论文发表于《现代审计》1995年增刊；《审计基本理论体系的探索》，发表于《审计研究》1995年第3期；《审计信息的特点和原则》，发表于《中国审计信息与方法》1995年第9期；完成中国审计学会课题《社会主义市场经济条件下审计基础理论的特点及其重要性》，发表于《现代审计》1995年4期。同年5月至9月，省审计学会与省注册审计师协会共同在全省范围举办了《中华人民共和国审计法》电视讲座。全省23个地（市、州）审计机关、内审机构和社会审计组织共1130余人参加了培训。同年5月，省审计学会承办了中国审计学会、中国内部审计学会在成都召开的“我国社会主义市场经济条件下审计基础理论研讨会”。研讨会收到数10万字的审计科研成果和心得体会，主要就“继续深入研究审计基础理论的意义和方法”“建立审计理论框架结构的模式”“审计假设”“审计的定义”“内部审计基本理论”“审计理论与审计实践的关系”六个方面开展了讨论和交流。承办了全国部分大专院校审计科研座谈会。同年9月，川鄂湘黔四省边区审计界人士在黔江地区召开理论与实践研讨会。会议就民族地区如何加强审计监督，促进经济发展，反对腐败等问题进行了研讨，并对审计重点、内容和方法等进行了交流。

1990年至1995年底，经省政府批准，省审计学会组织会员赴加拿大、美国、德国、新加坡等国家和我国香港等地区进行了学术交流和考察。同时，邀请法国、加拿大、斯里兰卡等国的专家来川讲学和交流。

1996年，完成的主要科研课题：一是审计署重点科研课题《关于进一步充分发挥审计职能作用的研究》。该课题系省审计科研所当年在全国审计科研工作会上通过招标、投标程序中标的。在省审计厅的领导下，省审计学会、省审计科研所组织本单位科研人员、省审计厅有关处室、西南财经大学、四川高等商业专科学校的专家共同组成课题组，按时完成任务。该课题论文几经修改，最后定稿11万字，于1996年10月在审计署召开的学术研讨会上作了汇报，并被编入全国优秀审计论文集，在第五次四川省审计科研优秀成果评选中被评为特等奖。二是《乡镇财政管理中存在的问题及对策》，发表于《陕西审计》1996年第6期。三是《重点企业面临的难题及对策思考》专项审计调查。四是《如何科学划分审计范围》的研究，由省审计科研所确定并完成后上报国家审计署。同年5月，审计署财政司在凉山州西昌市主持召开西南片区财政审计研讨会。四川、贵州、云南、湖北、青海、重庆6省市及部分地（市、州）审计局的领导和代表参加。会议收到论文24篇，有17人在大会上作了经验交流。会议围绕财政审计面临的主要矛盾和问题以及如何改进财政审计工作这一中心议题开展了交流和研讨。

1997年，由省审计科研所、省审计厅有关处室、审计署驻成都特派办、部分地（市、州）审计局的人员共同组成课题组，完成审计署重点招标课题《深化预算执行审计研究》《预算单位银行账户审计研究》（均发表于《现代审计》1998年增刊）及《国有企业审计监督研究》等。课题完成后，按时上报审计署，并参加了第二届全国审计科研成果评选，其中《深化预算执行审计研究》被评为一等奖，《国有企业审计监督研究》评为三等奖，《预算单位银行账户审计研究》被评为优秀奖。该年度，省审计科研所与宜宾市审计局课题组完成自选课题《小金库现象及其根治方案的探讨》。省审计科研所完成《关于奖金发放的调查》。

1998年，按照科研人员与实务工作者、科研人员与大学教授相结合的方式，组织开展审计科研：

省审计学会课题组完成了中国审计学会重点课题《关于经济效益审计若干问题的研究》，发表于《审计研究》1998 年第 6 期；省审计学会组织省审计科研所和名山县审计局组成课题组完成了省重点课题《社会主义市场经济体制下国家审计模式与机制研究》，发表于《现代审计》1999 年第 2 期。同年 12 月，四川省财政审计工作暨理论研讨会在成都召开。会议总结了自开展财政预算执行审计工作以来的经验和存在的问题；学习、交流了优秀财政审计论文，研究和探索了新形势下如何进一步深化财政预算执行审计，不断提高审计质量等问题。同年 12 月，省审计厅发出《关于加强审计科研工作的通知》，要求各地（市、州）审计局加强审计科研工作的领导和管理，积极支持科研人员的研究工作，明确全省审计系统审计科研工作由省审计科研所归口管理，科研课题主要根据全省面临的重大审计理论和实际问题选择立项，并注意审计科研成果的转化和运用。

1999 年，按照“当年见效，适度超前”的课题选项、立项思路，省审计厅组织课题组承担审计署审计科研所全国协作课题和省审计厅重点课题，以及省审计学会组织承担中国审计学会重点课题及安排自选课题。全年共承担完成课题六项：一是省审计学会组织西南财经大学会计学院与省审计科研所共同完成审计署审计科研所全国协作课题《股份制企业的审计环境、目标及特殊事项审计的研究》，发表于《现代审计》1999 年增刊。二是省审计厅财政处和省审计科研所组成课题组完成审计署审计科研所全国协作课题《深化乡镇财政审计研究》，发表于《现代审计》1999 年增刊。三是省审计厅金融处和省审计科研所组成课题组完成省审计厅重点课题《国有商业银行信贷资产真实合法性及其质量和效益审计研究》，发表于《现代审计》1999 年增刊。四是省审计学会组织省审计厅行政事业处、省审计科研所、内江市审计局与西南财经大学会计学院专家组成课题组完成自选课题《国家机关领导干部任期经济责任审计研究》，课题研究取得的阶段性成果分别发表于《现代审计》1999 年第 2、3、4 期和增刊。五是省审计厅重点课题《社会保障资金审计的意义、内容和方法》，发表于《现代审计》1999 年增刊。该课题由省审计厅行政事业审计处、省社保局、广安市劳动局职工社保处、省审计科研所有关人员组成课题组完成。六是由省审计学会组织省审计科研所、南充市审计局和攀钢集团审计处联合组成课题组完成中国审计学会重点课题《企业集团审计研究》，发表于《现代审计》1999 年增刊。为搞好《国家机关领导干部任期经济责任审计研究》《企业集团审计研究》两课题的研究，同年 4 月，省审计学会、省审计科研所、《现代审计》编辑部相关人员，分赴内江市、南充市、广安市开展调研。

2000 年，针对经济热点和审计工作中面临的重大理论和实践问题，完成审计署科研所、中国审计学会、省审计厅重点协作课题：一是省审计科研所和西南财经大学会计学院共同组成课题组完成《试论我国审计制度的构建与创新》，发表于《审计研究》2001 年第 2 期。二是参加中国审计学会全国协作科研第二协作组（由四川、湖南、湖北、贵州等省审计学会组成）承担中国审计学会全国重点协作课题《党政机关和国有企业领导干部任期经济责任审计》，其中由四川省审计学会和西南财经大学会计学院组成的课题小组取得该课题的阶段成果《试论党政领导干部任期经济责任审计的原则和标准》（发表于《现代审计》2000 年第 6 期）以及《领导干部经济责任审计的意义、存在问题及对策》。三是《论审计的宏观战略》，发表于《湖北审计》2000 年第 11 期（摘登），《现代审计》2001 年第 1 期（全文）。四是省审计科研所完成《试论企业审计如何为现代企业制度服务》课题。同年 5 月，省审计科研所牵头承办了西南片区重点课题研讨会。来自湖南、湖北、贵州和四川的相关领导及专家教授参加了会议，就中国审计科研现状及审计科研改革与发展等问题进行了研讨。

2001 年 5 月，省审计科研所牵头承办首届西南财政审计研讨会，湖南、湖北、贵州和四川的相关领导及专家教授参加了会议

2001 年完成的课题主要有：一是为满足审计署审计史编纂的需要，省审计科研所完成《川陕革命根据地审计史的初步探讨》，发表于《现代审计》2001 年增刊；二是省审计厅、西南财经大学联合课题组完成审计署科研所协作课题《浅论部门决算报表审签制度》，发表于《现代审计》2002 年第 3 期；三是由省审计厅、省审计科研所和名山县审计局组成课题组完成审计署科研所协作课题《经济全球化对我国审计监督发展趋势的影响》，发表于《现代审计》2002 年第 4 期；四是省审计学会与西南财经大学共同组成课题组完成省审计厅课题《WTO 与审计》，发表于《现代审计》2002 年第 3 期；五是省审计科研所完成《知识经济与现代审计》，发表于《现代审计》2001 年第 5 期。

2002 年，省审计学会组织省审计科研所、西南财经大学会计学院老师组成课题组完成中国审计学会课题《论虚假财务报告审计的目标》，论文发表于《现代审计》2003 年第 3 期。同年 6 月，该课题参加了中国审计学会和北京大学光华管理学院举办的“2002 虚假财务报告审计与监管论坛”，在专题演讲会上宣讲。组织四川长虹电器股份有限公司审计部承担完成审计署科研究所计划课题《对国有企业重复监督问题的思考》。同年 3 月，省审计学会与省审计厅投资处联合开展了全省投资审计理论研讨和经验交流活动，收到 65 篇论文。于 2003 年 1 月召开了投资审计理论研讨学习会，并评选出 37 篇优秀论文。同年 5 月和 11 月，省审计科研所分别派出人员参加了川渝部分县（市、区）第 25、26 届理论研讨暨经验交流会。会议期间，与代表们进行了交流，了解了县（市、区）审计机关开展审计理论研讨的情况，征求了进一步搞好审计理论研讨的意见和建议。同年 9 月，省审计厅承办的西部地区第二届审计工作经验交流会在成都召开。我国西部地区 12 个省（市、自治区）的审计厅（局），新疆建设兵团审计局，审计署驻西部地区的特派员办事处代表共 50 余人出席会议。会议收到交流材料 19 份，16 位参会人员做了大会交流发言。会议回顾与总结了我国西部地区审计机关成立以来取得的成绩和积累的工作经验，并就新形势下如何进一步搞好审计工作开展了讨论和交流。省审计厅《总结经验 再创辉煌》、省审计厅农业处《加强农业和资源环保专项资金审计为实施西部大开发战略服务》、省审计厅投资处《加强投资审计 促进经济健康发展》、四川省审计科研所《增强审计新意识 促进西部大开发》，提交会议交流，收入交流会论文专集。省审计科研所参与了此次会议的会务，并承印《第二届西部地区审计工作经验交流会论文专集》（《现代审计》2002 年特刊）。

2003 年，省审计学会组织会员完成中国审计学会课题《论审计对国家权力监督的作用》以及省审计厅课题《强化审计监督 规范权力运行》。同年 9 月，四川省二十年审计工作总结暨理论与实践研讨会在成都召开。会议以工作经验总结、理论研讨等方式庆祝四川省审计机关成立 20 周年，省审计学会和省审计科研所按照省审计厅的安排组织开展了全省性、群众性的审计科研活动：一是四川省20年审计工作总结暨理论与实践研讨活动，二是全省审计系统经济责任审计的调研活动。

2004年，省审计科研所与省审计厅综合信息处共同完成《人寿保险佣金计提情况的计算机审计》和《计算机辅助审计模块的设计与运用研究》课题。还组织和开展了中国审计文化建设研讨活动，收到论文23篇，选择其中3篇向审计署推荐。同年3月，组织开展了《中华人民共和国审计法》修改的调研工作，并参加审计署科研所在江西井岗山召开的相关课题研讨会。为提高四川省审计理论和审计实践水平，推动全省审计事业的深入发展，省审计学会按照中国审计学会的工作布置，结合全省的具体情况，组织会员撰写有关经济效益审计、审计质量控制和审计管理等方面的论文51篇。

2005年，省审计科研所、西南财大会计学院、名山县审计局共同组成课题组完成了审计署"基于现代技术流程的审计计划管理"课题。该课题在中国审计学会于9月在长春市召开的"审计计划管理和现场质量控制"研讨会上宣读，受到良好评价，有的参会领导和专家认为是目前我国审计计划管理研究从经验型到精确型转化的开端。

第二节　审计科研优秀成果评选活动

1986年11月，四川省审计学会年会暨优秀科研成果授奖大会在成都举行。此次全省优秀审计论文评选活动收到审计科研成果申报21份，共评出审计科研优秀成果一等奖一名，二等奖一名，三等奖三名，表彰奖五名，其中一项在四川省第三次哲学社会科学优秀成果评奖中获得二等奖。这次评奖是在本人申请、单位推荐、省审计学会秘书处初评、常务理事会讨论的基础上评定的。

1987年9月，为审计署审计科研所年底召开的全国审计系统青年学术研讨会推荐论文及人选，省审计学会、省审计科研培训中心组织开展了"全省青年审计工作者学术论文征集活动"。参赛论文的中心议题是："中国审计工作的道路、模式"。分四个专题：审计与经济体制改革；审计工作的制度化、法制化、规范化；中国审计的组织体系；审计在经济监督中的地位与作用。这次活动共收到论文40篇，评选出优秀论文5篇。其中达县地区审计局选送的《论建设具有中国特色的现代审计模式》上报中国审计学会，受到好评，作者被邀参加了全国青年审计理论工作者学术研讨会并被授奖。

1989年11月，省审计学会开展了第二次优秀审计论文评奖活动，共评选出一等奖3篇、二等奖6篇、三等奖14篇。该次评出的优秀论文和1986年第一次评奖活动评出的优秀审计论文一同申报省第三次哲学社会科学优秀成果奖。

1992年3月，省审计学会邀请有关审计理论工作者并汇同有关业务处室，对1991年召开的行政事业单位、财政金融、基本建设审计理论研讨会论文进行了评奖，评出一等奖4篇、二等奖7篇、三等奖11篇、优胜奖12篇。

1992年4月，省审计学会开展了第三次优秀审计科研成果评奖活动。省审计学会评奖委员会对各市（地、州）初评推荐和自荐成果按照评奖标准、程序和要求进行评定，评出一等奖3项，二等奖6项、三等奖8项及优秀奖14项。同年11月，省审计学会对当年召开的全省工交审计理论研讨会收到的审计论文进行了评奖，评出一等奖1篇、二等奖2篇、三等奖3篇、优秀奖10篇。同年11

月，省审计学会、省审计科研所对当年召开的全省第二届民族地区审计理论研讨会收到的审计论文进行了评奖，评出特别奖4篇、一等奖1篇、二等奖2篇、三等奖3篇、优秀奖1篇。

1994年3月，省审计学会第四次优秀审计科研成果评选工作，共收到成果64项，经邀请西南财经大学、四川联合大学专家教授进行初评和终审，最后评选出优秀审计科研成果42项，其中一等奖5项、二等奖8项、三等奖12项、优秀奖17项。

1996年，结合全省科研工作的需要和省社科联的要求，省审计科研所和省审计学会组织了全省第五次优秀审计科研成果评奖活动，评选出特等奖1项、一等奖5项、二等奖10项、三等奖23项。并推荐其中3项优秀审计科研成果参加四川省第七次哲学社会科学优秀成果评奖，其中《在社会主义市场经济体制下审计基本理论的研究》获得省人民政府三等奖，该项目为审计署下达的重点科研课题，也荣获了全国审计科研优秀论文二等奖。

1997年，开展了四川省第六次审计科研优秀论文评奖活动。全省各市（地、州）审计机关纷纷响应，特别是巴中地区审计局，专门开会部署，每个科室和县审计局都按省里的要求落实到人，提交的论文数量和质量都比较好。至9月底，全省共收到论文53篇。10月，经四川联合大学、西南财经大学和部分市审计局以及省审计厅机关的专家学者认真评审，共选出获奖作品38篇，其中一等奖5篇、二等奖8篇、三等奖10篇、优秀奖15篇。其中《深化预算执行情况审计研究》《银行账户审计研究》课题成果，在四川省第八次哲学社会科学优秀成果评奖中分别被评为省政府三等奖和省社科联优秀奖。

1998年，省审计学会课题组完成中国审计学会重点课题《关于经济效益审计若干问题的研究》，经审计署1999年全国审计科研优秀论文评委会评选，荣获全国审计科研优秀论文三等奖；同年12月，为总结科研工作经验，推动群众性科研活动的开展，进行了四川省第七次审计科研优秀论文评选活动，组织四川联合大学、西南财经大学、省审计厅机关的专家、学者，对来自各市（地、州）审计局，省审计厅各处（室、所）的科研成果进行评选，评选出一等奖2篇、二等奖5篇、三等奖18篇，并对获奖者给予奖励。同年，省审计厅和省审计学会组织的全省财政审计优秀论文评选活动，各地上报52篇论文，经评委会严格审查，评出一等奖2篇、二等奖6篇、三等奖7篇。同年6月，“中国审计学会优秀论文评选会”在成都举行。中国审计学会邀请14名全国审计界著名专家、教授组成评审委员会。经评选，由省审计厅推荐的4篇论文中，1篇获得一等奖，3篇获得三等奖。

1999年完成的课题《国家机关领导干部任期经济责任审计研究》，经审计署1999年全国审计科研优秀论文评委会评选，荣获全国审计科研优秀论文三等奖。同年，省审计厅和省审计学会组织开展了“庆祝中华人民共和国成立五十周年四川审计征文比赛”评奖活动。收到各类作品近100篇，评选出一等奖2篇、二等奖6篇、三等奖11篇、优秀奖15篇。

2001年，省审计学会和省审计厅农业与资源环保审计处共同组织开展了全省农业审计优秀论文评选活动，评出一等奖2篇，二等奖10篇，三等奖9篇，优秀奖13篇，推动和活跃了农业审计研讨活动。

2002年，省审计学会和省审计厅投资审计处共同组织开展了四川省投资审计优秀论文评选活动。评选出优秀论文37篇，其中一等奖7篇、二等奖10篇、三等奖20篇。

2003年，根据全国、全省审计机关成立20周年有关庆祝活动的安排，省审计厅印发了《关于开展审计理论研讨评比活动的通知》，同时印发了有关重点课题和评奖办法。全省各级审计机关，就四川审计发展20年来的经验、当前审计理论与实践中的重点问题以及未来审计发展中的前瞻性问题开展了广泛的研讨活动，活动收到论文131篇，经省审计厅论文评委会评选，共选出优秀论文36篇，其中一等奖3篇、二等奖9篇、三等奖24篇。同年，根据《关于开展四川省第十次哲学社会科学优秀成果评奖的通知》，省审计学会、省内部审计师协会开展了第八次审计科研优秀论文评选活动，评选出2000—2001年的优秀论文向省第十次哲学社会科学优秀成果评委会申报。经省审计学会论文评委会评选，共选出学会第八次审计优秀论文16篇，其中一等奖2篇、二等奖4篇、三等奖10篇。在评出的优秀论文中选送14篇参加四川省第十次哲学社会科学优秀成果评奖活动，其中《试论我国审计制度的构建与创新》课题论文获省政府三等奖。同年，省审计厅、省审计学会组织开展了四川省经济责任审计论文评选活动，收到论文70余篇，共评出优秀论文33篇，其中一等奖2篇、二等奖11篇、三等奖20篇。

2004年，省审计科研所组织了省社科联课题《加强权力与制约的法律问题研究》的调研工作。省审计学会成立评奖委员会对会员2002—2003年的审计科研成果进行评选，评出的优秀成果申报四川省第十一次哲学社会科学优秀成果奖。其中《论虚假财务报告的审计目标》论文获省社科联优秀社会科学成果奖。

2005年，省审计学会、省内部审计师协会组织省内各级学会、内审协会及各理事单位积极开展课题调研活动，布置了科研课题。活动共收到有关经济效益审计、审计质量控制和审计管理等方面的论文225篇。同年末，省审计学会和省内审协会组织专家学者，共同开展了优秀论文评选工作。经评审，38篇被评为优秀论文，其中一等奖2篇、二等奖12篇、三等奖24篇，并对获奖者给予了表彰。

据不完全统计，四川省审计系统科研成果获得部、省级奖项计14项。

四川省审计系统审计科研成果获部省级奖项一览表

表12－1

课题名称	单位及作者	评奖活动	颁奖单位及奖级
《经济效益审计的概念、范围、程序、标准和方法》	四川省审计科研培训中心课题组	中国审计学会首届科研成果评奖（1990年）	中国审计学会二等奖
《兼顾四者利益 完善承包经营深化企业改革》	南充地区审计局 张一方、周生安	中国审计学会首届科研成果评奖（1990年）	中国审计学会三等奖
《试论审计监督与宏观控制》	四川省审计局 陈光汉	中国审计学会首届科研成果评奖（1990年）	中国审计学会三等奖
《从分析微观入手提出宏观经济 决策的建议》	南充市审计局 何愈寿	四川省第三次哲学社会科学优秀成果评奖（1986—1987年成果）	四川省人民政府二等奖
《审计质量控制》	四川省审计科研所、自贡市审计局 彭政、杨建乐、曾立、李平、魏文熙	四川省第五次哲学社会科学优秀成果评奖（1990—1991年成果）	四川省人民政府三等奖
《学习借鉴国外经验，提高审计业务水平，为改革开放和振兴四川经济服务》	四川省审计局、省审计科研所 陈光汉、彭政、杨建乐、张仆、何启全	四川省第六次哲学社会科学优秀成果评奖（1992—1993年成果）	四川省人民政府三等奖

续表 12－1

课题名称	单位及作者	评奖活动	颁奖单位及奖级
《关于社会主义市场经济体制下审计基本理论的研究》	省审计科研所、西南财经大学会计系 彭政、张齐新、蔡春、张仆、刘跃明	四川省第七次哲学社会科学优秀成果评奖（1994—1995 年成果）	四川省人民政府 三等奖
《银行账户审计研究》	四川省审计厅、省审计科研所 李齐辉、何雪萍	中国审计学会审计优秀学术论文评奖（1992—1998 年成果）	中国审计学会 三等奖
《浅谈财政审计与宏观调控》	四川省审计厅 陈光汉	中国审计学会审计优秀学术论文评奖（1998 年）	中国审计学会 三等奖
《深化预算执行情况审计研究》	四川省审计厅、省审计科研所 陶志伟、彭政、陈绍奎、刘闽莉、孙幼岩	四川省第八次哲学社会科学优秀成果评奖（1996—1997 年成果）	四川省人民政府 三等奖
《关于经济效益审计若干问题的研究》	四川省审计厅、省审计科研所 陈光汉、陈绍奎、李齐辉、何雪萍、刘跃明、瞿亚玲	审计署全国审计科研优秀论文奖（1999 年）	审计署审计科研所 三等奖
《国家机关领导干部任期经济责任审计研究》	四川省审计厅、内江审计局、省审计科研所 陈光汉、陈绍奎、赵泽斌、李齐辉、何雪萍	审计署全国审计科研优秀论文评选（1999 年）	审计署审计科研所 三等奖
《试论我国审计制度的构建与创新》	省审计科研所、西南财经大学 李齐辉、吕先培、许道俊、刘新琳	四川省第十次哲学社会科学优秀成果评选（2000—2001 年成果）	四川省人民政府 三等奖
《计算机辅助审计模块的设计与运用研究》	四川省审计厅、省审计科研所 荀林、余川、李齐辉	审计署审计科研优秀论文评选（2003—2004 年成果）	审计署审计科研所 三等奖

第三节　川渝部分县（市、区）审计理论与实践研讨活动

川渝部分县（市、区）审计理论与实践研讨活动始于 1987 年 4 月，是川渝两地基层审计部门开展的跨地区、松散型的研讨和交流活动。该活动一般每年举办两次研讨会，由成员单位轮流承办，一直持续至今。川渝所辖数十个县（市、区）审计局先后参加研讨会。初期阶段会议主要内容是审计工作经验交流，多以自由发言的形式，介绍和交流组建审计部门以来的基层工作经验，以及如何打开审计工作局面，如何查处违纪违规问题、撰写审计报告，如何规范书写证据材料等。初期没有

明确的会议主题，也没有要求提供书面发言材料，后来逐步要求提供书面发言材料。研讨会内容也由审计工作经验交流逐步扩展为审计理论与实践的研讨，并提出了会议主题，围绕一两个方面开展研讨。

1986 年，潼南县审计局长曾纯武、铜梁县审计局长王超北、江津县审计局长穆礼成等提议发起“四川省部分县（市、区）审计工作交流会”，起草了倡议书。雅安市（2000 年 6 月改设“雨城区”）审计局、射洪县审计局、三台县审计局等单位积极响应并参与了相关筹备工作。

1987 年 4 月，“四川省部分县（市、区）审计工作交流会”第一届第一次会议在潼南县召开。参会单位 23 个，参会人员 41 名。会议收到论文和经验交流材料 19 篇（份）。

1993 年，第一届第十四次会议在铜梁县召开。从该次会议起设置了会议记录本和印章，移交会议记录本和印章也成为会议主办单位之间必要的交接手续。而此前的会议记录未后传。

1996 年，鉴于即将设立重庆直辖市（实际为 1997 年 6 月 18 日正式挂牌），10 月召开的第一届第二十次交流会决定，将“四川省部分县（市、区）审计工作交流会”更名为“川渝部分县（市、区）审计工作研讨会”，继续保持并加强川渝两地基层审计工作的学习和交流。

2001 年 6 月，鉴于参加研讨活动的成员单位在第二十六次研讨会后都承办了一次会议，第一届第二十四次研讨会上，讨论了“川渝部分县（市、区）审计工作研讨会召开办法”，着手为新一轮（即第二届）研讨活动的开展做准备。

2001 年 11 月第二十五次会议上，研讨会更名为“川渝部分县（市、区）审计理论研讨会”；再次讨论了“川渝部分县（市、区）审计理论与实践研讨会召集办法”；会议决定，第一届研讨活动至第二十六次会议后结束。

2002 年 5 月第二十六次会议上，研讨会更名为“川渝部分县（市、区）审计理论与实践研讨会”。会上，集体讨论通过了“川渝部分县（市、区）审计理论与实践研讨会召开办法”，明确了第二届研讨活动的相关事项，有 34 个单位的代表签字确认并成为第二届研讨活动的成员单位。至此，第一届研讨活动正式宣告结束。

2005 年 10 月，第二届第五次会议上把历次会议的照片收集成册，并制作了两个光盘：一个是集体照片，一个是会议情况记录。并选举垫江县审计局领导为研讨活动的秘书长，负责日常联系。

历次研讨会情况见表 12－2 和表 12－3。

表12-2

川渝部分县（市、区）审计理论与实践研讨会第一届历次会议一览表

会次	会议日期	会议主题	论文数量（篇）	参会单位（个）	参会人数（人）	承办单位	会议地点	备注
第一次	1987年4月8至10日	如何发挥审计监督的职能作用、如何建立和完善审计监督体系、如何搞好“三项”制度的审计工作	19	23	41	潼南县审计局	潼南县	
第二次	1987年10月	如何加强审计监督	17	19	40	江津市审计局	江津市	
第三次	1988年4月	审计如何为经济建设服务	15	35	48	云阳县审计局	云阳县	
第四次	1988年10月	审计工作怎样才能得地方党委和政府的支持和帮助	13	29	38	雅安市审计局（现雨城区审计局）	雅安市	雨城区审计局
第五次	1989年4月	如何加强县级财政审计	12	19	31	三台县审计局	三台县	
第六次	1989年10月	审计工作的重点和难点	13	24	37	眉山县审计局	眉山县	
第七次	1990年4月	加强审计队伍建设势在必行	17	26	36	重庆沙坪坝区审计局、北碚区审计局	沙坪坝	合办
第八次	1990年10月	审计方法探讨	16	21	33	遂宁市中区审计局 安岳县审计局	遂宁市	合办
第九次	1991年4月	审计宣传的意义和方法	19	25	36	重庆江北县审计局、长寿县审计局	长寿县、江北县	1994年江北县更名为渝北区
第十次	1991年10月	工交审计的重点和难点	17	29	78	广安县审计局	广安县	
第十一次	1992年4月	农业审计的重点和难点	9	21	45	射洪县审计局、蓬溪县审计局	射洪县	合办
第十二次	1992年10月	行政审计的重点和难点	19	33	61	什邡市审计局	什邡市	
第十三次	1993年3月	在社会主义市场经济条件下强化审计监督，履行高层次经济监督职责	16	26	86	都江堰市审计局、郫县审计局	都江堰市	合办
第十四次	1993年10月	如何加强宏观调控、整顿金融秩序	8	26	60	铜梁县审计局、璧山县审计局	铜梁县	合办
第十五次	1994年4月	如何为经济建设服务：如何加强队伍建设	21	32	125	安县审计局	安县	
第十六次	1994年10月	审计机关怎样围绕党和政府的中心开展工作	20	23	84	重庆江北区审计局、九龙坡区审计局	江北区	合办

续表 12-2

会次	会议日期	会议主题	论文数量（篇）	参会单位（个）	参会人数（人）	承办单位	会议地点	备注
第十七次	1995年4月	财政预算执行情况审计、“小金库”审计	10	22	60	西充县审计局、蓬安县审计局	西充县	合办
第十八次	1995年10月	如何解决《审计法》执行中存在的问题；如何提高执法质量	19	30	74	重庆南岸区审计局、渝中区审计局	南岸区	合办
第十九次	1996年4月	如何搞好同级财政审计；如何搞好内部审计	8	24	49	乐至县审计局、荣昌县审计局	乐至县	合办
第二十次	1996年10月	离任审计的方法；乡镇财政管理存在的问题及对策	11	24	55	重庆巴南区审计局、万盛区审计局、綦江县审计局	万盛区	合办
第二十一次	1997年4月	如何搞好企业改制资产评估审计；如何搞好基建审计	12	19	48	叙永县审计局	叙永县	
第二十二次	1997年10月28日至31日	审计规范、账户审计、国有企业审计、离任审计、同级财政预算执行审计、固定资产投资审计、社会审计等	13	25	78	南充市嘉陵区审计局、仪陇县审计局	嘉陵区、仪陇县	合办、分段召开
第二十三次	1998年5月	深化同级审计的对策；企业审计的问题及对策	14	25	86	永川市审计局	永川市	
第二十四次	2001年6月	经济责任审计中存在的问题和对策	12	23	83	合川市审计局	合川市	
第二十五次	2001年11月	基建投资审计存在的问题和建议	16	25	91	营山县审计局、阆中市审计局	营山县、阆中市	合办
第二十六次	2002年5月14日至16日	县级财政预算执行审计和乡镇财政决算审计等	18	29	89	华莹市审计局	华莹市	

川渝部分县（市、区）审计理论与实践研讨会第二届历次会议一览表

表 12-3

会次	会议时间	会议主题	论文数量（篇）	参会单位（个）	参会人数（人）	承办单位	会议地点	备注
第一次	2002年11月	审计体制改革和行政事业审计	15	27	136	雅安市雨城区审计局	雅安市	
第二次	2003年10月	如何做好新时期审计工作	34	25	121	江津市审计局	江津市	
第三次	2004年5月	《合同法》《审计法》在实施过程中的法律地位与相互衔接问题	25	31	143	南部县审计局	南部县	
第四次	2004年10月	经济责任审计	17	27	94	广安市广安区审计局	广安区	
第五次	2005年10月	充分发挥审计在构建和谐社会中的作用	18	28	112	重庆市渝中区审计局、南岸区审计局	渝中区	合办

第四节　审计报刊

一、《现代审计》杂志

《现代审计》杂志由省审计局主管，《现代审计》编辑部编辑，于1985年5月试刊。由省审计科研培训中心出版。同年11月省审计学会成立后，从1986年第1期起作为学会会刊，由省审计学会出版，省科研培训中心发行。始为季刊，1987年改为双月刊至今。

《现代审计》1985年5月创刊，全国公开发行

创刊以来，《现代审计》一贯坚持“服务于审计”的办刊宗旨，立足四川，面向全国，在内容上注重宣传和贯彻党的方针政策，探讨和研究审计理论问题，总结和交流审计实践经验，展示和讴歌审计战线的先进人物和光辉业绩，介绍国内外审计动态及其先进经验；在形式上致力于栏目的丰富多样及版式的生动活跃。随着改革开放的不断深入，《现代审计》更加注重其政策性、理论性和实践性，注重其可读性和知识性，随时关注和适应国内外审计大环境的变化，适时开辟或调整栏目。同时，还注意优化彩版画页设计，提高刊物用纸规格和印刷质量，使杂志从内容和形式上都得到逐步改善，办出自己的特色。

《现代审计》曾两次被评为全国审计系统优秀期刊，在1999年四川省第二次期刊质量等级评比中评为质量二级期刊。在2003年全国“治理党政部门报刊散滥和利用职权发行工作”中，获准成为全国为数不多的公开发行的省级审计刊物之一。《现代审计》所刊登的文章，有的被评上中国审计学会优秀审计科研成果奖，有的被评为由省政府颁发的省哲学社会科学优秀成果奖，有的被评上省委宣传部、省科委、省社科联一、二、三等奖。

《现代审计》常设栏目有：要文选载、专题报道、理论探讨、工作研究、问题与对策、法制建设、计算机审计、内部审计、经济责任审计、经验交流、审计调查、审计案例、财务与会计、经济与管理、人物风采、百花园，以及各个专业审计（例如财政审计、固定资产投资审计、行政事业单位审计）。

《现代审计》办刊一直采取独立核算、自收自支、自负盈亏的方式。为弥补办刊经费不足，自1986年起开展了广告业务，逐步实现了财务收支平衡，略有节余。

《现代审计》于1985年5月创刊时，内文64页，16开本。当年编印两期。因试刊而未征订，仅供免费交换和省内赠阅。1986年第1期和第2期内文改为48页，开本不变。

1986年7月，经省委宣传部正式批准，并在省出版总社办理了期刊登记证（四川省期刊登记证第379号)，《现代审计》从1986年第3期起正式出版并在省内公开发行。内文页数及开本均未变。当年共出版4期，刊登各种论文、调查报告、经验介绍、工作研究等文章80余篇。为了办好刊物，编辑部配备了3名专职编辑人员，并于1986年2月向全省各级审计机关及部分省级内审机构发出发展通讯员的通知。在有关单位的大力支持下，共发展了108名通讯员。不少通讯员踊跃为《现代审计》撰写稿件，及时向编辑部反映出版发行工作中存在的问题并提出改进建议，认真作好刊物征订发行工作。当年开始征订，订数为每期1000多份。

1987年，《现代审计》改为双月刊，发行量为每期2500多份。全年出版发行6期，刊登了论文、调查报告、经验介绍、工作研究、新闻报道等150多篇，约61万字；同年5月，根据中央10号文件精神及新闻出版署《关于报纸、期刊和出版社重新登记注册的通知》的规定，对《现代审计》自创刊以来的出版、发行、编辑、管理等方面工作进行了历时一月的全面整顿，重点整顿了办刊指导思想、发表的文章有无政治错误以及刊物质量方面的问题，并针对这些问题提出了改进措施。通过整顿和重新登记，《现代审计》经省新闻出版局批准在国内公开发行（国内统一刊号CN－51－1022)；9月，《现代审计》申请开办刊登广告业务，经成都市工商行政管理局批准，办理了广告许可证（广告经营许可证号：成工商广字297号)，并在当年第6期上刊登了广告。由于广告的刊登，使办刊的亏损状况得以改善；同年10月，为做好《现代审计》出版发行工作，省审计局下发通知，要求省内各地（市、州)、县审计局，一要积极提供稿件和宣传资料，二要组织好订阅发行工作，提倡个人订阅，尽量扩大刊物发行量。

1988年，《现代审计》征订数每期达2700多份，并与全国各省审计机关、审计科研机构及有关大专院校建立了资料交换关系。同年10月，《现代审计》编辑部在成都召开了首次编辑发行工作座谈会。会议总结了《现代审计》创刊3年来的基本情况，征求了进一步办好刊物的意见和建议，表彰了1988年刊物发行工作的先进单位。会议提出了“1989年征稿方向及重点选题”：一是审计如何为改革、发展有计划的商品经济服务；二是审计理论如何发展和观念如何更新；三是审计方式、技术的研究；四是如何在新形势下加强内部审计、社会审计；五是审计法规建设、干部培训及审计机关职业道德教育、精神文明建设的新情况、新成果、典型事例及经验；六是国外审计的先进技术和动态，中国审计历史和有关史料等。会议还讨论了“《现代审计》1989年征订发行办法”，该办法要求各级审计机关要指定专人负责，努力完成分配的征订任务；各级审计机关要广泛宣传和推荐，发动当地各部门、单位内审机构及人员，财会、经济管理人员，以及有关院校师生订阅。参照《中国审计》相关办法，《现代审计》编辑部准备在全省各地（市、州）建立通讯小组，会议就通讯小组的建立、职责及工作的开展等进行了商议。此后，《现代审计》编辑部每年都召开一次宣传发行工作会议，学习宣传工作方针政策，交流审计宣传工作经验，讲授公文、论文和简报的写作知识与技巧，听取意见和建议，以提高办刊质量，扩大发行量。

在各级审计机关和内部审计、社会审计单位的支持下，1989年发行量有较大增加，1990年达到每年21000份。

1991年按照四川省新闻出版局的要求，《现代审计》进行了重新审查，换证登记。编辑人数由3人，增加到5人，并增添了2台微型计算机，初步形成了“实、新、特”特色。1992年《现代审计》年发行量达到每年24600份的历史最好水平。

1992年第4期至1993年第5期，每期举办“审计知识竞赛”一次。在杂志上刊载《审计知识竞赛试题》20道题，由读者回答后将答卷寄回编辑部。每次竞赛结果均由四川省公证处公证，向优胜者寄发奖金和获奖证书。

1993年，《现代审计》增设“十年历程”“改革潮”“遂宁专页”等专栏，重点组织、选载了审计机关成立十周年的经验总结、未来展望等文章。

1994年，《现代审计》经国家新闻出版署检验合格，取得国际发行刊号：ISSN1006－3781。增设“领导谈审计”“审计与法”“借鉴”等栏目。重点报道了《审计法》的学习、宣传、贯彻等文稿。在第5期上刊载“《审计法》知识竞赛题”，在读者的正确答案中进行抽奖并发获奖证书。

1995年，增设“学习贯彻《审计法》”“国有资产审计”专栏。为规范审计机关公文，组织连载“审计文书笔谈”等系列文章。

1996年，为了加强审计实务和审计理论研究，提高《现代审计》刊物质量，经省审计厅批准，成立了《现代审计》杂志编辑委员会。

1997年，重点报道了在《中华人民共和国审计法》颁布三周年前夕，李鹏总理为四川省审计厅题词“加强审计监督，维护经济秩序”，并对当年全国审计工作会议进行了报道，开辟了“审计讲座”“账户审计”等栏目。

1998年，《现代审计》围绕如何在国有企业改制、改组、改造过程中加强审计监督，如何按账户审计开展本级预算执行审计，如何在审查财政财务收支真实、合法的基础上重点分析资金使用效益等主题，编辑发行了7期（含1期增刊）共采用文章190篇，约50万字、7万册；增加了内文的彩版画页，宣传报道有关审计工作成绩和先进事迹；根据省新闻出版局的要求，参加了四川省期刊光盘索引制作；为弥补办刊经费不足，成立了广告科，专门开展广告业务；制定了《〈现代审计〉编辑部工作准则》。

1999年，《现代审计》主动培植稿源，理论研究和工作经验交流并重。采编人员赴南充、巴中、内江、广安、凉山、什邡等地采访和调研；新开辟了经济论坛等栏目，进一步丰富了刊物的内容，增强了知识性和可读性。在省新闻出版局组织的全省期刊质量等级评比中，评为质量二级杂志。全年编辑发行7期《现代审计》（含1期增刊），约70多万字，6.7万册。

2000年，随着全省宣传贯彻落实《中华人民共和国宪法》和《中华人民共和国审计法》力度大大加强，为适应审计工作发展的需要，《现代审计》改版为大16开，内文64页。省审计厅机构改革基本完成后，成立了《现代审计》编委会，《现代审计》当年编辑出版6期约60万字，共收到全国各地来稿2310篇。编辑部继续坚持既注重刊物的理论性和政策信息含量，又为普及审计基本知识营造良好的审计环境服务，重点宣传了《四川省财政审计条例》和全省审计战线先进人物事迹以及各地审计工作经验和成果。《现代审计》以其大力推广审计科研成果、交流审计工作经验，广泛反映社会关注热点，快速传递审计“人、技、法”建设信息等特点，成为四川省宣传审计工作、交流科研成果的重要园地和窗口。根据审计工作发展，《现代审计》开辟了财务与会计等相关栏目。

2001年，《现代审计》编辑出版7期约98万字，共收到全国各地来稿4800余篇。《现代审计》坚持注重刊物的政策性、理论性和实践性，丰富了刊物的内容，增强了知识性和可读性，为营造良好的审计环境服务，重点宣传了四川省审计战线先进人物事迹，交流了各地审计工作经验，刊登了科研最新论文，加大了内部审计的宣传报道力度和篇幅；彩版画页进行了优化设计，提高了刊物用纸和印刷质量，开辟了审计论坛、CIA考试等栏目。

编辑《现代审计》杂志

2002年，《现代审计》杂志本着“立足审计、面向社会、贴近读者、求实创新”的办刊方针，编辑出版《现代审计》7期（含1期增刊），积极宣传报道全省审计机关学习贯彻“三个代表”重要思想和党的十六大精神的盛况。为了适应审计发展新形势，围绕审计工作中心，杂志新开辟“审计论坛”栏目，增加了“内部审计”“问题与对策”和“简讯”版面，在有关栏目注意选刊了各级审计机关有关乡村债务审计调查的内容，这些措施起到了良好的效果。协办全省投资审计理论研讨活动，评选优秀论文，编辑出版投资审计增刊1期；制定并执行了省审计科研所《关于规范〈现代审计〉广告业务有关问题的通知》，进一步规范广告业务行为。

2003年7月，根据省委办公厅、省政府办公厅《关于治理党政部门报刊散滥和利用职权发行，减轻基层和农民负担的通知》文件精神，省审计厅提出了《现代审计》整顿方案，并于9月撤销《现代审计》编委会。至11月，《现代审计》整改方案获得批准，成为继续办刊的公开发行的省级审计期刊。当年编辑出版《现代审计》杂志7期（含四川审计二十年工作总结暨理论与实践研讨论文专辑增刊1期），100多万字。

2004年，《现代审计》原16开64页的容量已不能适应需要，经省新闻出版局批准，《现代审计》从当年第1期开始扩版为80页。为了更好服务于审计宣传工作，杂志在重视提高刊物质量的同时，在纸张涨价的情况没有提价；当年编辑出版发行《现代审计》杂志7期（含经济责任审计增刊1期），100多万字。

2005年《现代审计》继续按照省新闻出版局“三项学习教育”活动领导小组办公室安排，积极组织采编审人员认真学习并参加活动，深入贯彻以“科学的理论武装人，以正确的舆论引导人，以高尚的精神塑造人，以优秀的作品鼓舞人”的精神，编辑出版发行《现代审计》杂志7期（含1期增刊），100多万字。

《现代审计》主办、出版、主编、发行、印刷者变更一览表

表 12－4

年份及期数	主办单位	出版单位	主编	发行单位	印刷单位
1985 年	四川省审计科研培训中心	四川省审计科研培训中心	陈光汉	四川省审计科研培训中心	四川新华彩印厂、四川灌县印刷厂
1986 年至 1988 年	四川省审计学会、省审计科培中心	四川省审计学会	陈光汉	四川省审计科培中心	中国人民解放军第 7234 厂
1989 年至 1990 年	四川省审计学会、四川省审计科研所	四川省审计科研所	陈光汉	四川省审计科研所	中国人民解放军第 7234 厂
1991 年至 1994 年第 4 期	四川省审计学会、四川省审计科研所	四川省审计学会	彭　政	四川省审计科研所	中国人民解放军第 7234 厂
1994 年第 5 期至 1998 年第 2 期	四川省审计科研所	《现代审计》杂志社	彭　政	四川省审计科研所	成都军区印刷厂
1998 年第 3 期至 1999 年	四川省审计学会	《现代审计》杂志社	陈绍奎	四川省审计科研所	成都军区印刷厂
2000 年	四川省审计学会	《现代审计》杂志社	陈绍奎	《现代审计》杂志社	成都印刷一厂
2001 年至 2005 年	四川省审计学科研所	《现代审计》编辑部	李齐辉	《现代审计》编辑部	成都市新都华兴印务有限公司

二、《四川审计报》

《四川审计报》于 1995 年 1 月由《四川审计情报》（省审计科研所创办于 1991 年 1 月）更名而来，以小报特有的活泼形式，及时报道党和国家的相关政策法规及各地贯彻执行的情况、最新审计动态、审计工作会议信息资料等，具有时效性强、文章短小精悍、信息量大、内容丰富等特点，对审计理论研究有一定的借鉴和参考作用。《四川审计报》力求宣传报道迅速、全面、准确和翔实，在及时性方面对《现代审计》起到了补充作用。《四川审计报》由省审计科研所科研情报室编辑，主编先后由张仆、刘跃明担任。每期 4 版，每年 12 期或更多，免费赠阅。共发行近 110 期。1999 年，全国报刊业治理整顿而停办。

三、《四川内部审计》

《四川内部审计》是四川省内部审计师协会会刊，是为扩大协会内部的宣传和交流而创办。2002 年 6 月 25 日印发第一期。每年不定期，每期不定量，作为内部资料免费赠送给各会员单位和各理事参考，并与各省（市、自治区）内部审计协会相互交流。《四川内部审计》旨在为内部审计工作者提供一个交流经验的园地、学习知识的课堂、更新信息的窗口。其主要栏目有：理论探讨、技术与方法、工作研究、国内外动态、简讯等。2002 年共出 2 期。

2003 年，《四川内部审计》注意提高会刊质量，重点宣传四川内部审计政策法规、工作经验、实用方法技术等。因其实用性和技术性较强，受到内部审计工作者的欢迎。全年共出 2 期。

2004 年进一步提高办刊质量，受到会员的广泛关注和欢迎，不少会员还主动要求订阅，但协会仍保持免费赠送与交流。全年共出 4 期。

2005 年，《四川内部审计》共出 3 期。

第二章　审计学会、内部审计（师）协会和注册审计师协会

第一节　审计学会

四川省审计学会于1985年11月成立。随后，全省各地（市、州）级审计学会以及部分县级审计学会相继成立。例如，遂宁市审计学会于1986年3月成立，成都市审计学会于1986年10月成立，达县地区审计学会于1990年5月成立，德阳市审计学会于1990年10月成立；1986年6月四川省第一个县级审计学会——射洪县审计学会成立；省级部分部门、行业也成立了相关学术团体，如省水利电力会计审计学会于1985年7月成立。审计学会成立后，组织会员开展各项审计科研、学术交流、短期培训和调查研究等活动。

省审计学会是经四川省哲学社会科学学会联合会（后更名为四川省社会科学界联合会，以下简称省社科联）批准成立的全省审计机构和审计人员自愿结成的非营利性的省级地方性群众学术团体，是中国审计学会和省社科联的团体会员。学会的宗旨是：遵守宪法、法律、法规和国家政策；遵守社会道德和风尚；组织审计行业和社会力量开展审计学术研究活动，向社会宣传审计政策法规和普及审计知识，开展培训、交流等专业服务活动；树立、维护审计的良好形象。省审计学会挂靠省审计局，秘书处设在省审计科研培训中心。

1985年11月，省审计学会成立大会暨第一次理论讨论会在成都召开。来自省级有关部门、省属有关国有企事业单位、大专院校、各地（市、州）审计局等近100名代表参加会议。会议审议通过了学会章程，选举产生了第一届理事和常务理事，讨论通过了第一届理事会工作规划（1985—1987年）。工作规划提出要重点抓好5件事：办好会刊，开展宣传；组织学术交流；积极促进各地（市、州）审计学会的建立；开展审计资讯服务工作；加强与兄弟省（市、自治区）审计学会和省内各地（市、州）审计学会的联系。会议推选了名誉会长、顾问、会长、副会长、秘书长、副秘书长。会议指出："学会的生命在于活动"，要以开拓的精神开展学术研究活动。不仅要重视审计基础理论研究，更要重视审计应用科学的研究；不仅要把从事审计工作、审计教学、审计科研的同志动员组织起来，同时要把学术研究上的老一辈行家、特别是敢于创新的中青年人才组织起来。提倡"百花齐放，百家争鸣"，支持、鼓励在学术研究中勇于新的探讨，提出新的观点，作出新的论证。会议要求各地（市、州）及省级部门尽快建立审计学会或学术研究团体，在组织上提供一个开展审计理论研究和学术交流的阵地和场所。要把学会办成具有广泛性、群众性的"审计工作者之家"。提交本次大会交流

的学术论文有60余篇，学会秘书处从中选择了26篇，出版了《四川省第一届审计理论讨论会论文选》。

省审计学会第一届理事会名誉会长、顾问、会长、副会长、秘书长名单：

名誉会长：顾金池

顾　　问：王学黎、王一纯、段秉仁、雷瑶芝

会　　长：吉福仓

副 会 长：阎承涛、李公才、康振农、元毓盛、黄伯殷、王强、王潮源、陈光汉

秘 书 长：陈光汉（兼）

1990年11月，省审计学会召开第二次会员代表大会暨审计理论研讨会。会议审议通过了学会章程修订草案，制定了1991年工作计划，选举产生了第二届理事会、常务理事会。与会人员分组进行了学术交流。会议认为，在会员的共同努力下，学会积极开展了活动，在促进我省审计理论研究，培养青年审计理论工作者，加强审计工作的宣传等方面发挥了一定的作用。会议指出，研究和探索具有中国特色的社会主义审计路子，研究和建立社会主义审计理论体系、方法体系、组织体系，必须广泛地组织各方面的专家、学者和从事审计实际工作的同志参加。会议强调，对尚未成立审计学会的地（市、州），省审计学会要积极促进其尽早建立，开展活动。截至1990年11月，全省各级审计学会发展到17个，其中10个地（市、州）级学会，6个县（市、区）级学会。省审计学会发展个人会员727名，团体会员57个。1991年，省审计学会被评为省社科联系统先进学会。

省审计学会第二届理事会名誉会长、顾问、会长、副会长、秘书长名单：

名誉会长：谢世杰

顾　　问：王一纯、乔梓荣、雷谣芝、毛伯林、刘立中

会　　长：吉福仓

副 会 长：阎承涛、元毓盛、吴应熊、撒寿兰、张思武、王潮源、刘北辰

秘 书 长：彭政

1996年1月，省审计学会召开第三次会员代表大会。会议听取并审议了第二届理事会工作报告，研究布置了重点研究课题，选举产生第三届理事会、常务理事会。会议代表指出，审计实务工作者，往往无暇思考理论问题，也往往容易忽视自己的理论修养。没有理论上的开拓和指导，就不会有事业上的突破和进步。因此，审计学会换届后，要一如既往，联系当前审计实务工作中的难点、热点和重点问题，开展理论研究，搞出成果，为领导决策参考服务，为审计实践服务。会议认为，学会遵循“领导干部、专家教授、科研骨干”三结合的原则，在全体会员的共同努力下，在开展学术活动，促进审计理论研究，培养和锻炼审计理论工作者，加强审计工作宣传等方面，发挥了积极作用。会议要求，要进一步形成学习、研究审计理论的风气，扎扎实实地搞出科研成果，为审计事业的发展做出积极贡献。

省审计学会第三届理事会名誉会长、顾问、会长、副会长、秘书长名单：

名誉会长：蒲海清

顾　　问：吉福仓

会　　长：甘道明

副 会 长：张思武、李高伟、黄锦生、陈光汉、任世苏、胡跃华、李震、彭政

秘 书 长：彭政（兼）

2001 年 10 月，省审计学会召开第四次会员代表大会。会议听取并审议了第三届理事会工作报告，研究布置了重点科研课题，选举产生了第四届理事会、常务理事会，审议通过了学会章程修订案。会议认为，五年来学会以学术活动为中心，课题研究为重点，广泛开展科研、宣传、交流活动，树立和维护了审计的良好形象。会议指出，要继续坚持理论联系实际，加强审计科研工作；要进一步扩大学术交流，充分发挥学会的凝聚作用、桥梁作用和组织作用，推动群众性科研活动的开展；要完善组织建设，增强学会战斗力。

省审计学会第四届理事会会长、副会长、秘书长名单：

会　　长：李高伟

副 会 长：陈光汉、蔡文强、任承彝、叶学东、杨书军、罗大玉、幸正国、刘亚芸

秘 书 长：李齐辉

1998 年，省审计学会被省社科联评为先进学会。省社科联推荐省审计学会派代表出席了 1999 年全国社会科学联合会工作会。

2003 年，省审计学会被评为“全省十佳先进学会”并受到省社科联表彰。2005 年省审计学会被省社科联评为全省先进学会。至 2005 年年底，学会有团体会员 57 个，会员 4560 余人。

第二节　内部审计（师）协会

内部审计（师）协会的前身是内部审计学会。1991 年年底，四川省已经建立内部审计机构 6520 个，配备内部审计人员 17730 名。进一步改进、提高、推动和发展内部审计，完善内部审计制度，组织内部审计人员开展理论研究和经验交流，促进内部审计的法制化、制度化、规范化，需要成立内部审计学会来发挥作用。

1992 年 6 月，省审计局局长办公会同意成立内部审计学会筹备组负责筹备工作。同年 10 月，省审计局向省民政厅提交《关于申请成立四川省内部审计学会的报告》。经过近半年的筹备，以及省民政厅的审批、注册、登记，省内部审计学会成立大会暨第一次学术交流会于同年 12 月在成都召开。省内部审计学会成立时，有团体会员 3079 个，个人会员 6924 名。省内部审计学会是研究内部审计科学的群众性学术团体。业务主管部门是省审计局，同时接受省民政厅社团管理部门的管理监督。学会秘书处设在省审计局内部审计社会审计指导处。

省内部审计学会成立前后，省内部分地区先后成立了相关学术团体。例如，成都市审计学会内部审计协会于 1988 年第 3 季度在成都无缝钢管厂召开成立大会，是将内部审计协会作为审计学会的一个分支机构。

1998 年，国务院机构改革及 2000 年地方政府机构改革，审计署及地方各级审计机关相继撤销了内部审计社会审计指导机构。其相应职责划归各级审计机关的经贸审计机构。有的地方审计机关在机构改革的“三定方案”（定机构、定编制、定职能）中没有保留这一职责。审计机关对各单位内部审计的日常管理、服务等工作通过内部审计社团组织进行。这些变化，对内部审计自律性管理提

出了更高要求。内部审计学会需要从学术性团体转变为自律性职业管理组织，实现职能、作用上的转变。

1999年底，省内部审计学会报经省审计厅同意，省民政厅2000年2月批准将“四川省内部审计学会”更名为“四川省内部审计师协会”（以下简称省内审协会）。因政府机构改革未结束，协会筹备工作暂停。2001年3月，省审计厅成立四川省内部审计师协会筹备组。

2001年8月，省内部审计师协会成立大会暨第一届理事会在绵阳市召开。省级有关部门、企事业单位、大专院校、各地（市、州）审计局等100多名代表出席会议。会议听取了省内审协会筹备工作情况报告，审议通过了协会章程，选举产生了第一届理事、常务理事、名誉会长、会长、副会长、秘书长、副秘书长，研究布置了协会的工作。中国内部审计学会向大会致贺信。

省内审协会章程规定，省内部审计师协会的业务主管部门是省审计厅，社团登记管理机关是省民政厅，协会依法接受省审计厅和省民政厅的业务指导和监督管理。省内审协会办事机构为协会秘书处，设在省审计科研所。秘书长为法人代表。

省内审协会是四川省行政区域内各单位和具有助师以上技术职称的内部审计人员自愿结成的全省性社会团体，是为各单位内部审计机构和内部审计工作者服务的自律性职业组织，是中国内部审计协会团体会员。

省内审协会的宗旨是：遵守《宪法》、法律、法规和国家政策，遵守社会道德和风尚；省内审协会的基本职能是“管理、宣传、交流、服务”，即对内部审计实行自律性行业管理，为内部审计机构和内部审计人员提供业务指导和开展各种专业服务活动，通过宣传、交流，扩大内部审计的影响，维护内部审计机构的独立性、权威性和内部审计人员的合法权益；促进内部审计队伍素质的提高。

省内审协会成立后，通过举办、协办培训班等形式开展内部审计人员业务培训，至2005年末共培训3650人。从2003年起，按照《中国内部审计协会关于印发〈内部审计人员岗位资格证书实施办法〉和〈内部审计人员后续教育实施办法〉的通知》的有关规定，在全省逐步实施“内部审计人员岗位资格证书”申办制度和内审人员后续教育制度。按照中国内审协会规定的条件，省内审协会2003年向全省3000余名内部审计人员制发了岗位资格证书。至2005年末，累计向全省1.2万余名内部审计人员制发了“内部审计人员岗位资格证书”。省内审协会每年开展各单位内部审计机构、内审人员基本情况统计调查，掌握全省内部审计的总体情况和动态，以便对内审机构实行分类管理和指导。

自2001年起，协会承担一年一度的国际注册内部审计师（简称CIA）资格考试四川考点考务工作，至2005年底已有2066名考生报名参考，其中通过考试并取得国际注册内部审计师资格证书的有307名。

2001年年初，受中国内部审计协会委托，省内审协会组织起草小组起草《中国内部审计具体准则第6号——舞弊的预防、检查与报告》，于同年7月完成初稿。经过中国内部审计协会组织的数次专题会议讨论修改，于2002年6月通过验收。中国内部审计协会于2003年4月发布《内部审计基本准则》《内部审计人员职业道德规范》和第1号至10号具体准则。自当年6月1日起施行。

2002年创办省内审协会《四川内部审计》会刊，至2005年底共编印11期，并同时承担每年《中国内部审计》杂志的发行工作。

省内审协会成立后组织参加和开展各类内部审计调研活动，并完成《四川省内部审计条例》（代拟稿初稿）等。

此外，省内审协会每年年初召开常务理事或理事会议，总结报告上年的工作，研究布置当年的工作；组织开展两年一度全省内部审计先进单位和先进个人评比活动，开展三年一度全国内部审计先进单位和先进个人的评比活动；开展全省优秀审计论文评比活动和内部审计理论研讨与经验交流活动，组织和推荐有关单位参加全国性内部审计研讨暨经验交流会；每年与省外内部审计协会进行交流互动。

省内审协会成立至2005年底，有理事单位即团体会员152个，市级协会10个包括自贡、内江、宜宾、德阳、绵阳、雅安、遂宁、乐山、眉山、达州等，行业分会3个（地矿分会、信息产业分会、监狱管理局分会）。

省内部审计师协会第一届名誉会长、会长、副会长、秘书长名单：

名誉会长：李高伟

会　　长：程智钰

副 会 长：董玉良、袁孝康、伍幼成、蔡春、范秋美、冯光兴、魏必南、侯卫民

秘 书 长：李齐辉

2003年11月，省内审协会第一届理事会第二次会议在成都召开。会议作出传达贯彻审计署第4号令的部署，听取、审议了协会两年来的工作报告，讨论并原则通过《四川省内部审计师协会团体会员管理办法》和《四川省内部审计师协会会费管理办法》。会议审议通过增补理事9名、更换理事22名、增补和更换常务理事12名，选举省审计厅副厅长程智钰为协会理事、常务理事、会长。

第三节　注册审计师协会

四川省注册审计师协会，其前身是四川省社会审计协会。四川省社会审计协会是根据《中华人民共和国审计条列》和《审计署关于社会审计工作的规定》，经省经济体制改革委员会1990年4月《关于同意成立四川省社会审计协会的批复》批准成立，1991年经省民政厅注册登记并公告。省社会审计协会是四川省各审计（师）事务所和注册审计师（1994年前为“执业审计师”）自愿组成的行业性和专业性的社会团体，在省审计厅指导和监督下开展工作。其宗旨是：加强各审计事务所之间的联系和业务合作，团结全省注册审计师和其他社会审计工作者，正确执行各项法律、法规和规章制度，遵守职业道德，提高审计事务所的业务水平和工作质量，促进全省社会审计事业的健康发展。

至省社会审计协会成立时，全省已有经过各地编制部门同意并报经省审计局批准组建的具有独立法人资格的审计事务所近170个，遍布全省21个地（市、州）和145个县（市、区）。仅1989年，全省各审计事务所接受各级审计机关或其他部门、单位委托，办理审计查证、咨询服务43900多项，审计查证总金额190多亿元。

省社会审计协会每届任期4年，其领导机构为理事会。第一届理事会发展团体会员164个，理事会理事65名，个人会员1300多人。下辖四川省川南社会审计协会和乐山、自贡、宜宾、泸州、内江5个分会。

省审计局、省社会审计协会每年都要制订对审计师事务所从业人员的培训计划。按照审计署提出的48小时强制培训制度，不参加培训的人员年终不予以年检注册的要求，省社会审计协会每年举行全省性的审计事务所所长、从业人员培训班3—4次。经济较发达的地（市）和审计事务所较集中的重庆、成都、绵阳和川南社会审计协会，每年都要举办多期培训班，省审计局和省社会审计协会在师资和经费上给予支持。为开展培训，省社会审计协会邀请专家编写了《承包经营责任审计》《经济责任审计》等系列教材。

省社会审计协会成立后，根据《中华人民共和国审计法》和国家有关社会审计工作的方针、政策、法律、法规和规章，配合国家审计机关，先后与省政府集体经济办公室、省国资局、省农牧厅、省总工会、省计委、省建委、省建行等有关部门和单位联合行文，将一些社会审计业务范围明确下来，在全省范围内开展对集体经济组织的审计监督、基建工程预决算验证、工会经费审计等项业务，拓宽了社会审计的业务领域和范围。随着市场经济的深化和改革开放的深入，业务量逐年扩大。在此情况下，省审计厅（局）、省社会审计协会及时对审计事务所加强监督，注重审计业务质量，坚持服务、质量、信誉三个第一。

省社会审计协会还创办了会刊《社审资料》，共编辑印发了220期近50万字，供各级政府领导和审计机关、审计事务所参阅，并与省外社会审计协会和审计机关进行了交流。

1990年省社会审计协会在成立川南社会审计协会、自贡、内江、宜宾、凉山州、乐山5个地（市）分会的基础上，建立了绵阳、广元、万县、雅安4个市、地的联络处。协会配合省审计局研究和草拟了《四川省社会审计工作条列》，几经修改后提交省法制局审查。接受省审计局委托，召集部分常务理事和省有关部门参加，研究修改了《四川省社会审计组织财务管理办法》和《审计事务所业务收费标准》。

1991年6月，省社会审计协会第一届理事会第二次会议在成都召开。全省各地（市、州）、县（市、区）的理事和代表100余人出席了会议。会议认为，协会团结全体会员认真贯彻审计署提出的“总结经验，巩固提高，稳步发展”的社会审计工作方针，不断拓展社会审计工作领域，努力发挥社会审计协会的桥梁、纽带和协调作用，打基础，办实事，为配合、协助审计机关加强管理指导，促进全省社会审计事业的健康发展做了积极的工作。会议要求，在全省社会审计组织内开展以“优质服务、优良作风、优化管理”为内容的“三优”活动。要端正服务方向，遵守职业道德。要重视人才的开发和培训，要加强信息、经验的交流与传播。不断开拓社会审计新局面。

1993年2月，省社会审计协会召开第一届理事会第四次会议。同年8月，根据省审计局要求各审计事务所对近年完成的各项业务的质量等方面全面进行自查自纠的通知精神，省社会审计协会和设在各地的联络处配合审计机关对所属社会审计事务所进行了全面检查，对发现的问题进行了坚决纠正。省社会审计协会参与制定全省性社会审计工作方针和“八五”发展规划，制订行业工作规范和职业道德标准，协调会员之间、会员与其他有关方面的关系，维护社会审计信誉和会员的正当职业权益，组织交流工作经验等。协助审计机关参与全省注册审计师的评审考核工作，其核准注册审计师1237名。

1994年经省民政厅批准将四川省社会审计协会更名为“四川省注册审计师协会”。同年7月，省注册审计师协会召开第二次会员代表大会。会议就贯彻落实《注册会计师法》，就注册审计师的注册会计师资格审核认定、经认定具有注册会计师资格的注册审计师开展注册会计师业务和对在审计事务所工作的注册会计师的管理等工作进行了讨论和安排部署。会议选举产生了第二届理事会。会议指出，按照有关法规规定，协会要逐步过渡为自律性的管理组织，负责审计事务所日常管理工作，并讨论了协会自律性管理职能。至1994年年底，经省审计局批准，共组织审计事务所所长80余名赴东南亚考察学习，借鉴国外民间审计的做法和经验，初步探索社会审计与国际惯例接轨的问题。

1995年5月，省注册审计师协会与省经干院联合举办中加（加拿大）社会审计国际研讨班，参训人员250多人。

1996年12月，按照《财政部、审计署关于中国注册会计师协会、中国注册审计师协会实行联合的有关问题的通知》的规定和要求，省财政厅、省审计厅联合发出“两会”实行联合的通知，省注册会计师协会、省注册审计师协会正式实行联合。联合后的省注册会计师、省注册审计师协会统称“四川省注册会计师协会”，由省财政厅管理，省审计厅监督。

1997年7月，召开省注册会计师协会全省特别代表大会。会议审议通过了协会新的章程和《四川省注册会计师事业发展“九五”计划和2010年远景规划》以及《四川省注册会计师协会关于加强行业管理，大力提高执业水平的决定》，选举产生了新一届四川省注册会计师协理事会，选举了会长、秘书长（法定代表人），完成了“两会”的联合工作。

联合后的省注册会计师协会是全省的注册会计师和事务所的行业自律性社会团体，是受政府委托和法律授权行使部分行政管理职能的行业组织。其宗旨是：服务、监督、管理、协调。即：为注册会计师、会计师事务所、审计（师）事务所，为社会主义市场经济服务；监督注册会计师和会计师事务所、审计（师）事务所的执业质量、职业道德；依法管理注册会计师行业；协调行业内、外部关系，维护注册会计师和事务所的合法权益。

省社会审计协会第一届理事会秘书长以上人员名单：

名誉会长：吉福仓

顾　　问：毛伯林、王宏坤、王潮源、乔梓荣、陆树玉、郭恩良、黄工乐、程棣华

会　　长：阎承涛

副 会 长：尹从贵、王永富、刘孝扬、李平、吴应熊、陈康祥

秘 书 长：刘孝扬（兼）

省注册审计师协会第二届理事会秘书长以上人员名单：

名誉会长：蒲海清

会　　长：董玉良

副 会 长：刘孝扬、余敏、陈文华、陈勇、伍幼成

秘 书 长：罗孝银

第十三篇　审计署驻成都特派员办事处审计

1988年12月，审计署驻成都特派员办事处（以下简称成都办）成立并正式办公。四川省、成都市审计局中央单位审计处成建制调入成都办。自此，中央所属驻川单位、四川省级财政及法律规定的其他事项的审计监督职责由成都办履行。

第一章 财政审计

第一节 财政收支审计

1989 年、1990 年，派员参加审计署财政司对武汉市、成都市财政收支审计。

1991 年，开始独立开展财政审计。当年在重庆市财政收支审计中，对该市预算外自行增设专项基金，减免税收资金不足等情况进行调查，形成调查报告报送审计署。

1992 年，对云南省、山西省开展财政收支审计，发现预算内外收支管理不规范、漏缴“两金”，执行税收政策不到位、违规减免税收、截留中央收入等问题。

1993 年，审计重庆市 1992 年度市级财政收支。查出违纪违规资金 4635 万元。主要是：减免区县级集体、国营企业产品税、增值税、营业税 3 万—5 万元/户、2 万元/户，私营、个体户流转税减免权下放区县，以及免征所得税 207 万元；兼并补偿款 2500 万元返还被兼并方主管部门用于修建大厦；财政缓交“两金”1928 万元等影响国家财政收入问题。审计署出具审计结论和决定予以纠正。

1994 年，审计四川省 1993 年度省本级财政收支。发现建立公路货运、交通建设、电信地方建设附加等预算外专项基金 11 项，1993 年征收 68088 万元；提高电建基金、铁路分流运费（5 厘/千瓦时/吨公里），扩大征收 35223 万元；1993 年将应纳入支出预算管理的财政拨款从收入中退库 1432 万元并分拨；将应交所得税抵应拨建房补助金等问题。共查出违纪违规资金 104743 万元。审计署出具决定责成纠正。

第二节 财政决算审计

1995 年，开展四川省 1994 年度财政决算审计。查出违纪违规资金 95366 万元。主要是：2 家企业 1994 年按 15% 计提所得税，少提 1608 万元；挪“养老”“待业”保险金 3127 万元用于基建和房地产经营；违规列支、挪用养路费和车辆购置附加费 5853 万元；自设电力价格调节基金等预算外专项基金 13 项，1994 年增收 84778 万元。审计署出具决定责成纠正。

1996 年，受审计署指派，审计上海市 1995 年度财政决算，查出违纪违规金额 116365 万元。审计署出具审计意见书，对越权减免股份制全资子公司所得税 1745 万元，要求 1997 年 3 月底以前补交入中央金库；对市财政欠交 1993 年股票认购申请表收入中央分成 37854 万元，要求 1996 年结算时上缴中央财政；对违反税法暂免 1032 家企业所得税 11082 万元，要求 1997 年起按国家规定执行；对企业所得税按15%税率征收，所抽查的40户上市股份制企业，省交所得税34903万元，责成纠正，要求1997年按国家规定执行；市财政局未按规定将行政单位收取的企业注册等行政性收费纳入财政预算管理，抽查9项达30781万元，责成纠正，要求1997年起按国家规定执行。该项目审计后，审计署就上海市财政局税收退库、罚没收入挂其他暂存户等问题通报全国审计系统。

1997年，审计浙江省1996年度本级财政决策，查出租赁公司1996年250万元所得税未调入中央金库；省地税局按15%计征4家企业所得税，省征2193万元；通过“国营企业计划亏损补贴”科目办理退库，1996年退库拨地方税务局经费13980万元；累计所得税退库6563万元；省大检办1996年分成25万元；财政厅1996年决算前将大检查分成等等款1254万元挂预算暂存；应收未收基建“拨改贷”本息14863万元；以前年度预算内中央专项拨入的粮油加价款包干结余列报支出后，转入“预算外—××”科目，1996年累计3695.45万元等违纪违规金额24823.54万元。审计署出具审计决定责成纠正。

第三节　财政预算执行审计

1993年，开展四川省1993年1至8月财政预算执行情况审计。成都办出具《审计意见书》，就企业流转税纳入承包，1992至1993年减少财政收入8546万元；将省级部分税收减免权下放16个地（市），且个别市下放到县问题；越权违规减免金融性、流通领域公司和旅游商品生产企业所得税及小化肥产品税问题；财政信用资金和预算外专项基金提高标准扩大范围征收，以及自行增设23项基金，且使用投向欠妥、管理欠严、核算不够规范等问题，要求按规定纠正、改进。

1994年，审计重庆市1994年财政预算执行重点是新税制执行情况。查出违纪违规资金9708.40万元。主要是：市税务局以抵减欠税和退税方式减免13家企业流转税1627.4万元，豁免2家企业欠交增值税191万元和378万元；抽查6种专项基金，均未经国务院和财政部批准，通过价外加价、税金附加等方式征收，仅“交通重点建设附加费”1994年1—8月征收7512万元等。

第四节　国家金库审计

1996年，按审计署统一安排，审计中央国库四川分库和重庆分库1996年1—9月办理中央预算资金收纳拨付情况。审计署出具《审计意见书》，对四川省分库1995年延压长达10至20天；重庆分库延压3.04亿元；建行大渡口支行经收处部分收纳税款未当日划转支行；重庆巴南区支库185个工作日仅报解46次；四川分库在信托投资公司另设账户，用于收纳解缴印花税及罚款等；重庆分库大渡口区支库滞、补、罚收入划入区级国库；四川分库越范围所得税退库72.41万元；重庆分库江北支库办国税局补提3月奖金退增值税28万元，沙坪坝支库按财政专员办批复退增值税132.86万元；四川分库缴款书第三联大多数无收讫日期印章等问题，责成纠正。

1997年，审计中央国库四川分库1996年10月至1997年9月办理中央预算资金收纳拨付情况。对广元元坝区、成都双流县支库报解不及时，省分库经收处不按时限划转，税收征收过渡户解库不及时；绵阳、成都武侯区、宜宾翠屏区共计128.47万元调入地方金库；旺苍、宜宾、绵阳游仙区支库违规退库；绵竹、自贡收纳过期税票，造成少征税款滞纳金100万余元等问题，提出处理意见，以《审计报告》报审计署。

1998年，审计中央国库重庆分库1997年10月至1998年9月办理中央预算资金收纳拨付。成都办《审计决定》纠正违纪资金19335万元。主要是：渝中支库违规以汇总方式更正预算收入16245万元；渝中、江北支库划入地方库2742万元；渝中、沙坪坝、江北库应退未退校办福利企业退库；开发、江北区库提取个人所得税入库10%经费348万元。

2000年，审计中央国库四川省分库办理2000年预算资金收纳、划解和退付。成都办出具《审计决定书》《审计意见书》，对普遍设过渡户延压税款；成都、温江将应缴中央240.18万元所得税交地方库，违规退税219.9万元，亏损补贴375万元未给原单位；德阳库在企业未少缴税款102.36万元情况下办理退税，应缴款单位入库搞错；成都库将市级收入更正为区级收入，收纳税票存在不规范等问题，责成纠正。

2001年，据审计署通知，审计中央国库重庆市分库办理2001年预算资金收纳、划解和退付。次年，审计署出具《审计决定书》《审计意见书》，对普遍延解、占压税款；将“一般外国企业所得税”163.87万元缴入市级库；沙坪坝库手续费退库却全额退库；渝中、高新、沙坪坝区库无依据退库共2805.83万元；少数支库未按规定使用税收缴款书；部分支库违规办理汇总更正和代办更正事项；高新、涪陵支库与征收机关账账不符；混淆入库科目；受理不规范税收缴款书等问题，责成纠正。

第五节　国债专项资金使用情况审计

2000年，对重庆市1999年国债专项资金管理使用情况进行审计。查出违纪违规资金27001.18万元，并建议查处严重违招投标制行为，规范建筑市场。主要问题是：南岸区出借国债项目资金2350万元；南岸滨江指挥部、上界公司等购车、购办公用房、项目外拆迁开支及材料差异未冲成本等1963.18万元；江北超提管理费、为外单位人员开支等98万元；渝丰公司给违章建筑补偿、无据支付及材料差异未冲成本等1439万元；鹅公桥工程、滨江路主要材料采购未招标；2000年8月底尚有16151万元未拨至项目建设单位；上界公司将交通部投入的上界高速路资本金5000万元作为市高速路发展公司投入的资本金，江北滨江投资公司虚列支出5000万元。次年，审计署出具审计决定和意见书，责成纠正。该项目，成都办向审计署报送国债重点建设项目为高尔夫球场让道，将造成增加投资和损失浪费1亿多元；将国债重点项目银行贷款1.16亿元用于购汇并汇出境外两份专题报告。

2002年，审计四川省国债专项资金管理使用。查出违纪违规资金39596.17万元，以及未招标、委托不符代理资质单位代理招标、与中标单位签订合同价高于中标价；违法转包、分包；虚报工程款、超概算、搞概算外工程；未设专户核算，财务管理不规范；地方配套资金不到位或将土地作价、免收过桥费等抵作配套费，虚列配套费；工程立项、可研，甚至初设、概算无批复；白条入账等问题。审计署出具审计决定和意见书予以纠正，并要求对有关问题组织查处、追究责任。违纪违规资金主要是：用国债资金置换已投入的其他建设资金480万元；挪用国债专项及补足金等1371.76万元；为他单位购车、青苗补偿费、他单位奖金、概算外大量购车等列入项目成本共3718万元；多付、多报销工程款707.22万元；擅自变更设计等，造成增加投资和损失2.15亿元；国债资金滞留、闲置8309.7万元；出让污水处理厂一期工程经营权收入及息3509.49万元未作预算收入而挂“暂存款”等问题。审计建议：加强配套资金管理，保证及时足额到位；加强项目前期准备，严格执行基建程序；采取有力措施，加强岷江、沱江防洪工程建设管理；加强部门间衔接和投资完成额审查，避免资金滞留闲置；完善项目财务稽查制度，严肃查处，确保资金安全。

第六节　国税、关税征管审计

1994年，开展成都海关1993年关税及代征税征管审计。查处违纪违规资金2365.92万元。主要是：逾期保证金未转税缴库274.14万元；免税多核219.67万元；多免150.11万元；无国家计委批文免征进口物资关税、增值税1722万元。

1995年，按审计署要求，审计重庆市国税局1994年度中央税收收入预算执行和四川省国税局系统1995年度中央税收收入征管。纠正违纪违规资金39039万元。其中，重庆市国税局存在问题主要是：大渡口国税局未对重钢1993年欠交增值税29138万元进行清算。庆铃公司账列增值税5479万元却未征收；1994年4月以来未购增值税专用发票而以材料销售清单作销售凭证；更名未办登记等。批准“暂缓”的电业局代征费应交增值税1854万元。应交国税而由地方税务局征收入库所得税77万元。四川省国税局存在问题主要是：3家企业未缴增值税193.2万元。温江嘉泰厂无入出库凭据按组装车价款开据发票涉嫌虚开。未代收代缴组装应税进口小车消费税1411万元。双流热缩制品厂少交中央金库所得税887万元。

1995年，对重庆海关1995年度关税及进口环节税征管审计。成都办《审计决定书》：对中港合资基良公司外方经理以自带名义购免税车2辆列账和中外合资嘉陵本田公司购车2辆（重庆海关批准免税进口）实为代购等问题，责成依法及按有关规定清理纠正。

1996年，审计重庆海关1996年关税及进口环节税征管。查出少征关税等93604万元。主要是：进口汽车散件、电梯等关税42570万元、进口环节增值税51034万元；10家企业15本进料加工《登记手册》过期未核销未办展期手续。审计署出具《审计意见书》责成纠正，并要求从1997年起严格按国家规定执行。

1996年12月至1997年1月，审计四川省国税系统1996年度中央税收收入征管。查出巴中、绵阳，资阳、眉山、涪陵越权减免缓所得税；乐山、眉山所得税全额缴入地方金库；眉山县违“先征后返70%”规定，直接按30%征收入库增值税；乐山、眉山、宜宾共漏征增值税404万元；部分地方有税不征、分局设过渡户，占压缴库时间最长达302天等问题。审计署出具《审计意见书》，责成纠正、补征。要求1997年起按国家统一规定执行。

1997年，审计重庆国税系统1997年度中央税收收入征管。查处违纪违规资金67733.8万元，并提出完善消费税政策，保护消费税税基，加大清欠力度防止国家税款流失，加强各类投资性公司税收征管，统一代征手续费提退规章制度，规范国税部门账户管理等4条建议。主要问题是：部分企业、国税机关报表少列企业欠税34792.1万元；少数企业实现税款未足额征收、2户缓交挂账共1438

万元；享受新增税赋按月预退5户外商投资企业采取不征不退办法；少数国税部门征管力度不够、缓税审批过宽，有数可算金额31503.7万元；一些基层重复和扩大计提代征收续费等。

1998年，审计成都海关1997年至1998年10月关税及进口环节税征收和减免情况、保税货物监管。查处违纪违规资金681.28万元，以及合资企业进料加工，部分成品内销未补税；合资企业进料加工手册到期未核销或展期，办册人及手册失踪；未核销超期进料加工手册，进料加工手册到期加工料未成品出口等问题。违纪违规资金是：凭保函放行部分进口设备，少收保证金313.12万元；违规减免税款368.16万元。

2000年，按审计署统一安排，审计四川省国税局中央税收收入征管。审计署出具审计决定和意见书。《审计决定》纠正：增值税：核算不实，涉及44288.91万元；违规办理缓税，涉及28123.09万元；应征未征17399.67万元；泸州局违规退税300万元；违规征收“过头税”2321万元；对价外收入漏税监管不力，少征3435.49万元；违规提退代征代扣手续费486.87万元。消费税：乐山、泸州等受地方政府干预等，应征未征、少征消费税等4626.5万元。混淆征管范围和入库级次，影响中央税收389.11万元。成都、泸州、德阳等设过渡户，划解不及时。《审计意见书》纠正：成都局流转税处“一般纳税人资格证”收入、乐山局及部分下属财务收支213.4万元未纳入统一核算；德阳局出资15.83万元购联络室用刑勘车，未入库建账。

2001年，据审计署通知，与重庆市审计局共组，审计重庆市国税系统2001年度税收会计统计核算、税收征管及政策执行情况。次年6月，审计署出具审计决定和意见书。《审计决定书》处理、纠正：未征、少征中央税收23153.67万元；违规办退税影响中央收入122.1万元；违规征“过头税”5598万元；将一般纳税人企业按小规模纳税人征收；违规批缓交，涉及61071.27万元；稽查决定未落实，查补税款及罚款828.51万元未入库；违规提退代征代扣手续费324.94万元；税收会计核算反映不实；混淆征管范围和入库级次，影响中央收入242万元；设过渡户，延压税款；未按规定将“两费”收入89.68万元缴入中央金库。

《审计意见书》纠正：渝中区国税局税网生成报表数据不准确；直属分局会计报表未能反映正大公司应征和减免税金；开发区国税局未纠正企业低价销售逃消费税，少计消费税217.9万元；高新区国税局将合资企业所得税12.22万元缴地方金库；涪陵区国税局多征烟厂消费税、增值税1191万元；涪陵区国税局对4家企业税款超期入库应收未收滞纳金；渝中区国税稽查局对芬迪等3家公司稽查时，作出处理决定前，将税款解交入库；渝中、经开区国税稽查局稽查华采等3家公司，下达处理决定后，税款未在规定期限入库；九龙坡、长寿县国税局将提取的手续费共129.31万元用于弥补机关经费；高新区、渝中区、长寿县、沙坪坝、九龙坡区稽查经费、收入、办案补贴、纳税保证金等共1269.67万元未纳入财务统一核算。

2002年，审计成都海关。次年，审计署出具审计决定、意见、建议书。《审计决定书》和《审计意见书》责成：以“种用”名义减免观赏野生动物关税及进口环节税609.5万元。2003年3月底前追征入库。绵阳机场将国外贷款免税进口设备出售未经核准和补缴关税。抓紧立案调查，查处情况速函告成都办。欠税129.25万元。2003年3月底前追缴入库。未征关税及进口环节税18.66万元。纠正，2003年起按国家统一规定执行。中期核查和后续监管不严，且同意未补税款以破产财产申报，将损失国家税款160.59万元。吸取教训，进一步加强加工贸易保税货物监管。处罚中标商擅自出售设备，未按折旧后的完税价格补征关税和进口环节税52.5万元。鉴于完工标商撤离出境，正常补税核销困难，应纠正，2003 年起按国家统一规定执行。2001 年 7 月 30 日向赛场星澳牛业公司出具《海关处罚决定书》罚款未补征进口环节增值税 47.62 万元。纠正，2003 年 3 月底前追缴入库。手册超期，涉及关税及进口环节税 11.28 万元。2003 年 3 月底前追征入库。手册成品以一般贸易出口，未催核或核销，也未移交调查部门处理；加工贸易手册剩余铬矿 759.7 吨作内销补税处理未征缓税利息等；至 2002 年 4 月底，尚有超期未核销手册 34 本；抽查 40 本核销结案手册和 10 家企业加工贸易手册发现，均无中期核查和核销时下厂核查记录，下厂核销率较低；绵阳海关监管仓库出借使用；监管的公司将保税进口料件与一般贸易件混放等问题应予纠正。所属自贡、绵阳办房屋出租及招待所收入未纳入财务统一核算。纠正，2003 年起按国家统一规定执行。《审计建议书》要求：进一步加强减免税业务管理和免税设备后续监管、加工贸易核查核销；严格执法。

第七节　专项审计和审计调查

1991 年，按审计署通知，调查重庆市预算外自行增设专项基金和 1990 年减免税收解决资金不足等情况。报审计署《调查报告》：

预算外自行增设专项基金调查报告：重庆市自行增设属国家规定外的专项基金共 9 种，1990 年底总规模 20396 万元（财政部门管理 8 种，1990 年底余额 1885 万元，其中扩大范围和提高标准 2 种。市计委所属市建设投资公司管理 1 种，1990 年底余额 372 万元）。9 种基金的资金来源大致可分为 7 类，都存在不合规问题。如将应列预算内的价格补贴转入（占 30.3%），价外加价收入转入（占 26.2%），财政收入退库或减免税转作（占 19.9%）等。基金使用基本符合产业政策，但效果不佳。一是投资效益不好。二是搞计划外建设项目，助长了计划外固定资产投资规模增长。三是相当一部分贷款长期不能收回，影响基金的周转。同时，基金计划管理也存在不够严密监控偏松的状况。为此，审计建议：应严格预算外基金的审批权限控制基金的种类和规模，保证“两个比重”的提高。财政预算外专项基金应当逐步纳入财政管理体系，保证财政预算内外和信贷的综合平衡。进一步加强预算外基金管理，强化财政的监督职能。

1990 年减免税收解决资金不足问题调查报告：重庆市税务局 1990 年度越权违规和扶持性减免各项税规模为 7453.1 万元（流转税 6381.4 万元，占 85.6%，所得税 1071.7 万元，占 15.1%）。其中突出的问题是用于企业技改拆迁还建工程资金不足和违规还贷 6794.3 万元，占 91.16%。形成越权减免的主要原因，除老工业城市的具体情况外，认识偏差、税收职能和政策解释不够严密，各地相互影响和上级政府、部门出台一些免税政策关系甚大。审计建议：严格按税收管理体制行使减免权限。约束需求过度，税收不应参与国民经济再分配。改革减免税管理体制，统一税负，避免再分配多元化。

1993 年，受审计署指派，审计和调查四川省 1993 年 1 月至 8 月财政预算执行情况。发现：四川省经济发展较快，企业实现税利增幅高于全国平均水平，财政收入有一定增长，支出坚持保压原则，基本保证了重点建设和各项事业发展需要。但财政仍然很困难。随着国家增支政策集中出台，县级财政困难还将加剧。1—8 月财政收入进展与经济增长明显不同步。为缓解困难，政府和财税部门在生财、聚财、用财方面做了大量工作，作了积极探索。总的来说执行财政法规是比较好的，但也存在一些违现行法规、严重削弱预算收入导致失衡的问题。一是税收减免不当及其权限下放问题。延伸审计发现：某大型企业经批准的自1992年始10年期承包，仅1992—1993年就减少应缴流转税8546万元；经批准获减免权限的16个地（市）中的4个市，1993年1—7月就行权批准减免302家企业流转税8505万元。此外，金融性公司、流通领域公司和旅游商品生产企业所得税及小化肥产品税亦获违规减免。二是财政信用资金、预算外专项基金，存在提高标准、扩大范围、自行增设和投向不尽合理、管理不太严格、核算不够规范问题。审计组针对问题，提出了相应的意见和建议，形成《审计和调查意见》报审计署审核后，11月送达四川省人民政府。

1995年，按审计署通知要求，审计重庆市国税局1994年度中央税收收入预算执行，同时对全市欠交中央税和共享税情况作专项调查。发现1994年重庆市强化征管、积极清欠，超额3.11%完成两税入库目标。但欠税情况依然居高不下，且日趋严重。重钢、嘉陵等10家企业1994年末累计欠“三税”107635万元，相当于该市1994年工商税收入库数的19.34%。欠税的原因，一是地方政府行为不规范。二是部分银行和企业主管部门不按规定办事。三是一些企业税负陡增，如兵工企业所得税从0到33%。四是税务部门征管执法力度不够。审计建议：减少行政干预，优化征管环境；银行积极配合财政；税务部门强化工作，制定清欠责任制；税收工作纳入部门和领导者业绩考核。调查报告次年3月报审计署。

同年，按审计署通知要求，审计四川省1994年度财政决算。同时调查全省1994年度财政支农资金筹集使用管理及1994年度省财政决算赤字情况。两个专题调查报告11月报审计署：

支农资金调查报告：由于四川财政困难，1994年支农支出形成负增长。主要的问题是筹集不足、使用不当和管理不善。对此，审计认为，保证资金及时足额到位，坚持“专款专用”和加强管理等是关键。

财政决算赤字调查报告：四川存在赤字面广、净结余赤字大、持续时间长、支出挂账多、消化难五大难题。产生的原因，根本是经济发展滞后且地区间发展极不平衡，省本级掌握的财力少，调控能力明显不足；加之自求平衡意识不强，“等、靠、要”思想较普遍，财税管理漏洞多、收入流失，列报失真，以及财税体制改革中出现一些新情况新问题等。审计组对赤字造成的危害作了剖析后，提出了4点建议。

同年10月，调查四川省国税局1995年1—9月中央税收收入征管情况。发现，收入较去年同期增长23.38%，但存在征收进度缓慢、行政干预、法规执行不到位、征收力度不够并部分税款流失、企业避税偷漏税等问题；新税制运行也反映出治税环境需进一步改善，依法征税与税收计划、财政返还基数的矛盾应逐步解决，消费税避税，所得税规定应进一步完善等问题。

1996年年底至1997年1月，按审计署通知，在四川省国税系统1996年度中央税收收入征管情况审计中，对开设账户问题作专项审计。发现24个市（地）县（市）开户312个。较普遍存在过渡户占压税款、会计基础工作较差，甚至账外开户问题。这与国税部门自身法制观念、部门保护意识、金融部门开绿灯有关。审计建议，在清理整顿基础上制定账户管理法规。《审计报告》次年2月报审计署。

1998年9月，据群众电话举报，对重庆市长寿县国税局有关问题作专项审计。出具《审计决定》《审计意见书》：将增值税混入个人所得税198.14万元，于1999年6月底前调库。1997年多提代征手续费77.86万元，1998年1—9月多提94.38万元，按共享税和地方税提取比重分别缴库。责成清理、认真纠正，严肃批评、处理责任人。

2000年4月，据审计署举报中心转查举报材料内容，调查重庆振兴汽车配件经营部状告重庆江北区国税局一案（重庆市高级人民法院2000年3月20日已终审判决）。报审计署《调查报告》称："总的来看，我们认为上述依法作出的判决是正确的"。

同年4月，按审计署要求，调查成都市1997年至1999年本级财政可支配财力情况及城建资金收支。调查结果：

财力：市本级三年预算内可支配财力分别为299165万元、339766万元、385934万元；三年的城市维护费类支出分别为38278万元、30156万元、25437万元。呈收入增长快、支出需求特别是城建需求压力大。预算外收入规模基本持平预算内，三年分别是167984万元、184544万元、221642万元。1999年年末，政府债务达360113万元。主要是国外贷款和国债转贷等国内债务。

城建资金：三年累计收入417264万元，支出368752万元。收入主要源于税费、中央补助及地方转贷、自筹等，支出主要用于基建、重点维护、事业费等。1999年年末，城建国内负债145260万元，国外负债5148万元。城建资金存在缺口大、贷款使用与承诺相悖等。《调查报告》6月报审计署。

同年4月，据审计署举报中心转查三封群众来信内容，组织调查。调查结果：纸业公司挪用1362.8万元用于还借款、工程等，财政部2月下旬已稽查。乐山市政府3月5日已通报批评、处分个人。3月17日，纸业公司已借款归还1362.8万元。建议：有关部门加强国债资金管理。天保工程转贷资金县长负责专人管理；对原县长参与赌博、敛财，若属实，应严肃查处，无证据，则做好举报人思想工作。《调查报告》报审计署举报中心。

2000年5月，调查眉山、雅安地区和凉山州国税局该时段中央税收收入征管情况。报审计署《综合调查报告》：三地（州）1999年完成税收收入14.65亿元，"两税"入库11.45亿元，均呈小幅增长。发现10大主要问题：税收会计核算不规范，少反映应征及欠税，涉及24795.35万元；征收不及时，缓税不规范，涉及2857.66万元；调节税收收入进度，涉及660.91万元；少征漏征，涉及2223.38万元；混淆征管范围和入库级次，影响中央税收385.18万元；变通执行税收政策、违规退库，涉及27.86万元；增值税滞、补、罚收入4.39万元违规缴入地方金库；超范围计提代征代扣收学费142.34万元；设置过渡户，延压税款；部分核算不实。产生问题的原因：单纯的税收管理体制不适；部分企业因市场疲软、效益滑坡、资金周转困难，导致欠税。建议：进一步巩固完善税收会计制度改革；改革所得税收入归属划分，增强税收调控力度；加强征管。

2002年1月，据财政部、审计署等5部委《通知》等，检查重庆市2001年度所得税入库情况。发现：2001年地方企业所得税入库呈"高开、低走、大幅走高"势。原因有三：一是国家积极财政和西部大开发政策促经济增长；二是加大清欠力度；三是加强税收检查规范征收行为。同时，发现主要情况：一是预算级次和预算收入科目错误，增加地方企业所得税514.63万元。二是超征税款1305.26万元。三是征收2001年以前欠税7076万元。四是空转税收1756.51万元。五是融资损失等1318.73万元。六是将其他地方税种混如个人所得税科目200.33万元、征收以前年度个人所得税欠税663.51万元。七是中央企业所得税欠税2297万元未入库。审计建议：加强基础工作，强化征管，应收尽收，均衡入库。以上内容的《专项检查报告》2月报审计署。5月，按审计署财政司通知，对特指问题进一步确认后，向财政司报《关于确认重庆市2001年地方所得税入库情况检查中财政注入资金缴企业所得税（有税源）情况》。

同年11月，受审计署指派，调查四川省部分县（市）2001年度财政收支状况。《调查报告》2003年1月报审计署。并出具《审计建议书》送达犍为县政府：建议县纠正并收缴越权减免国家税金27.8万元；对县水利局土地出让收入纳入财政预算，实行收支两条线管理；清理已签《施工承包合同》，重新补签合法合同；审核东门河堤工程决算和价款结算，国有资产流失的，究责；今后加强国债项目和土地出让管理，严按规定执行。

2003年5月，据审计署统一组织审计项目计划，调查成都市2000年至2002年政府财力和城市基础设施建设资金等状况。11月报审计署的《调查报告》：全市经济发展质量和效益逐年提高，利用外资增强，外贸出口水平较高；固定资产投资特别是房地产开发明显加快。市本级三年一般预算和基金预算收入年增长15%以上，预算外收入因逐渐纳入预算内管理呈负增长；可用于建设性财政收入三年共137.02亿元，2002年投资增幅达21%；政府负债本金118.92亿元，有充足的偿债能力；三年城建资金收入65.76亿元，支出6142亿元，资金来源地方投入和银行贷款比重为4：6，延伸调查20个建设项目发现存在初步设计概算不完整、资金来源不够具体或螺栓、未严格执行基建会计制度、工程档案管理混乱等问题。同时，《调查报告》还对市本级财力未来主要增长情况作了分析。

7月，受审计署指派，调查四川省2002年预算编报情况、财政部批复2002年决算和办理各项结算情况、2002年和2003年1至6月中央补助地方支出资金的分配管理使用情况、2002年和2003年1至6月社会保障资金的筹集管理使用情况、2002年和2003年1至6月部分县（市）财政支农资金和基础教育经费管理使用情况。12月报审计署《调查报告》：四川省中央补助呈上升趋势。中央补助因规定不编入地方年初预算，下达较晚，部分财力性补助又以专项拨款下达，以及对地方财政报人大预算项目无统一要求等原因，导致了地方预、决算不准确、不完整和结转结余及净结余不真实。四川省在分配使用中央专项补助金上也存在工作经费超标、违方案分配和个别县用以代交所欠农业税，甚至挂暂存款等问题。中央补助财政部门自身经费也存在用于非财政部门，延伸资金他用，中央专款在分配形式和预算年度上存在随意性等问题。审计建议：制定法规制度，规范地方财政对上级补助收入的预、决算编报。加强地方各级人大审查监督。财政部增强分配的科学性和及时性，取消无政策导向、单纯照顾性补贴项目；统一规范和修改相关核算管理软件，弥补现有缺陷。对地方增加财力性补贴，减少专项拨款补贴。

8月，受审计署指派，调查四川省2002年至2003年9月税收征管质量并延伸有关地市及企业。2004年1月报审计署《调查报告》：2002年，全省主要源于煤炭、电力、商业、机械、运输设备和房地产、服务、建筑等产业的税收实际收入，为计划的103.25%。2003年1—9月为计划的77.08%。调查发现的主要问题：

税务机关减免、欠税会计反映失真。抽查成都市两区2003年1—9月和一县2002年审批的征前减免发现，共少反映减免税4096万元。抽查49家企业2003年9月末，少反映27户欠税3.02亿元。

税款征收：有税不征或违规批准缓交。如成都两企业同期货币资金余额1亿元以上，却获批缓交；凭某烟草企业自编不真实的可用资金明细表审批审批缓税。欠税滞纳金征收不力。抽查49家企业，2002年入库以前年度欠税2.59亿元，仅收滞纳金4万元；2003年1—9月入库以前年度欠税3.58亿元，未征收滞纳金。征收“过头税”。抽查的49家企业2002年至2003年共被过头征收税款8588.44万元。什邡县地税局2002年多征德阳剑南包装公司所得税1550万元，为该企业应缴数7.6

倍。绵阳国税局 2001—2002 年多征四川长虹电器股份公司增值税 3.2 亿元、地税局相应多征城建税 2240 万元。绵竹市地税局未经国家税务总局批准，擅自同意剑南春集团公司汇总缴纳子公司税款，致使少征所得税 1185.85 万元。德阳特种水泥厂改制建厂未接收原厂欠税，226 万元增值税流失。新津县地税局核定征税不规范，流失所得税 1488.21 万元；大邑、邛崃保护酒业，违规优惠税收、变相包税等，2605.3 万元税款存流失风险；攀、成钢重组及兼并钢管厂欠税 20309 万元；夹江县国、地税机关以不规范的“查定”“核定”方式征税，致两家企业少征增值税 225.7 万元、所得税 67.41 万元。

违规减免税 3453.67 万元。税务机关审核不严、政策执行错误，税款流失 1234.16 万元。抽查德阳建安房产公司执行市房改领导小组《贯彻国家安居工程税费减免政策的通知》，发现漏缴营业、城建税费 66 万元。少征纳爱斯成都有限责任公司所得税 972 万元。成都武侯区国税部门对蔟桥福利纸箱众和分厂多报“四残”人员套取优惠审核不严，“先征后退”增值税 202 万元。成都高新区地税局放宽新办企业征税条件，少征所得税 979.51 万元。

税务执法。抽查成都、德阳国税、地税机关 25 份稽查档案发现，“重查轻罚”“以补代罚”、变通涉税处罚尺度、减免罚款滞纳金及延压税款等问题突出。25 户无滞纳金，23 户无罚款。审计认为，上述影响税收征管质量的原因：钢性税收管理体制，导致瞒报欠税和人为调节收入进度。税务机关经费保障依赖政府，抵制干预无力。地方政府擅出政策。税务执法不严。审计建议：政府和税务机关全面贯彻依法治税。税收计划由指令性向指导性过渡。强化征管质量考核。清理、规范减免税政策。

2004 年 4 月，据审计署统一组织审计项目计划，调查绵阳市 2001 年至 2003 年财力和城市基础设施建设资金状况。8 月报审计署《调查报告》：绵阳市三年国民经济增长较快。固定资产投资 2003 年比前两年明显加快。市本级三年预算内外财政收入总计 65.76 亿元，其中可用于建设性收入规模共计 20.76 亿元。至 2003 年年末，本级政府债务余额 67.28 亿元。城建资金三年收入合计 9.36 亿元，支出合计 30.78 亿元。调查的 53 个重点城建项目累计计划资金来源 85.77 亿元，至 2003 年年末累计到位资金 72.28 亿元，抽查其中 22 个项目，资金到位 82.68%。总的看，绝大部分城建项目建成后达到预期目标。但也存在以下问题：国道 108 线绵梓公路受绵广高速影响效益下滑。2003 年收入不足上年一半。绵阳机场严重亏损。2001 年 5 月至 2003 年年末累计亏损 10214 万元。归还贷款不及时，被开发行暂停全市项目贷款拨付。三江公司还承担未使用贷款利息 63 万元。以非正常方式筹城建资金 18130 万元。《调查报告》还对市本级未来经济发展和财政收入增长作了预测。

2005 年 2 月下旬起，据审计署工作计划，专项调查四川省交通厅车辆购置附加费征稽机构资产，并抽查了成都、绵阳、德阳稽征处。3 月，报审计署《关于四川省车辆购置附加费征稽机构资产情况的审计调查报告》，在反映了全省车辆购置附加费征稽机构资产基本情况，指出影响资产真实性的几个问题：资产未全面反映。如省车购办账面 12 套住房，实际仅 2 套为公产，多挂资产 375.04 万元；北川、三台少反映完工资产 245.85 万元；绵阳稽征处出售土地价值 44.8 万元资产账面未反映；省车购办委托开发非专利技术软件支付 30.9 万元未计无形资产。省车购办将历年结余 660 万元划转交通厅财务。此外，省车购办 2004 年大幅超支用专项基金弥补，超范围发奖金等。

同年 8 月，执行审计署通知，调查四川省 2003 年 1 月至 2005 年 6 月区域性财政税收优惠政策的制度、执行情况。重点调查了成都、绵阳、乐山 10 个市 15 个开发区制定和执行财税优惠政策情况。

12 月报审计署《调查报告》：2005 年经国土资源部核准，四川规划面积 329.34 平方公里，其中 4 个国家级开发区、43 个省级开发区。调查的 15 个开发区规划面积 135.96 平方公里。2004 年实现 GDP328.27 亿元，在发展高新技术、以外资带动内资形成新的增长点方面成效显著。存在的主要情况和问题：扩大面积 29 平方公里；部分开发区住宅和党政办公用房占地过多；债务重财政风险大；超批准区域减免企业所得税 2199 万元；财政扶持 58579 万元；土地优惠 60167 万元；边建边报土地申报手续；违规协议出让经营性土地 2568 亩。审计认为：应适时调整开发区财税优惠政策；注意债务风险，规范土地出让。该项目移送处理书 1 份。

第二章　金融审计

第一节　商业银行财务收支审计

1993 年，建行成都分行 1992 年度财务收支审计。查出违纪资金 11.4 亿元，账外股票 115 万股。决定收缴 678.85 万元，罚款 10 万元。主要是：超规模、计划外贷款 51269 万元；违章拆借资金，向非拆借对象拆出 1000 万元；超期拆出 20747 万元；办理非正常信托委托存贷 12519 万元；从西藏拆入 5300 万元用于放贷；少计缴存款准备金 7112 万元；违规办贷 12171 万元；会计核算不尽合规，财务管理不尽完善；漏列收入减少利润 2083.2 万元；挤占营业外收入和成本 785 万元；违规低息贷款国家收入流失 38.7 万元；多列专用基金支出，账实不符，保留账外资金和小金库 3375.6 万元；账实不符 1472.19 万元；未纳入统一核算 1082.79 万元；小金库余额 9.03 万元；多计收贷款利息 313.44 万元。

1994 年，建行、工行重庆市分行 1993 年度和 1994 年 1—3 季度财务收支审计。查处违纪违规资金 9532.34 万元。决定收缴 229.99 万元，罚款 16 万元。其中，建行重庆市分行违纪资金 4812.39 万元。决定收缴 98.77 万元，罚款 2 万元。主要问题是：少计、漏计收入 641.94 万元；挤占成本费用 460.08 万元；营业外支出多列 145.04 万元；账外资金、转移资金 2750.05 万元；挪占信贷资金 776.59 万元投资入股；违控购商品 38.69 万元；会计核算不尽合规，财务管理不尽完善。工行重庆市分行违纪资金 4719.95 万元。决定收缴 131.22 万元，罚款 14 万元。主要问题是：收代办业务手续费 326.66 万元未作营业收入和冲减费用；职能部门收支余未纳入统一核算；将固定资产购置、装修等费用 2427.48 万元列成本；账外设户收支 10 项累收 1965.81 万元；核算管理存在所属企业部门利润未并表核算，对外投资未按规定清理，权益不实；1993 年分的红利 122.14 万元纳入 1994 年决算等。

同时，对工行重庆市分行所属信托投资公司、华夏证券公司重庆代办处，以及该行与渝城房地产开发公司脱钩中存在的问题等进行了审计，并逐一提出处理意见。

1995 年，交通银行成都、重庆分行，攀枝花、自贡、广元支行，光大银行重庆办事处和工商银行四川省分行、成都、乐山市分行 1994 年度资产负债损益审计。查出 9 家分支机构违纪违规资金 16450.49 万元。决定收缴 118.58 万元，责成补税 321.68 万元，罚款 51 万元。其中，交通银行 5 家分支机构违纪违规资金 7105.53 万元。主要是：少计收入 20.54 万元：成本不实 360.22 万元；所有者权益不实 17.37 万元；账外资金、小金库 175.26 万元；信贷资金及其他违规资金 6883.31 万元。

光大银行重庆办事处超规定多收贷息及“手续费”340.71万元和外币收入未交营业税0.76万元。工行四川省分行、成都、乐山市分行违纪资金9003.49万元。主要是：少计、截留、营业及利息等收入480.88万元；虚列营业外支出5000万元；多提呆账准备金等139.59万元；多列代办费48.63万元；购建固定资产列成本953.87万元；挤列成本152.7万元；修建疗养院列专用基金少计权益150万元；少计权益180万元；账外资金、小金库1153.57万元：少计投资收益271.01万元；擅提存贷利率；将免税473.24万元列“本公司资本金”；以发放流动资金贷款之名搞房建、扩建和购置固定资产。

1996年，建设银行9家分支机构1995年度资产负债损益和光大银行1家分支机构1995年度及1996年1—3月财务收支审计。查出违纪资金105612.56万元人民币、39.6万美元，以及随意退回资本金；擅自提高股本息；收入不入账；高利吸存；基建立项及资金来源不尽合规、审批程序不到位、部分核算不合规、规模偏大；资产未纳入管理；财政返还款未按规定核算；管理核算未按权责制；往来未及时清理；分利未纳入决算；设置保留账外资金资产；会计核算不尽合规等问题。责成补税199.13万元，决定收缴209.68万元，罚款79.5万元。违纪违规资金主要是：收入不实1100.9万元；成本不实6141.52万元；所有者权益不实11199.53万元；账外资金、转移资金2075.11万元；信贷资金违规及其他8.43亿元。

1998年，光大银行重庆分行1997年度财务收支审计。查出违纪违规资金1449.05万元。决定收缴所得税98.92万元。主要问题是：误提拆入资金利息408.96万元、少提储蓄利息18.04万元；办公楼装修工程支出1022.05万元列递延资产5年摊销；债权户往来不清，在建工程年末账账不符。

1999年3月至10月，审计署组织对工行全辖1998年度资产负债损益审计，统一作出决定。成都办审计四川省分行及所辖内江、自贡、乐山等各分行。查出省分行违纪资金330951.65万元。决定收缴3887.16万元，罚款421万元，自行补交个人所得税。主要问题：少计、多计收入支出，净增利润5241.51万元；设小金库1504万元；保留账外资产52235.58万元；98个自办实体脱钩未收回注入资金及息129947.3万元；利润未并账57.97万元、少计收入收益1152.3万元；漏缴税费、设小金库、投资损失继续注入资金；无合同贷款、调节贷款规模余额、非正常贷款等13130万元；违规签发承兑汇票和信用证100440.5万元；损失类贷款划分不准确；修建办公楼等普遍存在审批手续不全、部分资金来源不合规、少计缴投调税等问题。违规拆借12500万元；直属支行账外经营融资7100万元等。

对内江、自贡、乐山等分行，以有关问题的专题报告报审计署。

1999年11月，对中国农业银行德阳市分行1998年和1999年1—9月资产、负债、损益的真实性、合法性、效益性审计（资料存审计署金融司）。

2000年4月至9月，与昆明办联合，审计农行四川省分行本部、营业部（原成都市分行）、达州、南充、广元、自贡、绵阳、乐山、德阳、凉山10个分行及其下属支行资产负债损益。查出违规违纪资金721653.17万元。主要是：少计收入915.2万元；多计收入17662.2万元；少计支出721.1万元；多计支出741.6万元；违规购建和保留账外资金、资产13133万元；违规签发银行承兑汇票和贷款36.6亿元；账外经营涉及资金5.21亿元；违规开立信用证253925.87万元；信用卡违规透支14030万元；设“小金库”2424.2万元；基建、信贷和财务等管理方面存在不尽合规等问题。

2002年4月，按审计署工作方案，审计建行重庆市分行。8月，成都办向审计署转报审计组

《审计报告》，2003 年 3 月，由重庆办出具《审计决定书》和《审计意见书》反馈该分行。

2002 年 5 月，审计建行四川省分行。查出违规资金 10.71 亿元、收入不实 1.52 亿元。决定：责成补交税金 4779.91 万元，追究责任、移送司法机关，情况书面告成都办；并提出资产质量防范潜在风险、清理纠正账外固定资产、健全内控制度 3 条审计意见。发现的主要问题是：少计收入 1.12 亿元、少计投资收益 2008.23 万元、少计支出 134.67 万元、多计支出 1761.56 万元。

2003 年 5 月至 9 月，按审计署统一安排，审计工行四川省分行 2002 年度资产负债损益。查出违纪、不实资金 91792.92 万元。决定：责成补税 152.61 万元，罚款 123.33 万元。并对违规放贷和签发承兑汇票问题，要求清理、纠正、整改、究责，结果书面告成都办。主要问题：少计收入、少计或多计支出等损益不实 2396.54 万元；设小金库 135.78 万元；违规放贷和签发承兑汇票 89260.6 万元。审计建议：严格执行贷款质量五级清分制度，切实提高整体资产质量；加强信贷风险管理，增强合规经营和防范风险意识；加强历史遗留问题处理，减少损失浪费；进一步完善经营管理，健全内控制度。本次审计，查出和移送司法机关涉嫌违法犯罪线索 4 起，涉案金额 225081 万元 。

2005 年 5 月，农行四川省分行 2004 年度资产负债损益审计。查处违纪资金 2142.44 万元，并要求全面清理违规购建的资产。主要是：设小金库 275.45 万元；多计收入少计支出、账外购建资产等核算不实 1866.99 万元。该项目，移送材料 4 份。同年 7 月，审计署以《涉嫌骗取农业银行贷款的五起严重案件》为题的《审计要情》反映：骗取支行个人股票质押贷款 1.32 亿元用于炒股，至少损失 7500 万元。

第二节　证券、保险公司资产负债损益审计

1995 年 3 月开始，对太平洋保险公司在四川 3 个办事处、2 个分公司和 1 个海通证券公司成都营业部、1 个光大信托投资公司成都证券部 1994 年度资产负债损益审计，查出违纪资金 547.12 万元。责成补税 2.97 万元，罚款 4 万元。主要是：收入不实 165.02 万元；成本费用不实 179.34 万元；管理及其他违纪资金 154.11 万元。

1997 年，审计光大银行重庆银华公司。查处虚挂债权房款等违纪资金 51.3 万元。责成调账，认真清理，规范行为。

1998 年，审计国泰、华夏、南方、海通证券公司在川、渝等地营业部 1997 年度资产负债损益，查出违纪资金 382495.26 万元。其中：国泰证券成、渝、建设、乐山营业部，违纪违规等资金 182918.04 万元；华夏证券川、渝营业部违纪违规资金 102049.76 万元；南方证券四川分公司及所属成都、重庆、绵阳、自贡、遂宁营业部，违纪违规资金 83719 万元；海通证券成都、重庆营业部及所属 3 个交易部，违纪违规资金 13808.46 万元。在分析了产生上述问题的共同原因后，提出 4 条审计建议。

第三节　中央银行预算执行及金融监管部门财务收支审计

1993 年 9 月，人行四川省分行 1992 年度和 1993 年 1—8 月信贷资金审计。查出违纪违规资金

541581.49万元。决定收缴260.79万元。主要是：超规模、违信贷规定放贷61202万元；拆借业务监督不力、违章拆借资金479303万元；信贷基金投资（入股）部分收益流失537.94万元。

1994年，人行在四川8家分行1992—1993年度财务收支审计。查出违纪资金6182.21万元。决定收缴368.73万元，罚款13万元。主要是：购建固定资产列成本费用、多提修理金等，挤占成本957.9万元；账外资金2399.28万元，7.59万美元；信贷资金投资收益未反映等1137.13万元；收入、挪占资金等及其他1687.9万元。

1997年，人行在四川8家分行1996年财务收支审计。查出违纪资金4986.66万元。决定收缴102.99万元，罚款29万元。问题：挤占成本1421.43万元；账外资金1364.25万元；收入、挪占资金等及其他730.32万元；未足额计缴投调税；签假租赁合同以租赁费名义在费用中列基建支出279万元；密押卡款另户存支；超限额使用现金，核算不规范；大额付现个人；代垫购住宅办公房款1069.42万元；工资科目外奖励支出84.85万元、坐支现金3.74万元等；罚没收入转基建办30万元。多付证券代办处利息3.65万元。

1998年2月，人行重庆市分行1997年度财务收支审计。查出违纪资金274.99万元。主要是：挤占成本181.76万元；少计利润24.88万元；少计收入68.35万元；奖励基金计提发放不合规、会计出纳基础核算管理不完善，基建、购车款长期未清理等问题。

1999年，审计人行四川省分行1998年度财务收支及汇总决算。查出违纪资金309.56万元。决定罚款15万元。主要是：挤占成本3.82万元：应冲未冲费用3.82万元。账外资金60.54万元；少计利润118.41万元；收入、挪占资金等及其他违纪126.79万元：串用科目607.7万元；撤销四单位其利润未并账；财务管理会计核算不合规。

同年，按照审计署财务收支审计实施方案，审计人行成都分行。查出违纪资金91.86万元。决定没收1.75万元，罚款4万元。问题：挤占成本12.3万元；固定资产购置费列成本费用；账外资金56.11万元；收入、挪占资金等及其他违纪23.45万元；未收脱钩实体资本金10万元；建住宅存在资金来源不合规、部分应转未转固资产核算不准确；罚没收入缴地方金库；串用支出科目，工资科目外发奖金。

2001年，人民银行重庆营业管理部及部分中心支行和所属事业单位2000年度财务收支审计。审计查出：2000年度用办案补助经费购买计算机等设备21.93万元、用返还款购买的计算机1.52万元及结余1325.87元，未纳入财务大账。在“管理费支出”“其他支出”中列支资本性项目224.92万元。

2001年1月和10月，分别审计人行成都分行2000年度财务收支和预算执行及相关财务收支。共查处违纪资金9704.53万元和部分支行保留账外资产资金、违规拆借及账外经营等问题．主要是：挤占成本：多计列工会经费和福利费；费用列资本性项目支出210.81万元；较普遍保留账外资金资产；违规拆借和账外经营；收入、挪占资金等及其他20.53万元；挪用支农再贷款6065万元；资产购置34.69万元列费用；部分机构财务管理较松散，会计核算不尽合规；再贴现存在重复使用发票金额2900万元；发票与货物品种不符金额373.5万元；付款方与背书人不符金额100万元。

2002年，审计人行成都市分行及所属部分分支机构2001年度预算执行及有关财务收支。查处违纪资金7395.15万元。主要是：应作未作收入15.25万元；个别信用社发放支农再贷款利率偏高，发放对象不合规，再贷款借款6600万元用于头寸清算；再贴现存在出借、融资、手续不符；福利费超支642.96万元；工会经费超支52.79万元；财务管理薄弱；借款未归还；漏税等问题。费用列支资本性支出75.74万元及工资科目外发放奖金补助8.41万元。

2003年，审计人行成都市分行2002年至2003年度财务收支，查出违纪资金977.44万元，决定调账及自行补税。主要是：租金收入13万元未纳入大账核算；固定资产入账不实；经费中列支资本性支出845.52万元；工资科目外发放奖金105.53万元；经费列支往来款13.39万元；基建审批程序不合规，核算不规范。

2005年，审计中国银行业监督管理委员会四川监管局2004年度财务收支。《审计报告》报审计署。

2005年11月，审计人行成都分行（含国家外汇管理局四川分局）2005年度财务收支和中国保险监督管理委员会四川监管局2005年度预算执行情况。查处违纪资金1014.48万元。其中，少计收入207.79万元；多计支出60.13万元；账外资金84.21万元；串用会计科目659.82万元；将2006年发生的差旅费2.53万元列2005年12月。

第四节　专项审计和审计调查

1995年3月至5月，按审计署要求，交行系统5家分支机构、太平洋保险公司5家分公司审计同时，作了消费基金增长情况调查。发现，10家机构1994年消费性支出总计5398万元，比1993年增加3411万元，增幅172%。其中，税前列支3556万元，税后列支7万元，账外列支139万元，“三产”列支43万元，资本金列支1653万元。增长的特点，一是职工工资总额增幅大大超过利润总额和劳动生产率增幅。1994年较1993年实付工资总额增幅149%，而利润总额和劳动生产率增幅分别为47%、4.4%。二是个人收入来源渠道多、增长快。除账、表反映的外，还有“三产”、账外、实物等。1994年10家机构个人消费总额2752万元，为1993年总额898万元的3.06倍。三是集团消费增长势头猛。仅小车就比1993年增加32辆。四是行业、个人差距大。增长过快的原因：首先是执行未经财政部同意的“弹性工资制度”。工资计划按提高净产值工资含量比例后下达、将翘尾增人补贴作应付工资总额及下年度总额核定基数等，既违背“两个低于”原则，又名正言顺的增加个人消费。其次，部门越权开口子、单位发票子，部分企业法制观念淡漠且相互攀比，个人群体消费的监管处罚较单位软化等等。为此建议：尽快完善工效挂钩办法；有关部门终止开口子；交行、太平洋保险公司系统健全约束机制，刹住违规行为；尽快出台《个人财产（所得）申报法》，加大税收稽查处罚力度。调查报告1995年7月报审计署。

1995年5月，审计四川投资基金管理公司1994年度财务收支。查出：将受益券委托代理投资变相放贷多收贷款利息546.62万元，收入少计营业税10.55万元，虚列职工名单多发重发工资8.64万元等三方面问题。决定罚款16万元，收缴1994年度少交营业税4.81万元；1995年2月至4月漏缴营业税5.74万元就地补交。同年6月，据审计署通知，审计工行四川省分行、成都市分行同时，调查消费基金增长情况。发现，消费性支出增长较快。1994年为1993年的1.25倍。主要来源税前、税后和账外资金。个人消费主要源于工资、奖金、津补贴。经抽查，1994年实际个人收入比1993年增长65.9%。集团消费主要耗于招待费、购轿车等。其中，招待费比1993年增长11.7%。增长的原因，一是工改执行有偏差。根据规定，行员的工资由等级工资和责任目标津贴两部分组成，成都市分行1994年行员实际工资构成，却保留了未参加工改的津补贴，变成了三部分。仅此部分就占职工全年收入的31.21%。二是执行单位自我约束机制尚未健全。审计的每个单位都存在巧立名目从成本中、自设的小金库中发放钱物问题。三是政策法规不配套，表述含混不清。如人事等部门制定的银行改革方案规定："现行奖金超过四个月的部分，可以与新设立的津贴合并使用"。这里"现行奖金"限制概念不明确，给了乱发奖金可乘之机。四是监督部门疏于个人收入监督。审计认为，国家当前尚缺科学合理便于操作、政策相互衔接的银行工改方案，银行自身强化约束机制，经济监管部门互相配合，三者是抑制消费膨胀的关键。调查报告9月报审计署。

工行四川省分行、成都市分行审计中，对四川工行全系统减利潜亏情况作了调查。发现全系统1994年末各项收入比上年增长70%，利润总额却减少84.15%。亏损达4.88亿元。究其原因，一是政策性因素：调整利率和恢复定期保值贴息后利差缩小等支出增大；政策性贷款占用大量资金本息难收。二是信贷资产质量下降应收未收利息逐年上升。三是历史形成超负荷运转，借用资金成本高。四是银行自身经济核算观念不强管理水平不高。审计建议：国家从财政与银行关系、银行转制和经营自主权等方面给以营造良好的经营环境；银行加大内部改革力度适应转制。调查报告同年10月报审计署。

1996年建行四川部分分支机构资产负债损益审计中，按审计署通知，对省分行、成都市分行工资内外收入分配情况作了调查。省分行《全部职工人数和工资》报表反映，1995年两行职工年平均工资7705元，比1994年增8%。但经抽查省行机关和两个直属营业单位、市行机关和下属6个支行发现，1995年人平收入实际达16424元。工资科目列支占52%，挤占成本占45.6%，应付福利费、公积金、公益金及账外占2.4%。纳税均限工资科目所列收入，其他收入未税。职工收入增加的原因和存在的问题有四：一是执行工改方案的偏差。二是地方有关部门给政策。三是金融单位缺乏严格约束机制。四是有关监督部门执法力度不够。为此，审计建议，尽快出台合理合法工资制度办法、控制出台奖励政策、健全系统自我约束机制和财、审、税等配合认真履行监督职责。调查报告9月报审计署。

同年，四川建行系统经济效益下降调查发现，四川建行系统1995年资产利润率仅0.084%，较1994年下降0.116%。下降的主要原因，一是应收、催收和挂账利息巨大。1995年仅逾期应、催收收贷款利息合计达24.74亿元。二是大量购置固定资产。三是负债成本高。四是存货比例偏高。五是财务管理会计核算不规范。六是一些贷款企业信用观念淡薄。七是有关政策法规缺陷。八是建行自我约束机制弱化。审计认为，应入手：政银分开，彻底分离政策性贷款业务；建行系统转变观念强化经营意识；贷款单位强化信用意识；完善有关政策法规；强化国有商业银行监管。调查报告9月报审计署。

同年，建行四川省分行、重庆、成都市分行固定资产购建调查发现的主要问题：无息资产增长快、占用偏大。重庆1995年比1994年82.3%。购建非正常渠道多。基建规模过大，问题较多。原因：一是全局观念不强，法纪观念淡薄。二是主管部门对资产管理不严。三是银行经营成果考核不尽科学合理。四是政府有关部门监管不严，缺乏合力。审计建议，金融机构增强法纪观念和全局意识；系统内彻底清理固定资产和在建工程，调账、未立项按基建程序总行汇总补报，并强化监管，防计划与执行脱节；相关部门协调一致通力合作，强化监管。调查报告10月报审计署。

1998 年 4 月，成特办抽调 18 人组成 5 个组，专项调查建行四川省分行、成都电信局、电力部成都勘测设计院、农行成都分行、成飞公司 5 个企事业单位公有住房购建和分配情况，并延伸调查了 14 个直属单位。调查结果显示，5 个单位的房源都偏紧，企业尤为突出。执行房改政策较好，未发现提前、突击分配和擅自、低价售房等问题。但也存在少收未收租赁保证金、未办产权售房、售房定价未严格按规定执行、房产账实不符、部分房屋被外单位人员占用无法房改，以及售房收入管理使用存在一些问题。审计组建议：进一步完善房改政策和会计核算办法；加强房改政策执行审计、监督。调查报告当年 4 月报审计署。

2000 年 8 月，按审计署举报中心转查举报内容和要求，调查自贡“市检察院技术用房”等三个建设项目。调查结果，不存在举报所列情况，却发现其他一些如改变建房用途等问题。并就此提出建议。调查报告当年 9 月报审计署。

第三章　企业审计

第一节　财务收支审计

1989 年，试审 10 家烟草企业。查出违纪资金 16887.27 万元。决定收缴 3571.37 万元，罚款 67 万元，责成补税及解交财政 6586 万元。其中：

中江雪茄烟厂违纪资金 133.4 万元：虚降成本虚减亏损 129.5 万元；漏缴工调税 3.9 万元等。

巫山卷烟厂违纪资金 125.37 万元：改扩建工程漏缴建筑税 90.88 万元；漏缴产品税、营业税及附加 27.72 万元；漏缴工调税 3.9 万元；少计能交金 1.5 万元；多计成本 1.37 万元。成都卷烟厂违纪金额 2423.91 万元。其中，违反税法，产品税包干上交，获 1988 年“超交退库”产品税 2252 万元；漏缴工调税 8.44 万元；虚开托收，让受托烟草公司银行贷款 50.27 万元；错计产品税等 113.2 万元。

四川卷烟厂违纪金额 1843.96 万元：产品税包干上交，截留、坐抵产品税 1570.4 万元；漏缴产品税 14.06 万元；少交工调税 16 万元；虚增利润 243.5 万元。

蓬安雪茄烟厂违纪资金 312.8 万元：坐抵产品税 45 万元用于还贷；越权将非减征范围卷烟产品税 194 万元用于还贷；虚列收入虚增利润 55 万元；核算不实，虚增虚降产品成本 18.8 万元。

绵阳卷烟厂违纪资金 4487.73 万元：漏税 16.45 万元；烟叶少摊成本虚增利润 153.08 万元；付不属绵阳卷烟销地经营营单位销地补贴 51.2 万元；到 1989 年 8 月，累计欠税 4267 万元。

涪陵通用机械厂（烟厂）违纪资金 239.58 万元：漏缴城建税 112.45 万元；主厂房、宿舍工程少交建筑税 25.61 万元；漏缴工调税 64.07 万元；电力线路改造费、汽车大修费、专用借款息、银行贷款罚金等应专用基金而列管理费虚减利润 7.19 万元；多提工资基金 19.23 万元等。

四川省烟草公司违纪资金 1759.77 万元：将 831 万元税前还贷款虚列“商品流通费—租赁费”；用税前原有利润归还当年新增贷款 200 万元并提“两金”45 万元；挪用流动资金 383.77 万元购置设备等；全省地区公司 1988 年度汇总会计报表显示，漏缴工调税 300 余万元。

西昌卷烟厂违纪资金 3185.02 万元：截留名烟名酒放开价格部分中高档卷烟提价增收应计交中央所得税 196.42 万元；坐抵产品税 2753.98 万元；售残次卷烟少计产品税 75.2 万元；少计卷烟提价专项收入 24.02 万元；多计烟叶、嘴棒成本，多提折旧、大修等虚减利润 90.55 万元；漏缴工调税 17.06 万元；漏计交产品税 27.79 万元。

黔江卷烟厂违纪资金 2375.73 万元：擅搞计划外自筹基建竣工累计完成投资 2308.75 万元；欠

工调税8万元；联营收技术转让费少交所得税4.16万元；成本核算不实，虚增减利润54.82万元（其中，少提折旧、大修少计成本18.33万元）。

1990年，审计商贸4家、工交和电力共13家企业财务收支。查出违纪资金16482.64万元。决定收缴2387.55万元，罚款65.83万元。其中：

中国储运总公司重庆公司违纪资金27.09万元：仓储收入列更改金2.79万元；下属库漏计业务收入3.73万元；部门、下属库奖金挤占成本5.68万元；下属库多提铁路专线费等费挂往来4.24万元，盘盈物资未增当年利润1.82万元；下属刘家坝库多经超限价生资收入5.56万元；购客车突控3.27万元。

中国有色西南铝加工厂违纪资金140.86万元：流资贷款加息108.05万元列企管费；废材销售收入挂往来余额12.99万元；集资款及其税金19.82万元列原材料成本差异，挤占成本；漏计缴建筑税。

国营嘉陵机器厂违纪资金2154.92万元：挤占成本716.4万元；以返“价差”名，红字发票冲销售收入，截留、转移利润475.12万元，且为违纪开方便门；漏计缴销售税金128.96万元；以“更改”名等，计划外自筹基建，投资692.73万元，并将27.7万元列生产成本；少计缴奖金税90.38万元；材料超限价收入挂账38.75万元。

中国机电西南公司违纪资金263.95万元：多转销售成本47.44万元；1987—1989年商品盘盈未冲减费用2.77万元；挤占费用，减少利润18.55万元；漏缴奖金税12.03万元；支付管理费直接冲销售收入152.2万元；违规在风景区召开内部会议，列会议费0.98万元、伙食补贴0.077万元；保留、设置“小金库”29.32万元；1989年6月至1990年1月收劳服司房租1.59万元挂往来；违规开展租赁，给承租单位以租赁名义将分期支付的购车款突击摊入成本提供方便，且展租部开办2年未并表上报。

攀枝花供电局违纪资金194.91万元：漏计产品税、“两金”等118.67万元；保留小金库24.29万元；成本中列公款为个人购股票21.9万元；计划外建设“生活服务楼”，投资119.21万元；财务管理会计核算不尽合规。

乐山供电局违纪资金851.12万元：自查清理后继续设小金库51.35万元；向系统外单位放贷753万元，非法获息45.67万元；手续费收入漏缴能交、预调金1.10万元；材料核算账账严重不符。

四川省电力工业局违纪资金1724.11万元：用更改金1504.42万元无计划购置集体所有制单位的楼堂馆所；以“一般技措”为名，搞计划外基建，1989年4月停工，投资112.62万元；设“小金库”4.38万元；漏缴能交1.53万元，预调金1.16万元；以“横向经济合作”为名，越权售用电权，非法收入100万元；固定资产投资计划管理不严，财务管理和会计核算不尽合规。

中国再生利用西南公司违纪资金16.49万元：40吨机电废品收入8.8万元挂往来；多提固资折旧挤占费用3.97万元；漏缴奖金税3.72万元。

自贡硬质合金厂违纪资金4.7万元：外单位分回利润税后未交“两金”；挤占成本1.25万元；小金库0.5万元；财务管理和会计核算待改进。

攀枝花钢铁公司违纪资金9719.09万元：二期扩建工程：设置和保留“小金库”1558.85万元（科、技协1344.4万元，提钒炼钢厂等214.45万元）；漏计缴各种税费及“两金”358.65万元（红字冲收入78.15万元，漏增值税8.91万元、城建税0.62万元、教附0.089万元；未报批多计提“三废”产品单项留利1281.73万元，漏能交192.26万元、预调128.17万元；外单位分回利润的股息收入54.38万元未在企业利润中反应，漏能交8.16万元、预调5.44万元；调剂外汇额度人民币收入60万元未并留利作对外投资，漏能交9万元、预调6万元）；多计生产成本399.5万元（应由专项基金开支挤入企管费383.27万元，多摊材料差异16.27万元）；民用自筹基建工程管理不严投资失控（超计划投资6811.91万元，未经有权机关下达年度投资计划新建南山宾馆、容城大厦两楼堂馆所；将部分民用自筹基建费用甩投资总额外；漏建筑税164.59万元）；违规提投资包干节余496.23万元（将变价收入368.6万元、基建收入7.67万元转作投资“包干节余”；虚提“铁路运机电设备利用库存旧设备节约投资”120万元）；设备变价收入75.14万元长期挂往来账；赔偿金、违约金18.81万元列工程成本；用商业贷款安排的建设投资未交建筑税；二期工程中存在投资膨涨大、部分项目不配套、资金不到位和设计变更大等问题。

中国石化四川维尼纶厂违纪资金1352.08万元，销售产品收取美元现钞。主要是：因税务机关扩大免税范围，多获退税129.1万元；1989年至1990年9月收外汇奖漏缴两金27.89万元；销售产品收取4.832万美元现钞；以更改名搞基建，投资270.27万元；小金库40.06万元；新增效益工资挤列成本884.76万元。

四川省烟草公司违纪资金17.17万元：存款息收息漏计能交10.30万元、预调6.87万元。

什邡卷烟厂违纪资金16.15万元：挤占成本虚增亏损10.86万元；小金库5.29万元。

1991年，审计32家军工、电力、机械及物资企业。查出违纪资金3740.8万元。收交财政和罚款1370.68万元。

1992年，审计21家军工、电力、烟草、机械企业。查出违纪资金5860.31万元。收缴573.04万元。主要是：未列收入或收入挂往来等收入不实3984.1万元；多计、挤占成本等成本不实1458.02万元；应分回利润399.07万元未入账反映；“小金库”19.12万元；管理存在自筹基建投资管理不严；专项工程管理和核算不合规；重庆电业局部分财务收支未纳入财务统一核算形成账外资产；中国有色金属西南公司弄虚作假虚购虚销，内控制度不严、资金资产管理混乱，库存积压严重往来悬账资金占用过大；四川卷烟厂与集体经济往来不清，国企利益流失，累计亏损挂账5900万元，与调拨站产销关系不顺，贷款纳税；川西机器厂外协收入缺乏监控措施，计算在制品约当产量的依据不准确，产品成本出入较大，对下属单位财务管理指导不力，其账务处理较乱，包装物、废旧物销售未纳销售科目核算；四川维尼纶厂长期出借资金218.7万元，产成品管理不完善，质量管理薄弱部分产品产销价倒挂严重；西南铝加工厂内部招待所财务未纳入厂核算管理，结算资金占用较大，当期盈亏不真实。原材料价差形成10075万元巨额潜亏；四川省烟草公司部分直属单位财务收支和资产未纳入系统汇总、核算，出借资金50万元不合规，往来户核算“科教基金”，财务管理有待改进；攀钢对外投资效益差，管控不严，企业管理存在问题等。

1993年，审计15家企业。其中2家企业由华西事务所牵头主审，成都办派员参加，决定和结论由成都办等同其他项目下达。查出违纪金额13179.28万元。决定收交财政245.18万元。其中，未按定计价收入流失、外销转内销少转价差、隐瞒转移收入、少转收入等收入不实1442.03万元；多列待处理财产损失、多列少列成本、应冲未冲费用等成本不实11669.08万元；小金库68.17万元；固定资产、多种经营、国有资产管理薄弱、违规出借资金经营房地产、会计核算不尽合规等问题。

当年，按审计署规定范围，复核成都铁路局1992年度《铁路运输财务收支表》，复核结果：汇总数字计算正确，局本部运输收支会计核算合规。

1994 年，审计 18 家企业和成都铁路局 1993 年度运营财务报表。查出违纪资金 12989.79 万元，决定收缴 2550.26 万元，罚款 60 万元。主要是：少计、虚列、转移收入、收入漏税等 4938.31 万元；少提折旧、多摊材料价差、工程款列大修、购房款列成本等成本不实 1957.33 万元；少计利润及联营利润 3980.39 万元；设账外资金和转移收入、设小金库 228.32 万元；管理核算存在大量问题。

同年，审计成都铁路局 1993 年度运营财务报表。发现：转移收入形成账外资金 422.99 万元；东站应计未计收入 99.77 万元。对主业与多经关系不清，收入核算存在薄弱环节问题。提出了四点纠正意见。

1995 年，审计 17 家邮电、铁路、煤炭、商贸等企业 1994 年度财务收支。查出违纪资金 10571.47 万元。决定收缴和补税 1876.64 万元，罚款 12 万元。主要问题是：截留、转移收入，虚购虚销等收入不实 5191.37 万元，收入未税 1177.95 万元；成本费用不实 1470.27 万元；少计利润 290.42 万元；设小金库 254.07 万元；管理中存在违规开展融资业务，存贷息收支余 568 万元未纳入报表，转移收入等 4095 万元建综合大楼，违规价外加收电话上浮费，代办费管理混乱，挤占成本严重，账外设账，截留多经企业奖金，利润不实；多经企业付主业部分处室“劳务费”列成本，无偿或低息占用主业资金；财务管理和会计核算不尽合规等。

1996 年，19 家工交、商贸企业 1995 年度及 1996 年 1—9 月财务收支审计。查出违纪资金 28782.83 万元。收缴和就地补交税费 701.53 万元，罚款 10 万元，并移送涉嫌犯罪资料。主要违纪：收入不实 436.77 万元；电业局代财政收费 1334.48 万元未税；多计经营费、应收未收资金利息、销售费用提基金挂账；投资挤占生产成本等成本不实 2189.36 万元；少计利润 1806.25 万元，且个别企业利润分配不合规；设“小金库”2058.17 万元；高来高去电价收入 1190.6 万元未纳入财务统一核算；在建领料抵扣进项税漏计缴税费 100.63 万元；垫付职工房款 59.62 万元未收回；无据付轿车款 35.34 万元；工资总额外发奖金 26.17 万元；国有资产划出等收益流失 552.45 万元；挪流动资金 2164.58 万元搞固定资产投资；大修基金赤字 1727.17 万元长期挂账；主业与多集经企业经济界限不清；挪流动资金 80 万元建职工住宅；投资海南、广西等 7464 万元严重损失；权益 242.12 万元挂往来；投资联办公司且无偿供商标使用权未见收益；参加社会统筹同时又计提系统养老保险 195.94 万元，且另在管理费列支离退人员补贴 61 万元；在工效挂钩核定工资总额外管理费另列合同制职工津贴 108.11 万元；随电价代县府收城建附加费 170 万元；生产流动资金 90 万元补充购建固定资产；出借资金 400 万元低于银行利息少收占用费 191.5 万元；挪生产资金 258 万元垫付宿舍修建，少计资产 1515 万元少提折旧 357.6 万元；更改支出列大修影响当年损益；多冲减固定资产原值 92.45 万元、净值 141.51 万元，少冲减折旧 49.06 万元；发职工保值公债 83.89 万元列应付福利费；将上级拨入科研经费 998 万元转所属集体企业管理户核算；挪流动资金 1067.36 万元、厂技改专项贷款 131.86 万元购建办公楼和宿舍等。

1997 年，审计 18 家工贸企业 1996 年度资产负债损益。查出违纪资金 36675.43 万元人民币、2739.54 万美元。收缴和限期就地解缴 1595.02 万元，罚款 13.62 万元。主要问题是：收入挂往来账、冲减费用等收入不实；成本费用不实；转移利润、投资收益用于基建等损益不实；小金库及漏投调税等。

1998 年，四川石油管理局、东方电气集团公司、东方电机股份有限公司、东方锅炉（集团）股份有限公司、东风电机厂、中国机电设备西南公司、四川储备物资管理局、四川石油管理局家企业财务收支审计，查出违纪资金197542.84万元。决定收缴252.7万元、罚款108万元及调账自行补税等。主要违纪：1996年度少计收入44703.84万元；多计、少列成本等成本不实2307.79万元；损益不实11262.29万元；账外及“小金库”等资金20136.8万元；管理核算问题涉及违规不实资金119132.12万元。

对东方电气集团公司还按新颁布的《会计准则》《会计通则》，对集团本部、所属12个工程部和8家大型企业的会计报表、内部控制、财务管理、会计反映等资料进行了全面检查，出具《审计意见书》指出：报表资产不实234109万元、负债不实134766万元、所有者权益不实17368万元、少数股东权益不实2757万元、利润总额不实117720万元。会计报表：存在未合并投资兴办的全资或控股实体，以及国外工程部会计报表，合并时多计在建、少计资产，或将上年亏损并入下年，或多计少计往来款项等问题。内部控制：存在货币资金库存现金长款，结算户余额少于银行对账单余额，个人名义存款，账外资产，实物资产，在制品账实不符，材料成本差异按综合差异率计算，购置设备工程用材料纳入原材料核算，部分材料、设备进项税额未转或转出不够，委托加工材料个别项目长期挂账不清理，资产长期闲置，应付、已付款项等长期挂往来，自制“收据”，无手续办理转存计息，备用金户核算欠规范等问题。财务管理：存在未完全按售股章程和招股说明书承诺使用募股资金，编造改制资料，非法抛售股票，多计利润，设置账外资产，转移、挪用募股资金，对外投资账面与合同不符，投资及收益未按权益法核算，个别受投企业破产，代垫、委贷、联营出资未收回，投资长期无效益，核算不尽规范，未按规定确定收入和结转成本、结转不符合配比原则，收支长期不结转，无据支付巨额佣金，资产一次全额进成本，会计账簿设置不规范，外汇资产、负债未调整汇兑损益，白条领现，重复计提工资；“三产”企业无偿占用资产、为厂有关单位提供“咨询费”，厂代发工资、代完成业务，提“四协”会费在“四协”外另行列收列支；为其他企业出具增值税发票由其抵扣进项税额，收实体承包费另户列收列支，国外项目因质量及误期被索赔，固定资产未及时清理转固，工资和福利等财务制度、资料不健全等问题。会计反映：存在收入未按规定确认，核算不合规，应收利息不及时清收入账，当期代购代销收入不计入当期损益，费用中列工程开支；申报应税收入与会计收入不符；并表存在未并个别间接控股或复杂控股单位、应抵未抵销账项、未抵减和调整往来账项、上下会计政策不统一等问题。并逐条归类提出了改进意见，限1998年12月15日前将办理情况函告成都办。

东方锅炉股份有限公司审计后，成都办专题向审计署报告了东锅公司编造虚假财务报告虚构业绩、上市公告严重失实、转移募股资金、涉嫌领导集体贪污等严重经济违法线索，引起国务院和审计署领导高度重视，朱镕基总理指示九部委联合专案查处。公司两任4名主要领导被追究刑事责任。此案在全国产生影响和震动。成都办获“秉公执法、企业卫士”锦旗。

1999年，按审计署年度企业审计方案，审计8家企业财务收支。查出违纪违规资金40649.24万元。决定收缴2747.83万元、罚款391.5万元。向司法机关移送违法线索文书4份。主要问题：虚假销售、多计、少计收入，少计交流转税费；虚列成本少计利润；多摊无形资产；成本提取和截留收入设小金库；少计长期投资；工资结余中列职工个人入股股金；工资结余挂往来；联营集团变更不规范产权不明晰核算不严格；应并未并会计报表，库存不实，与往来、关联单位账务不清，差额大；擅自核销的不良资产；国有资产流失；控股投资企业损益不实；募股资金部分长期滞留境外和挪用炒作本公司股票；转移所有者权益，虚增经营成果；等等。

项目审计后，报审计署《情况报告》2份；送出《函》2份、《建议书》2份、《审计建议》3份、《移送处理书》8份。

2000年，审计绵阳电信局和四川省烟草公司巴中分公司资产负债损益。查处违纪资金2253.75万元。收缴52.07万元，罚款26.9万元。主要是：少计收入和其他业务收入；成本不实、成本虚列工资单独存放并发个人；擅核销用户欠费；网管大楼建设未按规定报送立项、投资超计划、资金来源违规、未按规定交纳投调税；主业与多经经济界限不清，部分主业利润转移；擅自报废资产残值；设小金库；违规购建固定资产、少计交投调税；违规退货多计进项税；转贷、担保损失严重；专卖管理不力漏洞大问题多；下属企业停业未清理；内部管理财务核算不尽合规。

2002年4月至11月，据审计署工作方案，对参与境内核算的中国粮油食品进出口（集团）有限公司本部及所属14个并表企业2001年度财务收支审计，延伸审计中粮发展有限公司划归境外核算前部分情况。审计发现：

会计报表合并不规范：母子公司的会计政策不一致，母公司合并报表时未调整；部分单位未纳入报表合并；公司及部分所属公司在合并报表过程中，往来账项存在漏抵的情况。

部分资产存在损失和潜在损失：应收、预付账款等往来款项存在损失和潜在损失66234.59万元；公司境内核算部分存在不良长期投资6557.8 7万元；2001年，公司不良固定资产2907.86万元；其他无法收回的资产和出让资产等形成损失或潜在损失11395.63万元；贷款担保面临潜在损失8213.9万元；中粮仓储运输公司对万时红集团29413万元债权，历经4年，通过受让法人股票结清，长期占用资金，且股权投资明显减值。审计意见：对由于政策性原因形成的粮食垫款利息和欠款，公司应积极向有关部门反映，按财政部、国家税务总局等有关部门的意见办理，同时应加大对粮食欠款的追收力度。对实际已经形成资产损失的事项，公司应查明造成损失的原因，分清责任，及时按国家有关规定进行处理，并调整相关账目。对可能形成资产损失或潜在损失的事项，公司应查明原因，分清责任，积极采取措施，加大清理、追收力度，以尽量减少资产损失。今后应加强对应收账款、投资和贷款担保等的管理与控制，强化经营，谨慎决策，改善资产的质量，努力提高资产的使用效率。

违规进行证券炒作：以“用于流动资金周转”名义向建设银行总行营业部签定10亿元贷款协议，分两次各5亿元以“往来款”转入中国工商银行，又分三次以“往来”直接划转到中信证券、华夏证券营业部11.02亿元（其中1.02亿元为以前余额），用于申购新股等。此做法违反中国人民银行《关于禁止银行资金违规流入股票市场的通知》规定。

内控制度和管理存在薄弱环节：内控制度不健全：如原个别职工利用内控制度漏洞，以公司名义与其他公司签定销售合同收取货款5950万元，用于走私，经法院判决公司承担归还〕货款、违约金、支付诉讼费共计7172.5万元。财务管理和会计核算不尽规范：对子公司及控股公司未采用权益法进行核算；清产核资中，未按财政部批复冲减下属企业盈余公积2587.39万元，而是要冲减对集团公司的债务；中粮期货公司存在大额支付现金和部分单据填列不尽规范；未按规定设置科目核算客户保证金进行；将应作为“递延资产”核算的租用房屋使用权76.03万元作“无形资产”核算；公司本部将1999年8月兑付96国债收回的本息合计2657.6万元存放在券商处两年多，未按权责发生制原则进行核算；划款28万元计入“故乡情”股票户，挂“其他应收款”，而“｛故乡情”酒楼未反映该笔业务；将股票投资款258.44万元从“长期投资”转入“其他应收款—深圳中粮”，而深圳中粮未反映此笔业务；将原“中粮食出”股票账户的资金304.48万元直接划入“故乡情”“信中公司”股票户，相关公司均未反映该项会计事项；股票账户收回资金72.77万元，未冲减“长期投资”而直接计入“其他应付款—其他”；86.53万元存货账务处理不及时；以无出口采购发票及外销发票为由，将2000年以前收到的外汇货款151.39万元挂应收外汇款贷方；虚挂房租收入826.74万元；收入不实73.74万元；公司部分固定资产管理未理顺，收益较低。其他管理问题涉及资金10182.94万元。审计建议：完善集团“一体化”战略、加快业务整合，坚持进出口贸易与实业发展相结合的方向，积极采取措施应对加入WTO以后面临的机遇与挑战，不断培育和提高集团的核心竞争实力。在资本运作、低成本投资扩张和部分业务转型中，要行使好出资人职责，努力提高资产质量，确保国有资产的安全完整，保值增值，维护和提升公司的企业形象。公司及所属的二级公司应加强对借出款项和对外投资的管理控制，尽可能防范和控制由此产生的坏账和不良资产，强化对企业重大行为的集中决策和集体决策。应进一步提高对外投资决策的科学性，深入开展对外投资决策的可行性研究，全面了解和掌握受资单位生产经营状况、发展前景等，减少投资风险，避免决策失误。同时不能忽视“中粮”名称的资产价值，在对外投资过程中，应争取进行评估作价，避免国有品牌价值的流失。公司应继续加强对往来账款的管理和经常性的核查对账。对往来账款中已经形成的不良资产进行一次全面的、认真的清理和追收，并及时按规定处理不良资产，避免形成更大的损失。公司应加大对二级单位的管理和监督力度。审计发现部分二级单位大量货款和代理进出口垫付款项长期无法收回，有的已形成损失。公司应加强对二级单位的监督和管理，进一步建立健全内部控制、监督与约束机制，积极采用网络技术，强化对资金流向的追踪和集中调度，加大对违法违规事项的惩罚力度。对已停止经营的中粮机电公司、中粮仓储运输公司等单位应加快清理步伐。对审计等监督性检查中查出的重大损失和违反财经纪律问题，应当继续认真核实，查明原因，分清责任，必要时追究有关人员的责任。公司及所属公司应严格执行《企业会计准则》《商品流通企业财务制度》《企业会计制度》《会计法》和《合并会计报表暂行规定》等规定，如实反映企业财务状况和经营成果，规范企业会计核算行为。要加强对财务人员的培训，不断提高业务水平；加强公司全体人员对国家政策和财经法规、法纪的教育和学习，增强遵纪守法的自觉性，确保企业资产、负债、损益等会计资料的真实、合规。

2003年，据审计署审计划安排，审计四川省电力公司截至2002年12月31日会计信息的真实性、国有资产质量、重大经济决策、执行电力行业政策等情况，并采用判断抽样法延伸25个单位。审计结果，核增资产总额为1.3亿元、负债4.7亿元、所有者权益3.4亿元、利润3.99亿元。查出违纪违规金额17.77亿元。主要是：会计信息失实：违规设置“小金库”和账外资产1.13亿元；少计收入2.65亿元；多计成本1.62亿元；少计提固定资产折旧2180.79万元；主业给多经企业让利影响损益1658.16万元；违规直接从多经企业领取劳务费影响损益1.823万元；会计核算不合规8803万元；报表编制不合规，资产和负债反映不实4.63亿元。资产质量：目录电费欠费形成不良资产59304.07万元，潜亏52896.84万元。不良投资及借款23815.94万元，不良存货155万元，潜亏11109.67万元。重大决策：货币进入证券市场决策不当，违规操作造成潜在损失9689万元。对外投资决策程序不合规。对外担保规模过大。出借资金决策缺少资信支撑。部分股权变动未进行资产评估。部分大额采购未公平、公开招标。主业与三产（多经）关系不清：收益流失3741万元。主业将国有全资公司股权未经审批转让给职工持股企业，国有权益损失 166 万元。个人侵蚀国有资产 284 万元。个人涉嫌犯罪行为：查出“窝案”。查出利用“小金库”资金行贿，销毁和造假账问题。查出单位受贿 570 万元的问题。电价执行情况：2002 年执行优惠电价优惠电费 13.66 亿元，实际让利 5.56 亿元。收入向个人倾斜：多经与主业之间人员变动频繁，应领工资处难以分辨。违规截留收入、设置“小金库”发放工资、奖金 2118.11 万元。违规直接从多经企业领取劳务费 1823 万元。个人收入的其他来源形式，一是低价转让多经企业的资产给职工持股公司；二是通过改制，将国有资产流失到职工个人手里。其他：非并表范围的单位、企业设置小金库 6103 万元。截至 2002 年年底宜宾发电总厂将因与各煤矿结算时因质量不合格等原因而扣下来的煤炭，实际进入燃料成本，款项未付，但由于存在未决诉讼，部分归属权无法确认，因此长期挂账 22841595 元。主业退役、报废机组交由多经继续发电。该项目 2004 年 9 月向四川省公安厅移送《关于宜宾锅炉厂副厂长黄戎五涉嫌经济犯罪的移送处理书》。

2004 年 6 月至 10 月，据审计署 2004 年企业审计工作方案，与上海办共组，审计中国电子科技集团公司 2003 年度财务收支及原法定代表人吕新奎任期经济责任。审计发现：

会计信息不实 180790.35 万元：收入不实 53557.07 万元。主要是应转未转、少计、多计收入。成本、费用不实 13695.59 万元。主要是增值税进项税抵扣非免税项目销项税；职工基本养老保险列管理费用；为下属子公司垫费用列成本费用核销；收取下属内部核算单位管理费余额转增专用基金—修购基金；应转未结转主营业务成本；子公司多预提成本；多计销售成本；重复列支固定资产修缮费；多转科研成本；将与研制开发合同无关的费用列项目成本；将修建职工集资住房和所属公司租用房屋发生的水电费计入经营支出和其他支出；违规计提雷达仿真系统人员工资及附加费、调试费；将以前年度计提的管理费和材料价差冲减“在研品”、少计事业结余；计提材料管理费和材料价差余额未转入事业结余等。利润不实 7046.83 万元。其中：投资收益不实 4285.61 万元。无法支付款项未作收入 1908.29 万元。少计补贴收入 457.69 万元。资产不实 9874.94 万元。负债不实 3785.62 万元。所有者权益不实 9772.6 万元。合并会计报表不实 49242.59 万元。会计核算和财务管理其他问题 33815.12 万元。

重大决策方面：截至 2003 年年末对外投资项目 352 个，投资金额 429149.34 万元，投资损失 42586.4 万元；对外担保 58 笔，合计 95650.8 万元，已形成损失 3342.23 万元、潜在损失 4851.56 万元。出借资金 97 笔，合计 45186.2 万元，已形成损失 2137.24 万元、潜在损失 8986.13 万元；累计重大决策形成损失或形成潜在损失 61968.85 万元。

资产质量：集团及所属单位 2003 年 12 月底不良资产及潜亏数为 11.27 亿元，占总资产 321 亿元的 3.51%。具体为：三年以上应收款项净额 31850.67 万元、三年以下但回收困难应收款项净额 4905.45 万元 、呆滞积压存货净额 17025.45 万元 、闲置固定资产和在建工程净额 15409.73 万元、不良投资净额 21359.17 万元、其他不良资产 2834.91 万元、应提未提折旧 491 万元、应摊未摊成本费用 56.03 万元、未处理的资产净损失 9608.21 万元、未处理的担保损失 4000 万元、其他潜亏 3346.28 万元。

违纪违规资金 223745.41 万元：涉嫌个人经济违法违纪资金 9358.84 万元：私设账外账、挪用公款、低于评估价转让房地产等重大违纪涉及资金 41369.88 万元。挪用专项资金用于委贷投资股市及借款给个人、公司注册资本不实、虚假保险套取现金等其他违纪违规 173016.69 万元。

第二节　经济责任审计

2000年11月至12月，据中共中央办公厅、国务院办公厅关于《国有企业及国有控股企业领导人员任期经济责任审计暂行规定》和审计署《关于对中国第二重型机械集团公司领导人员进行任期经济责任审计的通知》，成都特派办与昆明特派办组成21人审计组，对姚某担任中国第二重型机械集团公司（下称集团）法定代表人期间的经济责任情况进行审计。审计查实，姚某任期内，为企业摆脱困境、提高经济效益和社会效益，进行了公司制改组、资产重组、剥离企业办社会职能的改革与探索；开展了内部整顿经营秩序、清理所办公司、建立健全各项规章制度、降低成本等一系列工作，并于1998年对集团公司及其所属单位"小金库"进行了清理，部分单位"小金库"并入了财务统一核算；制定了《二重集团公司关于集体决策重大事项的具体规定》，规范了重大经营决策事项经过集体讨论、总经理决定的程序。1996年开始，二重集团制定了69个财务管理制度，并1999年11月，修订印发了《中国第二重型机械集团公司财务管理制度汇编》。1999年同1995年相比，报表反映，二重集团工资总额上升6.6%，职工人数下降14.15%，年人均工资上涨24.17%。在机械行业国有大型企业面临困境的情况下，维持了二重集团正常的财务收支活动。同时，也发现一些问题：

资产负债损益不实：审计核减2000年6月末集团及所属企业资产5776万元、核增负债530万元，核减所有者权益6306万元，核减姚某任期内累计实现利润9293万元。至1999年年末，集团共出售职工房改房4621套，固定资产净值4748.48万元未按规定作相应账务处理。重工园区（医院、学校、法庭及公安等）与集团剥离，1998年1月至2000年6月费用支出超德阳市财政局核定数3031万元，且挂其他应收款列支，致当期资产损益不实。以购置、抵账等方式，增加轿车3辆共计52.8万元未作账务处理。收鄂洲市锻压机床厂抵付欠款的物资98.8万元未作账务处理。原值5.21万元的伏尔加轿车办理报废手续未作账务处理。上述做法，违反《企业会计准则》第十条。姚某负有主管责任。建议调整有关会计账目。将在产品和产成品计196.73万元列销售收入，多计当年利润81.94万元。财务部供货合同未履行完毕即列销售收入4802.63万元，多计当年利润827.5万元。进出口公司对外供货合同未履行即列销售收入2890.32万元，多计当年利润1457.84万元。进出口公司收日本ENT公司结算货款后，少计利润204.14万元，少缴当年所得税67.37万元。实业开发公司应列未列收入1046.44万元，少缴增值税177.89万元。上述做法，违反《企业会计准则》第十条和《工业企业财务制度》第五十七条规定。姚某对第7款所列问题负有直接责任，对第8至11款所列问题负有主管责任。对上述第10至11款所列问题，建议责令限期缴纳应当缴纳的税款，调整账目。集团将德阳市财政局拨付给中国二重有限公司的财政补贴1400万元列作利润，弥补以前年度亏损，应缴未缴所得税462万元。该做法违反《中华人民共和国全民所有制工业企业法》第二条及《财政部、国家税务总局关于企业补贴收入征税等问题的通知》第一条规定。姚某对此负有主管责任。建议责令限期缴纳税款，调整账目。集团对1994年重估增值固定资产未计提折旧，多计利润3427.47万元。该做法违反财政部《关于印发〈1994年清产核资资产价值重估实施细则〉的通知》第二十一条规定，姚某对此负有主管责任。建议责令调整有关账目。二重万通有限公司少计提折旧多计利润82.23万元。违反《企业会计准则》第三十条。姚某对此负有主管责任。建议责令调整有关账目。二重万源精工有限责任公司将已按残值评估入账的二重集团对其投资、仍然库存的废钢再作报废处理，多计当期费用，少计利润65.75万元。违反《工业企业财务制度》第二十四条。姚某对此负有主管责任。建议责令调整有关账目。二重有限公司少结转已实现销售的产成品成本，多计利润2538.47万元。违反《企业会计准则》第十条等规定。姚某对此负有主管责任。据《国务院关于违反财政法规处罚的暂行规定》第五条第四款的规定，建议责令调整有关账目。

设立“小金库”和账外资金：截至2000年11月，已在“管理费用”中列支的公务出国人员退回外币未纳入财务统一核算。其中54232美元、1092港元、37175德国马克、3870泰铢、57瑞典克郎。截至审计时，余额3587美元、7536德国马克、57瑞典克郎、3870泰铢、1092港元、人民币50.66元。1997年8月，进出口公司玉某公务出国从上述账外资金中借用3761美元，经姚某批示同意分期还款。截至审计时，余1039美元未还。财务部收取日本“三菱株式会社”劳务费14323440日元，并在中国银行兑换成人民币1244597.93元，列入“综合应付款”科目。1995年4月，该项资金转入财务部综合科账外设立的“奖励基金账”。1986年7月至1993年12月，另设账册，从工资总额中虚列工资支出3689万元、取得优秀企业奖57万元以及普法先进奖100万元，均转为储蓄存款。截至1998年12月，取得利息收入869万元，主要用于发放奖金和职工福利等开支。在支出总额中姚某签批开支411万元。由于上述款项是以公款私存方式存入银行，加之二重集团经办人将存单交给银行工作人员办理，被其贪污。截至审计时，形成或有损失495万元；造成企业存款利息损失149万元。经抽查，1995年10月至2000年6月，集团所属分支机构从科协、技协服务中心和外单位取得的各项收入5905万元，未纳入财务统一核算，另设账册列收列支，主要用于发放奖金和部分招待费支出，其中发放给副总师级以上干部30人，共计16.19万元。1999年6月至12月，上述资金中的221万元已纳入财务统一核算。截止审计时，尚有余额266万元。1997年至2000年11月，二重实业开发公司采取虚列人员工资、门面出租收入不入账等方法，转移资金116万元，另设账册列收列支，主要用于发放奖金和部分招待费支出。截至审计时，余额25万元。1992年至1998年12月，集团账外资金的收入发生额为827万元，主要用于发放奖金和部分招待费支出。1998年12月，历年滚存资金余额370万元并入集团财务账。1995年9月至2000年6月，财务部取得劳务收入为17万元，利息和存款返还8万元，共计25万元，未纳入财务统一核算，另设账册列收列支。据《财政部、审计署、中国人民银行关于清理检查“小金库”的意见的通知》规定，上述第1至7款中所列的侵占、截留国家和单位收入，未列入本单位财务会计部门账内，私存私放的资金属于“小金库”，姚某对其负有主管责任。建议集团上级主管部门全面清查，并依法作出处理处罚。

对外投资决策存在问题：1998年11月，为了实现“借壳上市”，总经理会议决定，通过资产置换、关联交易、托管等方式，对西南化机2136万元潜亏进行财务处理，从而持有西南化机37.8%的股份。2000年10月退出西南化机股份，造成投资损失3617万元，为西南化机提供银行贷款担保，形成或有损失300万元。姚某对此负有主管责任。

其他问题：1999年年末，对控股子公司万源精工有限责任公司、万通物资有限责任公司追加投资，将原投资时未考虑的存货期初进项税额计357万元追加投入。该二公司为增加资本公积金，降低了国有资本金的持股比例。1998年10月，集团以395.1万元和其下属的工具公司工会职工持股会以125.7万元共同出资组建控股子公司万源精工有限责任公司，对职工个人实行“买一送一让一”即买1元按3元计算的原则持有可分红利股权。按企业内部职工持股“买一送一”的方法以工资储备金支付职工持股会共计62.86万元作为职工个人持有可分配红利股权。以上做法违《国有企业公司制改建有关财务问题的暂行规定》第十二条规定。1998年第13次总经理办公会，经姚某同意，集团投资控股的具有独立法人资格的子公司将上缴集团的利润在费用中列支。经抽查，1999年度上缴二重集团31万元。根据财政部《国有企业公司制改建有关财务问题的暂行规定》第十四条第（三）款规定，建议由主管财政机关按财经法规予以处理。1995年至2000年6月，集团未完全按有关规定编制合并报表，少反映利润94.40万元。2000年1至6月，管理费用少抵，致使损益表少反映利润12.70万元。截至2000年6月，二重集团及其所属企业应交未交税金共计24678万元。姚某任职期间形成的欠税共计17185万元，其中增值税15430万元。违《税收征管法》第二十条第一款规定。姚某对上述问题负有主管责任，建议责令集团按有关规定对上述问题予以纠正。1996年1月至2000年6月，姚某任期内发放给集团有关领导干部奖金652万元，其中从财务部“小金库”中支出330万元，其余在“应付工资”中列支。截至2000年6月，姚某任期内累计欠发集团职工工资3862.92万元。

2005年5月至9月，审计东方电气集团公司原董事长何某任期经济责任及2004年度财务收支。次年2月，审计署出具《审计决定书》。纠正处理违纪、不实资金57633.13万元。其中：少计收入10456.99万元，少计成本费用6908.35万元。决定：补缴税费2268.02万元，调账。少计权益多计负债各15778.17万元，调账。并表多反映资产、负债各20000万元，少反映收入、成本各4489.62万元。决定：调整合并报表。该项目送出《移送处理书》2份，向审计署《简报》1份。

第三节　专项审计及审计调查

1989年8月至9月，按审计署通知，以填表普查和重点抽查方式，专题调查重庆市金融、电力系统个人消费基金增长情况。调查发现：重庆市两系统1986年至1989年6月，消费基金增长过快基本没有得到控制。主要原因是政出多门层层开口子、提高奖金工资开支标准；兴办各类预算外公司谋取工资外收入；越权减免和漏缴奖金税；相互攀比提高各类补贴标准挤占成本；层层奖多头奖等七项。审计建议，端正消费指导思想，克服监管和主管部门法不治众、下不为例意识等。当年，调查报告报审计署。

1990年，调查6家中央企业税后留利分配使用情况（成都电冶厂、自贡硬质合金厂、峨嵋半导体材料厂、彭县铜矿、四川省电力局、攀钢）。发现：企业留利增长与实现利润增长不同步，部分企业留利不足，出现“吃老本”现象；专用基金用于生产发展的比例小，用于职工个人消费及其他非生产性支出比重大；生产发展基金不足，消费基金膨胀，专用基金出现赤字。部分企业违反规定多提留利，改变基金使用性质，漏交基金和预算调节基金。专用基金中，用于各种集资、摊派、赞助等问题突出；企业自有资金紧张，技改绝大部分靠银行贷款。产生原因：国家近年来出台的价格、工资、补贴税收、利率等政策，对企业生产发展和经济效益有较大影响。多数企业设备陈旧老化，职工生活方面欠账太多，社会负担较重。经营者的短期行为和企业间相互攀比，造成企业生产资金不足，个人消费基金膨胀。税前还贷增大，影响企业留利增长，技改贷款与企业自有资金之间此消彼长，出现晋性循环。地方政府和单位对中央企业的各种集资摊派屡禁不止。建议：利用有利时机、调整产业结构。我们认为，当前经济体制改革还在发展完善之中，对企业来说，有一个产品结构调整，开发新产品，提高产品竞争力的问题，而对国家政策来说，就有一个产业结构的调整问题。进一步理顺财政关系，帮助企业解决因中央与地方两级财政予盾引起具体问题。进一步完善各种经营承包责任制，强化企业自我约束机制，克服“分光吃尽“的短期行为。

1991 年 3 月至 6 月，能源部和中国兵器工业总公司在四川 22 家企业财务收支审计同时，按审计署通知要求，专题调查了这 22 家企业 1986—1990 年 5 年效益和留利水平变化情况。调查发现：挂账、亏损、不实等违纪违规资金 158420. 83 万元。44 份专题报告汇总情况是：

效益：四川省电力局及下属 10 家二级核算单位和 11 家兵工企业 1990 年底固定资产原值 68. 65 亿元，净值 45. 32 亿元，国拨流动资金 2. 11 亿元，自有流动资金 0. 13 亿元，职工平均人数 90236 人。其中，电力系统调查对象的上述指标，除自有流动资金 0. 06 亿元占系统 46. 15% 外，其余均过半。固定资产原值、净值，达系统的 89%。调查发现：企业生产经营不断增长，经营成果却不断下降；且行业之间、企业之间发展很不平衡。一是销售利润增幅大大低于销售收入增幅。22 家企业 1990 年实现销售收入 36. 25 亿元，实现销售利润 4. 21 亿元。收入分别比 1986 年、1988 年增长 87. 55% 和 38. 53%，销售利润比 1986 和 1988 年仅增加 11. 84% 和 10. 18%；反映企业经济效益的产值、销售、成本、资金等利润率指标比率亦成逐年下降趋势。二是兵工企业亏损户增加，亏损额逐年加大。11 家兵工企业，1988 年亏损 1 家，亏损 600 万元，1990 年亏损 5 家，亏损 4565 万元；三是电力系统的发电厂和供电局之间，兵工企业之间，效益差距明显。嘉陵机器厂 1990 年全员劳动生产率达 4. 6 万元，比兵工企业平均数高出 3 万元，比电力企业平均数高 1. 67 万元，且各项主要经营成果指标不断增长；而山川机械厂 1986 年盈利 303 万元，1988 年降至 38. 5 万元，1990 年亏损达 1866 万元。调查认为，影响 22 家企业效益的主要原因，一是决策失误：兵工企业主要表现在军品任务严重不足情况下开发民品产销不对路，成功率低。11 家企业 5 年平均开发民品 20 种，最多的 1 家企业先后开发了 59 种，仍不成功。到 1990 年年底，还有 8 家企业尚无支柱民品。电力企业主要表现是对上游资源了解不够和部门扯皮，导致浪费和效益下降。五通桥发电厂投资 9305 万元，1986 年交付使用，因天然气紧张，至 1990 年 5 年间仅运行 7446 小时，而贷款本息和维护费已达 22326. 5 万元；华蓥山发电厂卸煤翻车系统，国投 1049 万元，1984 年建成，部门间扯皮至 1990 年未能投入使用。二是管理不善：首先是资金占用大、周转缓慢。兵工企业主要是民品严重积压和购方拖欠货款造成资金占用增加。11 家企业 1990 年仅利息支出即达 2236. 99 万元。电力系统主要表现往来款项占用过大。1990 年省电力局下属单位往来占用 49009 万元，省局其他应收款 53288 万元，两项合计达 102297 万元。严重影响了效益。其次是基础管理粗放、财务管理簿弱。华蓥山发电厂年购煤 130 万吨，一直采用落后的“检尺量方”手段计量，年亏煤 4 万吨以上，价值 300 万元。明光仪器厂长期对占成本 50% 以上的外购件不办入、出库单，购进时一次进生产费用。在核算上，1988 年以后，省电力局要求下属供电局在核算代购代销“高来高去”电价时，将应全额计销售的售电收入按均价计入，应全额进生产费用的购电支出按 0. 05 元/千瓦时进入，与实际收支的差额在“其他往来”户核算，严重影响了经营效果的真实性，甚至造成国家税收流失。仅达县供电局 1990 年就少计销售收入 1914 万元，少计流转税 106 万元。兵工企业存在会计科目设置不规范、下属分厂资金体外循环的问题。三是原燃料涨价、消耗增加。如电力系统，1990 年电价虽然比 1988 年提高 21. 4 元/千千瓦时，但原燃料涨价和消耗增加，增大成本减少利润 34054 万元。四是行政干预。如电力系统受“双重领导”，加之财政体制的“分灶吃饭”，电价及企业效益受影响是在所难免的。五是企业违纪。调查的22家企业，1990年因挤占、多计成本，少计收入、设置“小金库”等违纪行为减少利润619万元。其中，兵工企业349万元，电力企业270万元。针对上述情况，审计建议：对于计划经济下为备战而建立起来的兵工企业，建议国家采取宏观调控措施，从战略上给于调整；地方政府给企业创造宽松和谐的生产经营环境；企业自身提高素质，加强内部管理。

留利水平和分配，存在五种情况：一是留利增幅超过产值、利润和税利增幅。22家企业1990年实际留利31019.64万元，比1986年增加164.95%，而产值、实现利润和上交国家税收增幅仅分别增长11.24%、5.68%和20.78%。二是行业间、行业内企业间差距大。兵工企业明显低于电力企业；兵工企业内其他企业又明显低于嘉陵机器厂。三是留利分配向个人倾斜。1986年、1988年、1990年，两个行业用于职工奖励基金和福利基金，占当年实际留利的64.46%、57.33%、73.87%。四是专业基金、特别是职工福利基金赤字严重。省电力局所属10家二级单位1990年福利基金赤字300万元；7家兵工企业超支1161.2万元；红光化工厂和明光仪器厂3个调查年度均为赤字，1990年年末已累计超支399.8万元。五是专用基金管理不善，挤占、挪用生产性资金用于非生产建设和职工个人消费等情况普遍。22家企业3个调查年度共挤占、挪用生产性资金4718.29万元，占生产性资金11917.24万元的39.59%。六是部分企业专用基金“体外循环”。如投资分利冲销投资等。

上述情况表明，国家与企业、生产与消费间的分配状况是：国家少收、企业多留向个人消费倾斜，违纪滋生，分配关系以企业为轴心发生了倾斜。

调查分析，包干政策不完善，执行不逗硬，是一主要原因。国家对兵工企业实行“放水养鱼”，兵工企业向财政部实行零字包干，内部实行包干上交利润（亏损包干），因此，效益差却能保住留利。电力系统向能源部实行上交利润基数包干、超基数五五分成。四川省电力局1988、1989两年均未完成包干任务，欠交22393.10万元挂账未弥补，企业留利却照样分配。其次，主管部门和地方政府开口子，越权减免税收等，致使单项留利来源渠道多、上升快。两个行业1986、1988、1990年单项留利占实际留利的比重已达43.72%、50.54%、60.52%。第三，违纪、截留国家收入，也是留利增长和分配倾斜的重要原因。据22分审计报告统计，1990年两个行业因各种违纪而形成的企业留利达943.04万元。值得注意的是，其中，漏交“两金”截留中央财政收入654.94万元，占企业留利的69.5%。

审计建议：清理、堵塞单项留利源头；严格执行企业留利应大部分用于发展生产的规定，强化奖金税和个调税的征收；加强企业预算外资金的管理、监督和检查；清理、修订、完善政策规定。

1995年4月，中农资成都公司1994年度财务收支审计中，调查该公司1994年度和1995年1—3月化肥购销经营情况。同时，组织五个调查组，延伸调查公司下属九个单位和两家化肥生产厂的大化肥产销经营、农业专项补贴使用、兴办三产、农资经营资金使用等。发现违纪资金2569.3万元。调查结果表明：

中农资成都公司化肥经营状况，执行价格政策较好，但1992年到1994年化肥收购、调拨统配平价计划完成却逐年下滑，1994年仅完成计划32.56%。主要问题：一是中农集团和成都公司存在不按规定渠道调拨统配平价化肥。中农集团通知成都公司向海南江南贸易发展有限公司等24家既无权经营化肥、又非化肥使用的单位提供平价尿素24200标准吨。成都公司将计划内统配议价化肥直接调给自办经济实体经营。仅1994年1月至1995年3月，就调给6家实体23342.01吨。二是兴办实体，相互倒卖。成都公司1994年经营化肥的实体9家，多为两块牌子一套人马，实体间倒买倒卖折腾抬高价格谋取利益。仅1994年，就买卖化肥146.81吨。三是多收包干运杂费。成都公司1994年运杂费净收入达621.3万元。审计建议：强调依法办事；认真贯彻执行《全民所有制企业转换经营机制》，制止违规干预企业；整顿流通秩序；加强化肥价格监控。

两厂家尿素产销情况调查：四川化工厂1994年完成中央收购43.5万吨，为计划的96%，1995年第1季度完成2.07万吨，为计划的41%。泸州天然气化工厂1994年完成中央收购51.2万吨，为计划的113%，1995年第1季度完成4.37万吨，为计划的82%。两家企业均呈下降趋势。问题产生原因：地方政府干预，如停止中农成都公司在两厂收调；工厂利益驱动，如中央平价收购颗粒未交，外销20多万吨；供气量下降影响；八方伸手，如1994年至1995年5月，要化肥的非农资经营部门达数百家。几点建议：国家兼顾各方利益，采取开前门措施；从供气入手增强调控力度；认真研究一肥多价管理；坚决刹住非农资经营部门插手化肥不正之风。

成都公司使用财政专项补贴调查：1993—1994年公司共收到中农资集团公司三项专项补贴10879.1万元，1994年年末使用6908.5万元，结余3970.6万元。补贴使用中主要存在流向违规、他用、结余多挂账期长等问题。审计建议：改进补贴环节、方式及使用、清算办法，保证国家投入管理控制；使用补贴单位加强自身约束；及时清算上划结余；加强审计监督。

成都公司在全国部分城市办“三产”企业15家。主要经营化肥农药。1994年年末资产18215.64万元，实现销售收入22984.19万元，实现利润601.14万元。办“三产”中主要存在：占用公司大量资金（1948万元）用于注册，公司部分紧俏农资收益流失，管理松散违纪频繁等问题。加剧了农资流通的混乱。为此，审计建议，彻底清理整顿所属“三产”。

成都公司农资经营资金使用和资产管理，主要存在化肥储备资金大幅下降，对外投资管理薄弱效益低下，资金外借，“三产”严重占用，会计核算混乱等问题。审计提出了3点改进意见。

1995年8月，按照审计署通知，安排四个业务处，分别调查中央在川部分大型企业消费基金增长情况和潜亏问题：

企业消费基金增长情况调查。共调查四川石油管理局等20个单位。调查结果，四川石油管理局、重庆电信局、交通银行、太平洋保险公司在四川10个单位，1994年个人和集团消费性支出分别比1993年增加33%和36%。其中，税前列支占98.9%，账外列支占0.92%，“三产”来源占0.04%。其特点有五性：个人消费隐蔽性，工资总额缺乏可控性，违纪违规具有普遍性，集团消费相互攀比性，行业间存在较大差异性。究其消费基金增长快的原因有五：一是国家对工资收入的现行调控办法存在缺陷；二是企业法制观念淡薄；三是政策法规不配套，纳税意识淡薄；四是地方政府和有关部门越权开口子；五是监督管理不严，处罚不力。审计建议：国家尽快修改完善“工效挂钩”“工资总额包干”等制度办法，确保消费基金宏观调控；企业应增强法制观念，按照“两个低于”建立健全自我约束机制；强化税收征管；政令统一，严防政出多门。

企业潜亏调查。发现潜亏42965万元。重庆卷烟厂等6家企业调查发现，其中4家到1994年底累计潜亏30740万元。另2家虽无潜亏，却虚列亏损6219万元，占账面亏损额25%。潜亏的主要表现是：应收款、存货、固定资产损失挂账，应提未提折旧，未弥补亏损挂账，减税还贷指标不落实等。产生的原因：其一，烟草行业有些政策规定含混，企业收款困难。如财政部、国家烟草专卖局规定：“卷烟厂在调入烟叶时，按国家规定的标准支付烟叶扶持费。仍本着谁受益谁负担的原则，由企业与受益部门进行结算”。由于对谁是受益部门、不结算由谁承担责任等问题均无明确规定，重庆、西昌等卷烟厂结算扶持费就遇到麻烦，已累计挂账9153万元。其二，市场经济机制不健全，国企竞争能力差。其三，企业法纪观念不强，会计核算随意性大等。审计建议：有关部门须进一步重视，完善措施；清理潜亏，分清责任，妥善解决；加强核算管理。

1996年审计中，对4家商贸企业潜亏调查：

中国黑色金属材料西南公司累计潜亏3297万元（库存商品潜亏996万元，5年以上应收款1399万元，购法人股损失300万元，对外投资潜在损失61万元）。审计分析潜亏原因：市场意识差重购轻销；管理不善清欠不力；投资较盲目。审计建议：强化市场意识注重科学决策；完善内部机制强化内部管理；提高领导政治业务素质增强责任感。

中国有色金属材料西南公司：累计潜亏1755万元（库存商品潜亏188万元，5年以上应收款1151万元，购法人股损失345万元，期货亏损纳入当期损益潜亏71万元）。审计分析潜亏原因：三角债清欠收效微；流通企业不景气；投资决策不慎管理失控；对外投资、期货交易清理不力。审计建议：重视投资前可行性论证、投资后建立管理监控制度；企业内部完善自我约束机制；清理、处理确无法收回的应收款项。

中国黑色轻工物资供销西南公司：累计潜亏424万元（5年以上应收款310万元，对外投资潜在损失114万元）。潜亏原因：企业自主经营权受干扰。如对外投资是上级决定让干的。清欠难，如经法院判决，对方仍不还欠。审计建议：总公司帮助清异地欠款；继续依靠法律手段清欠。

中国汽贸西南公司累计潜亏530万元（库存商品潜亏201万元，5年以上应收款329万元）。潜亏原因：汽车进销价格倒挂；对下属单位疏于管理造成借款难收。审计建议：进一步健全内部管理制度；强化市场意识落实目标责任制；提高资金使用效果。

1997年，结合审计，调查中农成都公司使用财政专项补贴情况。成都公司1993年至1995年共收补贴12023.2万元，到1995年年末使用10400.2万元，退还集团公司97.8万元，余1525.2万元挂“应收款—总公司”。使用中存在的主要问题是，由于没有调拨到平价或优惠价化肥等农资，补贴实际未到农业；按总公司通知，平价化肥很多调拨给了非农资经营单位；价差补贴结余资金数额大、挂账时间长，长期不作清算。审计建议：改进补贴环节和方式；规范补贴经手单位自身行为；及时清算结余。

1998年2月至4月，专项审计四川省电力局1996—1997年电力建设基金、三峡工程建设基金。《意见书》纠正违规资金18290.28万元。其中，电建基金：抽查，未征6896.63万元；免征2848.9万元；少征3030.13万元；加征5厘/千瓦时。意见：清理纠正。征收、管理：解交不及时，欠交3437万元；未交国库纳入预算管理；基金入库率小于电费入库率；多提手续费37.29万元。意见：欠交，于1998年底前解交入库，规范征管，按规定渠道据实解交，手续费按规定提取。三峡基金：漏征56.1万元；未征1584.38万元，少征399.56万元，免征0.29万元。意见：清理纠正。根据地方政府出台政策价外收取各种费用（基金）。按规定停止执行，清理纠正。

同年3月，按审计署通知，调查四川长虹电子集团公司使用科技三项费情况。结果显示，三项目下达指标和实际到位资金均1200万元，尚全额挂账未使用。

同年12月，审计署指派“成都办”何某参加大庆联谊石化股份有限公司调查，并担任第一小组组长，负责核实石化公司股票发行。调查发现：该公司截留201.75万股内部职工股票，用于向各单位、部门和个人行贿91万股；采取虚拟人名“代”领等手段，贪污溢价金额1094万元；以及挪用募集股资金放贷收息等问题。2002年2月，何某获审计署查办大庆联谊股票案贡献三等功。

1999年，据审计署举报中心转查举报内容，调查成都铁路分局绵阳供电段“资金空转”套取现金问题。经审查该单位1998年现金、银行存款、材料采购、运输成本、在建工程等有关财务会计资料，未发现“资金空转”线索。

2000年4月至6月，据审计署举报中心要求，结合项目审计，调查四川省烟草公司巴中市公司职工反映设置“小金库”问题。经核实，巴中市公司1996年1月至1999年12月从四川、成都、什邡、绵阳、蓬安等卷烟厂取得部分宣传烟等销售收入484.11万元。其中243.54万元账外列收列支。1996—1997年专卖处罚变价收入和罚没款58.15万元中截留29.03万元，以“浮动工资”“计时奖”等名义发放职工。成都办决定：收缴小金库余额、增值税费等41.22万元；对法人代表拟将以私分国有资产及偷税等问题移送有关部门查处。

2000年9月上旬起，按审计署要求，专题调查四川省、重庆市电力行业状况。调查结果，二滩水电开发有限责任公司从1998年8月发电至2000年6月30日，累计亏损21亿元。亏损原因，一是小水火电多、需求量小，加之输变电资源缺乏，发电量严重不足；二是平均上网电价偏低，且售电价不具竞争优势，售电难度增大；三是资本金不足增大财务费用；四是资产折旧率采用高限，加大成本；五是川、渝分家后，两地水火电互补效应不能充分发挥，费用分摊难以协调，重庆购电积极性趋弱，销量锐减；六是现行管理体制存在企业运营中行政干预多、“省为实体”限制了电力资源配置、行业垄断等违背市场经济原则。审计建议：增加资本金投入，适当延长折旧年限；打破垄断，建立有效竞争市场；调整现有电源结构；努力降低电价；积极开展电力营销。

2001年3月起，按照审计署办公厅通知，专项审计成都铁路局1999年至2000年年底铁建资金。成都办出具《审计意见书》，处理纠正违规资金138626.58万元。其中，铁建资金征收：执行下浮运价少征铁建基金3098.67万元；向项目收取各种名目费用在往来账列收列支。意见：由审计署统一处理；清理纠正，已收的入账核算。更新改造资金：以计划数代替实际数提折旧，更改金来源减少100056万元；用更改金1050万元投资建大厦。意见：更新改造资金问题由审计署统一处理。资金使用：滚存结余33709.52万元；工程成本列各种奖金122.39万元；用铁建资金建综合楼、培训中心。意见：应缴铁道部；剔出，决算时按规定处理；清理报批办理。挤占及其他：挤占川黔电气化改造项目资金590万元；将大修资金形成的资产作新增账面价值移交铁道通讯公司导致对分局投资的实收资本账面数减少；售房收入未按规定冲减相关费用，直接用于自筹建房。意见：收回归原资金渠道；专题报部批办。

2003年，审计四川省电力公司2002年会计信息真实性同时，对影响四川电力公司损益和资产质量较大的车辆及费用情况、执行电价优惠、电费抵抹情况等进行专门审计调查，并在延伸审计的单位进行了核实。调查发现：2002年度车辆费用支出达1.9亿元。存在挤占生产资金、巧立名目购车，抵抹电费、受赠车辆不作账务处理，虚假投保、挤占成本购车等问题。调查认为，国家有关部门应对国有企业的购车和车辆使用费用支出进行限制，防止收益从车轮流失。电费抵抹中存在：实物抵抹电费2656万元未做账务处理、将部分未入账抵抹电费的资产转让多经企业经营、部分资产价值高估、抵欠电费损失未反映等问题。审计认为，四川省电力公司应对抵抹资产进行清理，摸清情况、加强管理，避免国有资产的流失。电费电表保证金应退未退10188.81万元。审计认为，四川省电力公司应继续做好清退工作，该抵顶用户电费的要及时抵顶，对确实无法清退的应该报国家相关部门，及时转作企业相关资产，而不能长期挂其他应付款。同时加强未退款管理，更不能占用。城农网改造中存在：无计划工程。如德阳供电局城网改造25项工程完工后，初步设计才批复，涉及投资2030.86万元。城农网工程多数未公开招标，各种方式确定的施工单位大部分是下属多经企业。抽查成都供电局17个供电所农网一期结算情况发现，直接人工费超决算支付比例为19.26%。虚报工程完工。绵阳电业局通过多经企业承揽城农网改造工程，在工程成本中列支奖金及劳务费503万元，其中向主业人员发放奖金等155.97万元。宜宾电业集团（多经公司）2000—2002年承揽宜宾电业局的城农网及技改等工程施工费用6400万元，支付给下属公司的工程分包款4939万元，以提取的管理费的名义获取价差收入1460万元。主业将城网物资采购交由多经经营，多经在采购成本上以固定比例加价售给主业。德阳、内江电业局所属物资公司获此价差429万元。城农网改造废旧物资管理较乱。泸州电业局近几年城农网改造完成投资4.28亿元，由于废旧物资管理没有严格执行制度，物资部门没有回收台账，生技部门没有严格技术鉴定，纪检部门没有过程监督，甚至只有职工周光富手写报废物资处理单，截至审计，泸州电业局城农网改造废旧物资变卖入账收入仅为16.26万元。审计认为，这种投入大质量要求高的项目，国家首先应该进行充分的准备，分步实施，并且要完善相关制度，加强管理，把有限的国家资金发挥出最大的经济效益；其次，由于四川省城农网改造的点多面广，工作量大，四川电力公司应该加强规范管理，加强监督检查，保证工程资金用于计划的工程上。再次，要严格按照规定进行工程的招标建设，杜绝随意将工程交由各部门多经公司承包，并转包分包的行为。同时也要加强废旧物资的管理工作，保证国有资产安全完整。农电资产管理尚未理顺。一是供电企业由于农网改造，国有资产与农村集体资产相互混合，加上农电改革以前遗留下来的一部分代管资产，存在一定的复杂性。二是农电系统为相对独立的核算体系，其人员的报酬福利均来源于管理费的收入，其维护费收入难以维持简单运行，加之城乡结合部（乡、镇）等户表蚕食农电维管费，更加剧了农电的困难。三是除国家正常收取的电费之外，农电在体制改革前的资产、负债和所有者权益仍在电力主业账务核算体系之外，其核算长期处于事权不明、责任不清的状态，导致农电资产和财务的管理较为松懈。

第四章　行政事业审计

第一节　行政机关科研机构大专院校财务收支审计

1990年，审计6所大专院校财务收支，查出违纪资金1210.97万元。决定收缴10.19万元，就地补交所得税0.8万元。其中：

成都气象学院违纪违规资金19.93万元。决定收缴3.4万元。主要问题是挤占教育经费，援教奖金超限漏缴奖金税，漏缴所得税、“两金”等。

电子科技大学违纪违规资金837.63万元。决定收缴奖金税6.65万元。主要问题是：挪用挤占教育经费、科研经费；处理仪器收入转校“基金收入”、科学基金提取劳务费；少计奖金税；“内部银行”息差作周转金；1986年至1989年竣工交付固定资产应摊征地费未清算；核算不规范；校属厂出借营业执照银行账户给私人等。

成都体育学院违纪违规资金130.76万元。主要是：挤占教育经费；虚列基建支出；回收材料等款列院总务预算外收入；收支管理分散，财务监管失控。

四川烹饪专科学校违纪违规资金148.04万元：虚列1988年基建支出；职工书报费、水电、肉食补贴列教育经费；车辆变价收入挂预算外其他暂存；特种资金收入转学校基金。

西南农业大学违纪违规资金53.5万元，漏缴所得税0.803万元。主要问题是：挤列教育经费14.93万元；教育经费提费用转房产科预算外收入；以前年度已核支后退回款列预算外开支；校招待所漏缴所得税；违控购控购商品；将农业部拨“112农田基建”余款18.78万元列建安投资并转交付使用；财务监管不严，公款私存，固定资产账实不符，预算外创收向个人倾斜。

西南石油学院违纪违规资金21.11万元：挤列教育经费；调账多冲出国人员工资、津贴预算外支出；违控购空调；擅定市内带车出差交通费定额包干，擅增野外补贴，擅提燃补、取暖费；职工房租长期未收，办班收入挂往来未及时清理等。

1991年，审计3所研究所、3所大专院校财务收支，查出违纪及不实资金2039.58万元，外汇收支账外核算结余3.61万美元。决定收缴14.42万元，就地补交税费10.2万元。问题是：以支抵收等收入违规112.41万元；挤占、虚列教育经费、科研经费等267.02万元；“小金库”12.09万元；漏税24.2万元；违规、不实资金1623.86万元，外汇收支账外核算。

1992年，审计4所研究所、5所大专院校财务收支。查出违纪资金438.36万元和24.58万美元。决定收缴35.06万元，补税1.34万元。违纪构成：未将所属非独立核算单位收入纳入核算等违规

66.6万元；虚列科研成本等191.61万元；漏税34.69万元；项目完成未结转收益等涉及资金145.46万元和24.58万美元。

1993年，审计大学1所、科研所3所、附属医院1所。查出违纪资金2232.33万元。决定收缴4.57万元，补交税费、"两金"42.67万元。主要是：少计收入；成本费用、科研经费不实；未结转收益；漏税；转借贷款；未按规定编制会计报表。

1994年，审计1所研究所、2所大学及2所大学的出版社、附属医院1993年度财务收支。查出违纪资金1749.57万元，7万美元和15.47万港元。决定收缴30.58万元，罚款16万元，补税及"两金"40.67万元。违纪构成：少计收入479.05万元；购车款列"经费支出"、少转销售成本等212.68万元；账外资金、小金库990.33万元；漏税及"两金"49.25万元；核算违规涉及资金33.98万元。

1995年，审计1所大学和1所大学附属医院1994年度财务收支。查处违纪资金64.25万元。决定调账。主要是：收入挂往来；挤占教育事业费、虚列经费支出；管理上存在个人挪用资金、成本核算待改进、部分收费标准与物价部门规定不一致、医务人员正常与业余服务收入划分不尽合规问题。

1996年，审计西南财大、重庆商学院和中科院成都有机化学研究所1995年度财务收支。查处违纪资金1123.38万元。决定收缴漏计营业税费2.65万元。主要问题是：少计收入；教育经费列支招待费礼品费等；虚列经费支出挂预算外；多提职工奖励、福利基金；收下属单位部分收入列专用基金核算；核算不尽合规；将部分预算内外资金委银行放贷获利息收入列学校基金；基建程序不合规、竣工资料管理不善、虚列投资完成额等。

1997年，西南师范大学1996年度预算执行、华西医大附一医院和西南交大出版社1996年度财务收支审计。查处违纪资金3733.37万元。主要是：少转待转抵支收入；药品按高于进价并加成15%收费；将预算外支出转预算内列支，重复计算销售成本；少列投资完成额；超计划完成投资；未冲销暂估入库又按发票增加库存，虚增库存。

1998年，审计新华社四川分社和国医局四川抗菌素研究所1997年财务收支。查处违纪资金945.78万元。决定调账、纠正。主要是：新华社四川分社采编供稿部门收入未纳入核算；四个实体收入未计缴税费。国医局四川抗菌素研究所少计收入；国医局四川抗菌素研究所无依据收入提奖金；多列支出。新华社四川分社所得税返还提奖励、福利金；购车未过户、无发票付款；职工奖励基金超支；银行账户、发票收据管理不合规；发展社、公关公司注册资金不实；音像中心无执照等。国医局四川抗菌素研究所账表不符；药厂交接货币、产品、债权债务不清；与海口公司合作经营不规范。

1999年，审计重庆建筑大学1998年度财务收支。查出违纪资金2090.9万元。决定收缴10.98万元。问题是：校控股欧鹏公司未代扣代缴外国企业所得税；欧鹏公司注册资金虚假、越级承包违规转包工程、核算不合规，少计收入多计成本，外方投资本金不合规、高息筹资投放电厂、大厦建设存在违规、产权转让不规范；财务核算未按收支两条线，收支不实，产业处报表未纳入校汇总核算；对校办企业贷款部分无法收回。

2000年，审计中国测试技术研究院、中科院光电技术研究所和3所大学1999年度财务收支。查出违纪资金25745.84万元。责成整改、清理、调账补税外，决定收缴101.59万元，罚款12万元。

主要问题是：中国测试技术研究院累计已完项目经费结余未转收入；对实体投资核算不实；未按规定编报年度预算且1999年度决算报表不实；固定资产账账、账实不符；部分工资性支出未纳入工资总额核算；财务管理会计核算不尽合规；院属独立核算单位漏税、设小金库；用银行存款利息发奖金。中科院光电技术研究所“863”项目未按规定结转收入；虚列“863”项目支出74.5万元；少提福利、工会经费未按规定结转固定资产；违规预提劳务酬金；少计事业费支出；财政补助结存资金科目使用不当、结转依据不充分问题；固定资产未定期盘点；增值税核算及其发票管理不规范；所属实体或控股公司存在少计利润、纠纷致损失、核算不规范、少计税费等问题；未经批准提取住房公积金59.63万元；投资未作账务处理、实物投资置换资金避开评估和监督、疏于管理、经营不善、回报率低、造成损失等问题。

西南交大少计各类收入2307.01万元；结余事业基金少转1335.37万元；下属单位部分财务收支未纳入校法定账户核算；已交付使用资产未纳入固定资产管理核算；合并、汇总报表不规范；收费依据不充分，标准不统一；基建及资金管理不严；校办企业存在投资未分利、违规炒股及冲减投资收益少计所得税、工程收入未结转损益少计利润、少交税费；对外投资超《公司法》限额、虚假股东、转移利润1764.73万元、账务处理不规范，核算内控制度不健全等问题。该项目，形成《审计建议》反馈该校；移送《移送处理书》1份。西南财大少计收入2895.09万元；少计投资1887.4万元，多计借出款112万元；多计支出519.56万元；下属单位部分资产及收支未纳入校统一核算；出版社少计收入572.72万元，部分收入账外列收列支，隐瞒资金41万元，银行存款账账、账实不符；部分设备和交付使用资产未纳入核算管理；会计报表事业费决算账表不实、征地专项经费未纳入基建报表统一反映；固定资产账账、账实不符；财务管理会计核算不尽合规。电子科大少结转科研经费、事业费及其他收入6909.17万元等；教材科收支未纳入校统一核算，形成账外资金；少反映投资3308.83万元；校办企业以计划成本替代实际成本；部分二级单位财务未纳入统一核算；挤占勤工助学基金；决算报表部分科目、基建账表不符；土地转让费收入1653万元未税；参股企业部分股东出资不到位、擅发奖金、分红不合理为个人垫付资金等问题；财务管理核算存在长期挂账、票据管理不规范等问题。

2001年，四川出入境检验检疫系统1999—2000年度财务收支审计。查出违纪资金2514.62万元。决定收缴111.61万元，罚款0.3万元。违纪构成：转移收入277.2万元；账外账、小金库887.43万元；违规发钱物；截留应缴财政专户资金72.6万元；少计资产1241万元；对外投资未纳入财务核算、账表账实不符、管理基础薄弱、核算不合规。该项目，送出《审计建议》1份。

2002年，重庆出入境检验检疫系统1999—2001年度财务收支审计。查出违纪资金1114.51万元。决定收缴50.39万元交国家质检总局缴中央财政。主要问题是：行政执法违规多收费39.25万元；自纠时少反映账外收支1056.18万元；截留财政专户资金11.14万元；将进口机动车复验换证交由当地、违规少收费、收费项目不统一、延迟执行国家降费标准等；内部机制运转不灵，部分行政执法脱节；房屋租赁管理漏洞；业务处室会议及培训收费未按规定管理核算；违规使用票据。

2003年，武警四川省消防总队2002年度财政财务收支审计。查出的主要问题是：部分收支及资产未纳入年终决算反映；预算内经费转入预算外账户核算；固定资产核算不实，账账、账表、账实不符；多头开设银行账户，个别单位未在规定银行开设账户；票据管理使用不规范，白条入账；未彻底清理与原办实体债权债务；资金管理不规范。

2004年，审计四川大学2003年度财务收支的真实、合法、效益和中科院成都有机化学研究所、中科院光电所2004年度科技经费和财务收支。查处违纪资金4843.52万元和遗留待清理资金4089.38万元。决定收缴325.28万元。其中，四川大学违纪资金3521.65万元，遗留待清理额4089.38万元。决定收缴325.28万元。主要是：少计收入2339.34万元；收入105.42万元未报税；设“小金库”482.76万元；对外投资及校办产业收入25.61万元未作收入核算；下属公司收入114.57万元未作收入列其他应付款；管理核算存在报表不实、未按规定并表，行政事业性收费未缴财政专户，二级单位预算外列支旅游费28.95万元；集资建宿舍；遗留待清理额4089.38万元；付白条款155万元；向施工单位无据收费270万元，用于发奖等。中科院成都有机化学研究所违纪资金（有限公司）1321.87万元。主要是技术转让费120万元未作收入；对外股本投入100万元未作投资反映；挪用科研经费754.27万元；未按“完成并验收后”规定而按到位经费提取酬金65.33万元；为个人垫付增资扩股资金101.94万元；将利润180.33万元奖个人。中科院光电所审计结果，2005年向审计署报出《审计报告》。

2005年4月，审计中科院成都分院2004年度财务收支。查处违规核算资金12393.15万元，无偿划归劳服司土地241.43公顷，违纪资金1169.84万元。主要问题：未将2003、2004年结余行政事业费1036.91万元和11356.24万元纳入次年预算；对外投资未按规定报批；违规外借资金，未收回175.12万元，另42万元协议红利人去楼空；未经批准将院内241.43公顷土地无偿划归劳服司；预算外资金33.36万元未按规定上缴财政专户；建安投资科目列家具款53.36万元；综合楼超投资866万元，超建面1006平方米。

第二节　专项审计和审计调查

1991年9月，调查四川省统计局及下属城调队、农调队和四川人口普查办。11月向四川省统计局出具调查结果意见：挤占挪用统计事业费45.68万元。意见：调账，归还。虚列经费支出33.44万元。意见：调账，冲减事业费支出。转移资金51.7万元。意见：收回，纳入财务核算。

1997年2月，按审计署通知，审计西南师大1996年预算执行同时，调查该校财力。调查发现：该校1996年综合财力增强，一级核算两级管理的财务运行机制取得成效。但地处远郊，对外服务和校办企业收入有限，如果招生并轨所减少的委培自费收入得不到弥补，1997年收支平衡将有困难。同时也发现，该校存在1996年执行预算是编报预算的4.09倍、通过预算内外账户把包干结余调整为零、预算外资金管理不尽合规及校办企业量多规模小等问题。建议学校认真执行国家财经纪律、规范收费行为，关停并转微型公司，多渠道吸收办学经费、增强后劲。调查报告1997年2月报审计署。

1997年4月，按审计署要求，审计华西医大一附院同时，调查附属二医院和口腔医院。调查发现，该二院在严把药品购进关、积极开展业余医疗服务、外购药品回扣按规定入账等方面做得好。但存在药品收费和库存药品账实不符等问题。建议规范收费行为；国家有关部门应尽快制定业余与正常医疗划分的规定。调查报告7月报审计署。

第五章　农业与资源环保审计

第一节　三峡移民资金审计

1995 年，审计四川省三峡移民办等 11 家管理机构 1993 年至 1994 年度移民资金管理使用情况。查处违纪资金 22482. 88 万元。主要问题：6 家机构移民资金存在超规模超计划投资 5943. 66 万元。11 家机构存在挪占移民资金 10412. 44 万元。3 家虚列投资 2470. 19 万元。违规提取和开支管理费等 1783. 56 万元。2 家欠拨、滞留资金 1873. 03 万元：损失浪费 300. 3 万元。财务管理存在移民资金转定期储蓄、以个人名义存款、虚报冒领、大量使用现金和 10 家机构 8 年试点移民结存资金均未纳入统一核算等问题。

1996 年，审计上年已审计的 11 家机构 1995 年度移民资金。发现：上年的审计意见执行不到位。同样的违纪违规在同样的单位照旧发生。查出违纪资金 22896. 25 万元。主要是：超规模超计划计划外拨款 14094. 91 万元；虚报投资和补偿计划；挪占、出借移民资金 5588. 75 万元；工程、资金管理及其他违纪资金 3212. 59 万元。

1997 年，再次对前两年已审计的 9 家机构和重庆市移民局 1996 年移民资金审计 。发现：依然有 7 家机构仍未完全执行前两年的审计意见。10 家机构查出违纪资金 18981. 33 万元。主要是：超计划、无计划、计划外拨款 13630. 7 万元；挪占移民资金 4606. 93 万元；虚报投资完成 700 万元；转移、出借移民资金 43. 7 万元；管理：技改搬迁配套资金到位差；使用超支严重，耕地占用税未按规定返还纳入投资计划管理使用；行管费调整计划执行不到位；移民资金存款利息未按规定申报使用计划；投资 127 万元办三厂，其中二厂闲置，三厂均未安置移民；淹没搬迁项目资金与其他技改项目资金混用，报表反映不实；设账外账；违规收取耕地占用税等。

1998 年 5 月起，审计三峡库区 11 家移民机构 1997 年移民资金。查出违纪资金 31997. 98 万元。主要是：无计划、超计划拨款 21912. 88 万元；挪占移民资金 3522. 59 万元；资金使用违纪违规 2201. 56 万元；虚列投资 338. 88 万元；管理核算违规资金 4022. 07 万元。

1999 年，继续审计已连续审计四年的 12 家移民资金管理使用机构。发现：问题累纠不改，违纪违规依旧。查处违纪资金 29911. 93 万元。决定罚款 22 万元。主要问题：普遍照样无计划、超计划拨付资金 22923. 3 万元；挪占移民资金 5744. 43 万元；资金使用违纪 422. 21 万元；行管费普遍超支；管理问题资金 821. 99 万元。

2000 年 7 月，按审计署办公厅通知，审计湖北省恩施州政府等 4 家机构 1999 年度移民资金管理及使用情况。查处违纪资金7122.08万元，责成纠正54.37公顷土地状况。主要问题：超计划、无计划拨款2649.52万元，未安排使用计划1030万元；挪占移民资金614.64万元；资金使用违纪90.2万元；管理问题涉及资金2737.72万元、土地42.63公顷。

第二节 专项审计与审计调查

1996年4月，审计重庆市和成都市1994、1995两年度国土使用权出让金。查处欠缴财政65.42万元，责成纠正土地违规转让出让14653.32平方米、出让金收入未纳入财政预算管理、综合出让金征收后直接用于建设或返还、出借等违规使用；扩大区（市）县级政府土地审批权限；划整为零违规审批；超计划征用土地69.8公顷；已建完工占地4.37公顷未办出让手续交出让金；土地作价出让权益流失；违规竞价降低出让金标准等问题。

1999年，审计四川省财政厅、农行四川省分行、扶贫开发办和西藏自治区扶贫开发办1997年至1999年6月底扶贫资金。查处违纪资金333836.19万元。包括查处资金使用违纪151557.99万元和省级部门抽查，查处违纪资金182278.2万元。

根据审计署等8部门《关于清查审计农业发展银行和粮食系统有关问题的通知》要求，与财政部驻四川和重庆专员办组成清查审计组，1998年6月对四川、重庆和西藏共14家国家粮食储备库（1家直属库，13家拟上划库）1997年年末和1998年5月月末资产、负债、损益真实性及1992年4月至1998年5月月末的新增财务挂账和其他不合理占用农发行贷款情况进行清查审计（西藏1家由成都办单独审计）。形成14份《清查审计报告》报审计署。反映1998年1—5月新增财务挂账11705.72万元，责成纠正违纪违规资金22881万元，清理调整了各库资产负债损益。主要情况是：1998年1—5月新增财务挂账：绵阳直属库808万元；达川国家粮食储备库1998年年末贷款7710万元；眉山国家粮食储备库属嘉粮公司二级单位，1996年、1997两年嘉粮已收未付国拨款520万元。1998年5月月末其他不合理占用农发行贷款：绵阳直属库1312万元：多计“应收补贴款”84.15万元，对外投资、出借、副营业务及购建资产占用本金1065.3万元，经营粮食期货占用本金141.12万元，政策性财务核算不合规列支31.2万元。重庆涪陵粮食储备库0.2元/千克补提上交差价款增加挂亏33.95万元。有关重要事项：重庆涪陵粮食储备库：1995年盘点，面粉麻袋等损失67.64万元挂账至今；无计划售平价周转小麦372.63吨；擅卖储备菜油107.57吨。南充东站国家粮食储备库：两年审计调整品迭，少计利润96万元；资产核算不实；应计未计实收资本1171万元。重庆上桥国家粮食储备库：经营亏损列政策亏损336.3万元；未在经营性和政策性业务间合理分摊间接费用；少计收入和冲减利润131.91万元；购资产24.28万元列费用；少提折旧35.29万元；部分资产损益未并入总账；少计代储补贴411.08万元；违规集资466.45万元；多列大修费186.03万元；投资合资企业亏损。重庆荣昌国家粮食储备库：混库、空库及质量不合格；集资建房多付工程款69.96万元；对外投资无据列报76.45万元；虚增政策性粮食成本，多计补贴收入155.11万元；当地县粮局在补贴收入中计提分成25.57万元，且无据收费；挤占成本费用，营业外支出、核算管理不合规。重庆万县国家粮食储备库：用“处理陈化粮”指标解决借粮问题；弄虚作假虚购虚销以陈化粮抵顶专储粮，获取差价；未经批准，高息集资277.23万元付息124.51万元；建仓征地给失地农民生活费，年支十多万元成为一大包袱；仓库工程超支512.58万元。四川泸州国家粮食储备库：多提应收补贴，多计利润；外单位占用粮油贷款且未收利息；购建资产占用贷款且代息计入损益；虚列待处理流动资产损失和应付账款；少计库存商品；多列政策性业务待处理流动资产损溢、多计经营费用；虚列费用、收资本金挂往来；多提代储费少计利润；少计销售收入多计营业外收入；少计预提费用，违规缴纳管理费和"政策性浮动利息"；债务及损益不实。四川广安国家粮食储备库：1997年多计中央、省专储补贴139万元、1998年1—5月多计62万元，多计代储费34万元；挤占成本；收入和损益存在收入冲费用、损益调整冲收入等问题；往来账核算存在虚增等问题；固定资产管理核算存在疏漏弊端；与桂兴粮站合并，接收亏损331万元和15名退休人员。成都青白江国家粮食储备库：12家企业虚假收购1.4万吨专储稻谷，致使国家筹措资金2191万元且付保管费176万元/每年；下属公司炒期货造成粮库潜亏159.4万元；接收成都储运公司安排10名退养人员。西藏拉萨娘热路国家粮食储备库：1994年清产核资报损粮油账务处理与申报明细不符；1994年与粮管站并账后冲减利润850万元挂账；多金科长期库外列收列支，可查数53万元；往来科目设置核算极不规范，其中应付个别单位的账款多达1700万元；储粮大量露天堆放、混装，管理松散、出入库手续不规范、随意轮换等。成都二仙桥国家粮食储备库：部分业务未纳入统一核算；将议价粮转为专储粮；违规销售专储粮；多计提费用和利息补贴；主管部门长期占用资金；附营业务少计管理费；购建资产长期不入账；往来账核算利润；无故冲销债权、虚增固定资产价值；多列经营承包奖；少计银行贷款利息；违规借贷资金。四川自贡国家粮食储备库：多计成本；多计补贴收入；将6月收入计入5月；专储玉米兑换小麦未作销售；多计费用；未经批准列坏账损失；销售不记账、挪现金货款一年多；多提折旧；承担巨额建库投资债务和资金利息；仓库维修贷款用于新建仓库；财务制度不健全现金管理混乱；违规冲减固定资产、实收资本；虚假收购，从库存议价粮、定购粮账上划转为专储粮1万吨。四川达川国家粮食储备库：少计利润249万元；少计固定资产45万元；售稻谷收现金达6个月未做现金入账。四川眉山国家粮食储备库：用定购粮抵顶或从市场购入粮划转专项储备粮3.32万吨；多计政策性补贴收入604万元；隐瞒中央、省专储粮销售差价收入222万元；转移资金账外开户经营，且设小金库用于发奖等、个人开户用巨额资金炒股（另有专题报告）；违规在一级半市场搞股票交易；未按规定对转让资产作账务处理；隐瞒收入少计利润393万元、漏税22万元；挤占成本少计利润233万元。调整资产负债损益：对重庆涪陵粮食储备库，调整资产11笔，负债6笔金额1027.77万元，所有者权益8笔金额508万元。对南充东站国家粮食储备库，调增1998年5月月末资金来源961万元后来源、占用16817万元，调减利润126万元后利润为亏损128万元。对重庆上桥国家粮食储备库，调增1998年5月月末资产负债及所有者权益5757万元。对重庆荣昌国家粮食储备库，调增资产313万元、负债169万元、所有者权益143万元。重庆万县国家粮食储备库，1998年5月月末调整后的资产4977万元、负债4202万元、所有者权益775万元。四川泸州国家粮食储备库，1998年5月月末调整后的资产13729万元、负债12148万元、所有者权益1581万元。四川广安国家粮食储备库，1998年5月月末调整后的资产8815万元、负债8994万元、所有者权益－178万元。成都青白江国家粮食储备库，调整资产21笔1221万元、负债8笔251万元、权益9笔645万元。西藏拉萨娘热路国家粮食储备库，1998年5月月末调整后的资产7298万元、负债7462万元、权益－164万元。成都二仙桥国家粮食储备库，1998年5月月末调整后的资产12610万元、负债8544万元、权益4066万元。四川自贡国家粮食储备库，1998年5月月末调整后的资产9473万元、负债6852万元、权益2621万元，损益：亏损294万元。四川达川国家粮食储备库，1998年5月月末调整后的资金来源、占用14202万元，损益：亏损106万元。四川眉山国家粮食储备库，1998年5月月末调整后的资产21940万元、负债17996万元、权益3944万元。库存粮食抽查情况，绵阳直属库差异率5%内，个别达11.6%；质量指标黄粒米3.2%（超标1.2%），为陈化粮不宜再储存。重庆涪陵粮食储备库丈量粮油体积乘容重盘点结果，粮油短少2048.87吨，短少率3.86%。重庆上桥国家粮食储备库，丈量盘点库存73.45%结果多2166吨，占登记库存数1.91%。成都青白江国家粮食储备库，丈量盘点全库短少2690吨，短少率5.17%。14家储备库清查审计后，成都办形成8份报告和公函，8月报审计署。

2001年5月，按审计署办公厅通知，调查重庆三峡工程库区移民自主外迁情况。报审计署《调查报告》称：调查的湖北石首市接受重庆自主移民，至2000年1月接受108家378人。其中61家未在当地建房，68家未划拨土地，未在当地生活。迁出县已拨安置金676.6万元。尚有管理补助费23.38万元未拨付迁入地政府。存在问题：三分之二未得到安置；已居住的也存在承包地、宅基地不落实，承诺的免费办理《住房产权证》未兑现，饮水等具体问题未解决等问题。新场镇在大部分移民未安置情况下，将移民资金用于还贷、办厂、其他开支，开支中“白条”报销普遍等。建议：提高认识，纠正错误认识；兑现承诺，解决具体困难；加强管理、规范核算；制定切实可行的移民政策措施。

2003年10月，按审计署年度审计工作安排和专项审计调查通知要求，专项调查四川省小金、南部、中江三县财政支农资金和基础教育经费管理使用。审计组形成小金、南部县各一《调查报告》报成都办。成都办出具《审计建议书》反馈中江县政府：建议中江县政府依法追究县林业局侵占中央退耕还林资金40万元、侵占天然林保护工程等款91.54万元、利用权力收取68.71万元、弄虚作假套取国家资金17.85万元问题的主要领导的责任，收回侵占资金，进一步查处该局及其绿源公司。结果书面函告成都办。

2005年3月，按审计署《专项审计调查通知书》，专项调查四川省、成都市、都江堰市2003年和2004年中央和地方各级财政投入的农村卫生资金、都江堰市新型农村合作医疗试点情况。《专项审计调查报告》6月报审计署。

第六章　社会保障与民政事业审计

第一节　养老、失业保险审计

1996 年，审计工行四川省分行、交行成都市分行等 9 家金融企业 1995 年度职工养老保险基金。查处违纪违规资金 13123.76 万元。其中：单位缴纳部分违纪 5453.07 万元。主要是少提、代个人垫缴、计提存储蓄所、超提、少交、未按规定划转企业留成职工养老积累金等。个人缴纳部分违纪 826.5 万元。主要是未扣、代缴、少收缴。列支及使用违纪 924.4 万元。主要是营业费列支离退休费、扩大开支范围、挪用。统筹及管理问题涉及资金 5919.79 万元。主要是建行四川省分行、西南航空公司等企业，统筹前向地方社保机构缴纳的社会统筹资金应收未收回；外借、投资、委贷等，以及离退休人员专管部门会计核算不尽合规等。

1999 年，据审计署方案，审计中国化工第七建设公司和成都铁路局 1998 年度下岗职工基本生活保障和再就业资金；按审计署指派，审计四川省 1998 年接受中央财政拨付的工业企业下岗职工基本生活保障和再就业补助资金及用于此项工作的地方财政资金、社会筹集资金、企业自筹资金。

审计发现：因职工思想抵触，下岗证发放困难；基本生活费发放标准偏高；收支未统一核算和编报决算；铁路系统的沿线站段未缴当地失业保险金而不能办理下岗证，致使一企业下岗职工两种待遇。资金来源不足；违规使用失业保险基金；生产自救资金使用不规范；个别地区资金核算和拨付不规范；资金筹集存在吃企业老本问题；隐性就业与隐性失业现象普遍存在；中心运作不规范；下岗职工社会保险费缴纳不足。

分析产生问题的原因：职工观念未转变，企业对国家政策理解执行不够，长期不缴纳失业保险金。企业效益差，社保缺乏法制保障，劳动合同监管力度不强，下岗职工再就业难。审计决定：乐山就业服务局对挪用的失业保险基金进行清收，对用其购建的固定资产，按财政部、劳动和社会保障部财社字〔1999〕22 号第四条，收回资金；自贡市就业服务局在失业保险基金列支的购职工住房款 80 万元，按上述文件规定，收回。

1999 年，审计中国银行行业统筹企业职工基本养老保险基金。审计署出具《审计意见书》：“财务收支基本符合财经法规的规定”“你行应如实向财政部报送截至 1999 年 6 月的管理费收支和结余情况，按财政部批复意见进行处理”。

2002 年，审计四川省 2001 年中央和地方各级财政补助省本级和部分地县级企业职工基本养老保险专项资金。审计署《审计决定书》《审计意见书》，纠正违纪资金 17149.67 万元。主要问题：挤占挪用养老保险基金 1053. 67 万元；基金决算报表反映不实；以前年度挤占挪用未按审计决定整改到位；省地州安排拨付中央财政专项补助资金违标准、滞拨且本级大量留用；违规核销企业欠费；基金征收随意提高或降低比例；“以物抵费”仍然存在，部分抵费资产处置不合理；至 2001 年，仍有部分市县未按规定实行全额缴拨和社会化发放；将中央财政对天保工程企业养老保险补助资金 14170 万元用于森工企业养老金，导致部分森工企业欠缴养老保险费；向森工企业补收养老保险费 1846 万元；基本养老保险基金管理核算不规范；地方财政对企业养老保险补助较少。

2004 年，审计成都市 2003 年度失业保险基金。查处违纪资金 4241. 33 万元。其中，挤占挪用虚列支出违规拨付失业及其他社保基金 4025. 23 万元。失业保险基金收入 99. 84 万元未及时入账。成都市和崇州市就业局对以前年度地方审计机关审计决定仍未落实，涉及金额 116. 26 万元。该项目移送《移送处理书》2 份。

第二节　社会保障、福利基金审计

1996 年，审计四川省（含成都市）和重庆市社会福利有奖募捐委员会 1993 年 1 月至 1996 年 7 月底彩票发行、资金管理使用情况。查处违纪资金 1091. 77 万元。主要是：成都市社会福利有奖募捐委员会挪用 399. 8 万元迁建殡仪馆；挪 93. 6 万元建大道、购房、出借建度假村等。武侯区、新都县、成华区等未单独建账或单独开户，在民政局经费内核算；会计核算不尽合规；基建管理控制不严。重庆市社会福利有奖募捐委员会的合川、重庆市中区、九龙坡区、江津市、沙坪坝区、南岸、北碚区挤占挪用 369. 29 万元；机构、核算不健全；市募办未按《管理制度》“发行结余上交”而按发行费收入 12%、13. 5% 交市民政局；沙坪坝区募办收宣传费 3. 08 万元挂往来；北碚区募办凭收据列报中奖支出 226 万元；市中区摹办用福利金搞借贷业务；沙坪坝区利息收入未按规定结转福利金，合川市收“宣传费”纳入发行费收入等，少转福利金 29. 75 万元。

第三节　专项审计及审计调查

2000 年 4 月中旬起，按审计署方案，专项审计成都发动机公司等 8 家企业基本养老保险费、失业保险费欠费情况。7 月，调查报告报审计署。调查发现：8 家企业会计报表反映，1997 年年末未分配利润余额共计 －90043. 67 万元。1999 年缴费工资总计 159450. 13 万元。截至 1997 年年底，8 家企业累计欠缴基本养老保险费总计 47911. 34 万元。1998 年 8 家企业应缴基本养老保险费总计 16124. 39 万元，缴纳 17950. 47 万元，当年欠缴 －1826. 08 万元。1999 年 8 家企业应缴基本养老保险费总计 16505. 08 万元，缴纳总计 24687. 23 万元，当年欠缴 1860. 54 万元。至审计进点之日，8 家企业有 5 家企业补缴了以前欠缴的基本养老保险费共计 2172. 87 万元。提取但未缴社保部门的基本养老保险费共计 21397. 21 万元。8 家企业截至 1997 年年末累计欠缴失业保险费共计 1544. 25 万元。1998 年，8 家企业失业保险费共计欠缴 1073. 01 万元。1999 年，8 家企业中仅长钢公司实行定额上缴，其余 7 家企业皆为全额缴纳，比例为：单位 2%、个人 1%。应缴失业保险费共计 1335. 62 万元（单位部分 854. 41 万元、个人部分 854. 41 万元），实缴共计 193. 69 万元。8 家企业都存在计提（代扣）失业保险费未缴就业局的情况。已计提但未缴就业局的失业保险费共计 2237.11 万元。

审计认为：企业生产经营困难，资金紧张是欠缴大额社保费的根本原因。企业主要领导认识存在严重偏差，对社保工作重视不够。企业“办社会”加重了企业负担，社保机构客观上未能有效履行职责，影响了企业缴纳社保费用的积极性。社会保险经办机构依法征管意识不够，征收力度亟待加强。审计建议：抓住西部大开发的机遇，努力发展生产，开拓市场，是解决欠费问题之本。增强社保意识，积极压缩不必要的非生产性开支，千方百计缴清陈欠，杜绝新欠。改革和完善社保费用征缴体制，加强社保经办机构自身建设，规范运作。针对新时期企业改革出现的新情况、新问题，积极研究制定对策，逐步完善有关政策法规。财税、劳动、审计等部门密切合作，加强对社保基金征缴的监督、管理，促进社保基金征缴工作的规范化。

2005 年，调查成都市 2004 年度住房公积金归集、使用和管理情况。发现：住房公积金的管理体制尚未理顺。尚未按要求完成公积金管理机构的调整归并工作；部门和单位自行归集和管理住房公积金，缺乏监管，造成挤占挪用和损失，严重损害职工权益；成都市住房公积金管理委员会未履行职能。住房公积金覆盖面窄，归集管理不规范。公积金归集面窄，覆盖率低；大量已登记的单位长期不缴存住房公积金；大量国有企事业单位改制后不再参加住房公积金缴存；财政拨款单位只缴个人部分、单位部分未缴存的现象比较普遍；公积金管理机构对缴存基数的确定和审核把关不严；住房公积金欠缓缴催缴不力；缴存比例制定和缴存基数计算口径不统一；住房公积金缴存额差距过大，存在两级分化，住房公积金对改善中低收入职工住房条件的支持力度不够；超过规定委托归集银行。公积金提取管理存在漏洞，违规提取住房公积金。公积金提取的内控制度不完善，管理有较大漏洞；不按规定办理住房公积金的提取；住房公积金提取办法不统一。部分住房公积金管理机构贷款业务启动慢，贷款发放率低，资金使用效益不高。住房公积金贷款风险防范机制不完善。住房公积金贷款管理缺乏统一规定，各中心各自为政，执行中随意性较大。住房公积金贷款发放审核程序存在漏洞，把关不严，违规发放贷款。担保公司被撤销致使公积金贷款担保悬空。省中心、成都中心财务未反映公积金逾期贷款本息等。成都中心购买的 2 亿元国债面临巨额损失。住房公积金被挤占挪用。石油中心及其下属单位用公积金弥补贷款担保损失；中铁二局第四工程公司等单位将单位计提和代扣的住房公积金存于单位账户混存混用；都江堰市财政局从所管理的行政事业单位住房公积金账户划款到都江堰市土地储备中心账户，用于为土地储备中心向建设银行贷款提供担保；原邛崃市分中心将企业破产公积金划到该市国资局；成都中心部分区（市）县管理部未归垫以前年度挤占挪用的住房公积金和项目贷款；省中心挪用住房公积金贷款风险准备金购买办公用房。增值收益的核算、分配、使用不合规。未按规定给个人账户计息，存在不计和少计利息；住房公积金增值收益不按规定进行分配，一些管理机构少提或不提贷款风险准备金和城市廉租住房建设补充资金；公积金管理机构的管理费用缺乏严格的预算管理；城市廉租住房建设补充资金拨付使用管理不规范等。公积金计算机管理系统存在缺陷，不能适应公积金管理要求。低水平重复开发计算机管理系统；系统自身功能性、操作性、安全性存在缺陷，不能满足公积金监督和管理的需要；系统基础数据不完整，缺乏系统管理和应用维护所需的必要人员。

该项目上报审计调查报告和审计信息 8 篇，被《审计要情》和《重要信息要目》各采用 1 篇，被中办、国办各采用 1 篇，国务院领导作了重要批示，转送部委 3 篇，向司法、纪检机关移送案件线索 2 件，涉案人员 19 人，移送案件司法机关批捕 10 人，挽回了 2 亿元住房公积金损失。

第七章　固定资产投资审计

第一节　停缓建项目跟踪审计，复工、开工前审计

1989 年，按照国务院《关于进一步清理固定资产投资在建项目的通知》和审计署的要求，对 31 个停缓建工程项目、总投资 1.78 亿元进行跟踪审计。审计发现：执行上级停缓建通知当即停建的 4 个，仅立项发生前期费用未开工的 6 个，因上级未下达年度计划或部委机构调整无实施计划而停建的 4 个，未接通知和工程完工尚未接通知的 10 个，未执行通知拒不停建的 2 个。审计发现的主要问题：一是超规模、超投资。其中，某单位工程超投资计划 2279 万元。二是挪占生产资金。挪占最多的单位达 1300 万元。三是以更改名义搞基建，资金来源不合规。四是工程管理混乱，核算不合规。五是漏缴建筑税。其中，七个项目漏建筑税 266.34 万元。审计之后，收缴税费 122.37 万元，责成补税 142.34 万元，并对有的项目处以罚款共计 159 万元；对其他问题作出相应处理。

1989 年 9 月至 1998 年，据审计署通知，对企事业单位建设项目开、复工条件审计。采取审查项目建议书、相关资料、项目评估依据、资金来源、现场条件等资料，出具《审计结果通知书》。10 年间，审计成都市人民商场一期工程等项目共 432 个。审计结果：符合条件同意开复工项目 399 个，不符合条件须补办手续落实资金、未经审计先开工、须按国务院《楼堂馆所建设管理暂行条例》有关条款报批后方得开工等项目等 33 个。

第二节　在建、竣工项目财务收支审计

1990 年，审计在建、竣工项目 4 个。查处违纪资金 6430.74 万元。决定收缴 876.18 万元，罚款 35 万元。主要是：铜街子水电站工程虚报投资完成和支出、虚增材料成本差异、多提百元产值含量工资、将多冲国拨资金转作施工利润等违纪资金 1039.03 万元。宝珠寺水电站工程虚列、挤占工程投资等违纪资金 1516.07 万元。江油电厂扩建工程承包公司概算不实等，多列投资、搞计划外挟带工程、账外资金、挪用挤占、扩大建设规模、改变建设内容等违纪资金 2529.6 万元。水电七局成都综合楼工程以更改名基建、征地拆迁费甩项目外、超计划、漏缴建筑税等违纪资金 1346.04 万元。

1991 年，审计在建项目 5 个。查处违纪违规资金 20628.55 万元。决定罚款 10 万元。主要问题：华能洛璜电厂、西南铝加工厂、核工业 816 厂超投资 3809.87 万元。六二四所、四川石油管理局、西南铝加工厂挪占生产资金 5447.27 万元。管理问题涉及资金 11371.41 万元。

1993年，审计在建项目4家。查处违纪资金2200.23万元。决定收缴89.99万元，罚款2万元。审计发现的主要问题：渡口水泥厂。黄角庄电厂新建、广元刨花板厂工程、重庆商学院新建校舍一期工程超计划投资648.92万元；黄角庄电厂新建、广元刨花板厂工程、重庆商学院新建校舍一期工程、渡口水泥厂技改挪占生产资金、工程成本1268.46万元；渡口水泥厂、黄角庄电厂新建漏税190.92万元；广元刨花板厂工程、重庆商学院新建校舍一期工程等管理问题涉及资金91.93万元。

1994年，审计在建、竣工项目6家。查处违纪资金200271.38万元。决定收缴211.22万元，罚款1万元。审计发现的主要问题：宝珠寺水电站临时房建、达成铁路管理费、贡嘎机场工程超计划1428.43万元；攀钢二期工程南山宾馆、宝珠寺水电站、达成铁路挪占生产资金、工程成本4026万元；攀钢二期工程、二滩水电站工程、贡嘎机场工程漏税251.22万元。管理问题涉及资金194565.73万元。

1995年，审计竣工项目2家。查处违纪资金10471.74万元。决定收缴273.58万元。主要问题：西安—成都光缆数字通信干线工程、攀钢二期扩建工程热轧、连铸项目竣工虚列、超投资4744.93万元；攀钢二期扩建工程热轧、连铸项目竣工决算工程材料价差829.04万元挤入生产成本；西安—成都光缆数字通信干线工程资金来源违纪4787万元；管理问题涉及资金110.77万元。

1996年，竣工项目财务收支审计2家。查处违纪资金106112.01万元。问题：中国建锋化工厂大化肥工程违纪资金105875.3万元；福（杭）贵成光缆工程四川段违纪资金236.71万元。

1997年，审计竣工决算项目14家。查处违纪资金1592.11万元。主要问题是多列造价1592.11万元。

1999年，审计中央直属储备粮库建设项目8家、水利工程项目2家。查处违纪违规资金60229.38万元。决定收缴25.4万元，罚款5万元。主要问题：中央直属储备粮库建设项目，多列投资、超概、挤占、挪用资金3691.23万元；凉山州大桥水库工程、满拉水利枢纽工程超概安排投资、部分单项工程超概等违纪资金56538.15万元。

2000年，对东方电气集团公司“八五”四川发电设备制造项目竣工决算审计。查出违纪8888.54万元。问题：将国家计委安排的专项贷款抵冲自筹资金1966.98万元；挤占项目成本1001.12万元；多列铺底流动资金5920.44万元；用自制、购置设备抵充建设内容、自行安排计划并开工、以“形象进度”作账务处理、购设备手续不齐等。

2001年，审计成都铁路局铁建资金，延伸贵州水柏铁路工程项目；审计达成铁路局建设项目（东、西段）。共查处违纪资金163689.7万元。决定收缴324.06万元。主要问题：水柏铁路工程项目地方出资不到位等项目资金不实20700万元；达成铁路建设项目、水柏铁路工程项目挤占、多列投资13644.2万元；水柏铁路工程项目、达成铁路建设项目（东段）超概4910.64万元；水柏铁路工程项目多家定期储蓄，达成铁路建设项目（西段）利息收入少冲减利息支出、将铁道部贷款利息列入项目概算等。审计后，分别向遂宁、成都、德阳、南充、渠县政府发出《关于达成铁路建设项目有关问题的审计建议》。

同年，按审计署通知，对成昆铁路电气化改造项目资金管理使用情况开展审计。处理纠正违纪违规资金17332万元。主要问题：虚列项目资金到位、自用资产列项目投资；滞留建设资金、成本列支奖金、概算外投资、以拨作支将建设资金拨下属多经企业；调概算多列增加费、管理费超支、多征地超概算、代征地挤占投资；资金管理核算存在报验工计价未扣降造费、部分建设单位设备未纳入资产管理、部分资产闲置、勘测设计费核算不合规、收取项目管理费且往来账列收列支、部分工程违规转包分包、管理存在分散、监理不到位、发包不规范、验工计价控制不严等问题。该项目，送出《审计建议》1份。

2002年，审计2个机场项目管理和资金管理使用。查处违纪资金6015.06万元，决定收缴60万元，罚款20万元。发现的主要问题是：绵阳南郊机场工程建设指挥部，大量建设资金存于非银行机构；超概建职工住宅和征地；材料价差挤占建设成本；挪资金出借；大量设置小金库；部分韩国政府贷款所购设备被变相转卖；签订虚假购销合同承兑套现银行资金，且贴现手续费挤占工程成本；资金管理混乱，财务管理会计核算不规范等。该项目，涉嫌犯罪并移送司法机关处理2件，《审计建议》1份。成都双流国际机场机场、航管、供油工程指挥部，概算多列进口设备附加费；概算计列的消防救援站未开工建设；超规划批复征地占用工程建设资金，项目实施与规划设计不符；将工程承包给无资质企业施工，并被转包；管理费列支固定资产购置费。该项目，送出《审计建议》1份。

2003年，审计成都绕城高速公路（西段）建设项目。查处违纪资金39501.33万元。责成补税2102.65万元。主要问题：侵占挪用项目资金34640万元未归还；通过非法关联交易侵占建设资金。贷款2000万元给高频集团公司用于还贷；挤占投资58.5万元；大量购车和礼品，增加工程支出。部分项目存在工程质量隐患；为高频房地产公司提供贷款及贷款展期担保，负有连带偿还责任风险；欠缴代扣代缴营业税及附加。该项目，向审计署报送《专题报告》。

2005年，审计沪蓉公路支线广安至南充段和国道210线达渝高速大竹至邻水邱家河段建设项目。查处违纪违规资金7904.26万元，移送涉嫌犯罪线索文书2份。主要问题：沪蓉公路支线广安至南充段节约沥青及价差未冲成本；挤占成本；建设单位管理费超概。国道210线达渝高速大竹至邻水邱家河段部分工程造价不实，工程存质量缺陷；部分工程结算审核不严增加成本。建设单位管理费超概。该项目移送违法违规线索文书2份。

第三节　施工、勘测企业财务收支审计

1991年，审计十八冶财务收支。查处违纪资金18.96万元。主要是：债券（集资）用于发放奖金和管理费列支罚息。

1992年，审计七化建和十八冶。查处违纪资金3667.26万元。决定收缴29.68万元，责成补税29.32万元。主要问题是：七化建将733.7万元固定资产列账外，少提折旧、大修金；少计和隐瞒工程价款收入1305.8万元，虚报工作量多收工程价款328.21万元，未计、少计当期成本费用949.81万元，收取进度奖14.93万元未列收列支如数发给现场施工人员，会计账表不符。十八冶职工住宅经常修缮费超支款挤入生产成本；漏税；联营投资无协议、无收益。

1993年，审计查处七化建。查出违纪违规资金292.54万元。决定收缴41.48万元。主要问题是：挂亏；漏缴“两金”、投调税，以及施工现场材料管理待加强。

1994年，审计水电五局、五冶两家施工、勘测企业1993年度财务收支。查处违纪违规资金3056.3万元。决定收缴71.03万元。主要问题是：水电五局少计利润，报废、盘亏固定资产多冲减成本等540.63万元。五冶以土地使用权获取商品房销售收入未入账；少计加工费收入漏缴营业税；

固定资产变价收入漏缴两金；以土地使用权和借款对外投资未记账等2515.67万元。

1995年，审计五冶。查出少计工程结算收入76.06万元，少计营业外收入、少计利润99.6万元。决定收缴营业税2.28万元。

1996年，审计铁二局、中信国华国际工程承包公司、中信新力能源开发公司3家施工、勘测企业1995年资产负债损益。查处违纪违规资金13351.21万元、700万美元。决定收缴79.89万元。主要问题是：铁二局木材等销售收入2529万元转下属厂挂往来账。铁二局多计196.87万元。铁二局少计利润174.94万元。铁二局未严格按规定收工程款6100.28万元；百元产值工资含量计提不实；材料物资管理核算薄弱；未按规定对资产进行管理核算；全民实体未纳入统一核算；检修违规操作损失169万元；内部各留存薄弱环节。中信国华国际工程承包公司违规将国内外项目盈亏混抵，少计所得税141.97万元；所属非法人企业未纳入统一核算，公司内部往来账账不符；泰国水坝工程累计亏损622.89万元且负债700万美元。中信新力能源开发公司少计长期投资199.65万元；息差3216.6万元未纳入损益；管理费等会计核算不合规；与自办实体往来不清。

1997年，审计水电七局1996年资产负债损益。发现：多摊材料成本差异等而少计利润5506.72万元；百元产值含量工资计提不实；会计核算存在未编制合并会计报表、汇总决算报表编制不规范、资产负债损益不实等。决定：按规定清理，调账，自行清缴税费。

1998年，审计成都嘉恒房地产开发公司1997年度资产负债损益。查处违纪资金1280.09万元。决定补税1209.38万元，罚款1万元。主要问题：开发成本列滞纳金、列罚款；虚列销售费用；实现利润未缴所得税；取现880万元发奖金；借资2000万元以个人名开户炒股；注册出资与实际不符、股东变更未办登记；未按规定计缴投调税、土地税使用税等，该项目，对重庆嘉恒房地产有限公司作了延伸审计。

第四节　专项审计和审计调查

1997年6月，按审计署年度审计项目计划通知与调查工作方案，分别调查中行成都市分行营业办公大楼和中行四川省分行四川国际金融大厦两个在建项目。调查结果：中行成都市分行营业办公大楼。基本情况：总行1994年批准立项，12月动工，与成都国际金融大厦有限公司合建项目，建筑面积42000平方米，总投资9700万元。至1997年5月底，总行三次下达投资计划共13973万元。成都分行已完成投资12197万元。基建程序：自建部分未严格按规定程序报批。市建成委审查通过的概算价值9700万元综合概算书实际未包括征地税费、二次装修等费，存在漏项。处理建议：各级管理部门严格报批手续从计划上加以控制。资金来源：有限公司并未出资，自始至终是成都分行用营运资金投入。处理建议：计划下达中应明确资金来源，防止下级挪用营运资金。中行四川省分行四川国际金融大厦。基本情况：总行1992年批准立项，12月动工。实际建筑面积55124平方米。投资25956.21万元。基建程序：初步设计及概算未报总行审批，漏项和估算突出且边设计边施工导致投资超概。由于总行对在建工程实行指标定额管理节约作废，分行在操作中存在实际支出与列报相悖、投资规模反映不实问题。会计核算：总行会计核算办法及编制报表规定不明确，导致分行及下属单位投资核算不统一、账务长期不处理、会计资料分散等问题。发现的其他问题：金融行业现行投资管理体系难以实施有效投资规模控制。受中外合作经营企业设立及终止的影响使建设规模增大，而如何认定扩大部分难以把握。审计建议：强化固定资产管理；严格审批实体及投资组建的合资合作企业，防止向地方要项目建设；改进和完善银行系统固定资产购建计划指标限额使用的管理办法；制定具体核算办法。

1998 年，审计四川省投资（集团）公司 1996—1997 年电力建设基金管理使用情况。查出：1996 年至 1997 年收省电业局直拨和转拨电建基金及缓交电建基金增值税共计 35692 万元。部分用途和使用方式违规：无偿拨款 120 万元、无息贷款 710 万元。处理意见：清理，按规定执行。

同年，按审计署交办，审计川东化学工业公司财务收支。查处违纪违规资金 5771.21 万元；调整 52 项反映不实的主要经济事项，调整金额 29784 万元。通过调整，增加固定资产 1342.82 万元、交付使用资产 6320.16 万元、债权 2626.56 万元，减少债务 4254.66 万元。审计情况汇总报告 4 月报审计署。审计署报国务院获朱镕基总理批示传阅。

1999 年 4 月，按审计署审计方案，专项审计重庆市、四川省 1998 年度和 1999 年 1 月至 3 月水利建设资金：

重庆市。查处违纪资金 16892.44 万元。决定收缴 538.06 万元，罚款 33 万元，并移送涉嫌违法线索文书。主要是：市财政局：1998 年度资金到位不足、拨付不及时；未按规定及时足额建立地方水利建设基金；擅调计划，将不具条件项目纳入；置换中央转贷资金；江津擅自提高转贷资金利率；配套计划责任不明、资金落实差。市水电局地电总公司开设协定户延压资金；超范围发放电气化专项资金；黔江水利补助费开支中不合规；渝水公司会计出纳一人兼、大额支付现金且不作现金账务处理；大额定期存储高息放贷，违规出借、挪出资金；龙宝河堤指挥部与无资质单位签协并付设计费；下属管理站及万州水电局等挪用建设及专项资金；万州兴泰公司挪用 12047 万元用于证券公司炒股，外借等；违规收费及设“小金库”。该项目，报审计署《专题报告》2 份，移送涉嫌违法线索文书 3 份。

四川省违纪违规资金 57678.66 万元。决定收缴 120.26 万元。主要是：省财政厅：厅及成都市少安排资金投资计划、少拨水利建设资金、少计提水利建设基金；7700 万元国债转贷资金不到位；1998 年度厅及 4 地（市、州）少安排配套资金 20908 万元。省水利电力厅：玉溪河管理处、都江堰二期扩改办和东风渠管理处虚报投资完成；管理核算不合规；都江堰人民渠二管处高估冒算套取资金；自行调整计划扩大资金使用范围；成都水电局、都江堰二期扩改办挤占挪用，人民渠一处弄虚作假、转移中央资金；部分款项未纳入财务统一核算形成账外资金。

2000 年 4 月，按审计署办公厅年度审计项目计划和审计工作方案通知，审计四川省交通厅和成雅高速公路股份有限公司 1999 年度和 2000 年 1 月至 3 月公路建设资金来源、管理及使用情况等。查处违纪违规资金 128719.44 万元。决定罚款 10 万元。主要问题是：

四川省交通厅违纪及账表不实资金 69697.76 万元、100 万美元。主要问题：挪用公路建设资金 13580.5 万元。违规提取、设立交通运输发展基金，擅自列支出核销 4000 万元，账外收入利息 1206.21 万元。未经批准继续征收交通、公路建设附加费等。专用基金管理使用及核算不规范，1500 万元用于他公司注册经营、建综合楼及宾馆游泳池。公路建设投资计划较大随意性。国债资金 26400 万元不到位。挪用建设资金 10745.69 万元购建楼堂馆所。虚报支出账表不实 36887 万元。收取赞助费及利息、红利等 1778.36 万元账外发放。海南办事处账外经营。援外办擅转出 100 万美元交川高公司购医院进口设备。该项目，移送涉嫌违纪违法线索文书5份，报审计署《专题报告》5分，并向有关当地政府提出书面《审计建议》。

成雅高速公路股份有限公司违纪资金59021.68万元。决定罚款10万元。发现的主要问题：将以前年度竣工项目列入概算；投资股东不实；擅增建设内容提高标准增加投资3.02亿元；不按规定招标且层层分包；挤占工程成本2792.25万元；多计多付工程款；虚增年度投资完成额8925万元；设计细度和经验不够致投资增加4952.45万元；拖欠税款10475万元；挤占194.29万元，挪用697.73万元，划拨520万元未取得股权证明；违规收费及小金库等收入264.96万元，且未纳入统一核算。该项目，移送涉嫌私分国有资产犯罪线索文书1份；《审计建议》1份

2004年11月，调查四川省2003年至2004年县际及农村公路改造工程的投资计划安排、建设资金预算管理、项目实施、公路管理养护等。并延伸调查成都、南充、内江等14个市（州）计划、财政、交通主管部门及部分公路项目的建设、设计、施工、监理单位。移送涉嫌违法违纪线索文书1份，报审计署《专题报告》《调查报告》。审计署以《两家民营企业与四川南部县政府有关人员勾结挪用和套取国债项目资金5000多万元》为题的《审计要情》上报国务院。中纪委批转中共四川省委查办。同年4月，南充市检察院对犯罪嫌疑人中国银行南部县支行行长费某涉嫌受贿立案侦查。2006年5月，营山县法院《刑事判决书》：费某犯受贿罪，判处有期徒刑13年，并没收财产5万元；对费某受贿所得赃款16.3万元予以追缴，上缴国库。2005年4月，南充市检察院对犯罪嫌疑人南部县安康道路投资有限公司董事长范某涉嫌行贿立案侦查。南部县法院判决：范某犯虚报注册资本罪、单位行贿罪，判有期徒刑3年。并处罚金11.55万元。同年5月，南充市检察院对南部县副县长陈某涉嫌受贿立案侦查。南充市中级人民法院判决：陈某犯受贿罪，判处有期徒刑14年，没收个人所有财产；追缴非法所得上缴国库。

第八章　外资审计

第一节　国际组织和外国政府援赠贷款项目审计

1992年，审计四川大学、电子科技大学等7所大专院校、1家科研所和二滩水电站世界银行贷款项目。9个项目世界银行贷款453万个特别提款权和74169万美元，国内配套资金476500万元。审计查出5个项目配套资金缺口3101.23万元，3个项目非项目开支挤列配套资金240.98万元，2个项目超投资、违规虚列等2592.5万元，以及诸多管理问题。其中：电子科技大学世行贷款重点学科发展项目。世行贷款77.5万个特别提款权，配套资金400万元，项目执行期4年，项目执行第一年世行贷款未发生。问题：配套资金184万元未落实；非项目运行费列配套资金4.78万元。四川大学世行贷款重点学科发展项目。世行贷款43万个特别提款权，配套资金180万元。项目执行第一年世行贷款未发生。问题：配套资金差60万元，课题经费差134万元。成都科技大世行贷款教材开发项目。世行贷款18.7万个特别提款权，配套资金46.5万元。项目执行第三年世行贷款累计支付12.31万元，配套支出10.3万元。问题：激光照排设备运行不稳定、设备匹配不合理。成都科技大世行贷款重点学科发展项目。世行贷款137万个特别提款权，配套资金534.7万元。项目执行第一年世行贷款未发生，配套支出179.3万元。问题：非项目征地费列配套资金136.55万元。中科院成都光电所世行贷款重点学科发展项目。世行贷款71.8万个特别提款权，配套资金484万元，项目执行期4年。项目执行第一年，配套资金支出65.77万元。问题：配套资金未确认落实。西南交大世行贷款重点学科发展项目。世行贷款105万个特别提款权，配套资金2000万元，项目执行期3年。项目执行第一年世行贷款未发生，配套资金支出595.4万元。问题：实验台合同设计费超标18.5万元；非项目实验台建设费列配套资金99.65万元。成都地质学院世行贷款重点学科发展项目。世行贷款107万美元，配套资金455万元，项目执行期6年。项目执行第一年世行贷款未发生。问题：配套资金305万元不落实；配套资金列其他科研运行费。西南石油学院世行贷款重点学科发展项目。世行贷款62万美元，配套资金400万元，项目执行期6年。问题：内控制度不健全；个别会计科目运用不当。世行贷款二滩水电站项目。世行贷款特别提款权7.4亿美元，配套资金47.2亿元。1991年开工，同年底完成投资7.03亿元，用世行贷款支付一、二标工程预付款1.18万美元。问题：临时工程违规建成永久性房；部分资金使用不合理；违规购买专控商品54.67万元；配套资金2000万元不到位；违规预提投资包干结余虚列投资574万元；建安工程违规列报水泥预付款2000万元。

1993年，审计7所大学、1个科研所和二滩水电站。9个项目中查出4个项目挤占、挪用配套资金 877.1 万元，账外和应收未收款 221.99 万元，以及项目实验室建设进度滞后等问题。其中：西南交大 1992 年度世行贷款重点科学发展项目。国内配套资金累计支付 2014 万元，项目执行第二年。问题：配套资金中列报世行贷款利息 0.97 万元；新增配套资金不落实；占用项目资金 262.9 万元。电子科技大学 1992 年度世行贷款重点科学发展项目。世行贷款 1992 年底累计支付 5799.21 美元，国内配套资金 1992 年底累计支付 23.85 万元。报表真实准确，同意上报。中科院成都光电研究所 1992 年度世行贷款重点科学发展项目。世行贷款进口设备 41 万美元已签招标合同，国内配套资金 1992 年底累计支付 106.78 万元。问题：报表多列报研究生培养费 4.2 万元。报表剔除多列 4.2 万元，同意上报。成都地质学院 1992 年度世行贷款重点科学发展项目。世行贷款未发生，国内配套资金累计支出 46.51 万元，执行项目第二年。问题：实验室设备配套费 75 万元挪作他用。报表真实准确，同意上报。四川大学 1992 年度世行贷款重点科学发展项目。世行贷款未发生，配套资金累计支出 64.83 万元，执行项目第二年。报表真实准确，同意上报。西南石油学院 1992 年度世行贷款重点科学发展项目。世行贷款未发生，配套资金累计支出 183.03 万元，执行项目第二年。报表真实准确，同意上报。成都科技大学 1992 年度世行贷款重点学科发展项目。世行贷款未发生，配套资金累计支出 189.6 万元，执行项目第二年。问题：两项试验室工程未完成，资金有缺口。报表真实准确，同意上报。成都科技大学 1992 年度世行贷款教材开发项目。世行贷款累计支出 21.75 万美元，配套资金累计支出 19.69 万元，执行项目第四年。报表真实准确，同意上报。二滩水电站项目。世行贷款累计支出 10.87 亿元，配套资金累计支出 13.16 亿元，执行项目第二年。问题：会计核算、财务管理存在薄弱环节，固定资产未纳入账务管理，存款利息收入挂往来；配套资金到位不足，部分使用不合理；多计材料价差 534.03 万元；账外资金 72.49 万元；钢材价差 49.5 万元未及时清收。

1994 年，继续审计上年 7 所大学、1 个科研所，增加成都铁路局世行贷款成昆电气化改造项目。查处 9 个世界银行贷款项目挤列他项支出 228.68 万元、少列投资 109.6 万元、多列投资完成额 694.8 万元、超年度投资计划 15.38 万元、漏计交固定资产投资方向调节税 71.87 万元。其中：电子科技大学 1993 年度世行贷款重点科学发展项目。世行贷款累计支出 36.27 万个特别提款权，配套资金累计支付 209.46 万元，项目执行第三年。报表真实准确，同意上报。西南石油学院 1993 年度世行贷款重点科学发展项目。世行贷款累计支出 20.68 万个特别提款权，国内配套资金累计支出 281.65 万元，项目执行第三年。报表真实准确，同意上报。中科院成都光电所 1993 年度世行贷款重点科学发展项目。世行贷款累计支出 6.84 万个特别提款权，国内配套资金累计支出 281.87 万元，项目执行第三年。报表真实准确，同意上报。西南交通大学 1993 年度世行贷款重点科学发展项目。世行贷款累计支出 87.47 万个特别提款权，国内配套资金累计支出 3949.14 万元，项目执行第三年。报表除多列材料价差 223.56 万元、运行电费 5.12 万元外，真实准确，同意上报。成都理工学院 1993 年度世行贷款重点科学发展项目。世行贷款累计支出 31.67 万个特别提款权，配套资金累计支出 136.2 万元，项目执行第三年。问题：实验室建设进度缓慢，部分招标设备质量不高。报表真实准确，同意上报。四川大学 1993 年度世行贷款重点科学发展项目。世行贷款累计支出 39.48 万个特别提款权，国内配套资金累计支出 100.6 万元，项目执行第三年。报表真实准确，同意上报。成都科技大学 1993 年度世行贷款重点科学发展项目。世行贷款累计支出 60.78 万个特别提款权，国内配套资金累计支出 337.76 万元，项目执行第三年。报表除少列报配套资金 109.6 万元外，真实准确，同意上报。成都科技大学 1993 年度世行贷款教材开发项目。世行贷款累计支出 21.75 万个特别提款权，国内配套资金累计支出21.52万元。报表真实准确，同意上报。成都铁路局世行贷款成昆电气化工程项目1993年度执行情况。世行贷款未使用，国内配套资金支出8153.2万元。问题：改变设备购置计划内容，提高标准，超年度投资计划15.38万元；配套资金多列投资完成额694.8万元；项目资金漏计交固定资产投资方向调节税71.87万元；财务核算存在薄弱环节。

1995年，审计四川大学等12个1994年度世行贷款项目。查处违纪违规资金3542.34万元和各类管理问题。决定调账，收缴172.01万元、罚款20万元。其中：四川大学（西区）教材开发项目。世行贷款累计支出21.75万美元，国内配套累计支出21.52万元，项目执行第4年。四川大学（东区）重点科学发展项目。配套资金多列7.88万元。四川大学（西区）重点科学发展项目。配套资金多列8.85万元；少列1.41万元。电子科大重点科学发展项目。世行贷款累计支出44.5万个特别提款权，国内配套累计支出325万元，项目执行第4年。报表调整误列4.96万元后，同意上报。成都理工学院重点科学发展项目。世行贷款累计支出69.89万个特别提款权，国内配套资金累计支出244.3万元，项目执行第4年。报表同意上报。中科院光电所重点科学发展项目。配套资金多列3.06万元。西南石油学院重点科学发展项目。提前列报预付款90.5万元，漏报设备购置费180万元。西南交大重点科学发展项目。配套资金多列11.39万元。中科院成都山地所环境技术援助项目。世行贷款未发生，配套资金支出148.93万元，项目执行第一年。报表除虚列当年投资完成额46.07万元，同意上报。二滩水电站项目。世行贷款累计支出27.45亿元，国内配套资金支出33.52亿元，项目执行第五年。问题：工程管理和投资使用存在薄弱环节；财务管理、会计核算存在7方面需改进的问题；挤占投资142.5万元；收入未冲减投资946.9万元；应收自办集体企业债权170万元年底冲减。成昆铁路电气化改造项目。问题：电力通信线路迁改工程发包不合规；验工计价管理存在薄弱环节；多列投资完成额159.1万元；收取咨询劳务费50.92万元挂往来账。四川石油管理局天然气开发与节能项目。问题：挪用油田维护资金19.29万元；转移收入1700.92万元少计缴增值税221.12万元。

1996年，审计中科院成都山地研究所等2个科研所、7所大学、3家企业世行贷款项目1995年度财务收支。查处违纪、违规、不实资金12422.49万元，多列投资完成额25.15万美元。决定调账，收缴成都铁路局、四川石油管理局68.45万元，罚款6万元。其中：中科院成都山地研究所世行贷款中国环境技术援助项目子项目。世行贷款累计支出0.62万美元，国内配套资金累计支出171.98万元，项目执行第二年。问题：部分工程进度缓慢；部分会计原始凭证不合规；少列投资完成额90万元。报表调增投资完成额90万元后同意上报。西南交大世行贷款重点学科发展项目子项目。世行贷款累计支出148万美元，国内配套资金累计支出4505万元，项目执行第五年。问题：世行贷款多列投资完成额25.15万美元；配套资金设备进口关税0.39万元列“业务费”。报表多列、误列调账后同意上报。四川联合大学（东区）世行贷款重点学科发展项目。世行贷款累计支出58.3万美元，国内配套资金累计支出162万元，项目执行第五年。问题：多列运行费1.81万元；少列设备款5.61万元。报表除配套资金多列、少列和部分世行贷款未能核实，同意上报。四川联合大学（西区）世行贷款重点学科发展项目。世行贷款累计支出132.92万美元，国内配套资金累计支出584.82万元，项目执行第五年。问题：配套资金多列4.7万元。报表除配套资金多列、部分世行贷款未能核实，同意上报。电子科大世行贷款重点学科发展项目。世行贷款累计支出81.35万美元，国内配套资金累计支出379.88万元，项目执行第五年。配套资金多列1.77万元、少列18.76万元。报表除配套资金多列、少列和部分世行贷款未能核实，同意上报。中科院光电所世行贷款重点学科发展项目子项目。

世行贷款累计支出53.2万美元，国内配套资金累计支出379.89万元，项目执行第五年。配套资金多列2.4万元。报表除配套资金多列和部分会计科目使用不准确，同意上报。成都理工学院世行贷款重点学科发展项目子项目。世行贷款累计支出99万美元，国内配套资金累计支出455万元，项目执行第五年。配套资金多列0.46万元。报表除配套资金多列，同意上报。西南石油学院世行贷款重点学科发展项目子项目。世行贷款累计支出51.64万美元，国内配套资金累计支出902.7万元，项目执行第五年。配套资金多列配套家具费19.62万元；借款0.8万元列配套开发费。报表除配套资金多列、部分世行贷款未能核实，同意上报。四川联合大学世行贷款教材开发项目。世行贷款累计支出29.79万美元，国内配套资金累计支出91.08万元，项目执行第六年。报表真实准确，同意上报。世行贷款二滩水电站项目。利用世行贷款累计支出33.67亿元，国内配套资金累计支出51.91亿元，项目执行第六年。问题：损失浪费56.21万元，两台设备长期闲置占压资金494万元；计划外非生产基建63.95万元和违规拨款800万元挤列投资成本；成都培训大楼超规模。成都铁路局1995年度运营财务和世行贷款第六批铁路项目财务收支。问题：违程序超计划搞基建项目；用国资办企业且未明确国有产权；少计运输收入、多经管理费等3634.83万元；内部核算单位和自办实体收支未纳入主业核算；路局车辆处无计划购房893.13万元。贵阳分局协议运输收入3219.3万元未纳入收入核算；贵阳运输分处、多经企业账外列收列支，多经企业销毁1994年收入27.26万元收支凭据，将国有资产及其收入转移集体企业，违规收取货运杂费1436.89万元，重复计算多列报投资19.98万元等。成昆铁路电气化个别计价未经报批、应收未收120万元、轨料积压、工程滞后等。四川石油管理局1995年度财务收支和世行贷款天然气开发与节能项目财务收支。问题：少计、未收等收入60.95万元；材料价差核算不准、资产管理薄弱、对外投资不规范、违规用配套费弥补亏损、未严格划分全民和集体企业关系；违规多付工程款265.76万元；虚列投资完成额615.86万元；违规超概算列支152.6万元；川西北矿区超计划投资405.51万元。

1997年，审计世行贷款项目12个、国际复兴银行贷款电信项目1个1996年度财务收支。查处违纪资金17336.27万元。决定收缴四川天然气开发与节能项目、重铁分局、重庆车站和电信发展项目441.28万元。其中：中科院成都山地研究所世行贷款中国环境技术援助项目子项目。世行贷款累计支出10.35万美元，国内配套资金累计支出325.95万元，项目执行第四年。报表资料真实，财务收支合规，同意上报。中科院光电所世行贷款重点学科发展项目子项目。世行贷款累计支出95.86万美元，国内配套资金累计支出552.92万元，项目执行第六年。报表资料真实，财务收支合规，同意上报。四川石油学院世行贷款重点学科发展项目子项目。世行贷款累计支出53.8万美元，国内配套资金累计支出903.2万元，项目执行第六年。报表资料真实，财务收支合规，同意上报。电子科大世行贷款重点学科发展项目子项目。世行贷款累计支出84.49万美元，国内配套资金累计支出409.73万元，项目执行第六年。报表资料真实，财务收支合规，同意上报。成都理工学院世行贷款重点学科发展项目子项目。世行贷款累计支出99.84万美元，国内配套资金累计支出446.08万元，项目执行第六年。报表资料真实，财务收支合规，同意上报。四川联合大学世行贷款重点学科发展项目子项目。世行贷款累计支出216.48万美元，国内配套资金累计支出786.77万元，项目执行第六年。报表资料真实，财务收支合规，同意上报。西南交大重点科学发展项目子项目。世行贷款累计支出122.81万美元，国内配套资金累计支出4627.24万元。报表资料真实，财务收支合规，同意上报。中科院成都有机化学研究所世行贷款科学发展项目子项目。世行贷款未发生，配套资金累计支出35.57万元，项目执行第一年。问题：工程管理不尽规范，设计单位设计费52.5万元作设计单位的投资；收垫支款4.05万元挂暂收款；无偿出借资金40万元及厂房设备等给下属集体企业。世行贷款二滩水电站项目。问题：未经董事会批准办子公司；水电八局长期无偿借款2220万元；少列报1996年投资完成额7497.61万元；概算外列报投资2006.55万元；非生产性房建费超支、部分招投标不合规、部分竣工决算办理不及时。世行贷款四川天然气开发与节能项目。问题：收入核算存在少计、应收未收、多摊输差、未纳入收入核算等；世行贷款利息、承诺费转入财务费用；“三产”管理不严，下属单位收入挂往来，账表科目不符，材料价差不规范；收入184.47万元直接发给职工，少收管输费58.74万元，收劳务费70万元未作收入核算等。世行贷款第六个铁路项目。问题：代收“内江市扩能集资款”未经有权机关审批；重庆客运段收下属企业虚列原材料成本185万元，列应付工资；成都西环线部分项目计价不合规及概算外投资68.21万元；重铁分局收入915.59万元纳入内部收入，收入1321.73万元冲成本81.7万元、余1240万元转工资基金和应付工资；内江车务段未及时申报缴纳营业税费12.77万元等。世行贷款二滩水电站电力送出工程。问题：调度局转发无资格公司承包；基建投资完成额列报不合规、工程造价管理未执行法定程序；概算外列报投资104.84万元；投资挤占生产成本50万元。国际复兴银行贷款电信发展项目。问题：违规集资超额付息；移动分局多转资本公积476.59万元，漏计所得税157.27万元；赠送寻呼机等列成本；多冲减一般盈余公积少冲减公益金；基建自行安排计划、多付工程款、违规计取费用、分包违规、多列在建工程；少计收入1034.95万元漏计税费，代收费未税，挤占成本盈亏不实957.13万元；管理费列个人费用，部分小汽车发非生产性部门使用、购房占用生产资金、售房收入纳入局财务核算、按人均工资计算个人所得税、大量工资性支出未纳入应付工资核算等问题。

1998年审计14家世行贷款项目、1家亚洲银行贷款项目、1家国际复兴开发银行项目1997年度财务收支。其中9个项目查处违纪、违规、不实等资金210547.22万元。决定补税，收缴547.71万元，罚款19万元。其中：中科院成都山地研究所环境技术援助项目。世行贷款累计支出50.83万美元，国内配套资金累计支出380万元，项目执行第五年。财务报表真实准确，符合贷款协定要求，同意上报。中科院光电所重点学科发展子项目。世行贷款累计支出73.9万个特别提款权，国内配套资金累计支出592.4万元，项目执行第七年。财务报表真实准确，符合贷款协定要求，同意上报。中科院成都有机化所重点学科发展子项目。世行贷款未使用，国内配套资金累计支出49.45万元，项目执行第二年。问题：配套资金多列支出7.31万元；挪用出借资金，尚有20万元未收回。报表除多列配套资金，符合贷款协定要求，同意上报。西南石油学院重点学科发展子项目。世行贷款累计支出38.73万个特别提款权，国内配套资金累计支出903.2万元，项目执行第七年。财务报表真实准确，符合贷款协定要求，同意上报。成都理工学院重点学科发展子项目。世行贷款累计支出77.7万个SDR（特别提款权 Special Drawing Righo，亦称“纸黄金”），国内配套资金累计支出458.9万元，项目执行第七年。财务报表真实准确，符合贷款协定要求，同意上报。电子科技大学重点学科发展子项目。世行贷款累计支出58.73万个SDR，国内配套资金累计支出419.79万元，项目执行第七年。财务报表真实准确，符合贷款协定要求，同意上报。四川大学重点学科发展子项目。世行贷款累计支出165.6万个特别提款权，国内配套资金累计支出796.8万元，项目执行第七年。财务报表真实准确，符合贷款协定要求，同意上报。西南交大重点学科发展子项目。财务报表真实准确，符合贷款协定要求，同意上报。四川石油局天然气开发与节能项目。违纪违规资金5380.62万元。问题：川东开发公司账外投资修建转让盛源大厦，出借资金长期未收回；部分工程高估冒算，违规计价、拨款；世行贷款资产部分用于非世行项目；施工队装备费列投资；大天池管道工程，无据估价或错用定额编制预决算报表，投资超概；川东开发公司等设"小金库"、账外资产1398.92万元，川东开发公司违规集资3981.7万元，凯源公司管理不规范，概算外投资等。二滩水电站项目。1996年审计意见纳耳河度假村工程款从投资成本中调减未执行且更甚；1997年审计意见关于二滩公司问题未整改且更甚；部分会计凭证不合规、科目使用不规范、费用超支、报表反映资本金多列19.5亿元；概算外建陈列馆、肖家河小区和支付、借出款项列报投资等。第六个铁路项目。违纪违规资金1032.3万元。问题：西昌分局违规收取协议运费870.79万元；擅免分流费129.5万元，并收取10%劳务费12.95万元；局基建处等收入不入账；西昌分局漏计缴税费19.06万元，高估冒算多计付工程款等。二滩水电站电力送出工程。违纪、漏税2823.94万元。问题：挪用生产资金等建疗养院，亏损计入电力生产成本；部分下属单位在疗养院虚报费用套现设"小金库"22.81万元；财务处利息收入计入"应付工资"，结算中心利息收支盈余未纳入当年决算，漏计税费2801.13万元；500千伏项目部分工程承发包不合规、国内铁塔采购招标不规范、概算外增加工程费用、议标程序不合规、合同不规范、会计核算不规范、财务报表不真实、概算关税节约及多付外资利息等。第六个铁路项目成昆铁路电气化工程南段。问题：多验工计价3718.28万元；项目内控制度薄弱环节、材料价差计算不规范、世行贷款设备管理较差、征地和设计滞后等。第六个铁路项目成昆铁路电气化工程北段。问题：概算外投资203.96万元；未经审批境外设企业，且投资主体不明，投资关系不清；部分单位会计核算不合规，财务报表不真实等。亚洲银行贷款达万铁路项目。违纪违规资金136.4万元。问题：将存款性质"保险费"100万元列待摊投资；为咨询公司垫30万元资本金2年未收占用费；概算外购商品房，会计核算、财务管理不合规，实业公司付现3.3万元无原始发票，达万公司资本金账实不符等。国际复兴开发银行四川电信发展项目。违纪违规资金2224.41万元。问题：建设处、邮政处账外资金346.14万元；局出借2592万元，资金占用费349.08万元，挂对方往来账；对外投资无收益、挤占成本885.39万元、报销作废发票、无原始发票报销643.8万元、所属企业利润分配不合规等。

1999年，对11个世行贷款项目、1个亚行贷款项目、1个复兴开发银行贷款项目1998年财务收支审计。其中：以《审计师意见》反馈8个：西南石油学院世行贷款重点学科发展项目子项目。审计师意见：第一段所列特定目的财务报表，在所有重要方面，公允反映了该院管理的世界银行贷款重点学科发展项目—油气藏地质及开发工程实验室1998年12月31日的财务状况和截至该日止同年度的项目资金收支情况，符合前述会计准则。中科院光电所世行贷款重点学科发展项目子项目。审计师意见：第一段所列特定目的财务报表，在所有重要方面，公允反映了该所微细加工光学技术国家重点实验室项目截至1998年12月31日的财务状况，截至该日止同年度的项目资金收支情况，符合前述会计准则。西南交大世行贷款重点学科发展项目子项目。审计师意见：第一段所列特定目的财务报表，在所有重要方面，公允反映了该校牵引动力实验室1998年12月31日的财务状况和截至该日止同年度的项目资金收支情况，符合前述会计准则。电子科大世行贷款重点学科发展项目子项目。审计师意见：第一段所列特定目的财务报表，在所有重要方面，公允反映了该校宽带光纤传输与通信系统技术实验室1998年12月31日的财务状况，截至该日止同年度的项目资金收支情况，符合前述会计准则。中科院山地所世行贷款中国环境技术援助项目。审计师意见：第一段所列特定目的财务报表，在所有重要方面，公允反映了该所管理的中国环境技术援助项目—盐亭紫色土农业生态站和贡嘎山高水生态系统观测实验站1998年12月31日的财务状况和截至该日止同年度的项目资金收支情况，符合前述会计准则。四川大学世行贷款重点学科发展项目子项目。审计师意见：第一段所列特定目的财务报表，在所有重要方面，公允反映了该校草原鼠虫病害防治专业实验室、高分子材料工程重点实验室、皮革工程专业实验室1998年12月31日的财务状况，截至该日止同年度的项目资金收支情况，符合前述会计准则。成都理工学院世行贷款重点学科发展项目子项目。审计师意见：第一段所列特定目的财务报表，在所有重要方面，公允反映了该院油气藏地质及开发工程实验室和地质灾害防治与工程地质环境保护实验室1998年12月31日的财务状况和截至该日止同年度的项目资金收支情况，符合前述会计准则。四川石油管理局世行贷款天然气开发与节能项目。审计师意见：第一段所列特定目的财务报表及其补充资料，在所有重要方面，公允反映了该局截至1998年12月31日的财务经营状况和该局执行的世界银行贷款四川天然气开发与节能项目1998年度的项目资金收支情况，符合前述会计准则。

出具《审计决定》5家。查处违纪违规资金44567.66万元。问题：二滩水电开发公司世行贷款站项目，多计工程价款55.74万元等。决定罚款22万元，责成追回已多付31.47万元。亚行贷款万达铁路项目，多报投资完成额、验工计价不实等10291.13万元。决定：清理调账。世行贷款第六批铁路贷款成昆铁路电气化工程项目（北段），虚报投资完成额等违纪违规资金8099.72万元。决定：清理入账核算，收缴51.53万元，罚款9万元。国际复兴开发银行贷款四川电信发展项目，未纳入收入核算等违纪违规资金25704.83万元。决定：收缴营业税费829.94万元，余调账及自行清缴税费；四川省电力局世行贷款二滩水电站电力送出工程项目，少计收入等漏计缴税费416.24万元，多计收入多列成本，按税后利润51%和49%提取盈余公积和公积金。决定：收缴277.04万元，余自行调账清缴。

2000年1月，按审计署《关于授权（安排）审计世界银行、亚洲开发银行贷款项目的通知》，对9个世行贷款项目和1个亚行贷款项目1999年度财务收支审计。查处二滩水电站电力送出工程等5个项目多计利润、会计报表部分内容失真、已完实物工作量未办验工计价手续仍列当年投资、小金库等问题资金16111.41万元。决定收缴389.89万元，罚款512万元。其中：四川大学世行贷款高等教育改革项目1999年财务收支。1999年未完成年度投资计划，配套资金无保证，账证报表未建。审计师意见：无法发表意见。重庆大学世行贷款高等教育改革项目1999年财务收支。问题：未按规定建账核算；未制定项目具体管理办法、年度工作计划、未编制年度进展报告。审计师意见：无法发表意见。中科院山地所世行贷款环境技术援助项目1999年财务收支。评价意见：符合性测试结果，未发现违规违纪和内控缺陷。1999年12月31日财务报表所有重要方面公允反映财务状况及资金使用情况，符合会计准则。世行贷款二滩水电站电力送出工程1999年财务收支审计。问题：财务核算不合规，部分会计科目失真；漏税；部分收费不合理；公司多计利润19160.5万元。审计师意见：除多计利润外，第一段所列财务报表在所有重要方面公允反映了财务状况及资金使用情况，符合会计准则。世行贷款四川天然气开发与节能项目1999年度财务收支审计。问题：少计收入；会计报表部分内容失真。审计师意见：第一段所列财务报表在所有重要方面公允反映了财务状况及资金使用情况，符合会计准则。世行第六批铁路贷款成昆铁路电气化工程项目（北段）1999年财务收支审计。问题：投资列报不实；部分会计科目严重失实；西昌指、旅行社设小金库；成都分局资金调度中心占用资金放贷；投资列报不实，65340万元已完实物工作量未办验工计价手续列当年投资。审计师意见：除投资列报不实外，第一段所列财务报表在所有重要方面公允反映了财务状况及资金使用情况，符合会计准则。世行第六批铁路贷款成昆铁路电气化工程项目（南段）1999年财务收支审计。问题：投资列报不实；部分财务核算不合规。审计师意见：第一段所列财务报表在所有重要方面公允反映了财务状况及资金使用情况，符合会计准则。世行贷款四川电信发展项目1999年度财务收支。查处违纪违规资金17855.51万元。问题：都江堰、郫县电信局、工程管理处、邮电设计院等自1993年来设小金库15463.37万元；都江堰电信局少计收入漏税644.81万元；省局及施工企业等未计工程材料营业税费947.33万元；财务核算不合规、挤占生产成本、工程价款结算不实、高估冒算工程款、违规经营造成800多万元无法收回等。审计师意见：下属都江堰、郫县局、工程局内控制度不健全，财务管理混乱，致电信业务收支和工程成本不实，不符合会计制度和财经法规。此项目，2000年，共报送告知书、通告函、审计建议、移送处理书、专题报告等8件。二滩水电开发有限责任公司世行贷款二滩水电站项目1999年度财务收支。查处少计财务费用等50677.19万元。问题：少计财务费用50102.35万元，未提水库维护费574.84万元。审计师意见：除此两事项外，第一段所列财务报表在所有重要方面公允反映了财务状况及资金使用情况，符合会计准则。达万铁路有限责任公司亚洲银行贷款达万铁路项目1999年度财务收支审计。查出以调整费用名虚增在建工程和应付工程款14078.21万元。审计师意见：第一段所列财务报表在所有重要方面公允反映了财务状况及资金使用情况，符合会计准则。

2001年3月，对8个世行贷款、1个世行捐赠和1个亚行贷款项目2000年财务收支审计。以《审计决定书》《审计意见书》《审计报告（代审计师意见）》等反馈。查处世行贷款二滩水电站工程等4个项目将拨款冲财务费用利息支出、并表未抵销虚增相关科目等违纪、违规、不实资金142223.86万元。决定调账，补税，罚款34万元。问题是：世行第六个铁路贷款成昆电气化改造项目（成都至攀枝花段），少计收入111.55万元，多计工程价款780.54万元，挤占工程建设资金发奖金603.45万元，支付概算外设备454万元，违规占用铁路保价资金2950万元，资金调度结算中心定期存款1000万元未收。审计师意见：第一段所列项目报表在所有重要方面公允反映了局指挥部2000年度项目资金收支情况，符合会计准则。重庆大学世行贷款高等教育改革项目，审计师意见：第一段所列项目报表在所有重要方面，公允反映了该校高等教育发展项目2000年12月31日的财务状况和项目资金收支情况，符合上述财务管理和核算办法。世行第六个铁路贷款成昆电气化改造项目（南段），审计师意见：第一段所列项目报表在所有重要方面公允反映了局指挥部2000年度项目资金收支情况，符合上述会计准则。中科院山地所世行贷款中国环境技术援助项目，审计师意见：第一段所列财务报表在所有重要方面公允反映了该所世行贷款项目2000年12月31日的财务状况资金使用情况，符合上述会计准则。亚行贷款达万铁路项目，审计师意见：同上。世行贷款二滩水电站电力送出工程，违纪、不实资金98463.17万元：成都铁塔厂少计销售收入986.39万元、少计缴增值税167.69万元，并表未抵销、虚增相关科目9.43亿元，退税及利息2760.65万元未冲减工程投资，项目列支离退休奖金248.44万元等。审计师意见：同上。世行贷款二滩水电站项目，将拨款25259.81万元冲财务费用利息支出，审计师意见：除冲减累计折旧2.69亿元、少计财务费用5.1亿元对报表影响外，余同上。此项目移送处理书2件。中石油天然气股份有限公司西南公司，违规列报“原油组织费”260.5万元，虚报投资完成5363.57万元会计核算不合规。中石油天然气股份有限公司世行赠款四川天然气输配气改造系统，违纪违规资金6917.9万元。问题：西南油气田分公司累收世行捐赠款4706.91万元挂“其他应付款”，未开工报投资完成1338.53万元，材料未出库报投资完成872.46万元，忠县天然气净化厂前期场地平整项目完工仍未签施工合同、未取得资产产权即结转固定资产，重庆气矿购土地未以明细项目转固定资产。审计师意见：第一段所列财务报表在所有重要方面公允反映了该所世行贷款项目2000年12月31日的财务状况资金使用情况，符合上述会计准则。

2002年3月下旬起，5个世行贷款和1个亚行贷款、1个加拿大政府贷款项目单位2001年度财务收支审计。以《审计决定书》《审计意见书》或《审计师意见》反馈。查处其中4个项目违纪违规资金12593.27万元和18.876万美元。决定收缴538.55万元，罚款24万元。其中：重庆大学世行贷款高等教育改革项目2001年度财务收支。审计师意见：第一段所列财务报表在所有重要方面公允反映了该所世行贷款项目2001年12月31日的财务状况资金使用情况，符合上述财务管理和核算办法。四川大学世行贷款高等教育改革项目2001年度财务收支。审计师意见同上。世行贷款第六个铁路贷款成昆电气化改造项目（成都至攀枝花段）。问题：虚列成本少计缴税费176.19万元，在多经技协领发劳务费，峨嵋机务段虚报材料库更改工程投资完成额200万元，个别概算指标编制不合规。审计师意见：第一段所列财务报表在所有重要方面公允反映了该局2001年度的项目财务状况、项目资金收支情况，符合上述会计准则。世行贷款第六个铁路贷款成昆电气化改造项目（攀枝花至昆明段）。查处违纪违规资金9989.71万元。问题：少计收入975.46万元，转移收入199.93万元。在技协领发劳务费663.74万元，无据收取中标服务费64.93万元，多计提盈余公积2622.03万元，漏并控股昆明海铁联运集装箱公司报表，未经批准列报施工与设计量差5463.62万元，按计划列报完成额。审计师意见：第一段所列财务报表在所有重要方面公允反映了该局2001年度的项目财务状况、项目资金收支情况，符合上述会计准则。亚洲开发银行贷款达万铁路项目。审计师意见：同上。世行贷款二滩水电站电力送出工程。查处违纪违规资金2403.56万元。问题：收入核算不及时、委托管理资金不规范、工程监理公司管理不规范、交付使用资产核算不合规、决算报告与账面帮扶项目提奖金2000万元、材料债权债务不实等。审计师意见：除少计财务费用51000万元外，第一段所列财务报表在所有重要方面公允反映了该局2001年度的项目财务状况、项目资金收支情况，符合上述会计准则。加拿大政府贷款四川沙湾电力集控中心项目。问题：违规划转外资贷款债务；相关工程滞后，项目效益未充分发挥；未按合同归还外资贷款本金18.876万美元。

2003年7月，据审计署《关于印发2003年度统一组织审计项目计划的通知》，审计1个亚行贷款、5个世行贷款、1个世行赠款项目2002年度财务收支。以《审计报告》（代审计师意见）反馈。查处违纪违规资金319775.57万元。决定罚款1万元。其中：亚行贷款达万铁路有限责任公司。查处违纪违规资金459.62万元：从供应商领取奖金20万元交办公室保管开支，17辆小车价值439.62万元未入固定资产核算且无偿外借使用，已交付使用固定资产未估价入账。审计师意见：达万铁路委托成铁重庆分局经营未签协议、未提供充分资料，无法对该公司2002年度经营成果发表意见。重庆大学世行贷款高等教育发展项目。美元计价部分账目与会计报表不符。审计师意见：第一段所列财务报表在所有重要方面公允反映了该校项目2002年12月31日财务状况和资金收支情况，符合上述财务管理和核算办法。四川大学世行贷款高等教育发展项目。问题：配套资金未足额到位；协作办学进度缓慢；部分设备操作质量问题；美元计价部分账目与会计报表不符。审计师意见：第一段所列财务报表在所有重要方面公允反映了该校项目2002年12月31日财务状况和资金收支情况，符合上述财务管理和核算办法。世行贷款第六个铁路贷款成昆电气化改造项目（成都至攀枝花段）。查处违纪违规资金9154.85万元。问题：未发生业务而开具发票列成本144万元，未到货设备列报投资完成3837.47万元，多付费用247.8万元，向职工互助组织拨款1100万元，账表不符2105.58万元，委托代理国债投资到期未全额收回，指定西铁旅代理业务未签合同就取得运价差收入，超速防护设备未交付使用，设计合同未约定承包总价，报部完工销号工程仍在施工，护路办货安费收支未报表，虚列投资1720万元等。审计师意见：第一段所列财务报表在所有重要方面公允反映了2002年项目财务状况和资金收支情况，符合上述会计准则。世行贷款四川输变电项目。查处违纪、违规、不实资金151964.47万元：已完工程未及时转固定资产；往来账差异16871.56万元；配套资金未到位；项目建设资金被生产财务占用112264.17万元；基建支出贷方余额22828.74万元；二滩送出项目材料及设备采购未设明细科目核算。审计师意见：鉴于审计署安排的电力项目审计未结束，暂不发表意见。世行贷款第六个铁路贷款成昆电气化改造项目（南段）。查处违纪违规资金158196.63万元：未开工列报投资4261.94万元；交付使用资产135437.6万元未转固定资产核算；未末次验工计价即办结算18497.09万元；未将云南省拨付补偿费列世行贷款项目资金表。审计师意见：第一段所列财务报表在所有重要方面公允反映了2002年项目财务状况和资金收支情况，符合上述会计准则。世行赠款JPN二滩水电站项目。2002年度未发生支出，对此不发表意见。

2004年3月，据审计署通知，审计4家世行贷款项目和1家政府外债项目2003年度财务收支。查处其中3项目违纪违规资金11600.23万元。决定调账，收缴37.46万元，责成补税646.84万元，移送涉嫌犯罪线索文书1份。其中：四川大学世行贷款高等教育发展项目。问题：项目设备专项运行维护资金短缺；部分设备闲置；协作办学进度缓慢。审计师意见：第一段所列财务报表在所有重要方面公允反映了项目2003年12月31日财务状况和资金收支情况，符合上述财务管理和核算办法。重庆大学世行贷款高等教育发展项目。问题：配套资金未足额到位；配套资金账账不符；部分设备未投入教学使用；部分设备存在质量问题。审计师意见：同上。世行贷款四川输变电项目及四川省电力公司2003年度财务收支。违纪违规资金5631.05万元。问题：少计工程收入524.49万元，账外取得多经收入478.4万元。此项目于6月向四川省公安厅送《移送处理书》1件。中国石油天然气西南分公司2003年财务收支及世行贷款。违纪资金4341.67万元。问题：少计收入912.51万元，多计费用3429.16万元。此项目6月报审计署《关于中国石油天然气股份有限公司西南油气田分公司巨额资产报废和多提折旧的专题报告》。成铁贵娄线、成昆线政府外债铁路项目设备效益。违纪资金1627.51万元。此项目11月报审计署《关于铁道部下拨给成都铁路局的大型养路机械及工务、检测等专用设备效益情况的专题调查报告》。

2005年，据审计署通知，3个世行贷款项目审计。查处其中1个项目违纪资金454.04万元。其中：四川大学世行贷款高等教育发展项目。问题：违规使用配套资金；外资设备采购55.6万美元不及时，影响建设进度；实验室设备管理存在薄弱环节。评价意见：审计师意见：第一段所列财务报表在所有重要方面公允反映了项目2004年12月31日财务状况和资金收支情况，符合上述财务管理和核算办法。重庆大学世行贷款高等教育发展项目2004年财务收支。问题：设备调换未取得部书面同意文件；部分设备未主要用于本科教学实验；图书采购和借出控制不够严。审计师意见同上。世行贷款四川输变电项目及四川省电力公司2004年度财务收支。查处违纪资金454.04万元：调试所收91.32万元、培训中心收362.72万元、职鉴所服务性收费，均未并入公司财务账。此项目出具审计报告3份、专项审计调查报告1份、审计决定1份，报审计署《情况简报》9篇。其中国外援款项目6篇简报，3篇经汇总，单独编发2期《重要信息要目》，副总理回良玉批转国家林业局和国务院扶贫办。另外，发现重大违法违纪线索，向北京市检察院移送1件，向重庆市检察院移送1件。

第二节　中外合资合作企业资产负债损益审计

1994年3月，审计中外合资企业四川有益精密件有限公司1993年度财务收支。查处违纪、潜亏资金31.21万元。问题：外方实物未经评估作价44.2万美元，远高于应评估价；少摊生产费用少计亏损7.25万元；库存产品潜亏23.96万元；联营投资效益差，部分债权债务核算不合规。

1995年，审计2家合资企业1994年度和1995年1—6月财务收支。查处违纪违规资金23.3万元。问题：四川华星中医药有限公司，支付房租费依据不充分。重庆3S精密压铸加工有限公司，少计收入7.88万元少计税0.39万元，回收原材料未冲成本5.07万元，少提折旧多计利润9.96万元。

1996年，审计合资企业成都交大中烨房产开发有限公司。查处违纪违规资金3786.31万元，收缴1140.16万元。主要问题：漏缴营业税1140.16万元；境外售房收入折合人民币21.15万元存放境外；土地增值税未交；注册资金未完全到位，境外公司出资人民币，未经报批转让股份30万元，商誉验证价值100万元仅入账确认25万元等。

1997年，审计西南航空食品有限公司。查处违纪违规资金325.68万元，收缴少计缴税费51.12万元。主要问题：少交香港顾员个人所得税14.24万元，少交1993年7至12月工商统一税12.67万元、所得税24.21万元，公司成立前西南航空公司配餐部税前利润311.44万元列公司损益。

1999年11月，审计重庆康明斯发动机有限公司。查处潜亏挂账、往来不清等资金3419.4万元。问题：中、外方高级管理人员同工不同酬；违规给派出方董事长发奖金2.4万元；职工售房收入40%用于付住房公积金，售房维修基金列营业外支出；潜亏挂账489.9万元。

第三节　专项审计和审计调查

审计二滩水电站世行贷款项目中，对1994年度至1995年3月移民资金使用情况作了调查。发现：移民资金使用进度缓慢，管理费开支失控，挤占挪用614万元。审计组提出四点整改意见。调查情况以审成特《调查报告》报审计署。

1998年6月至8月，据审计署通知，开展成都铁路局、攀枝花矿务局和四川石油管理局住房资金审计。成都铁路局。违纪资金17069.53万元。主要是：未报财政批准成本列支职工个人住房公积金6055.57万元；贵阳分局用福利、工资基金、大修费等建住宅；挪用住房周转金、公积金9873.86万元；少转住房周转金1140.1万元；集资建房转固定资产不合规、集资款冲抵售房款、售房未评估、房改评估调节因素不合理、无证及证实不符的住房参加房改、票据及租金管理不规范、售房面积计算不合理、住房分配错位，财务核算不合规等。攀枝花矿务局。查处违纪违规资金2381.82万元。主要是：未及时全额归集公积金；部分二级单位占用359.02万元；公积金使用不合规；少转住房周转金2022.8万元。四川石油管理局。查处违纪违规资金16847.32万元。主要是：从生产成本中多计提住房周转金 453.28 万元；少计转住房公积金 5371.59 万元；挪用住房周转金、公积金 1795.76 万元。川西南矿区低价售房和未完工程纳入房改、个人公积金未建个人账户和专户存储、职工借条抵交房款、评估资料不具法律效力、房改面积不准、住房补贴 7952.9 万元依据不充分等。

2001 年 9 月，按审计署通知，调查中国电信集团四川省电信公司外国政府贷款管理使用及还本付息情况。10 月，《调查报告》报审计署。

2002 年 12 月，按审计署要求，调查二滩水电站国际招标工程索赔情况。《审计调查报告》指出二滩公司索赔中存在的主要问题和情况：当地劳务（含职员）调差让步大；在招标承包合同外付工程款 11771 万元；支付“加速费、赶工费”67531 万元缺少相关原始计算依据。主要经验教训是：部分合同条款内容不严谨，缺乏可操作性；招标文件未提索投标方单价指标分析资料，致合同执行中很多索赔难以量化；执行合同不严，变更修改存在随意性；对权力缺乏应有的制约。建议：制定国际招投标文件范本；规范基础资料，建立健全内部约束机制。

2004 年 9 月，按审计署通知，专项调查贵州亚行贷款水柏铁路项目运管效益情况。《调查报告》10 月报审计署。

2005 年 4 月，审计署抽派成都办任承彝（任副组长）、黎泽云、段伽丽，参加对财政部归口管理和本部（含下属单位）执行的国外无偿援助项目专项调查。成都办撰写《关于审计德国政府无偿援助项目的专题调查报告》报审计署。重庆轮船总公司问题移送重庆市检察院。

四川省志·审计志

附　录

一、名　录

四川省审计厅（局）历任领导名录（1983—2005年）

表附-1

燕庆岚	党组书记	1983.7—1984.2
吉福仓	党组书记　局长	1985.8—1993.3
	党组书记	1993.3—1993.8
	省人大常委 财经委员会　副主任（编制在省审计厅）	1993.8—1998.4　离休
甘道明	党组书记　局长	1993.8—1996.1
	党组书记　厅长	1996.1—1998.2　调出
唐　宁	党组书记　厅长	1998.2—2000.5　调出
李高伟	党组成员　副局长	1994.10—1996.1
	党组成员　副厅长	1996.1—1998.2
	党组副书记　副厅长	1998.2—2000.5
	党组书记　厅长	2000.5—2006.1
阎承涛	省审计局筹备组　副组长，党组成员	1983.4—1983.7
	党组成员　副局长	1983.7—1984.2
	党组副书记　副局长	1984.2—1990.9
	党组成员　正局级巡视员	1990.9—1994.2　离休
李公才	党组成员　副局长	1984.5—1989.10　调出
詹君美	党组成员　副局长	1989.4—1994.9　调出
董玉良	党组副书记　副局长	1992.4—1996.1
	党组副书记　副厅长	1996.1—1996.9
	正厅级巡视员	1996.9—1999.6　退休
黄万辉	党组成员　局长助理	1994.9—1995.12 （1994.10—1995.10 挂职纳溪县副县长）
	党组成员　副局长（副厅长）	1995.12—2004.7
	正厅级待遇	2004.7—
黄锦生	党组成员　副厅长	1995.12—2000.5
	党组副书记　副厅长	2000.5—2005.12
熊　珩	副厅长	1997.5—2002.6
	正厅级巡视员	2002.6—2003.4

续表附－1

程智钰	党组成员　副厅长	2003.6—
蔡文强	党组成员　副厅长	2000.5—2003.6（2003.6—2005.12 调出）
	党组成员　副厅长	2005.12—
唐　萍	副厅长	2003.4—
陶志伟	党组成员　副厅长	2004.8—
陈光汉	总审计师	1991.6—2000.5
	党组成员　总审计师	1994.5—2000.5
	正厅级巡视员	2000.5—2002.6
侯中平	党组成员　纪检组长	1995.11—2000.11
	助理巡视员	2000.11—2001.6　退休
周后昆	党组成员　纪检组长	2000.11—2005.11
	正厅级巡视员	2005.11—2006.10　退休
李为民	党组成员　机关党委书记	1991.1—1993.10　退休
柴文成	党组成员　机关党委书记	1994.4—2002.3　调出
龙忠	党组成员　机关党委书记	2003.5—2005.12
王潮源	省审计局筹备组成员	1983.4—1983.7
	党组成员　财政处长	1983.7—1985.8　离休
付开科	副局级巡视员	1991.6—1993.1　退休
刘孝杨	副厅级巡视员	1994.10—1996.1　退休
林万中	助理巡视员	1996.9—1998.9　退休
蒋成发	助理巡视员	2003.5—2005.12　退休
李华实	副巡视员	2003.5—

审计署驻成都特派员办事处历任领导名录（1983—2005 年）

表附－2

燕庆岚	特派员	1988 年 11 月—1992 年 2 月
张思武	特派员	1992 年 2 月—1996 年 3 月
文盛贵	特派员	1996 年 3 月—1999 年 3 月
白益兰	特派员	1999 年 3 月—2004 年 1 月
李永库	特派员	2004 年 1 月—

1986—2005年四川审计系统获国家级表彰奖励情况一览表

表附－3

称　　号	获奖人员
2000年4月国务院授予“全国先进工作者”荣誉称号	达州市审计局局长李本维
	什邡市审计局局长肖伦菊

1986—2005年四川审计系统获省部级表彰奖励情况一览表

表附－4

授奖单位	表彰奖项及获奖人员
1986年审计署表彰	全国审计机关先进集体：三台县审计局
	全国审计机关先进工作者：王超北（铜梁县审计局）、郭建平（成都市审计局）、陈泽洲（自贡市审计局）、张宗惠（什邡县审计局）、杨大骏（渠县审计局）、杨祖武（盐源县审计局）
1990年审计署、人事部、财贸工会表彰	全国审计机关先进集体：自贡市审计局、三台县审计局、重庆市南岸区审计局
	全国审计机关劳动模范：杨前进（忠县审计局）
1993年审计署、人事部表彰	全国审计机关先进集体：重庆市审计局、渠县审计局
	全国审计机关先进工作者：李文洲（安县审计局）
1997年审计署、人事部表彰	全国审计机关先进集体：成都市审计局渠县审计局
	全国审计机关先进工作者：肖伦菊（什邡市审计局）、王安毅（广安县审计局）
1998年10月，人事部批准	肖伦菊荣立国家公务员一等功
2001年审计署表彰	全国审计机关廉政勤政先进集体：德阳市审计局
	全国审计机关廉政勤政先进工作者：熊朝山（巴中市审计局）、洪波（阿坝州审计局）
2002年审计署、人事部表彰	全国审计机关先进集体：什邡市审计局、达州市审计局
	全国审计机关先进工作者：陶旺民（内江市审计局）、李树凡（南部县审计局）
2005年审计署、人事部表彰	全国审计机关先进集体：成都市金牛区审计局、宜宾市审计局、渠县审计局
	全国审计机关先进工作者：廖念俊（资阳市审计局）

二、大 事 记

1983 年

3 月 9 日 省人民政府办公厅发出《关于筹建四川省审计机关的通知》，决定成立四川省审计机关筹备组，责成省财政厅负责筹建事宜，省财政厅原监察处干部成建制转为审计机关筹备组工作人员。

4 月 7 日 四川省审计局筹备会成立。省财政厅厅长段秉仁兼任组长，省财政厅原副厅长阎承涛任副组长。

6 月 6 日至 17 日和 6 月 29 日至 7 月 10 日 先后在灌县召开了两期审计业务会，培训了各地财政监察干部和准备参加审计工作的人员 100 人。

8 月 6 日 四川省审计局成立并建立党组，燕庆岚任党组书记、局长。

10 月 24 日 省人民政府发出《批转省审计局〈关于开展审计工作几个问题的意见〉的通知》，要求各市（州）、县人民政府、地区行署和省级各部门抓紧抓好审计机关的组建工作，同时建立部门、单位的内部审计机构。

10 月 27 日 召开全省第一次审计工作会议。省委常委、副省长何郝炬到会并讲话，要求在年底把各级审计机关建立起来。

1984 年

1 月 16 日至 20 日 在自贡市召开全省试审工作汇报会。各市（地、州）和 9 个试审县的审计局长汇报交流了试审工作经验。

3 月 12 日至 26 日 省审计局举办各市（地、州）及部分县审计局长参加的业务培训班。随后召开会议传达贯彻全国审计工作会议精神。

4 月 15 日至 6 月中旬 省审计局会同省财政厅、省税务局、省人行、省农行和泸州市纪委、审计局等单位组成联合审计调查组，对原泸州市（县级）税务局执法违法、以税谋私的问题进行审计，查出违纪违规金额 70 多万元。审计结束后，国务院领导作出批示。中共泸州市委对市税务局有关责任人员给予了党纪、政纪处分。省政府向全省发了通报。中央和省有关新闻单位作了报道。

10 月 18 日至 21 日 加拿大审计项目规划团成员克劳梯（Claudy）、陈文隆在审计署人事教育局处长马怀平陪同下到省审计局访问。访问期间，双方就审计工作组织情况、工作经验和培训等方面的问题交换了意见。

1985 年

1 月 22 日至 30 日　审计署副审计长王宸生一行到四川检查工作，听取了省审计局和乐山市审计局的工作汇报，参加了省审计局召开的市（地、州）局长座谈会。

4 月 9 日至 14 日　召开全省审计工作会议，县以上审计局长和省级有关部门主管审计工作的负责同志共 331 人参加。会议期间听取了加拿大审计专家保罗·伯尔曼（Paul Borman）教授的学术报告。

8 月 2 日　中共四川省委办公厅发文批转省审计局党组《关于加强审计监督保证和促进经济体制改革的报告》。

8 月 9 日　省委决定吉福仓任省审计局党组书记，9 月 26 日，省六届人大常委会第十五次会议任命吉福仓为省审计局局长。

9 月 14 日　省第六届人大常委会第十五会议听取并审议了省审计局阎承涛《关于开展审计监督工作情况的报告》，会议作出了《关于加强审计监督工作的决议》。

11 月 28 日　四川省审计学会成立大会在成都召开，会议选举了学会第一届常务理事会，吉福仓为会长。

1986 年

1 月 23 日至 28 日　召开全省审计工作会议，传达贯彻全国审计工作会议精神，总结 1985 年审计工作，部署 1986 年审计工作任务。

4 月 29 日至 5 月 4 日　应审计署的邀请，加拿大审计公署助理审计长高达特（Gauldart）到四川访问。参观了乐山审计培训基地和省经干院，讲授了有关培训知识。

5 月 24 日至 27 日　法国审计法院第一院长安德烈·尚德纳戈尔（Andre Chandernagor）、审计法院总检查长皮埃尔·穆瓦诺（Pierre Moineau）等一行 7 人组成的法国审计访华代表团来四川访问。代表团在成都作了一次学术报告。

8 月 28 日　经局党组研究同意报三台县审计局为全国审计系统思想政治工作先进集体，杨大骏、张宗惠、杨祖武、陈泽洲、王超北、郭建平 6 人为先进个人并出席审计署思想政治工作会议。

8 月 31 日　应审计署邀请，法国驻华大使馆经济参赞杨露义到四川访问，进行了一次审计学术报告。

9 月 1 日　省审计局向省政府提交《关于加强审计监督维护财经纪律划清政策介限问题的报告》，对财经纪律的有关具体政策界限和改革中的失误与违纪交织等问题提出了 12 条建议意见。

9 月 16 日至 18 日　在成都召开全省审计机关思想政治工作会议。省委副书记聂荣贵、省人大副主任王敖、副省长马麟、省纪委书记曹庆泽出席会议并讲话。审计署发来贺电。会上授予三台县审计局等44个单位为四川省审计系统先进集体；授予王超北、杨大骏等108人为先进个人。会议向全省审计战线发了《倡议书》。

1987年

1月8日 省政府办公厅发文转发省审计局、省计经委、省财政厅、省人事局《关于在工业企业实行厂长离任经济责任审计的报告》，在全省实行厂长负责制的全民所有制企业中推行厂长经济责任审计。

1月11日至16日 在德阳市召开全省审计工作会议。会议提出1987年审计工作要围绕党的经济工作中心，以查处弄虚作假，钻改革空子，为小团体和个人谋利的问题，维护国家利益；制止和纠正乱集资、乱摊派和其他侵犯企业合法经济权益的问题，支持和促进企业搞活；揭露和纠正官僚主义、大手大脚，造成国家资产严重损失浪费的问题，促进提高经济效益为审计工作的重点，并注意发现和查处其中的大案要案。

5月10日至30日 在乐山审计干部培训中心举办全国审计领导干部培训班，来自各省、市、自治区和计划单列市审计局及中央部委内审机构的58名审计领导干部接受培训。加拿大审计公署迪苏沙（De Sousa）、郑南希、丁兆康、麦克那马勤（Mcnomachin）、萨格尔（Sager）为培训班讲学。

5月18日 省审计局会同省计经委、省财政厅于3月对遂宁市集资摊派的情况进行清理并向省政府提交《关于遂宁市清理、纠正乱集资乱摊派的情况和意见的报告》后，省政府办公厅以川办发〔1987〕第65号文批转全省，制止和纠正乱集资乱摊派的问题。

5月21日至6月6日 加拿大审计公署审计培训合作项目评估调查组莫多（Mordor）、莫非（Murphy）、约瑟夫·刘（Joseph Liu）等一行，在成都、乐山对中加合办的审计培训项目进行了评估调查活动。

5月23日 省政府第58次常务会议听取省审计局关于制止执法机关乱罚款乱收费情况和内部审计工作的汇报后，副省长顾金池指出："经济处罚的法规应由省统一制定。各市、地、州需要制定有关经济处罚法规要报省里审批，这个权力不要下放"，"审计局建立三年，加强审计监督，效果很明显，加强审计监督是促进党风根本好转的重要措施。希望各部门重视内部审计工作，内部审计机构通过正常渠道给予解决。"

6月20日 委托四川大学开办的审计干部专修班举行毕业典礼。来自全省各级审计机关的65名审计干部在两年中修完21门理论课程和一个月的实习课程后圆满结业。

1988年

1月12日至16日 在绵阳市召开全省审计工作会议。常务副省长顾金池到会并讲话。会议学习了国务院领导对审计工作的重要指示，传达了全国审计工作会议精神，总结了1987年审计工作，确定了1988年审计工作任务。

5月11日至19日 审计署审计长吕培俭一行4人到四川考察，期间听取了省审计局、成都市政府和市审计局、重庆市审计局的工作汇报；召集了省公路局、粮食局、经贸厅、民政厅、烟草公司、物资局和重钢、红岩机械厂、重庆市机械局、一商局、重庆电冰箱厂、毛纺厂等单位领导参加的两个座谈会。副省长谢世杰、成都市长胡懋洲、重庆市委书记肖秧分别会见了吕培俭审计长一行。

6月9日至11日 在温江召开市（地、州）审计局长座谈会，传达了吕培俭审计长来川讲话精神，总结了上半年工作，研究了开展企业承包经营审计的问题。

9月14日至17日 审计署在温江召开了全国第一届内审学会第二次年会。内审学会会长、副审计长祁田和副审计长崔健民出席会议。副省长金洪生到会祝贺。会议颁发了国际内部审计师协会会员证书44个。

12月26日 省政府召开贯彻实施《中华人民共和国审计条例》大会。常务副省长谢世杰在会上作了讲话。

1989年

2月20日至24日 在温江召开全省审计工作会议，传达贯彻国务院总理李鹏的指示和全国审计工作会议精神，研究布置了1989年审计工作任务。常务副省长谢世杰到会讲话。

4月15日至19日 应审计署邀请，联邦德国技术合作局克拉夫特博士等3人组织项目评估组，由联邦审计院高级官员麦尼肯博士陪同到四川访问。期间考察了乐山审计干部培训中心，同省审计局领导和处室负责人座谈，探讨审计业务问题。

10月26日至30日 在眉山县召开市（地、州）审计局长会议，传达了全国审计局长会议精神，总结了我省审计机关在治理整顿工作中所取得的成绩，研究讨论了1990年审计工作计划的初步意见。

11月27日至29日 在什邡县召开全省审计综合会议，研讨了审计机关《1989年度审计工作综合考核和审计执法检查的评分意见》，并于1990年1月对18个市（地、州）审计局进行了考核。

12月5日 省政府召开了各市长、专员、州长电话会议，副省长谢世杰在会上作了《抓紧年终增收节支工作》的重要讲话，指出："要在广泛深入开展粮食财务审计检查的基础上，抓紧复查。各级政府要支持和督促审计、财政等部门的工作，严格按照眉山会议上财政、审计、粮食三家议定的30条规定进行结案处理。对审计出来的问题，必须如实上报，不能隐瞒。对查出的违纪问题，性质严重、情节恶劣的要给予党纪、政纪处分，触犯刑律的，要移送司法部门处理。"

12月25日 副省长谢世杰、金洪生召集省审计局、省粮食局及财政厅商贸处负责人研究了省级粮食财务审计的处理定案工作。会议肯定近年来全省粮食部门所做的工作和今年开展的粮食财务审计的成绩，并就省级粮食财务检查中尚有争议的几个问题以及对乐山八仙洞宾馆财务审计的处理问题作出决定。

1990年

1月3日至22日 省审计局从机关和市（地、州）局抽调37名干部，组成6个考核组，分赴

18 市、地、州审计局对 1989 年审计工作和行政执法情况进行考核检查（甘孜、阿坝、黔江自查）。考核检查结果 12 个单位取得优秀成绩，8 个单位取得优良成绩。

3 月 15 日至 19 日 在新都县召开全省审计工作会议，传达学习国务院总理李鹏的指示和全国审计工作会议精神，研讨了全省 1990 年至 1992 年审计工作三年规划，总结了 1989 年的工作，对 1990 年审计工作作出部署。对获得审计工作和行政执法考核检查优秀和优良的单位颁发了奖状。副省长谢世杰、省人大副主任宋大凡、省政协副主席姜泽亭、省纪委书记杨崇汇等领导出席会议并讲话。

4 月 23 日至 25 日 在成都召开四川省社会审计协会成立大会。

6 月 27 日 审计署召开全国审计系统先进集体、劳动模范表彰电话会。会议表彰自贡市审计局、三台县审计局、重庆市南岸区审计局为“全国审计系统先进集体”，忠县审计局杨前进为“全国劳模”。副省长谢世杰、省人事厅副厅长姜保山、省总工会副主席应保丽、省财贸工会王兴才参加了电话会议。

9 月 1 日 省审计局局长吉福仓受省政府委托，在省七届人大常务会第十八次会议上作了《关于承办省人大七届二次会议上提出的 113 号议案的情况汇报》。会议对省审计局开展全省粮食审计检查中所做工作表示满意，给予了充分肯定，一致通过了报告。

12 月 17 日 省委书记杨汝岱在省审计局报送的《关于全省扶贫资金审计情况的综合报告》上批示：“这项工作做得好，我同意。请谢世杰同志审定。”副省长谢世杰批示：“这项工作已取得显著成绩，但必须善始善终，对贪污要处理、挪用的要收回归位。可以考虑用省政府办公厅文件转发，以引起重视。”

12 月 24 日 副省长谢世杰对省审计局《关于群众举报我局工交审计处在长钢花去招待费一万元的调查报告》作了如下批示：“省审计局党组对来信是严肃认真的。经过查明审计组的同志也是守纪律的，按政策规定进行工作的。此事可以了结”。

1991 年

1 月 22 日至 25 日 在眉山县召开全省审计工作会议，学习和贯彻国务院总理李鹏的指示和全国审计工作会议精神，总结和部署了审计工作，着重研究了加强和改进审计工作的问题。常务副省长谢世杰到会并讲话。

5 月 18 日 省审计局发出《关于审计工作为改革开放搞活企业服务的几点意见》，提出 7 项具体措施：尽量避免对企业单位的重复检查；在抓重点企业审计中，要紧密同企业开展的“质量、品种、效益年”活动相配合；在依法审计的同时，要注意认真坚持生产力标准；在对企业经营承包责任审计中，务必客观公正；随着对外开放的扩大，引进外资项目增多，要进一步加强和改进外资审计工作；基本建设审计要认真贯彻治理整顿、深化改革方针；加强审计质量和效益的考核。

10 月 30 日 四川省“长城杯”审计知识竞赛圆满结果。这次竞赛由省审计局、省审计学会、四川电视台联合主办，长城特殊钢厂协办。全省审计机关、内审机构、社会审计组织、企业事业单位、驻川部队等 1000 多个单位的 2 万多名干部职工参加。竞赛结果，自贡市代表队获团体一等奖，达县地区、长钢代表队获二等奖，重庆市、万县地区、成都市代表队获三等奖。113 人分获一、二、三等奖和优胜奖。四川电视台向全省作了实况转播。

1992 年

1 月 11 日至 15 日 全省审计工作会议在都江堰市召开。会议研究贯彻审计署制定的 1991 年至 1995 年《审计工作发展纲要》，部署了 1992 年审计工作任务，通报了 1991 年审计工作质量考核情况，并对获得优胜的单位进行表彰。

4 月 3 日至 4 日 省审计局在德阳市召开了成都、德阳、绵阳、乐山及江油、广汉、都江堰、峨眉山、什邡、温江、新都、郫县、双流、新津和眉山 4 市 11 县（市）审计局长座谈会，就贯彻省委“发展县经济，先抓一条线”座谈会精神，提出了审计系统的贯彻意见和措施。

4 月 13 日 审计署副审计长李金华一行 3 人到四川考察。先后与成都特派办、省审计局、成都市审计局、德阳市审计局、乐山市审计局及什邡县、广汉市、峨眉山市审计局的干部座谈，调查研究中央 2 号文件下达后审计工作的新情况、新问题。

9 月 26 日至 28 日 在汶川县召开民族地区审计工作研讨会，甘孜、阿坝、凉山三洲和黔江地区审计局长参加。会议形成了四川省民族地区审计工作意见。

11 月 22 日 审计专业技术资格考试在全省 21 个市（地、州）的 37 个考点同时进行。

1993 年

1 月 6 日至 9 日 在温江县召开全省审计工作会议。蒲海清副省长出席会议并讲话。

3 月 15 日至 27 日 在省财政学校举办 1 期新会计制度培训班，就新会计制度的接轨与新旧会计换算方式的转换，会计制度改革概述等内容对地（市、州）审计机关学员进行了培训。

8 月 21 日 省第八届人大常委会第四次会议决定任命甘道明为省审计局局长。省委决定甘道明任省审计局党组书记。

9 月 省审计局和省人事厅决定授予全省审计系统成绩突出的重庆市审计局等 50 个单位先进集体称号，决定授予李文洲等 150 人先进工作者称号。

10 月 6 日至 8 日 庆祝四川省审计机关成立 10 周年暨先进集体、先进工作者表彰大会在成都望江宾馆举行。副省长蒲海清等领导到会祝贺。

10 月 全国商贸审计工作会议在成都召开，审计署副审计长刘鹤章参加会议。

1994 年

2 月 1 日至 2 日 全省审计工作会议在成都新华饭店举行。副省长蒲海清到会并讲话。

3 月 30 日 省审计局印发《四川省审计工作程序实施办法》，就审计准备、审计实施、审计报告及其审定等审计工作程序作了明确规定，要求各级审计机关认真贯彻执行，提高审计工作质量，使审计工作进一步法制化、制度化、规范化。

7 月 18 日　审计署副审计长罗进新一行 2 人到四川检查工作。

8 月 31 日　《中华人民共和国审计法》由第八届全国人大常委会第九次会议通过，国家主席江泽民以第 32 号主席令颁布。

9 月 18 日　全省审计系统干部职工分别在各地主要街道开展街头宣传活动，热烈庆祝《审计法》颁布实施。省审计局机关组织职工到人民南路广场举行了盛大的宣传活动，用散发传单、录音广播、标语等形式宣传《审计法》的颁布实施。副省长甘宇平、省人大常委会副主任宋大凡到现场指导并接受记者采访。

1995 年

1 月 17 日至 19 日　全省审计工作会议在成都金牛宾馆举行。各市（地、州）、县审计局长和代表共 350 人参加了会议。会议传达了国务院总理李鹏的重要指示和全国审计工作会议精神，部署了 1995 年审计工作任务，研究了全面贯彻《审计法》，加强和改进审计工作的措施。省长肖秧、省人大常委会主任杨析综、常务副省长蒲海清等领导到会并讲话。

4 月 19 日至 27 日　审计署副审计长崔健民一行 8 人来四川考察工作。

5 月 11 日至 18 日　由省审计干部培训中心和北京市审计干部培训学校合办的全国内审培训班在都江堰市省老干部接待站举行，共有 159 人参加培训。这是四川省审计干部培训中心第一次承办较大型培训班，取得较好效果。

5 月 24 日至 6 月 1 日　原中顾委委员、审计署审计长于明涛、副审计长崔健民一行 6 人，到四川参加在成都举办的全国审计研讨班。

11 月 28 日至 12 月 5 日　全国审计机关综合处长会在成都召开。副审计长金基鹏到会并讲话。

1995 年底至 1997 年春　根据省委、省政府、省纪委领导指示，省审计厅派出审计人员组成专家组，对重庆国际公司和香港渝丰公司进行审计调查，查清了经济问题，有 3 人受党纪处分，8 人移交司法机关处理。

1996 年

1 月 6 日　省政府办公厅印发《四川省审计厅职能配置内设机构和人员编制方案》，四川省审计局正式更名为四川省审计厅。

1 月 22 日至 23 日　在成都召开全省审计工作会议。各市（地、州）负责审计工作的市长、州长、专员和审计局长参加了会议。谢世杰、杨析综、蒲海清、张中伟等省领导到会并讲话，副省长张中伟主持市长、州长、专员组的讨论。省委书记谢世杰为省审计厅授牌。

3 月 5 日至 8 日　审计署在省审计干部培训中心召开全国行政事业审计工作会议。副审计长金基鹏到会。

3月21日至22日 副审计长李金华到四川检查工作，听取省审计厅工作汇报，对四川省近几年审计工作给予了充分肯定。

4月1日至7日 审计署副审计长刘鹤章到四川出席全国电子行业审计工作会。听取了省审计厅工作汇报，考察了省地方铁路局、红光电子管厂、一三二厂（飞机公司）、市百货大楼等大中型企业和部门的内审工作。

10月2日 省委决定董玉良任省审计厅巡视员（正厅级），副厅长李高伟主持工作。

10月7日至12日 审计署工交司在成都举办全国工交审计处长培训研讨班。副审计长刘鹤章到会。

10月15日至18日 审计署人教司在省审计干部培训中心举办全国审计机关人教处长培训研讨班。

11月5日至8日 审计署监察局在成都召开全国审计机关纪检、监察工作座谈会。署纪检组长吴定富主持会议。

12月3日至13日 审计署审计长郭振乾来四川视察工作，听取省审计厅工作汇报。在蓉期间，省委书记谢世杰、省长宋宝瑞分别会见郭振乾。

12月16日 省财政厅、省审计厅联合签发了文件，四川省注册会计师协会，四川省注册审计师协会实行联合。

1997年

2月1日至2日 全省审计工作会议在金牛宾馆召开。省长宋宝瑞出席并讲话。

2月7日 国务院总理李鹏为四川省审计厅题词：“加强审计监督，维护经济秩序”。

3月3日 审计署郭振乾审计长在北京将国务院总理李鹏题词转赠给省审计厅厅长甘道明。同时指出：四川省审计工作近几年取得很大成绩，李鹏总理的题词是对全国审计工作的亲切关怀和大力支持，这不仅是四川省审计机关和干部职工的荣誉，也是全国审计工作者的荣誉。

4月18日至19日 审计署办公厅在省审计干部培训中心召开全国审计机关办公室主任会议。会议交流了审计机关公文处理、档案管理及信息、调研等工作情况和经验，学习贯彻审计规范。

6月 省审计厅党组创“四好”活动连续三年成效显著，获中共四川省委授牌表彰。

1998年

1月7日、10日 审计厅厅长甘道明在中共四川省第七次党代会上当选为中共四川省委委员；在七届一次全会上当选为省委常委。

2月7日至9日 全省审计工作会议召开，省委常委、审计厅厅长甘道明作工作报告，省长宋宝瑞到会并讲话。

4 月 3 日　省人大常委会发文任命唐宁为四川省审计厅厅长。

6 月 10 日　省人民政府召开全省政府系统目标管理表彰大会，对连续三年获省政府目标管理先进单位的部门进行表彰，省审计厅获省政府授牌。

6 月 18 日　省审计厅党组创“四好”活动成效显著，受省直工委表彰。

5 月至 10 月　遵照省委、省政府领导指示，省审计厅重点抓了全省 40 家亏损 1000 万元以上的国有工业企业的审计，摸清了这些企业的家底，真实地反映了亏损大户的财务状况和生产经营状况，有针对性地提出了审计建议，得到省委、省政府和审计署的高度重视和评价。

6 月至 10 月　根据国务院总理朱镕基要求和审计署等 8 部委的安排，省审计厅在省粮食局、省财政厅、省农发行、省监察厅等部门的配合下，抽调 2130 人，组成 460 个审计组，对全省 1858 个国有政策性粮食企业、粮食局、农发行和财政部门进行审计检查，查明 1992 年 4 月至 1998 年 5 月账表反映粮食新增财务挂账 103.6 亿元，应核减 18.6 亿元，核减比例达 18%，还查出有问题金额 12 亿元。经审计署一次验收合格，受到好评。审计署还从四川省抽调 20 名审计人员赴河南省进行审计复查，也圆满地完成了任务。

10 月 9 日　经人事部批准，什邡市审计局肖伦菊荣立国家公务员一等功。

11 月 18 日　省委七届第二十四次常委会听取省审计厅工作汇报，决定以省委、省政府名义发布《关于加强和改进全省审计工作的意见》。

1999 年

1 月 10 日　全省审计工作会议暨粮食财务挂账清查审计表彰会在金牛宾馆召开。省委副书记、常务副省长张中伟和副省长王恒丰到会讲话。全国劳模肖伦菊在会上作先进事迹报告。

4 月 5 日　审计署党组研究作出两项决定：一是在全国审计系统广泛开展向肖伦菊学习的活动；二是根据有关规定，给予肖伦菊一次性奖励 10 万元人民币。

4 月 13 日　肖伦菊将审计署奖予她个人的 10 万人民币奖励捐款给什邡市审计局，作为审计奖励基金，用于奖励为什邡市审计事业做出贡献的人员。

5 月 31 日　《四川日报》、四川人民广播电台、四川电视台、四川有线电视台、《四川精神文明报》《四川经济日报》等新闻单位，在省委宣传部、省审计厅、德阳市委宣传部的带领下，采访荣获人事部记一等功的肖伦菊，在全省掀起了向肖伦菊同志学习的热潮。

6 月　中共四川省委授予肖伦菊“优秀党务工作者”荣誉称号。

8 月 21 日至 23 日　审计署在成都召开全国审计工作座谈会。

9 月　省政府授予肖伦菊“人民满意公务员”荣誉称号。

同月　为庆祝四川省审计机关成立 16 周年暨《审计法》颁布实施 5 周年，省审计厅党组决定开展审计工作“新闻宣传月”活动，在报刊、电台、电视台广为宣传 16 年来审计工作成就。

2000 年

1 月 30 日至 31 日 全省审计工作会议在金牛宾馆召开。

4 月 29 日 达州市审计局李本维，什邡市审计局肖伦菊在全国劳动模范和先进工作者表彰大会上，被国务院授予“全国先进工作者”荣誉称号，与其他全国劳模一起受到党和国家领导人的接见。全国审计系统共有 3 人，四川占 2 人。

5 月 7 日 省第九届人大常委会第十六次会议任命李高伟为四川省审计厅厅长，省委组织部发文，李高伟任省审计厅党组书记。

7 月 15 日 省人大常委会颁布《四川省财政收支审计条例》。

7 月 省政府通过省审计厅机构改革方案，以省政府办公厅印发《关于四川省审计厅职能配置内设机构和人员编制规定的通知》。

8 月 4 日至 9 日 审计署审计长李金华到四川调研工作。

2001 年

1 月 11 日至 13 日 全省审计工作会议在金牛宾馆召开。省委副书记、常务副省长杨崇汇出席并讲话。

3 月 11 日至 16 日 审计署党组成员、纪检组长王道成一行 4 人到四川检查工作。先后到阿坝州、绵阳市、德阳市、什邡市审计局了解当地经济责任审计情况和审计机关党风廉政建设情况。

3 月 30 日 四川省审计干部岗位任职资格考试在全省 21 个市（州）的 22 个考场同时进行，全省 939 名干部报名参加了考试。

5 月 8 日 省委副书记、常务副省长杨崇汇对审计工作作出批示：对违规收取的费用应按规定处理，涉及有关人员责任及资金使用去向可责成经贸委调查处理，并作出一个负责的报告。

6 月 11 日 省委办公厅印发《关于进一步做好我省经济责任审计工作的意见》。

7 月 17 日 省委副书记、省长张中伟对“退耕还林还草”工程资金审计信息作出批示：对审计中发现的问题逐一纠正，举一反三，强化管理，真正把这件利国利民的实事办好。

7 月 23 日至 8 月 31 日 省审计厅与电子科技大学联合举办一期全省审计系统计算机骨干高级培训班。各市（州）审计机关和厅机关共推荐 36 人参加了为期 40 天的全封闭强化培训，正式启动了审计系统信息化建设的人才培训工作。

10 月 14 日 全国高级审计师统一考试在成都举行，全省有 630 人报名参加考试。审计厅副厅长黄锦生同数百名应试者一起参加了考试。

10 月 22 日至 30 日 审计署副审计长瞿熙贵一行 6 人来四川考察，召开有省纪委、省委办公厅、省计委、省财政厅、省税务局及银行、保险等部门负责人参加的座谈会，考察了阿坝州、绵阳市、德阳市审计局，听取省审计厅工作汇报，出席四川省、市（州）离退休审计局长座谈会。

11 月 7 日　省委副书记，省长张中伟对“退耕还林还草”工程资金审计作出批示：对审计出的问题，应逐项坚决纠正，责成市（州）政府主要负责同志亲自过问，严肃处理，并报结果。针对存在的问题，研究提出整改措施，以省政府名义行文，要求各地杜绝违纪现象再度发生。

12 月　省审计厅制定的《地方党政领导干部任期经济责任审计操作规程》出台。

2002 年

1 月　达州市审计局、什邡市审计局被人事部、审计署授予“全国审计机关先进集体”荣誉称号。

1 月 29 日至 30 日　全省审计工作会暨先进集体和先进工作者表彰大会在成都召开。通过对各市、州审计局的综合考核评比，达州、内江、巴中、广安、泸州、成都、自贡、德阳、宜宾、甘孜 10 个审计局荣获 2001 年度审计工作先进单位。全省审计机关共评选表彰 1997 年至 2001 年先进集体 44 个，先进工作者 25 人。

3 月至 8 月　根据省委、省政府主要领导的指示，全省乡村债权债务审计核实工作全面完成。由审计机关牵头，财政、农业、人行等部门参加，全省 4630 多人历时 6 个月对 5085 个乡镇、54593 个村截至 2001 年底的乡村两级债权债务进行审计核实，完成了自审计机关成立以来单个审计项目涉及对象最多，工作量最大的审计任务。此项工作得到省委、省政府的充分肯定。

5 月 18 日　省审计厅组织各市（州）审计机关在广安举行了邓小平故居“德政坊”的重建奠基仪式。全省审计机关干部职工响应省委、省政府号召，为邓小平故居“德政坊”重建捐资 87 万元，向邓小平诞辰 100 周年献礼。

12 月 24 日至 27 日　摩洛哥审计法院总检察长阿恰古依·穆罕默德、秘书长伊尔·巴·木纳萨一行到四川访问，就预算执行监督、财政财经法规的执行、对违法违规行为的处罚以及审计意见和审计建议的后续工作等问题，与省审计厅进行了探讨和交流。

2003 年

2 月 12 日至 14 日　全省审计工作会暨乡村债权债务审计核实工作先进集体和先进个人表彰大会在成都召开。常务副省长蒋巨峰出席大会。会议总结了 2002 年全省审计工作，部署了 2003 年的工作任务。以省政府的名义表彰了乡村债权债务审计核实工作先进集体 68 个，以省人事厅、省审计厅的名义表彰了先进个人 300 名。

5 月 13 日　省审计厅印发《关于确保“非典”“防治和各项审计工作顺利进行的通知》，要求全省审计机关严格政治纪律，把防治非典型肺炎工作作为当前的一项重大政治任务抓紧抓好，采取积极措施，做好“非典”防治工作。同时，顺应财政体制改革和审计技术手段以及审计工作的客观发展要求，推行送达审计，并开展对防治非典型肺炎专项资金和捐赠款物的审计监督工作。

7 月 14 日　省长张中伟在《大邑县挪用退耕还林资金 166 万元》的审计信息专报上作出批示，

引起成都市委重视。市委常委会专题研究请市纪委、审计局查办并将处理结果报告省政府。

9月16日至18日 省审计机关成立20年审计工作总结暨理论与实践研讨会在金牛宾馆隆重召开。省委副书记、省长张中伟、常务副省长蒋巨峰、省委常委、企业工委书记甘道明等领导出席大会。张中伟作了讲话。审计厅厅长李高伟作主题报告，全面总结了四川20年的审计工作成绩和经验。讨论了《四川省2003年至2007年审计工作发展规划》。副厅长黄锦生传达了全国审计理论研讨会精神。成都军区、攀钢、西南财大和部分市、县在会上作了交流发言。会议套开了市、州离退休局长座谈会。会后有百余名代表前往广安参观了已竣工的“德政坊”和今日新广安。

11月24日 审计厅厅长李高伟在省人大十届六次常委会上受省政府委托作《四川省人民政府关于2002年省级财政预算执行和其他财政收支审计处理结果的报告》。在26日的分组审议中，该报告受到省人大常委的高度肯定。

2004年

1月6日 省审计厅党组印发《关于竞争上岗补充处级领导干部的通知》，厅党组决定，对省审计厅空缺的14个处级领导职位（处长3个、副处长11个）实行竞争上岗。

1月18日至19日 全省审计工作会议在成都召开，省委副书记、副省长蒋巨峰出席会议并讲话。省审计厅厅长李高伟作了《坚持求真务实推进规划实施进一步提高我省审计工作的质量和水平》的年度工作报告。

7月7日至9日 应审计署审计长李金华邀请，赞比亚审计长公署审计长奇方古拉一行5人来四川考察访问。先后赴德阳市、阿坝州参观访问。

7月15日 省审计厅党组印发《四川省审计厅党组关于廉洁自律的五条承诺》：坚决拒收现金、有价证券和贵重物品；严格执行干部选拔任用各项规定；决不允许打着领导旗号办私事、谋私利；厅党组成员带头遵纪守法、遵守各项规章制度；带头落实党风廉政建设责任制。

8月4日至6日 审计署党组副书记、副审计长令孤安一行在成都、广安市以及武胜、岳池县等地就审计工作进行调研。在结束了西藏的工作调研之后，于9月8日至10日，又对甘孜州进行为期3天的工作调研，分别到甘孜州审计局及巴塘、理塘、雅江三县看望了审计人员并听取了工作汇报。

11月25日 中央5部委经济责任审计工作联系会议印发《表彰经济责任审计工作先进地区和先进单位的决定》：四川省获得先进地区称号，成都市、德阳市、邛崃市、广安市广安区审计局荣获先进单位称号。

2005年

2月2日至4日 全省审计工作会议暨全省经济责任审计工作会议在成都召开。省委副书记、副省长蒋巨峰到会并讲话。审计厅厅长李高伟作了《全面落实科学发展观，增强依法审计能力，不断提高我省审计工作的质量和水平》的报告。

7 月 14 日　国家审计署党组书记、审计长李金华到四川检查指导工作，在听取省审计厅领导的工作汇报后，作了重要讲话。

8 月 29 日至 30 日　省审计厅在郫县召开市（州）审计局长座谈会。会议传达学习国务院总理温家宝 7 月 27 日在国务院常务会议上关于审计工作的指示和全国审计工作座谈会精神，听取了各市（州）审计局长的意见，提出了扎扎实实抓好下半年审计工作的措施。

9 月 28 日　省审计厅第三届特约审计员聘任大会在成都召开，廖海黎等 8 名民主党派和无党派人士受聘为四川省审计厅第三届特约审计员。

11 月 22 日　由审计厅厅党组副书记、副厅长黄锦生带队，厅有关处、室主要负责人参加，到省广播电台“阳光政务”政风行风热线节目直播间，就审计工作中群众所关心的问题与听众进行“面对面”交流，现场受理了听众的咨询和诉求。共接听了 10 名听众打进的热线电话。现场解答听众热线电话咨询有 6 个问题；现场确定有待协调查证办理的有 4 个问题，研究确定了解决落实方案。

12 月 20 日　省审计厅召开审计回访座谈会，40 多个省级被审计单位代表参加会议。会议认真征求与会代表对审计组和审计人员执行审计纪律“八不准”规定的反馈意见和对今后工作的建议。

三、文献辑存

四川省财政收支审计条例

颁布文号：四川省人民代表大会常务委员会公告（第33号）

颁布单位：四川省人民代表大会常务委员会

颁布时间：2000－7－15　实施时间：2000－10－1

第一条　为了规范和加强财政收支审计工作，管好用好各项财政资金，维护财政秩序，促进经济和社会发展，根据《中华人民共和国审计法》及有关法律、法规规定，结合四川实际，制定本条例。

第二条　县级以上各级人民政府审计机关依法对本级财政预算执行情况和其他财政收支，下级政府财政预算执行情况、决算和其他财政收支进行审计监督。

省、市（州）、县（市、区）、乡（镇）各级人民政府及其财政、地方税务、国库和其他有关部门、单位，按照法律、法规和本条例的规定接受审计监督。

第三条　地方各级审计机关分别在省长、市长、州长、县长、区长和上一级审计机关的领导下，负责本行政区域内的财政审计工作。

审计机关依法独立开展财政收支审计工作，不受其他行政机关、社会团体和个人的干涉。

审计机关和审计人员在实施财政收支审计过程中，应忠于职守、秉公办事、严格执法、遵守审计纪律。

第四条　各级地方税务部门税收征收管理情况的审计由同级地方审计机关进行；地方税务部门机关经费的审计由省审计机关组织实施。

第五条　各级审计机关应当依照审计法律、法规的规定，于每一预算年度终了后，及时开展财政收支审计工作。

第六条　各级审计机关应当每年向本级人民政府和上一级审计机关提出本级财政预算执行和其他财政收支的审计结果报告。

第七条　县级以上人民政府应当每年向本级人民代表大会常务委员会提出审计机关对财政预算执行和其他财政收支的审计工作报告。审计工作报告必须真实反映审计期内的基本情况和问题，对审计出的问题应当提出处理意见，并根据人民代表大会常务委员会的审议意见和要求报告处理结果。

人民代表大会常务委员会认为有必要进行专项审计的，本级人民政府应作出安排，并报告审计结果。

人民代表大会常务委员会认为有必要向社会公布审计工作报告或者重大审计事项的审计结果时，本级人民政府应及时向社会公布，接受群众监督。

第八条 审计机关在财政收支审计工作中，有权要求被审计单位在规定时间内提供有关资料，被审计单位应及时提供，并对所提供的资料的真实、完整性承担法律责任；有权检查被审计单位的会计资料及其他有关资料，被审计单位不得拒绝；有权依法查询被审计单位在金融机构的开户和存款情况，有关金融机构应当予以协助，并提供证明材料；有权就审计事项的有关问题向有关单位和个人进行调查，有关单位和个人应如实反映情况并提供证明材料。

第九条 审计机关对财政预算执行情况审计的主要内容：

（一）财政部门按照本级人民代表大会批准的预算向本级各部门批复预算的情况，预算执行中的调整情况及预算收支变动情况，支出结转及收支平衡情况；

（二）财政、地方税务等有预算收入征收任务的部门依照国家有关法律、法规组织办理本级地方预算收入的征收、入库、减免、缓征、退库情况；

（三）财政部门按照批准的年度预算、用款计划以及预算级次和程序拨付本级预算支出资金情况；

（四）财政部门依照有关法律、法规的规定和财政管理体制，办理上下级财政之间的上解、补助、结算和资金调度、拨付情况；

（五）财政部门总预算会计制度的贯彻执行情况；

（六）纳入本级预算管理的各类专项基金的筹集和安排使用情况；

（七）财政及有关部门和单位对国有资产的监督管理情况；

（八）各部门执行年度支出预算和财政、财务制度以及相关的经济建设和事业发展情况，有预算收入上缴任务的部门和单位预算收入的征收、上缴情况；

（九）本级国库按照国家有关规定，办理地方预算收入的收纳、分成、报解和预算支出资金的拨付情况；

（十）本级政府及上级审计机关要求审计的其他事项。

第十条 审计机关对其他财政收支审计的主要内容：

（一）财政及有关部门、单位编制、汇总年度预算外资金收支计划情况，财政部门按照本级人民政府批准的年度预算外资金收支计划批复本级各部门或单位收支计划情况；

（二）财政部门预算外资金专户的设立、管理情况；

（三）财政部门按照批准的年度预算外资金收支计划以及用款单位实际用款进度，依照程序拨付预算外资金的情况；

（四）财政及有关部门、单位管理政府性基金、附加及行政事业性收费情况，未纳入预算管理的资金、基金、附加、收费的收取、提取、募集及上缴财政专户情况，财政部门票据管理及部门、单位使用票据情况；

（五）有关部门、单位按照财政部门批准的预算外资金收支计划、单位财务收支计划使用预算外资金情况；

（六）有关部门、单位预算外资金收支帐户的设立、管理、使用情况；

（七）财政及有关部门、单位预算外资金决算编制、审核汇总情况；

（八）未纳入预算管理的其他财政性资金、基金管理使用情况；

（九）本级各部门的年度决算情况；

（十）本级政府和上级审计机关要求审计的其他事项。

第十一条 审计机关对下级政府财政决算审计的主要内容：

（一）执行国家统一财政方针、政策、规定情况；

（二）财政决算编制情况；

（三）下级政府财政部门按规定批复其本级各部门决算情况，各部门按规定批复所属各单位决算情况；

（四）下级政府及其财政、地方税务等有关部门、单位依法实施预算管理、税收征收管理的情况；按照财政管理体制及税收征管范围，组织、办理各级财政收入征收、划解情况，国有资产管理及收益收缴情况；

（五）下级政府及有关部门管理、使用上级专项拨款、借款情况；

（六）本级政府和上级审计机关要求审计的其他事项。

第十二条 审计机关应对社会捐赠的款物和发行彩票等方式募集的资金的管理使用情况实施审计，并将审计结果及时向社会公布。

第十三条 经审计发现有下列行为之一的，由审计机关依照法定程序予以处理、处罚：

（一）隐瞒、截留上级财政收入的，责令限期将隐瞒、截留资金金额上缴上级财政，并可处以隐瞒、截留金额10%以下的罚款，上缴上级财政。

（二）挪用上级财政专项资金的，责令限期归垫，并可处以挪用金额10%以下的罚款，上缴上级财政。

（三）被审计单位不按审计意见整改，或者拒不执行审计决定的，责令限期继续执行审计意见、审计决定，并可处5万元以下的罚款，上缴上级或同级财政。

（四）应纳入本级预算收入的资金而未纳入的、将预算内资金转为预算外的，金额收缴，上缴上级财政，并处以违法、违规金额10%以下的罚款，上缴上级财政。

（五）预算外资金未纳入财政专户管理的，责令改正，并可处以滞留金额5%以下的罚款，上缴同级财政；拒不改正的，金额收缴，上缴同级财政。

逾期未按审计处理、处罚决定，上缴、归垫应上缴、归垫财政资金的，自逾期之日起每日加收5‰的滞纳金；逾期未缴纳罚款的，自逾期之日起每月按罚款数额的3%加处罚款。对拒不上缴、归垫的，由审计机关通知财政部门扣缴或者金融机构协助执行。

其他违反国家有关法律、法规的财政收支行为，由审计机关依照有关法律、法规的规定处理、处罚。

第十四条 对违反财经法律、法规负有直接责任的主管人员和其他直接责任人员，审计机关可依据情节轻重建议有关部门给予行政处分，有关部门应当依法及时作出决定，并将结果书面通知审计机关；构成犯罪的，依法追究刑事责任。

第十五条 审计人员滥用职权、徇私舞弊、玩忽职守，构成犯罪的，依法追究刑事责任；尚不构成犯罪的，依法给予行政处分。

第十六条 对审计机关作出的审计决定不服的，应当先向上一级审计机关或者本级人民政府申请复议；不申请复议又不执行审计决定的，由作出审计决定的审计机关申请人民法院强制执行。

第十七条　本条例自2000年10月1日起施行。

四川省国家建设项目审计办法

颁布文号：四川省人民政府令第127号

颁布单位：四川省人民政府

颁布时间：1999－6－28]　　实施时间：1999－6－28

第一章　总　则

第一条　为加强国家建设项目审计监督，提高投资效益，根据《中华人民共和国审计法》等法律、法规和国家有关规定，结合四川实际，制定本办法。

第二条　在四川省行政区域内进行的国家建设项目以及有关建设、设计、施工、采购、工程监理等单位与国家建设项目直接有关的财务收支，应当依法接受审计监督。

审计机关对前款所列财务收支的真实、合法和效益，依法进行审计监督。

第三条　本办法所称国家建设项目，是指以国有资产投资为主或者以国有资产融资为主的基本建设项目和技术改造项目，包括使用国家财政性资金、政府设立的专项建设资金、国家统一借贷的外资款项等进行的基本建设项目、技术改造项目。

第四条　各级审计机关应当按照国家有关规定编制年度审计计划，依照法定职责权限和本办法规定，对本行政区域内的国家建设项目的总概算（预算）、年度预算的执行情况以及年度决算、项目竣工决算，依法进行审计监督。

审计机关履行审计监督职责所需经费，列入每年年初编制的财政预算，由本级人民政府予以保证。

第五条　审计机关对国家建设项目实施审计监督时，可根据工作需要，聘请具有特殊专业知识和技能的人员参予相关审计事项的审计工作。

第六条　审计机关开展国家建设项目审计，应当向有关部门通报审计事项，提出审计意见和建议；项目审计后要向同级人民政府报告审计结果。审计机关有权向社会公布有关建设项目的审计结果。

审计机关通报或者公布建设项目审计结果时，应当依法保守国家秘密和被审计单位的商业秘密。

第二章　审计管辖

第七条　国家建设项目审计按项目财政财务隶属关系或者国有资产监督管理关系，确定审计管辖范围。

只有一个投资主体的国家建设项目，由管辖该投资主体的人民政府审计机关负责审计；有两个以上投资主体的国家建设项目，由管辖其中投资比例大或实质上拥有控股权的投资主体的人民政府审计机关负责审计；对审计管辖范围不明确或有争议的，由上级审计机关确定管辖。

第八条 上级审计机关可以将其管辖范围内的国家建设项目授权下级审计机关审计，也可以直接审计下级审计机关管辖范围内的国家建设项目。但对同一审计事项不得重复审计。

第九条 部门和单位内部审计机构及社会审计组织对国家建设项目的审计，不能替代国家审计机关的审计监督。

第三章 开工前审计

第十条 按国家规定和省人民政府要求必须进行开工前审计的国家建设项目，在项目开工之前或停、缓项目复工建设之前（以下简称开工前），建设单位应当持经批准的项目建议书、项目设计总概算、年度建设资金计划等文件，向审计机关提出审计申请。

第十一条 审计机关受理审计申请后，应当在30天内提出审计意见或审计结论，发送建设单位和审批项目开工的行政主管部门。

第十二条 国家建设项目开工前审计的主要内容为：

（一）建设资金的来源渠道、筹措方式、偿还方式；

（二）征地、拆迁及道路修建、水电安装等前期费用支出；

（三）建设单位是否建立与国家建设项目有关的内部控制制度。

第十三条 对经审计不符合国家规定开工条件的国家建设项目，审计机关应当通知建设单位资金拨付负有管理职责或者对其资金使用负有监督职责的部门暂停拨付有关建设款项，建议有关部门不予办理开工手续。

第四章 在建项目审计

第十四条 凡属国家规定的建设期较长的大中型国家建设项目，在其已开工建设、尚未办理竣工验收和交付使用的阶段，审计机关应当依照国家有关规定或同级人民政府的决定对其进行在建审计。

第十五条 国家建设项目在建审计的主要内容为：

（一）项目设计总概算调整情况；

（二）设计变更的内容和调整情况；

（三）各项建设资金来源到位情况和按照国家规定用途使用情况；

（四）建设项目经济合同实施情况；

（五）有无非法集资、摊派和乱收费的情况；

（六）建设成本及财务收支核算情况；

（七）是否按国家规定足额计提和缴纳国家税费。

第十六条 审计机关对存在重大问题的在建项目，除依法进行处理外，对应由其他部门处理的，应当及时移送。

第五章　竣工决算审计

第十七条　建设单位必须在国家建设项目初步验收结束后，及时按规定办理竣工决算，并向审计机关申请进行竣工决算审计。未申请实施竣工决算审计的，审计机关可依法实施审计。

第十八条　国家建设项目竣工决算审计的主要内容为：

（一）竣工决算报表和竣工决算说明书；

（二）建设项目投资及概算执行情况；

（三）工程造价结算情况；

（四）交付的固定资产、流动资产、无形资产、递延资产和各项结余资金的情况；

（五）尾工工程项目和资金预留的情况；

（六）建设收入和包干节余的核算、分配及留成情况；

（七）应交税费情况。

第十九条　审计机关接到申请竣工决算审计报告后，应当及时安排审计人员进行审计。

第二十条　审计机关在对国家建设项目进行审计的同时，应当对建设、设计、施工、采购、工程监理等单位与该国家建设项目直接相关的财务收支情况实施审计监督。审计机关对上述单位与国家建设项目有关的财务收支的审计，不受审计管辖范围的限制。

第六章　法律责任

第二十一条　对未经审计的国家建设项目和审计中发现擅自开工计划外工程或擅自扩大建设规模的国家建设项目，由审计机关建议有关部门责令其停止施工，建议有关部门停止拨付有关建设资金、不予批复项目决算、不予办理产权登记。

第二十二条　被审计单位违反国家财务收支规定给国家造成损失的，由审计机关责令限期追回损失，并向有关部门提出给予行政处分的建议。

第二十三条　违反本办法其他规定的，依照有关法律、法规的规定进行处理。

第二十四条　审计机关作出的审计意见和审计决定，被审计单位应当执行。审计机关作出的审计建议，有关部门应当及时依法作出处理，并将处理结果书面通知审计机关。

第二十五条　被审计单位对审计机关作出的审计决定不服的，可以向上一级审计机关或者本级人民政府申请行政复议。

第二十六条　审计人员滥用职权、徇私舞弊、玩忽职守，构成犯罪的，依法追究刑事责任；未构成犯罪的，给予行政处分。

第七章　附　则

第二十七条　本办法自发布之日起施行。

中共四川省委　四川省人民政府
关于加强和改进全省审计工作的意见

各市、地、州委，各市、州人民政府，各地区行政公署，省级各部门：

1983年，四川省根据《中华人民共和国宪法》和《中华人民共和国审计法》（以下简称《审计法》）的规定设立了审计机关，实行社会主义审计监督。15年来，在省委、省政府和国家审计署的正确领导下，各级审计机关认真履行职责，积极努力工作，维护了正常的社会经济秩序，支持了改革开放和经济发展，促进了党风廉政建设，审计工作取得了显著的成绩。为适应新形势的发展需要，进一步发挥审计工作在我省改革开放和现代化建设中的积极作用，现就加强和改进全省审计工作提出以下意见。

一、坚持以邓小平理论为指导，明确审计工作基本方略

全省审计机关要坚持以邓小平理论为指导，认真贯彻十五大精神，全面落实《中华人民共和国审计法》，不断发展审计事业，建立社会主义市场经济体制中更好地发挥审计监督作用为目标；以重点审计财政财务收支真实性、合法性，提高财政资金使用效益和促进"依法治省"的全面推进为主要任务；以审计法制建设、队伍建设、基础建设为保证，认真贯彻"依法审计、服务大局、围绕中心、突出重点、求真务实"的工作方针，更有力地促进我省改革开放和现代化建设。

二、深入贯彻《审计法》，加强对审计工作的领导

深入贯彻《审计法》是"依法治国""依法治省"的客观要求，各级党委、政府和有关部门要充分认识其重要意义，深入宣传，全面贯彻。要结合四川实际，加强审计法制建设，依法制定一些与《审计法》配套的地方性法规。各级党委、政府应继续加强对审计机关的领导，支持审计机关依法履行职责，督促审计机关不断加强和改进工作，帮助审计机关解决力量不足和经费困难，政府主要领导要亲自分管审计工作。坚持审计业务以上级审计机关领导为主，对省委、省政府、审计署安排的重大审计事项，全省各级审计机关必须步调一致，统一协调，认真完成。按中组部和审计署规定，地方审计机关实行上级审计部门和当地政府双重领导的管理体制。审计机关正、副职领导的任免，应当事先征求上级审计机关意见。

三、加强和改进审计业务工作，进一步提高工作质量

审计工作要由较单一的查错纠弊向查清和反映企业全面情况、积极反馈信息发展，由较单一的事后审计向事前、事中、事后的全过程审计发展，依法对被审计单位财政、财务收支的真实性、合法性和效益性进行全面审计，提高审计工作法制化，制度化、规范化水平，加快审计手段的现代化进程。

要深化财政审计。同级预算执行审计要切实为政府掌握全面情况，加强预算管理和人大依法加强预算监督服务，进一步提高报政府的“审计结果”、报人大的“审计工作”两个法定报告的质量；对下级财政决算审计要维护各级正常分配关系，促进加强财政管理。切实加强行政事业、农业、社会保障、环境保护方面的审计。

要加大投资审计力度。对政府投、融资占主体的大中型基建、技改项目和党政机关、事业单位的建设项目由审计机关进行事前、事中、事后的全过程审计，未经审计不得全额拨付建设资金、批复项目决算和办理产权登记，以提高资金使用效益，防止国有资产流失。

要加强金融审计。在检查金融机构资产、负债、损益真实性基础上，促进金融机构防范和化解金融风险，维护社会稳定。进一步提高对世界银行和其他国际组织金融援助贷款项目的审计质量，省审计厅要切实行使“对内监督，对外公证”职能，省以下各级审计机关要切实履行“对内监督”的职能。

要不断改进企业审计工作方法，逐步实现规范化、制度化。以国有或国有资产占主导地位的盈利大户和亏损大户为重点审计对象，逐步实施有计划的定期审计，省属大公司三年要轮审一次，重点检查企业资产、负债、权益的真实合法性，坚决制止和纠正企业在财务上的弄虚作假行为，加强对企业改革中的新情况、新问题的信息反馈。对中外合资、合作企业及外商投资者要求的审计事项，审计机关要坚持依法审计、客观公正、促进发展的原则，切实做好工作。在特殊情况下，审计机关可以按照政府交办，对当地重点集体所有制企业及非公有制企业进行专项检查。

积极探索党政领导干部和国有企业法定代表人任期经济责任审计。加快制度建设步伐，在工作程序、工作内容、工作范围等方面做到有章可循。

切实加强对行政、企事业各单位内部审计的指导，通过制定内部审计的政策规定、长远发展规划等，逐步建立起以国家审计为指导，以内审协会为专业管理的内部审计工作运行机制，建立健全控制制度，充分发挥内部审计在保证所在部门和单位会计核算真实、可靠和促进加强管理、提高经济效益等方面的积极作用。

各级审计机关要加强与财政等有关部门的协调、配合，强化对社会审计等中介机构的管理、监督。要有重点地组织力量，对本地区有一定影响的社会审计组织的业务工作质量进行审计检查。通过审计检查，重点揭露出具虚假审计和验资报告及其他违法违规的问题，促进公正执业，提高业务水平和工作质量，防范审计风险。要结合审计机关的业务工作和群众举报，对有关社会审计组织违法问题进行认真检查，发现问题责成注册会计师协会严肃处理；对触犯法律的，要移送司法机关追究法律责任。

四、理顺经济监督关系，强化审计执法力度

要注意克服当前经济监督中存在的重复监督和执法不力两种倾向。可建立经济监督部门联席会议制度，以避免重复检查加重企业、单位负担。各级审计机关要不断规范执法行为，坚持管好审计收缴专户，严格工作程序，提高执法质量，在依法行使财政、财务收支审计监督中，要主动向有关部门通报情况，互相支持，协调关系；各有关部门要支持审计机关依法独立行使审计监督权，不得干预审计工作的开展和审计决定的执行；被审计单位要依法自觉接受审计，积极配合工作，认真执行审计意见和决定。对无故拒不执行审计决定的，可按省政府有关规定强行处置。对违纪违法事项

的责任人员，要依法追究其责任。

五、加强领导班子建设，从严治理审计队伍

各级审计机关领导班子要继续开展创“四好”活动，深入进行以讲学习、讲政治、讲正气为主要内容的党性党风教育，班子内部要形成认真学习的风气，民主讨论的风气，积极探索的风气，求真务实的风气。班子成员要做学习的模范，团结的模范，勤政的模范，廉洁的模范，使各级领导班子真正成为勤政务实、团结协调、思想敏锐、作风正派、奋发有为的战斗集体。

各级审计机关要不断加强党风廉政建设，做到“围绕审计抓廉政，抓好廉政促审计”。要强化思想教育使其不愿为，建立完善制度使其不能为，从严查处违纪行为使其不敢为。机关内部要形成“用权的监督机制，用钱的约束机制，用人的择优公开竞争机制”。切实按照国家有关规定搞好审计机关与审计事务所脱钩的改制工作。

六、加强干部培训工作，不断提高人员素质

切实提高人员素质，是加强和改进审计工作的重要内容，是解决审计力量与审计需求不相适应矛盾的重要途径。要实施审计人员继续教育制度，不断完善培训基础设施建设，抓好专题培训、年度集训和定期进修工作，使审计人员具备综合业务知识和运用现代审计手段高质高效开展审计工作的能力。同时，应注意加强审计理论研究，结合实际工作开展审计科研活动。

中共四川省委
四川省人民政府
1998 年 12 月 11 日

中共四川省委办公厅 四川省人民政府办公厅 关于印发《四川省市、县级党政主要领导干部经济责任审计暂行办法》的通知

川委办〔2002〕12 号

各市、州、县委，各市、州、县人民政府，省级各部门：

经省委、省政府同意，现将《四川省市、县级党政主要领导干部经济责任审计暂行办法》印发给你们，请认真贯彻执行。

中共四川省委办公厅
四川省人民政府办公厅
2002 年 7 月 29 日

四川省市、县级党政主要领导干部经济责任审计暂行办法

第一章　总　则

第一条　为进一步规范市、县级党政主要领导干部经济责任审计工作，加强和完善对党政主要领导干部的管理和监督，促进其勤政廉政、全面履行职责，根据《中华人民共和国审计法》等法律、法规要求及《中纪委、中组部、监察部、人事部、审计署关于进一步做好经济责任审计工作的意见》（审办发〔2001〕7号）精神，结合我省实际，制定本办法。

第二条　本办法所称市、县级党政主要领导干部，是指省委、市（州）委管理的党政机关、审判机关、检察机关、群众团体和行使行政职能的事业单位的正职领导干部以及长期主持工作的常务副职领导干部。

第三条　本办法所称经济责任审计，是指审计机关接受有关部门的委托，对被审计对象任职期间所在地区或单位的财政收支、财务收支和相关经济活动的真实性、合法性、效益性依法实施审计，对存在的问题明确被审计对象应当负有的经济责任。

第四条　党政主要领导干部在任期内，原则上均应接受经济责任审计。对因特殊情况未经审计而离职的领导干部，不得解除其经济责任，必要时可以进行补审。

第五条　各级党委、政府应加强对经济责任审计工作的统一领导，为经济责任审计工作的顺利、有效开展提供必要的条件。

各市（州）、县（市、区）应建立经济责任审计专门机构，配备相应人员。审计机关开展经济责任审计工作所需的经费，应当列入其部门预算。

第二章　审计计划管理

第六条　经济责任审计应当坚持“全面审计，突出重点”的工作方针和审计的必要性与审计力量的可能性相结合的原则，有计划、有重点地进行。

第七条　经济责任审计计划由经济责任审计工作联席会议统一管理。根据党委、政府要求和领导班子建设需要，每年底由联席会议研究确定下一年度经济责任审计的总体任务量，并纳入审计机关的年度审计项目计划。

第八条　经济责任审计的具体工作由党委组织部门承办。年度内，组织部门按照年度审计计划，根据干部管理、监督工作的需要，征求有关方面意见后，确定具体审计对象名单，报党委分管党务工作的副书记审查同意，并出具经济责任审计项目委托书，由审计机关依法实施审计。

纪检监察机关因工作需要，也可就某一专项问题直接向审计机关出具审计委托书。

第九条　经济责任审计工作应当按照干部管理权限和审计管辖范围，分级委托和分级组织实施。

（一）对省直党政机关、群众团体、行使行政职能的事业单位的主要领导干部，市（州）委书记、市（州）长，市（州）法院院长、检察院检察长以及拟提拔为市级领导的县（市、区）主要领导干部的经济责任审计，由省委组织部委托，省审计厅组织实施。

（二）对市（州）直党政机关（除审计局）、群众团体、行使行政职能的事业单位的主要领导干部，县（市、区）委书记、县（市、区）长，县（市、区）法院院长、检察院检察长以及拟提拔为

县级领导的正科级领导干部的经济责任审计，由市（州）委组织部委托，市（州）审计局组织实施。

（三）对市（州）审计局长的经济责任审计，由市（州）委组织部报经本级党委同意后，提请省委组织部委托省审计厅组织实施。

第十条 经济责任审计的重点对象是：

（一）市（州）、县（市、区）党委、政府主要领导干部。

（二）政府重要经济管理部门的主要领导干部。

（三）群众反映问题比较多的领导干部。

（四）拟提拔任用的领导干部。

第三章 审计内容

第十一条 经济责任审计一般应包括以下内容：

（一）被审计对象所在地区或单位经济工作目标任务完成情况。

（二）重大经济决策合法合规性和效益情况。

（三）被审计对象所在地区或单位的财政收支、财务收支预算执行情况和决算的真实性。

（四）预算外资金收支及管理情况。

（五）重要专项资金的管理和使用情况。

（六）国有资产管理使用及保值增值情况。

（七）与财政收支、财务收支有关的内容控制制度的制定和执行情况。

（八）个人执行财经法规、财经纪律和廉洁自律情况。

（九）群众反映有问题的经济事项。

第十二条 确定经济责任审计的主要内容时，应当全面考虑被审计对象职责分工、所在地区经济类型及发展状况、审计力量、审计时间、委托部门的具体要求等情况。

第十三条 对市（州）、县（市、区）党委、政府主要领导干部经济责任审计应侧重于本办法第十一条第（一）、（二）、（三）、（五）、（八）项规定的内容。

对部门主要领导干部经济责任审计应侧重于本办法第十一条第（二）、（三）、（五）、（六）、（七）、（八）项规定的内容。

第四章 审计实施

第十四条 审计机关派出审计组实施审计应在实施审计3日前，向被审计对象所在单位送达审计通知书，同时抄送被审计对象本人及有关部门。根据需要，还可以在被审计对象所在地区或单位进行审计预告。

第十五条 被审计对象应按照审计通知书的要求，向审计组提交本人任期内履行经济责任的书面自查材料。

第十六条 被审计对象及所在单位应按照审计组的要求，及时提供与经济责任审计相关的资料，并对所提供资料的真实性、完整性作出书面承诺。

第十七条 审计组在实施审计后，应当向所派审计机关提交审计报告。提交审计报告前，应就报告内容征求被审计对象及其所在地区或单位的意见。被审计对象及其所在地区或单位在接到审计报告之日起 10 日内提出书面意见，在规定期限内未提出书面意见的，视同无异议。

第十八条　审计机关在审计结束后，应当及时向委托部门提交经济责任审计结果报告，并抄送被审计对象本人和所在单位党委（党组）。

第十九条　审计结果报告应对被审计对象在任期内应负的经济责任作出客观、公正和实事求是的评价。经济责任包括直接责任和管理责任。

直接责任是指被审计对象在任职期间有下列行为应当负有的责任：

（一）个人违反国家财经法规的行为。

（二）强令、纵容、授意下属人员违反国家财经法规的行为。

（三）因个人失职、渎职造成严重后果的行为。

（四）个人的其他不廉洁行为及违反国家财经纪律的行为。

管理责任是指被审计对象在任职期间对其所在的地区或单位的财政收支、财务收支的真实性、合法性、效益性以及相关经济业务活动应负有的领导和管理责任。

第五章　审计结果运用

第二十条　经济责任审计结果是对党政领导干部考核、任用或依纪、依法查处的重要依据。

党委、政府及纪检监察机关、检察机关、组织（人事）部门应根据审计结果所反映问题的性质、情节、造成的后果影响和被审计对象应承担的责任等情况进行认真分析，结合审计机关提出的意见和建议，作出相应的决定。

第二十一条　党委（党组）在讨论决定已进行经济责任审计的领导干部的职务变动时，应把审计结果作为一项重要依据，实事求是、客观公正地评价干部和使用干部。

第二十二条　组织（人事）部门应将经济责任审计结果作为领导干部考察考核、职务变动的一项重要依据。对政绩突出、为政清廉的干部，应向党委建议适时提拔任用或表彰奖励；对审计机关移送纪检监察机关或检察机关立案查处尚未结案的干部，不得提请党委（党组）对其职务晋升进行讨论研究；对发现一般性问题的干部，应按照有关干部监督制度，对其进行警示谈话、诫勉或向党委（党组）提出职务调整建议。

组织（人事）部门在向党委（党组）、人大常委会党组和政府党组报送有关领导干部任免材料时，对已进行经济责任审计的领导干部，应将其经济责任审计情况一并报送。

第二十三条　纪检监察机关和检察机关在接到审计机关移送的材料后，应当就其反映的情况及时进行调查核实。决定立案的，应将立案决定通知组织部门和审计机关。查处结果在报告同级党委的同时，向组织部门和审计机关通报。经审查不予立案的，应及时告知组织部门和审计机关。纪检监察机关应将有关材料存入该干部的廉政档案。

第二十四条　各级党委、政府及有关部门应将经济责任审计结果作为对被审计对象及其所在地区或单位年度目标考核、评选先进集体和先进个人的依据。

第六章　审计纪律与监督

第二十五条　领导干部经济责任审计由各级审计机关组织实施，不得交由社会审计组织办理。

第二十六条 被审计对象及其所在地区或单位不得以任何借口拒绝、阻碍审计机关依法进行审计。其他党政机关、社会团体和个人不得干预审计工作。

对拒绝审计、提供虚假材料、设置障碍及有其他干扰审计工作行为的单位和个人，纪检监察、机关、组织部门应及时进行批评教育，对情节严重的应给予纪律处分。

第二十七条 审计机关应按照党委、政府要求，根据有关部门的委托，及时立项、精心组织、规范操作、认真评价、按时反馈。审计人员应实事求是、客观公正、廉洁奉公、保守秘密，并遵守审计回避等制度规定。

审计机关和审计人员因玩忽职守或徇私舞弊等造成审计结果严重失实以及对审计中发现的违纪违法问题不报告、重大案件不移送的，应按照《中华人民共和国审计法》的有关规定和审计过错追究制度，追究其审计机关和有关人员的责任。

第二十八条 组织（人事）部门在干部考察和任免工作中不运用经济责任审计结果或不依据审计结果对干部采取相应监督措施，造成干部任用失误的，应按照中共中央办公厅印发的《关于对违反〈党政领导干部选拔任用工作暂行条例〉行为的处理规定》（中办发〔1997〕10号），追究其部门和有关人员的责任。

第二十九条 纪检监察机关应加强对经济责任审计工作的监督，一方面要加强对审计机关实施审计情况的监督，另一方面要及时排除经济责任审计工作中的各种阻力，确保审计工作顺利进行。

纪检监察机关和检察机关对审计机关移送的反映被审计对象有关问题的材料不及时认真调查核实，造成不良影响和严重后果的，应按照《中国共产党纪律处分条例》和有关法律法规，追究其单位和有关人员的责任。

第七章 附 则

第三十条 对县级以下党政主要领导干部的经济责任审计，依照中共中央办公厅、国务院办公厅印发的《县级以下党政领导干部任期经济责任审计暂行规定》，并参照本办法执行。

第三十一条 经济责任审计工作联席会议成员单位可根据本办法制定有关经济责任审计工作的具体措施。

第三十二条 本办法由省委组织部、省审计厅负责解释。

第三十三条 本办法从下发之日起实行。

四川省人民政府办公厅
关于印发《四川省审计工作发展规划（2003—2007年）》的通知

川办发〔2003〕40号

各市、州、县人民政府，省级各部门：

《四川省审计工作发展规划（2003—2007年）》已经省政府同意，现印发给你们，请认真贯彻执行。

本规划自发布之日起执行。各地应在本规划的指导下，结合各地、各部门工作实际，研究制订具体落实措施，确保完成规划提出的各项目标，努力把我省审计工作提高到新水平。

二〇〇三年十二月十日

四川省审计工作发展规划（2003—2007 年）

为深入贯彻党的十六大和十六届三中全会精神，圆满完成省委八届三次全会提出的各项任务，推进我省审计工作在新形势下取得新的发展，根据审计署《2003 至 2007 年审计工作发展规划》的总体要求，结合我省实际，特制定本规划。

一、指导思想

以邓小平理论和“三个代表”重要思想为指导，按照党的十六大要求，从强化对权力制约和监督的高度，认真履行宪法和法律赋予的职责，全面发挥审计监督职能。继续贯彻“依法审计、服务大局、围绕中心、突出重点、求真务实”的方针，坚持“全面审计、突出重点”，在促进我省改革开放和社会经济发展，推进实施“三个转变”和追赶跨越式发展战略，全面建设小康社会等方面充分发挥作用。

二、总体目标

以审计创新为动力，以提升审计成果质量为核心，以加强审计业务管理为基础，以“人、法、技”建设为保障，全面提高我省审计工作法制化、规范化、科学化水平，省级和发达地区力争基本实现“三化”。

三、主要任务

（一）继续坚持以真实性审计为基础，在财经领域打假治乱，维护国家财政经济秩序。

（二）积极开展效益审计，拓宽审计监督领域，监控财政财务收支活动的运行动态及其效果。

（三）揭露、反映带倾向性、苗头性和特殊性的社会热点、难点问题，积极提出审计建议，为党委、政府决策当好参谋。

（四）继续严肃查处重大违法违规问题和经济犯罪，加强对主要领导干部的经济责任审计，推进完善权力制约监督机制，促进政治文明建设。

四、基本要求

（一）实行查处问题与分析研究并重。把分析研究放到与查处问题同等重要的位置，力求每个审计项目特别是重大审计项目都做到“摸得清家底、查得出问题、提得出建议、经得起检验”。争取到 2007 年每个重大审计项目或行业性审计项目在提交审计报告的同时，提交有问题剖析、有对策建议的审计分析。

（二）实行财政财务收支的真实合法审计与效益审计并重。逐年加大效益审计份量，争取 2007 年省、市（州）、县（市、区）投入效益审计力量分别占整个审计力量的 40%、30%、20% 左右。

效益审计以揭露管理不善、决策失误造成的严重损失浪费和国有资产流失为重点，促进提高财政资金管理水平和使用效益，维护国有资产安全。

（三）实行审计与专项审计调查并重。凡党委、政府交办项目原则上都以专项审计调查的方式组织实施。逐步提高专项审计调查比重，争取到2007年省、市（州）、县（市、区）专项审计调查项目分别占整个项目的40%、30%、20%左右，重点调查国家政策法规执行中存在的问题和重大决策的落实情况，促进加强宏观管理，完善法规制度。

五、审计管理

努力探索科学的审计管理机制，着力加强基础工作。

（一）合理整合审计资源，使人力、信息、技术资源得以合理配置、充分利用。

（二）改进审计计划工作，明确目标突出重点，做到任务分布、力量组织、时间进度等科学有效。

（三）建立审计质量控制体系，进一步规范审计行为，防范审计风险。

（四）大力推广先进审计技术方法，积极探索信息化环境下新的审计方式，促进提高审计工作效率和质量。

六、财政审计

牢固树立财政审计是国家审计的永恒主题和第一位工作任务的指导思想，建立以预算执行审计工作一体化为内容的财政审计工作机制。以促进规范预算管理，提高财政资金使用效益，保障正常的财政经济运行秩序，推进社会主义公共财政制度建立为目标，以同级预算执行审计为重点，加大对支出审计的力度，逐步实现由收支审计并重向以支出审计为主转变；在支出审计方面，由主要审计本级支出向本级与补助下级支出审计并重转变。加强对重点专项资金的审计和专项审计调查，揭露挤占挪用、损失浪费等问题，促进国家宏观经济政策的贯彻落实。

（一）促进推行和完善预算编制、国库集中收付、政府采购、转移支付等财政改革措施，在抓好真实性审计的同时，注意反映预算分配中不公正、不透明、不规范的问题，深化对财政部门具体组织预算执行的审计；促进深化税收征管改革，强化税收征管审计，逐步加大专项审计调查力度，反映地税征管存在的突出问题；加强和改进对地方金库和下级政府决算的审计。

（二）部门预算执行审计以完善部门综合预算、强化预算对部门的约束力，使部门预算收支行为明显规范为目标，进一步扩大审计覆盖面。深化一级预算单位审计，加强对与一级预算关系密切的重点二三级单位的审计监控；探索实施部门决算（草案）审签制度。经过5年努力，使一级单位预算管理逐步走向规范，二三级单位重大违法违规问题明显下降。

（三）固定资产投资审计以加强对重点建设项目的审计，促进提高建设资金的管理水平和投资效益为目标，实行重点建设项目真实合法审计与效益审计并重并逐步向以效益审计为主转变。经过5年努力，使重点建设项目挤占挪用、高估冒算、损失浪费等问题明显下降。

（四）农业与资源环保审计以加强对重点专项资金审计，促进资金规范使用，提高资金使用效益为目标，围绕四川农业投入的重点项目，在继续加强专项资金收支真实合法审计的同时，逐步加大效益审计份量；借鉴国际先进经验，探索环境审计。经过5年努力，使专项资金使用中截留挪用、弄虚作假、损失浪费等问题明显下降。

（五）社会保障资金审计以促进建立健全社会保障预算，完善社会保障制度为目标，在加强对重点地区、重点项目审计的同时，逐步加大专项审计调查份量，掌握社保资金总体状况，着力从制度和管理上揭露分析问题，维护社保资金的安全完整。经过5年努力，促使社保资金管理运行机制进一步完善。

七、经济责任审计

坚持“积极稳妥、量力而行、提高质量、防范风险”的原则，以抓重点、保质量、讲效用，切实发挥经济责任审计在干部监督管理中的作用为目标，全面推行县以下党政领导干部和国有及国有控股企业领导人员经济责任审计，扩大县以下党政领导干部经济责任审计覆盖面。经过5年努力，基本形成兼顾各方需要与审计能力可能、共同协调配合、成果有效运用的运行机制。

（一）实行离任审计与任中审计结合，在继续抓好离任审计的同时，加大任中审计比重，促使监督关口不断前移。

（二）实行经济责任审计与其他专业审计结合，促进审计资源有效利用。

（三）实行经济责任全面审计与就特定事项实施专项审计调查结合，促进审计效率的提高和审计成果的及时利用。

（四）实行国家审计与内部审计、社会审计结合，推动部门单位开展经济责任审计。

八、金融和国有企业审计

积极探索地方审计机关深化金融和国有企业审计的路子，促进金融和国有企业的改革和发展。

（一）金融审计以促进防范风险、提高效益、规范管理为目标，推进建立安全高效稳健的金融运行机制。高质量完成审计署统一部署的国有商业银行、证券保险和政策性银行审计；加大对地方金融机制的审计力度，反映其经营管理中存在的突出问题，从政策、制度和监管上分析原因，提出改进建议。经过5年努力，促使地方金融机构管理得到明显改善。

（二）外资审计以促进改善投资环境、提高利用外资水平、降低政府偿债风险为目标，重点加强国外贷援款项目建设管理情况的监督；加强政府外债管理情况的审计调查，促进完善外资管理体制；探索境外单位审计或审计调查，拓展新的审计范围。经过5年努力，使外资运用管理中存在的重大违法违规问题明显下降。

（三）国有企业审计以摸家底、揭隐患、促发展为目标，检查企业会计信息特别是损益的真实性，严肃查处弄虚作假行为和重大违法违规问题；评价企业领导人员经济责任履行情况，反映重大经营决策失误给企业造成的损失；关注企业管理存在的突出问题，检查分析企业资产的保值增值情况。经过5年努力，促使以经济责任审计为中心的企业审计路子得到坚持和完善，审计对促进深化国有企业改革和加强国有资产监管的作用得到更好发挥。

九、审计法制

加强审计法制建设，规范审计行为。

（一）积极提出建议，协调并配合做好地方性审计法规和党委、政府有关审计规范性文件的制订与修订工作。

（二）建立审计质量控制体系，实行审计项目全过程质量控制，明确主要环节的工作目标和质量要求，强化行政执法责任制和错案责任追究制度，严格审计复核，改进审计公文格式。

（三）切实加强和改进对下级审计机关审计质量的监督、检查和考核。

（四）进一步加强对会计师事务所业务质量的监督、检查。

十、审计结果公告

推行审计结果公告制度，充分发挥社会舆论监督作用。

（一）积极实行审计结果公告，逐步规范公告的形式、内容和程序。到2007年力争做到重大的审计和专项审计调查项目的结果除法律、法规另有规定和涉及国家秘密、商业秘密及其他不宜对外披露的内容外全部对社会公告。

（二）按照审计署统一要求，改进现行审计报告的形式和内容要求，建立适合于对外公告的审计报告制度。

十一、审计技术方法

积极推广先进、适用的审计技术方法，提高审计信息化水平。

（一）大力推广和完善审计抽样、内控测评、风险评估等审计方法，积极研究探索适合审计工作特点的先进技术，不断提高审计工作的效率和质量。

（二）加强对全省审计系统信息化建设的规划、管理、组织和协调。按审计署要求完成“金审”工程的建设任务。加强审计数据库建设，实现审计信息的网上传输，基本实现办公自动化，逐步与相关部门开展网络信息交流。

（三）切实加大计算机辅助审计力度，探索计算机系统审计，逐步实现对财政、金融等重点部门及重点骨干企业的联网审计。

（四）研究探索利用计算机技术改进审计工作的先进方法，力争到2007年初步形成计算机审计规范。

十二、审计资源整合

整合审计资源，实现审计业务的科学管理。

（一）科学调整内部机构设置，加强系统内的协调配合，充分发挥审计监督的整体优势。

（二）加强审计成果的综合分析和开发利用，实现信息资源共享，提高审计信息利用的层次和水平。

（三）进一步加大审计宣传力度，密切与新闻、出版单位的联系，不断扩大审计影响。

（四）加强审计科研机构建设，强化审计理论研究，实现科研人员与实务人员、理论研究与政策研究、科研与调研相结合，加大科研成果的推广应用。

（五）加强审计学会和内部审计协会建设，充分发挥审计学会在审计理论研究和内审协会对内部审计工作指导的作用。

（六）加强调查研究，总结推广先进经验，进一步加强对下级审计机关审计业务的领导和具体工作的指导。

十三、审计队伍建设

大力培育和开发审计人力资源，全面提高审计队伍素质。

（一）加强与有关部门的协调，坚持做好对下一级审计机关正、副职负责人的协管工作，促进审计机关领导班子建设。

（二）优化干部队伍结构，提高审计人员文化层次。力争到2007年省审计厅机关公务员全部达到大专以上文化程序，市（州）、县审计机关大专以上文化程度的审计人员分别占到公务员总数的90%、80%左右。

（三）着力培养复合型人才，提高审计人员综合素质。力争到2007年省、市（州）、县审计机关熟悉审计业务，同时又了解和掌握工程技术、计算机、外语、法律、经济管理等知识的人员分别占人员总数的40%、30%、20%左右；具有中、高级专业技术职称的人员分别占人员总数的70%、60%、50%左右。

（四）健全审计职业教育体系，针对不同职位和知识结构的人员，实施分层次培训，5年内完成全省审计机关公务员的轮训工作。通过完善培训机制，使培训工作覆盖审计干部整个职业生涯。

十四、认真做好机关党的建设和思想政治工作，加强机关廉政建设，塑造良好的机关形象。

（一）深入学习贯彻邓小平理论和“三个代表”重要思想，抓好保持共产党员先进性的经常性教育，积极开展机关文化建设，培育审计人员良好的职业道德，建立勤政、廉洁、务实、高效的审计机关。

（二）严格执行省审计厅制定的“八不准”审计纪律，积极推行审计行政执法效能监察，促进依法审计，防范失职渎职。

（三）加强机关内部管理，逐步改善办公条件，形成良好的内部运转机制。按照党和国家的方针政策，做好离退休干部工作。

四川省人民政府办公厅

2003年12月12日印发

四川省审计厅
关于印发《四川省审计机关审计项目质量检查暂行办法》的通知

川审法发〔2001〕98号

各市、地、州审计局，厅内各业务处室、直属分局：

为了认真贯彻执行审计署《审计机关审计项目质量检查暂行规定》，确保全省审计工作质量，现将《四川省审计机关审计项目质量检查暂行办法》印发你们，请遵照执行。

二〇〇一年五月十六日

四川省审计机关审计项目质量监督检查办法

第一条 为了促进全省审计机关正确履行职责，加强对审计项目质量的监督和管理，保证审计质量，防范审计风险，根据《审计机关审计项目质量检查暂行规定》和《四川省行政执法监督检查规定》，制定本办法。

第二条 本办法所称审计项目质量监督检查，是指四川省审计机关依据有关法律、法规和规章的规定，对下级（市、州，县、市区）审计机关、本级审计业务部门完成审计项目质量情况进行监督审查和评价。

第三条 四川省审计厅领导全省的审计项目质量监督检查工作。负责对本级业务部门，市、州级审计机关审计项目质量的监督检查，必要时可以对县级审计机关审计项目质量进行抽查。市、州审计机关负责对本级业务部门、县、市区审计机关审计项目质量的监督检查。

各级审计机关法制工作机构是具体实施审计项目质量监督检查的工作部门。

第四条 审计项目质量监督检查工作实行计划管理。省厅每年初根据审计项目计划，按监督检查面不低于市、州总数的三分之一，制定当年审计项目质量监督检查计划。市、州审计机关应于每年2月将当年审计项目质量监督检查计划报省厅法制处。

第五条 对本级审计业务部门审计项目质量检查，主要通过复核审计项目的方式进行，必要时可参加现场审计和到被审计单位核查；对下级审计机关审计项目质量检查，主要通过检查审计档案的方式进行，必要时可到被审计单位核查。

第六条 实施审计项目质量监督检查前，应由各级审计机关法制工作机构组成的检查组向被检查的下级审计机关、本级审计业务部门送达审计项目质量监督检查通知书。

第七条 审计项目质量监督检查的内容：

（一）与审计事项有关的事实是否清楚；

（二）审计证据是否具有客观性、相关性、充分性和合法性；

（三）审计程序是否符合规定，执行各项审计准则的情况；

（四）适用法律、法规、规章是否正确；

（五）对违反国家规定的财政收支、财务收支行为的定性是否准确，处理、处罚是否适当；

（六）审计评价、审计建议、审计移送处理是否适当；

（七）上级审计机关统一组织的审计项目的实施和反映情况；

（八）审计决定执行情况；

（九）审计文书、业务用纸的使用情况；

（十）其他有关审计项目质量的事项。

第八条　审计项目质量监督检查过程中发现的问题，以书面形式记录并经被检查单位签章。

第九条　审计项目质量监督检查结束后，向被检查的下级审计机关、本级审计业务部门下达质量监督检查结论。

第十条　检查组认为被检查的下级审计机关、本级审计业务部门审计项目质量较好的，可以给予表扬；有问题的，应当责成纠正或者采取相应的改进措施；问题严重的，给予通报批评。

被检查的下级审计机关、本级审计业务部门对于审计项目质量检查中发现的问题，应当认真整改。

第十一条　每年10月底以前，市、州审计机关应当将审计项目质量监督检查情况的综合报告报审计厅；11月底以前，审计厅将全省审计项目质量监督检查情况的综合报告报审计署。

第十二条　审计项目质量监督检查纳入全省审计法制工作考核。

第十三条　本办法自发布之日起施行。

四川省审计厅
关于试行四川省审计机关审计分析报告办法的通知

川审法发〔2002〕29号

各市、州审计局，省厅各业务处、直属分局：

根据全省审计工作会议关于建立审计分析报告制度的要求，经省厅研究同意制定了四川省审计机关审计分析报告办法（试行），请认真贯彻执行。执行中有什么问题，请及时向省厅法制处反馈。

附件：《四川省审计机关审计分析报告办法（试行）》

二〇〇二年三月四日

四川省审计机关审计分析报告办法（试行）

第一条 根据2002年全省审计工作会议有关精神，为了提升审计成果的质量和水平，充分发挥审计在宏观经济管理、廉政建设中的重要作用，为建立审计分析报告制度，制定本办法。

第二条 本办法所称审计分析报告，是指审计组对审计项目实施审计后，在依据法定程序出具审计报告、审计决定书、审计意见书、审计结果报告以及审计综合报告等文书的基础上，向派出的审计机关就审计查出问题提出专门分析的书面报告。

第三条 审计组应当遵循“抓住典型，解剖麻雀”的原则，选择专项资金审计、重大典型案件审计、行业审计中普遍存在又一时难以解决的问题；政策法规和会计制度不合理、不完善、不配套的问题；影响或可能影响当地经济发展的倾向性等问题，作为审计分析报告的主要对象。

第四条 审计分析报告着重对以下内容进行综合分析：

（一）被审计单位存在的问题是怎样查出来的；

（二）查出问题的性质及危害性；

（三）从宏观、微观的角度深入分析各类问题产生的主客观原因；

（四）从政策、制度、管理等方面提出防范及解决问题的建议和意见。

第五条 审计分析报告应当有理有据、观点明确、用词恰当、及时有效、针对性强。

第六条 审计分析报告由审计组所在部门审核；向上级审计机关报送的审计分析报告由分管厅、局领导审签。

第七条 每年市州审计局向审计厅报送两份审计分析报告；省厅业务处、分局至少向审计署和厅办公室报送一份审计分析报告。

第八条 审计分析报告按行业归口报上级审计机关。

第九条 向上级审计机关报送的审计分析报告应成文一份报送一份，每年10月底以前报送完毕。

第十条 向上级审计机关报送的审计分析报告质量，纳入全省审计机关年度行政目标考核。

四川省审计厅审计结果公告暂行办法

（川审发〔2002〕53号文发布）

第一条 为了规范审计结果公告工作，提高审计工作透明度，充分发挥审计监督作用，根据《中华人民共和国审计法》《审计署审计结果公告试行办法》制定本办法。

第二条 本办法适用于四川省审计厅机关向社会公告审计结果工作。

第三条 本办法所称审计结果公告，是指审计机关以专门出版物方式，向社会公开有关审计报告、审计意见书、审计决定书等审计结论性文书所反映内容的公告。

第四条 审计结果公告主要包括下列内容：

（一）省级财政预算执行情况和其他财政收支；

（二）省级政府部门或者国有企业事业组织财政收支、财务收支的单项审计结果；

（三）有关行业或者专项审计结果；

（四）有关经济责任审计结果。

第五条 审计结果公告通过《四川省审计厅审计结果公告》公布。审计结果公告不定期刊印发行。审计结果公告的具体组织工作，由省审计厅办公室负责。

第六条 审计结果公告应当符合下列审批程序：

（一）省级财政预算执行情况和其他财政收支，市、州财政决算的审计结果需要公告的，必须经过省人民政府批准同意；

（二）向省人民政府呈报的重要审计事项的审计结果需要公告的，应当在呈送的报告中向省人民政府说明，省人民政府在一定期限内无不同意见的，才能公告；

（三）其他审计事项的审计结果需要公告的，由省审计厅审批决定。四川省审计厅机关各职能部门不得发布审计结果公告。

第七条 发布审计结果公告可以不再征求被审计单位意见。

第八条 公告审计结果应当具备下列条件：

（一）事实清楚，证据确凿，定性准确，评价客观公正；

（二）在审计意见书、审计决定书等相关审计结论性文件生效后进行；

（三）保守国家秘密和被审计单位及相关单位的商业秘密，并遵守国家的有关规定。

第九条 未经批准擅自发布审计结果公告的，应当依法追究有关单位和个人的责任。

第十条 本办法自发布之日起施行。

四川省审计厅关于
印发《四川省审计厅审计项目复核实施细则》的通知

川审发〔2003〕61号

厅各业务处、直属分局：

为进一步落实国家审计准则，规范审计项目复核行为，分清职责，厅制定了《四川省审计厅审计项目复核实施细则》，现印发给你们，请遵照执行。执行中如有什么问题，请与法制处联系。

附件：《四川省审计厅审计项目复核实施细则》

二〇〇三年六月六日

四川省审计厅审计项目复核实施细则（试行）

第一条 为了明确审计复核责任，强化审计机关内部控制，保证审计工作质量，根据国家审计准则、《四川省审计机关审计项目复核制度》，制定本细则。

第二条 审计项目实行审计组、审计组所在业务处（分局）、法制处复核，主管业务处（分局）的厅领导或审计事项审理会议审定四级责任制。

第三条 审计人员获取的用以说明审计事项真相，形成审计结论基础的证明材料，应当作为审计取证记录的附件。附件资料为被审计单位的会计凭证及其附件、账薄、报表内容以及内控制度等复印件时，应当在复印件上注明资料的来源，并由被审计单位签章。

第四条 取得审计证据，制作审计取证记录的审计人员不得少于两人。

第五条 审计人员应当对审计取证记录、审计工作底稿记载的审计查出事实和数据的真实性负责。

第六条 审计取证记录、审计工作底稿应当由审计组组长或主审在编制审计报告前进行复核，或由审计组其他审计人员交叉复核，并签署复核意见。

第七条 审计报告征求意见稿应当经审计组集体讨论并由审计组组长定稿，及时征求被审计单位意见。

第八条 审计组对审计项目的下列事项进行复核：

（一）是否按照审计工作方案、审计实施方案确定的范围、内容和重点实施审计；若调整了审计实施方案，是否按规定办理书面审批手续；

（二）审计取证记录反映的证据内容是否具有客观性、相关性、充分性；数据是否准确；程序是否完备；

（三）审计工作底稿记载的审计证据来源、时间、内容是否真实、完整；审计结论或问题摘要是否条理清楚、定性准确；法规依据是否正确；程序是否完备；

（四）被审计单位对审计报告征求意见稿有异议，是否进行核对；对确有错误和偏差的，是否重新取证或修改。

（五）审计文书送达回证、资料接交清单、被审计单位在金融机构开立帐户情况表、被审计单位承诺书等业务用纸使用是否规范、有效。

第九条 审计组应当于现场审计结束之日起60日内，向审计机关提出审计报告（正式稿）。

审计报告（正式稿）是指已完成征求被审计单位意见、对审计报告征求意见稿进行修改或不予修改程序之后，送审计机关审定的审计报告。

审计报告落款处应有审计组长亲笔签名。审计组长对审计报告的真实性负责。

第十条 审计组所在业务处（分局）对下列事项进行复核：

（一）是否按照审计工作方案、审计实施方案确定的审计范围和目标实施审计；

（二）审计工作底稿的填制是否规范；

（三）采纳或不予采纳被审计单位意见的依据是否充分、正确；采纳被审计单位意见说明表的内容是否与修改后的审时报告（正式稿）一致；

（四）审计报告（正式稿）内容是否完整；与审计事项有关的事实是否清楚；数据是否准确，数据之间的勾稽关系是否清晰；格式是否规范；

（五）移送处理书、审计建议书、审计意见书、审计决定书、审计结果报告、审计处罚决定书、行政处罚决定书等对外文书的制作是否恰当、规范。

第十一条　审计组所在业务处（分局）负责人对审计报告（正式稿）进行复核并在报告上签署复核意见。

审计组所在业务处（分局）应于审计报告（正式稿）形成后十日内，向厅法制处提出经处（分局）负责人审核的审计意见书、审计决定书、审计结果报告、审计建议书、审计处罚决定书、行政处罚决定书等对外文书代拟稿。

第十二条　审计组所在业务处（分局）应当向厅法制处提供以下复核资料：

1. 审计通知书、授权审计通知书、经济责任审计委托书等；

2. 审计工作方案、审计实施方案；

3. 审计文书送达回证、资料接交清单、被审计单位在金融机构开立帐户情况表、被审计单位承诺书等业务用纸；

4. 与审计报告内容有关的审计取证记录、审计工作底稿、审计调查记录及其附件；

5. 审计报告征求意见稿和审计报告（正式稿）、被审计单位对审计报告征求意见稿的书面意见、审计组采纳被审计单位意见说明；

6. 移送处理书、审计建议书、审计意见书、审计决定书、审计结果报告、审计处罚决定书、行政处罚书等对外文书代拟稿；

7. 其他有关资料。

第十三条　法制处对下列事项进行复核：

（一）审计程序是否符合规定；

（二）审计工作是否符合相关的国家审计准则；

（三）使用各类审计业务文书及用纸是否符合有关规定；

（四）适用法律、法规、规章是否正确；

（五）对违反国家规定的财政收支、财务收支行为的定性是否准确，处理、处罚意见是否适当；

（六）审计评价、审计建议是否适当；

（七）审计组与所在处（分局）是否履行了复核责任；

（八）其他需要复核的事项。

第十四条　法制处应当自收到复核材料之日起七个工作日内提出复核意见。特殊情况下，提出复核意见的时间不得超过十个工作日。

因复核中发现主要事实不清、证据不充分、资料不齐等问题，需要审计组补正材料的，补正材料时间不包括在复核时间内。

第十五条　法制处复核以后，应当提出复核意见，制作由复核人、部门负责人亲笔签名的复核意见书。

第十六条　审计组所在处（分局）如对法制处提出的补充、完善、修改等复核意见无异议，应当根据其意见补正；如有异议，应当通过双方处（分局）负责人协商统一意见或者报请主管厅领导、提交审计事项审理会议审定。

第十七条 审计组所在处（分局）无论对法制处提出的复核意见有无异议，均应填制采纳复核意见说明并连同复核意见书一起呈送主管业务处（分局）的厅领导审定。

第十八条 业务处（分局）应及时将复核意见书和采纳复核意见说明的其中一份返回厅法制处。

第十九条 审计组所在业务处（分局）应当向主管业务处（分局）的厅领导提供以下审定资料：

1. 审计报告征求意见稿和审计报告（正式稿）、被审计单位对审计报告征求意见稿的书面意见、审计组采纳被审计单位意见说明；

2. 移送处理书、审计建议书、审计意见书、审计决定书、审计结果报告、审计处罚决定书、行政处罚决定书等对外文书代拟稿；

3. 复核意见书和采纳复核意见说明；

4. 其他有关资料。

第二十条 主管业务处（分局）的厅领导或审计事项审定会议对下列事项进行审定：

（一）法制处提出的复核意见是否正确、可行；

（二）业务处（分局）对被审计单位和法制处意见采纳与否的情况；

（三）对违规行为的定性是否准确，处理、处罚意见是否适当；

（四）审计评价是否恰当，审计建议是否切实可行。

第二十一条 厅领导应当自收到审定材料之日起七个工作日内审定签发，并在复核意见书上签署意见。

第二十二条 复核意见书和采纳复核意见说明反映的内容纳入年度行政目标考核。

第二十三条 本细则自公布之日起施行，各市、州审计机关可参照执行。

编　后　记

根据中共四川省委办公厅、四川省人民政府办公厅《〈四川省志〉（1986—2000）编纂方案》，省审计厅于2006年12月19日成立《四川省志·审计志》）编纂委员会，其办公室设在省审计科学研究所。编委会成立后，遂着手组织起草《〈四川省志·审计志〉第二轮修志工作方案》和《〈审计志〉篇章结构（讨论稿)》。根据《中共四川省委办公厅、四川省人民政府办公厅关于调整续修〈四川省志〉断限的通知》，省审计厅于2007年9月正式印发《〈四川省志·审计志〉第二轮修志工作方案》。10月，编委会召开编撰工作培训座谈会，研究确定了《四川省志·审计志（1986—2005)》（以下简称《审计志》的篇章结构，会议决定由省审计厅直属各部门、单位负责相关内容的起草，并明确了初稿撰写人员和分工。编修工作即进入资料收集和初稿撰写阶段。

至2008年4月，主要入志资料收集工作基本完成。“5·12”汶川特大地震发生后，省审计厅全力投入抗震救灾，初稿的撰写进度有所延缓，但在省审计厅各参编处(室)、撰写人员的努力下，11月底各篇章初稿完成率达80%。经有关专家审阅后，《审计志》编办于12月举办了编撰人员第二期培训座谈会，邀请省志编委专家对初稿中发现的倾向性、普遍性问题及其修改和完善作了详尽的讲解与示范。

2009年上半年，各篇章初稿相继完成并全面进入补充完善阶段。一是根据发现的新史料，在省志编委的指导帮助下，对原定篇章结构进行了调整和补充；二是注重入志资料的合理编排和取舍，以使志稿既准确、系统，又突出重点和特色；三是对敏感性内容，既保证真实性、客观性，又避免可能导致的负面影响。历经数次补充修改，2013年底通过初审并提交复审。

本轮修志，吸取了2000年2月出版的《四川省志·综合管理志》中第八篇《审计》的重要内容，并对有关部分进行删节、增补、更正；对1993—2005年间的内容则进行全面的收集、梳理，系统、客观地予以反映；对审计署驻成都特派员办事处的有关内容，主要摘自《中华人民共和国审计署驻成都特派员办事处志（1988—2008)》；还有一些内容吸收自有关报刊、口碑资料等。

在编纂过程中，自始至终得到四川省地方志编纂委员会（2015年7月后更名为四川省地方志工作办公室)、审计署驻成都特派员办事处、重庆市审计局、四川省各级审计机关以及其他有关方面的关心和支持，在此谨致衷心感谢。

在跨度20多年浩瀚的审计史料中，客观、真实、准确、系统地展现四川审计事业发展状况和历程，是一项十分艰巨的工程。由于大多数编纂人员是第一次参加此项工作，缺乏经验，志稿难免有诸多不足和疏漏，不妥之处，敬请专家学者和广大读者批评指正。

《四川省志·审计志（1986—2005）》
总编室
2019年5月